Peter Kamleiter

Der entzauberte Glaube

AF179077

Peter Kamleiter

Der entzauberte Glaube

Eine Kritik am theistischen Weltbild aus naturwissenschaftlicher, philosophischer und theologischer Sicht

Tectum Verlag

Peter Kamleiter

Der entzauberte Glaube. Eine Kritik am theistischen Weltbild aus
naturwissenschaftlicher, philosophischer und theologischer Sicht
© Tectum Verlag Marburg, 2016

ISBN: 978-3-8288-3654-9

Umschlagabbildung: Fotolia.com © Romolo Tavani
Umschlaggestaltung: Norman Rinkenberger | Tectum Verlag
Druck und Bindung: Totem, Inowrocław, Polen
Alle Rechte vorbehalten

Besuchen Sie uns im Internet
www.tectum-verlag.de

Bibliografische Informationen der Deutschen Nationalbibliothek
Die Deutsche Nationalbibliothek verzeichnet diese Publikation in der
Deutschen Nationalbibliografie; detaillierte bibliografische Angaben sind
im Internet über http://dnb.ddb.de abrufbar.

INHALT

VORWORT

Mit dem vorliegenden Werk sollen Glaubwürdigkeit und Geltungsansprüche des theistischen Welt- und Gottesbildes – paradigmatisch in seiner christlichen Variante – unter Berücksichtigung natur- und geisteswissenschaftlicher Aspekte hinterfragt werden. Dabei steht die Kompatibilität jener für sich monopolistisch alleinseligmachende Wahrheiten reklamierenden Glaubensideologie mit den Erkenntnissen aus den modernen Natur- und Geisteswissenschaften auf dem Spiel. Es geht hier also um nichts weniger als die grundsätzliche Glaubwürdigkeit und Plausibilität des auf Offenbarungsschriften sich berufenden (christlichen) Theismus, also um dessen Gottes- und Weltbild und den damit verbundenen mehr oder weniger latenten Anspruch aller theistischen Offenbarungsreligionen, nämlich, die einzig wahre und göttlich legitimierte Sicht der Dinge zu besitzen. Eine Hybris, die in der Geschichte der monotheistischen Religionen zu unzähligen Kriegen und bestialischen Genoziden mit millionenfachen Opfern geführt hat. Dabei ist es nicht unsere Absicht, die Möglichkeit der Existenz eines allgemein gehaltenen göttlichen Prinzips philosophisch zu widerlegen, was aus prinzipiellen Gründen ohnehin nicht möglich sein dürfte und von unserer agnostischen Grundposition aus auch gar nicht intendiert ist. Der Theismus jedoch geht von ganz konkreten, nach seinem Selbstverständnis göttlich offenbarten und dogmatisierten Glaubenswahrheiten aus, ohne die er in der Tat auch seine Identität verlieren würde. Eine wissenschaftlich und plausibel begründete Infragestellung oder gar Widerlegung zentraler Glaubensaussagen würde die theistischen Religionen deshalb existentiell treffen, zumindest wenn sie den Anspruch der Rationalität aufrechterhalten und sich nicht komplett außer oder über jegliche Rationalität hinweg in die Welt des Unerforschlichen oder Irrationalen flüchten wollen, in der quasi a priori jegliche Logik und Empirie außer Kraft gesetzt ist.

Da es das Hauptanliegen dieses Buches ist, das (christlich) theistische Welt- und Gottesbild sowie die damit verbundenen Geltungsan-

sprüche und den daraus abgeleiteten moralischen Führungsanspruch
der Kirchen kritisch zu hinterfragen, erscheint es sinnvoll, vorab kurz zu
erläutern, was unter dem von uns infrage gestellten „Theismus" zu verstehen ist. Unter Theismus (ein in der Aufklärung geprägter Begriff, von
griechisch theos = Gott) ist eine spezifische Gottesvorstellung der monotheistischen Weltreligionen zu verstehen, die von einem außerweltli-
chen, persönlichen, selbstbewussten und selbsttätigen, Gebete erhören-
den allmächtigen, allwissenden und allliebenden Schöpfer und Lenker
der Welt ausgeht.[1] In der Vorstellungswelt der theistischen Offenbarungsreligionen ist der Mensch (wie auch die gesamte damals erfassbare
Welt) nicht auf natürlich erklärbare Weise entstanden, sondern er stellt
im biblischen Sinne das von einem personalen Gott geschaffene Ebenbild
dar, das geschaffen wurde, um Gott zu danken, zu ehren und zu huldigen. So wie man sich die Erde als den Mittelpunkt der Welt vorstellte, so
soll auch der ebenfalls nicht evolutiv, sondern im kreationistischen Sinne
erschaffene Mensch Ziel und Mittelpunkt von Gottes Schöpfung sein. So
zumindest sahen es die Autoren der jüdischen, christlichen und islamischen Offenbarungsreligion mit ihrem archaischen und anthropozentrischen Weltbild. In der Bundesrepublik leben etwa 40 % Theisten, 18 %
Deisten[2], 18 % Synkretisten (indifferente Menschen, was die Entscheidung zwischen einem „höheren Wesen" und einem personalen Gott angeht) und 23 % Atheisten. Allerdings gibt es auch innerhalb der Konfessionen große Anteile an Nichttheisten. So sollen in der Katholischen Kirche nur 54 %, in der Evangelischen Kirche gar nur 43 % der Mitglieder
als Theisten zu bezeichnen sein.[3]

---

[1]   Hoffmeister, Johannes: Wörterbuch der philosophischen Begriffe, Hamburg, 1955,
       S. 607.

[2]   Wie die Theisten, so glauben auch die Deisten an einen Schöpfer der Welt. Aller-
       dings mit dem Unterschied, dass nach deistischer Auffassung dieser die Welt sich
       selbst überlässt und nicht mehr in die Entwicklung eingreift. Auch nicht durch die
       Entsendung eines Erlösers, was folglich mit der Ablehnung einer übernatürlichen
       Offenbarung verbunden ist.

[3]   Zängle, Michael: Anmerkungen zum Wandel des religiösen Bewusstseins in
       Deutschland zwischen 2002 und 2012. In: Aufklärung und Kritik. Zeitschrift für
       freies Denken und humanistische Philosophie, 2/2014, S. 78f.
       Was den christlichen Theismus in der Bundesrepublik angeht, so ist bei der For-
       schungsgruppe Weltanschauungen in Deutschland (fowid) zu lesen: „In einem
       Vergleich zweier Umfragen, die das Institut für Demoskopie Allensbach im Jahr
       1986 und 2012 durchgeführt hat, lässt sich der Rückgang der Religiosität deutlich
       ablesen. Dieser Vergleich macht mehr als die sinkenden Zahlen der Kirchenbesu-
       cher deutlich, dass die Religiosität selbst bei bekennenden Christen schwindet. Der
       Glaube an wesentliche Elemente der christlichen Lehre ist auch dort nicht mehr
       grundlegend verankert. Im Jahr 1986 sagten noch 56 Prozent der befragten West-
       deutschen, dass sie an Jesus Christus als Gottes Sohn glauben. Diese Anzahl sank

Die hier aus kritischer philosophischer Sicht vollzogene Entzauberung des (christlichen) Theismus wird von drei Seiten her vollzogen: erstens von naturwissenschaftlicher, zweitens von philosophischer und drittens von kritisch-historisch agierender theologischer Seite. Durch das Zusammentragen hierfür relevanter Erkenntnisse aus der modernen Kosmologie, Evolutionsbiologie und Leib-Seele-Forschung über philosophische Reflexionen bis hin zur Kritischen Theologie ergeben sich aus Sicht des Erkenntnisstandes des 21. Jahrhunderts keineswegs nur polemische, sondern ernsthafte Einwände gegen den Theismus im Allgemeinen und gegen den christlichen Theismus im Besonderen.

Der erste Teil des Buches („Vom Mythos zum Logos") stellt den diachronen Teil dar, in dem das Spannungsverhältnis zwischen Mythos und Logos von den Vorsokratikern bis in die Gegenwart thematisiert wird. Dieser philosophiegeschichtliche Teil schildert die kulturelle Entwicklung der abendländischen Erkenntnis- und Wissenschaftsgeschichte unter dem Gesichtspunkt der Auseinandersetzung religiös motivierter reaktionärer wie restriktiver Kräfte mit den progressiven Strömungen innerhalb der Gesellschaften, zum Beispiel den Intellektuellen und Wissenschaftlern. Dabei wird ersichtlich, dass aufgrund sowohl der Explikationskraft der Wissenschaften als auch der auftretenden Widersprüche mit ihnen der Anspruch der Religionen, sakrosankt und unangreifbar über jeglicher wissenschaftlichen Kritik zu schweben, nicht berechtigt ist. Kulturgeschichtlich lässt sich nicht leugnen, dass auch Kulturen und die zu ihnen gehörenden und sie prägenden Religionen dem natürlichen evolutiven Prozess des Entstehens und Vergehens unterliegen.

Teil II („Theistischer Transzendenzglaube versus Evolutionärer Naturalismus?") thematisiert einige der wichtigsten Spannungsfelder zwischen dem Theismus und der modernen naturwissenschaftlichen Sichtweise. Die drei dargelegten Hauptbereiche sind die Kosmologie (Quantenphysik, Relativitätstheorie und die kosmologischen Modelle), die Evolutionsbiologie (die natürlich erklärbaren Voraussetzungen für die

---

2012 auf unter 50 Prozent. Der Glaube an die Erschaffung der Welt durch Gott, ist in der gleichen Zeit von 47 auf 35 Prozent zurückgegangen, an die Auferstehung der Toten glauben nur noch 30 Prozent. An die Dreifaltigkeit, ein Grundelement der christlichen Lehre, glaubten vor einem Vierteljahrhundert 39 Prozent, heute sind es noch 32 Prozent. Selbst unter den Katholiken bekennen sich nur noch weniger als 50 Prozent zu diesem Glaubenssatz." (fowid.de: „Woran glauben die Deutschen? Westdeutschland. Vergleich 1986 und 2012."). Gab es noch in den 1950er Jahren fast ausschließlich nur Katholiken und Protestanten in der Bundesrepublik, so ergibt sich heute ein Bild, dem zufolge es jeweils knapp 30 % Katholiken und Mitglieder der Evangelischen Landeskirchen gibt. Die Anzahl der Konfessionslosen liegt zwischen 33 % und 37 %. Der Anteil der Muslime liegt zwischen 2,4 % und 5,5 %. Alle anderen Religionsgemeinschaften stellen zusammen weniger als 1 % der bundesdeutschen Gesamtbevölkerung dar, davon etwa 270.000 Buddhisten und 200.000 Juden (Wikipedia: Religionen in Deutschland).

Entstehung und Entwicklung des Lebens) und das Leib-Seele-Problem. Im Gegensatz zu den spekulativen Glaubenssystemen – wie Religion, Mystik oder Esoterik – muss bei den von den einzelwissenschaftlichen Erkenntnissen sich abhebenden wissenschaftlich-metaphysischen Modellen die Rückgebundenheit mit den naturwissenschaftlichen Fakten und Erkenntnissen gewährleistet sein, um nicht ins Beliebige zu verfallen und damit ebenfalls zu einem pseudoreligiösen, rein spekulativen System zu degenerieren. Eine wichtige Aufgabe der Naturphilosophie besteht somit darin, die in unterschiedlichen einzelwissenschaftlichen Bereichen auftretenden Erkenntnisse zu einem konsistenten, einheitlichen und wissenschaftskompatiblen Weltbild zusammenzufügen, wobei sie immer aber auch eine kritische, erkenntnis- und wissenschaftstheoretisch begründete Distanz zu diesen zu wahren hat.

Entgegen allen, hauptsächlich von theologischer Seite versuchten Kompatibilitätsbestrebungen zwischen Wissen und Glauben kommen wir zu der Überzeugung, dass die Dynamik des wissenschaftlichen Erkenntniszuwachses und die damit verbundenen philosophischen Implikationen sich immer mehr von den religiös-theistischen Anschauungen wegbewegen. Somit wird von uns ein naturalistischer Standpunkt vertreten, der von natürlich erklärbaren Ereignissen in der Natur (sowohl bei der Entstehung der Welt als auch in ihrer weiteren Entwicklung bis hin zum Leben und zu menschlichem Bewusstsein) ausgeht, bei der das entwicklungsgeschichtliche (evolutionäre) Welterklärungsprinzip eine absolute Schlüsselrolle darstellt. Mit dem Evolutionsgedanken ist es gelungen, die mit einer statischen Sichtweise verbundene, obsolet gewordene biblisch-kreationistische Weltanschauung erstmals naturwissenschaftlich und überzeugend zu widerlegen. Die Nicht-Existenz eines im Sinne des Theismus personal gedachten Gottes ist freilich aus einer naturphilosophischen Begründungsebene heraus nicht beweisbar. Jedoch handelt es sich unseres Erachtens aufgrund der erdrückenden Indizienlage beim Theismus um eine archaische, nicht mehr plausible und heute verzichtbar gewordene Zusatzhypothese. Außerdem sehen wir die „Beweislast" für die Existenz metaphysischer Wesen nicht bei denjenigen, die sie aufgrund ihrer Unerkennbarkeit negieren, sondern bei denen, die sie trotzdem für existent erklären.

Im dritten Teil schließlich („Die philosophische und die theologische Kritik am (christlichen) Theismus") kommen die Geisteswissenschaften zum Zug. Um die in den bisherigen Teilen geschilderten Diskrepanzen zwischen Glaube und Wissen in der Gegenwart unter ganzheitlichen Gesichtspunkten zu komplettieren, ist es notwendig, die historische Retrospektive auf das faktisch Geschehene der Religions- und Kirchengeschichte mit einzubeziehen. Zunächst aber werden einige philosophische Kritikpunkte am Theismus angeführt. Gegenstand der Erörterung sind unter anderem das Theodizee-Problem, Ludwig Feuerbachs Religionsphilosophie, die Darlegung der theologischen Auffassungen bedeutender Theologen des 20. Jahrhunderts und ihre Infragestellung durch eine weniger dogmengebundene „philosophische Theologie." Es wird deutlich gemacht, dass der gewichtigste Gegner aller Theologie die Theologie selbst ist, nämlich die in ihrer kritisch-historischen Ausprägung. Die „suizidäre" Kritik der Kritischen Theologie ist dabei wesentlich direkter und somit wirkungsvoller als die philosophische und naturwissenschaftlich begründete, weil sie ohne Umwege philosophischer oder naturwissenschaftlicher Argumentationen an der Heiligen Schrift selbst ansetzt und hierzu ihre theologisch begründeten Zweifel äußert. Diese sind dabei so massiv geworden, dass damit, würde nur ein Bruchteil ihrer exegetischen Kritik berechtigt sein, das ganze Glaubensgebäude in sich zusammenstürzen müsste. Zusätzlich führen wir noch eine historische Kritik an, indem die Infragestellung der Kirche als göttliche Institution eines allmächtigen und allliebenden Gottes aufgrund ihrer eigenen Geschichte, also der so blutig verlaufenden Religions- und Kirchengeschichte, erfolgt. Neben dem Theodizee-Problem liefert die blutgetränkte historische Faktizität der Offenbarungsreligionen ungewollt selbst die besten Argumente für eine religionsnegierende atheistische Position. Durch die Einbeziehung der immanenten und selbstreferentiellen theologischen Kritik ergibt sich ein auch die Geisteswissenschaften, explizit die Theologie selbst berücksichtigendes abgerundetes Bild, welches dadurch dem möglichen Vorwurf eines einseitigen Naturalismus entgegentritt.

Grundsätzlich halten wir die Prämisse aufrecht, dass jeder nach seiner Fasson unter grundgesetzlichen Voraussetzungen glücklich werden solle. Der nach wie vor erhobene Anspruch der Kirchen auf Meinungsführerschaft und die staatlicherseits gebilligten Sonderrechte entsprechen aber schon lange nicht mehr ihrer tatsächlichen Bedeutung innerhalb der Gesellschaft. Die Diskrepanz zwischen beanspruchter ethisch-moralischer Leitfunktion und einer zunehmenden Säkularisierung, verbunden mit einer stark schwindenden Mitgliedschaft von bekennenden Christen mag dabei an selbst verschuldeten Skandalen, sicher aber auch an einer nachlassenden Nachvollziehbarkeit der für aufgeklärte Geister und Gesellschaften nicht mehr plausiblen archaischen Glaubensansprüche liegen. Die Verhältnisse haben sich noch mehr in Richtung Säkularisation verschoben, der gesellschaftliche Führungsanspruch der Kirchen aber bleibt, unterstützt von Politik und Medien, die in Unkenntnis oder trotz der Kenntnis der Kirchengeschichte, der Geschichte des Christentums und der Ergebnisse der Kritischen Theologie nach wie vor die christliche Glaubensideologie gegenüber agnostischen, atheistischen oder rein humanistischen Strömungen z. B. in den Kindergärten, Schulen und Medien bevorzugen. Und das, obwohl im Namen der letztgenannten Geisteshaltungen im Gegensatz zu den Offenbarungsreligionen keine andersdenkenden Menschen umgebracht oder Kriege im Namen der Rechtgläubigkeit geführt wurden. Der Atheismus ist unter intellektuellen und ethisch-moralischen Aspekten wesentlich besser als sein von kirchlicher und staatlicher Seite gepflegter schlechter Ruf. Für den Theismus dagegen trifft nach näherer und differenzierter Betrachtung genau das Gegenteil zu, wenn man in der Lage und willens ist, sich von den Fesseln der Tradition zu befreien und zur objektiven Prüfung und zu radikalen Hinterfragungen einen neutralen Standpunkt einzunehmen.

Üblicherweise erzeugen religionskritische Abhandlungen eher emotionale denn rationale Reaktionen. Eingedenk der damit verbundenen möglichen Flut an Protesten und Pamphleten, welche durch dieses Buch hervorgerufen werden könnten, berufen wir uns auf die Legitimität der Philosophie als rationale freie Kritik. Diese Kritik ist von uns philosophisch, naturwissenschaftlich und theologisch begründet. Sie drängt sich durch die dargelegten offenkundig fraglich gewordenen theistischen Geltungsansprüche und die dagegen noch immer beanspruchte gesellschaftliche Rolle des institutionalisierten christlichen Theismus als führende moralische und weltanschauliche Instanz geradezu auf. Noch extremer steht die islamfundamentalistische Glaubensideologie der aufgeklärten und wissenschaftlich begründeten Sicht gegenüber. Aus Gründen der Deeskalation ist es vernünftig, wenn Politiker sich hinstellen und behaupten, der islamistische Terror hätte nichts mit dem Islam zu tun. Faktisch jedoch ist dies falsch. Die Fundamentalisten werden zur Rechtfertigung ihres Terrors im Koran fündig, genau so wie Christen über Jahrhunderte, zum Beispiel bei den Kreuzzügen, sich auf das Alte Testament berufen hatten. Der islamistische Terror hat ebenso mit dem Islam zu tun wie die Kreuzzüge mit dem Christentum. Je unaufgeklärter und wortgläubiger die Anhänger einer wörtlichen und selektiven Auslegung von vermeintlich heiligen Büchern sind, desto stärker ist dabei ihr hasserfüllter Fanatismus. Dieser entlädt sich, wie wir an zahlreichen Anschlägen nun auch in Europa, insbesondere im Jahre 2015 in Paris, ersehen können, immer mehr in brutaler Gewalt. Diese Gewalt aber, wie sie in der langen Geschichte der monotheistischen Offenbarungsreligionen immer wieder propagiert und praktiziert wurde, ist das denkbar schlechteste und primitivste Argument, das man sich für welchen Glauben auch immer vorstellen kann. Auch dies unterscheidet weltlichen Humanismus und freie Philosophie von der Geschichte der monotheistischen Buchreligionen. Der Theismus im Allgemeinen und die christlichen Kirchen im Besonderen hatten ihre weltgeschichtliche Chance auf die Verwirklichung einer besseren und humaneren Welt und auf einen damit verbundenen moralischen Führungsanspruch. Sie haben beides – unter einem ganzheitlichen Blickwinkel gesehen – unumkehrbar selbst verspielt. Dies deutlich zu machen und ein klein wenig beizutragen, die nontheistischen Strömungen zu emanzipieren, zu rechtfertigen und durch Aufklärung vor reaktionären und restriktiven Einflüssen zu schützen, ist ein weiteres Agens dieses Buches. Die von manchen womöglich empfundene Einseitigkeit, mit der wir zugunsten des Logos und gegen die Ansprüche des Mythos – also die theistischen Glaubensansprüche – argumentieren, wollen wir damit entschuldigen, dass wir erstens aufgrund der alleinigen Rechenschaft vor unserem intellektuellen Gewissen zu keinem anderen Ergebnis gelangen konnten und es zweitens eine Unmenge auch an theophiler Literatur gibt, welche hinsichtlich dieses potentiellen Vorwurfes uns in nichts nachsteht. Mit dem Unterschied, dass wir uns nicht auf Glauben und Tradition, sondern auf unsere Ratio und zu einem großen Teil auf empirische, also wissenschaftliche Erkenntnisse stützen, eingedenk dessen, dass auch einzelwissenschaftliche Erkenntnisse nur approximativ und zeitlich begrenzte Gültigkeit besitzen könnten. Uns geht es aber auch gar nicht um letzte Beweise, sondern um Plausibilitäten. Diese aber sind für uns auf der Seite des Theismus so wenig auffindbar, wie sie uns vice versa auf der Seite der Religions- und Kirchenkritik regelrecht ins Gesicht springen. Dabei wäre es für den theistisch gedachten allmächtigen und allliebenden Gott doch so einfach, sich eindeutig und unmissverständlich so zu offenbaren, dass es weder ungläubige Atheisten noch unterschiedliche Religionen und somit falschgläubige Theisten geben müsste. Das Zulassen des Zustandes, dass weltweit ganz unterschiedliche, sich ausschließende Glaubens- und Nichtglaubensrichtungen existieren, die sich bekämpfen und sich in ihren Heiligen Schriften gegenseitig als jeweils Ungläubige die ewige Verdammnis androhen – alleine dieses Faktum ist schon ein unauflösbarer innerer Widerspruch des Monotheismus, wenn er von der Existenz eines gütigen und allmächtigen Gottes ausgeht. Das ist aber nur einer von zahlreichen anderen, in diesem Buch noch anzuführenden endogenen Widersprüchen der theistischen Glaubensideologie.

Nicht alle Menschen streben nach Erlösung von eingeredeten Sünden, einige streben auch nach Erkenntnis und Fortschritt. Was dem Homo religiosus sein anerzogenes Gewissen vor Gott ist, das ist dem selbständig denkenden Freidenker sein intellektuelles Gewissen. Den Befürwortern einer aufgeklärten und dynamisch fortschreitenden Weltanschauung ohne personifizierte Götter, Dämonen, Engel, Teufel, Wunder usw. sei deshalb mit diesem Buch ein Konglomerat an begründet kritischen naturwissenschaftlichen, philosophischen und theologischen Einwänden gegen restriktive Kräfte und ihr retrospektiv auf archaische Vorstellungen gegründetes Welt- und Gottesbild gegeben. Der Anhänger des (christlichen) Theismus wiederum mag vielleicht mit den in diesem Buch dargelegten Argumenten wenigstens erahnen können, weshalb es

kritisch-rationalen und sich ihrem intellektuellen Gewissen verpflichteten Menschen nicht möglich ist, seine Glaubensüberzeugungen annehmen zu können. Man könnte die Sache darauf beruhen lassen, indem
jeder doch das glauben und danach leben solle, was er für richtig hält,
jedoch war und ist noch immer der Einfluss monotheistischer Religionen
auf Gesellschaften und den Weltfrieden immens und keineswegs nur
positiv – im Gegenteil. Zudem wird seitens der Vertreter jener Religionen unter Berufung auf ihre Heiligen Bücher (explizit auch auf das Neue
Testament) den Ungläubigen die ewige Verdammnis angekündigt, was
wir als unverhältnismäßig und als zutiefst inhuman erachten. Sei's
drum: Jener hasserfüllte und zutiefst inhumane Wunsch der ewigen
Verdammnis und der größten Höllenqualen gegenüber Andersdenkenden wird den Agnostiker und Atheisten wohl kaum ernsthaft beunruhi-
gen können, setzt er doch eben jenen von diesem ungeglaubten Glauben
und Gott voraus, der aus seiner Sicht abstruse, widersprüchliche und
– was insbesondere den Gott des Alten Testaments angeht – durchaus
pathologische Züge trägt. Aus der geschilderten wissenschaftlichen und
freidenkerischen Sicht wollen wir somit deutlich machen, dass auch der
theistisch gedachte Gott der Buchreligionen letzlich nur ein von Menschen gemachter, demnach menschlich allzumenschlicher Gott ist. Darüber hinaus: Ob es überhaupt eine göttliche Entität in welcher Form
auch immer gibt, darüber vermögen wir von unserem agnostischen
Standpunkt aus nichts zu sagen.

Rothenburg ob der Tauber, 2015
Peter Kamleiter

TEIL I
VOM MYTHOS ZUM LOGOS
ODER
VOM KAMPF PROGRESSIV-AUFKLÄRERISCHER UND REPRESSIV-
METAPHYSISCHER KRÄFTE

Einleitung

Im ersten Teil dieses Buches soll ein philosophiegeschichtlicher Überblick gegeben werden über die weit zurück reichenden Spannungen eines eher metaphysisch-repressiven Denkens auf der Grundlage religiöser Vorzeichen und eines progressiv-aufklärerischen Denkens, das dessen damit verbundene Ansprüche auf den monopolistischen Besitz
absoluter Glaubenswahrheiten negiert. Die dabei aus der Philosophie
erwachsenen, zunächst noch naturphilosophischen, später dann naturwissenschaftlichen Einzeldisziplinen mit ihren Erkenntnissen wirken
dabei wie ein Katalysator dieses Prozesses. Die in der Überschrift voran-
gestellte Kurzformel „vom Mythos zum Logos" soll diesen bis heute
anhaltenden Prozess auf den Punkt bringen. Für beispielsweise sehr bi-
belgläubige Menschen mag ein Blick in die Bibel genügen, um alle Antworten auf unsere Fragen, z. B. jene der Entstehung der Welt, des Lebens
und des Menschen, zu finden. Gemäß den Vorstellungen ihrer Verfasser
herrscht hier kein evolutives, sondern ein kreationistisches Weltbild vor,
dem zufolge die Welt nicht vor ca. 15 Milliarden Jahren, sondern – so die
biblische Zeitrechnung – durch einen sieben Tage dauernden Schöpfungsakt vor knapp 6000 Jahren entstanden sei. Da aber aufgrund heutiger, z. B. anthropologischer und paläontologischer, Erkenntnisse Kulturen ebenso wie die damit zusammenhängenden Religionen selbst als ein
erst relativ spätes Produkt der Menschheitsgeschichte angesehen werden
müssen, muss, um das Menschsein (seine Herkunft, seine intellektuellen
und affektiven Möglichkeiten bzw. Dispositionen) möglichst umfassend
begreifen zu können, besonders auch von den heutigen Erkenntnissen,
insbesondere den Evolutionstheorien, Gebrauch gemacht werden. Für
ein solches, auf wissenschaftlichen Erkenntnissen basierendes universel-

les Weltbild müssen wir aber weit über den Horizont religiöser Anschauungen (z. B. in zeitlicher Hinsicht) hinausgehen. Denn diese sind
keineswegs als absolute und offenbarten Wahrheiten vom Himmel gefallen, sondern (ver-)bergen ihre mythologischen und vorgeschichtlichen,
soziologischen, evolutionsbiologischen und kulturellen Voraussetzungen ebenso in sich selbst wie es auch andere kulturelle Hervorbringun-
gen der Menschheit tun. Kurz: Das Menschsein beginnt nicht erst in der
Zeit der Entstehung der großen Weltreligionen vor nur wenigen Jahrtausenden, sondern bereits vor vielen Jahrmillionen in Afrika. Bevor die
theologisierenden oder philosophierenden Menschen sich den Kopf über
Sein, Sosein und An-sich-Sein zerbrechen konnten, waren zunächst einmal Jahrmilliarden einer heute selbst unter den meisten Theologen unstrittig gewordenen Kosmos, Leben und Bewusstsein umspannenden
allgemeinen Evolution nötig. Wir wissen dies und noch viel mehr, weil
sich die progressiv-aufklärerischen Kräfte, wenn auch nicht gänzlich,
aber doch in intellektuellen Kreisen sehr beachtlich bis heute gegen die
restriktiven und verdunkelnden Mächte in der westlichen Geistesgeschichte durchsetzen konnten. Die mit diesem Prozess verbundenen
Spannungen der okzidentalen Geistes- bzw. Philosophiegeschichte soll
im folgenden Teil um des besseren Verständnisses der Hauptteile wegen
vorangestellt werden, ohne dass damit aber auch nur annähernd ein
Anspruch auf Vollständigkeit erhoben werden könnte. Zudem soll
durch die diachrone Betrachtungsweise der sich antagonistisch gegenüberstehenden konservativen und progressiven Ideen auch ein gewisses
historisches Verständnis für die heute vorhandenen Diskrepanzen von
auf völlig unterschiedlichen Voraussetzungen ruhenden religiös und
nichtreligiös begründeten Weltanschauungssysteme hergestellt werden.

1. Die griechische Antike

Für unser heutiges wissenschaftliches Denken ist es charakteristisch, mit Theorien zu operieren, die sich im Rahmen natürlicher Erklärungen bewegen, ohne also einen problematischen Bruch an einer gewissen Stelle der natürlichen Erklärungskette vollziehen zu müssen, um dann auf übernatürliche Erklärungen zurückzugreifen. Diese Entwicklung vom Mythos hin zum Logos beginnt im Wesentlichen um 600 v.u.Z. mit den Vorsokratikern bzw. den ionischen Naturphilosophen in den griechischen Kolonialstädten Kleinasiens. Sie gilt es hier als die ersten großen Aufklärer und Geburtshelfer unserer abendländischen Kultur zu würdigen. Auf Samos sowie in Milet und Ephesos entfaltete sich erstmals die große Idee, dass sich die Welt durchaus auch ohne Mythen und Götter begreifen lässt und dass es stattdessen Prinzipien, Kräfte und Naturgesetze gibt, mit denen sich die Welt ganz natürlich und unmythologisch begreifen lässt. Bis in die Neuzeit hinein waren von nun an Philosophie und die aus ihr entstandenen Einzelwissenschaften auf das Engste miteinander verbunden. Die Voraussetzungen für die Geburt des philosophischen Denkens, welches die abendländische Kultur entscheidend prägen sollte, waren sehr gut, denn auf dem kleinasiatische Terrain bildeten sich im Westen viele kleine und wohlhabende Stadt- oder Inselstaaten, die freien Gedanken gegenüber äußerst tolerant und offen eingestellt waren. Unter den Handelsstädten herrschte nicht nur ein reger Austausch an Waren, sondern auch an Gedanken und Wissen. Astronomie, Kalender, Münzen und Gewichte, vielleicht auch die Schrift übernahm man aus dem Osten. Dazu kam noch der Umstand, dass das Gemeinwesen nicht unter dem Joch einer organisierten und gestrengen Priesterschaft stand. Eine erbliche und privilegierte Priesterklasse wie in Babylonien oder Ägypten, die immer in Sorge war, mit neuen Ideen sei auch ein gefährlicher Wechsel des Weltbildes verbunden, der auch sie ihre Privilegien oder gar ihre berufliche Existenz kosten könnte, gab es nicht. Der günstige Umstand, dass das Gemeinwesen der Ionier unter keinem religiös-weltanschaulichem Joch und keinem „eifersüchtigen" Gottes stand (wie bei den Israeliten), zeigt, zu welchen Erkenntnissen der Mensch fähig ist, wenn er frei leben, forschen und denken darf. Somit konnte damals das bis zu den Vorsokratikern vorherrschende mythische, heute eher grotesk anmutende Weltbild eines Hesiod oder Homer, in dem Naturerscheinungen mit Göttern identifiziert wurden, leichter überwunden werden. Mit einem Male traten Leute auf, die glaubten, dass alles aus Atomen bestehe, dass Krankheiten nicht von Dämonen oder Göttern verursacht würden, dass die Erde ein die Sonne umkreisender Planet sei, dass die Sterne keine Götter darstellen und sich als Himmelskörper in sehr weiter Ferne befinden – Betrachtungen also, die uns heute selbstverständlich erscheinen und die aus einer erstmals erwachten nüchternen, naturalistisch inspirierten Denkweise resultieren. Wie eng die Mythologie eines Volkes mit seiner realen Lebenswelt zusammenhängt und von dieser geprägt wird, können wir neben z. B. der chinesischen, aztekischen und zahlreichen anderen besonders gut auch an der babylonischen und ägyptischen Kultur studieren. So stellt sich der Kosmos nach alter ägyptischer Anschauung als enge Röhre dar, was deutlichen Bezug zur geographischen Gegebenheit des fruchtbaren Nildeltas aufzeigt, das durch Wüste und Gebirge – das Himmelsdach – begrenzt ist. Während aber die ägyptische Astronomie noch als phänomenale zu bezeichnen ist, da sie nur auf qualitative Beobachtung rekurriert und kaum rechnet bzw. nicht auf geometrische Modelle zurückgreift, arbeitete die babylonische Astronomie bereits mit Tabellen und machte in die Zukunft gerichtete Prognosen. Aber erst die Naturphilosophen der griechischen Kolonialstädte in Kleinasien brachten bei ihren kosmologischen Betrachtungen geometrische Modelle und physikalische Theorien mit ein und begannen die althergebrachten Naturmythen zu hinterfragen, was einigen, wie Anaxagoras, prompt den Atheismusvorwurf einbrachte. Anaxagoras, der die ionische Aufklärung nach Athen brachte, wurde wegen Gottlosigkeit aus dieser Stadt verbannt.

Für Thales (um 624–547), den wohl ersten dieser vorsokratischen Philosophen, war die Welt keine übernatürliche Schöpfung, sondern das Werk materieller Naturkräfte in ihren Wechselwirkungen. Thales wie auch die restlichen Milesier hielten zudem alle Materie für belebt, weshalb sie vom späteren Altertum als „Hylozoisten" (hyle = Materie; zo-os = lebend) bezeichnet wurden. Diese ihre Ansicht wurde bereits damals als befremdlich aufgefasst und auch Platon und Aristoteles haben später wieder eine strenge Unterscheidung zwischen Belebten und Unbelebten getroffen: Belebt ist, was sich bewegt, vom Menschen über Tiere bis hin zu der Sonne und den Planeten.

Die Vorstellung Anaximandros (um 610–547) war es, dass die Erde, die er sich als frei im Raum schwebend vorgestellt hatte, die Lebewesen durch allmähliche Austrocknung selbst hervorgebracht hatte, wobei diese zunächst im Wasser lebten und später auf das Land überwechselten. Damit hatte Anaximandros nicht nur die moderne Entwicklungslehre ansatzweise vorgedacht, sondern auch die heute innerhalb der Evolutionstheorie vertretene Theorie, dass das Leben abiotisch (also allmählich nach vielen Zwischenstufen aus letztlich toter Materie) und ohne Eingreifen übernatürlicher Mächte entstanden sei. Aus der Hilflosigkeit neugeborener Landtiere sowie der menschlichen Säuglinge zog Anaximandros den Schluss, dass dies nicht die früheste Form des Lebens sein könne. Fische kümmern sich nämlich nicht weiter um ihre Nachkommen, also müsse das Leben generell ursprünglich aus dem Wasser hervorgegangen sein. Seine Entwicklungstheorie wurde vom großen Platon verspottet. Sein abstrakt idealistisches Denken war dem naturalistischen, aus der Erfahrung schöpfenden Denken der Naturphilosophen diametral entgegengesetzt. Ohne die durchaus auch großartigen Gedanken Platons schmälern zu wollen, liegt hier aber das Übel begründet, welches in unserer europäischen Geistesgeschichte viele Jahrhunderte lang jegliches empirisches Denken zugunsten einer einseitig idealistischen, sich auf Platon[4] stützenden christlich-dogmatischen Philosophie bis in die Neuzeit gar nicht erst aufkommen ließ. Freies Forschen, technische Entwicklung, geistiger Fortschritt durch freies Denken und Philosophieren und eine damit ermöglichte adäquate Erkenntnis der Natur wurden Jahrhunderte lang wegen ideologischer und dogmatischer Restriktionen verhindert. Anaximandros hatte auch die Idee einer unendlichen Anzahl bewohnter, dem Kreislauf von Werden und Vergehen unterworfener Welten entwickelt. Ein Gedanke, den außer in den östlichen Religionen viel später auch Nietzsche und einige Kosmologen mit dem Modell des oszillierenden bzw. des pulsierenden Weltalls ins Kalkül gezogen haben, wenn nämlich die Gravitationskräfte irgendwann die Expansionskräfte des Universums übersteigen und es somit zu einer Implosion kommt, an deren Ende der sogenannte „big crunch" steht, aus dem dann wiederum ein neues expandierendes Universum hervorgeht, in infinitum.[5] Noch ein weiterer ionischer Naturphilosoph, Empedokles (um 495–435), dachte mit dem Entwicklungsgedanken die Evolutionstheorien voraus, denn nach seiner Vorstellung entstanden zunächst die niederen und danach die höhere Organismen (Pflanze → Tier → Mensch). Auch die sich im Volksbewusstsein lange Zeit haltende Vorstellung von den vier Elementen Feuer, Wasser, Erde und Luft gehen auf ihn zurück. Anaxagoras (um 500– 428) wiederum war der erste überlieferte Naturalist, der den Mondschein als reflektiertes Licht identifizierte. Ihm wurde ebenfalls der Prozess wegen Gottlosigkeit gemacht, weil er den Mond aus gewöhnlicher Materie bestehend und die Sonne als einen rotglühenden Stein am Himmel betrachtete, sie also somit nicht für Gottheiten hielt.

Xenophanes (um 570–470) wandte sich, wie später Feuerbach auf das Christentum bezogen, gegen die Vermenschlichung der Götter und war somit ebenfalls einer derer, die gegen die althergebrachte Religion und gegen jede Art von Aberglauben ankämpften. Dies war eine weitere

---

4   Später im 13. Jahrhundert wurde insbesondere durch Thomas von Aquin der zuvor verpönte Aristoteles als philosophische Stütze der damit eigentlich kaum zu vereinbarenden christlichen Dogmatik herangezogen.

5   Da nach neuesten kosmologischen Erkenntnissen die Materiedichte aber weit unter dem kritischen Punkt liegt und durch Beobachtungen mit modernsten Teleskopen eine Zunahme der Expansionsgeschwindigkeit des Universums beobachtet wird, deutet alles gegen ein pulsierendes, sondern eher für ein irgendwann erkaltetes und zerstrahltes Universum hin. Die Folge daraus ist unzweifelhaft, dass die Geschichte des Lebens, des Bewusstseins und mit diesem der Götter dann unwiderruflich der Vergangenheit angehören wird.

Voraussetzung dafür, einer naturalistischen Sichtweise den Weg zu ebnen, z. B. wenn nunmehr Krankheiten und Seuchen des Apolls oder die Blitze des Zeus auf natürliche Ursachen zurückführt wurden. Gleichwohl ist Xenophanes nicht unbedingt als Atheist zu bezeichnen, sondern – und das hat er mit vielen großen naturwissenschaftlichen und philosophischen Persönlichkeiten des 20. Jahrhunderts gemeinsam – sein Standpunkt ist der des Agnostizismus, wie das folgende Fragment Nr. 34 belegt: „Nimmer noch gab es den Mann und nimmer wird es ihn geben, der die Wahrheit erkannt von den Göttern und allem auf Erden. Denn auch, wenn er einmal das Rechte vollkommen getroffen, wüsste er selbst es doch nicht. Denn Wähnen nur ist uns beschieden." Von ihm stammt auch das bekannte Zitat: „Wenn Kühe, Pferde oder Löwen Hände hätten und damit malen und Werke wie die Menschen schaffen könnten, dann würden die Pferde pferde-, die Kühe kuhähnliche Götterbilder malen und solche Gestalten schaffen wie sie selber haben."[6]

Für Heraklit (um 520–460) vollzieht sich alle Entstehung in einem polaren Zusammenspiel gegensätzlicher, aber natürlicher Kräfte. Übertragen auf den gesellschaftlichen Bereich würde dies bedeuten, dass die Hoffnung auf einen allumgreifenden Weltfrieden, wie er beispielsweise heute von Friedensbewegungen ersehnt wird, reine Illusion ist, weil er einem Naturprinzip, dem des Kampfes, widerspricht. Heraklits Urprinzip, das er in einer Art Urfeuer oder Urenergie sah, deckt sich sehr gut mit dem heutigen Forschungsstand der Kosmologie, die mehr als nur plausible Hinweise für einen Urknall aufweisen kann. So betont auch Werner Heisenberg, dass Heraklits Lehre vom Urfeuer, wenn man sie heute zeitgemäß als Energie deutet, der modernen Physik zumindest prinzipiell „außerordentlich nahe kommt".[7]

Nach Demokrit (um 460 bis frühes 4. Jahrhundert), dem Begründer der genialen und heute immer noch aktuellen Atomlehre, entstehen und vergehen ebenfalls von Ewigkeit her zahllose Welten. Dies jedoch erfordert auch für ihn keineswegs einen planenden oder lenkenden Geist, sondern alles geschieht mit einer dem Sein immanenten Gesetzmäßig-

---

[6] In Capelle, Wilhelm: Die Vorsokratiker, Stuttgart, 1968. Xenophanes' Kritik am Glauben der Ebenbildlichkeit und Wesensverwandtschaft der Menschen mit den von ihnen erdachten Göttern, trifft ebenso auf den späteren Monotheismus zu.

[7] Heisenberg, Werner: Physik u. Philosophie, Stuttgart, 1978, S. 43-60: „Die Energie ist tatsächlich der Stoff, aus dem alle Elementarteilchen, alle Atome und daher überhaupt alle Dinge gemacht sind, und gleichzeitig ist die Energie auch das Bewegende. Die Energie ist eine Substanz, denn ihr Betrag ändert sich nicht und die Elementarteilchen können tatsächlich aus dieser Substanz gemacht werden, wie man es in vielen Experimenten über die Entstehung der Elementarteilchen sehen kann... Man kann also die Energie als die Grundsubstanz, als den Grundstoff der Welt betrachten... Sie kann als die primäre Ursache alles Wandels betrachtet werden und die Energie kann sich in Materie oder Wärme oder Licht verwandeln."

keit. Interessant an den Atomisten, zu denen neben Demokrit noch Leukippos und Epikur zu zählen sind, ist aber besonders die Tatsache, dass ihr Atomismus heute – zwar stark modifiziert, aber zumindest prinzipiell – bestätigt ist. Für die antiken Atomisten waren die Atome unsichtbar klein, hinsichtlich ihrer stofflichen Beschaffenheit gleich, in Form und Größe unterschiedlich, dabei ständig in Bewegung, was wiederum einen leeren Raum voraussetzte. Diesen aber leugnete Parmenides und versuchte deshalb dieses „Nichts" (also den leeren Raum) und alle Bewegung als bloßen Schein abzutun. Interessant ist, dass über die Atomtheorie hinaus bereits Epikur das stochastische Element entdeckte und in die atomistische Ontologie ein spontanes, akausales Abweichen der Atome von ihrer atomistischen Bahn im Raum einführte.[8] Trotz aller bewundernswerter prinzipieller antizipativer Gedanken der griechischen Vorsokratiker darf man die Analogien und prinzipiellen Übereinstimmungen mit den heutigen physikalischen Erkenntnissen natürlich auch nicht zu weit treiben. So betont Heisenberg einen großen Unterschied zwischen der modernen Naturwissenschaft und der griechischen Philosophie, den er in der empiristischen Haltung sieht, die bei den Griechen einfach noch nicht ausgebildet war und erst seit Galilei und Newton ihren entscheidenden Durchbruch hatte.

Dass die Vorsokratiker im Gegensatz zu den später auftretenden klassischen griechischen Philosophen heute kaum bekannt sind, hat seine Ursache nicht in deren Minderwertigkeit, sondern in der Tatsache, dass von diesen nur spärliche Überlieferungen und Fragmente vorhanden sind. Vielleicht wäre die Menschheit zumindest in ihrer technologischen Entwicklung und in ihren naturwissenschaftlichen Erkenntnissen heute um zwei Jahrtausende weiter – nämlich um die Zeit von den Vorsokratikern bis zur Renaissance, als das naturwissenschaftliche Denken langsam wieder zu seiner Freiheit und Unabhängigkeit gelangte –, wenn nicht die Unterbrechung dieses naturwissenschaftlichen Forscherdranges durch das religiös-ideologisch[9] dominierte christliche Mittelalter gewesen wäre. Auch wenn wir hierüber zwangsläufig nur spekulieren

---

[8] Lukrez: De rerum natura II, Zürich, 1956, S. 216-224. Vgl. auch B. Kanitscheider: Von der mechanistischen Welt zum kreativen Universum, Darmstadt, 1993, S. 160.

[9] Wer nicht die Gleichsetzung von Religion als „Ideologie" nachvollziehen kann, muss jedoch zumindest eingestehen, dass hierbei „auffällige Gemeinsamkeiten" vorhanden sind. Ideologien, ebenso wie religiöse Vorstellungen, als Konsens gewisser sozialer Gruppen oder Organisationen, kennzeichnet, dass sie ihre Weltanschauung für absolut wahr halten und sich davon abweichenden Lehrmeinungen verschließen. Also Ideologien werden sie dann gewertet, wenn ihren Inhalten empirische oder wissenschaftlich etablierte Erkenntnisse entgegenstehen. Äußere Gemeinsamkeiten zwischen politischen und religiösen Ideologien sind z. B. das gemeinsame Singen von Hymnen bzw. Chorälen, Aufmärsche, rituelle Handlungen, Orientierung an „heiligen" Texten, Verehrung herausragender Persönlichkeiten, Aufnahme- und Ausschlussriten u.s.w.

können, so hat dieser Gedanke bei näherer Betrachtung durchaus etwas Plausibles an sich. Man stelle sich vor, die gegenwärtige Menschheit könnte sich – was den technischen Fortschritt anbelangt – bereits heute auf dem Niveau etwa des Jahres 4015 n.u.Z. befinden.[10] Ob dies ein letztlich begrüßenswerter Umstand für die heutige Menschheit wäre ist freilich fraglich.

Mit dem Auftreten der ersten Sophisten (450–380) begann sich der Blick von einer unbefangenen Erklärung der Welt wegzuwenden, hin zu an sich durchaus legitimen Überlegungen über die Zuverlässigkeit der sinnlichen Wahrnehmung bis hin zu einem allgemeinen Zweifel an der Erkenntnisfähigkeit des Menschen überhaupt und der Leugnung objektiver Maßstäbe für Wahrheit. Der Mensch und nicht mehr die Welt stand von nun an im Mittelpunkt philosophischer Betrachtungen. Entsprechend dem späteren Höhlengleichnis Platons ist nun der wirkliche Philosoph der, der als Gefangener aus der Höhle des Scheins in das Licht der Wahrheit entflohen ist. Nur er besitzt wahres Wissen, indem er sich an die ewigen und unveränderlichen, bereits präexistent geschauten Ideen wieder erinnert (Anamnesis-Lehre). Durch diese unmittelbare Möglichkeit des Schauens der Wahrheit – d. h. im Platonismus der abstrakten, aber im Reich der Ideen für real existierend gehaltenen Ideen oder später im christlichen Sinne mit der Idee eines transzendenten, dreieinigen und personalen Gottes – entsteht eine ideelle Wirklichkeit, die nun ansetzt, sich über die Wirklichkeit der Welt, die wir mit unseren Sinnen wahrnehmen, zu erheben. Die unmittelbare Verbindung zu Gott vollzieht sich nun in der menschlichen Seele, nicht in der äußeren Welt. Gerade diese subjektivierte Problemstellung hat das menschliche Denken mehr als irgendein anderes in den zweitausend Jahren nach Platon beschäftigt.

Eine Ausnahme und einen ganz besonderer Fall, der zeigt, dass sogar Mystiker einmal zu wissenschaftlichen Ehren gelangt sind, bildet der Fall Pythagoras (um 575–500) und seiner Schule. Die Schule des Pythagoras ist ebenfalls eine ganz entscheidende Voraussetzung für Platons Philosophie gewesen, die so gewaltigen Einfluss auch auf das christliche Abendland haben sollte. Ausgehend von einer Zahlenmystik, d. h. dem Gedanken, dass alles Sein auf Zahlen und Proportionen aufgebaut ist, entwickelte diese Schule eine bis dato noch nicht da gewesene mathematische Fertigkeit, verbunden allerdings mit skurrilen Absonderlichkeiten, die die Pythagoreer mit dieser formalwissenschaftlichen Arbeitsweise verbanden. Die mystischen Folgerungen aus den dagegen zu würdigenden mathematischen Leistungen sind aber innerhalb der Philosophiege-

---

10   Schon Friedrich Schiller (in „Universalhistorische Übersicht der vornehmsten an den Kreuzzügen teilnehmenden Nationen") stellte sich die Frage, ob das Mittelalter notwendig gewesen sei, ob es so gewaltsam sein musste und ob der Weg zur „Menschenfreiheit" nicht ein kürzerer hätte sein können.

schichte weitgehend unberücksichtigt geblieben.[11] Das größte Verdienst
der Pythagoreer war sicher die Einführung der Zahl in die Philosophie
als immaterielles, aber relationales Prinzip der Welterklärung. Der Philosoph Bertrand Russell hält Pythagoras gar für einen der einflussreichsten Denker überhaupt. Für ihn erweist sich sogar der Platonismus „bei
entsprechender Analyse im Wesentlichen als Pythagoreismus."[12] Dies
trifft für beide Seiten des Denkens zu, sowohl für die mathematisch-
deduktive (als deren Begründer nach Russell Pythagoras zu betrachten
ist) als auch für die dunkle mystische Seite. Pythagoras selbst hielt sich
für einen Halbgott, der die sinnliche Welt unter die Welt der mathematischen Ideen stellt, die Seele für unsterblich und in anderen lebenden Wesen ständig neu inkarniert sieht. Der Körper ist nur das Grab der Seele,
so seine wahrscheinlich von östlichen Lehren beeinflusste Philosophie.
Von hier aus wird also ersichtlich, wie der Seelenglaube später über Platon, die Gnostiker und den Neuplatonismus auch auf das Christentum,
wenn auch modifiziert, wirkte.[13]

Wenn sich die Sinnenwelt der Mathematik nicht fügte, so war dies
eher ein Beweis dafür, wie trügerisch Erstere doch letztlich sein muss.
Umso unglücklicher für Pythagoras' System („alle Dinge sind Zahlen")
war es, dass sein Theorem zur Entdeckung inkommensurabler Größen
führte, die seine gesamte Philosophie infrage stellte. So ging die Geometrie der Griechen von Axiomen aus, die vielleicht als evident bezeichnet

---

[11]   So übertrugen die Pythagoräer die harmonischen Gesetze der Musik (die Zahlen-
verhältnisse der Intervalle) auf den Kosmos, indem sie, so berichtet Aristoteles
(„Vom Himmel"), behaupteten, die Bewegung der Gestirne verursachten eine musikalische Harmonie, da auch diese nach gesetzmäßigen Relationen (Geschwindig-
keiten, Entfernungen, Größe) funktionieren. Hier zeigt sich die antike Ambivalenz
von Genialität und mystischer Spekulation. Wie heute jeder weiß, ist Musik und
das Hören von dieser an das Vorhandensein von Luftmolekülen gebunden, welche
im Kosmos nicht vorhanden sind. Die Begründung, wir würden diese Sphärenmu-
sik deshalb nicht hören, weil wir uns so an diese Musik gewöhnt haben, dass wir
sie gar nicht mehr wahrnehmen, ist somit nicht haltbar. Man könnte – durchaus
Erwin Schrödinger (Die Natur der Griechen, Hamburg, 1956, S. 53f.) darin zustim-
mend – von einem Glauben „an eine mystische Macht der Mathematik" sprechen.
Ganz im Gegensatz zu den dagegen als naturwissenschaftlich unwissend zu bezeichnenden Gründern des Christentums ist für die pythagoreische Kosmologie die
Erde aber nicht der Mittelpunkt der Welt, sondern ein Planet unter anderen
(Schrödinger, Erwin, a.a.O., S. 62). Hier zeigte sich bereits die Tendenz wie sie dem
naturwissenschaftlichen Verständnis der Moderne zur Gewissheit geworden ist:
die Erde als ein Planet unter Abermilliarden anderer und ganz gewiss nicht als Mittelpunkt der Welt.

[12]   Russell, Bertrand: „Philosophie des Abendlandes", Wien, 1999, S. 59.

[13]   Zu den eher obskuren Eigenheiten Pythagoras' gehören auch seine Ordensregeln,
die besagten, dass keine Bohnen gegessen werden dürfen; nicht aufgehoben werden darf, was zu Boden gefallen ist; kein weißer Hahn zu berühren sei und vieles
mehr.

werden können, aber in ihren deduktiven Schlüssen zu Theoremen verarbeitet werden, die diesen Status kaum mehr aufrechterhalten können.
Dabei scheinen die mit rationalistischer Einstellung verbundenen mystischen Assoziationen auch ein gewisses Hemmnis für empirische Erkenntnis gewesen zu sein. So betrachtete man bei den Pythagoreern und
Platon bis ins ausgehende Mittelalter den Kreis als geometrisch vollkommene Figur. Dies behinderte den Fortschritt in der Kosmologie insofern, als man sich nicht vorstellen konnte, Gott könnte die Planeten in
elliptischen Bahnen, die als unvollkommener als Kreise angesehen wurden, verlaufen lassen. Kopernikus, der nach antiken Vorgängern als Erster wieder ein heliozentrisches Weltbild vertrat, konnte mit seiner Theorie die Beobachtungen an den Bewegungen der Planeten nicht vollständig erklären, weil er an den idealistischen Vorstellungen seiner
Vorgänger und damit ebenfalls an den Kreisbewegungen festhielt. Erst
Kepler entdeckte 1609 die Ellipsenformen.[14] So können also rein idealistische bzw. ideologische Vorgaben durchaus an den Fakten der Natur
bzw. an deren Beobachtung scheitern und zu falschen dogmatischen
Auffassungen führen.

Für Russell ist diese Hochhaltung der Mathematik auch die
„Hauptquelle des Glaubens an eine ewige und exakte Welt", wie sie besonders in Platons Ideenlehre zum Ausdruck kommt. Platons zentraler
philosophischer Gedanke ist der, dass es das „Gerechte an sich", das
„Schöne, Gute, Große... an sich", den „Kreis an sich", den „Menschen an
sich" usw. nicht bloß in der Vorstellung des menschlichen Geistes, sondern in seiner Urform realiter und objektiv in einer Art „Ideenhimmel"
gibt. Die Seelen der Verstorbenen schauen diese Ideen bzw. Wahrheiten,
vergessen sie aber wieder bei ihrer Wiedergeburt. Alle irdischen Phänomene sind nur unvollkommene Abbilder jener Urbilder, welche im
Gegensatz zur Sinnenwelt die eigentliche Wirklichkeit darstellen. Diesen
Ideen kommt auch Vollkommenheit und Unveränderlichkeit zu. Sie sind
die Voraussetzung für die Existenz aller Sinnesobjekte. Im Gegensatz
dazu vertritt sein Schüler Aristoteles die Auffassung, dass vielmehr die
Einzeldinge die eigentliche Wirklichkeit ausmachen und die Allgemeinbegriffe lediglich das intellektuelle Bedürfnis ausdrücken, die Phänomene in Ordnungskategorien zu klassifizieren. Somit hatte bereits Aristoteles die möglichen Schwächen dieses idealistischen Systems aufgezeigt.
Für Aristoteles zielt alles logische und mathematische Denken auf lediglich ideale Objekte des Geistes ab, deren reale Existenz in einem „Ideenhimmel" keineswegs zwingend ist. Die an sich begrüßenswerte intelligible Perfektionierung abstrakter Theorien (wie der Mathematik) führte
mit Platon aber auch zu einer Vernachlässigung der empirischen Welt.
Nun werden sogar mystische Lehren durch reine Mathematik erhärtet,

---

[14]   Herrmann, Joachim: Das große Lexikon der Astronomie, München, 1996, S. 60f.

da Zahlen real, ewig und nicht zeitgebunden sind. Lag also mit dem vorpythagoreischen Orphismus eine den asiatischen Mysterienreligionen ähnelnde Lehre vor, so tritt nun mit Pythagoras über Platon, Thomas von Aquin, Descartes, Spinoza, Leibniz… die Verschmelzung zweier Gegensätze – Religiosität und Vernunft (mehr oder weniger mathematisch bzw. geometrisch ausgerichtet) – ein, was teilweise groteske Züge annahm. Auch die unterschiedlichen und widersprüchlichen Ergebnisse, zu denen man dabei gelangte, zeigen, dass diese einseitig rationalistische Methode nicht ihren eigenen Ansprüchen, nämlich exakte Beweise auch für metaphysische „Wahrheiten" liefern zu können, gerecht werden konnte.

Der große Gegenspieler Platons war sein Schüler Aristoteles (384–322). Die Gegensätze beider Denker hat der Maler Raffael in seiner „Schule von Athen" um 1510 sehr treffend dargestellt, indem er Platon mit dem Finger nach oben, also in Richtung des überirdischen „Ideenhimmels" als Ort reinster Erkenntnis und absoluter Wahrheiten, zeigen lässt, während der ihm im Gespräch zugewandte Aristoteles mit der Hand nach unten, also eher zur Erde hin deutet und somit die empirische, weniger spekulative und weniger metaphysische Position vertritt. In der Tat verkörpern beide Philosophen den Gegensatz des Idealismus und des Empirismus. Erkenntnis ist für Aristoteles, den Begründer der systematischen Logik, nicht ein Wiedererinnern an die in einem behaupteten „Ideenhimmel" einst geschauten Ideen bzw. Wahrheiten, sondern fängt ganz profan und induktiv von unten an. Aus Wahrnehmung (die allen Lebewesen zukommt) wird Erinnerung (wozu einige Lebewesen fähig sind), wiederholte Wahrnehmung verdichtet sich zu Erfahrung (höhere Tiere und der Mensch) und aus dieser wiederum folgt das Wissen (Eigenschaft nur des Menschen), indem Allgemeinbegriffe, Prinzipien und Definitionen gebildet werden. Während also für Platon die Einzeldinge nur in Abhängigkeit von den intelligiblen Ideen existieren und letztere deshalb eine höhere Seinsebene erhalten, geht Aristoteles den umgekehrten Weg von unten (Einzeldinge) nach oben (Allgemeinbegriffe) und kritisiert Platons Position darin, dass dieser die Ideen von der Sinnenwelt abgrenzt, dabei aber auch die Ideen als Einzeldinge gekennzeichnet werden, was aber ihrem eigenen Definitionsanspruch der Allgemeinheit widerspricht. Aber auch Aristoteles gelangt mit seiner empirisch ausgelegten Philosophie zu einer Art Gottheit, die er als den ersten, selbst unbewegten Beweger bezeichnet. Aristoteles ging noch davon aus, dass die Zeit selbst und die Veränderungen unveränderlich sind. Eine Position, die in Einsteins Relativitätstheorie widerlegt wird. Die einzige Veränderung, die für Aristoteles ewig existieren kann, ist dabei die auch für Platon ideale Kreisbewegung. Die vermeintliche Kreisbewegung der Fixsterne muss daher ebenso eine ewige und immaterielle Substanz haben, die er als von einem ersten Beweger verursacht betrachtet. Es ist aber keineswegs ein persönlich gedachter Gott, sondern dieser erste Beweger ist „nous", also immaterielle Vernunft, die sich quasi selbst denkt. Da aber nur Lebendiges denken kann, ist Aristoteles' Gott zumindest belebt und bewegt die ganze Natur. Die Lebewesen existieren in gewisser Weise als Art und durch die Fortpflanzung ebenfalls ewig. Ebenso wie der physikalische oder kosmologische Ausgangspunkt, nämlich der einer ewigen und unvergänglichen Zeit, aus heutiger Erkenntnislage heraus bezweifelt werden kann, so gilt dies auch für diese biologische Annahme, die ebenfalls für Aristoteles ein Indiz für einen göttlichen Beweger ist. Wir wissen heute, dass die rezenten Lebensformen einst abiotisch und erst in vielen Zwischenstufen evolutiv entstanden sind, dass umgekehrt aber auch Arten aussterben und dass spätestens mit dem Erlöschen der Sonne auch auf unserem Planeten kein Leben mehr möglich sein wird. Damit fällt ein wesentlicher Baustein der Argumentation des Aristoteles für einen göttlichen Beweger weg. Zumal das Problem letztlich auch nur verschoben wäre, weil nicht geklärt ist, wer den ersten unbewegten Beweger bewegt hat. Die Annahme eines ersten unbewegten Bewegers gleicht ein wenig dem Problemlösungsversuch des durchgeschlagenen gordischen Knotens. Wenn man einen ersten unbewegten Beweger postuliert, dann ist die Frage berechtigt, warum man nicht auch für einen unbewegten, ewig existierenden Kosmos plädieren sollte, ohne einen vorgeschalteten göttlichen Beweger. Es wäre zumindest eine sparsamere These, die auch nicht einen überflüssigen Hiatus von natürlichen Erklärungen hin zu übernatürlichen aufweist. Andere bekannte Irrtümer Aristoteles' waren seine Annahmen, dass schwere Körper im freien Fall schneller fallen, je schwerer sie sind; oder seine These vom horror vacui (Abneigung der Natur gegen das Leere bzw. Nicht-Seiende) und der damit verbundenen Äthertheorie; oder die Behauptung, das Gehirn sei eine Art Kühlorgan und das Denken vollziehe sich in der Herzgegend. Dennoch war er auf vielen Gebieten ein überragender Denker, der sowohl in theoretischer Hinsicht mit der Herausbildung einer bis weit in die Neuzeit hinein kaum verbesserten Logik als auch in praktischer Hinsicht, was viele seiner biologischen Untersuchungen angeht, Herausragendes geleistet hat. Wie vor ihm Platon, so hat auch Aristoteles das christliche Mittelalter sehr stark beeinflusst und wurde von den christlichen Gelehrten sozusagen als intellektuelle Krücke für ein ansonsten eher mythisches und aus rein objektiver Sicht gesehen auch irrationales Glaubensgebäude aus Wundern, Dämonen, Engeln, Teufeln, Heiligem Geist, Jungfrauengeburt, Wiederauferstehung, Himmelfahrt... gerne adaptiert. Dennoch gab es auch zwischen der Theologie des christlichen Mittelalters und der Weltsicht des Aristoteles einige unüberbrückbare Diskrepanzen. So konnte man von theologischer Seite seine Thesen von der Ewigkeit der Welt und der absoluten Gültigkeit der Naturgesetze nicht akzeptieren. Interessanterweise stieß aber gerade seine Rechtfertigung der Sklaverei bei einigen Scholastikern auf Interesse und sogar auf grundsätzliche Zustimmung. Auch Aristoteles' Standpunkt einer sterblichen Seele passte nicht so recht in das Himmelskonzept und die Versprechungen eines ewigen Lebens.

Ein weiteres und letztes Beispiel, wie sehr das freie und rationale griechische Denken dem mythologischen Denken zeitgleicher anderer Kulturen überlegen geworden ist, sind die Erkenntnisse des Naturphilosophen und Astronomen Aristarchos von Samos (310–230). Nicht nur dass er im Gegensatz zu den alttestamentarischen Autoren ein heliozentrisches Weltbild vertrat, mit Mathematik und den einfachsten empirischen Mitteln kam er zu dem Ergebnis, dass die Erde 2,85 mal so groß wie der Mond ist. Der tatsächliche Faktor beträgt 3,67. Und auch wenn er die Entfernung der Erde zur Sonne noch nicht exakt bestimmen konnte, so besteht sein Verdienst darin, dass er tendenziell richtig lag und zumindest einen Eindruck von den wirklichen Dimensionen unseres Planetensystems gewonnen hatte. Da die Sonne statt 400 mal nach Aristarchos nur 19 mal so weit entfernt ist von der Erde wie der Mond, schloss er daraus, dass erstens – da Sonne und Mond am Himmel etwa gleich groß erscheinen – auch der Größenunterschied das 19fache betragen müsse; und dass zweitens ein so großes Himmelsgestirn wie die Sonne auch das Zentrum des Universums sein müsse. Nach Kleanthes vertrat Aristarchos zudem die Auffassung, dass nicht der Himmel sich um die Erde, sondern diese sich um die eigene Achse drehe. Auch Aristarchos Arbeiten blieben im Gegensatz zu den Schriften des Aristoteles und Platon lange unbeachtet, weil sie dem biblischen Weltbild und somit den Auffassungen des christlichen Mittelalters widersprachen. Erst durch Nikolaus Kopernikus wurden sie neu entdeckt und wieder aufgegriffen.

Insgesamt lässt sich also mit dieser kurzen Zusammenfassung festhalten, dass antike Philosophen wenig geeignet sind, um sich auf diese als Kronzeugen für ein theistisches Welt- und Gottesbild berufen zu können.

2. Das Mittelalter

In der mittelalterlichen Geistesgeschichte[15], die vorrangig Theologie war, spielt die Antike eine noch immer dominierende, wenngleich auch eine unter die Knute der christlichen Ideologie geratene Rolle. Der intellektuell eher anspruchslose urchristliche Glaube bedurfte der philosophischen Absicherung, indem man beispielsweise mit Platons Ideenlehre religiöse Glaubenspositionen nun auch intellektuell, d. h. philosophisch, festigen und formen konnte, und später mit Hilfe Aristoteles sogar zu „beweisen" vermeinte. Das Mittelalter holte sich aus der antiken Philosophie wie aus einem Steinbruch die Steine zur Untermauerung seiner theologischen Konstruktionen. Man anerkannte die heidnischen Vorstellungen eines höchsten Gutes (Platon), welches der christlichen Vorstellung sehr nahe kam, aber bemitleidete gleichermaßen die großen antiken Denker, weil sie aufgrund ihrer frühen Geburt ohne den „rechten" Glauben – womit freilich immer nur der christliche Glaube gemeint war – dennoch der Verdammnis ausgeliefert waren. Nach Dantes Göttlicher Komödie „genießen" Vergil, Homer, Horaz, Ovid… als Ungetaufte aber immerhin einen bevorzugten Platz in der Hölle.

Die Märtyrer und Heiligen des Mittelalters selbst waren aber wohl mehr Glaubens- als Liebeshelden, da der Glaubenseifer jenen Eifer an guten Werken bei weitem überwog. Und wenn Barmherzigkeit praktiziert wurde, dann auch nicht aus humanistischen oder altruistischen Gründen, sondern um Christi willen, da man sich davon – nicht ganz ohne Eigennutz – einen gewissen Lohn, nämlich das ewige Leben, erhoffte. So wurde Christi Mitleid, wenn es sich nicht um Andersgläubige handelte, zwar nachgeahmt, die Armut als solche aber nie beseitigt. Daran bestand auch herzlich wenig Interesse. Im Gegenteil, die Kurie profitierte von der Ausbeutung und, was dazu notwendig war, von der geistigen Unterdrückung und Manipulation der damals höchst naiv strukturierten und so auch bewusst gehaltenen Menschen. Selbstverständlich wurden die Ordnung der Gesellschaft in Stände sowie die Zugehörigkeit des Individuums zu seinem Stand demnach auch als gottgewollt und unveränderlich propagiert.

Die im römischen Reich wenigstens einigermaßen vorhandene Toleranz in Religionsangelegenheiten wurde mit dem Christentum immer mehr abgelöst von einem religiösen Fanatismus und einer zunehmenden

---

[15]   Neben noch anderen Vorschlägen datiert man den Beginn des Mittelalters auf die Wanderungen der Goten, Vandalen, Burgunder und Langobarden. Diese Völkerwanderung wurde 375 durch den Sieg der Hunnen im damaligen Südrussland über die Ostgoten verursacht, was ein Eindringen der germanischen Völker in das römische Reich zur Folge hatte. Ein weiterer Vorschlag des Wendepunktes von der Antike zum Mittelalter ist das Ende der römischen Kaiser- und Götterkultes, also die Einführung des Christentums als einzige Reichsreligion im Jahre 391.

Gewaltbereitschaft bei der Bekehrung oder Ausrottung der Heiden. Die christliche Liebe war zu diesem Zeitpunkt wahrlich keine von Herzen kommende Liebe, sondern stand immer im Bann der religiösen Ideologie und wurde dieser in praxi untergeordnet. Selbst der barmherzige Franz von Assisi ordnete an, dass man Brüder seines Ordens, die als „nicht katholisch" betrachtet werden können, ruhig ins Gefängnis werfen könne.[16]

Besonders charakteristisch für das Lebensgefühl und das Weltbild der mittelalterlichen Menschen war das von der kurialen Obrigkeit auch zum Zwecke der Gefügigmachung der Plebs bewusst einverleibte Bewusstsein, dass das Jenseits wichtiger sei als das Diesseits. Dementsprechend war auch das irdische Leben der Menschen ausgerichtet und gesteuert. So gut wie alle Annehmlichkeiten des Lebens wurden verteufelt, während die hohe Kirchlichkeit sich bereits im Diesseits den Himmel mit Völlerei, Hurerei und zahlreichen anderen Annehmlichkeiten auf Kosten der gutgläubigen und ausgebeuteten Masse gönnte. Um an die begehrten kirchlichen Ämter zu kommen, schreckte man auch nicht vor Intrigen, Betrug (Konstantinische Schenkung), ja nicht einmal vor Mord zurück. Die Geschichte der Päpste ist nachgewiesenermaßen auch eine Geschichte voller Grausamkeiten, Ausschweifungen, Skandale, moralischer Verkommenheit, Kriege und Schreckensherrschaft.

Auch der gemeine mittelalterliche Mensch war durchdrungen von einem manipulierten Bewusstsein über die Schlechtigkeit der Welt. Diese wurde durch eine Frau mit einem wunderschönen Antlitz symbolisiert, die aber, wenn sie von der anderen Seite betrachtet wird, von Würmern, Schlangen und Geschwüren verunstaltet ist. Dass es aber nicht die Schlechtigkeit der Welt ist die den Menschen betrügt, sondern dass die Menschen auch mit Hilfe der Religion selbst für diese Lage verantwortlich sind, kam den Theologen und Denkern gar nicht erst in den Sinn. Zu sehr war man von einem schicksalhaften und allein in Gottes Hand liegenden Leben überzeugt, welches jegliches Gefühl der Eigenverantwortlichkeit erst gar nicht aufkommen ließ. Eine Revolution von unten nach oben zur Abschaffung dieses Übels war aufgrund dieser bewusst gepflegten Geisteshaltung und einer mit Blut aufrechterhaltenen Hierarchie nicht zu erwarten.

Das Mittelalter war auch die Zeit von Aberglauben, Hexenwahn, Scheiterhaufen, Satansglaube, Endzeiterwartung und Intoleranz gegenüber Andersdenkenden (es gab nur zwei Alternativen: katholischer Glaube oder Verfolgung und Tod), die durchaus von oben, also vom Klerus, inauguriert und gefördert wurden, sei es aus echter Überzeugung von der Wahrheit dieses Aberglaubens, sei es aus purem Machtin-

---

[16] Endres, Rolf: Einführung in die mittelhochdeutsche Literatur, Frankfurt-Berlin-Wien, 1971, S. 41f.

teresse. Eine durch Dämonen- und Teufelsglauben in Angst und Schrecken lebende unaufgeklärte Bevölkerung ist leicht zu beherrschen und zu manipulieren.

Geprägt war diese dunkle unaufgeklärte Zeit zudem von der Überzeugung, Weltgeschichte sei Heilsgeschichte und die Erlösung durch Christus und das Reich Gottes stehen unmittelbar bevor. So sind alle mittelalterlichen Gliederungen der Weltgeschichte direkt auch auf das Seelenheil des Menschen bezogen, geprägt durch den Glauben, sich im letzten Weltalter zu befinden mit dem Ende der Zeiten in naher Zukunft. Joachim da Fiore (um 1135–1202) teilte die Weltgeschichte entsprechend der Trinität in drei Abschnitte ein. Auf das Reich des Vaters (die Zeit des Alten Testamentes) folgte das des Sohnes (die Zeit des Neuen Testamentes). Das dritte glückliche Zeitalter des Heiligen Geistes sollte seiner Vorhersage nach 1260 anbrechen und alle Freuden des Himmlischen Jerusalem (Offenbarung 21) bieten.

Es herrschte aber nicht nur die geistige Niederhaltung des gemeinen Mannes. Bauern, die über 90 % der Bevölkerung ausmachten, standen auch in klösterlichen Frondiensten, lieferten Naturalien, Zinsen und darüber den Kirchenzehnt ab. Es gab so gut wie nichts, was nicht dem Einfluss der Kirche und des Glaubens unterworfen gewesen wäre. Im Gegensatz zur Gegenwart herrschte gewiss auch kein Priestermangel, man schätzt heute, dass im 13. Jh. in Deutschland jeder neunte die geistlichen Weihen besaß. Das öffentliche und private Leben bis in die letzten Winkel der Psyche (des Gewissens) hinein war infiltriert von kirchlichen Bevormundungen und Suggestionen.

Zu welcher antihumanistischen Entartung religiöser Fanatismus fähig ist, sieht man auch an den Regeln der frühen Benediktiner. Unbedingter Gehorsam, Aufgabe der eigenen Meinung und des eigenen Willens, keine Scherze und kein Lachen. Der Mönch soll außerdem „das ewige Leben mit aller Begierde des Geistes ersehnen", „den drohenden Tod vor Augen haben", „die Gelüste des Fleisches nicht befriedigen" und „vor der Hölle zittern". Auch bei den Franziskanern ist diese Weltfremdheit und vor allem auch Weltfeindlichkeit vorhanden. Tanzen z. B. war eine gefährliche Angelegenheit zur Sünde, wie die Frauen insgesamt aufgrund einer alle Sinnlichkeit ablehnenden Einstellung mit einer offenen Feindseligkeit betrachtet wurden. So schrieb schon Hieronymus: „Die Frau ist die Pforte des Teufels, der Weg der Bosheit, der Stachel des Skorpions, mit einem Wort, ein gefährlich Ding."[17] Der Abstand zwischen den einstigen Idealen des Stifters des Christentums und der Wirklichkeit, also mit unermesslichem Luxus, Genusssucht auf der einen und Armut, geistiger Unterdrückung, körperlicher Grausamkeit und schrei-

---

[17] Zitiert nach Endres, Rolf: Einführung in die mittelhochdeutsche Literatur, 1971, S. 48.

endem Unrecht auf der anderen Seite, war exorbitant. Noch heute besteht diese schwer nachvollziehbare Kluft zwischen kurialem Reichtum
und einer unsäglichen Armut unter dem weitaus größten Teil der Erd-
bevölkerung.

Verglichen mit dem Geschichtsabschnitt der heidnischen Griechen
und Römer scheint das christlich geprägte und dominierende Mittelalter
alles in allem ein, aus zumindest humanistischer und geisteswissenschaftlicher Sicht gesehener, Rückschritt gewesen zu sein. Zumindest
wurde das Wort „media aetas" („Mittelalter") von italienischen Huma-
nisten im 15. Jh. geprägt, um damit anzuzeigen, dass zwischen Altertum
und der daran wieder anknüpfenden Neuzeit eine Zeit von Unwissenheit und Barbarei gelegen hat.[18]

Besonders der psychologisch erfolgreiche Kunstgriff der Androhung einer ewigen Verdammung und des Fürchtenmachens durch das
Phantasieprodukt des Teufels spielt in der mittelalterlichen Denkweise
eine zentrale und gesellschaftlich exorbitante Rolle. Da der christliche
Glaube zu dieser Zeit nicht mehr wie in urchristlichen Zeiten als Religion von unten angesehen werden kann, sondern als gewissermaßen al-
ternativlose und gottgegebene bzw. gottgewollte universalistische Religion der Mächtigen von oben diktiert wurde, ist der Vorwurf an die Kirche durchaus nicht unberechtigt, durch Religion, vornehmlich mit der
Androhung ewiger Höllenstrafen, sich die breite Masse gefügig gemacht
zu haben. Die sinnlich sehr konkret geschilderten Höllenängste des an
den leibhaftigen Teufel glaubenden mittelalterlichen Menschen peinig-
ten diesen in einer heute kaum mehr nachvollziehbaren Art und Weise.
Religion war, daran kann heute kein Zweifel mehr sein, zu einem großen
Teil auch psychologisches Machtmittel zur Unterdrückung einfacher
Menschen und zum materiellen Wohle einer klerikalen Minderheit. Die
Riege der Glücklichen, welche es schaffen, in das Paradies zu kommen,
wird dabei bewusst gering gehalten, um die Abhängigkeit zu erhöhen.
Gemäß dem Prediger Berthold von Regensburg taugen nur fünf von
hundert für das ewige Leben, was er aus der Bibel heraus zu beweisen
vermeinte. Um die Heiden zu bekämpfen, bedurfte es somit des Phanta-
sieproduktes des Teufels, denn dieser steckt in diesen. Da es galt, den
Teufel auszurotten, der in allen der Kirche missliebigen Menschen
steckt, so war jeder Krieg, besonders die Kreuzzüge, aber auch jede
Grausamkeit gegen Andersdenkende leicht zu rechtfertigen. Besonders
im 13. Jahrhundert nahmen die Ketzerverfolgungen ein perverses Ausmaß an.

Im Zusammenhang mit dem Teufelsaberglauben ist auch der Aberglaube an die Hexen zu sehen, welche mit diesem paktierten und welche
man für jegliches Übel wie Hagel, Blitz, Krankheiten usw. verantwort-

---

[18]   Endres, Rolf: Einführung in die mittelhochdeutsche Literatur, 1971, S. 32.

lich machte. Damit wiederum stehen die sogenannten „Gottesurteile" im Zusammenhang. Da man ganz im Sinne des Theismus glaubte, Gott würde direkt in das Weltgeschehen eingreifen, wurden Verdächtige in einen vorher geweihten Fluss geworfen, mit gebundenen Händen und den Körper mit einem schweren Stein versehen. Ihre Unschuld konnte nun dadurch bewiesen werden, indem sie eben nicht untergingen. So war dieses Procedere bis ins frühe 13. Jahrhundert sowohl ein untrügliches Zeichen für die Allmacht Gottes als auch für die Schuldigkeit des Verdächtigen.

Auch die Voraussetzung für ein freies Forschen oder Philosophieren waren zu dieser Zeit der Vorherrschaft von Kirche und Theologie noch nicht gegeben. Die Philosophie war zur „ancilla theologiae" degradiert worden. Nur in durch Glaube und Dogmen vorgegebenen Grenzen und unter Berufung auf sanktionierte Autoritäten konnte die Philosophie lediglich als eine Art Steigbügelhalter für den Glauben agieren. So war für Bonaventura (13. Jh.) philosophisches und wissenschaftliches Wissen nur dann von großem Nutzen, wenn es in den umfassenden Horizont des Glaubenswissens integrierbar ist und wenn es die Vereinigung mit Gott, d. h. natürlich nur mit der christlich-theistischen Auffassung, die man von ihm hatte, zum Ziel hat. Wissenschaft und Philosophie hatten sich der Theologie und der Schrift, die als einzige Quelle allen Wissens galt, unterzuordnen. Mittelalterliche Philosophie war somit lange Zeit christliche Philosophie, deren Vertreter fast allesamt Kleriker waren. Dementsprechend waren auch die Grenzen für Wissen vorgegeben, denn immer musste es glaubenskonform sein und zum Heil führen. Dies sind im Wesentlichen immer noch die Leitlinien der Katholischen Kirche.[19] Das Monopol auf die absolute Wahrheit zu besitzen, dies bean-

---

[19]   Noch Ende des 19. Jahrhunderts wurde u. a. von Georg von Hertling, welcher bei dem Philosophen Franz Brentano studiert hatte, die katholische Görres-Gesellschaft gegründet, deren Bestreben es war, die Wissenschaft in Übereinstimmung mit der katholischen Lehrmeinung zu bringen. So konnte ein katholischer Biologe kein Darwinist sein. Ebenso konnte ein Psychologe nicht für Thesen eintreten, welche mit dem katholischen Menschenbild nicht im Einklang standen. „Die Freiheit und Unabhängigkeit der Forschung wurde ausdrücklich bestritten." Hertling hierzu: „Unvereinbar mit dem Katholizismus wie mit dem Christentum überhaupt sind die Dogmen des Materialismus: die Annahme, dass aus einem Bewegungsprozesse ohne Anfang und ohne Ziel eine gesetzliche Ordnung entstanden sei, die Leugnung des Geistigen, die Behauptung vom tierischen Ursprung des Menschen." (Zitiert nach Münch, Dieter: Edmund Husserl und die Würzburger Schule, in: Brentano Studien, Band 7, Dettelbach, 1998, S. 89-122, insbes. S. 107f. und 119) Es ist kein Zufall, dass es sich bei Hertling um einen bayerischen Politiker handelte, den späteren (ab 1912) bayerischen Ministerpräsidenten. Dabei hat die Wissenschaftsfeindlichkeit, wenn es sich um missliebige Anschauungen handelt, eine lange Tradition in der Katholischen Kirche. Bereits Bonifatius VIII. verbot das Präparieren von Skelet-

spruchten für sich ganz allein die Theologen, was sich aus ihren „Gottesbeweisen" und Dogmen herauslesen lässt. Was aber sind Dogmen als lediglich der Ausdruck des Willens zur Gewissheit? Dabei wird ab einer bestimmten Stelle der Hinterfragung einfach abgebrochen und dogmatisch ein vermeintlich zureichender theologischer Grund postuliert. Die auf übernatürliche Weise offenbarte Wahrheit, die dann von der Kirche verkündet wird, muss von den Gläubigen vorbehaltlos angenommen werden. Versehen mit dem Anschein des Göttlichen und Unfehlbaren werden Dogmen gegen Verbesserungsvorschläge bzw. gegen sich weiter entwickelnde Erkenntnisse immunisiert. Gegen diese Konservierung bestehender Zustände steht der damit unvereinbare Wille zur Aufklärung, dem zufolge prüfbare Theorien zu entwickeln sind, die als Provisorien permanent zu kritisieren sind, um sich der postulierten Wahrheit anzunähern.

Ein wesentliches Agens des Glaubens und die unabdingbare Voraussetzung zur Erlangung des Heils war auch die Zusage zur Vergebung der Sünden. Dies kann und will die Philosophie im Gegensatz zu Theologie nicht aufbieten, schon allein weil sie nicht zwangsläufig von Prämissen wie der von Paulus erfundenen Erbsünde ausgeht und somit auch kein Sündenbewusstsein und eine damit verbundene Erlösungstheorie erzeugt, was ja erst die notwendige Voraussetzung dafür ist, Sünden großzügig und salbungsvoll wieder vergeben zu können. Die Befriedigung dieses Bedürfnisses nach Sündenvergebung konnte also nur durch den rechten Glauben erlangt werden, von dem es allerdings nicht ganz uneigennützig auch seinen Ausgang nahm.

Was das Verhältnis zwischen Philosophie und Theologie angeht, so lässt sich dies auch im Verhältnis von Vernunft und Glaube beschreiben. Nach Wilhelm von Auxerre (gest. 1231) verhält es sich bei Aristoteles so, dass der Beweis (argumentum) die Begründung einer zweifelhaften Sache ist, die den Glauben erzeugt; bei einem Christen hingegen sei der Beweis der Glaube, der die Vernunfteinsicht hervorbringt. Mit dieser nicht unproblematischen Auffassung von „Beweis" kann allerdings jede Art von Glauben als Ausgangspunkt für eine vermeintliche Wahrheit postuliert werden, und folglich gibt es so viele vermeintliche Wahrheiten wie es Religionen gibt, denn jeder religiöser Glaube ist von seiner Richtigkeit überzeugt. Damit lässt sich alles und das Gegenteil begründen, wenn nur der Glaube, an was auch immer, fest und tief genug ist.

Für Albertus Magnus (1193?–1280) besteht der Hauptunterschied beider Wissenschaften darin, dass die philosophische Gottesschau und

---

ten und untersagte durch das Lateranische Konzil von 1139 den Mönchen die Ausübung der Medizin ebenso wie das Lesen sündhafter physikalischer Schriften. (Siehe Wolf, Hans-Jürgen: Sünden der Kirche, Hamburg, 1995, S. 292).

der Gottesbegriff das Resultat der menschlichen natürlichen Erkenntnis sind, wohingegen die theologische Schau durch ein gnadenhaft eingegossenes Licht ermöglicht und erst im Jenseits vollendet wird. Hierbei wird allerdings die Existenz Gottes (freilich handelt es sich bei den mittelalterlichen Theologen immer nur um den christlichen Gott) als selbstverständliche Voraussetzung postuliert. Das, was also als evident bewiesen werden soll, wird bereits in der Prämisse vorausgesetzt. Albertus schreibt in seiner Metaphysica XI: „Was zur Theologie gehört, stimmt in den Prinzipien nicht mit dem überein, was zur Philosophie gehört" (Theologica autem non conveniunt cum philosophicis in principiis), weil es sich auf Offenbarung und Inspiration und nicht auf Vernunft gründet, und deshalb kann ich es im Rahmen der Philosophie nicht erörtern. In diesem Sinne handelt die Theologie „von den höchsten Gegenständen und auf die höchste Weise", während die Philosophie, die in der Form der Metaphysik auch Weisheit ist, zwar auch die höchsten Gegenstände thematisiert, aber nicht „auf die höchste", sondern in der durch die menschliche Vernunft bedingten Weise. Theologisches Denken wird somit im Mittelalter in anmaßender und dogmatischer Weise als Geschenk Gottes zu einem göttlichen Denken verklärt, das somit außerhalb der Vernunft und jeglicher Kritik steht und deshalb auch nicht von dieser belangt werden kann.

Auch Thomas von Aquin (1225–1274), der Hauptvertreter des aristotelisch bestimmten Denkens im Spätmittelalter, schließt sich der Auffassung über das Verhältnis von Glaube und Vernunft weitgehend seinem Lehrer Albertus an. Die Philosophie als Metaphysik betrachtet die höchsten Ursachen des Seienden, sofern sie aufgrund des geschaffenen Seins erkennbar sind, die Theologie aber ist durch göttliche Inspiration dazu in den Stand versetzt, diese Ursachen „nach Art der Ursache selbst" (i. e. göttlich) zu betrachten. Die fragliche Existenz eines (christlichen) Gottes, die es zu beweisen gilt, wird also auch bei ihm nolens volens vorausgesetzt. Die conclusio (der zu folgernde Schluss) wird, wie eben bei Albert dargelegt, somit auch bei ihm bereits in den Prämissen latent vorausgesetzt.[20]

Der Beginn des sich langsam in die mittelalterliche Geistesgeschichte hineindrängenden und später ab der Renaissance bis heute so erfolgreichen naturphilosophischen Denkens wird durch den Aristotelismus eingeleitet. Mit ihm trat insofern eine Wende mittelalterlicher Philosophie ein, als von nun an mit der experimentellen Methode („scientia experimentalis") die naturalistische jetzt auch empirische Naturwissenschaft erstmals wieder seit den ionischen Naturphilosophen Berücksichtigung

---

[20]   Diese Erschwindelung eines angeblichen Beweises (conclusio), der auf unbewiesenen lediglich postulierten Prämissen beruht, bezeichnet man als „Petitio Principii".

fand. So ist für Albertus beispielsweise der natürliche, bewegte Körper Gegenstand der Naturwissenschaft, und zwar in einem so weit gefassten Sinne, dass auch Wetter-, Gesteins-, Pflanzen- und Tierkunde sowie Abhandlungen über Jugend und Greisenalter, Schlafen und Wachen, Sinn und Sinneswahrnehmung, Gedächtnis und Erinnerung, Vernunft und Erkenntnisinhalt und einiges mehr darunter fielen. Den Aufstieg des empirischen Denkens erkennt man daran, dass bereits in Albertus naturphilosophischem Aristotelismus ein Schluss (conclusio), der zur Sinneswahrnehmung (sensus) in Widerspruch steht, unannehmbar geworden ist. Dies war für das vorausgegangene platonisch dominierte Mittelalter alles andere als eine Selbstverständlichkeit, da hier die Vernunft und die überzeitlichen Ideen die Majorität über die stets als minderwertig betrachtete Sinnenwelt besaßen.

Mit Wilhelm von Ockham (ca. 1300–1350) kommen wir nun zu einem wissenschaftshistorisch äußerst bedeutsamen Mann, mit dem die Wende von der mittelalterlichen hin zu der neuzeitlichen Philosophie und Naturauffassung massiv beschleunigt wurde, brachte er doch das zumindest oberflächlich so erscheinende Konstrukt der Harmonie von Glaube und Wissen bzw. von Theologie und Philosophie zum Einsturz.

Der wesentliche Streitpunkt der mittelalterlichen Theologie und Philosophie war der sogenannte Universalienstreit. Es geht dabei um das bereits seit der klassischen Philosophie vorhandene problematische Verhältnis von Begriff und Wirklichkeit. Sicher will alles Denken Wirklichkeit erfassen, doch da man in Begriffen denkt, ist die Beziehung von Begriff und Wirklichkeit entscheidend. Aristoteles lehnte den platonischen „Ideenhimmel" ab. Für ihn existieren Gesamtheiten, Klassen, Typen und somit die platonischen „Ideen" nur in unserem Denken. Dennoch vertritt auch Aristoteles den Standpunkt, es gäbe Prinzipien, die nicht der Erfahrung entstammen. Allerdings bringt er die Empirie zu ihrem Recht, wenn er ähnlich wie später Kant betont, dass zur Überprüfung die Erfahrung als gegebenenfalls widerlegende Instanz herangezogen werden könne. Für das platonisch geprägte frühe Mittelalter hingegen kam den Ideen Platons allein Wirklichkeit zu. Alles Individuelle stellte diesen zufolge ein unvollkommeneres Abbild bzw. eine Individuation der an sich vollkommenen und einzig realen Ideen dar. Das Individuelle und Besondere wird von diesem Allgemeinen gewissermaßen erzeugt und partizipiert an diesem gemäß dem platonischen Teilhabegedanke.

Das Charakteristische jener Zeit war dabei, dass man bestrebt war, den Platonismus mit dem Christentum zu verschmelzen, indem man die Ideen in Gottes Geist versetzte. So stritt man sich beispielsweise darum, ob denn dem Allgemeinen (den universalia), das auch Abälard nur als Begriff gelten lässt, nun in den Dingen selbst Realität zukommt oder ob sie nur in Gottes Geist vorkommen. Für Abälards Konzeptualismus sind

Ideen insofern ante res, als sie in Gottes Geist vor ihrer Erschaffung existieren. Für den menschlichen Verstand wiederum sind sie post res, da dieser den Begriffen nur durch Abstraktion habhaft werden kann.

Da diesen Überlegungen nicht recht zu entnehmen war, wo und wie genau nun den Begriffen reale Wirklichkeit zukommt, entwickelte sich in der Position Ockhams die Ansicht, dass den universalia jede Realität fehlt, dass sie also nur Namen, Begriffe und Abstraktionen sind, die post res existieren. Wenn aber die Begriffe nicht als Teilhabe göttlicher Ideen existieren, sondern nur als Abstraktionen individueller Wirklichkeiten, so hat dies erkenntnistheoretisch die Konsequenz, dass strenge Beweise (also auch die rein rational geführten Gottesbeweise) und absolute Wahrheiten nicht möglich sind, da ihre Quellen nicht aus einem göttlichen „Ideenhimmel" kommen, sondern der menschlichen und falliblen Abstraktion erwachsen. Das heißt, die von Thomas von Aquin postulierte durchgängige Harmonie des gesamten Seins und der scholastische Versuch zwischen auctoritas (der göttlichen Offenbarung) und der ratio (als dem lumen divinum in uns) zu vermitteln, also ein philosophisches Verständnis der Offenbarung zu gewinnen, ist mit dem Nominalismus gescheitert, da Wilhelm zufolge Begriffe nur logische Abstraktionen sind. Dies bedeutet, dass somit auch jeglicher Metaphysik der feste Boden unter den Füßen entzogen wurde,[21] wenn den Allgemeinbegriffen nichts Reales entspricht. Nicht einmal im Geist Gottes existieren diese universalia vor den Dingen (ante res), da sie sonst vor den Einzeldingen gewesen sein müssten, was dann aber auch der Vorstellung einer göttlichen Schöpfung aus dem Nichts widersprechen würde.

Die geistesgeschichtlich relevante Auswirkung dieser nominalistischen Position, die das individuell Reale höher schätzt als das spekulativ Ideale, ist nun eben darin zu sehen, dass mit dieser Position in der mittelalterlichen allgemeinen Geisteshaltung eine Aufwertung des Empirischen verbunden ist. Hierin liegt auch die für uns wissenschaftstheoretische Bedeutung jener Zeit. Was Wilhelm zum Verfolgten der päpstlichen Inquisition werden ließ, ist also der Zusammenhang seiner erkenntnistheoretischen Position mit seiner Auffassung vom Glauben und seinem Gottesbegriff, von dem seine Gegner zu Recht eine große Gefahr ausgehen sahen. Wenn nämlich die Grundlage allen Wissens die vom Einzelnen ausgehende Erfahrung ist, ist ein eigentliches Wissen über Gott und sind somit auch alle Beweise von dessen Existenz und Sosein nicht zu erlangen, da wir keine empirischen Erfahrungen über Gott haben können, ganz im Gegensatz zu der Auffassung des bis dato vorherrschenden Idealismus.

Somit begründete Wilhelm die Spaltung zwischen Glaubenswahrheit und einer Wahrheit für die Philosophen, also zwischen Theologie

---

[21]   Vgl. Schmidt, Kurt Dietrich: Kirchengeschichte, Göttingen, 1990, S. 237f.

und weltlicher Wissenschaft, die man doch gerade zu harmonisieren bestrebt war.

Mit dieser heute andauernden und sicher noch weiter vorange-schrittenen Dichotomie zwischen Glaube und naturalistischer weltlicher Denkweise kam aber andererseits wieder das alte „credo quia absur-dum" zur Geltung. Denn wenn Gott weder durch Sinneserfahrung noch durch Denken bewiesen werden kann, so hängt letztlich doch wieder alles am blanken Glauben, was andererseits aber auch wieder den mysti-schen Strömungen mit ihren eher subjektivistischen, esoterischen und z. T. irrationalen Charakteristika zugute kam, denen man auch von ka-tholischer Seite skeptisch gegenüberstand. Die geistesgeschichtlich para-doxe Konsequenz daraus war dann letztlich die, dass man an einer Exis-tenz des biblischen Gottes- und Weltbildes umso mehr festhielt, je mehr Widersprüche mit der Vernunft (d. h. letztlich mit der Philosophie, Lo-gik, den Naturwissenschaften usw.) auftraten.

Später wurde es von aufgeklärten und kritischer gewordenen Menschen immer mehr als intellektuell unredlich empfunden, einfach Prämissen zu setzen, wie fundamentale Glaubensaussagen oder den Inhalt eines Heiligen Buches, und diese unhinterfragt als sakrosankt zu deklarieren, weil dies letztlich jedes Weltanschauungssystem für sich beanspruchen kann. Um die begründeten und in Teil III vorgestellten Zweifel an dem vermeintlich göttlichen Buch der Bibel entgegenzutreten, um es für wahr und für die gesamte Menschheit als verbindlich darzustellen, erklärte man es gegen eine allmählich einsetzende kritische Bibelexegese 1870 (auf dem ersten Vatikanischen Konzil) kurzerhand als vom Heiligen Geist inspiriert. Der kritisch gesinnte Jesuitenpater Alighiero Tondi kommentiert dies folgendermaßen: „Tatsache ist, dass man in den Zeiten blinden und unwissenden Glaubens der Kirche festgesetzt hat, dass die Schriften des Neuen Testamentes vollständig, authentisch und wahrhaft sind. Heute kann man sie nicht mehr umkehren. Deshalb müssen die Ergebnisse der modernen Wissenschaft abgelehnt und als falsch bewie-sen werden. Die falschen Entscheidungen der Kirche müssen als wahr hingestellt werden. Deshalb muss man heute sagen, dass Weiß Schwarz entspricht... Niemals würde Jesus ein Reich gegründet haben, dessen Fundamente auf Mord, Betrug, Habgier und Totschlag ausgerichtet sind. Es ist absurd, den Armen das Evangelium zu predigen, wenn man viel-facher Milliardär ist und Beteiligung an Rüstungsfabriken hält... die Lehre des Katholizismus entspricht nicht der Wahrheit. Das despotische Verhalten der Päpste, die Verfolgungen seitens der Katholiken, die von ihnen entzündeten Scheiterhaufen und die gegenwärtige Politik des Vatikan (1960)... erscheinen mir in sich logisch und in einen grundlegenden Irrtum eingebunden."[22]

Was wir in diesem Kapitel deutlich machen wollten, war der Umstand, dass über viele Jahrhunderte, aufgrund klerikaler Verhältnisse und religiöser Verblendung von den geistigen Eliten bis hinunter zu den Bevölkerungsschichten, ein freies rationales Denken und somit wissenschaftlicher Fortschritt kaum möglich war. Der Mythos dominierte über den Logos mit blutiger Hand. Mit dem Bekanntwerden des gesamten Werkes des Aristoteles – zunächst noch durch eine indirekte Rezeption über jüdisch-arabische Schriften – kam es aber ganz allmählich wieder zu einer Emanzipation der Philosophie, die Wegbereiter für den in Italien einsetzenden Humanismus mit deren literarischen Hauptvertretern Petrarca, Boccaccio, Bruni, Ficino wurde. Ein für die europäische Kulturgeschichte höchst bedeutsamer kulturgeschichtlicher Paradigmenwechsel, dessen Agens neben einer humanistischen Rückbesinnung auf die römische und griechische Kultur es war, sich der engen Umklammerung eines durch Erbsünde, Apokalyptik, Teufelsglauben und Dogmatismus geprägten Christentums zu entledigen, womit auch ein Streben nach freiheitlichem Denken und undogmatischer (Natur-) Erkenntnis verbunden war. Dieser Befreiungsakt war Voraussetzung für die angestrebte Autonomie der Vernunft und somit auch für die Entwicklung weltanschaulich freier und objektiver Wissenschaften.

Der Fortschritt, sei es in naturwissenschaftlicher oder sozialer Hinsicht, wurde nachweislich gegen den Widerstand des Klerus errungen und ist eher ein Verdienst des Humanismus und der Renaissance, als man sich wieder mehr dem griechischen Geist und dem klassischen Denken zuwandte und sich somit gleichermaßen vom christlich dominierten düsteren und abergläubischen Mittelalter allmählich entfernte. Viele religiöse Romantiker, die heute die zunehmende gesellschaftliche Entfernung von Gott und dem Christentum beklagen, sollten sich darüber bewusst sein, dass es in der abendländischen Geschichte einen sehr langen Zeitraum gab, in dem Gottesglaube und Alltagspraxis aufs Engste miteinander verflochten waren. Die heutige vermeintlich so gottesferne Zeit ist dagegen – auch unter Berücksichtigung offensichtlicher inhumaner Auswüchse in der gegenwärtigen Gesellschaft – schlicht eine Erlösung von jenen physisch und psychisch einst so brutal unterdrückenden religiösen Kräften und erscheint somit als das reinste Paradies auf Erden, was vielen Menschen gar nicht mehr bewusst ist und selbstverständlich erscheint. Ein Blick in islamisch fundamentalistische Gottesstaaten vermittelt einen Eindruck, wie es sich im tiefsten christlichen Mittelalter lebte. Das sollten sich auch christlich verklärende Romantiker

---

[22]   Zitiert nach Wolf, Hans-Jürgen, Sünden der Kirche, 1995, S. 131f.

bewusst machen. Lässt man Tyrannen, Diktatoren, aber eben auch Klerikern bzw. monotheistischen Kräften freie Hand, so bleiben Freiheit, Toleranz, Humanität, Wahrheit und Wissenschaftlichkeit mittel- und langfristig auf der Strecke. Das lehrt uns die Geschichte und das lässt sich
auch durch deren Ideologie und die damit verbundenen Ansprüche ersehen. Das Christentum als Wegbereiter sowohl für die moderne Wissenschaft als auch in ethischer Hinsicht für unsere heutige humanitäre
Gesellschaft zu loben, ist angesichts ihres ständigen Widerstandes gegen
Neuerungen und Erkenntnisse, die sich nur geringfügig verdächtig
machten, gegen christliche Auffassungen zu verstoßen sowie angesichts
der Tatsache, dass es sich selbst nur mittels massiver gewaltsamer Missionierung durchgesetzt hat, eine historisch als fraglich zu bezeichnende
Dauersuggestion unserer nach wie vor christlich beeinflussten Bildungsanstalten. Viele sozialen Errungenschaften unserer modernen Gesellschaft sind zwar zugestandenermaßen mit dem Christentum und dank
ihm entstanden, vieles aber, was man als Gefahr für die christlichen Ideologie empfunden hatte, wurde von ihm unterdrückt und erbittert bekämpft – leider nicht immer nur intellektuell und verbal. Näheres hierzu
wird in Teil III zu erörtern sein.

3. Die Neuzeit

Mit Beginn der Renaissance konnte nach etwa tausend Jahren theologischer Geistesherrschaft allmählich wieder an die vorsokratische naturphilosophische Denkweise angeknüpft werden. Die von nun an zunehmende Autorität der Wissenschaft stellt dabei im Gegensatz zur derjenigen der Kirche eine rein intellektuelle Macht dar, da mit dieser keinerlei
psychische oder physische Gewalt ausgeübt wurde. Das eigentlich Revolutionäre und geistesgeschichtlich Relevante an der Renaissance ist aber
der neue Wissenschaftsbegriff, der durch Galilei, den Begründer der
modernen Physik, eingeführt wurde. Eine auf Platon und Aristoteles
zurückgehende scholastische qualitativ-eidetische, also primär auf das
Wesen der Dinge gerichtete deduktive Seinsbetrachtung wird abgelöst
durch eine quantitativ-mechanistische, an Naturphänomenen orientierte
und die Natur mathematisierende experimentelle empirisch-induktive
Betrachtung, die sich nicht zuletzt wegen der verifizierten Vorhersagen
(wie sie z. B. mit Hilfe der von Kepler gefundenen drei Gesetze der Pla-
netenbewegung oder den Trägheits- und Fallgesetzen Galileis möglich
waren) gegen erstere erfolgreich durchsetzen konnte. Galilei war sich
seiner revolutionären Neuerungen bewusst, wenngleich die Induktion
vom Prinzip her bereits von Aristoteles gewürdigt wurde, indem dieser
großen Wert auf das Erfahrungsurteil legte. Aber mit neuen Apparaten
und Experimenten besaß man Mittel, auf die Aristoteles nicht zurückgreifen konnte, die aber den Fortschritt in den Naturwissenschaften
stark forcierten. Mit dem nun einsetzenden naturwissenschaftlichen
Fortschritt entwickelte sich eine zunehmend stärker werdende Konkurrenz zu den theologischen Welterklärungsmodellen und den mit diesen
verbundenen Glaubensforderungen. Die dabei zutage tretenden Inkom-
patibilitäten führten schließlich auch zur Spaltung von Physik und Metaphysik, von Wissen und Glauben und von Naturwissenschaft (Naturphilosophie) und Theologie, die bis heute noch anhält. Die Trennung
zwischen den von nun an konkurrierenden Naturwissenschaften und
Geisteswissenschaften war somit vollzogen.

Die „Wesenswissenschaft" mit ihren Fragen nach dem Wesen von
Substanz oder Akzidenz wurde von einem wissenschaftlichen Interesse
abgelöst, das sich nun mehr dem Funktionsbegriff und Kausalverhältnis
zuwandte. Die Frage nach dem Eidos oder der Essentia wurde zurückgedrängt zugunsten der Frage nach den die natürlichen Vorgänge bestimmenden Gesetzen, die man mit Hilfe des Experimentes und der Mathematik eruierte und mittels der induktiven Methode zu allgemeinen
Gesetzen erhob. Das neue methodische Vorgehen betrachtete Komplexität als additive Eigenschaft und zerlegte diese in ihre Bestandteile.
Separierbarkeit zum Zwecke der Detailuntersuchung war die neue Me-

thode der neuzeitlichen Naturwissenschaft, die sie im Grunde bis heute
noch erfolgreich praktiziert.

Der Reduktionismus scheint somit eine aus wissenschaftshistori-
scher Sicht spezifisch abendländische Angelegenheit zu sein. So hatten
beispielsweise auch die Chinesen ein enormes kulturelles und intellektuelles Potential. Bis ins 13./14. Jahrhundert waren sie der europäischen
Zivilisation sogar weit voraus gewesen. Entgegen der in Europa einsetzenden reduktionistischen Wandlung der Wissenschaftsgeschichte blieben sie jedoch bei ihrer ganzheitlichen Denkweise stehen. Hier liegt
wohl der eigentliche Grund, weshalb esoterische Systeme sich so nah
verwandt mit alten Hochkulturen fühlen, indem sie in diesen nicht vorwissenschaftliche und relativ naive Welterklärungssysteme erkennen,
sondern von einem höheren Wissen sprechen. Von den Sternen bis hinunter zu den Menschen, Tieren und Pflanzen und der Materie war dieses
ganzheitliche Empfinden getragen von einer großen, nach Harmonie
strebenden Denkweise. Den Zugang zur Abstraktion und zu dem losge-
lösten analytischen Denken fanden diese ersten Hochkulturen aber im
Gegensatz zu der in Europa mit den Vorsokratikern und der später wieder einsetzenden Renaissance noch nicht. Das chinesische Reich war ein
mit einer riesigen Mauer umgebenes isoliertes Land. Das christliche Europa hingegen konnte nach der inneren Befreiung von dessen klerikaler
und theologischer Mauer allmählich wieder auf die großartigen Leistungen und auf die Geisteshaltung der Griechen und insbesondere der griechischen Naturphilosophen zurückgreifen. Von nun an übernahm die
abendländische Wissenschaft die Führung, indem sie den Reduktionismus und die damit auftretenden physikalischen Gesetze und Prinzipien
verfeinerte und weit über das Sinnliche hinaus abstrahierte. Bei aller
philosophisch gebotenen Vorsicht gegenüber dem reduktionistischen
Prinzip unseres wissenschaftlichen Systems muss mit Dan Kurth zugegeben werden, „dass dieses reduktionistische Programm fraglos die
größte und erfolgreichste geistige Leistung in der Menschheitsgeschichte
– nämlich die zentrale Leitidee der Wissenschaftsgeschichte – darstellt
und jeden anderen vergleichbaren kulturellen Anspruch, sei er religiöser, mystischer, ideologischer oder sonstiger Art, längst schlicht und
ergreifend deklassiert hat."[23]

Mit dieser zunehmend reduktionistischen Haltung, deren wissenschaftliche Erfolge belegbar sind, ist allerdings auch die Gefahr einer das
Ganzheitliche aus den Augen verlierende Sichtweise, z. B. eine zunehmende Isolierung bzw. Abtrennung des Menschen vom Universum,
verbunden, die es immer zu bedenken gilt. Was also die heutige Situation der beiden sich antagonistisch gegenüberstehenden Anschauungen

---

[23]   Kurth, Dan: Von der Prägeometrie zur Komplexität, in: Saltzer, Walter (Hrsg.): Die
        Erfindung des Universums, Frankfurt-Leipzig, 1997, S. 250.

einer analytischen und einer holistischen Vorgehensweise angeht, so
müssen die analytische Methode (wie sie z. B. in der Mathematisierung
der Natur zum Ausdruck kommt) und ganzheitliche Betrachtung gar
keine Gegensätze darstellen, sondern können sich korrelativ ergänzen.
Dabei lassen sich die Erfolge einer reduktionistischen bzw. der analytischen Methode gerade in Hinblick auf ein ganzheitliches Verständnis
von Systemen nicht leugnen. Durch sie wurden, wie z. B. in der Medizin
zu beobachten ist, aber auch was das Zusammenwirken beispielsweise
unseres Sonnensystems und seiner Komponenten angeht, sehr konkrete
und empirisch überprüfbare Aussagen gemacht, die erst zu einem wirklichen Verständnis des ganzen Systems aufgrund seiner zusammenwir-
kenden Teile führten. Wenn dabei berücksichtigt wird, dass diese Teile
in einen ganzheitlichen Kontext eingebettet sind und somit übergeordnete Verbindungen bestehen, die zu einem umfassenderen Verständnis
führen können, so ist man auch gegen reduktionistische Einseitigkeiten
gefeit. Wir dürfen also heute den wissenschaftlichen Reduktionismus
nicht einseitig verteufeln, wenngleich ein möglichst umfassendes und
ganzheitliches Verständnis wohl immer das eigentliche Agens, aber auch
das Ziel des wissenschaftlichen wie philosophischen Erkenntnisstrebens
sein sollte.

Doch zurück zur Wende vom Mittelalter in die Neuzeit. Der Zustand der Unterdrückung des freien Denkens, Forschens und Philosophierens fand zu jener Zeit nur sehr allmählich eine Besserung. Lange
noch hatte man das Damoklesschwert der Inquisition zu fürchten, was
besonders der geniale Wegbereiter und Begründer der modernen Naturwissenschaft, Galilei, zu spüren bekam, als dieser 1633 wegen Häresie
verurteilt wurde, weil sein Heliozentrismus „der Heiligen und Göttlichen Schrift zuwider" war.[24]

Auch Giordano Bruno, der vielleicht fortschrittlichste philosophische Denker der Renaissance, wurde 1600 in Rom als Ketzer verbrannt.
Bruno war kein Naturforscher, sondern lediglich naturinteressiert und
sogar ein Gegner des rein naturwissenschaftlichen, mechanischen Weltbildes wie es der aristotelisch geprägte Galilei eingeführt hatte. Aber er
lehnte andererseits eben auch ganz zentrale christliche Lehren ab, z. B.
die Trinität und die Existenz eines personalen Gottes, was dann auch die
Hauptanklagepunkte gegen ihn waren. Seine zentralen Gedanken bestanden zudem in der neuplatonischen Anschauung eines unendlichen
Universums und dem aus der stoischen Naturlehre übernommenen Gedanken einer alles belebenden Weltseele. Mit der Idee eines unendlichen
Universums (die uns bereits bei diversen Vorsokratikern begegnet ist,
z. B. bei Anaximandros, der auch eine unendliche Zahl von Welten vermutete) mit unendlich vielen Sonnensystemen (eine Ansicht, die bereits

[24]   Vgl. hierzu Fölsing, Albert: Der Prozess Galilei, München, 1983, S. 459.

der von Bruno hochgeschätzte Cusanus vertreten hatte)[25] muss Bruno zuerkannt werden, den Rahmen für neue physikalische oder kosmologische Erkenntnisse vorausgeahnt zu haben. Bruno selbst vertrat einen Pantheismus, indem er Gott in die Natur setzte und den theistischen Gegensatz zwischen einem jenseitigen Gott und einer diesseitigen Welt aufhob. War für Cusanus noch die Grenzenlosigkeit der Welt oder des Universums ein Lobpreis Gottes, so ist der Kosmos für Brunos Pantheismus bereits selbst der neue Gott.

Weitere Ansätze nach den ionischen Naturphilosophen, den Kosmos oder genauer die Bewegung der Himmelskörper auf nichtmystische Weise – nämlich mathematisch und wissenschaftlich exakt – und damit auch intersubjektiv nachprüfbar zu erklären, fanden sich auch bei Johannes Kepler. Dabei war die neue naturwissenschaftliche Methode der Beobachtung und des Experimentierens so erfolgreich, dass bekannte Auseinandersetzungen wie die über die Beschaffenheit der Erde oder die über das geo- bzw. heliozentrische Weltbild zugunsten eben dieser neuen wissenschaftlichen Methode entschieden wurden. Die Glaubwürdigkeit der kirchlichen Lehre, welche unklugerweise solche Themen zu wichtigen Glaubensfragen hochstilisierte, wurde dadurch enorm geschädigt. Noch Luther nannte Kopernikus einen Emporkömmling unter den Astronomen und einen Narren, der die gesamte Wissenschaft der Astronomie auf den Kopf stellen wolle. Der das Sola-scriptura-Prinzip vertretende Luther – demnach die Inhalte der Bibel nicht allegorisch zu verstehen sind und deshalb kein Jota in der Heiligen Schrift verändert werden dürfe – berief sich natürlich auf seine Bibel, die als vom Heiligen Geist geoffenbartes Wort Gottes nicht irren kann, und schließlich steht ja in der Bibel, dass Josua der Sonne und nicht der Erde befohlen habe, still zu stehen, womit aus kirchlicher Sicht eindeutig bewiesen ist, dass sich die Sonne um die Erde bewegt. Luther war, weil er den Glauben über das Wissen erhob, auch ein Gegner des Aristotelismus. Keine noch so evidente wissenschaftliche Erkenntnis hätte ihn deshalb wohl von seinem Sola-scriptura-Prinzip abbringen können – eine heute noch weit verbreitete religiöse Geisteshaltung, die man heute als Fundamentalismus bezeichnet.

Diese von den Kirchen durchaus erkannte Gefahr, wie sie von den Naturwissenschaften ausging, fand ihren Ausdruck in dem ständigen Unterdrücken und Misstrauen, das sie damals vor allem der Astronomie entgegenbrachte. Letztere galt deshalb als so revolutionär und gefährlich, weil sie zum ersten Mal bewies, dass die Bewegung der Himmelskörper und somit die Welt nicht durch ein ständiges Eingreifen einer

---

[25] Cusanus (1401–1464) lehrte in seiner Naturphilosophie eine heute hochmoderne Theorie einer grenzenlosen Welt, deren Mittelpunkt überall und deren Grenzen nirgends sind. Damit vollzog er einen absoluten Bruch mit dem damaligen geozentrischen Weltbild.

übernatürlichen Macht, sondern auf naturgesetzlich bestimmbare und erklärbare Weise funktioniert. Ebenso riss sie die Erde aus dem angenommenen Mittelpunkt des Universums, womit eben gewisse Divergenzen mit dem von der Kirche vertretenen aristotelisch-ptolemäischen Weltbild entstanden, demgemäß die Erde und der Mensch der von Gott geschaffene Mittelpunkt der Welt waren.

Dabei hatte bereits Aristarchos von Samos ein heliozentrisches Weltbild vertreten. Mit seinen bereits beschriebenen Berechnungen über die Größe und Entfernung von Erde, Mond und Sonne, kam er dann auch zu weiteren richtigen Erkenntnissen, dass sich nämlich die Erde täglich um die eigene Achse und einmal im Jahr um die Sonne dreht. Drastischer kann der intellektuelle Hiatus zwischen einem bereits in der Antike anzutreffenden naturphilosophischen Denken und den Geltungsansprüchen der christlichen Theologie, die auf vermeintlich unfehlbaren heiligen Büchern basieren, gar nicht zum Ausdruck kommen.

Es gab aber nicht nur Spannungen zwischen katholischer Rechtgläubigkeit und wissenschaftlichen Ansprüchen. Auch die metaphysischen Systeme untereinander konkurrierten miteinander. So wurde der Mystizismus eines Jakob Böhme bekämpft, weil aufgrund seiner pansophistischen Lehren Widersprüche mit den Evangelien auftraten, denen zufolge sich der Dualismus von Gut und Böse ausschließe, weil sonst die Welt nicht mit Gott identisch sein kann. Die dagegen konkret und anhand empirischer Nachweise geführten und dargelegten Sachverhalte eines Galilei stellten allerdings eine ganz andere Gefahr dar als der lediglich spekulative Mystizismus, denn sie beanspruchten eine Gewissheit, die man bis dahin nur theologischen Ausführungen über Gott allein zuerkannte, was die philosophisch-theologische bzw. wissenschaftlich-religiöse Auseinandersetzung noch verschärfte. Zu betonen ist dabei, dass nicht von Galilei, sondern von klerikaler Seite die Unvereinbarkeit zwischen wissenschaftlicher und theologischer Wahrheit konstatiert wurde. Die beanspruchte Monopolstellung der Kirche für beide Bereiche geriet mit der Verbreitung von Galileis Schriften ins Wanken. Hatte man sich also im zunächst platonisch dominierten mittelalterlichen Denken gegen den Aristotelismus gewehrt (z. B. weil er nach Plethon (um 1355-1450) die Ewigkeit der Welt lehrte und nach den arabischen nichtchristlichen und naturphilosophisch auslegenden Aristotelikern wie Averroes und Alexander von Aphrodisias die Unsterblichkeit der Seele sowie die göttliche Vorsehung leugnete), so wehrt sich nun die mittlerweile etablierte und durch Assimilation an das Christentum angeglichene aristotelische Scholastik gegen die neue quantitativ-mathematische und mechanische Methode Galileis, da sie z. B. anhand seiner Fallgesetze[26] Aristote-

---

[26] Diese besagen nämlich, dass alle Körper, unabhängig von Masse, Gewicht, Größe oder Form, in gleicher Weise beschleunigt werden. Auch geht die aristotelische Physik vom ruhenden System als Normalfall aus, in dem Bewegung einer Ursache,

les und damit auch die Autorität der auf ihn gestützten Scholastik vom Sockel zu stoßen drohte.

Das wissenschaftsgeschichtlich Entscheidende ist aber nicht nur die Auseinandersetzung unterschiedlicher Standpunkte, sondern sind die zugrunde liegenden unterschiedlichen Methoden. Während man auf die griechischen Denker zurückgreifend in erster Linie in Prinzipien dachte und man daraus möglichst schnell irgendwelche unumstößlichen Axiome abzuleiten versuchte, machte Galileis experimentell-empirische Methode deutlich, wie fragwürdig diese Prinzipien und Axiome letztlich sind, wenn z. B. aus mathematisch-ästhetischen Gründen eine vollkommene Kreisbewegung der Himmelskörper postuliert wird, an die man, nur weil von einer Autorität wie Platon aufgestellt, über 2000 Jahre lang blind geglaubt hatte. Das Brisante dabei war, dass damit letztlich auch andere Glaubenswahrheiten indirekt infrage gestellt wurden. Metaphysische Behauptungen wie z. B. die Trinität Gottes beanspruchten zwar bisher unbedingte Glaubensgewissheit, sind aber letztlich – da nicht überprüfbar – empirisch-wissenschaftlich wertlos und können nur unter Berufung auf Autoritäten, Heiligen Schriften oder den heiligen Geist als Wahrheitsquelle der Dogmen erhalten werden, wobei aber auch der Anspruch, Dogmen seien übernatürlich geoffenbarte Wahrheiten, die deshalb vorbehaltlos zu glauben sind, letztlich nur dogmatischen Charakter besitzt. Der Glaube beruht somit auf Voraussetzungen, die selbst wieder geglaubt werden müssen. Und genau dieses Manko, das durch die Aufwertung von Galileis empirischer Methode deutlich wurde, mit der er sogar die hochgeachteten Denker Aristoteles und Platon, deren Systeme man doch als fundamentale intellektuelle Stütze für die christliche Lehre dringend benötigte, in so manchen Punkten widerlegen konnte, bildet ein weiteres Misstrauenselement gegen diese neue und gegenüber jenen anerkannten Autoritäten vermeintlich respektlose empirisch-experimentelle Vorgehensweise.

Aber nicht nur Kepler und Galilei ebneten der Naturwissenschaft ihren Siegeszug. Auch Erfindungen wie die des Kompasses (der das Befahren der Weltmeere ermöglichte und das Zeitalter der großen Entdeckungen einleitete), des Schießpulvers (welches das Zeitalter des Rittertums beendete und somit eine weitgehende gesellschaftliche Umwälzung zur Folge hatte) und besonders des Buchdrucks als Voraussetzung für die Breitenwirkung der sich rasant vermehrenden neuen Erkenntnisse sind von historischer Bedeutung. Mit diesen durchaus auf der heute vielfach so sehr gescholtenen reduktionistischen Denkweise basierenden Erfin-

---

einer Erklärung bedarf. Für Galilei hingegen sind gleichförmige Bewegungen natürlich und keiner Erklärung bedürftig, erst Beschleunigungen bedürfen einer Kraft.

dungen wurde Westeuropa wirtschaftlich, in seiner politischen Macht, aber auch in seiner geistigen Kultur zur führenden Weltregion. Die Naturwissenschaft stand somit von ihren Anfängen an zwar auf einem sehr viel bescheideneren, aber dafür doch sehr viel festeren Boden als die bis dahin vertretenen universellen und weltumspannenden „Wahrheiten", wie sie in der Philosophie Platons, aber ebenso von christlichen Theologen propagiert wurden. Sie war sogar in der Lage, durch ihre einzelwissenschaftlichen und empirisch verifizierbaren Erkenntnisse das unfehlbare göttliche Buch zu widerlegen.

4. Das 17. Jahrhundert

4.1 Der Rationalismus

Der Siegeszug der europäischen Naturwissenschaft, der mit Kopernikus, Kepler und Galilei begann, führte dazu, dass viele der nun folgenden großen Philosophen, wie Descartes, Leibniz, Spinoza, John Locke bis ins 18./19. Jahrhundert hinein zugleich auch Naturforscher oder Mathematiker waren.[27] Das so vertretene jeweilige Weltbild war somit noch gleichzeitig das des Forschers und des Philosophen in einer Person. Der im 17. Jh. einsetzende Rationalismus ist aber auch als Gegenreaktion auf den durch die naturwissenschaftlichen Erkenntnisse der Renaissance zurückzuführenden Skeptizismus und Kritizismus zu bewerten. So versucht er die von naturwissenschaftlicher Betrachtungsweise bedrohten metaphysischen „Wahrheiten", wie z. B. die über Seele, Gott oder Unsterblichkeit, wieder alleine durch das menschliche Vernunftvermögen unter Ablehnung oder zumindest Abwertung empirischer Denkweise beweisen zu wollen. Der nun in Deutschland und Frankreich aufkommende und dem englischen Empirismus (Francis Bacon, Thomas Hobbes, John Locke) gegenüberstehende Rationalismus ist geprägt von der Überzeugung der unbegrenzten Erkenntnisfähigkeit des Menschen, der vollen Begreiflichkeit der Welt und des Wesens Gottes. Die Philosophie dieser Epoche ist eng mit der Mathematik verbunden, was alleine schon daraus ersichtlich ist, dass ihre bedeutenden Vertreter wie Descartes und Leibniz herausragende Mathematiker waren. Die Mathematisierung der Welt wird zum allgemeinen Kennzeichen der rationalistischen Philosophie, aus dem sich auch die mechanistische Weltsicht in Physik, Anthropologie, Geschichte oder in der Gesellschaftsphilosophie erklären lässt. Man ging von der kühnen Vorstellung aus, mit einer für unfehlbar gehaltenen Disziplin wie der Mathematik auch metaphysische Annahmen beweisen zu können.

So war Descartes (1596–1650) einerseits noch der scholastischen Tradition verpflichtet, während er sich andererseits neben Mathematik (er begründete die analytische Geometrie) auch mit Physik (Lichtbrechung, Bestimmung der Schwere der Luft), Biologie (Sezieren von Tieren) und medizinischen Fragen befasste. Das theoretische und methodische Neue an seiner Philosophie aber ist, dass er trotz seiner empirischen Forschung das Gewicht auf die deduktiv-idealistische Denkweise legte und mit seinem methodischen radikalen Zweifel an allen Dingen letztlich nur die Gewissheit über das eigene Denken gelten lässt. Damit geht er an einen Punkt zurück, von wo aus er ein philosophisches System

---

[27]   Störig, Hans Joachim: Kleine Weltgeschichte der Philosophie, Stuttgart-Berlin-Köln, 1981, S. 323f.

radikal neu aufzubauen versucht, um ein grundlegendes und unbe-
streitbares Wissen zu erwerben. Voraussetzung für diese methodische
Einstellung ist die Überzeugung, dass unser Wissen über das eigene
Denken oder über die Bewusstseinsinhalte sicherer ist als unser Wissen
über die äußere Welt. Descartes' Zweifel ist aber kein existentieller, sondern nur ein methodischer, da er letztlich doch davon überzeugt ist, dass
der menschliche Geist, z. B. mittels eines mathematischen und streng
methodischen Vorgehens absolute Wahrheiten auch über metaphysische
Fragen, wie die nach der Existenz Gottes erlangen kann, was mit seiner
platonisch-idealistischen Überzeugung von der Existenz angeborener
Ideen (ideae innatae) zusammenhängt. In Widerspruch zum Katholizismus geriet er dabei insofern, als nicht die Offenbarung Grundlage seines
logischen Denkens war und diese gegen jeglichen Zweifel verteidigte,
sondern die Ratio. Weil in Frankreich, das stark unter dem Einfluss der
Jesuiten stand, am Hofe auf nicht-aristotelisches Philosophieren die Todesstrafe stand, bevorzugte Descartes als Wohnort das schon damals
tolerante Holland.[28] Außerdem ließ das noch immer vorherrschende
scholastische System neue Erkenntnisse auf naturwissenschaftlichem
Gebiet nicht zu. Sie wurden nur dann akzeptiert, wenn sie nicht im Widerspruch zur Bibel, den Kirchenvätern und zu dem christlich mehr
oder weniger gewaltsam assimilierten Aristoteles standen. Kritische
Infragestellung dieses Systems war Häresie und hatte die Verfolgung
durch die Kirche zur Folge. Empirische Forschung wird dabei zwar als
hilfreich zum Erkenntnisgewinn angesehen, aber das Primat gilt nach
wie vor im Sinne des kontinentalen Zeitgeistes der rationalen Methode.
Wahrheit wird somit zu einer reinen Sache der Vernunft, der Descartes
einen sehr hohen Stellenwert einräumt, da sie von Gott kommt, der uns
zudem als ein liebender und vollkommener in Erkenntnisdingen nicht
betrügt („illud omne esse verum quod valde clare et distincte per-
cipio"[29]). Descartes' philosophische Grundposition kann man durchaus
als Ideal-Realismus[30] bezeichnen, da für Descartes die Idee nicht nur Gedanke, sondern immer schon Wirklichkeit ist. Zwar kann der Geist auch
irren, doch im Wesentlichen ist er immer mit Sein verbunden. Somit bedarf es auch kein Überschreiten des subjektiven Bereiches, da der Geist
immer schon Seinserfassung ist. Diese Gleichsetzung von Sein und Denken erinnert stark an Platons Teilhabegedanke des Denkens an den Ur-
bildern oder Ideen, steht aber aus heutiger Sicht in einem gewissen Ge-

---

[28] Descartes' (aus heutiger aufgeklärter Sicht als eher unwesentlich empfundenen)
      Abweichungen gegenüber dem orthodoxen scholastischen Denken war für die Je-
      suiten Anlass genug, seine Schriften auf den Index Romanus zu setzen.

[29] Descartes, René: Meditationes de prima philosophia, 3. Meditation, Reclam, Stutt-
      gart, 1986, S. 100.

[30] Hirschberger, Johannes: Geschichte der Philosophie, Freiburg-Basel-Wien, 1976,
      Band 2, S. 107.

gensatz zur Wissenschaftsgeschichte, die belegen kann, wie oft reines
Denken eben nicht Sein war, sondern sich in grundlegenden Fragen
ebenso grundlegend irren konnte. Man denke nur an die begriffliche
Modifikation von Begriffen wie Raum und Zeit, die durch Erkenntnisse
aus der Relativitäts- und Quantentheorie nötig geworden ist.

Da nach Descartes' Auffassung alles Sein von Gott erschaffen ist,
kann es letztlich auch nur eine Substanz, nämlich Gott geben. Anders als
beispielsweise bei Spinoza führt dies aber bei Descartes nicht zu einem
Pantheismus, sondern er unterscheidet unendliche (Gott) und endliche
Substanz die er in Körper (res extensa) und Geist (res cogitans) unterteilt. Die „Seele" wird dabei von ihm erstmals nicht mehr wie in der alten Philosophie oder Theologie als Lebensprinzip aufgefasst, sondern
nur als Bewusstsein. Damit und mit der Analyse dieses Bewusstseins hat
Descartes den modernen Begriff der Psychologie vorgeformt. Nicht die
Seele macht den Leib lebendig oder ist für sein Sterben verantwortlich,
sondern in mechanistischer Denkweise sind es die Organe, deren Funktionieren bzw. Versagen zwischen Leben und Tod entscheiden. Die
Wechselbeziehung zwischen dem ansonsten strikt getrennten Körper
und der Seele bildet aber auch die Schwäche des kartesischen Dualismus, da nicht klar ist, wie eine ausdehnungslose unphysikalische Wesenheit, die Seele, in Wechselwirkung mit körperlichen physikalischen
Dingen stehen soll. Descartes Vermutung der Zirbeldrüse als die im Gehirn vermutete Schaltstelle zwischen Körper und Seele hat sich jedenfalls
wie seine gesamte strikt trennende dualistische Auffassung unter medizinischen Gesichtspunkten als ein Irrtum erwiesen. Denn wenn Substanz, wie Descartes meint, etwas ist, was voraussetzungslos aus sich
selbst existiert, dann muss heute bezweifelt werden, dass Geist oder Seele Substanz ist, denn der Geist bedarf nach heutigem gehirnphysiologi-
schem Wissen immer der Materie als das ihn erst ermöglichende Substrat.

Descartes Rationalismus setzte sich aber nicht nur von der in England vorherrschenden empirischen Philosophie, sondern ebenso von den
mystischen Strömungen ab. Diese äußerst spekulativen und nicht überprüfbaren aus der Tiefe der Emotionen kommenden Gedanken, als deren inneres Agens somit das subjektive Gefühl, der Affekt, bezeichnet
werden kann, steht im krassen Gegensatz zu der eher rational vorgehenden Denkweise analytischer Denker rationalistischer Philosophie.
Weshalb es aber Descartes mit seinem methodischen Zweifel nie in den
Sinn kam, dass auch die Bibel und die etablierten, sich darauf stützenden und diese dogmatisch auslegenden Institutionen nicht ebenso wie
auch alles andere dem radikalen Zweifel unterliegen könnten, entbehrt
einer gewissen letzten Konsequenz. Zeigen doch die Forschungsergebnisse der modernen historisch-kritischen Bibelexegese, dass sogar zentrale Glaubensaussagen der Bibel widersprüchlich oder historisch unzu-

treffend sind. In diesem Sinne schreibt auch Karl Popper (rückblickend über seine erste Beschäftigung mit der Philosophie[31]) über die „Ethik" Spinozas und die „Prinzipien der Philosophie" des Descartes, dass ihm beide Werke voll von Definitionen waren, die ihm „willkürlich und zwecklos vorkamen, und die, sofern überhaupt ein Problem vorlag, den problematischen Punkt als bewiesen annahmen. Das Resultat war, dass ich eine lebenslängliche Abneigung gegen das Theoretisieren über Gott davontrug. Theologie ist, so glaube ich noch immer, ein Symptom des Unglaubens."

Auch Baruch Spinoza (1632–1677) ist ein Philosoph, der erkenntnistheoretisch ebenso wie Descartes als „Rationalist" einzustufen ist, da er ebenfalls eine Seinserklärung abgibt, die von oben nach unten verläuft. Höchste Erkenntnis ist somit die, die nicht aus der Erfahrung kommt, sondern aus dem Denken selbst, wie die Tatsache, dass 2 + 3 = 5 ist oder, um ein Beispiel Descartes' zu übernehmen, dass die Winkelsumme eines Dreiecks immer 180° ist. Diese Erkenntnisse besitzen in der Tat einen sehr hohen Evidenzcharakter, nur was sagen sie über die eigentlich philosophisch interessanten Fragen, wie beispielsweise über die Außenwelt, die Entstehung des gesamten Universums und des Lebens aus? Handelt es sich z. B. bei mathematisch-deduktiven Erkenntnissen vielleicht letztlich nur um deduktiv aufgefundene Tautologien, die höchstens als formale Basis für empirische Wissenschaften wie Physik, Chemie, Kosmologie etc. von Bedeutung sind? Unterliegen nicht auch diese vermeintlich ewigen mathematischen Wahrheiten einem wissenschaftshistorischen Wandel der Anschauungen? Versagen sie nicht im mikrokosmischen oder makrokosmischen Bereich, wie uns die Quantenmechanik oder die Relativitätstheorie vermuten lässt, indem es zu paradoxen und unanschaulichen Vorstellungen kommt oder wenn selbst so vermeintlich absolute Wahrheiten wie der von Descartes erwähnte Winkelsummensatz nach Einsteins Relativitätstheorie in einem gekrümmten Raum falsifiziert sind?[32] Somit besteht die begründete Vermutung, dass die Möglichkeit, wahre Erkenntnisse zu erlangen, auf den Bereich formaler Systeme beschränkt sein könnte und die damit angestrebten metaphysischen Ext-

---

[31]   Popper, Karl: Ausgangspunkte, Meine intellektuelle Entwicklung, Hamburg, 1994, S. 18.

[32]   Je nachdem, ob es sich um eine positive („Kugel") oder eine negative Raumkrümmung des Universums handelt, was von der noch nicht definitiv bestimmten Materiedichte des Universums abhängt, ist die Winkelsumme des Dreiecks im Gegensatz zu dem Euklidischen Spezialfall eben größer bzw. kleiner als 180°, womit Poppers Fallibilismus vorläufig erhärtet zu sein scheint, wenn er Wahrheit nur als Ideal und nicht als ein vom menschlichen Denken tatsächlich erreichbares Ziel in einer absoluten immer gültigen Form akzeptiert, da sie lediglich vorläufig und als approximativ, quasi als Asymptote der Forschung, erreichbar ist. Aber auch sein Fallibilismus unterliegt der Fallibilität.

rapolationen rein spekulativ wären und somit alles andere als die Form eines Beweises besitzen.

Das von Spinoza neu Eingebrachte und mit Descartes' System Divergierende besteht in Spinozas Identitätsphilosophie. Auch Descartes ging von nur einer Substanz als der ursprünglichen aus, der absolut unendlichen, unbestimmten und ewigen, die er mit Gott identifizierte. Im Gegensatz zu Spinoza aber behält Descartes den christlichen Dualismus von Gott und Welt bei. Zu sehr war er im christlichen, speziell katholischen Glauben verwurzelt. Spinoza, als freigeistiger Denker, setzte sich über religiöse Einschränkungen des Denkens hinweg, mit dem Ergebnis, dass seine mit Descartes im Ansatz gleiche Substanzauffassung zu einem radikalen Pantheismus führte. Das ganze Sein in seiner gesamten Fülle, wird nicht nur auf die eine göttliche und ursprüngliche Substanz zurückgeführt, sondern alles ist in ihr und sie ist in allem; sie selbst ist alles. Da die Substanz gleich Gott ist, ist somit auch alles Sein auf Gott zurückzuführen. Ein konsequenter Gedanke, den nicht nur Goethe aufgenommen, sondern der später auch auf den deutschen Idealismus und besonders auf Schelling (Gott als „natura naturans" = die schaffende Natur) eingewirkt hat. Zwar findet sich auch im scholastischen Denken ähnliches Gedankengut, wenn alle Dinge in Gott seien, aber bei Spinoza ist das In-Gott-Sein eine reale Identität. Die Zweiheit – hier Gott, da die Welt – existiert für Spinoza nicht, weshalb sein Pantheismus aus theistischer Sicht reinster „Atheismus" ist und als solcher auch gewertet wurde, denn auch die Individualität der Person, die Willensfreiheit, ja gar die Unsterblichkeit der Seele werden durch seine Philosophie geleugnet. So ist nicht nur Gott und Welt identisch, sondern auch Leib und Seele, Körper und Geist. Der Gott Spinozas ist kein persönlicher Gott, wie ihn sich theistische Religionen vorstellen, wenn sie Gott „ebenbildliche" bzw. menschliche Wesensmerkmale zusprechen. Da alles in notwendiger Weise geschieht und Gott ein vollkommenes Wesen ist, kann er keinen Willen haben, um einen Zweck zu verfolgen, denn wenn Gott einen Zweck verfolgen müsste, würde dies bedeuten, dass Gott in dieser Situation etwas entbehren würde, was wiederum – logisch betrachtet – zu seiner Vollkommenheit in Widerspruch stehen würde. Eine Verantwortlichkeit des Menschen vor Gott für seine Taten ist somit hinfällig, da der Mensch für diese aufgrund des nicht vorhandenen freien Willens nicht zur Rechenschaft gezogen werden kann. Es spricht nicht gerade für die Konsistenz der rationalistischen Philosophie, wenn mittels ihrer vermeintlich doch so unfehlbaren und rationalen Methoden letztlich dennoch vollkommen unterschiedliche Vorstellungen vom Wesen und der Existenz Gottes herauskommen, wie in den Gegensätzen eines theistisch (Descartes und Leibniz) und eines pantheistisch (Spinoza) gedachten Gottes deutlich wird.

Auch dürfen für Spinoza Heilige Bücher wie die Bibel die Vernunft nicht einschränken. Sie müssen aus sich selbst und aus der historischen Situation ihrer Verfasser heraus erklärt und philologisch anhand des Urtextes (der mehrere Bearbeitungsstufen durchlaufen haben kann) ausgelegt werden. Auch sind Theologie und Philosophie als streng voneinander getrennt zu betrachten. Die Bibel mag schwache Menschen eine angemessene Lebenspraxis lehren und Tröstung gewähren, die wahre Gotteserkenntnis indes bleibt – zumindest nach Spinozas Auffassung – der Philosophie vorbehalten.[33] So ändern sich die Zeiten, die Philosophie emanzipierte sich nicht nur, sie stellt sich mit Spinoza sogar über die Theologie, die im Vergleich zur freieren Philosophie denkerisch sozusagen nur auf für das Volk leicht verstehbaren „Bildern" beruht, dabei aber andererseits diese als geoffenbarte und für das Seelenheil notwendige Glaubenswahrheiten an den Mann zu bringen versucht, an die der Gläubige ohne Wenn und Aber zu glauben haben. Nicht verwunderlich also, dass Spinoza bis weit ins 18. Jh. hinein bekämpft wurde. Auch von der Glaubensgemeinschaft, aus der Spinoza stammte, dem orthodoxen Judentum, wurde er wegen angeblich gotteslästerlicher Schriften ausgestoßen und sogar mit dem „großen Bann" belegt. Leibniz sprach von ihm sogar als dem „berüchtigten Juden". Aber mit Lessing, Herder und Moses Mendelssohn wurde er in der Aufklärung wieder rehabilitiert und besonders Goethe, später z. B. auch Einstein, fühlte sich ihm und seiner philosophischen Theologie sehr nahe.

Gottfried Wilhelm Leibniz (1646–1716) war entsprechend dem Zeitgeist ebenfalls Rationalist, dessen Ideal-Realismus von Wesenheiten ausgeht, die aller sinnlichen Existenz vorausgehen und diese erst ermöglichen. Die Existenz einer Sache hängt an deren Denkmöglichkeit. Wenn der menschliche Geist im Denken an Gottes Konzept mittels der Ideen teilnimmt, so genügt diese rein rationale „Ideenschau" für die Erlangung wahrer und zeitloser Erkenntnisse. Die Wahrheit, von der aus alles gesehen wird, ist auch für Leibniz Gott und so verwundert es nicht, dass seine Gottesbeweise diesen dann auch letztlich, allerdings mittels einer allen Gottesbeweisen mehr oder weniger anzulastenden Petitio Principii, als real existierend „beweisen". Denn wenn man ungeprüft und voraussetzungslos von ontisch existierenden Wesenheiten ausgeht und Gott als die höchste betrachtet, so ergibt sich selbstverständlich auch deren Existenz, wobei damit allerdings noch lange nicht der spezifisch christliche Gott bewiesen wäre.

Mit Descartes, aber entgegen Spinoza bleibt Leibniz dem Theismus im Wesentlichen treu. Damit zusammenhängend wird von ihm auch – im Gegensatz zu Spinoza – das Individuelle stark betont und die Freiheit, ohne die es konsequenterweise keine Sünde geben kann, kommt

---

[33]   Lutz, Bernd: Metzler Philosophen Lexikon, Stuttgart-Weimar, 1995, S. 852.

ebenfalls wieder zu ihrem Recht. In einem wichtigen Punkt allerdings weicht Leibniz von der katholischen Lehre, explizit vom katholischen Theismus erheblich ab. Gemäß der Ansicht von Leibniz hat Gott zwar die beste aller möglichen Welten geschaffen, allerdings entwickelt sich in dieser alles Geschehen ohne ein göttliches Eingreifen. Alle Gebete, die die Möglichkeit eines solchen Eingreifens voraussetzen, werden somit obsolet. Wenn alle wahre Philosophie (welche immer das auch sein mag und wie diese auch immer als solche verifizierbar sein sollte) immer hin zu Gott führt, so geht entweder der christliche Theismus von einem falschen Gottesbild aus oder Leibniz' deistische Auffassung gehört nicht zur „wahren" Philosophie. Hier tut sich also ein ungelöster Widerspruch zwischen Leibniz und der institutionalisierten Rechtgläubigkeit auf. Ansonsten aber sieht er, wie die meisten Kleriker auch, in den mechanistisch-materialistischen Lehren Bacons, Galileis, Keplers und Descartes' eher eine Gefahr, die eine Kluft zwischen Vernunft und Glauben aufbricht.

Mag Leibniz' Metaphysik durch eine Mischung aus seinem rationalen Denken und den in jedem Menschen liegenden Gefühlen und Wunschvorstellungen äußerst spekulativ gewesen sein, so war er im nüchternen diesseitig orientierten Denken, nämlich als Mathematiker, durchaus ein Genie. Unabhängig von und etwa gleichzeitig zu Newton erfand er 1675 die Infinitesimalrechnung.[34] Leistungen dieser Art waren wohl auch deshalb möglich, da man im Rationalismus davon ausging, zu einem absoluten und umfassenden Wissen gelangen zu können, wenn man nur die richtige Methode benütze, wovon das mathematisch-abstrakte und logische Denken enorm profitierte. Hierin und weniger in den damit verbundenen metaphysischen oder erkenntnistheoretischen Ansprüchen ist der eigentliche Verdienst des Rationalismus zu erblicken.

4.2 Der Empirismus

Widmen wir uns nun einer philosophischen Denkweise, die der rationalistischen in ihren grundlegenden Auffassungen gegenüberzustellen ist, dem Empirismus. Es blieb später Kant vorbehalten, die Gegensätze in einer Art Synthese zu vereinen, so dass sich beide Richtungen nicht mehr antagonistisch entgegenstehen müssen. Nicht nur in philosophi-

---

[34] Im Gegensatz zu Leibniz ist Newton aber in weltanschaulicher Hinsicht weniger von der christlichen Lehre überzeugt gewesen, betrachtet man die Trinität als essentiellen Bestand von dieser. So war er davon überzeugt, dass die offenbarten biblischen Schriften keine Anhaltspunkte für die später von ihm als Fälschung betrachtete trinitarische Doktrin bieten, was ihn in die Nähe des jüdischen Monotheismus rückt. Vgl. Sagan, Carl: Unser Kosmos, Augsburg, 1996, S. 79.

scher bzw. erkenntnistheoretischer Hinsicht, auch im Wissenschaftsbe-
trieb selbst hat sich heute eine Gleichstellung beider Bereiche herausgebildet, wenn beispielsweise die Physik sich selbst in theoretische und
angewandte bzw. praktische unterteilt.

Für das Barock ist wesentlich, dass innerhalb der Philosophie in erster Linie eine Fortsetzung erkenntnistheoretischer Auseinandersetzungen zwischen den Rationalisten und den Empiristen stattgefunden hat.
Durchgeführt wurde dieser Streit auf der einen Seite mit deduktiv-
mathematischer Methode[35] und seitens der vornehmlich englischen bzw.
schottischen Philosophen andererseits mit induktiv-empirischen Mitteln,
die die Vernunfterkenntnisse aus der Erfahrung ableiten wollten, da sie
angeborene Ideen ablehnten. Zu letzteren ist neben Newton z. B. auch
Robert Boyle zu zählen, der Begründer der neuzeitlichen Chemie. Mit
John Locke, George Berkeley und David Hume wurde die durch ein eher
praktisch-empirisches Denken bestimmte englische Philosophie fortgesetzt. Beiden Richtungen ist jedoch ihre Bezugnahme auf wissenschaftliche Erkenntnisse gemeinsam, wenngleich ihre Gewichtung hierauf unterschiedlich ausfällt. Während die kontinentale Richtung auf das mathematische Element verweist (wie gesehen, waren die Rationalisten
davon überzeugt, die Welt und metaphysische Fragen auf deduktive
und mathematische Weise beweisen zu können), betont die englische
Philosophie mehr das experimentelle, an der Empirie und Natur orientierte Forschen. Dabei kommen neue Aspekte ins Spiel, so wenn Francis
Bacon das Wissen nicht mehr als Selbstzweck allein gelten lassen will,
sondern wenn er fordert, dass mit den Errungenschaften naturwissenschaftlichen Denkens den Menschen in erster Linie ein Nutzen erwachsen müsse. Diese am Nutzen für die Menschheit orientierte Auffassung
von Wissenschaft ist heute ein entscheidendes Agens, das den wissenschaftlichen Fortschritt auf vielen Gebieten erst in dieser exponentiellen
Geschwindigkeit sich vollziehen lässt.

Das wohl erste geschlossene empirische System mit radikalem Verzicht auf religiöse oder transzendentale Erklärungen und unter Ablehnung idealistischer Interpretation legte Thomas Hobbes (1588–1679) vor.
Einen Bruch mit dem dualistischen Prinzip Seele – Körper des Descartes
stellt sein Denken insofern dar, als Hobbes auch das Denken, die res
cogitans, auf Materielles, die res extensa, zurückführte. Hobbes anerkennt zwar das kartesische „Cogito" durchaus als eine sichere Erkenntnis über den Menschen als denkendes Wesen, die damit verbundene
Überzeugung aber, dieses „Cogito" könne einen Nachweis auch für Seele, Geist oder Vernunft liefern, lehnt er entschieden ab. Eine Metaphysik,

---

[35]   Descartes und Leibniz waren beide geniale Mathematiker und ersterer darüber
        hinaus auch noch Mediziner. Spinoza wollte seine eher pantheistische Gottesvor-
        stellung mit geometrischen Mitteln beweisen und befasste sich daneben auch mit
        der Dioptrik.

die über innere Wesenheiten der Dinge Aufschluss geben kann, wird somit bereits lange vor Kant abgelehnt. Der Mensch besitzt nur die Erscheinungen, was sich dahinter verbirgt, weiß er letztlich nicht. Die Begriffe, die wir über diese Erscheinungen gebrauchen, entstammen dem Umgang mit der Sinnlichkeit und stammen keineswegs aus einem spekulativ angenommenen Ideenreich, sondern aus der Erfahrung. Sie sind also nichts weiter als „nomina", die man nach Zweckmäßigkeitsgründen gebraucht, um eine gewisse Ordnung zu schaffen. Der Mensch ist deshalb auch kein vom Tier prinzipiell zu unterscheidendes Wesen. Im Grunde ist auch er ein Gefangener des Mechanismus seiner Sinne, wenngleich er sich z. B. aufgrund seiner weiterentwickelten höheren Intelligenz durchaus von den Tieren unterscheidet. Eine heute die evolutionäre Theorie weitgehend akzeptierende Gesellschaft wird an diesen Auffassungen nichts Anstößiges mehr finden. Für die damaligen Verhältnisse aber waren sie eine Provokation. Hobbes stand dem analytischen Reduktionismus als methodisches Hilfsmittel der Erkenntnis durchaus nicht grundlegend ablehnend gegenüber, weil dieser für ein holistisches, über den Bereich des Mystisch-Spekulativen hinausgehendes, wissenschaftliches Verständnis der Dinge eine unabdingbare Voraussetzung darstellt. Daraus aber die Erkenntnismöglichkeit absoluter oder ewiger Wahrheiten ableiten zu wollen, war für ihn nicht möglich, da diese von den ihnen zugrunde liegenden Definitionen abhängen. Da es nur eine Wahrheit geben kann, praktisch aber viele verschiedene, sich widersprechende „Wahrheiten" (nicht nur in den Wissenschaften, sondern auch in den unterschiedlichen Religionen) kursieren, hat der rationalistische Wahrheitsbegriff für Hobbes insbesondere in dem theologischen Verständnis als Glaubenswahrheit keine Berechtigung. Wenn nämlich alle Bürgerkriegsparteien (Hobbes lebte im Zeitalter des 30-jährigen Krieges) sich im Namen der Wahrheit gegenseitig bekämpfen, so entlarven sie sich letztlich doch nur als Ideologien. Denn all das, was den Menschen zu den Waffen greifen lässt, kann nach Hobbes nicht wahr sein, da Hobbes die höchste Wahrheit der Vernunft im Naturgesetz des Friedens sieht. Demnach sind für ihn Glaube und Religion, was ihren Wahrheitsanspruch betrifft, falsifiziert, da sie, was Friede und Toleranz angeht, zugunsten machtpolitischer und ideologischer Interessen in der Praxis versagt haben. Ein Aspekt, der auch heute noch nachdenklich stimmen sollte.

Kommen wir zu John Locke (1632–1704). Er ist der eigentliche erklärte Hauptgegner des Rationalismus gewesen. Er greift die Gedanken Descartes' auf und kritisiert sie, indem er radikal jegliche angeborenen Grundsätze des Verstandes leugnet. Wie Descartes geht auch Locke von einem radikalen Zweifel darüber aus, ob denn die Welt in ihrem An-sich-Sein erkennbar ist. Im Gegensatz zu Descartes allerdings, der glaubt, eben jenes An-sich-Sein durch die rational-deduktive und ma-

thematische Methode erfassen zu können, wird dies von Locke bezweifelt. Locke ist als Philosoph zunächst Erkenntnistheoretiker, der die Erkenntnistheorie explizit als Ausgangspunkt der Philosophie betrachtet,
indem er mit seiner Untersuchung über das Vermögen des Verstandes
diesen als unfehlbares Erkenntnismittel in Zweifel zieht. Da Locke wie
Descartes einen methodischen Zweifel an der menschlichen Erkenntnisfähigkeit vollzieht, der aber nicht wie bei Descartes dann letztlich doch
wieder in einem Lob auf die rationalen und intelligiblen Fähigkeiten des
Denkens endet, ist es durchaus berechtigt, ihn als den „Vater der modernen Erkenntniskritik" zu ehren.[36]

Je nachdem, wie vernachlässigbar man rationale Gesichtspunkte erachtet, desto extremer ist der Empirismus, der in seiner radikalen Form
die „Seele" bei der Geburt als eine Art Tabula rasa betrachtet und all
unser Wissen erst im Laufe des Lebens aus Erfahrung entstehen lässt.
Diese Einseitigkeit des radikalen Empirismus ist heute allerdings durch
die Genforschung widerlegt, da phylogenetisch Erworbenes unabhängig
von der individuellen Erfahrung weitervererbt wird und diese erst ermöglicht, was z. B. als Voraussetzung für das Erlernen der Sprache notwendig ist. Gerade auch im Tierreich findet man zahlreiche Beispiele für
angeborene instinktive Dispositionen. Das Verdienst Lockes ist es aber,
die ebenso vorhandenen überzogenen Ansprüche des Rationalismus
entlarvt zu haben. Das Neue in Lockes Denken war zudem die Verlage-
rung des Interesses vom Objektiven hin zum Subjektiven, vom Ontischen hin zum psychisch Gegebenem. Darin sieht Locke sein Hauptanliegen, da er geometrische bzw. mathematische Vorstellungen als von
unserer Vernunft selbst erzeugt und somit auch zumindest in diesem
ideellen Rahmen für durchaus konsistent erachtet. Dieses Wissen aber
bringt uns in unserem Interesse an der Erkenntnis der Außenwelt letztlich nicht weiter, da die Gültigkeit deduktiven Wissens nichts über die
Beschaffenheit der Welt in ihrem An-sich-Sein aussagt. Dazu müsse die
induktiv-empirische Methode herangezogen werden.

---

[36]   Störig, Joachim: Kleine Weltgeschichte der Philosophie, 1981, S. 360.

5. Das Zeitalter der Aufklärung

Die Hochhaltung des gesunden Menschenverstandes und des wissenschaftlichen Forschens, die Ablehnung von Dogmen, die Forderung nach Freiheit, Toleranz und Gleichheit aller Menschen sind einige wesentliche Merkmale der Aufklärung, die in den so christlichen Jahrhunderten zuvor doch sehr mit Füßen getreten worden waren. Bis es aber so weit war, dass die Menschen von ihrer Vernunft frei Gebrauch machen konnten, frei forschen und ihre Meinung sagen und schreiben durften, vergingen viele Jahrhunderte, in denen diese Freiheit erst erkämpft werden musste. Unter den Philosophen im 18. Jh. waren es u. a. David Hume in England, Voltaire in Frankreich oder Immanuel Kant in Königsberg, die erstmals aufgrund eines von kritischen Geistern allmählich erkämpften Liberalismus in der Aufklärung offen Kritik am dogmatischen Rationalismus, an überlieferten metaphysischen Vorstellungen und besonders an den Religionen üben konnten und auch den Mut hatten, dies unter Gefahr der gesellschaftlichen Ausgrenzung und Ächtung zu tun.

Besonders die Mahnung David Humes (1711–1776), die Grenzen der Erfahrung nicht zu überschreiten, wie dies die religiös motivierte rationalistische Metaphysik ständig in selbstverständlicher und anmaßender Weise bis dahin getan hat, hat Kant zu einer systematischen Kritik an der Metaphysik inspiriert. Die Selbstverständlichkeit, mit der die Existenz Gottes, Unsterblichkeit, die Wahrheit Heiliger Bücher, spezifische Glaubenswahrheiten und Dogmen bis dato in jeder Diskussion quasi a priori vorausgesetzt wurden, ist bis heute einem längst etablierten philosophisch begründeten Zweifel gewichen. Mit Hume wurde dieser Bruch endgültig vollzogen. Kritik an der Metaphysik als seriöse Wissenschaft wird nun salonfähig. Metaphysik wird zunehmend abgelehnt als vergebliche Anstrengung menschlicher Eitelkeit, welche in ein Gebiet vordringen möchte, das dem menschlichen Verstand letztlich unzugänglich ist. Ja, sie wird von Hume als Werk eines listigen Volksaberglaubens eingestuft, um über den Weg religiöser Ängste und Vorurteile den Geist des Menschen zu überfallen, wobei rein profane Kriterien wie Macht oder materielle Güter, aber auch psychologische Erlösungsbedürfnisse eine ausschlaggebende Rolle spielen.

Drei Einsichten sind dabei zu erwähnen, die auch in Hinblick auf Kants Denken und auf die heutige Auffassung über Metaphysik charakteristisch geworden sind:

Erstens eine Grenzziehung für die Reichweite des Erkennens durch Vernunftkritik (gegen die rationalistische Philosophie gerichtet); zweitens die Auffassung der alten Metaphysik als eine Synthese von wissenschaftlicher Unhaltbarkeit und Aberglauben; drittens der Versuch, die Metaphysik zu reformieren und dabei ihre Grenzen und ihre Möglichkeiten darzulegen.

Betrachten wir zunächst Humes erkenntnistheoretische bzw. philosophische Grundpositionen, die auch sein Weltbild bestimmten. Als Empirist geht Hume von der antiidealistischen Überzeugung aus, dass es keine angeborenen Ideen gibt. Alle Bewusstseinsinhalte entstammen vielmehr der Erfahrung. Dabei kann allerdings die reale Außenwelt nicht mehr so einfach unter vermeintlich objektiven Kriterien betrachtet werden. Nur mittels unseres unvollkommenen Denkens ist sie uns zugänglich, weshalb allein in den Bewusstseinsinhalten das eigentlich Wirkliche und befriedigend Beantwortbare liegt. Der subjektive Aspekt verdrängt also das Ontische und an die Stelle der alten Metaphysik tritt nun die Psychologie, wobei Hume sich die Vorgänge im Bewusstsein (auf das die eigentliche Ordnung der Welt und Wissenschaft zurückzuführen ist) ganz gemäß seiner Zeit als mechanisch ablaufende Prozesse denkt. Dafür verantwortlich sind die Assoziationsgesetze unseres Denkens, denen zufolge sich Bewusstseinsinhalte nach dem Gesetz der Ähnlichkeit, der Berührung in Raum und Zeit und der Verursachung verbinden. Hume hält unseren Glauben an kausale Vorgänge der Außenwelt nur für eine psychologische und nicht ontische Angelegenheit: Lediglich die Gewohnheit bzw. gewohnheitsmäßige Gedankenverbindungen und Assoziationen rechtfertigen diesen Glauben. Reale Kausalverknüpfungen können daraus nicht gerechtfertigt werden. Zwar war Hume Empirist, doch die Induktion, also das Schließen von einzelnen Vorgängen auf gesetzmäßige Verallgemeinerung, betrachtet Hume durchaus kritisch und ablehnend. Die Tatsache, dass auch morgen wieder die Sonne „aufgeht", ist für die weitere Zukunft keine absolute Notwendigkeit, wie es genauso denkbar ist, dass irgendwann einmal der Satz falsifiziert wird, dass alle Menschen sterblich sind, indem die potentielle Sterblichkeit der Menschen überwunden werden könnte. Diese Wende von der Überzeugung allgemeiner und ewig gültiger Wahrheiten hin zu einer lediglich probabilistischen Auffassung der Induktion hat sich in der heutigen Wissenschaftstheorie besonders mit Poppers kritischer Fallibilitätstheorie in den empirischen Disziplinen fortgesetzt.

   Das Verdienst der Erkenntnistheorie Humes ist es, zwischen Vernunftwahrheiten und Tatsachenwahrheiten unterschieden zu haben. Zu den ersteren gehören Aussagen im Bereich der Mathematik, wie die Tatsache, dass die Winkelsumme eines Dreiecks in der euklidischen Geometrie immer 180° hat. Diese Gesetze beruhen rein auf dem Denken und werden von diesem hervorgebracht, ohne Rücksicht auf das reale Dasein in der Welt, in der es absolute Dreiecke oder Kreise gar nicht gibt.[37] In

---

[37]   Davon abgesehen konnte mit der Relativitätstheorie nachgewiesen werden, dass diese Geometrie nur ein Sonderfall innerhalb eines von der Materie abhängigen und gekrümmten Raumes darstellt, was ebenfalls zeigt, wie vorsichtig man gegenüber idealistischen Standpunkten sein sollte, die von ewig gültigen Wahrheiten nicht nur ausgehen, sondern diese auch zu besitzen glauben. Auch in der Quan-

dieser Abstraktheit werden diese Gesetze von Hume durchaus anerkannt. Nur können wir mit diesen bewusstseinsinternen Gesetzen noch
lange nichts über die wahre Beschaffenheit der Wirklichkeit und erst
recht nicht – im Gegensatz zu Descartes und den Rationalisten – über die
Außenwelt oder gar über metaphysische Angelegenheiten etwas verbindlich aussagen, wenngleich Mathematik ein durchaus geeignetes Mittel ist, die Welt besser begreifen zu lernen. Darüber entscheidet heute
letztlich die Verifikation der Erfahrung bzw. der Beobachtung durch das
Experiment. Nur, wie wir gesehen haben, hielt Hume auch diese für kein
Allheilmittel, da er Induktion, also die Verallgemeinerung von einzelnen
Erfahrungserkenntnissen zu allgemeinen Erkenntnissen mit gesetzli-
chem Status, nicht für legitim erachtet, denn Erfahrung beruht nur auf
Gewöhnung oder Übung. Insofern ist Humes Empirismus als ein negativer, als ein skeptischer Empirismus zu betrachten. Wahr oder nicht
wahr hängt von psychologischen Gesetzmäßigkeiten ab. Was der Realität in diesem Punkte zuzuschreiben ist, lässt sich letztlich nicht verbindlich feststellen. Trotz dieser Skepsis gegenüber den sinnlichen Wahrnehmungen seien diese aber den rein rationalen Vorstellungen bezüglich
der Zuverlässigkeit vorzuziehen.

Hume hat die Brücken zur Transzendenz sowohl im Sinne von
„Außenwelt" als auch von Transzendenz in einem theologischen Sinne
zerschlagen. An diesem Punkt wird Kant später versuchen, den
Humeschen Skeptizismus und dessen Destruktion des Gewissheitsan-
spruches der Realwissenschaften durch Einführung der Transzendentalphilosophie zu überwinden und die von Newtons System dominierte
Naturwissenschaft wieder zu rehabilitieren. Da Kant selbst sagt, er sei
durch Hume aus seinem „dogmatischen Schlummer" erweckt worden,
kann sogar die Vermutung ausgesprochen werden, dass es ohne Hume
die kritische Philosophie Kants nicht gegeben hätte.

Mit Humes erkenntnistheoretischem Skeptizismus hängt nun auch
seine Ablehnung der religiösen Metaphysik und ihrer vermeintlichen
unumstößlichen Wahrheiten ab. Hume machte in bewundernswürdig
mutiger Weise keinen Hehl daraus und bezeichnete die Religion (in seinen „Four Dissertations" 1757) lediglich als ein „natürliches und in der
Geschichte veränderliches Phänomen der menschlichen Psyche."[38] In
„The Natural History of Religion" wendet Hume seinen naturgeschicht-
lichen Ansatz auf die Religion an, indem er dieser als etwas natürlich
Gewordenem ihren übernatürlichen Anspruch raubt, weil der natürliche
Fortschritt des menschlichen Denkens vom Polytheismus der primitiven
Kulturen zum Theismus der zivilisierten Völker führte. Lediglich sind es

---

tenwelt verliert das vermeintlich idealistische A-priori-Wissen seine beanspruchte
universelle Gültigkeit.

38   Lutz, Bernd: Metzler Philosophen Lexikon, 1995, S. 411.

die Hoffnungen und Ängste der Menschen, die hinter gewissen Erscheinungen des Lebens unsichtbare intelligente Wesen und deren Einfluss
auf die Menschen vermuten. Nachdem die Menschen langsam gewisse
Gesetzmäßigkeiten der Natur erkennen, vermuten sie eine planmäßige
Anordnung, hinter der wiederum ein Schöpfergott verkündet wird. Im
Vergleich zum Polytheismus hält Hume den Monotheismus als Volksreligion hinsichtlich seiner praktischen Folgen sogar für schädlicher, denn
die Betonung eines einzigen Gottes und die einer einzigen wahren Religion führt zu Intoleranz und Verfolgung anderer Religionen. Ein weiterer negativer Aspekt ist die vermehrte Abhängigkeit im Monotheismus.
Je mehr man sich von einem Willen eines Gottes abhängig macht, desto
weniger folgt man seinen eigenen moralischen Empfindungen, was wiederum eine steigende Abhängigkeit von Priestern bzw. von der Kirche
zur Folge hat. In seinen „Dialogues Concerning Natural Religion" greift
Hume auch das Theodizee-Problem auf, indem er unter Hinweis auf die
zahlreichen Übel in der Welt uns vor die Wahl stellt, entweder die Allmacht oder die Güte Gottes zu leugnen. Was die sehr konkreten Gottesvorstellungen des Christentums angeht, so ist Hume der Auffassung,
dass, da „alle unsere Vorstellungen... Abbilder unserer Eindrücke..."
sind, auch die Vorstellung Gottes „im Sinne eines allwissenden, allwei-
sen und allgütigen Wesens" aus der „Besinnung auf die Vorgänge in
unserem eigenen Geiste und aus der Steigerung dieser Eigenschaften...
ins Grenzenlose" zu erklären sind.[39] Da die Evidenz, welche die christliche Religion für viele dennoch hat, sich nur auf die Autorität einer
Schrift und der Überlieferung durch Apostel gründet, ist sie für Hume
noch geringer als die Evidenz der sinnlichen Wahrnehmung, denn selbst
bei diesen Stiftern unserer Religion war sie nicht stärker „und augen-
scheinlich muss sie beim Übergang auf ihre Schüler abnehmen."[40]
    Auch den für die Wahrhaftigkeit des Christentums wichtigen Wun-
dern, definiert als „Verletzung der Naturgesetze", steht Hume ablehnend gegenüber. So lautet Humes Grundsatz: „Kein Zeugnis reicht aus,
ein Wunder festzustellen, es müsste denn das Zeugnis von solcher Art
sein, dass seine Falschheit wunderbarer [also noch undenkbarer, P.K.]
wäre als die Tatsache, die es festzustellen trachtet." Und erst wenn die
Falschheit des Zeugnisses des Erzählers wunderbarer als das von ihm
berichtete Ereignis sei, „dann, aber auch erst dann kann er Anspruch auf
meinen Glauben und meine Überzeugung erheben."[41] Der Glaube beruht
somit auf einem höchst subjektiven Kriterium, welches stark von der
Gut- bzw. Leichtgläubigkeit oder – um es allgemeiner zu formulieren –

---

[39]   Hume, David: Eine Untersuchung über den menschlichen Verstand (An Enquiry
        Concerning Human Understanding, 1777), Hamburg, 1993, 19f.
[40]   Hume, David: a.a.O.,1993, S. 128.
[41]   Hume, David: a.a.O., 1993, S. 136.

von gewissen Neigungen und darauf basierenden Gefühlen sowie vielleicht auch von einer gewissen Naivität abhängig ist. Aber auch der Umstand, dass Wunder, wie sie im Neuen Testament gleich massenhaft anzutreffen sind, seltsamerweise immer nur in der Vergangenheit stattgefunden haben, lässt Hume an der Evidenz von Wundern zweifeln, nicht
zuletzt, weil auch das Problem der Glaubwürdigkeit der Zeugen
dazwischengeschaltet ist. Besonders aber die sich gegenseitig negieren-
den und widersprechenden widernatürlichen Geschehnisse verschiedener Religionen untereinander macht die Unglaubwürdigkeit alleine
schon aus rein religiös-inhaltlichen Gründen deutlich. Und so kommt
Hume aus diesen auf psychologischen Motiven zurückgehenden kritischen Überlegungen zu einem ganz anderen Ergebnis als die Rationalisten mit ihren Gottesbeweisen: „Unsere allerheiligste Religion gründet
sich auf Glauben, nicht auf Vernunft."[42] Den Anmaßungen der rationalen Philosophie, über die Erfahrung hinaus allgemeingültige Wahrheiten
zu erfassen, entgegnet Hume: „Solange wir nicht einen befriedigenden
Grund angeben können, warum wir nach tausend Erfahrungstatsachen
glauben, dass ein Stein fallen oder das Feuer brennen wird – können wir
uns da mit irgend einer bestimmten Anschauung zufrieden geben, die
wir über den Ursprung der Welten [aber auch über Gott und Seele, P.K.]
und den Zustand der Natur von Ewigkeit zu Ewigkeit bilden mögen?…
Mir scheint, dass die einzigen Gegenstände der abstrakten Wissenschaften oder der Demonstration Größe und Zahl sind und dass alle Versuche, diese vollkommeneren Wissensarten über diese Grenzen hinaus zu
erstrecken, nur Blendwerk und Täuschung bedeuten."[43] „Das Dasein
irgend eines Wesens kann also nur durch Begründungen bewiesen werden, die aus seiner Ursache oder Wirkung stammen, und diese Begründungen stützen sich lediglich auf die Erfahrung. Gehen wir a priori vor,
so scheint jedes Ding fähig, jedes andere hervorzubringen."[44] Wir sehen
also, dass Humes Skeptizismus für eine bescheidenere Einschätzung
unserer intellektuellen Möglichkeiten auf allen Gebieten eintritt. Den
Theismus und dessen exklusive Ansprüche lehnt er ebenso ab wie andererseits einen „übertriebenen" Skeptizismus. Er fordert einen „gewissen
Grad von Zweifel, Vorsicht und Bescheidenheit bei allen Arten von Untersuchungen und Entscheidungen" und die Einschränkung unserer
Forschung auf solche Gegenstände, „die sich für die engen Fähigkeiten
des menschlichen Verstandes am besten eignen"[45], also des empirisch
zugänglichen und überprüfbaren Wissens.

---

[42]   Hume, David: a.a.O., 1993, S. 154.
[43]   Hume, David: a.a.O., 1993, S. 190.
[44]   Hume, David: a.a.O., 1993, S. 192.
[45]   Hume, David: a.a.O., 1993, S. 189.

Die radikalste Ausprägung erfuhr die Aufklärung in Frankreich unter angelsächsischem Einfluss, wo sie in breiten Schichten zu einer
Kampfbewegung gegen die Katholische Kirche geworden ist. „Ecrasez
l'infame" war der Kampfruf. So hatte auch der französische Aufklärer
Voltaire (1694–1778) seine Schwierigkeiten mit der Kirche und ihren Ansprüchen.[46] Zwar glaubte Voltaire durchaus an einen Schöpfer, sah aber
gleichzeitig in den Offenbarungen eine Art Scheinmanifestation eines
konstruierten Gottes. Ähnlich wie Kant glaubte er an ein inhärentes mo-
ralisches Gesetz als Handlungsgrundlage des Guten. Dies aber bedingte
ebenfalls die Existenz eines Gottes als Garant des Guten. Von einer soziobiologischen Begründung der Ethik und Moral war man vor Darwin
noch weit entfernt. Speziell Voltaires Verhältnis zur Heiligen Schrift
macht deutlich, wie ablehnend er dieser und der darauf sich berufenden
Kirche gegenüber eingestellt war. Lange bevor es die Kritische Theologie
unserer Tage gab, war Voltaire der Überzeugung, dass Jesus als Mensch
geboren wurde und in seiner Lehre nie behauptete, Gott bzw. Gottes
Sohn zu sein. Die Wundererzählungen der Evangelienberichte und die
später einsetzende Dogmatisierung sind spätere rein menschliche Konstrukte. In der Tat war die Bezeichnung „Sohn Gottes" eine damals ge-
bräuchliche Floskel oder moralische Bewertung für lediglich gottgefällig
lebende Menschen.[47] Für Voltaire waren die kirchlichen Dogmen, z. B.
über den Heiligen Geist oder die Jungfrauengeburt, lediglich Fiktionen
der späteren Christen: „Gott schlief also mit seiner Mutter, um anschlie-
ßend aus ihr geboren zu werden."[48] Da Jesus keines der Dogmen selbst
verkündet hatte, war wohl in Wirklichkeit nicht er derjenige, der diese
Religion erschaffen hat, und das, woran die Christen glauben, ist wohl
nicht das, an was er selbst als Jude, der er ja war, geglaubt hatte. Somit
hat Jesus mit der Kirche, die sich auf ihn als Gottes Sohn beruft, weitaus

---

[46]   Die hier zitierten Werke Voltaires wurden nach der Ausgabe seiner Œuvres
      complètes, Paris, Ed. Plancher, 1817–1820 zitiert. Eine umfassendere Zusammen-
      stellung über Voltaire und den kirchlich-religiösen Komplex siehe: Strunz, Franz:
      Ecrasez l'Infame, in: Aufklärung und Kritik, 1/1997, S. 70ff. Die folgenden Zitate in
      Strunz' Artikel beziehen sich auf die angegebenen Werke Voltairs in dieser Pariser
      Ausgabe. Die Entstehungsdaten sind laut Strunz nicht immer bekannt.

[47]   Voltaire drückt diese Aversion gegen den Aberglauben und die Dogmatisierung
      z. B. im Zusammenhang mit der Behauptung, Gott sei ein Stück Teig (Hostien),
      sehr drastisch und ohne sprachliche Hemmung so aus: „Nennen wir es doch beim
      Namen. Man hat die Blasphemie so weit getrieben, daraus einen Glaubensartikel
      zu machen, dass Gott auf Erden gekommen ist, um zu scheißen und zu pissen, dass
      wir ihn essen, nachdem er gehenkt wurde, dass wir ihn wiederum scheißen und
      pissen; und dann wird ernstlich darüber diskutiert, ob es die menschliche oder die
      göttliche Natur war, die schiß und pißte." Les Œuvre complètes de Voltaire, Bd. 62,
      Oxford 1987, S. 336.

[48]   Voltaire: Dialogue entre l'empereur de la Chine et frère Rigolet, Paris, Bd. 28, S. 285-
      301.

weniger gemein als man landläufig glaubt. Zum Monster wird für Voltaire die Kirche aber erst dadurch, dass ihre Verfechter zur Gewaltanwendung greifen, um ihre Ideologie durchzusetzen. Ansonsten wäre gegen Glaubenssätze aus seiner Sicht nichts einzuwenden, wenngleich er sie in ihrer Wahrhaftigkeit negiert. „Sagt mir doch, ob die Strafe des Galgens, des Rads oder des Feuers ein Beweis der Religion ist? Zweifellos ist sie ein Beweis der menschlichen Barbarei. Sie ist ein Beweis dafür, dass es auf der einen Seite Henker, auf der anderen Überzeugte gibt."[49] Die Hölle war ihm lediglich ein Instrument zur Niederhaltung des Volkes. Wenn nicht selbst erfunden, so doch sich mit ihren Schilderungen und mit ihrer angedrohten Anwendung von der Kirche zu Nutzen gemacht. „Diese Hölle ist auf Erden und ihre Dämonen sind die Verfolger."[50] Voltaire trat für eine theologiefreie Religion ein, deren Fundament der Glaube an Gott ohne weiteres theologisches Dazutun und Bevormundung ist, denn die Attribute dieses höchsten Wesens sind völlig unbekannt. Darum „erjagt die Theologen und die Welt ist ruhig; lasst sie zu, gebt ihnen Autorität, und die Erde wird von Blut überströmt."[51] So wie Voltaire Jesus als Morallehrer bewunderte, so verachtete er ihn, weil er, willentlich oder nicht, Urheber einer viele Jahrhunderte lang anhaltenden intellektuellen Tyrannei geworden sei.

Jean-Jacques Rousseau (1712–1778), der auf Kant großen Einfluss ausgeübt hat, steht in der Religionsfrage zwischen den Fronten. Für ihn kann Gott nicht Gegenstand des Wissens sein, sondern des Herzens und des Gefühls. In seinem Erziehungsroman „Emile ou sur l'éducation" (1762) schreibt er: „Wenn ich die Dummheit symbolisch darzustellen hätte, die unsere Galle erregen kann, so würde ich einen Pedanten malen, der die Kinder aus dem Katechismus unterrichtete." Rousseau sieht in einem gefühlsmäßigen Glauben den wahren und sich genügenden Glauben. Eine Auffassung, die der von ihm beeinflusste nüchterne Vernunftdenker Kant allerdings nicht teilen wollte. Rousseaus Eintreten für eine natürliche Religion jenseits von Bekenntnissen und Dogmen sowie für religiöse Toleranz war dagegen zwar von den von ihm beeinflussten Intellektuellen, zu denen auch Goethe gehörte, durchaus hoch geschätzt, ansonsten aber wurde sie wohl eher als skandalös empfunden.

Es ist schwierig bis unmöglich, innerhalb weniger Zeilen die Philosophie Immanuel Kants (1724–1804) darzustellen und ausreichend zu würdigen. Wir beschränken uns deshalb darauf, die Aspekte darzulegen, welche für die Absicht dieses Teils des vorliegenden Buches relevant sind, nämlich die Genese eines freien und aufgeklärten Denkens sowie die

---

[49]   Voltaire: Profession de foi des théistes, Paris, 1768, Bd 24, S. 245.

[50]   Voltaire: Dialogue entre un caloyer et un homme de bien, Paris, Bd. 28, S. 114.

[51]   Voltaire: Dieu et les hommes, Paris, 1769, Bd. 24, S. 615.

Herausbildung eines weltanschaulich ungebundenen wissenschaftlichen Systems als kultureller Kampf gegen die Restriktionen dogmatisch metaphysischer Weltanschauungssysteme, die darin eine Gefährdung ihrer Ideologie und Macht gesehen haben.

Das bekannteste und einflussreichste Werk Kants ist dessen epochemachende „Kritik der reinen Vernunft". Hier ging es ihm ganz wesentlich auch darum, die Möglichkeit sicherer Erkenntnis, wie er sie in Newtons Physik vorliegen sah, gegen die ganz prinzipiellen skeptizistischen bzw. empiristischen Einwände Humes bezüglich Induktion und Kausalität zu verteidigen. Für Hume war die Induktion ein Mythos, den er ablehnte. Seiner Auffassung nach ist alles Wissen letztlich nur hypothetisch. Eine Schlussfolgerung, die Kant mit seiner eigens hierfür entwickelten Transzendentalphilosophie und der Einführung synthetischer Urteile a priori zu widerlegen versuchte. Im Falle der mit dieser erkenntnistheoretischen Problematik zusammenhängenden und darüber hinausgehenden Metaphysikkritik liegt Kant dann wieder auf der Linie Humes, wenngleich er die Möglichkeiten der Metaphysik nicht gänzlich anzweifelt, sie aber von einem „bloßen Herumtappen... unter bloßen Begriffen" zu einer Disziplin mit wissenschaftlichen Ansprüchen zu erheben versucht.

Das sehr systematisch aufgebaute Hauptwerk Kants greift auch die Gegensätze zwischen empiristischem und rationalistischem bzw. skeptischem und dogmatischem Denken auf mit dem Versuch, diese durch eine Synthese zu überwinden, wobei eines der Hauptprobleme bzw. eine der zu beantwortenden letzten Fragen die prinzipielle Möglichkeit oder Unmöglichkeit von Metaphysik, bestehend aus lauter Urteilen a priori, betrifft. Dazu muss aber generell die Frage geklärt werden, was und wie viel der Verstand und die Vernunft unabhängig von aller Erfahrung erkennen können. In der Terminologie Kants so ausgedrückt: „Wie sind synthetische Urteile a priori möglich?" Da Kant Hume zugestehen musste, dass Erfahrung weder Notwendigkeit noch Allgemeingültigkeit mit sich bringt, andererseits sich nicht mit dem Gedanken anfreunden konnte, alle Erfahrungswissenschaft sei lediglich psychologisch motivierter Glaube, sah er in dem Nachweis der Existenz von synthetischen Urteilen a priori eine Möglichkeit, diese gegen Humes radikale Kritik zu retten. „Dass alle unsere Erkenntnis mit der Erfahrung anfange, daran ist gar kein Zweifel," jedoch das diesen „rohen Stoff sinnlicher Eindrücke" – also das Chaos der Empfindungen – Ordnende sind nach Kant die transzendentalen Denkformen oder Kategorien. Somit wird auch Kants sogenannte „kopernikanische Wende" verständlich: „Wenn die Anschauung sich nach der Beschaffenheit der Gegenstände richten müsste, so sehe ich nicht ein, wie man a priori von ihr etwas wissen könne. Richtet sich aber der Gegenstand (als Objekt der Sinne) nach der Beschaffenheit unseres

Anschauungsvermögens, so kann ich mir diese Möglichkeit ganz wohl vorstellen."[52]

Man sieht, dass hier der Gedanke oder der allerdings durchaus fragwürdige Rettungsversuch apriorischer Wahrheiten im Zentrum eines Denkens steht, in dem die objektive Erkennbarkeit der Außenwelt zugunsten der subjektiven apriorischen Denkkategorien aufgegeben wird. „Objektiv" ist dabei nicht mehr eine Welt in ihrem An-sich-Sein, „objektiv" bedeutet nun nur noch eine Welt, so wie sie sich unserem apriorischen Denken in den synthetischen Urteilen a priori erschließt. Die Welt in ihrem An-sich-Sein, sozusagen in ihrer transzendenten (d. h. in ihrem Sosein außerhalb unseres Bewusstseins liegenden) ontischen Objektivität ist für das menschliche Erkenntnisvermögen nicht erkennbar. Hierin liegt also eine Antwort auf eine Hauptfrage, die sich Kant gestellt hat, nämlich: „was und wie viel kann Verstand und Vernunft, frei von aller Erfahrung, erkennen?" (Kant, Vorrede zur ersten Auflage der K.d.r.V., A, S. XVII). Dabei werden „Gegenstände" nicht mehr vom Subjekt vorgefunden, sondern von ihm gesetzt, nämlich durch seine „konstitutiven" Denkformen, die erst Erfahrung ermöglichen sollen. Sie sind somit „nicht mehr eine transzendente, sondern eine transzendentale Größe."[53] „Der Verstand schöpft seine Gesetze (a priori) nicht aus der Natur, sondern schreibt sie dieser vor."[54]

Es muss durchaus kritisch hinterfragt werden, ob dieser Subjektivismus, wenn er glaubt, dass der Geist der Natur die Gesetze vorschreiben könne, letztlich der Weisheit letzter Schluss sei, oder ob es sich hier mehr um eine Ad-hoc-Hypothese handelt, mit der mittels des transzendentalen Systems die Gültigkeit der Newtonschen Physik gegen den Skeptizismus gerettet werden sollte.

Für Kant kann es kein Extrapolieren aus dem Bereich des Sinnlichen ins Transzendente geben. Der Grundsatz der Kausalität beispielsweise kann nur innerhalb der Welt angewandt werden. Wer das missachtet, verkennt die Grenzen des Erkennens. Es muss nicht notwendig Widersprüchlichkeit zwischen unseren Ideen und dem tatsächlich Transzendenten vorliegen, die durchaus als „Richtmaß der Vernunft" ihre Berechtigung haben mögen, aber letztendlich sind alle Anstrengungen über den Bereich des Erfahrbaren unbeweisbar und somit von ihrer Natur her

---

[52]   Kant, Immanuel: Kritik der reinen Vernunft [K.d.r.V.], Stuttgart, 1989, Vorrede, B, S. XVIf.

[53]   Hirschberger, Johannes: Geschichte der Philosophie, 1976, Band 2, S. 291. Wenn (metaphysische) Begriffe die Erfahrung überschreiten, dann spricht man von „transzendenten" Begriffen. Unter „transzendental" versteht man nach Kant die apriorischen und konstitutiven Denkformen (Kategorien), die der Erfahrung vorausgehen und diese erst ermöglichen sollen.

[54]   Kant, Immanuel: Prolegomena zu einer jeden künftigen Metaphysik, Hamburg, 1993, § 36.

auch spekulativ. Für das Unbedingte (also eine Art göttliches Prinzip) wird aber auch eine psychologische Erklärung angeboten, die ebenfalls wieder dessen ontischen Status infrage stellt, indem das Ideal des allerrealsten Wesens, obgleich es nur eine Vorstellung ist, zuerst realisiert, dann hypostasiert und schließlich personifiziert wird, wozu wir aber „keine Befugnis haben". Somit werden von Kants kritischer in ihrer Basis an der empirischen Philosophie orientierter Erkenntnistheorie entgegen dem Rationalismus die metaphysischen Ideen wie Gott, Seele, Freiheit letztlich als Überhöhungen des Denkens angesehen. Darin, dass für Kant die transzendentalen Gesetze unseres Denkens vorrangig vor den transzendenten Setzungen waren, liegt seine als „kritisch" bezeichnete Philosophie begründet. Die metaphysischen Ideen stellen bei Kant somit nur noch eine heuristische Betrachtungsweise, ein Anschauen-als-ob dar. So wird auch verständlich, dass Kant die rationalistischen Gottesbeweise ablehnt, denn darüber, ob dieses Wesen Substanz, von größter Realität, notwendig usw. sei, darüber lässt sich nichts sagen, denn die Kategorien, „durch welche ich mir einen Begriff von einem solchen Gegenstande zu machen versuche, sind von keinem anderen als empirischen Gebrauche und haben gar keinen Sinn, wenn sie nicht auf Objekte möglicher Erfahrung, d. i. auf die Sinnenwelt angewendet werden."[55] Der Hinweis auf die Offenbarung als Garant für die einzig richtige Religion führt zu keiner Lösung, da viele Religionen sich aus einer solchen legitimieren, aber dennoch unüberwindbare Divergenzen in ihren Glaubensinhalten aufweisen.

Kants Metaphysikkritik, die gleichzeitig auch eine Reform der Metaphysik einleiten sollte, machte also deutlich, dass Beweise über metaphysische Dinge – also Welt, Seele, Gott, Freiheit, Unsterblichkeit etc. – allein aus reinem Denken, welches ohne Empirie auszukommen glaubte und über diese hinauszugehen wähnt, in eine Sackgasse führt: „Alles Denken aber muss sich... zuletzt auf Anschauungen, mithin, bei uns, auf Sinnlichkeit beziehen, weil uns auf andere Weise kein Gegenstand gegeben werden kann."[56] Und: „Gedanken ohne Inhalt sind leer, Anschauungen ohne Begriffe sind blind... Der Verstand vermag nichts anzuschauen und die Sinne nichts zu denken. Nur daraus, dass beide sich vereinigen, kann Erkenntnis entspringen."[57] Kant kritisiert die metaphysischen Schulwissenschaften wie Ontologie, Psychologie, Kosmologie und Theologie, insofern sie auf dogmatische Weise Beweise liefern, die

---

[55] Kant, Immanuel: Kritik der reinen Vernunft (Von der Endabsicht der natürlichen Dialektik), Stuttgart, 1989, S. 718.

[56] Kant, Immanuel: Kritik der reinen Vernunft (Die transzendentale Ästhetik), 1989, S. 80f.

[57] Kant, Immanuel: Kritik der reinen Vernunft (Die transzendentale Logik), 1989, S. 120.

allein aus rationalen, unter Ablehnung empirischer Gesichtspunkte entstehen. „Es ist kein Zweifel, dass ihr Verfahren [gemeint ist die Metaphysik, P.K.] bisher ein bloßes Herumtappen, und, was das Schlimmste
ist, unter bloßen Begriffen, gewesen sei."[58] Damit waren auch die sogenannten Gottesbeweise massiv infrage gestellt. Der ontologische Gottesbeweis, weil aus dem bloßen Begriff eines Gegenstandes niemals sein
wirkliches Dasein logisch folgt; der kosmologische Gottesbeweis (der
Gott aus der Existenz der Welt beweist), weil nicht notwendig von bedingten Ursachen auf eine unbedingte geschlossen werden kann. Der
physiko-theologische Gottesbeweis, den Kant am meisten schätzte, aber
dennoch negierte, meint, die Existenz Gottes aufgrund der Zweckmäßigkeit der Welt beweisen zu können. Letzteres wird heute auch zureichend durch die Evolutionstheorien unter Berücksichtigung von Mutation, Selektion, Genetik (Vererbungslehre), Selbstorganisation und Fulguration[59] plausibel und nachvollziehbar erklärt, ohne dabei auf spekulativ
göttliche Prinzipien zurückgreifen zu müssen. Was dabei im Zusammenhang mit Kants Philosophie vielleicht weniger bekannt ist, ist die
Tatsache, dass besonders der „vorkritische" Kant ein sehr stark an naturwissenschaftlichem Fortschritt orientierter Denker war, der selbst,
ohne spezialisierter Naturforscher zu sein, zahlreiche naturphilosophische Werke verfasst hatte und in „Träume eines Geistersehers" deutlich
und bissig gegen jegliches mystisch-esoterisches Denken Partei ergriff,
das sich im luftleeren Raum wilder und beliebiger Spekulationen bewegt.

    Bekannt und äußerst beeindruckend ist Kants Theorie über den Ur-
sprung unseres Planetensystems in seiner „Allgemeinen Naturgeschichte und Theorie des Himmels" von 1755. Kant wird dadurch neben Laplace zum Erfinder der Nebularhypothese, demnach sich aus einer ursprünglich in Rotation befindlichen gasförmigen Urmaterie infolge der
Fliehkraft Teile absondern, aus denen unser Planetensystem entstanden
ist. Vorschnell „sich mit der Anführung des unmittelbaren Willens Gottes zu begnügen", also einen übernatürlichen Eingriff zu behaupten,

---

58   Kant, Immanuel: Vorrede zur zweiten Auflage der „Kritik der reinen Vernunft".
      Ferner ergibt es sich aus der „Deduktion unseres Vermögens, a priori zu erkennen"
      auch, „dass wir mit ihm nie über die Grenze möglicher Erfahrung hinauskommen
      können, welches doch gerade die wesentlichste Angelegenheit dieser Wissenschaft
      [Metaphysik] ist." In diesem Zusammenhang fällt auch Kants berühmter Satz, man
      muss „das Wissen aufheben, um zum Glauben Platz zu bekommen". Kant, Imma-
      nuel: Vorrede zur zweiten Auflage, B XXX – BXXXI, Stuttgart, S. 38.

59   Konrad Lorenz versteht unter „Fulguration" eine schlagartige qualitative Verände-
      rung, also das plötzliche Auftreten von vorher noch nicht in Erscheinung getrete-
      nen Eigenschaften und Formen in ansonsten kontinuierlich verlaufenden komple-
      xen Entwicklungsprozessen, wie beispielsweise der Evolution. Einfaches Beispiel:
      Wasser. Es nimmt unter bestimmten Temperaturen unterschiedliche Eigenschaften
      an.

bedeutete für Kant eine „betrübliche Entschließung". Ihm zumindest schien eine Art Selbstorganisation des Planetensystems aufgrund mechanischer Ursachen, der zufolge sich feine Materie aus Gas und Staub aufgrund von Gravitation und Rotation verdichtete und somit die Sonnen und Planeten entstanden sind, plausibler gewesen zu sein. Bereits hier deutet sich an, dass die wachsende Abstraktion von der grobsinnlichen Erfahrung einmal eine der Voraussetzungen für den Erfolg moderner Naturwissenschaft werden wird.[60] Die Kant-Laplacesche Überlegung der Sternen- und Galaxienentstehung war ein durchaus wichtiger Gedanke, der das „Evolutionskonzept eines schöpferischen Universums"[61] vorbereitete, welches in Umrissen bereits im 19. Jahrhundert neben dem mechanistischen Weltbild vorlag. Die Idee Kants eines sich entwickelnden Universums mit fernen „Welteninseln" (Kant hatte M31 im Sternenbild Andromeda eine andere Milchstraße mit unzähligen Sternen als „Welteninseln" benannt) wurde schließlich 1924 durch Edwin Hubble zur Gewissheit.[62] Der kosmologische Evolutionsgedanke ist somit bereits von Kant angedacht worden. Er erkannte das Universums nicht wie in der damals als verbindlich geltenden biblischen Vorstellung als „Werk von einem Augenblick", sondern als das, was es wirklich ist: Ein natürlich erklärbares, sich in Jahrmilliarden evolutiv aus einer Art Urnebel herausbildendes Meer an Materie in Form von Sternen und Planeten. Sogar über die Möglichkeit von anderen Planetenbewohnern wird im dritten Teil des Buches spekuliert. Kant war Naturphilosoph, aber kein Naturwissenschaftler. Dazu fehlte ihm das detaillierte und fachspezifische Rüstzeug, z. B. die Mathematik. Er erwarb sich aber sein Wissen aus einzelwissenschaftlichen Abhandlungen, speziell denen Newtons. So war sich Kant des unsicheren Status seiner Spekulationen auch bewusst. Dennoch war er in seinen „Fragmenten zur Naturgeschichte der Erde" davon überzeugt, dass sich eine gesunde Naturwissenschaft keinerlei „verborgene Kräfte" zur Erklärung gewisser Erscheinungen ausdenkt und aufgrund ihrer immer vorhandenen offenen Fragen nicht in einer „unmittelbaren göttlichen Anordnung" ihre Zuflucht zu nehmen hat.

Daneben nimmt Kant immer wieder auch Stellung gegen den damals gerne angeführten physiko-theologischen Gottesbeweis, nach dem Zweckmäßigkeit, Ordnung, Regelmäßigkeit und Schönheit der Welt auf das Dasein eines göttlichen Schöpfers von höchster Vollkommenheit

---

[60] Im Zusammenhang mit der ansonsten heute in principio anerkannten Selbstorganisationstheorie, die mit einer auch bei Kant verbundenen Symmetriebrechung einhergeht, würde man heute allerdings nicht von einer vagen Begrifflichkeit einer kosmischen Materiewolke, sondern von einem symmetrischen Quantenvakuum sprechen, welches in einen teilchenerfüllten Zustand übergeht.

[61] Kanitscheider, Bernulf: Von der mechanistischen Welt zum kreativen Universum, 1993, S. 169.

[62] Sagan, Carl: Unser Kosmos, 1996, S. 203.

schließen lassen sollen. Wie Hume, so nimmt auch Kant gegenüber (vermeintlichen) Wundern eine kritische Position ein, denn übernatürliche Gegebenheiten soll man im gewöhnlichen Lauf der Dinge ohne „erheblichste" Ursache nicht annehmen. Immer mehr entwickelt sich Kant im Laufe seines Lebens zum kritischen Skeptiker, sofern es um Fragen der Metaphysik geht. So negiert er die Gottesbeweise, da sie aus bloßen Begriffen kühn auf Gottes reales Dasein folgern. Im Sinne des Kritizismus ist für Kant Gott eben kein substantielles Ding, sondern ein bloß regulatives Prinzip, dessen Dasein ebenso wie seine Nichtexistenz sich mittels der Vernunft nicht beweisen lässt. Ähnlich wie später auch Nietzsche fordern wird, solle man den Begriff von Gott in seiner genetischen Entwicklung betrachten, also angefangen von einer existentiellen Furcht über Zauberei, Geister bis zum Priestertum, was zu dem Ergebnis führen wird, dass Gott als eine Idee bzw. als ein postuliertes Ideal, eine aus Kants praktischen Philosophie zu folgernde Hypothese für die natürliche wie für die sittliche Ordnung darstellt.[63]

Kant verspürte vielleicht durch seine religiös geprägte Schulzeit ausgelöst eine Abneigung auch gegen Statuten, Zeremonien und Werkheiligkeit des Kirchenglaubens, die er als Afterdienst und Pfaffentum ablehnte. Auch könnten die Offenbarung in Christus sowie Gnade und Wunder nicht wörtlich verstanden werden, da sie der Vernunft und seiner Vorstellung über Freiheit zuwiderlaufen. Kants Religiosität stand anfangs unter dem Einfluss seiner pietistischen Erziehung durch seine sehr fromme Mutter und der theologisch geprägten Ausbildung in der Schule. Nach einer Mitteilung seines Schülers und späteren Kollegen Pörschke sei Kant „schon lange Magister gewesen und habe noch an keinem Satz des Christentums gezweifelt; nach und nach sei ein Stück ums andere gefallen".[64] Die zunehmend kritische Distanz Kants zum Christentum muss also in den 1760er Jahren vollzogen worden sein. Und so erachtete er später die wahre Religion in der „Reinigkeit der Gesinnung" und der „Gewissenhaftigkeit eines guten Lebenswandels", während der Religionswahn für ihn in „gottesdienstlichen Bewerbungen", „Glaubensbekenntnissen", „Anrufung heiliger Namen" und anderen „Observanzen" bestand. Über die Offenbarung sagt Kant: Entweder wird sie „durch Menschen mitgeteilt", dann beruht sie bestenfalls auf „historischem Glauben an Gelehrte"; oder sie wird jedem Individuum besonders erteilt, dann ist jeder „inspiriert" und kein gemeinschaftlicher Maßstab möglich.[65] Kant, dem alle Dogmatik ein Gräuel war, konnte sich somit auch nicht mit der kirchlichen anfreunden. Einem religiösen Verständnis, das auf Gefühl sich gründet, war er als kühler norddeutscher

---

63   Vorländer, Karl: Immanuel Kant. Der Mann und das Werk, Hamburg, 1992, S. 183.

64   Vorländer, Karl: a.a.O., 1992, S. 155.

65   Vorländer, Karl: a.a.O., 1992, S. 164.

Kopf aber ebenso abhold, denn auf Gefühlen könne weder Erkenntnis
noch Sittlichkeit gründen. So hat er auch wenig Verständnis für pantheistische Tendenzen (vgl. Spinoza, Goethe und gewissermaßen auch Lessing), oder für das Abhängigkeitsgefühl des Menschen vom Kosmos
(wie Goethes dichterische Verklärung des pantheistischen Gefühls in
Fausts Glaubensbekenntnis an Gretchen[66]). Folglich erscheint ihm dann
auch die Phantasie in religiösen Angelegenheiten als Abweg einer nüchternen Vernunft: „Die Phantasie verläuft sich bei Religionsdingen unvermeidlich ins Überschwängliche, wenn sie das Übersinnliche... nicht
an bestimmte Begriffe der Vernunft, dergleichen die moralischen sind,
knüpft, und führt zu einem Illuminatismus innerer Offenbarung, deren
ein jeder alsdann seine eigene hat, und kein öffentlicher Probierstein der
Wahrheit mehr stattfindet" („Die Religion innerhalb der Grenzen der
bloßen Vernunft"). Hiermit schwindet die eigenständige hohe Stellung
der Religion letztlich zu einem nur mehr Anhängsel oder Zubehör einer
Ethik, die nicht einmal mehr einer offenbarungstheologischen Grundlage bedarf. Nur allein aus der Glückseligkeit als Folge der Sittlichkeit
muss ein Weltherrscher angenommen werden, der die „genaue Übereinstimmung des Reiches der Natur mit dem der Sitten" als Oberhaupt beider herzustellen vermag. Dasein Gottes und Unsterblichkeit werden also
ganz im Geiste der Aufklärung eher als Postulate – also als Forderungen
der praktischen Vernunft – aufgestellt, die als Glaubenssache durch die
theoretische Vernunft nicht bewiesen werden können.

Auch der Lehre von der Erlösung des Menschen durch Christus als
den Sohn Gottes stand Kant „durchaus ablehnend gegenüber."[67] So,
wenn er Jesus (wie später auch Nietzsche) zwar als hochgesinnten Menschen anerkennt, aber seine ihm angehängten göttlichen Attribute, wie
jungfräuliche Geburt, seine Wundertaten, seine Auferstehung und
Himmelfahrt, entschieden verwirft. Damals war dies sehr kühn, heute
aber eine selbst innerhalb der Theologie von Professoren gängige Einschätzung. Mag Kant noch an ein göttliches transzendentes Prinzip aus
sittlichen Gründen geglaubt haben, als Christ ist er in diesem Sinne konsequenterweise nicht mehr zu bezeichnen. So räumt er ein, „dass Christus eine Religion hatte und lehrte..., aber nicht, dass er selbst Gegenstand der Religion habe sein wollen", eine Auffassung, die heute – wie
wir noch sehen werden – ebenfalls von namhaften Neutestamentlern
vertreten wird. Die Jesuslehren des Paulus verurteilt er sogar als „orientalischen Kram", der aller „Vernunft ein Hindernis in den Weg legte."[68]
Der wahre „Erlöser" kann niemals ein anderer sein als der „neue
Mensch" in uns selber. Und im Gegensatz zu Luther will Kant auch

66   Vorländer, Karl: a.a.O., 1992, S. 167.
67   Vorländer, Karl: a.a.O., 1992, S. 173.
68   Vorländer, Karl: a.a.O., 1992, S. 174f.

nichts von der Rechtfertigung aus Gnade wissen, nach welcher der
Mensch ein hilfloser Spielball des göttlichen Willens ist, von dem seine
Erlösung abhängt. Als „sehr gewagt und mit der menschlichen Vernunft
schwer vereinbar" lehnt er sie ebenso wie die Lehre von der Erbsünde in
klaren Worten ab. Wahre Religion kennt auch keine Furcht oder Angst,
keine Gunstbewerbung oder Einschmeichelung, keine falsche Demut,
winselnde Reue und Selbstverachtung oder Selbstpeinigung, sondern
rüstiges Vertrauen auf die eigene Kraft im Widerstand gegen das Böse.[69]
Angesichts dieser selbstbewussten Einstellung gegenüber der Religion
ist es nicht verwunderlich, dass das Verhältnis Kants zur Kirche eher ein
kühles gewesen ist. Dass er sich mit dieser aber nicht zerworfen hatte,
mag auch an der friedlichen Natur Kants gelegen haben. Denn über deren tatsächliche, nicht immer positiv verlaufende Entwicklung wusste er
Bescheid: „Diese Geschichte des Christentums (welche, sofern es auf
einem Geschichtsglauben errichtet werden sollte, auch nicht anders ausfallen konnte), wenn man sie als ein Gemälde unter einem Blick fasst,
könnte wohl den Ausruf rechtfertigen: tantum religio potuit suadere
malorum (= zu so viel Unheil konnte die Religion Anlass geben)!"[70]

Nicht verwunderlich, dass Kant dementsprechend ein konsequenter
Nichtkirchgänger, der „kirchliche Formen wie Gebete und Lobgesänge
zu Ehren einer menschlichen Person mitzumachen..." ebenso wie ein
dogmatisches Christentum eines Paulus oder Luther und die Göttlichkeit Jesu ablehnte.[71] Kants Freund Borowski bedauerte, dass dieser als
Philosoph die christliche Kirche bloß als eine „zu duldende Anstalt um
der Schwachen willen" angesehen und Jesus nicht als Sohn Gottes anerkannte. Auch ein weiterer Biograph, Jachmann, bezeugt, dass er sich
„aller äußeren und sinnlichen Religionsbräuche enthielt." Im Gegensatz
zur natürlichen Religion lehnt er damit auch das Staatskirchentum ab,
wenn die Regierungen erlauben, die Religion „mit Bildern und kindi-
schem Apparat reichlich versorgen zu lassen", um ihre Untertanen als
„bloß passiv" leichter behandeln zu können. „Dass heute noch in Religionsdingen die meisten unmündig und immer unter der Leitung von
fremder Vernunft sind, darf den echten Idealisten nicht entmutigen.
Denn im ganzen Weltlos sind tausend Jahr ein Tag. Wir müssen geduldig
an diesem Unternehmen arbeiten und warten."[72] Der Vernunftdenker Kant geht aber noch weiter und bringt religiöse Gefühle sogar in

69   Vorländer, Karl: a.a.O., 1992, S. 176.
70   Kant, Immanuel: Die Religion innerhalb der Grenzen der bloßen Vernunft, S. 151f.
      Zitiert nach Vorländer, Karl: a.a.O., 1992, S. 184.
71   Vorländer, Karl: a.a.O., 1992, S. 173, 177.
72   Kant, Immanuel, zitiert nach Vorländer, Karl: a.a.O., 1992, S. 191.

Zusammenhang mit ästhetisch-pathologischen Urteilen, „weil die Lust darauf geht, ihr Objekt hervorzubringen."[73]

Am Beispiel Immanuel Kants sehen wir also, dass sich mit der Aufklärung ein neues und gegenüber theologischen Anschauungen sehr kritisch geprägtes Denken herausgebildet hat, das sich gegen die Vorherrschaft eines immer zweifelhafter werdenden religiösen Weltbildes wendet. Damit steht Kant keineswegs allein da. Auch für Gotthold Ephraim Lessing, der mit als Erster eine scharfe rationalistische Bibelkritik geübt hatte und damit großen Einfluss auf das 19. Jh. ausgeübt hat, sind Religionen nie etwas Endgültiges, sondern „Stadien auf dem Lebensweg der Menschheit"[74], womit aber der Anspruch der Religionen, mit ihren Lehren Wirkliches und absolut Wahres zu verkünden, subjektiviert und somit relativiert wird. Hinter dieser Auffassung steht die in unserer Zeit bei Popper wieder aktualisierte und auf die Wissenschaften übertragene Ansicht, dass es für den Menschen keine ewigen unveränderlichen Wahrheiten geben könne, sondern nur ein Streben nach diesen.

Eine Mittelstellung zwischen Atheismus und Theismus nimmt der in der Aufklärung populäre Deismus ein, welcher aber ebenfalls die Ratio über die Offenbarung stellte. Er konnte sich jedoch voraussichtlich gerade deshalb nicht durchsetzen, weil er das emotionale Bedürfnis nach konkreten Bildern und Mysterien, welches für die meisten Gläubigen aus wohl tiefenpsychologischen Gründen unverzichtbar ist, nicht kompensieren konnte. Auch der Pantheismus, die „Religion" vieler Philosophen, besonders der deutschen Idealisten, war zwar von intellektueller Plausibilität, aber ebenfalls zu hoch und zu abstrakt in seinen philosophischen Ansprüchen. Für die breite Masse sind auf einfachen Riten, anschaulichen aus dem Leben gegriffenen Bildern und Wundern basierende religiöse Anschauungsformen eben leichter verständlich und deshalb auch die Identifizierung mit den Geschichten und Inhalten gegeben.

Neben diesen spezifisch religions- und kirchenkritischen Auswirkungen der Aufklärung gibt es aber auch noch andere historische Wirkungen. So z. B. die Freiheit der Wissenschaften vor religiös-weltan-

---

[73]   Kant, Immanuel: Streit der Fakultäten. Zitiert aus Ernst Müller: „Die verschleierte Isis der Vernunft. Kants Ästhetik und Depotenzierung der Religion", in: Deutsche Zeitschrift für Philosophie, Akademie, 4/1999, S. 553-571, der zufolge religiöse Glaubensinhalte für Kant eher ästhetisch-anschauliche, analogisierende Symbolisierungen der Vernunftideen und religiöse Vorstellungen Resultat einer produktiven Phantasie sind, die im Offenbarungsglauben nur illusionär verkehrt werden. Diese Symbolisierungen der Vernunftideen sind nichts weiter als eine „Nothülfe für die Begriffe des Übersinnlichen", welcher der Mensch aber aufgrund seiner anthropologischen Verfasstheit, d. h. als unhintergehbares sinnliches Wesen, nicht entraten kann (a. a. O., S. 564).

[74]   Hirschberger, Johannes: Geschichte der Philosophie, 1976, Band 2, S. 263.

schaulicher Bevormundung und Unterdrückung; die Bürgerrechte werden von den religiösen Bekenntnissen entkoppelt; die damit verbundene Überwindung der bisher gültigen Gottes- und Kirchenrechte führte zu einer Entsakralisierung und einem pluralistischen Konkurrenzkampf unterschiedlichster religiöser Weltanschauungen; die Einmaligkeit der christlichen Religion ist infrage gestellt und Religion wird zunehmend zur Privatsache, womit auch die Bedeutung religiöser Institutionen als Instanzen sozialer Kontrolle schwindet. Frappierender weise wurde von einigen Theologen diese zunehmende Säkularisierung seit der Aufklärung sogar als Vollendung des Heilsgeschehens, „als historischer Prozess der Emanzipation der modernen Kultur aus ihrer christlichen Herkunft und Bindung"[75] gedeutet, um somit auch noch das aus heilsgeschichtlicher Sicht an sich Unerklärliche dennoch zu erklären. Diese religiös motivierte verklärende und verdrehende Sichtweise unterschlägt aber die Tatsache, dass sich der nachmittelalterliche geschichtliche Prozess, weg von kirchlicher Unterdrückung und hin zu einem freiheitlichen System, explizit auch gegen die Kirche, deren geistige Knebelung und weltanschauliche Bevormundung richtete. Mit dem kritischen Theologen und Freund Nietzsches, Franz Overbeck (1837–1905), sei auch noch darauf hingewiesen, dass die vermeintliche christliche Heilsgeschichte der letzten zweitausend Jahre hätte gar nicht stattfinden dürfen, da das ursprüngliche Christentum von dem unmittelbaren Bevorstehen des Reiches Gottes ausgegangen ist. Erst das Ausbleiben der erwarteten Parusie ermöglichte dem Christentum seine Geschichte. Allerdings musste nun scheinbar nach einem Sinn in dem eingetretenen Säkularisierungsprozess, in dem Nichterscheinen Christi, in dem Nichteintreffen der Offenbarung und des Reiches Gottes gefunden werden. Da es aber mit zunehmender Aufklärung immer schwerer wurde, diesen Sinn plausibel zu machen, scheint die Säkularisation aus dieser Überlegung heraus eine beinahe zwangsläufige Angelegenheit zu sein und wird als Ad-hoc-Erklärung in eine quasi dem Christentum immanente Angelegenheit umgedeutet, insbesondere auch deshalb, weil das Kommen des Reiches Gottes immer mehr in die Ferne rückt und somit immer weniger glaubhaft und wahrscheinlich wird.

---

[75] Troeltsch, Ernst: Protestantisches Christentum und Kirche in der Neuzeit, 1906. Zitiert in: Aufklärung und Kritik, 1/1998, S.11.

6. Das 19. Jahrhundert

Was die Einstellung zur Religion bzw. zur christlich-theistischen Gottesvorstellung im Deutschen Idealismus betrifft, so lassen sich auch hier
Differenzen bezüglich des Gottes der Philosophen gegenüber dem der
Theologen feststellen. So kann in Schellings (1775–1854) naturphilosophischer Betrachtung über das im Laufe der Geschichte wieder zu sich
kommende „Absolute" kaum eine theistische Gottesvorstellung gemeint
gewesen sein, erinnert sie doch eher an den Pantheismus Spinozas. Und
auch Fichte (1762–1814), der in Berlin den berühmten „Atheismusstreit"
vom Zaune gebrochen hatte (was seine Entlassung als Professor in Jena
bewirkte), hat eine Gottesvorstellung vertreten, die mit der christlich-
theistischen kaum zu vereinbaren ist, wenn er den Begriff von Gott als
einer Substanz für „unmöglich und widersprechend" bezeichnet. Fichte
glaubt nicht mehr an eine Seligkeit, die es außerhalb eines irdischen
Glücks erfüllter Pflicht gibt, ebenso wenig wie an einen Gott, der außerhalb der sittlichen Weltordnung existiert. „Jene lebendige und wirkende
moralische Ordnung ist selbst Gott; wir bedürfen keines andern und
können keinen andern fassen… Der Begriff von Gott als einer besonderen Substanz ist unmöglich und widersprechend: Es ist erlaubt, dies auf-
richtig zu sagen und das Schulgeschwätz niederzuschlagen, damit die
wahre Religion des freudigen Rechttuns sich erhebe."[76]
Während in der alten idealistischen Metaphysik das Diesseits nur
ein Abbild einer höheren transzendenten Welt darstellt, das „Urbild"
somit transzendent bleibt, ist mit Georg Wilhelm Friedrich Hegels (1770–
1831) Aufhebung von Denken und Sein im absoluten Wissen auch die
Transzendenz und damit ebenso der Teilhabengedanke aufgehoben. Das
echte dualistische Verhältnis zwischen Gott und Mensch wird mit dem
Zusammenfallen des sich im Menschen wissenden Gottes zu einer im
Weltprozess lediglich kurzen Augenblicksangelegenheit. Gottheit und
Mensch fallen als Identisches zusammen und als Konsequenz dessen
wird das Böse in Form von z. B. Kriegen, Gewalttaten, Not, Elend, Grausamkeiten, Naturkatastrophen etc. letztlich auch bejaht, denn alles ist
Bestandteil eines Stadiums in einem Prozess, in dem das Absolute sich
gerade befindet. Hierin ist also eine Diskrepanz zum konventionellen
christlichen auf bereits ältere Vorbilder zurückgehenden Dualismus von
Gut und Böse, von Schöpfer und Teufel festzustellen. Indem nun aber
nicht nur Gott in der Welt restlos aufgeht, sondern auch umgekehrt die
Welt ohne Rest in Gott aufgeht, ist Feuerbachs radikale Umkehrung, der
zufolge nicht Gott den Menschen erschaffen hat, wie es das religiöse
Denken glauben machen will, sondern der Mensch vice versa sich seinen

---

[76]   Fichte, Johann Gottlieb: Über den Grund unseres Glaubens an eine göttliche Welt-
        regierung. Zitiert nach Störig: Kleine Weltgeschichte der Philosophie, 1981, S. 461.

Gott und seine Religion kreiert, nicht mehr weit. Wenngleich also auch in Hegels System der transzendente, personale, biblische Gott intellektuell überwunden wird, so tritt doch an dessen Stelle ein durchaus mit dem dialektischen Entwicklungsprinzip in Einklang stehendes, das Materielle überwindendes Geistiges bzw. Absolutes, das aber nicht weniger spekulativ ist als der dagegen weniger abstrakte aufgrund eines einfacheren Volksbewusstseins eher bildhaft vorzustellende Gott des Alten Testamentes.

Zudem muss Hegel wie allen anderen Idealisten kritisch entgegengehalten werden, dass sie einseitig von einem Idealbild des Geistes oder des Menschen ausgehen, wie er in der „zivilisierten" europäischen Kultur jener Zeit anzutreffen ist, und dabei zu die gesamte Welt und Menschheit umfassenden philosophischen Schlüssen gelangen wollen. Andere Kulturen (wie beispielsweise afrikanische oder australische Urvölker) werden völlig ignoriert. Hier zeigt sich das Fehlen heute unverzichtbarer naturwissenschaftlicher, nämlich anthropologischer, evolutionsbiologischer, evolutionspsychologischer, ethnologischer usw. Erkenntnisse. Der Weltgeist ist immer der Geist, wie er sich im europäisch kultivierten Menschen des 18. bzw. 19. Jahrhunderts, also in seiner Philosophie und Religion, offenbart. Der sich in Religion und Kunst entäußernde „Weltgeist" wäre ebenso wie der theistisch gedachte biblische Gott als anthropozentrische Religion aber auch dann widerlegt, wenn sich herausstellen sollte (was anhand der heutigen Erkenntnisse über unser Universum sogar wahrscheinlich ist), dass weiteres extraterrestrisches intelligentes Leben existiert, welches mit unseren Denkstrukturen, Erkenntnissen, Theorien und somit auch Gottesbildern völlig in Widerspruch steht. Der Weltgeist, der in dem menschlichen Geist ein zu sich kommendes göttliches Wesens sieht, ist ebenso wie der Theismus von einem homozentrischen Weltbild geprägt, das spätestens mit dem potentiellen Nachweis der Existenz extraterrestrischen intelligenten Lebens widerlegt wäre.

Besonders die im 19. Jh. aufkommenden Erfolge naturwissenschaftlichen Denkens und Forschens (z. B. der Darwinismus) hatten ihre Auswirkungen auf das Verhältnis zwischen Philosophie und Religion, das sich unter Denkern wie z. B. Ludwig Feuerbach, Arthur Schopenhauer und Friedrich Nietzsche nun zunehmend zu einer im Grunde bis heute anhaltenden und eher noch zunehmenden Dichotomie von Glauben und Wissen entwickelte. So will Ludwig Feuerbach (1804–1872) in seinem Hauptwerk „Das Wesen des Christentums" in bewusster Abkehr von Hegel zeigen, dass nicht ein „Absolutes" oder Gott die Welt und den Menschen, sondern umgekehrt der Mensch sich schon immer seinen Gott selbst geschaffen oder besser erdichtet hat, indem er sein eigenes Wesen, seine eigenen Bedürfnisse und Wunschvorstellungen (z. B. die eines paradiesischen und ewigen Lebens) in seine selbst gemachte Religion hineinprojiziert. Mit seinen Schriften hat besonders Feuerbach eine Lawine losgetreten, die unter Philosophen und Theologen bezüglich des Wesens von Religion als gottgegebene Einsetzung einen bis heute anhaltenden existentiellen Schock verursacht hat, der auch noch durch die Forschungsergebnisse kritischer Bibelexegesen seine unverhoffte sogar theologische Bestätigung findet. Wir werden darauf im dritten Teil noch näher eingehen.

Zudem bringen Religionen für Feuerbach auch keinen „wissensmäßigen" Fortschritt für den Menschen, da sie keine konkreten Antworten auf konkrete Fragen, wie sie sich angesichts der wissenschaftlichen Forschung aufdrängen, geben können. Selbst die konkreten Antworten, welche die theistischen Religionen im Horizonte ihres „Glaubenswissens" gegeben haben, haben sich als Weltmodelle als faktisch falsch erwiesen. Nicht zuletzt deshalb ist für Feuerbach Gott letztendlich nichts weiter als der „den Mangel an Theorie ersetzende Begriff". Er ist die Erklärung des Unerklärlichen, die nichts erklärt; er ist das Nichtwissen, das alle Zweifel löst, weil es alle niederschlägt; das Nichtwissen, das alles weiß, weil es nichts Bestimmtes weiß…" Somit ist „die Nacht die Mutter der Religion".[77] Im Gegensatz zu Wissenschaft und Philosophie ist Religion deshalb auch keine Sache der Vernunft, sondern in ihrer Ursprünglichkeit Sache des Affektes, des Gefühls, das sich letztendlich auf den Wunsch nach einem ewigen Leben reduzieren lässt. Feuerbach belegt dies auch damit, dass sich affektive Momente wie Verdammung und Seligkeit an ihre Lehren knüpfen und dass die Prinzipien der theoretischen Freiheit und des Zweifels, welche für Wissenschaft und Philosophie selbstverständlich sind, in den Religionen hingegen eher als „Verbrechen erscheinen."

Für den Philosophen Karl Löwith ist Feuerbachs Versinnlichung und „Verendlichung" von Hegels philosophischer Theologie unwiderruflich zum „Standpunkt der Zeit geworden, auf dem wir nun alle, bewusst oder unbewusst, stehen".[78] In der Tat spricht Feuerbach als Linkshegelianer vom „Unsinn des Absoluten", in dem er nichts anderes als den abgeschiedenen Geist der Theologie sieht, der in Hegels Philosophie als Gespenst umgehe. Im Gegensatz zu Hegel betont Feuerbach nun wieder das Sinnlich-Materielle, welches von ihm wieder in sein Recht eingesetzt werden soll, nachdem es bei Hegel immer nur mittelbar durch die Begriffe erfasst worden ist. In Wirklichkeit aber ist alle Existenz nicht begrifflich, sondern sinnlich zu verstehen. Die Realität wird also entgegen Hegel nicht von der Idee gesetzt, sondern umgekehrt erzeugt diese mittels der Sinnlichkeit in uns die Vorstellungen und Begriffe über diese.

---

[77]   Feuerbach, Ludwig: Das Wesen des Christentums, Stuttgart, 1969, S. 295.

[78]   Hirschberger, Johannes: Geschichte der Philosophie, 1976, Band 2, S. 469.

War für Hegel die Idee das Erste und alles andere nur eine Folgeerscheinung dieser Idee, des Begriffes oder des Weltgeistes, so ist für Feuerbach genauso wie für Marx die Materie die erste Wirklichkeit, was aus heutiger evolutionärer Sicht durchaus im kosmischen wie auch im biologischen Bereich bestätigt wird, sieht man einmal von der zumindest heute noch spekulativen und noch nicht zu verifizierenden Vermutung ab, es befinde sich jenseits des Urknalls ein metaphysisches, rein geistiges, also ein immaterielles und göttliches Wesen.[79] Der Leitsatz Feuerbachs, in dem er seine Überzeugung zusammenfasst, dass das Unendliche der Religion und Philosophie in Wirklichkeit nichts anderes als ein Endliches, Sinnliches und Bestimmtes ist, lautet von daher: „homo homini deus." Die Hoffnung Hegels, dass durch seine Philosophie alle grundlegenden Fragen im Wesentlichen abgeschlossen seien, hat sich mit den Linkshegelianern und der weiteren Philosophiegeschichte sehr schnell wieder zerschlagen. Auch Nietzsche wird später im Zusammenhang mit Hegels Idealismus von einer „verkappten Theologie" sprechen.

Ein weiterer Kritiker an der zunehmend als obsolet empfundenen religiös weltanschaulichen Denkweise war auch Arthur Schopenhauer (1788–1860). Er war zwar von einer empirischen und naturwissenschaftlichen Betrachtungsweise der Dinge infiziert – Schopenhauer studierte neben Philosophie auch noch vier Semester Medizin und beschäftigte sich darüber hinaus mit Physiologie und Zoologie – dennoch war sein philosophisches Denken noch ganz von dem idealistischen Zeitgeist geprägt. Für Schopenhauer bestehen, ähnlich wie bei Feuerbach, die Religionen ebenfalls nur aus Bildern oder Analogien. Das Verwerfliche an den Religionen sei aber, dass sie diese Bilder und Analogien nicht als solche zugeben, sondern darauf bestehen (so auch Luthers Sola-scriptura-Prinzip), dass es sich hierbei um wahre Begebenheiten handelt. Darin, so Schopenhauer, liegt „der Trug der Religion". Für Schopenhauer repräsentiert die Religion als „Metaphysik des Volkes", deren eigentliches Element der Mythos und die Allegorie ist, gar eine Art von Wahrheit, die „als

---

[79] Heute gehen Kosmologen davon aus, dass vor der Materieentwicklung die reine Energie existierte. Wenn es jenen energetischen immateriellen Zustand tatsächlich gegeben hat, dann muss der alte Materialismus korrigiert werden. Jedoch ist in Hinblick auf die Entwicklung des Geistes wissenschaftlich kaum mehr bestreitbar, dass dieser sich aus emergenten Vorstufen heraus, also unter Voraussetzung materieller Gegebenheiten aus daraus entstandenen „niederen" Lebensformen entwickelt hat. Insofern ist der energetische Aspekt eine Korrektur und Modifikation bzw. Erweiterung des Materialismus, aber keine Widerlegung. Energie (verursacht durch den Urknall) und Materie sind das Frühere, danach und daraus erst entwickelten sich ganz allmählich und in verschiedenen Stufen das Leben und später das Bewusstsein. Das ist die Sachlage, wie sie sich aus naturwissenschaftlicher Sicht ergibt.

notwendiges Übel" auf der „erbärmlichen Geistesschwäche der großen
Mehrzahl der Menschen beruht" und die sich so durch „Glaubensimpfung im zarten Kindesalter"[80] ihren Fortbestand sichert.

Bekanntermaßen war Friedrich Nietzsche (1844–1900) ein äußerst
scharfsinniger und eloquenter, aus einer beinahe psychoanalytischen
Grundeinstellung heraus agierender Kritiker des Staates, der Gesellschaft, Wissenschaft, Metaphysik und insbesondere der christlichen Religion und ihrer Manifestation in den diversen kirchlichen Institutionen.
Seine Kritik ist fundamental, universell und kompromisslos. So schreibt
er beispielsweise, „dass man jene Dogmen der Religion und der Metaphysik nicht glauben kann, wenn man die strenge Methode der Wahrheit im Herzen und im Kopfe hat", andererseits aber sei man „durch die
Entwicklung der Menschheit so zart, reizbar und leidend geworden, um
Heil- und Trostmittel der höchsten Art nötig zu haben". Deshalb kann
man sich auch auf das Christentum, „nach dem gegenwärtigen Stand
der Erkenntnis, schlechterdings nicht mehr einlassen, ohne sein intellektuelles Gewissen heillos zu beschmutzen… Aus Angst und Bedürfnis ist
eine jede [Religion, P.K.] geboren, auf Irrgängen der Vernunft hat sie
sich ins Dasein geschlichen… Zwischen Religion und Wissenschaft gibt
es keine Verwandtschaft… Angenehme Meinung wird als wahr angenommen, so dass der Glaube selig macht; würde er dies nicht tun, würde er auch nicht geglaubt werden… Wie wenig wird er also wert sein! …
Religiösen Empfindungen darf man keinen Raum in sich gewähren,
sonst wuchern sie… Alles Urteilen und Empfinden wird umwölkt, mit
religiösen Schatten überflogen… Was von dem religiösen Kultus jetzt in
der Seele existiert, wurde damals eingepflanzt. Wissenschaftliche Philosophie muss sich davor hüten, sorgsam erschlossene Wahrheiten und
geahnte Dinge zu vermengen. Erstere entstammen dem Intellekt, letztere
dem Bedürfnis… Der Mensch kann im strengen Sinne nicht unegoistisch
sein. Man liebt um der eigenen angenehmen Empfindungen wegen,
nicht aber eigentlich die Objekte selbst… Menschen der Liebe und Auf-
opferung haben ein Interesse am Fortbestehen der lieblosen und aufop-
ferungsunfähigen Egoisten… Höchste Moral bedarf der Existenz der
Unmoral, um bestehen zu können… Die Vorstellung eines Gottes beun-
ruhigt und demütigt so lange, als sie geglaubt wird… Fällt aber die Vorstellung Gottes weg, so auch das Gefühl der Sünde als eines Vergehens
gegen die göttlichen Vorschriften… Der Christ gelangt durch Irrtümer in
das Gefühl der Selbstverachtung. Gelegentliche Stunden der Befreiung
empfindet er nur fälschlicherweise als göttliche Güte und Gnade."[81] Eine

---

[80]   Schopenhauer, Arthur: Parerga und Paralipomena, Band 2, Über Religion, Kap. XV,
       § 174, Zürich, 1988, S. 290.

[81]   Frei zitiert nach Nietzsche, Friedrich: Menschliches Allzumenschliches, Drittes
       Hauptstück, Frankfurt/M., 1982, S. 108ff.

der Ursachen für diese seit dem 19. Jh. einsetzende offene und heftige
Kritik am tradierten religiösen Weltbild war sicherlich auch der wachsende Einfluss naturwissenschaftlichen Denkens auf die Philosophie des
19. Jahrhunderts, weil dieses die Jahrtausende alten religiösen, auf Dogmen und menschlichen Phantasien beruhenden Vorstellungen für viele
immer archaischer, naiver, unglaubwürdiger oder von psychologischen
Motivationen geprägt erscheinen ließ. In diesem Sinne schreibt Hans
Günther Ruß: „Das metaphysische Konzept eines Schöpfers leidet, anders als in der Vergangenheit, an einem Verlust der Erklärungskraft,
und dieser Verlust ist auf die alternativen Angebote der Naturwissenschaften zurückzuführen."[82]

Entgegen dem schlechten Ruf des Naturalismus wie er von klerikaler
Seite ebenso wie von esoterischen Kreisen kolportiert wird, gäbe es ohne
die materielle Grundlage des Seins und des dieses untersuchenden Naturalismus auch gar keine Grundlage überhaupt Physik, Biologie oder
Gehirnforschung usw. zu betreiben. Viele Philosophiehistoriker, wie
auch Johannes Hirschberger, sehen im aufkommenden Materialismus
des 19. Jahrhunderts mit seinen antimetaphysischen Strömungen, die im
20. Jh. voll zum Durchbruch kommen sollten, dennoch einen Verfall der
Philosophie. Einerseits, weil der Platonismus bzw. der Idealismus als
traditionell in Deutschland dominierende philosophische Sichtweise
dadurch zurückgedrängt wurde und damit indirekt auch eine Schwä-
chung christlicher oder theistischer Anschauungen impliziert ist, die sich
gerade in dieser philosophischen Tradition ihr stützendes Fundament
aufgebaut haben. Unerwähnt bleibt oft, dass auch von der Theologie
selbst immer lautere Zweifel an der Wahrhaftigkeit und Rechtschaffen-
heit der christlichen Botschaft erhoben wurden, und dies nicht, wie man
ansonsten immer gerne Atheisten oder den Kommunisten unterstellt,
aus purer Destruktionslust oder weil sie ganz einfach den Teufel in sich
haben, sondern basierend auf seriösen Forschungen und unpolemisch
rationalen Argumentationen, wie noch in Teil III zu zeigen sein wird.
Mit Theologen wie Friedrich Schleiermacher, David Friedrich Strauss,
Bruno Bauer, Franz Overbeck u. v. m. beginnt eine neue theologische
Ära, die sich aus heutiger Sicht zu einem ernsthaften Problem für die
Glaubwürdigkeit der christlichen Lehre entwickelt hat. Als einer der
ersten äußerte Strauss eine radikale und rein theologisch geführte Kritik,
indem er die Geschichtlichkeit der Evangelien anzweifelte. Zu Recht,
wie man heute allgemein unter Theologen zugibt. So ist es allgemein
anerkannt, dass die Verfasser der Evangelien eben nicht die gleichnami-
gen Apostel waren und dass die authentischen, Jesum zugeschriebenen

---

[82]   Ruß, Hans Günther: Religiöser Glaube und modernes Denken, Würzburg, 1996, S.
119.

Bibelaussagen maximal 30 % betreffen. Selbst für das Christentum existentielle Glaubensaussagen werden heute von kritisch-historisch forschenden Theologen infrage gestellt. Dies soll in Teil III noch näher erörtert werden.

Zu den bekanntesten Vertretern des Positivismus im 19. Jahrhunderts zählt Auguste Comte (1798–1857). Comtes zentrale Auffassung war, dass es in der Geistesgeschichte der Menschheit drei Stadien gäbe: Die mythologisch-theologische, in der der Mensch von höheren Mächte ausgeht, die das Welt- und Naturgeschehen lenken, angefangen von primitiven religiösen Vorstellungen wie in den Naturreligionen bis hin zum Monotheismus des Christentums; zweitens folgt dieser Epoche die metaphysische Periode, in der man, nun etwas kritischer geworden, auf einer mehr abstrakten Ebene Kräfte, Wesenheiten, innere Naturen, Seelen etc. vermutet, die aber immer noch als Erdichtungen qualifiziert werden; erst mit der dritten Stufe, der „positiven Periode", erlangt die Menschheit eine wissenschaftliche Ebene, mit der sie sich auf das positiv Gegebene, also auf das sinnlich Erfahrbare und unmittelbar Gegebene beschränkt.

Wir haben gesehen, wie die Metaphysik seit Hume und insbesondere seit Kant in die Kritik geraten ist. Diese Tendenz radikalisierte sich bei den Positivisten des 19. Jahrhunderts. Für sie ist sie als mystisch-spekulatives „Herumtappen" immer mit einer großen Beliebigkeit und Unverbindlichkeit verbunden. Diese radikale Ablehnung muss man aber nicht teilen, wenn man bereit ist, die Metaphysik innerhalb gewisser Grenzen zu halten und sie an methodische Verfahren zu binden, die sie dazu zwingt, ihre Ansprüche unter wissenschaftlichen Aspekten zu begründen. Ihre spekulativen Höhenflüge sollte sie dann aber von einem festen Boden bereits erarbeiteter wissenschaftlicher Erkenntnisse aus starten. Dabei muss sie sich ihrer Verbundenheit mit den einzelwissenschaftlichen Disziplinen bewusst bleiben. Eine so verstandene, auf wissenschaftlicher Basis stehende Metaphysik, ist für den wissenschaftlichen Fortschritt und für die philosophischen Menschheitsfragen als durchaus fruchtbar einzustufen. Spricht man heute von „Metaphysik", so sollte man sich also des Unterschiedes einer wissenschaftlich rückgebundenen und einer rein spekulativen religiösen oder weltanschaulichen Metaphysik bewusst sein.[83] Den Anspruch von metaphysischen Wahr-

---

[83] Ein Beispiel einer solchen wissenschaftlich-metaphysischen Idee wäre z. B. die kosmische Inflationstheorie oder die String-Theorie in der Teilchenphysik, nach der Materie aus einer einzigen einheitlichen Substanz besteht. Dafür gibt es auf allerhöchstem wissenschaftlichem Niveau plausible und gut begründete Argumente, die aber nicht oder noch nicht beweisbar und somit eben noch „metaphysisch" (in einem positiven wissenschaftlich nützlichen Sinne als kreativer Antrieb für weitere Fragen und Forschungen) sind. Welche von den zahlreichen unterschiedlichen und

heiten hinsichtlich ihres Geltungsanspruches hat bereits Kant in seiner Kritik der reinen Vernunft, z. B. wenn er die bis dato gängigen Gottesbeweise (den ontologischen, den aristotelisch-kosmologischen sowie den teleologischen) behandelt, in seine Schranken verwiesen. Sofern aber – und hier stimmt auch Kant ganz mit der Überzeugung Poppers überein – Metaphysik als Wissenschaft von den Grenzen der menschlichen Vernunft bestimmt wird und sofern sie bereit ist, sich „auf dem niedrigen Boden der Erfahrung und des gemeinen Verstandes" anzusiedeln, kann sie Begleiterin der Weisheit sein, die aller Scheineinsichten entsagt und ihre Nachforschung „aus ihrem eigentümlichen Bezirke niemals mehr ausschweifen" lässt.[84]

Eine wichtige Bedeutung bei der Erfassung wissenschaftlicher Erkenntnisse kommt allmählich immer mehr auch der Sprache zu, die innerhalb der sogenannten Sprachphilosophie des 20. Jahrhunderts selbst Gegenstand philosophischer Betrachtung und Untersuchung wird. Sie ist vom sprachphilosophischen Standpunkt aus gesehen auch in den Naturwissenschaften das einzige Mittel zur Verständigung und steckt auch dort die Grenze menschlichen Denkvermögens ab, das in der Tat mit der Entwicklungsstufe der Sprache zusammenhängt. Allerdings muss sie hier anders als beispielsweise in der Literatur oder Dichtung Unzweideutigkeiten vermeiden und ein logisches Schlussverfahren entwickeln, das in den Grundbegriffen von allgemeinen Gesetzen zu äußerster Präzision führt, was mit Hilfe mathematischer Abstraktion möglich sein soll. Im Laufe der Wissenschaftsgeschichte, besonders zu Beginn des 20. Jahrhunderts mit Planck und Einstein, zeigte sich jedoch, dass es tatsächlich keine ewigen Wahrheiten und allgemeingültigen Bedeutungen von Begriffen zu geben scheint, wie sie in der idealistischen Philosophie und ebenso in religiösen Systemen propagiert wird. Selbst so allgemeine Begriffe wie Raum und Zeit erhielten eine völlig ungeahnte und neue Bedeutung. In der Quantentheorie traten Phänomene auf (beispielsweise die Beschreibung der Struktur von Atomen, die Interferenz von Wahrscheinlichkeiten oder die Komplementarität zwischen Korpuskular- und Wellennatur des Lichtes), die mit den Begriffen und den Vorstellungen der klassischen Physik nicht beschreibbar sind.[85]

---

miteinander konkurrierenden Theorien sich letztlich durchsetzen wird, ist Sache der wissenschaftlichen Evolution, also der Selektion von wissenschaftlichen Theorien im Kampf ums Dasein.

[84]   Kant, Immanuel: Träume eines Geistersehers, Köln, 1995, Band I, S. 374, 376f.

[85]   Ein Atom, das sich in einem geschlossenen Kasten bewegt, der durch eine Wand in zwei gleiche Teile geteilt ist, befindet sich gemäß der klassischen Physik entweder auf der einen oder auf der anderen Seite – tertium non datur. Nicht so in der Quantentheorie. Hier muss die Sprache verändert bzw. erweitert werden, und Carl Friedrich von Weizsäcker führt hier den Begriff der „koexistierenden Zustände"

War die kürzeste Verbindung zweier Punkte in der euklidischen Geometrie die Gerade, so lehrte Einsteins Allgemeine Relativitätstheorie, dass der Raum aufgrund der Gravitation gekrümmt ist, womit eine weitere vermeintliche A-priori-Wahrheit, auf kosmische Dimensionen übertragen, falsifiziert ist. Gleiches gilt nun für die Winkelsumme eines Dreiecks von 180° im euklidischen Raum. Descartes benutzte in seinem „Discours" gerade dieses Beispiel, um darzulegen, dass es evidente und ewig gültige Vernunftwahrheiten gibt. Wie sollen formale mathematische Systeme eine darauf gründende unfehlbare Wirklichkeitsbeschreibung abgeben können, wenn sich systemintern, z. B. bei Unendlichkeitsrechnungen, selbst die Sprache und Auffassung über Mathematik ändert und somit der Apriorismus auf seinem vermeintlich ureigensten Gebiet als fraglich erscheint? Eindrucksvoll wird somit belegt, wie selbstverständliche, als absolut wahr gesetzte Voraussetzungen, wie sie einer idealistischen Philosophie entspringen, durch naturwissenschaftliche Horizonterweiterung (in Relativitätstheorie und Quantenphysik) widerlegt werden können. Um wie viel mehr muss dies erst recht für metaphysische Spekulationen über transzendente Götter und Welten gelten?

Als weitere bedeutende philosophische Schule ist gegen Ende des 19. und zu Beginn des 20. Jahrhunderts der Pragmatismus zu erwähnen. Für den Positivismus war das unmittelbar sinnlich Gegebene das, was als „wahr" angesehen wurde, für den Empirismus waren es die Summe und Inhalte der Erfahrung, für den Kritizismus wiederum die formale logische Geltung der Erscheinung. Für den Pragmatismus gilt das für „wahr", was für den Menschen fruchtbar und nützlich ist, womit er sich durchaus als eine relativistische, die Dinge auf das menschliche Denken beziehende Philosophie darstellt. In diesem Sinne sind für Friedrich Albert Lange metaphysische Theorien und Religion wieder positiv zu bewerten, da der Mensch immer auch über der „nüchternen, rauen, niedrigen materiellen Wirklichkeit noch eine Sphäre des Ideals" braucht. Aber darin liegt zugleich auch die Kritik an Metaphysik und Religion. Sie haben ihren „narkotisierenden" und beruhigenden Nutzen für die Menschheit, aber immer handelt es sich lediglich um ein (letztlich vielleicht evolutionsbiologisch erklärbares) nützliches „Ideal" ohne realen Hintergrund. Die konkreten Inhalte oder Glaubenswahrheiten von Religion, also das Wissen von Gott, Welt, Seele, Unsterblichkeit etc. sind,

---

ein, während bei Heisenberg eher Möglichkeiten als Wirklichkeiten bezeichnet werden, die andere einschließen oder sich mit anderen Möglichkeiten überschneiden können. „In den Experimenten über Atomvorgänge haben wir es mit Dingen und Tatsachen zu tun, mit Erscheinungen, die ebenso wirklich sind wie irgendwelche Erscheinungen im täglichen Leben. Aber die Atome oder die Elementarteilchen sind nicht ebenso wirklich. Sie bilden eher eine Welt von Tendenzen oder Möglichkeiten als eine von Dingen und Tatsachen.

setzt man sie einer wissenschaftlichen Kritik aus, nach Lange unhaltbar. Religiöse und metaphysische Ideen können „höchstens Symbole der Transzendenz sein, und ihre Bedeutung liegt insofern nicht in ihrem Wissens-, sondern in ihrem Wertgehalt."[86] Ein Glaube, der nicht Wissen sein kann, ist dann auch für Hans Vaihinger nur eine „Philosophie des Als-ob". Nur indem uns diese Lehren gefallen und beruhigen hinsichtlich einer endlichen Existenz, die auf den gewussten Tod hin angelegt ist und uns darüber hinaus ein ewiges Leben versprechen, besteht ihr praktischer Nutzen für den Menschen.

Als Begründer des Pragmatismus und der ersten eigenständigen amerikanischen Philosophie gelten die Amerikaner William James und Charles Sanders Peirce. Eine grundlegende Überzeugung, die den Pragmatismus inauguriert hat, ist die Überlegung, dass zuverlässige Erkenntnis weder durch spontane Intuition noch durch beharrliche Kontemplation oder gar durch spekulative Phantasie zu erreichen ist, sondern durch praktische und theoretische Handlungsprozesse für die ein großer experimenteller Handlungsspielraum notwendig ist. Erkenntnis ist für den Pragmatismus ein auf Wahrheit zielender, unbegrenzter Prozess der Konsens- und Meinungsbildung, dessen Objekt die Wirklichkeit ist. Besonderes Wesensmerkmal auch des Pragmatismus Peirces ist dessen Skepsis gegenüber apriorischen Wahrheiten. Insbesondere die Entdeckung der nicht-euklidischen Geometrie zeigt sich ihm als eine Infragestellung der Absolutheit der Mathematik. Wenn aber schon die Eliminierung der Vagheit der Mathematik nicht gelingen kann, wie sollte dies dann erst recht in der Metaphysik möglich sein?

Die explosionsartige Vermehrung des Wissens in Technik und Naturwissenschaft führt bis heute dazu, dass naturwissenschaftliche Erkenntnisse für die Philosophie gleichermaßen zum Maßstab wie auch zum Objekt geworden ist. Die wissenschaftlichen Ereignisse überschlugen sich förmlich in nur wenigen Jahrzehnten. Angefangen von Darwins Entlarvung des Lebens als evolutionärer Prozess, an dessen Spitze der mit dem Tier verwandte Mensch steht, bis hin zu den umstürzlerischen Erkenntnissen aus der Quanten- und Relativitätstheorie. Aber eben diese beiden Zweige der modernen Physik, die Quantenmechanik und die Relativitätstheorie, hatten einen epochalen Einfluss auf alle philosophischen Systeme, welche sich zu sehr an die Naturwissenschaften angelehnt hatten und dieser blind vertraut hatten. Mit Planck und Einstein war nun auch ein Umdenken bezüglich aller für sicher geglaubten Erkenntnisse verbunden, die man meinte, aus der klassischen Physik herleiten zu können. Kants Verteidigung des Newtonschen Systems findet hier ihre späte Widerlegung. Dies führte von da an zur generellen

---

[86] Hirschberger, Johannes: Geschichte der Philosophie , 1976, Band 2, S. 540.

Infragestellung der Möglichkeit des Menschen, Erkenntnisse oder gar absolute Wahrheiten erlangen zu können. Unser evolutiv entstandenes und an den Mesokosmos angepasstes Denkvermögen versagt bezüglich der Anschaulichkeit im Bereich des Mikro- und des Makrokosmos. Lediglich ein darüber hinausgehendes völlig abstrakt-theoretisches wissenschaftliches Denken vermag mit diesen Welten noch umzugehen. Karl Poppers fallibilistische Philosophie muss im Zusammenhang mit diesen Ereignissen, also mit dem von Planck und Einstein verursachten Schock bezüglich einer als sicher erkennbaren und beschreibbaren Welt, gesehen werden. Man kann gewissermaßen von einem durch diese auf physikalischem Gebiet hervorgerufenen revolutionären Sichtweisen von einem Umsturz auch in der Erkenntnistheorie sprechen. Demnach sind absolute und ewig gültige Wahrheiten über die Welt in ihrem An-sich-Sein nicht möglich. Lediglich als Ideal können diese approximativ erreicht werden. Für infallibel, also unfehlbar in Bezug auf den vermeintlich monopolistischen Besitz der Wahrheit, halten sich heute nur noch diverse religiöse oder weltanschauliche Überzeugungen.

Man kann diese unterschiedlichen, sich auch noch im 20. Jahrhundert gegenüberstehenden Weltanschauungen auch als statisch und dynamisch deklarieren. Statisch insofern, als in religiösen und theologisch begründeten Systemen wie im Platonismus von „ewigen" Ideen und von ganz spezifischen aber unfehlbaren und auf Offenbarung beruhenden Glaubenswahrheiten ausgegangen wird. Indem man also religiöse Glaubenswahrheiten mit idealistischer Philosophie vermengt, gelangt man zwangsläufig zu einem unfehlbaren System. Die Krux ist nur, dass sich damit alles und nichts, also jede Weltanschauung und Religion begründen lässt, da sich die postulierten Wunder und transzendenten Weisheiten empirisch nicht überprüfen lassen. Bezeichnenderweise wurden durch die Naturwissenschaften bereits viele solcher ideellen Konstrukte in das Reich der Legenden und Mythen verwiesen. Dazu gehören beispielsweise der gesamte Schöpfungsmythos, der von einem kreationistischen Bild ausgeht, die geschilderten Ausmaße der biblischen Sintflut, die Vorstellung von Himmel und Hölle im Zusammenhang mit einer geozentrischen Kosmologie u. v. m. Heute tröstet man sich damit, dass diese Geschichten lediglich als Allegorien für damals intellektuell noch eher bescheiden ausgestattete Menschen gedacht waren. Allerdings wäre man vor noch gar nicht mal so langer Zeit mit dieser, durch die wissenschaftliche Aufklärung hervorgerufenen Auffassung leicht der Inquisition zum Opfer gefallen, hätte man es gewagt, sie öffentlich zu vertreten. Sympathisch an den dagegen offenen und dynamischen wissenschaftlichen Systemen ist, dass sie eben nicht um jeden Preis an liebgewonnenen und für wahr erachteten Einsichten festhalten, sondern dass sie bereit sind und auch bereit sein müssen – alleine schon, um den wissenschaftlichen Erkenntnisfortschritt offen zu halten – diese gegebenenfalls zu hinterfragen und zugunsten neuer und besserer Theorien aufzugeben. Dadurch entsteht so etwas wie eine Art Selektion wissenschaftlicher Theorien, die ganz offensichtlich zu einem allgemeinen Erkenntnisfortschritt führen, auch wenn Philosophen wie Thomas S. Kuhn oder Paul Feyerabend diese sukzessive Annäherung an Wahrheit leugnen. Unser bescheidenes Wissen über uns Menschen selbst oder über unseren Planeten, unser Sonnensystem und unsere Galaxis beruht ganz offensichtlich nicht auf mystischer Versenkung oder auf göttlichen Offenbarungen, sondern ist durch kleine Schritte mühsam und in den einzelwissenschaftlichen Disziplinen quasi von unten her erarbeitet worden.

7. Die Philosophie des 20. Jahrhunderts

Alle Strömungen des philosophischen Denkens des 20. Jahrhunderts zu berücksichtigen, ist aus Platzgründen nicht möglich. Wir müssen uns deshalb mit einer zusammenfassenden Schilderung einiger wichtiger Richtungen begnügen.

Hatten früher die Philosophen und Theologen das Sagen darüber, was die Welt im Innersten zusammenhält, so mussten sie diese Vormachtstellung spätestens im 20. Jahrhundert an die Naturwissenschaften abgeben. Ein wissenschaftliches, philosophisches „apriorisches Vorwissen über die Welt, das niemals von künftigen Resultaten der empirischen Forschung betroffen sein wird"[87], das hat die Wissenschaftsgeschichte gezeigt, gibt es nicht. Aber erst recht gibt es keinen Grund, die weitaus spekulativeren und rational nicht nachvollziehbaren religiösen Glaubenssysteme und die Geltungsansprüche ihrer Wundergeschichten und Glaubenswahrheiten davon auszunehmen, wie schon alleine eine kritische Bibelexegese deutlich macht. Darüber hinaus hat sich die Richtung der Belehrung umgekehrt. Die Vorgaben, was überhaupt Gegenstand wissenschaftlicher Untersuchung sein darf, ohne dabei mit dem Glauben zu kollidieren, interessiert heute die Wissenschaftsgemeinde kaum mehr. Aber auch die Philosophie hat kaum mehr Einfluss auf die Einzelwissenschaften und ihre Vorgehensweise – hatte sie doch lange Zeit versucht, diesen mit ihren apriorischen und synthetischen Aussagen methodische Rahmenbedingungen überzustülpen. Heute ist eine durch Einzelwissenschaften erzeugte rasend schnelle Erkenntniszunahme zu konstatieren, die weitgehend unabhängig von philosophischen oder theologischen Überlegungen fortschreitet, ja im Gegenteil, wie die Relativitäts- und Quantentheorie ganz neue ungeahnte Horizonte erst eröffnet.

Die damit verbundenen Erschütterungen, die von diesen überprüfbaren Theorien (z. B. der Kosmologie oder Evolutionstheorie) für das theologische Mittelpunktsdenken ausgingen, mögen ein Grund dafür gewesen sein, dass fast die gesamte Philosophie des 20. Jahrhunderts (mit Ausnahme z. B. der Lebens- und Existenzphilosophie) nach Jahrtausenden erstmals ganz fundamental von einer antimetaphysischen Grundeinstellung geprägt ist. Das Philosophieren über Gott, Unsterblichkeit und Seele geht zwar weiter, stößt aber – was die Möglichkeiten des metaphysischen „Wissens" hierüber angeht – größtenteils auf Skepsis. Dieses neue Philosophieren weicht einem neuen Aufgaben- und Betätigungsfeld und wendet sich einem mehr diesseits, auf Gesellschaft und Naturwissenschaften gewandten Blick zu, um auf diesen Wegen Klarheit über philosophisch-existentielle Grundfragen zu erlangen.[88] Ein

---

87   Kanitscheider, Bernulf: Im Innern der Natur, Darmstadt, 1996, S. 7.

88   Näheres hierzu, in: Bubner, Rüdiger (Hrsg.): Geschichte der Philosophie in Text und Darstellung, Bd. 8 (20. Jahrhundert), Stuttgart, 1981, Einleitung (S. 7–51).

Grund für die heute vergleichsweise bescheiden gewordene Philosophie
– verglichen mit den Ansprüchen, wie sie diese noch zu Zeiten Hegels
für sich stellte – ist sicherlich darin zu sehen, dass sie durch die naturwissenschaftliche Explikationskraft, Evidenz und Erfolge in ihre Schranken verwiesen wurde. Anstatt Aussagen über die Welt zu machen, kann
Philosophie nach Rudolf Carnap nunmehr lediglich Aussagen der Realwissenschaften, die alleine für die Wirklichkeitsbeschreibung der Welt
zuständig sein sollen, überprüfen und versuchen, diese einzelwissenschaftlichen Teilaspekte zu einem Gesamtentwurf von Wirklichkeit zusammenzufügen. Klassische philosophische Themen, sie werden von
den Naturwissenschaften nachprüfbar und exakter erklärt, freilich nicht
ohne mit jedem geklärten Problem wieder neue Fragen aufzuwerfen.
Dies betrifft die großen Problembereiche klassischer Philosophie, wie
z. B. die Beschaffenheit der Materie, der Zeit und des Raumes, des Lebens, des Bewusstseins u. v. m. War auch Kausalität, der zufolge jeder
Wirkung eine Ursache in Raum und Zeit vorausgehen muss, lange ein
kategorialer apriorischer Begriff, mit dem Aristoteles einst auf einen ersten Beweger schloss, so lehrt uns die Quantentheorie, dass es Ereignisse
ohne Ursache und Korrelationen zwischen nicht wechselwirkenden Systemen gibt. Dies bedeutet, diese Korrelationen können nicht mehr durch
einen raumzeitlich wirkenden Mechanismus erklärt werden.[89]

Auch für den sogenannten Wiener Kreis ging es um die verstärkte
Einbeziehung naturwissenschaftlicher Erkenntnisse in die Philosophie.
So hat sich der im Wiener Kreis entstandene Neopositivismus (Schlick,
Carnap, Reichenbach) auch weniger als Philosophie in dem bis dahin
gebräuchlichen Sinne, denn mehr als Wissenschaftslogik und Grundla-
genforschung weiterentwickelt. Unter Ablehnung der Metaphysik galt
es die logischen und erkenntnistheoretischen Grundlagen der Wissenschaften zu untersuchen und insbesondere die Philosophie von ihren
vermeintlichen Scheinproblemen zu befreien. Das Bestreben des Neupo-
sitivismus war es unter Berücksichtigung der Mathematik und der exak-
ten Naturwissenschaft, die von den Einzelwissenschaften zunehmend
aufgeworfenen Fragen und Probleme philosophisch zu erfassen. Dabei

---

[89]   Aufgrund quantenphysikalischer Ergebnisse ist Quantenmechanik räumlich und
zeitlich nicht deutbar, ihre Systeme sind vorräumliche Gegenstände, die erst in
großer Zahl in komplexen Verbänden raumzeitliche Objekte aufbauen können. Es
ist eine paradoxe Vorstellung, dass die von uns als räumlich und zeitlich empfundene Welt letztlich aus atopischen und achronischen (d. h. aus nichträumlichen,
nichtzeitlichen) Bausteinen aufgebaut sein soll. Aber gerade damit impliziert eben
die Quantenphysik eine Revision des klassischen System- und Objektbegriffs, die
neben einer ontischen Interpretation der Wirklichkeit auch ein epistemisches Verständnis nahelegt, welches über den Interpretationsrahmen der apriorischen und
idealistischen Sichtweise hinausgeht. Näheres hierzu, in: Irrgang, Bernhard: Lehrbuch der Evolutionären Erkenntnistheorie, München-Basel, 1993, S. 108ff.

sollte die Philosophie nach den Methoden der Einzelwissenschaften mittels einer geläuterten bzw. analysierten Sprache und Logik betrieben werden. Die Sprachphilosophie oder der linguistic turn (Moore, Russell und Wittgenstein) ist ebenfalls in diesem Kontext zu sehen. Nicht mehr rein geisteswissenschaftlich ausgebildete Philosophen spekulieren über Gott und die Welt, sondern aufgrund der immer komplexeren Situation innerhalb der Einzelwissenschaften – von der Physik über Mathematik bis hin zur Biologie und Kosmologie – wurde nun von Seiten der Naturwissenschaftler selbst (Mach, Heisenberg, Schrödinger, Einstein u. v. m.) zu diesen philosophisch-metaphysischen Höhenflügen abgehoben. Dem gegenüber stand die Existenzphilosophie (ausgehend von Kierkegaard zu Jaspers, Sartre und Camus) und Lebensphilosophie (Bergson, Simmel und Klages), welche dieser „Verwissenschaftlichung" des philosophischen Denkens aus einer vollkommen anderen philosophischen Perspektive, nämlich der des fühlenden und denkenden Subjekts mit all seinen existentiellen Sorgen und Nöten, kritisch gegenüberstand. Existentielle Grundfragen des menschlichen Seins und nicht die Mathematik, Physik, Evolutionsbiologie oder Kosmologie standen bei ihnen im Vordergrund und waren Ausgangspunkt ihres Philosophierens. Die Lebensphilosophie wollte Sinn, Ziel und Wert des Lebens erfassen, das Leben somit quasi aus sich selbst heraus verstehen, indem sie Gefühl oder Instinkt ja gerade gegen den Intellekt geltend macht.

Die von uns angeführten Beispiele vermeintlicher A-priori-Wahrheiten und deren Ungültigkeit innerhalb der Quanten- und Relativitätstheorie haben gezeigt, wie berechtigt der kritische Realismus und die damit verbundene fallibilistische Selbsteinschätzung einer bescheiden gewordenen Philosophie und Naturwissenschaft ist. Andererseits zeigt uns die Wissenschaftsgeschichte, dass der Mensch in der Lage ist, durch sein wissenschaftliches Denken, z. B. durch physikalische Theorien, die Grenzen seiner Vorstellbarkeit zu überschreiten. Erwähnt werden muss in diesem Zusammenhang auch Karl Poppers Abgrenzungskriterium von Wissenschaft und Nichtwissenschaft bzw. Metaphysik. Indem er die Messlatte für die „Wissenschaftlichkeit" beanspruchenden Systeme sehr hoch setzt, versucht er die relativierten wissenschaftlichen oder erkenntnistheoretischen Möglichkeiten dennoch von den pseudo- bzw. unwissenschaftlichen Systemen abzugrenzen. So muss eine empirisch-wissenschaftliche Theorie in sich widerspruchsfrei sein, mit anderen anerkannten Theorien vereinbar sein, intersubjektiv verständlich sein, durch Tatsachen falsifizierbar, also widerlegbar sein und darüber hinaus muss sie auch noch aktiv nach widerlegender Erfahrung suchen anstatt ihr auszuweichen. Die dadurch gewonnenen Erkenntnisse werden dabei – wie erwähnt – aber nicht als Endzustand, sondern lediglich als ein immerwährender Prozess betrachtet, für den Letztbegründungen nie er-

reichbar sind. Da diese Kriterien z. B. für Esoterik, aber auch für religiöse
Theorien nicht zutreffen (sie suchen z. B. nicht aktiv nach Widerlegung),
sind diese Systeme nach Popper auch nicht wissenschaftlich, weshalb sie
aber nicht gleich mit Sinnlosigkeit gleichzusetzen sind, genauso wenig
wie Wissenschaftlichkeit einer Theorie gleichzusetzen ist mit ihrer Richtigkeit.

Es gibt aber durchaus auch optimistischere Einschätzungen bezüglich der Wissenschaften und ihrer Geltungsansprüche. Für den Begründer der Soziobiologie, Edward Wilson, ist beispielsweise der Wissen-
schaftspessimismus, wie er ihn besonders in der Postmoderne vertreten
sieht, nicht begründet. Er hält das Auffinden von objektiver Wahrheit
für die Wissenschaften für durchaus möglich, zumindest aber hält er
diese Hoffnung als Leitidee oder Vision für erforderlich.[90] Auch Wilson
geht von Wissenschaftskriterien aus, welche ihre von den Pseudowis-
senschaften oder metaphysischen Systemen abgehobene Sonderstellung
begründen. Er nennt als solche die „Parsinomie" (je weniger Hypothesen
und Axiome zur Erklärung herangezogen werden müsse, desto besser);
die „Allgemeingültigkeit" (je mehr Phänomene durch ein Modell erklärt
werden können, umso größer ist die Wahrscheinlichkeit, dass es
stimmt); die „Kongruenz" (die Übereinstimmung mit dem verifizierten
Wissen anderer Disziplinen) und die „Voraussagbarkeit". Ferner führt er
an: 1. Wiederholbarkeit der Analysen und Experimente durch unabhängige Untersuchungen; 2. Ökonomie – d. h. größtmögliche Erkenntnis
unter Einsatz der „geringstmöglichen" Mittel; 3. Berechenbarkeit;
4. Heuristik; 5. Konfliktlösung durch Vernetzung – „Erklärungen verschiedener Phänomene werden dann am ehesten überleben, wenn sie
mit anderen Erklärungen in Verbindung gebracht und im Zusammenhang mit ihnen bewiesen werden können." Aus diesen Wissenschaftskriterien folgert Wilson: „Astronomie, Biomedizin und physiologische Psychologie sind Disziplinen, die all diesen Kriterien entsprechen. Astrologie, Ufologie, Schöpfungslehre und Christliche Wissenschaft entsprechen bedauerlicherweise keinem einzigen davon."[91] So ist zumindest
nach diesen strengen Kriterien der Anspruch der Theologie, eine Wissenschaft zu sein, nämlich die Wissenschaft von Gott (wie der Name
vorgibt), nicht legitim. Allein im Glauben lässt sich an diesen Hoffnungen noch festhalten, eine wissenschaftliche Basis oder gar Bestätigung
hierfür kann es – zumindest nach diesen anspruchsvollen wissenschaftlichen Standards – nicht mehr geben.

Interessant ist, dass mittlerweile tatsächlich auch führende Theolo-
gieprofessoren wie Gerhard Lüdemann offen aussprechen, dass ihre
Disziplin eigentlich unwissenschaftlich ist, da der Gegenstand, mit dem

[90]   Wilson, Edward: Die Einheit des Wissens, Siedler, 1998, S. 84ff.
[91]   Wilson, Edward: a.a.O., 1998, S. 73f.

sie sich befasst, im Unterschied zu allen anderen „echten" Wissenschaften nicht fassbar, vielleicht auch gar nicht existent ist. Wissenschaft
spricht von „Wissen", der Gegenstand aber der sogenannten Theo-
"logie" ist der Glaube. Ein Glaube der für einige hohe Glaubwürdigkeit
besitzt, für andere grotesk und eher als Projektion menschlicher Eigenschaften und Bedürfnisse tiefenpsychologisch und soziologisch erklärbar
ist.

Bei der Beschreibung der unterschiedlichen philosophischen Strömungen des 20. Jahrhunderts wollen wir – gezwungen durch die gebotene
Kürze – uns an deren jeweiligem Wahrheitsbegriff orientieren, der sich
betont von früheren Epochen unterscheidet, indem er durch eine bewusste Selbstinfragestellung der Wahrheit auch die Möglichkeit der
Fallibilität inkludiert. Was wir vorfinden, ist ein Pluralismus nicht nur
an philosophischen Schulen, sondern auch an unterschiedlichen Vorstellungen der Wahrheit und der Möglichkeit, diese explizieren zu können.
Vor allem dem hermeneutischen, dem pragmatischen und dem neo-
positivistischen Wahrheitsbegriff kommt dabei in der Gegenwartsphilosophie eine besondere Bedeutung zu.
    Der hermeneutische Wahrheitsbegriff ist zuerst von Heidegger im
Rahmen des Entwurfs einer sog. Fundamentalontologie exponiert worden.[92] In diesem Sinne ist die Wahrheit auch für Hans-Georg Gadamer
als Geschehen und als Ereignis zugleich in einzigartiger Weise auf die
vereinzelte menschliche Existenz und deren begrenzten und relativierten
Erkenntnismöglichkeiten bezogen. Die Grenzen sind dabei nicht in erster Linie als Mängel seines Erkenntnisvermögens, nicht primär als
Schranken seines Wissens und Könnens zu denken. Sie sind vielmehr
positiv zu begreifen als Entsprechung und Zusammengehörigkeit des
Wesens der Wahrheit und der Endlichkeit der menschlichen Existenz.
Wahrheit ist hier nicht mehr das in sich geschlossene System des Gedachten, nicht die Totalität eines philosophischen Wissens, dem die
Wirklichkeit der Welt im Ganzen transparent geworden ist und welches
sich in seiner intellektuellen Anschauung dieses Ganzen seiner ursprünglichen Verwandtschaft mit dem Göttlichen bewusst wird.
    Der pragmatische Wahrheitsbegriff (Peirce, James, Dewey, Quine,
Rorty, Putnam u. a.) stimmt in der kritischen Distanz gegenüber einem
solchen absoluten Wahrheitsbegriff, der mit dem göttlichen und absoluten Wissen verknüpft ist, mit dem hermeneutischen überein. Während
dieser die singuläre Existenz des menschlichen Daseins transzendiert, ist
die pragmatische Auffassung der Wahrheit direkt mit der Dynamik
menschlichen Handelns und Tuns verknüpft. Die funktionale Auffas-

---

[92]   Bubner, Rüdiger: Geschichte der Philosophie in Text und Darstellung, 1981, Band 8,
        S. 12f.

sung von Wahrheit rückt diese in den weiten Kreis des Nützlichen und verleiht ihr von Fall zu Fall einen speziellen instrumentellen Charakter. Aufgrund der wissenschaftlich fraglich gewordenen transzendental-apriorischen Sichtweise und des Tatbestandes, dass selbst philosophisch für noch so evident geglaubte synthetische Sätze eines Tages gegebenenfalls doch von naturwissenschaftlichen Erkenntnissen widerlegt werden können, hat sich der philosophische Neo-Positivismus des 20. Jahrhunderts (Frege, Whitehead, Wittgenstein, Carnap) daher in betontem Gegensatz zu einer ontologischen Prinzipien- und Grundlagenwissenschaft klassischer Spielart als Forschungs- und Wissenschaftslogik der positiven Wissenschaften, insbesondere ihres Paradigmas, der theoretischen Physik, definiert.

Die Analytische Philosophie hat sich im angelsächsischen Sprachraum entwickelt und ist um eine Verbesserung des kritischen Empirismus bemüht. Dazu bediente sie sich der Logik und der Mathematik. Der konkreten Detailforschung gab sie den Vorzug vor umfassenden Systemkonstruktionen und sah, wie ihr Name besagt, ihr vorrangiges Ziel nicht so sehr in einer Art spekulativer Synthese metaphysischer Zusammenhänge als vielmehr in der Klärung dunkler Problemzusammenhänge durch begriffliche Analyse. Nirgends ist neben einer formalen Logik auch die Sprache durch Sprachanalyse und Sprachkritik so entschieden zum universalen Medium philosophischen Denkens gemacht worden wie in der Analytischen Philosophie, wobei sie in vielen ihrer Richtungen die Verbindung zu spezifischen Forschungsproblemen des Neo-Positivismus sucht. Die Begründer dieser im Gegensatz zur Lebensphilosophie und dem Existentialismus trockenen und abstrakten, aber auch hochkomplexen und wissenschaftlich vorgehenden Philosophie, welche für Laien kaum mehr nachvollziehbar ist, waren Bertrand Russell und George Edward Moore.

Diesen Philosophen ist auch Ludwig Wittgenstein zuzurechnen, auf den sich sowohl die Analytische Philosophie als auch die Ordinary Language Philosophy beruft, der aber in seinem Spätwerk zu einem Kritiker eben jener Analytischen Philosophie geworden ist, indem er ihre Mittel auch gegen sie selbst angewandt hatte. Der Sprache wird bei diesen Schulen eine zentrale Rolle zuerkannt, weil mit ihr quasi die Welt ausgemessen bzw. beschrieben und verstanden wird. Daher ist es von fundamentaler Wichtigkeit, die Gesetzlichkeit der Sprache zu verstehen, um wiederum das Verhältnis von Bewusstsein und Welt verstehen zu können. Wie sehr wir auf unsere Sprache angewiesen und damit auch durch begrenzte Anschaulichkeiten und Verstehbarkeiten eingeschränkt sind, sehen wir besonders an den Vorgängen, die außerhalb unseres mesokosmisch geprägten Anschauungsrahmens liegen. So sind Phänomene aus der Quantenmechanik ohne Rückgriff auf mathematische Beschreibungen nur durch den Gebrauch von eigentlich nicht adäquaten Meta-

phern vermittelbar. Dass es hierbei nur zu einem unzureichenden bildhaften Verständnis kommen kann, liegt auf der Hand. Dies gilt ebenso
für andere Bereiche, wie z. B. das Reden über metaphysische Gegenstände, also über Themen wie Seele, Gott oder Jenseits. Streng genommen ist demnach jegliche Vorstellung, die wir uns davon in unseren Religionen machen, nichts weiter als ein stümperhafter Versuch, den ver-
muteten Bereich des Transzendenten mittels unseres beschränkten
Verstandes und einer deshalb auch zur Erfassung dieser Realität unge-
nügenden Sprache bildhaft auszumalen und vorzustellen. Dann aber ist
auch der Theismus mit seinen konkreten Bildern und Geschichten nicht
mehr als wahr, sondern auch aus Sicht der Sprachphilosophie nur noch
als menschliches Phantasieprodukt zu begreifen. So wird im religiösen
Sprachspiel zwar immer Bestimmtes gemeint, aber auch immer nur
bildhaft erfasst. Aus theistischer Sicht jedoch sind diese Bilder eben keine abstrakten Phantasieprodukte, sondern konkrete Geschehnisse mit
dem religiösen Anspruch auf Realität und absolute Wahrheit. Von der
unbefleckten Empfängnis über die Vorstellung eines trinitarischen Gottes über die von Jesus gewirkten Wunder handelt es sich um konkrete
Glaubenswahrheiten, die für das Christsein und das Seelenheil Voraussetzung sind. Erklärt man andererseits diese Glaubenswahrheiten zu
unverbindlichen „Bildern" und Mythen von dahinter verborgen liegenden höheren göttlichen Wahrheiten, dann würden alle theistischen Religionen einer gewissen Beliebigkeit geopfert werden, alle Unterschiede
zu anderen theistischen Religionen wären ebenso wie der Theismus
selbst aufgehoben. Das psychologische und soziologische Bedürfnis, sich
mit diesen Bildern und Geschichten zu identifizieren, würde unbefrie-
digt bleiben und das Wesentliche der theistischen Religionsauffassung
wäre damit destruiert.

Unter den sogenannten Existenz- und Lebensphilosophen gab es
sowohl konsequente Atheisten wie Sartre als auch Vertreter, welche wie
Jaspers übernatürliche Wesenheiten nicht ausschlossen, wenn diese auch
nicht mehr mit den tradierten theistischen Vorstellungen übereinstimmen. Eine Gemeinsamkeit der Vertreter der Lebensphilosophie ist, dass
auch sie sich an jeweils spezifischen Ergebnissen und Problemen einzel-
wissenschaftlicher Forschung orientieren, so Bergsons Metaphysik-
Biologie, Simmels Metaphysik-Geschichte, Freuds Metapsychologie als
Metaphysik einer seelischen Realität aus der Neurosenforschung oder
Whiteheads Metaphysik bezüglich der theoretische Physik mit Raum,
Zeit und Materie. Eine weitere, ebenfalls fundamentale Gemeinsamkeit
der Lebensphilosophen besteht in deren Fokussierung auf den Begriff
des „Lebens". Dieser symbolisiert aber weniger ein Wirklichkeitsverständnis im Sinne eines ewigen, unveränderlichen Lebens der Seele oder
der Götter, sondern vielmehr das der Sterblichen in ihrem Kommen und
Gehen. Hier treibt man bewusst und vorwiegend Metaphysik, während

Wittgenstein am Ende seine „Tractatus" forderte: „Wovon man nicht sprechen kann, darüber soll man schweigen."

Hat die Philosophie der Neuzeit zunächst noch den Glauben an ihr eigenes Wissen mit der Idee der göttlichen Schöpfung verbunden, so hat im 19. Jh. die Wissenschaft, z. B. in Gestalt der darwinistischen Evolutionstheorie, ihr diese Aufgabe strittig gemacht, womit massive gesellschaftliche Umwälzungen verbunden waren. Diese Entwicklung verstärkte sich noch im 20. Jh. Der Mensch gilt in den empirischen Wissenschaften vom Menschen nicht mehr, wie in der christlich-jüdischen Überlieferung, als Krone der göttlichen Schöpfung, der wahre und vollkommene (d. i. der rechtgläubige) Mensch nicht mehr als das immanente Ziel eines heilsgeschichtlichen Prozesses. Der eng mit einer anthropozentrischen und geozentrischen Weltsicht verbundene Theismus ist aufgrund der Einblicke in die wahren kosmischen Größenverhältnisse, aber auch in die vom Zufall geleitete Entstehung und Entwicklung des Lebens und natürlich auch der Hominisation, für viele kritisch denkende Menschen längst fraglich, wenn nicht sogar völlig oder obsolet geworden. Der Mensch, weder in seinem äußeren Erscheinungsbild noch in seinen geistig-psychischen Anlagen, wird – wissenschaftlich gesehen – nicht mehr in Zusammenhang mit der theistischen Vorstellung der Ebenbildlichkeit mit Gott in Zusammenhang gebracht. Der menschliche Verstand ist nur mehr (biologisch und evolutionsgeschichtlich betrachtet) eine Funktion der Kompensation biologischer Mangelerscheinungen. Auch das Gewissen als vermeintliches Gewissen vor Gott wird ebenso wie der religiöse Glaube selbst längst nicht mehr als unabhängige göttliche Instanz verstanden. Vielmehr begreift man dieses im Jahrhundert der Gehirnforschung als rückgebunden an evolutionsbiologische Vorgaben aus prähistorischen frühmenschlichen Entwicklungsstadien. Man betrachtet Gewissen und Glaube ganz profan immer mehr als abhängig von Kultur, Erziehung und genetischen Dispositionen. Die beanspruchten normativen Ansprüche der kirchlichen Institutionen verlieren deshalb noch nicht zur Gänze ihre Berechtigung, aber zumindest leidet ihre Glaubwürdigkeit hinsichtlich ihrer heute aus aufgeklärter Sicht gesehenen und als Anachronismus empfundenen übernatürlich und archaisch abgeleiteten Erklärungsmuster für Mensch und Welt sowie deren oft banaler Schwarz-Weiß-Sicht von Gut und Böse, Rechtgläubigen und Ungläubigen, Erlösten und Verdammten. Hier prallen überlieferte archaische Glaubensvorstellungen und wissenschaftsorientierte Moderne aufeinander. Sofern sich die Kirchen an moderne wissenschaftliche Erkenntnisse anpassen, mag zwar ein intellektuell eher peinlicher Fundamentalismus verhindert werden, aber nur zu dem Preis, dass es zu zahlreichen Ungereimtheiten mit naturwissenschaftlichen, philosophischen, psychologischen, historischen, soziologischen, aber auch kritisch theologischen bzw. religionswissenschaftlichen Erkenntnissen kommt.

TEIL II
THEISTISCHER TRANSZENDENZGLAUBE VERSUS EVOLUTIONÄRER NATURALISMUS
ODER
VON DER UNVEREINBARKEIT DES THEISTISCHEN WELTBILDES MIT DEM MODERNEN NATURWISSENSCHAFTLICHEN KENNTNISSTAND

Einleitung

Nachdem wir nun im ersten Teil einen historischen Abriss der spannungsreichen Entwicklung zwischen konservierenden traditionalistischen und progressiven innovativen Kräften gegeben haben, wollen wir nun sehen, wie sich das Verhältnis zwischen (christlichem) Theismus und einer von religiösen Bevormundungen weitgehend selbst befreiten und verselbständigten wissenschaftlichen Weltsicht aus heutiger Sicht gestaltet.

Diese Evaluation soll den immer noch universellen und monopolistischen Anspruch der theistischen Offenbarungsreligionen auf höhere göttliche Wahrheiten aus einer kritischen naturphilosophischen Perspektive durchleuchten. In diesem Kapitel sind es naturwissenschaftliche Disziplinen, wie Kosmologie (Welt), Evolutionsbiologie (Leben), Anthropologie (Mensch), Psychologie bzw. Gehirnphysiologie (Geist bzw. „Seele"), Erkenntnistheorie in Verbindung mit Evolutionsbiologie (das Vermögen des menschlichen Gehirns, als Evolutionsprodukt absolute Erkenntnisse zu erlangen), vor denen sich der dagegen in einer archaischen Denkweise verhaftete Monotheismus behaupten muss. Freilich gilt es zu bedenken, dass auch die naturwissenschaftlichen Teildisziplinen keine absoluten, ewig gültigen und unfehlbaren Einsichten in das Weltgeschehen liefern könnten, aber wir haben nun mal keine bessere und erfolgreichere Möglichkeit, über Kosmos, Natur, Mensch und Bewusstsein intersubjektiv einvernehmliche Erkenntnisse zu gewinnen. Naturwissenschaftliche Erkenntnisse haben Glaubenswahrheiten mitt-

lerweile nicht nur in ihrer Explikationskraft über jene genannten Bereiche weit überflügelt, sie werden entgegen den religiösen Glaubenswahrheiten, die immer nur für eine bestimmte Kultur bzw. Glaubensgemeinschaft Gültigkeit besitzen, überkulturell und universal von Christen,
Juden, Buddhisten, Atheisten… akzeptiert, wenn man einmal von fundamentalistischen Strömungen, die es in allen monotheistischen Glau-
bensrichtungen gibt (wie beispielsweise den Kreationisten), absieht.
Wenn wir Kritik an einem für aufgeklärte Geister ohnehin zweifelhaften
Weltbild mit Engeln, Dämonen, Jenseits, Gottessöhnen, Sünde, Höllenstrafen etc. üben, so soll aber dabei nicht übersehen werden, dass auch
die wissenschaftlichen Systeme und ihre nüchterne Weltsicht einer kritischen philosophischen Hinterfragung unterliegen müssen. Uns ist
durchaus bewusst, dass ein blindes Vertrauen in die wissenschaftlichen
Disziplinen und ihre Erkenntnisse letztlich auch nur eine Art von säkularer Religiosität darstellen würde. Deshalb ist es eine wichtige Aufgabe,
welche der Philosophie heute noch verblieben ist, die Ansprüche und
Erkenntnisse nicht nur von metaphysischen Weltanschauungssystemen,
sondern eben auch von wissenschaftlichen Systemen kritisch zu prüfen
und dabei den Versuch zu wagen, diese in der Art eines höchst komplexen Puzzles zu einem einheitlichen Weltbild zusammenzufügen, das
dem neuesten Stand der Erkenntnisse gerecht wird, ohne diese selbst
wiederum zu verabsolutieren oder ungeprüft anzuwenden. Von dieser
einigermaßen gesicherten festen, auf hinterfragten wissenschaftlichen
Erkenntnissen ruhenden Basis aus lassen sich dann auch zeitgemäße
Spekulationen über Gott und die Welt anstellen, die ja durchaus zur We-
senseigenschaft reflektierender Menschen gehören. Die klassischen philosophischen bzw. theologischen Fragen, wie die nach dem Ursprung
des Universums bzw. des Seins, des Lebens und des Bewusstseins, sind
ja noch immer die gleichen, wenngleich mit dieser philosophischen en-
geren Anlehnung an wissenschaftliche Methoden und Erkenntnisse eine
sukzessive Entzauberung liebgewonnener Vorstellungen bezüglich eines
paradiesischen und ewigen Lebens immer mehr ins Reich des menschlichen Wunschdenkens verbannt wird.

Natürlich müssen dann in diesem Zusammenhang auch Probleme
berücksichtigt werden, die auf einer Metaebene solcher Fragen anzusiedeln sind. Zum Beispiel erkenntnistheoretische Fragen wie die, ob der
Mensch mit seinem Gehirn, das aus evolutionsbiologischer Sicht eigentlich kein Erkenntnis-, sondern ein Überlebensorgan ist, überhaupt in der
Lage ist, die Welt auch nur ein Stück weit richtig zu deuten. Überhaupt
wird der Aspekt einer universellen Evolution, der wir Menschen unser
Universum und letztlich auch unsere eigene Existenz zu verdanken haben, ein zentraler Punkt sein entsprechend der Bedeutung, die evolutionäre Gesichtspunkte heute in allen naturwissenschaftlichen Disziplinen
haben. Eine wichtige Frage in diesem Zusammenhang stellt auch das

Reduktionsproblem dar. Inwieweit lässt sich die Welt letztendlich wissenschaftlich möglichst einfach und widerspruchslos erklären? Gibt es eine ontisch berechtigte Annahme, die Natur sei gesetzlich aufgebaut und es gelte nur durch Reduktion hinter das Geheimnis dieses Aufbaus mit mathematischen oder physikalischen Mitteln zu gelangen, um ihr Wesen zu ergründen, einschließlich unserer eigenen menschlichen Existenz? Betrachtet man sich die unterschiedlichen Teilbereiche beispielsweise aus der Physik, so lässt sich neben dem Moment der Reduktion und Aufsplittung in zahlreiche Einzelbereiche wissenschaftsgeschichtlich aber ebenso auch eine Vereinigung durch umfassendere Theorien konstatieren. An einer einheitlichen Theorie („Grand Unified Theory"), die alle Wechselwirkungen (Stichwort „Supergravitation") zu vereinheitlichen versucht, wird momentan noch fieberhaft gearbeitet. Damit soll angedeutet werden, dass der oft erhobene Reduktionismusvorwurf gegenüber den Naturwissenschaften so in den interdisziplinär vernetzten Wissenschaften nicht berechtigt ist, wenngleich mit der an sich unumgänglichen reduktionistischen Forschungsarbeit durchaus die Gefahr verbunden ist, das Ganze aus den Augen zu verlieren.

Auch die Wissenschaft unterliegt ihrem eigenen Evolutionsprozess und kann alleine schon deshalb nicht den Anspruch erheben, immer nur wahre Erkenntnisse zu produzieren. Diese müssen sich erst im Laufe der Zeit als solche im Wettkampf behaupten, ohne jemals zu wissen, ob sie auch morgen noch Gültigkeit besitzen. Dennoch: Der moderne Mensch, wenn er in erster Linie nach Erkenntnis und nicht nach einem ewigen Leben strebt, hat keine andere Wahl, wenn er nach einigermaßen gesicherten Erkenntnissen strebt, als eben nach wissenschaftlich möglichst strengen Kriterien in mühevoller Kleinarbeit zu verfahren. So verlockend und sympathisch dagegen eine in mystischer Versunkenheit verbundene Einheit mit der Welt klingen mag, so müssen wir heute eingestehen, dass eine kontemplative Versunkenheit und Einswerdung mit der Natur oder diversen höheren Mächten zwar unsere tief verwurzelten metaphysischen Sehnsüchte und Gefühle befriedigen mag, aber letztlich zu keinerlei verwertbarem Faktenwissen geführt hat. So war es zuerst einmal notwendig, im Laufe von vielen Jahrhunderten von einer mythischen und in Einheitlichkeit versunkenen rein sinnlichen Weltsicht Abstand zu nehmen und die Welt und ihre Phänomene regelrecht zu sezieren, um zu den Geheimnissen vorzustoßen, die sich hinter der von uns sinnlich wahrnehmbaren Welt verbergen. Sollte es tatsächlich jemals gelingen, ein stringentes einheitliches Weltbild zu entwerfen, so kann dies aber nur wieder durch das Zusammenfügen dieser durch mühselige Kleinarbeit gewonnenen Erkenntnisse gelingen. Der wissenschaftliche Reduktionismus ist somit ein unausweichliches und gleichermaßen notwendiges Übel, um zu einer unsere Urgefühle weit übersteigenden objektiven Erkenntnis über das „Sosein" des Seins zu gelangen, indem diese einzelwissenschaftlichen Puzzleteile induktionistisch wieder zu einem ganzheitlichen Bild zusammengefügt werden. Bis heute entstand dabei eine zunehmend auseinander gehende Schere zwischen Mythos und Logos bzw. zwischen einem auf göttlicher Offenbarung beruhenden, das ganze Weltgeschehen erklärenden Glaubenskonstrukt und einem immer mehr in einzelwissenschaftliche Teilbereiche zergliederten weltanschaulich objektivierten Wissenssystem, deren Vereinheitlichungsversuche für den neutralen Beobachter immer fragwürdiger erscheinen müssen.

Archaisch Heilige Bücher, ebenso wie viele klassische Philosopheme, erscheinen aus heutiger Sicht aber auch deshalb als überholt, weil deren Sichtweise aufgrund der Unkenntnis evolutiver Aspekte rein statisch angelegt war. Alles war von Anfang an in einem einmaligen Schöpfungsakt fix und fertig und vor allem unveränderlich festgelegt. Der evolutive Aspekt des Werdens und die Rolle des Zufalls waren schlicht in jenen vermeintlich unfehlbaren heiligen Büchern noch gar nicht berücksichtigt. Heute wissen wir, dass in der atomaren Zusammensetzung des Lebens die gleichen Elemente zu finden sind wie sie auch im Universum und in Sternen vorkommen. Alle Lebewesen können somit gewissermaßen als Kinder der Sterne bezeichnet werden. „Der Stickstoff in unserer DNS, das Kalzium in unseren Zähnen, das Eisen in unserem Blut, der Kohlenstoff in unserem Apfelkuchen entstanden im Inneren einstürzender Sterne: Wir bestehen also wirklich aus Sternmaterial."[93] Über diverse Fulgurationsschritte im Laufe der in Milliarden Jahren sich vollziehenden Entwicklung des Kosmos, kam es über zahlreiche heute wissenschaftlich plausibel darlegbare Zwischenschritte zu den bewusstseinsfähigen Lebewesen wie uns Menschen, mittels derer das Universum quasi über sich selbst zu reflektieren in der Lage ist.

Natürlich müssen auch wir hier zugestehen, dass es letztlich eine Frage des erkenntnistheoretischen Standpunktes ist, wie weit man bereit ist, die Geltung der wissenschaftlichen Rekonstruktionen zu akzeptieren und den wissenschaftlichen Erkenntnissen zu trauen, wobei wir hier ganz explizit deutlich machen wollen, dass es uns auch gar nicht darum geht, solche prinzipiell unerfüllbaren, ewig gültigen Wahrheitsansprüche zu erheben. Es kann sich bei unserem Versuch, dem „An-sich-Sein" der Welt und ihrer Gegebenheiten ein Stückchen näher zu kommen – auch, indem wir obsolet gewordene Systeme, an denen aus welchen Gründen auch immer festgehalten wird, aufgeben –, immer nur um „Plausibilitäten", nie um absolute Wahrheiten handeln. Vielleicht müssen wir uns auch gemäß dem internen Realismus Hilary Putnams damit abfinden, dass unser Denken sich nur innerhalb der strukturellen und physiologischen Möglichkeiten unseres Gehirns bzw. der Möglichkeiten,

---

93   Sagan, Carl: Unser Kosmos, 1996, S. 245.

welche uns durch die entwickelte Sprache gegeben sind, bewegen kann.
Dass es hierzu aber auch ernst zu nehmende gegenteilige Auffassungen
gibt, mit denen die damit verbundene Zirkularität des Wissens durch
objektive und strenge Wissenschaftskriterien durchbrochen werden
kann, wird im Zusammenhang mit der Evolutionären Erkenntnistheorie
noch genauer zu besprechen sein. Geht man von dem erkenntnistheoretischen Standpunkt aus, dass es keine absolut sicheren Erkenntnisse in
den empirischen Wissenschaften geben kann (Kritischer Realismus), so
ist Plausibilität oder ein gewisser Grad an Wahrscheinlichkeit das Ma-
ximum, was erreicht werden kann. Beweise und absolute Wahrheiten,
von denen idealistische Philosopheme ebenso wie religiöse Ansprüche
für ihre Ideologie ausgehen, scheinen letztlich, ohne einem gewissen
Dogmatismus zu verfallen, nicht erreichbar.

Auch die evolutionäre Sicht der Dinge und somit der entwicklungsgeschichtliche Verlauf allen Seins kann heute als überaus nachhal-
tige und auch das menschliche Selbstverständnis revolutionär prägende
Erkenntnis betrachtet werden. Mit der Entdeckung des evolutionären
Weltprinzips hat sich das Weltbild über das gesamte Sein – also vom
Kosmos über das Leben bis hin zum reflektierenden Bewusstsein – radikaler verändert als alles andere, was vorher an philosophischen und
theologischen Spekulationen aufgestellt wurde. Vom Wasserstoff über
die Entstehung von Sternen und Planeten bis hin zum bewusstseinsfähigen Leben zieht sich ein einheitlicher entwicklungsgeschichtlich zu se-
hender roter Faden, wobei das Spätere aus dem Früheren natürlich erklärbar hervorgeht.

Der bereits zitierte Edward O. Wilson, der nach eigenen Angaben
„der Beengtheit einer fundamentalistischen Religion", die er als Erziehung in seinen jungen Jahren als Baptist im Süden der USA genossen
hatte und nach eigenen Angaben abstreifen konnte, beschreibt diesen
Abkopplungsprozess der Vernunft vom Glaubensfundamentalismus
aufgrund der evolutionären Erfordernisse so: „Es leuchtete mir einfach
nicht mehr ein, dass unsere heiligsten Glaubensgrundsätze ausgerechnet
von bäuerlichen Gesellschaften südöstlich des Mittelmeeres vor über
dreitausend Jahren in Stein gemeißelt worden sein sollten... Die biblische Offenbarung schien mir wie die von schwarzer Magie genährte
Halluzination eines Primitiven aus grauer Vorzeit... Mein größtes Problem war, dass die baptistische Religion [genauso wenig wie andere theistische Auffassungen, P.K.] keinerlei Anhaltspunkte für die Evolution
bot... Könnte es sein, dass die Heilige Schrift nur der erste literarische
Versuch war, das Universum zu erklären und uns selbst darin eine Bedeutung zu geben? Vielleicht ist Wissenschaft eine Fortsetzung dieses
Versuches auf neuem und besser erprobtem Gelände, aber zum selben
Zweck. Wenn ja, dann könnte man wohl sagen, dass Wissenschaft in
diesem Sinne deutlich befreite und freiheitliche Religion ist. Auf mich

wirkt der Ionische Zauber als Aufforderung, der Suche nach objektiver Wahrheit den Vorzug vor der Offenbarung zu geben."[94] Ähnlich äußerte sich hierzu auch Karl Popper: „Darwins Theorie der Anpassung war die erste nicht-theistische Theorie, die überzeugte; und der Theismus war schlimmer als das offene Eingeständnis des Unwissens, denn er ließ den Eindruck entstehen, man habe eine letzte Erklärung gefunden"[95]

Das was sich wissenschaftlich erschließen lässt, was also für den Menschen „wissentlich" ist und nicht nur auf einer spekulativ angenommenen transzendenten Ebene liegt, sagt uns heute, dass eben auch Leben, Geist und Bewusstsein auf materieller Basis entstanden sind, und zwar über viele Zwischenstufen und in einem Jahrmilliarden währenden Prozess. Über darüber hinausgehende immaterielle transzendente Wesenheiten oder Bereiche gibt es nicht die geringsten Anhaltspunkte außerhalb religiös-theologischer und philosophisch-spekulativer Modelle, auch wenn sie damit logisch gesehen nicht auszuschließen sind. Die auf Mythologie, Mystizismus und Esoterik beruhenden Lehren konnten auch nichts zum Erkenntnisfortschritt in Kosmologie, Biologie, Medizin, Physik, Chemie u. v. m. beitragen, sondern waren häufig, was auch für das Wesen der theistischen Religionen gilt, antiaufklärerisch und gegenüber natürlichen Welterklärungsversuchen restriktiv eingestellt gewesen. Keine der segensreichen, aber auch zum Teil bedenklichen Erfindungen, sei es das Penizillin, die verschiedenen Operationstechniken, die tödliche Krankheiten überwindbar machen, die Atomkraft und die dieser zugrunde liegende folgenreiche Erkenntnis über die Äquivalenz von Energie und Materie, die Erfindung des Buchdruckes ebenso wie die des Computers, der Gentechnik u. v. m. – all diesen Erkenntnissen und Erfindungen liegt ein systematisch-reduktionistisches Denken zugrunde, basierend auf Logik, Formalismus, Empirie und einer auf materialistischer Basis gründenden Forschungsarbeit.[96] Was der Mensch aus diesen wissenschaftlichen Erkenntnissen macht, ob er sie sinnvoll zu seinem Nutzen oder zu seinem Schaden gebraucht (siehe Atomkraft und Gentechnik), ist freilich noch einmal eine ganz andere Frage, die allerdings außerhalb des eigentlichen wissenschaftlichen Erkenntnisfortschrittes und somit auch außerhalb unserer wissenschaftstheoretischen Erörterungen liegt und somit unter ethischen Aspekten zu erörtern wäre.

---

[94]   Wilson, Edward: Die Einheit des Wissens, 1998, S. 12f.

[95]   Popper, Karl: Meine intellektuelle Entwicklung, 1994, S. 250.

[96]   Gerne greifen auch Materialismuskritiker auf medizinisches Know-how oder auf andere Segnungen der Moderne (Verkehr, Transport, Medien...) zurück, um ihre Interessen zu befriedigen, ohne sich dabei aber anscheinend bewusst zu sein, dass eben jene Errungenschaften auf der von ihnen abgelehnten materialistischen Sichtweise und Forschungsarbeit gründen.

1. Kosmologie

1.1 Der Urknall. Schnittstelle zwischen wissenschaftlicher Erklärung und religiöser Deutung

Das Fundament für die moderne Kosmologie bildet seit Newton die Gravitationstheorie, wenngleich sich die damit zusammenhängenden Implikationen bis heute stark gewandelt haben. So geht man seit Einsteins speziellem Relativitätspostulat nicht mehr von einer absoluten Zeit und einem absoluten Raum aus, da die Zeitmessung, wie man mittlerweile erkannt hat, wegabhängig ist. Eine Art außerhalb stehender „Superbeobachter", „der alle Uhren des Universums absolut und unabhängig von ihrem Weg synchronisieren könnte, bleibt nach Auffassung des zumindest rein wissenschaftlichen Erkenntnisstandes ausgeschlossen."[97] Geometrisch wird von einem Prinzip ausgegangen, dem zufolge die kosmologische Evolution zu jedem Zeitpunkt homogen (die Materie ist über das gesamte Universum gleichmäßig verteilt) und isotrop (die geometrischen Eigenschaften des Universums bleiben unabhängig von der Blickrichtung des Beobachters unverändert) war und ist. Als Bezugssystem dient dabei das Koordinatensystem der Milchstraße zusammen mit der periodisch abnehmenden Strahlungstemperatur eines schwarzen Körpers als Zeitkoordinate. Daraus wiederum ergibt sich die Robertson-Walker-Metrik als kosmische Metrik des Universums mit einem zeitabhängigen Weltradius $R(t)$ und einem Parameter k, der die Werte -1, 0 und 1 annehmen kann. Dabei ergibt sich für $k = +1$ ein zu jedem Zeitpunkt endliches räumliches Volumen der Welt sowie ein geodätischer Umfang. Das Universum ist in diesem Falle zu jedem Zeitpunkt endlich, aber – vergleichbar mit der Oberfläche einer Kugel – unbegrenzt. Für den Fall $k = 0$ und $k = -1$ erweist sich das Universum dagegen zu jedem Zeitpunkt als unendlich. Die Konsequenz für die Existenz unseres Universums und für sämtliches darin enthaltenes Leben wäre, dass – ausgehend von einer Anfangssingularität der Raum-Zeit (Urknall) – im Fall $k = +1$ das Universum irgendwann einmal wieder kollabieren würde. Denkbar wäre, dass sich dieser Vorgang unendlich oft wiederholt. Man spricht dann von dem oszillierenden oder pulsierenden Modell des Weltalls. Philosophisch-spekulativ hat unter anderen Nietzsche diesen Gedanken durch seine „ewige Wiederkehr des Immergleichen" ausgedrückt. In den beiden anderen Fällen $k = 0$ und $k = -1$ expandiert das Universum dagegen unbegrenzt. Somit gibt es die Möglichkeit eines zyklischen bzw. oszillierenden und eines unidirektionalen (thermodynamischen) Entwicklungsmodells. Weiterhin gibt es noch die Option

---

[97]   Mainzer, Klaus: Philosophie und Geschichte der Kosmologie, in: Audretsch, Jürgen und Mainzer, Klaus (Hrsg.): Vom Anfang der Welt, München, 1989, S. 28.

eines oszillierenden, aber geschlossenen Universums. Es unterscheidet
sich von dem oszillierend offenen Modell dadurch, dass es durch Singu-
laritäten getrennt ist, die keine Möglichkeit mehr für die Weitergabe von
Information des eben vergangenen an das neue Universum geben.

Das Schicksal des Kosmos oder kleinerer Teile von ihm scheint damit wohl weniger von einer übernatürlichen Macht abzuhängen als ganz
nüchtern und lapidar von der Materiedichte des Universums. Denn entgegen den kosmologischen Gottesbeweisen, wie wir sie seit Aristoteles
in diversen Fassungen kennen, muss nicht zwangsläufig alles in gerader
Linie auf einen ersten Beweger zurückgehen bzw. mit diesem beginnen.
Eine ebenso berechtigte Hypothese bildet das geschlossene System, wie
wir es mit dem Gedanken eines ewig pulsierenden oder oszillierenden
Universums vorfinden. Auch ein Multiversum, in dem ursachelos unendlich viele Universen analog zu quantenmechanischen Phänomenen
entstehen und parallel existieren, wird in der an diese angelehnten
Quantenkosmologie diskutiert. All diese Theorien besitzen als natürliche
Erklärung den methodischen Vorteil, nicht plötzlich die Kette natürlicher Erklärungen zugunsten eines übernatürlichen Prinzips verlassen zu
müssen. Die Quantenmechanik lehrt uns auch nach Auffassung des
Physikers Paul Davies, dass „das spontane Auftreten organisierter Energie in einem sich ausdehnenden Universum möglich ist", auch wenn sie
nicht von vornherein vorhanden war. „Dann aber gibt es keinen Grund,
die kosmische Ordnung – die niedrige Entropie – entweder dem Wirken
einer Gottheit oder einer anfänglichen Ordnung beim Eintreten der Sin-
gularität zuzuschreiben."[98] Kosmologen diskutieren längst die Möglichkeit eines sich selbst erschaffenden Universums, was die Idee Gottes
zwar nicht widerlegt, aber generell die Möglichkeit einer rein naturalistischen Welterklärung nahelegt. Als Beispiel soll hier ein Zitat des Nobelpreisträger Steven Weinberg angeführt werden: „Für mich hat Religion
etwas mit dem Glauben an ein höheres Wesen zu tun. Und in diesem
Sinne bin ich nicht religiös... Wir [die Naturwissenschaftler, P.K.] ersetzen Gott nicht. Wir sparen ihn nur aus. Ein Gott würde auch durch eine
Weltformel nicht unmöglich gemacht, aber es wäre ein sehr anderer Gott
als der alte, der mit Blitzen um sich schleudert... Ich persönlich habe
nicht viel übrig für Religion. Für mich ist eine der großen Errungenschaften, dass sie es intelligenten Menschen zwar nicht unmöglich gemacht
hat, religiös zu sein, aber sie macht es ihnen möglich, nicht religiös zu
sein. Und darauf bin ich stolz... Die Frage, warum es uns gibt, hat Darwin beantwortet – allerdings nur als Folge von Ursache und Wirkung.
Welchen Sinn unsere Existenz hat, konnte er nicht sagen. Wahrscheinlich
ist diese Frage ihrerseits sinnlos, weil es keinen Sinn gibt... Wir können
uns selbst einen Sinn geben – in der Natur werden wir ihn nicht fin-

---

[98]   Davies, Paul: Gott und die moderne Physik, München, 1986, S. 78.

den."[99] Die Möglichkeit einer ursachelosen Entstehung erscheint der menschlichen Denkgewohnheit zwar vollkommen fremdartig und unvorstellbar, aber dennoch vollzieht sich dies in der Quantenphysik ständig. Ging noch der kosmologische Gottesbeweis von dem Postulat aus, alles müsse eine Ursache haben, so wird er aufgrund der quantenphysikalischen Erkenntnisse also fraglich. Neben anderen Erkenntnissen, wie der Beschaffenheit von Raum und Zeit, dem Ursprung von Materie und Leben sowie dem Determinismusproblem, mag dies als ein weiteres Beispiel dafür dienen, dass sich der Begriffsrahmen entgegen den statischen Sichtweisen von philosophisch-idealistischen und religiös metaphysischen Systemen durch wissenschaftlichen Fortschritt potentiell ständig erweitern kann.

Eine weitere kosmologische Gewissheit besteht in der Erkenntnis, dass alle Sterne und Planeten, also auch unsere Sonne, von der das terrestrische Leben abhängt, nur eine begrenzte Lebensdauer besitzen. Die biblische Vorstellung eines ewigen Paradieses auf der Erde nach der Apokalypse konnte also nur in Unkenntnis dieser Tatsache entstanden sein und ist zumindest naturwissenschaftlich nicht haltbar. Übertragen auf das gesamte Universum bedeutet dies, dass die Galaxien in etwa 100 Billionen Jahren, wenn das Weltall etwa 10.000 mal älter ist als heute, „absterben" werden, denn dann werden die Sterne ihre Energie abgegeben haben, ausgebrannt sein und sich zu Neutronensternen oder schwarzen Löchern verdichtet haben. Sogar die schwarzen Löcher werden, so die Voraussagen der Kosmologen, letztlich verdampfen. Es wird also „dunkel" und „leer" werden. Was bleibt, ist die Einsicht, dass Leben, speziell unser terrestrisches Leben, eine marginal temporäre wie topographische Randerscheinung in der Evolution des Kosmos darstellt, somit nur ein Wimpernschlag in der Geschichte des Universums ist. Diese nüchterne naturwissenschaftliche, auf Berechnungen basierende Weltsicht steht somit allen religiös motivierten Hoffnungen des Menschen gegenüber. Was bleibt, ist der Ausweg in wissenschaftlich nicht mehr zu bestätigende transzendente Welten.

Ein weiterer Beleg für die Urknall-Theorie mit der daran sich anschließenden Expansion und evolutiven Entwicklung des Universums, welche der biblisch-kreationistischen Vorstellung des Schöpfungsmythos völlig entgegensteht, ist die von George Gamow vorausgesagte und knapp zwanzig Jahre später von Penzias und Wilson 1965 entdeckte homogene und isotrope Mikrowellen-Hintergrundstrahlung, aus der sich auf eine heiße und dichte Frühphase des Universums schließen lässt. Es handelt sich hierbei um eine Reststrahlung des ursprünglichen heißen Universums, das eine Milliardstel Sekunde nach dem angenommenen Urknall bereits ein Volumen in der Größenordnung unseres Son-

---

[99]   Weinberg, Steven, in einem Interview mit der Zeitschrift „Der Spiegel" (30/1999).

nensystems besaß und heute 1027 Kubiklichtjahre beträgt. Knapp 14 Milliarden Jahre nach dem Urknall beträgt diese Reststrahlung heute nur noch 3 Grad Celsius über dem absoluten Nullpunkt (−273 °C). Die Hintergrundstrahlung ist somit die älteste Strahlung, die wir im Kosmos beobachten. Sie entkoppelte von der Materie, als die Welt etwa 500.000 Jahre als war.[100]

Von den verschiedenen wissenschaftlichen Weltmodellen wird heute sicherlich die Urknall-Theorie von den meisten Kosmologen als die plausibelste Deutung von Beginn und Zustand des Universums anerkannt, denn im Gegensatz zu statischen Modellen (wie sie u. a. 1917 zunächst auch noch Einstein vertreten hatte) weisen gewisse Merkmale wie die kosmologische Rotverschiebung und die kosmische Hintergrundstrahlung heute sehr überzeugend auf ein vor ca. 14 Mrd. Jahren entstandenes, zunächst sehr heißes und expandierendes Universum hin, dem eine Art Urknall vorhergegangen sein muss. Bis zu dieser Zeit – dies gilt es sich einmal vorzustellen – herrschte bei fast allen kosmologischen Modellen und Überlegungen ein statisches Weltbild vor, weil sich ein dynamisches Weltbild mit den Vorstellungen über Raum und Zeit, wie sie evolutionspsychologisch verankert sind, nicht vereinbaren ließ. Aber auch statische bzw. kreationistische Weltbilder, die von religiös motivierten Vorstellungen ausgingen und verbindlich von den Kirchen vorgegeben wurden, waren ein Grund dafür, weshalb sich die neuen evolutionistischen Einsichten auch in den Köpfen der Wissenschaftler nur sehr schwer durchsetzen konnten.

Heute gibt es kaum mehr wissenschaftlich fundierte Zweifel an der Urknall-Theorie. So spricht sich der Astrophysiker G. A. Tammann eindeutig für die Urknall-Theorie aus und bezeichnet sie als mehr als nur eine Hypothese, da der Urknall, „als unverzichtbarer Bestandteil aller in sich geschlossenen mathematisch-logischen Weltmodelle, die die physikalischen Gesetze, soweit wir sie kennen, nicht verletzen", von „der Theorie und der Beobachtung gefordert wird". Speziell die kosmische Hintergrundstrahlung hält Tammann als einen eindeutigen Beleg für die Urknall-Theorie, da die dichten und heißen Frühphasen des Universums nur mit Hilfe des Urknalls verstanden werden können. Außerdem macht sie mit 400 Photonen pro cm³ über 99 % aller vorhandenen Photonen aus, weshalb ebenfalls alle Versuche fehlschlagen müssen, die „kosmische Hintergrundstrahlung anders als durch den primordialen Feuerball zu erklären."[101]

Es ist heute möglich, mit modernen Teilchenbeschleunigern, indem man subnukleare Teilchen miteinander kollidieren lässt, Energien zu

[100]   Kegel, Wilhelm: Neuere Beobachtungen der kosmischen Hintergrundstrahlung, in: Saltzer, 1997, S. 141.

[101]   Gustav Andreas Tammann, in: Audretsch und Mainzer (Hrsg.), 1989, S. 114-133.

erzeugen, die den Zustand nachbilden, der bis zur sogenannten Planckzeit (= 10^{-43} Sekunden oder eine Zehntel Trilliardstel Trilliardstel Sekunde) nach dem Big Bang geherrscht hatte. Die Temperatur hatte dabei den
errechneten Wert von tausend Billionen Grad Celsius.[102] Raum, Zeit,
Strahlung und Materie, die zuvor nicht existent und anfangs noch nicht
unterscheidbar waren, trennten sich erst allmählich. Auch die heute beobachtbare unterschiedlichst beschaffene Materie war in dieser Ära, in
der Temperatur und Dichte nahezu unendlich hoch waren, noch nicht
vorhanden, sondern es herrschte eine einheitliche nichtmaterielle Energie, eine Art „Superkraft". Darauf erst folgte die Quark-Ära, die bis zum
Zeitpunkt von 10^{-7} Sekunden andauerte. Mit der Ausdehnung des Universums sank die Temperatur allmählich und bereits eine Sekunde nach
dem Urknall war sie auf ca. zehn Milliarden Grad gefallen. Zu diesem
Zeitpunkt bestand es aus Photonen, Elektronen, Neutrinos, deren Antiteilchen, aus Protonen und Neutronen. Nach der Hadronen- und der
Leptonenära setzte die Strahlungsära ein, bei der sich Helium zu bilden
begann und sich Strahlung und Materie entkoppelten. Nach knapp zwei
Minuten sank die Temperatur auf etwa eine Milliarde Grad. Protonen
und Neutronen besitzen dann nicht mehr genügend Energie, um ihrer
Anziehungskraft (der starken Kernkraft) zu entgehen, und verbinden
sich zu Schwerem Wasserstoff.[103] Nachdem das Universum eine Million
Jahre expandierte, war die Temperatur auf mittlerweile wenige tausend
Grad gefallen. Nun begannen die Elektronen und Kerne sich zu verbinden, da nicht mehr genügend Energie vorhanden war, um der gegensei-
tigen Anziehung zu entgehen. Die ersten Atome haben sich gebildet.
Trotz der allgemeinen Ausdehnung des Universums kam es zu lokalen
Dichteschwankungen in Regionen, deren Dichte über dem Durchschnitt
lag. Das Resultat daraus war, dass die Expansion in diesen Regionen
aufgrund der Gravitation zum Stillstand kam und sich somit die ersten
Materieansammlungen und Galaxien bilden konnten. Allmählich entstanden somit in mehreren Generationen Sterne und Planeten.

Die momentan beobachteten „Zutaten" des Universums bestehen
aus 70 % dunkler Energie, 26 % der exotischen „dunklen Materie", aus
3,5 % gewöhnlicher nichtleuchtender Materie und aus nur 0,5 % der gewöhnlichen sichtbaren Materie. Die Strahlung ist mit lediglich 0,005 %
zu veranschlagen.[104] Der Dichtewert der Materie liegt etwa bei 1/10 der
kritischen Dichte. Daraus und aus der Auswertung über Supernovae-
daten lässt sich die hohe Wahrscheinlichkeit ableiten, dass das Univer-

---

[102] Davies, Paul: Gott und die moderne Physik, 1986, S. 42.

[103] Das Modell eines heißen Universums wurde erstmals von dem Physiker George
       Gamov 1948 vorgeschlagen. Näheres hierzu, in: Hawking, Stephen: Eine kurze Ge-
       schichte der Zeit, Hamburg, 1988, S. 150f.

[104] Aufgrund von Rundungsfehlern ergeben diese Werte nicht exakt 100 %.

sum sich immer schneller und für immer ausbreiten wird, was die in unglaublich ferner Zukunft völlige Zerstrahlung des Universums, den sogenannten „Kältetod" zur Folge haben würde. Die oben angesprochene Möglichkeit eines pulsierenden Universums wird damit immer unwahrscheinlicher, da das Universum nicht genug Masse enthält, um irgendwann wieder in sich zusammenzustürzen.

Die bei dem Standardmodell durchaus bestehenden Probleme und unbeantworteten Fragen (Homogenität, Fluchtgeschwindigkeit und Materieexistenz) werden durch die Theorie des inflationären Universums von Alan Guth beseitigt ohne eine radikale Verwerfung bekannter Parameter wie den Naturkonstanten.[105] So wird erstens jede anfängliche Inhomogenität oder Anisotropie durch die extreme Ausdehnung eines sehr kleinen Bereiches quasi zu Null geglättet. Dies ist notwendig, da Stabilitätsuntersuchungen an den homogenen kosmologischen Raumzeiten ergeben haben, dass ultrachaotische Anfangsbedingungen entweder nie einen regulären Endzustand erreichen oder immer chaotischer werden. Mit dem Modell des inflationären Universums ist zudem die Homogenität aus einem Anfangszustand zu erklären, der deshalb nicht mehr ganz speziellen – womöglich auch noch durch eine übernatürliche Intelligenz justierten – Anfangsbedingungen unterliegen muss, die so genau sein müssen, dass selbst eine Abweichung von $1:10^{60}$ ein völlig anderes Universum erzeugt hätte. Zweitens deckt sich die Vorhersage dieses Modells bezüglich der Materiedichte mit der heute bekannten Dichte. Für den theoretischen Physiker Paul Davies[106] wird durch die inflationäre Phase auch das ansonsten „wunderbare" Gleichgewicht zwischen der Expansionskraft des Urknalls und der Gravitationswirkung der kosmischen Materie erklärt. Für Alan Guth schwindet jedes Übermaß als auch Defizit bei der Ausdehnungsgeschwindigkeit, „wenn die exponentiell stattfindende Aufblähung eintritt." Grundgedanke von Guths Theorie ist die Vergrößerung des Alls während einer für menschliches Anschauungsvermögen unvorstellbar kurzen Zeit in ca. 10^{-32} Sekunden um den Faktor 10^{50}. Das bedeutet, die tatsächliche Anfangsgröße des Universums muss nach dieser Theorie um den Einmilliardstel Durchmesser eines Protons gelegen haben und wuchs während der inflationären Phase auf etwa die Größe eines Apfels. Raum und Zeit entstanden somit noch, bevor Strahlung oder Materie sich entwickeln konnten.

Die bestätigten Erklärungen des Standardmodells werden mit dem Modell des inflationären Universums somit beibehalten und die dieser Theorie inhärenten Probleme dabei beseitigt. Das Standartmodell wird durch die inflationäre Phase deutlich erweitert, was zudem zu Vorher-

---

[105]   Vgl. Audretsch, Jürgen: Vom Anfang der Welt , 1989, S. 90ff., S. 106ff.

[106]   Davies, Paul: Gott und die moderne Physik, 1986, S. 241f.

sagen führt, die auch überprüft werden können. So erklären sich die Fragwürdigkeiten der klassischen Urknall-Theorie wie die Homogenität dadurch, dass das ursprüngliche Raumgebiet um einige Zehnerpotenzen kleiner angenommen werden muss, was kausale Wechselwirkungen möglich machen würde. Ebenso würden die Unregelmäßigkeiten verschwinden und das beobachtbare Expansionstempo ergibt sich folgerichtig aus dieser Theorie, ebenso wie Materieentwicklung aus diesen Berechnungen möglich ist. Mit dem Inflationären Modell liegt eine Theorie vor, nach der der Kosmos seinen Energie- und Materiegehalt aus sich selbst schöpft. Ein eingreifender und erhaltender Schöpfer oder eine unpersönliche göttliche Intelligenz ist auch hier keineswegs zwingend erforderlich.

Ein weiteres, neben den bereits erwähnten Indizien für ein nicht-statisches Universum lässt sich auch anhand des zweiten thermodynamischen Hauptsatzes und der hierfür eingeführten mathematischen Bezeichnung der „Entropie" ableiten.[107] Demnach nimmt die Ordnung im Universum permanent ab. Dies schließt die Bildung von Ordnung in Randbereichen durch Selbstorganisationsprozesse nicht aus, sondern macht sie geradezu notwendig. Hätte das Universum keinen Anfang und würde ewig existieren, so hieße das in Bezug auf den zweiten thermodynamischen Hauptsatz, dass das Universum bereits vor unendlicher Zeit seinen Endzustand hätte erreichen müssen, auf den es, was uns Beobachtungen zeigen, aber erst zusteuert. Da dieser also ganz offensichtlich noch nicht eingetreten ist, ist hierin ebenfalls ein Indiz für die hohe Plausibilität der Urknall-Theorie zu sehen. Da ferner die Gravitation eine universale Kraft ist, müsste auch alle Materie des Universums vom kleinsten Mond bis hin zu Galaxienhaufen in sich zusammenstürzen. Wieso dies nicht der Fall ist, konnte erst Edwin Hubble erklären, indem er beobachtete, dass sich die Galaxien rasend schnell voneinander fort-

---

[107] Unter „Entropie" versteht man in der Physik ein Maß für den Verwendungswert der in einem System enthaltenen Energie. In einem physikalischen System mit einer bestimmten Menge von Energie kann diese entweder niedrige Entropie aufweisen, was bedeutet, dass sie einen hohen Grad von Ordnung besitzt und eine große Menge von Arbeit ausführen kann, oder sie kann eine hohe Entropie mit umgekehrter Folgerung aufweisen. Der 2. Hauptsatz der Thermodynamik besagt, dass die Entropie in einem geschlossenen System entweder steigt oder unverändert bleibt. In einem geschlossenen System kann also die Entropie nie abnehmen, es strebt immer nach dem Zustand höchst möglicher Entropie. Somit ist Entropie S ein Maß für die Unordnung und für die Wahrscheinlichkeit eines Zustandes. Mit Entropie verbunden ist also erstens die Irreversibilität (Entropie kann nicht mehr abnehmen), zweitens die Definition einer Richtung der Zeitachse und somit drittens der Wärmetod des Universums, wenn das universelle Gleichgewicht bzw. die maximale Unordnung erreicht sein wird.

bewegen. Dabei bewegen sie sich aber nicht in einen Raum hinein, der schon existent ist, sondern das Universum selbst bzw. die Ausdehnung des Universums ist der bzw. erzeugt erst den Raum. Vor der Existenz des Universums gab es gemäß der Relativitätstheorie und gemäß der Urknall-Theorie weder Raum noch Zeit.

Bezüglich der Urknall-Theorie gibt es also mittlerweile eindeutige empirische Belege. Die Zweifler und Kritiker der Urknall-Theorie, wie man sie besonders in bibelfesten Kreisen der Kreationisten findet, sind somit aufgefordert, ihre Auffassung plausibel und überzeugend darzulegen, so dass die kritisierte Urknall-Theorie empirisch nachprüfbar abgeschwächt oder widerlegt wird, um sie dann durch eine neue und bessere Theorie zu ersetzen. Dies ist bis jetzt ebenso wenig wie in der Evolutionsbiologie geschehen. Zugegeben, die große metaphysische Frage, was letztlich den Urknall bewirkt hat, darüber gibt es auch unter Kosmologen und damit von Seiten der Wissenschaft bis jetzt nur Vermutungen. Zwar ist man in der Lage, bis zur sogenannten Planckzeit das Universum empirisch zurückzuverfolgen, doch was letztlich der unmittelbare Auslöser des Urknalls gewesen sein könnte, entzieht sich unserer Kenntnis. Bevor man aber wieder einmal – was der Mensch schon immer getan hat, wenn er sich so grundsätzliche Fragen kausal nicht beantworten konnte – der Einfachheit halber vorschnell auf übernatürliche Erklärungsversuche zurückgreift, sei an dieser Stelle darauf aufmerksam gemacht, dass sich im Laufe der Wissenschaftsgeschichte immer wieder solche übernatürlichen Erklärungen mangels unzureichenden Wissens ex post als sehr profane, natürlich bzw. wissenschaftlich zu erklärende Phänomene erwiesen haben. Diese sicherlich auch psychologisch erklärbare Disposition nach metaphysischen Deutungen für Unerklärliches und ihre sukzessive Widerlegung durch kausale Erklärungen zieht sich durch unsere gesamte abendländische Geistes- bzw. Wissenschaftsgeschichte. Aber auch für die momentane Schnittstelle zwischen Physik und Metaphysik, also den Urknall, lassen sich durchaus plausible natürliche Erklärungen finden. So kennt man in der Quantenphysik das myriadenfache Phänomen, dass Materieteilchen plötzlich und ohne kausale Verursachung quasi aus dem Nichts entstehen und ebenso schnell wieder verschwinden. Von einer Art Schöpfung im Sinne eines Schöpfers würde hier wohl niemand sprechen. Überträgt man dies, wie dies die Quantenkosmologie tut, auf die Prozesse des Universums, so ist es auch im Falle des Urknalls nicht mehr zwingend notwendig, von einem göttlichen Schöpfungsakt oder einem ersten Beweger zu sprechen. Außerdem wäre das Problem nur auf eine andere Ebene hin verschoben, denn wer hat dann den Schöpfer erschaffen? Und wer den Schöpfer des Schöpfers usw. Wer auf den Begriff Schöpfung nicht gänzlich verzichten will, kann den Begriff „Schöpfung" durchaus auch im Sinne einer Schöpfung und Selbstorganisation der

Natur, also einer quasi natürlichen Schöpfung verstehen. Aber letztlich besteht auch hier kein zwingender Grund für die Annahme übernatürlicher Entitäten, und der intellektuell so unbefriedigende Bruch zwischen einer zureichend natürlich verstehbaren Welt und einer gemutmaßten, rational nicht mehr greifbaren übernatürlichen Ebene kann damit – allerdings zum Preis des Verlustes einer transzendenten Sinnhaftigkeit der eigenen Existenz – vermieden werden.[108]

1.2 Die Quantenphysik

Die Quantentheorie spielt bezüglich des Aufbaus der Materie und des Kosmos eine wichtige Rolle. Gleichzeitig sind mit ihr Paradoxien und Unanschaulichkeiten verbunden, die alle auf den klassischen Wissenschaften beruhende Anschaulichkeit und die damit zusammenhängenden Welterklärungen infrage stellen. Ebenso wie bei der Relativitätstheorie – als Wissenschaft von den makrokosmischen Dimensionen der Welt – zeigt sich dabei, dass unsere mesokosmisch erfahrenen Wahrnehmungen der Welt nur einen Ausschnitt und nur eine unter vielen möglichen Wahrnehmungen aus der Gesamtwirklichkeit darstellt. Das Apriori der idealistischen Philosophen, welches universale und ewige Gültigkeit besitzen sollte, versagt – dies hat sich spätestens mit Max Planck und Albert Einstein gezeigt – in diesen über den mesokosmischen Rahmen hinausgehenden Dimensionen einer für das menschliche Bewusstsein unanschaulichen Welt.

Alle Quantentheorien sind in systematischer Hinsicht Konsequenzen der Existenz des Planckschen Wirkungsquantums. Planck führte 1900 dieses zunächst lediglich als Erklärung der Strahlungsformel von schwarzen Körpern ein. Es drückt aus, dass die von der klassischen Physik gemachte Annahme, dass alle physikalischen Größen kontinuierlich sind, nur begrenzt gültig ist, da sich bei genauer Analyse die Notwendigkeit für eine Quantelung einer Reihe von physikalischen Größen wie Wirkung, Energie, Impuls, Drehmoment u. a. ergibt. Dies entspricht dem alten

---

[108] Aus einem extremen erkenntnistheoretischen Standpunkt (z. B. eines radikalen Skeptizismus) wie religiös fundamentalistischen Winkel heraus kann man grundsätzlich an allem zweifeln, was gegen die präferierte Glaubensvorstellung einer z. B. durch einen Schöpfergott erklärbaren Welt geht. Aber kein menschlicher Zeuge ist dabei gewesen, als die Welt entstand. Und selbst für den Fall, man hätte die Entstehung beobachten können, so kann man wiederum daran zweifeln, ob man dies nicht vielleicht nur geträumt hat oder ob die Sinne uns nicht einen Streich spielten. Wir wollen diesen radikal skeptizistischen Aspekt nicht außer Acht lassen, jedoch würgt er bereits im Vorfeld jeglichen Versuch der Erkenntnisgewinnung ab. Außerdem ist der Skeptizismus nur eine unter vielen erkenntnistheoretischen Positionen, wobei er gegen sich selbst gerichtet sich auch selbst widerlegt.

philosophischen Problem der Kontinuität und Diskontinuität, wie es
schon in der Auseinandersetzung mit dem Atomismus bei den Vorsokratikern und bei Aristoteles präsent war. Plancks Bruch mit der klassischen Physik bestand darin, dass Strahlung der Frequenz v nur in Ener-
giequanten der Form E = hv absorbiert und emittiert werden kann. Ferner sind diese Energieelemente keine unterscheidbaren Entitäten mehr.
Die Annahme „der Stetigkeit aller ursächlichen Zusammenhänge"[109]
wurde von den diskreten und endlichen Energieelementen hv abgelöst.

Aus heutiger Sicht, bei der die Dualität von Licht und Materie – also
deren sowohl Wellen- als auch Teilcheneigenschaft – weitgehend akzeptiert ist, übersieht man leicht die revolutionäre Tragweite, die diese Theorie in physikalischen Kreisen verursacht hatte. Niels Bohr prägte 1928
dafür den Ausdruck „Komplementarität". Je nach Versuchsanordnung
zeigen Licht und Materie diese sich theoretisch eigentlich ausschließenden Erscheinungsformen. Die Relevanz aber für die deterministischen
Gleichungen der klassischen Physik bestand darin, dass hinter den phänomenal stetigen Vorgängen ein statistisches Geschehen verborgen liegt.
Damit kündigte sich in revolutionärer Vorahnung bereits die elementare
Bedeutung des Zufalls im Naturgeschehen an. Da zudem die Natur des
Lichtes, also ob Teilchen oder Welle, von der Anordnung des Experimentes abhing, war außerdem noch eine erkenntnistheoretische oder –
wenn man so will – philosophische Konsequenz sichtbar, nämlich die
Abhängigkeit der Mikroobjekte und deren Eigenschaften von den Mess-
geräten und somit auch vom Beobachter. Sollten die Dinge vor der Beobachtung unbestimmte Eigenschaften besitzen, die erst durch den Beobachter und dessen Experimentalanordnung für diesen in einen bestimmten Zustand gebracht werden? Gerade diese Möglichkeit, die als
erkenntnistheoretisches Novum bezeichnet werden kann, dass die Natur
in ihrem Innersten unbestimmte Zustände einnimmt, wollten viele Wissenschaftler nicht akzeptieren. Auch Einstein fragte noch nach dem
„Wesen der Dinge". Dass dieses „Wesen" durch eine kontextabhängige
Realität zu ersetzen ist, also von physikalisch zwar realen Objekten, die
aber, was deren Eigenschaften angeht, von der Wahl der Parameter abhängig sind, das zu akzeptieren, war eine Begleiterscheinung, welche die
Quantentheorie als zu schluckende Kröte mit sich brachte.

In der intensiven Diskussion um das „Quantenrätsel" formulierte
dann Niels Bohr 1913 die Aufgabe, die bis dahin unverstandene Stabilität der Atome[110] auf der Grundlage des Quantenpostulats zu erklären.
Aber auch dabei müssen klassische Grundsätze gebrochen werden. Der

---

[109]   Planck, Max: Die Entstehung und bisherige Entwicklung der Quantentheorie. In:
         Planck, Max: „Vorträge und Erinnerungen", Darmstadt, 1965, S. 125-138.

[110]   Diese Stabilität wurde nach Ernest Rutherfords Streuversuchen von 1911 als positiv
         geladener Kern der Größenordnung 10^{-14} m und einer Hülle von negativ geladenen
         Elektronen mit der Größenordnung 10^{-10} m erkannt.

Begriff des „Quantensprungs", bei dem ein Elektron spontan in neue Bahnen überwechselt, lässt sich offenbar raumzeitlich nicht mehr beschreiben. Dieser Sprung stellt, wie Bohr sich ausdrückt, einen unanalysierbaren Elementarvorgang dar. Da auch der weitere Verlauf der wissenschaftlichen Entwicklung mit Quantenmechanik bis zur Quantenfeldtheorie diese These eher noch bestärkte, bestehen heute ernsthafte Zweifel darüber, ob der Begriff der Raumzeit überhaupt auf die Mikrowelt anwendbar ist.

Eine weitere Diskrepanz zwischen klassischer und quantenphysikalischer Ebene stellt die aus dem Pauli-Prinzip[111] hervorgehende Aufgabe des Individualitätsmerkmals dar. Aus unserer Alltagserfahrung wissen wir, dass zwei Objekte selbst bei völlig übereinstimmenden Eigenschaften distinkte Individualitäten darstellen. Genau dies lässt sich aber für subatomare Teilchen wie Elektronen, Protonen oder Photonen nicht mehr aufrechterhalten. Leibniz' Postulat von der individuellen Substanz, wie sie im Prinzip auch für Epikurs Vorstellung bis hin zu Newton noch gängig war, gilt daher für diesen Bereich nicht mehr. Diese Teilchenontologie entstammt einer Übertragung der grobsinnlichen Eigenschaften auf die Elementarteilchenebene, quasi als Projektion der menschlichen bzw. mesokosmischen Erfahrungswelt. Die grundsätzliche Vorstellung, die auch Leibniz vertrat, dass jede einzelne Substanz individuell ist, selbst wenn sie vollständig übereinstimmende Eigenschaften besitzen, gilt nicht mehr für Quantenobjekte wie Elektronen, Protonen oder Photonen. Die Heisenbergsche Unschärferelation macht dies unmissverständlich deutlich.[112] Diese damals neuen Einsichten führten dazu, dass

---

[111] Das Pauli-Prinzip besagt, dass nur solche Elektronenanordnungen bei Atomen und Molekülen vorkommen können, bei denen sich die Elektronen in mindestens einer der vier Quantenzahlen unterscheiden. Vereinfacht kann dies mit dem Undurchdringlichkeitssatz veranschaulicht werden, dass zwei Elektronen nicht in demselben Bewegungszustand sein können. Zwei in allen Eigenschaften übereinstimmende Elektronen können also nicht in einem Atom vorkommen.

[112] Das Problem besteht hierbei darin, dass man, um die künftige Position und Geschwindigkeit eines Teilchens vorhersagen zu können, seine gegenwärtige Position und Geschwindigkeit kennen muss. Das zu dieser Beobachtung benötigte Licht muss dabei möglichst kurzwellig sein, um präzise Messergebnisse zu ermöglichen, da man die Position des Teilchens nicht genauer zu messen in der Lage ist als der Abstand zwischen den Kämmen der Lichtwellen ist. Da das Licht nach Planck aber nicht in beliebig kleinen Einheiten existiert, sondern als kleinste Einheit das Quantum anzusehen ist, wird also dieses Quantum auf das zu messende Teilchen einwirken und seine Geschwindigkeit in nicht vorhersagbarer Weise beeinflussen. Will man also möglichst genau die Position eines Teilchens messen, so muss das Licht eine möglichst kurze Wellenlänge besitzen. Damit wird aber die Energie eines Quantums entsprechend erhöht, was bedeutet, dass der Störeffekt umso größer wird, der die Geschwindigkeit des Teilchens beeinflusst. Beides lässt sich nicht zusammen messen. Die Ungewissheit bezüglich der Position und Geschwindigkeit multipliziert mit der Masse ergibt die Plancksche Konstante, die besagt, dass die

die klassische mechanistische Anschauung in der Physik durch die
Quantenmechanik Anfang der 20er Jahre des 20. Jahrhunderts durch
Heisenberg, Schrödinger und Paul Dirac revidiert wurde. Die Teilchen
besitzen keine getrennten, genau definierten Eigenschaften mehr, sondern befinden sich in einem Quantenzustand, der eine Kombination aus
Position und Geschwindigkeit darstellt. Für die Voraussagbarkeit bedeutet dies, dass die Quantenmechanik nicht mehr in der Lage ist, ein bestimmtes Ergebnis vorauszusagen, sondern nur noch eine Reihe von
verschiedenen möglichen Resultaten, deren Eintreffen durch Wahr-
scheinlichkeitsrechnung berechnet wird. Nicht einmal mehr die schwache Kausalität, wonach ein System, wenn es völlig gleiche Anfangsbedingungen besitzt, sich immer zum gleichen Endzustand hin entwickelt,
ist hier erfüllt. Lediglich für die Wahrscheinlichkeitsverteilung bleibt der
Kausalzusammenhang noch bestehen.

Die Konsequenz hieraus ist eine nicht voraussagbare indeterministische Welt. Wie wollte man auch Voraussagen über die Zukunft
machen, wenn es nicht möglich ist, exakt die Gegenwart (den gegenwärtigen Zustand des Universums) zu bestimmen, deren Daten für die Berechnung der Zukunft unverzichtbar sind? Während aber bei klassischen Systemen Wahrscheinlichkeiten eher auf unvollkommenes Wissen
deuten, sind sie in der Quantenphysik ein – wenn man so will – „artspe-
zifisches" oder ontisches Merkmal. Heisenbergs Unschärferelation
macht somit im Prinzip einen strengen Determinismus unmöglich, denn
die Unschärfen in den dynamischen Variablen lassen exakte Voraussagen und Vorherbestimmungen im klassischen Sinne nicht zu. Der Zufall
erhält damit einen objektiven, naturimmanenten, also ontischen Status.
Wer also sich gerne auf das esoterisch anmutende Diktum beruft, es gäbe keine Zufälle, wird hier widerlegt. Ein strenger Determinismus, wie
er bis zu Beginn des 20. Jahrhunderts im mechanistischen Weltbild vorherrschte, aber ebenso auch in esoterischen Systemen (wie beispielsweise
bei Nostradamus oder in der Astrologie) vorausgesetzt werden muss, ist
somit negiert. Auch die Prophetie und Hellseherei muss von einer deterministisch festgesetzten Zukunft ausgehen.[113]

Heisenbergsche Unschärferelation „eine fundamentale, unausweichliche Eigenschaft" darstellt. Hawking, Stephen: Eine kurze Geschichte der Zeit 1988, S. 77.

[113]   Davon abgesehen ist die Frage, ob bei so schwammigen Weissagungen, die der
Interpretation so viel Raum geben, dass von jeder Weissagung auch das Gegenteil
von anderen Interpreten herausgelesen werden kann, überhaupt von seriösen Vorhersagen die Rede sein darf, wie man sie in wissenschaftlichen Systemen, z. B. in
der Theoretischen Physik, erwartet. Jede Seriosität beanspruchende Theorie sollte
auch in der Lage sein, anzugeben, unter welchen Umständen sie eingesteht, falsch
zu sein. Bedenkt man, dass das angeblich auch von Nostradamus vorhergesagte
Weltende im Jahre 2000 nicht eingetreten ist, so müsste jeder Anhänger seiner Lehre, wenn er einen Funken intellektueller Redlichkeit in sich trägt, sich dieser geläu-
tert entgegenstellen.

Die weitreichenden philosophischen Konsequenzen der Etablierung des Zufalls und der Unvorhersagbarkeit in der Physik bringen nun auch eine Infragestellung der Möglichkeit einer göttlichen Planung mit sich. Auch Einstein wollte diese essentielle Rolle des Zufalls nicht akzeptieren, wenngleich nicht (wie wir noch sehen werden) aus religiösen, sondern aus erkenntnistheoretischen und ontologischen Gründen. Er glaubte, dass die Eigenheiten der Quantenphysik darauf beruhen, dass sie noch unvollständig bzw. fehlerhaft war. Nicht die Natur war somit paradox, sondern wir verstehen sie nur noch nicht ausreichend, um eben jene paradoxen Konsequenzen der Quantenphysik zu vermeiden. Jedoch stimmt die Quantenmechanik vollkommen mit den experimentellen Daten überein und hat sich bis heute bis hinein in die Alltagstechnologie, z. B. für elektronische Geräte, Supraleiter usw. gut bewährt. Selbst für die Chemie und die Biologie bildet sie die Grundlage.

Zu den schon genannten Schwierigkeiten der Quantenzustände kommt aber noch eine weitere hinzu, welche die Einwirkung der Messgeräte auf die Beobachtung und auf das Beobachtungsresultat betrifft. Denn das Problem ist, dass die klassische Welt der Messgeräte vorausgesetzt wird und als notwendiger Interpretationsrahmen für die aber völlig „unklassische" Quantentheorie dient. Der Beobachter soll dabei nach subjektivistischer Auffassung eine wesentliche, den ontischen unentschiedenen Status der Zustände in die eine oder andere Richtung beeinflussende Rolle spielen. Dieser Aspekt, ob der Beobachter alleine durch seine Beobachtung wirklich Einfluss auf die eigentlich unentschiedenen Zustände oder Abläufe nimmt und sie dadurch in einen bestimmten Zustand „zwingt", ist unter Wissenschaftlern und Naturphilosophen allerdings höchst umstritten. Denn es ist in der Tat möglich, dass es – wie Einstein meinte – noch verborgene, von der Wissenschaft noch unentdeckte Parameter gibt, die es wahrscheinlich machen, dass es sehr wohl eine vom Beobachter unabhängige Determiniertheit der Quantenprozesse geben kann und dass die auf der Ebene der klassischen Physik geltenden Entitäten wie Kausalität oder Determiniertheit auch für diese mikrokosmische Ebene angenommen werden können, wenn auch von mechanischen Vorstellungen dabei Abschied genommen werden muss. Die Quantentheorie wäre demnach eine noch unvollkommene Theorie, was Bohr, Heisenberg und der an sich mit der Beobachtung übereinstimmenden Kopenhagener Deutung bzw. Schule der Quantenmechanik widersprechen würde.[114] Es gibt also Versuche, eine Quantentheorie zu

---

[114] Für die Kopenhagener Schule lassen sich für die Quantenwelt nicht so einfach Modelle herstellen wie für die klassische Physik, da ihr Erscheinungsbild von den Bedingungen der Beobachtungen abhängt. So verhält sich das Elektron einmal wie ein Teilchen und ein anderes Mal wie eine Welle. Demnach handelt die moderne Physik nach Bohr nicht von der Wirklichkeit als solcher, sondern davon, was wir über die Wirklichkeit sagen können. Einige Wissenschaftler gehen sogar so weit, dass sie

entwickeln, die sich in erkenntnistheoretischer Hinsicht den klassischen Theorien mehr nähert als die gegenwärtig etablierten Theorien. Einen solchen realistischen und gegen den Subjektivismus innerhalb der Naturphilosophie vorgetragenen Standpunkt vertritt Bernulf Kanitscheider. Er macht hierfür die aus der eben besprochenen Heisenbergschen Unschärferelation hervorgehende Nullpunktenergie geltend. Aufgrund dieses Phänomens wissen wir, dass Impuls und Ort nicht völlig eingefroren werden können, da wir ansonsten exakte und scharfe Werte über p (Impuls) und q (Ort) vorliegen hätten. Also können sich demnach schwingungsfähige Systeme wie Moleküle und Kristalle nicht im völligen Zustand der Ruhe befinden. Selbst wenn also der absolute Nullpunkt zu erreichen wäre, besäßen diese Systeme immer noch eine gewisse Energie. Und genau diese Nullpunktenergie hat nach Kanitscheider einen völlig objektiven Zustand – nämlich auch in einem Universum, in dem es keine Beobachter gibt, welche dies durch Beobachtung eventuell beeinflussen könnten. Der Heisenberg-Relation entsprechend findet also selbst bei 0 K noch eine gewisse Bewegung der Teilchen statt. Durch diese Nullpunktschwankung kommt die permanente Aktivität der Materie zum Ausdruck. Diese wenn man so will in einem natürlichen Sinne schöpferische Kraft ist ein wesentliches Moment, um verstehen zu können, wie sich Materie selbst organisieren kann. Man benötigt aus wissenschaftlicher Sicht gar keine „spirituellen Agenzien", um das Entstehen, Wachsen und Aufrechterhalten von Ordnung zu verstehen, da die modernen Selbstorganisationstheorien unter alleiniger Verwendung der bekannten physikalischen Felder und Wechselwirkungen diese Eigenschaften zu erklären vermögen.[115]

---

die Quantenphänomene mit dem Bewusstsein des Beobachters in Verbindung bringen. Diese subjektivistische Deutung wird jedoch von den meisten Forschern, u. a. von Bohr und Heisenberg, abgelehnt. Vgl. Kanitscheider, Bernulf: Im Innern der Natur , 1996, S. 100.

[115]   Albert Einstein konnte nicht akzeptieren, dass der Begriff „objektive Wirklichkeit" quasi keinen Sinn mehr ergibt, da die Ereignisse durch den Beobachter bzw. durch die Beobachtung allem Anscheine nach beeinflusst werden und somit subjektabhängig wären. Er glaubte der Heisenbergschen Unschärfetheorie zum Trotz daran, dass sich beim Atom, wenn es sich hierbei um eine unabhängige Größe handelt, Ort und eine gewisse Bewegung gleichzeitig messen lassen müssten. Zusammen mit Boris Podolsky und Nathan Rosen veröffentlichte Einstein 1935 eine Arbeit, in der sie die Meinung vertreten, die Quantenmechanik müsse in ihrer Beschreibung der Wirklichkeit „unvollständig" sein. Dies veranschaulichten sie in ihrem berühmten EPR-Paradoxon (Einstein, Podolsky und Rosen). Demnach müssen sich Quantensysteme, etwa solche, die aus zwei Teilchen bestehen, so präparieren lassen, dass das Ergebnis einer Messung an einem Teilchen das Ergebnis einer Messung am zweiten festlegt bzw. determiniert wird. Dies kann auch dann der Fall sein, wenn die Teilchen im Raum so weit voneinander entfernt sind, dass eine Verständigung zwischen ihnen vor dem zweiten Messvorgang nur mit einem Signal erfolgen könnte, das schneller ist als die Lichtgeschwindigkeit. Dann aber müsste es zwi-

Wie weit philosophische Spekulationen über die quantenphysikalischen Konsequenzen hinaus gedeihen können, sieht man an den Überlegungen des US-amerikanischen Physikers John A. Wheeler. Durch Einsetzen oder Weglassen eines Spiegels im Strahlungsaufspaltungsexperiment können wir in die Vergangenheit eines Photons eingreifen. Anders ausgedrückt: Wir bestimmen, was das Photon in der Vergangenheit – selbst wenn diese Milliarden von Jahren vor dem Beobachter liegt – getan haben wird. In Wirklichkeit, so Wheeler, ist es sinnlos, von einem Phänomen zu reden, ehe es durch den irreversiblen Akt der Verstärkung, nämlich der Beobachtung, zum Abschluss gebracht wurde. „Ein elementares Phänomen ist kein Phänomen, ehe es nicht ein registriertes (beobachtetes) Phänomen geworden ist."[116] Demnach wäre es auch falsch, die Vergangenheit als etwas anzusehen, was in jeder Einzelheit bereits geschehen ist, vielmehr wird sie zu einem theoretischen Konstrukt, sie existiert zumindest auf der Quantenebene und für Wheeler nur im Sinne der Berichte der Gegenwart. Was wir rechtens über die vergangenen Ereignisse der Raumzeit sagen können, wird durch die Wahl der auszuführenden Messung hier und jetzt entschieden. „Die Alltagsauffassung, dass die Welt eine von uns unabhängige Existenz besitzt, lässt sich nicht länger aufrechterhalten. In einem gewissen Sinne ist die Welt ein Universum der Teilhabe."[117] Die Vergangenheit wird somit eine theoretische Konstruktion des Beobachters, indem sie nur im Sinne der Berichte der Gegenwart existiert. Der Beitrag der Messinstrumente hat einen wesentlichen Anteil daran, das hervorzubringen, was unserem Eindruck gemäß längst geschehen ist. Die anthropozentrische Konsequenz aus der Quantenphysik wäre demnach, dass die Welt keine von uns unabhängige Existenz besitzt. So haben für Wheeler dann auch die

---

schen den Teilchen eine lokale „spukhafte Fernwirkung" geben. Zahlreiche Versuche – besonders das Experiment von 1982 an der Universität Paris unter Leitung von Alain Aspect – bestätigen aber, dass die Unbestimmtheit der Mikrowelt tatsächlich ein ihr immanentes Prinzip ist. „Ereignisse ohne Ursachen, ‚Geisterbilder', Wirklichkeit, die erst durch die Beobachtung ausgelöst wird – all das muss nach den Versuchsergebnissen offenbar angenommen werden." (Davies, Paul, 1986, S. 143). Entgegen Einstein gelten somit im subatomaren Bereich die klassischen bzw. mechanischen Grundgesetze sowie die der Kausalität nicht mehr. Die Unbestimmtheit ist eine fundamentale Eigenschaft der Quantentheorie, die unauflöslich verbunden ist mit der Unvorhersagbarkeit eines Ereignisses. Unser Mond ist freilich auch dann noch existent, wenn wir ihn nicht beobachten. Aber anscheinend gibt es – zumindest im atomaren und subatomaren Bereich – eine Wirklichkeit, die sich nicht immer in Dingen zeigt, welche solche Eigenschaften wie Ort und Masse besitzen. Über den Bereich spezieller Messungen mit Atomuhren und Photonenzählern hinaus besitzen diese Parameter keine genau definierbare Bedeutung mehr.

[116]   Zitiert nach Linhard, Frank: Experimente zur Beeinflussung der Vergangenheit, in: Saltzer, Walter: Die Erfindung des Universums, 1997, S. 199.

[117]   Saltzer, Walter: a.a.O., 1997, S. 199f.

Bausteine der Welt einen immateriellen Ursprung, woraus er folgert, dass die Realität eine informationstheoretische Quelle besitzt und durch die bewusste Teilnahme eines Beobachters bestimmt ist. Folglich ist die Beobachterteilnahme also nicht nur selektiv, sondern darüber hinaus auch noch konstitutiv. Leben, Bewusstsein und Bedeutung haben nicht nur eine periphere und akzidentielle Bedeutung innerhalb des Kosmos, sondern eine zentrale, indem es nur durch ihre Tätigkeit überhaupt möglich ist, die Realität zu erzeugen. Die Realität entsteht aus dem Resultat von Ja-Nein-Fragen (sogenannten bits) eines aktiven Beobachters und besitzt somit auch einen immateriellen bzw. rein geistigen Ursprung. Wheelers subjektivistisches Theorem stellt somit auch einen Spezialfall des sogenannten anthropischen Prinzips[118] dar, dem zufolge die Beobachter geradezu notwendig sind, damit das Universum entstehen kann. Allerdings besitzt diese spekulative subjektivistische Weltdeutung einen entscheidenden Haken. Wenn nicht alles falsch ist, was uns die Wissenschaften über die evolutive Entstehung unseres Universums bis hin zur Entstehung von Leben und Bewusstsein sehr plausibel und widerspruchsfrei aufzeigen können, dann hat es bereits eine sehr lange Zeit gegeben und gebraucht, bis eben erst jene bewusstseinsfähigen Subjekte entstanden sind, die laut Wheeler erst die Realität erzeugen. Kurz: Wenn der evolutive Ansatz wenigstens prinzipiell richtig ist, woran es keinen Zweifel mehr geben kann, dann bringen nicht die Subjekte die Wirklichkeit hervor und entscheiden darüber, welches Aussehen diese besitzt, sondern die Wirklichkeit hat Jahrmilliarden gebraucht, um bewusstseinsfähige und rationale Subjekte hervorzubringen, die jetzt vermessen genug sind, sich als Mittelpunkt und Kreatoren des Seins zu fühlen.

Wir stellen nicht die – für unsre an mesokosmische Dimensionen angepassten Menschengehirne unanschaulichen und paradoxen – quantenphysikalischen Phänomene infrage, aber sehr wohl so manche daraus resultierenden metaphysischen Höhenflüge. Hierzu gehört auch das in der Quantenphysik gegebene Phänomen der Verschränkung von Beobachter und Beobachtetem, welches ebenfalls zu unterschiedlichen Spekulationen zwischen Subjektivisten und Objektivisten über die Beschaffenheit des Kosmos Anlass gegeben hat. Der Hintergrund ist der, dass auf quantenphysikalischer Ebene die bis dahin selbstverständliche Unterscheidung von Subjekt und Objekt, von Ursache und Wirkung zu verschwimmen droht und somit zu einem holistischen Ansatz der Wirklichkeitserklärung führt. Es besteht die Möglichkeit, dass die Welt nicht aus geteilten und autonom existierenden Bestandteilen besteht, sondern

---

[118]   Das anthropische Prinzip geht davon aus, dass die zahlreichen Zufälle und zahlenmäßigen Verhältnisse, die notwendig für die Entstehung des Lebens sind, deshalb so exakt strukturiert sind, damit Leben und Bewusstsein möglich ist.

als ungeteilte Ganzheit existiert, bei welcher der Beobachter und dessen Instrumentarium nicht von dem zu beobachtenden Objekt zu trennen ist, sondern vielmehr in diese Realität eingebunden ist. „Die übliche Teilung der Welt in Subjekt und Objekt, Innenwelt und Außenwelt, Körper und Seele ist nicht mehr angemessen."[119] Auf mesokosmische Verhältnisse hat dieses Paradoxon Erwin Schrödinger übertragen, der damit die Paradoxien der Quantenmechanik darlegen wollte. Gemäß dem Mischzustand der Realität würde eine Katze, die sich in einem Raum zusammen mit einem Behälter von Zyankali befindet, dessen Inhalt durch einen Mechanismus freigesetzt werden könnte, der von einem Quantenprozess mit der Möglichkeit von 1:1 abhängt, in einem merkwürdig schizophrenen, sich überlagernden Mischzustand von tot und lebendig befinden. Erst die Beobachtung würde demnach eine Entscheidung in die eine oder andere Richtung herbeiführen. Für eine subjektivistische Deutung wäre die Konsequenz aus diesem Gedankenexperiment, dass es einen merkwürdigen Dualismus von Geist und Materie gibt, nach dem der Geist (durch die Beobachtung) die Wirklichkeit beeinflusst. Geht man noch einen Schritt in dieser Richtung weiter, wie dies auch der von parallel existierenden Universen ausgehende Physiker Hugh Everett tut, dann wären analog zu Schrödingers Katze sogar mehrere sich in ihren Zuständen überschneidende Universen denkbar. Aber welcher Beobachter löst diesen unbestimmten Zustand in einen real existierenden bestimmten Zustand auf? Um dies an dem Katzenexperiment zu veranschaulichen, würde dies bedeuten, dass es für zwei Beobachter sowohl eine lebendige als auch eine tote Katze gibt. Beide Welten, die mit der toten und die mit der lebendigen Katze, sind gleichermaßen wirklich. Alle möglichen Quantenwelten sind von gleicher Wirklichkeit und existieren demnach parallel nebeneinander. Und um diese Überlegungen noch abenteuerlicher zu machen: Geht man folgerichtig und weiter davon aus, dass jeder einzelne Quantenübergang in diesem Universum eine Spaltung der Welt verursacht, so ergibt sich sogar eine unendliche Aufspaltung immer neuer Welten mit einer unendlichen Vielzahl von Wirklichkeiten bzw. Universen, bei denen alles geschieht, was nur denkmöglich ist. Nur ein theoretisches Konstrukt oder Wirklichkeit?

Heute herrscht ein breiter Konsens darüber, dass sich die Quantentheorie, die einst aus dem Wunsch heraus entstand, Erscheinungen auf atomaren Niveau durch physikalische Theorien zu verstehen, in dieser Hinsicht auch im subatomaren Bereich bewährt hat, so dass man durchaus von einer „Universalität der Quantentheorie"[120] sprechen könnte. Sie ist beispielsweise in der Lage, Streuexperimente mit Elementarteilchen

---

[119]   Heisenberg, Werner, zitiert in: Davies, Paul: Gott und die moderne Physik, 1986, S. 150.

[120]   Saltzer, Walter: Die Erfindung des Universums, 1997, S. 98.

genauso zu erklären wie die Stabilität von sogenannten Weißen Zwer-
gen, also sich in ihrer Entwicklung im Endstadium befindlichen relativ
massearmen Sternen. Noch nie hat wohl jemand eine kohärente Überlagerung eines Staubkornes an zwei verschiedenen Orten beobachtet, da
makroskopische Objekte immer lokal bestimmbar sind.[121] Von philosophisch ganz zentraler Bedeutung bei all diesen quantenkosmologischen
Überlegungen ist dabei die Frage, wie weit die auf mikrokosmischer
Ebene allenthalben anerkannte Gültigkeit der Quantenphänomene überhaupt auf die meso- und makrokosmische Ebene übertragbar ist. Und
wo genau ist die Schnittstelle zwischen den beiden Ebenen der Quantenwelt und der klassischen Welt? Und welche Funktion käme Gott als
Schöpfer der Welt noch zu, wenn die Beobachter selbst die Realitäten,
sogar die vergangenen Ereignisse, selbst durch die Beobachtung erschaffen?

Man muss sich der Tragweite des subjektivistischen Standpunktes bewusst sein, bevor man mit diesem sympathisiert. Demnach gibt es – wie
gesehen – eine Art rückwärts gewandte Kausalität vom Standpunkt des
Beobachters aus. Eine objektive Evolution des Universums ist somit fraglich, da es sich nicht mehr von sich aus quasi eigengesetzlich, sondern in
einem eingeschränkten Rahmen entwickelt, der durch die Existenz des
Beobachters eingeschränkt ist. Aber es erscheint mehr als fraglich, ob
man das begrenzte Bewusstsein des Menschen gleichsetzen darf mit einem völlig unbewiesenen „Bewusstsein" des gesamten Universums.
Dabei wird vom subjektivistischen Standpunkt aus die Autarkie, die
Unabhängigkeit, des Universums vernachlässigt und die Rolle von Chaos und Indeterminismus unterschätzt, die ebenso gut hätten vollkommen andere Voraussetzungen schaffen können für ein Leben, das von
unserem vollkommen unterschiedlich ist. Es ist nicht auszuschließen,
dass es weitere Beobachter des Universums gibt, die aufgrund ihrer
vollkommen andersartigen intelligiblen und sinnlichen Voraussetzungen zu vollkommen anderen Beobachtungsresultaten kommen. Und
dennoch leben sie im gleichen Universum, das sich allem Anschein nach
in seinem meso- und makrokosmischen Zustand nicht um die unterschiedlichen Einschätzungen seiner zahlreichen Beobachter in den zahl-
losen Sonnensystemen und Galaxien kümmert. Mit der subjektivistischen Sichtweise wird zudem ein anmaßend anmutender anthropozent-

---

[121]   Einstein versuchte die unabhängige Existenz getrennter Raumgebiete, also die
        Separierbarkeit, zu beweisen, da er an einer lokalen Kausalität festhalten wollte,
        weil er diese für seine einheitliche Feldtheorie brauchte. Schrödinger hingegen fa-
        vorisierte die Nichtindividualisierbarkeit der Quantenobjekte, die jeglicher Alltags-
        erfahrung zu widersprechen scheint, da alles, was wir aus unserer Umgebung ken-
        nen, aus getrennten, individuellen und unabhängigen Orten besteht.

rischer Standpunkt eingenommen, der, wie der religiöse Theismus, die Rolle des Menschen – in diesem Fall als Beobachter und Konstrukteur des Universums – womöglich völlig überschätzt.

Leben und Bewusstsein sind – so der momentane wissenschaftliche Kenntnisstand, gegen den auch in Zukunft zumindest nichts Prinzipielles zu sprechen scheint (ganz im Gegenteil) – Produkt einer Selbstorganisation eines ursprünglich rein materiellen heißen Universums, das erst die Voraussetzung für Beobachter darstellt. Folglich scheint es sich entgegen der dargelegten subjektivistischen Deutung Wheelers genau umgekehrt zu verhalten: Nicht der Beobachter ist die Ursache für einen bestimmten Zustand des Universums, sondern das Universum ist Ursache für die Existenz des Beobachters.

Ein ganz anderes Modell, welches dieser sich aus der Quantenphysik ableitenden subjektivistischen Deutung entgegensteht, stammt von dem bekannten russischen Kosmologen Andrei Linde. Er ist ein Vertreter der unter Kosmologen ernsthaft diskutierten Vielwelthypothese. Aufgrund der noch zu erörternden exorbitanten zufälligen Koinzidenzen, die eintreten mussten, um ein Universum entstehen zu lassen, welches Leben und Bewusstsein hervorzubringen vermag, wird von den Vertreter der Vielwelthypothese davon ausgegangen, dass es eine sehr hohe Anzahl an „Fehlversuchen", also an lebensfeindlichen Universen geben muss. Die Annahme hierbei ist die, dass nicht nur ein Universum, sondern ein Multiversum existiert. Dass wir Menschen nun gerade in einem solchen, uns von so vielen für unsere Existenz unglaublich erscheinenden Zufällen durchsetzten Universum existieren, ist dabei aber kein Wunder, das notgedrungen nur mit einer höheren Intelligenz zu erklären wäre, sondern resultiert aus der Tatsache, dass eben gerade jenes Universum von seiner Anlage her (also aufgrund bestimmter Grundzustände und Naturkonstanten) genau die Möglichkeiten in sich birgt, Leben und Beobachter hervorzubringen, die sich dann auch tatsächlich darüber wundern, dass es ein Universum geben kann, welches diese unglaublichen Zufälle und Voraussetzungen für die Möglichkeit ihrer Existenz in sich birgt. Dieses kosmologische Modell eines Multiversums basiert dabei auf seriösen wissenschaftlichen Überlegungen und ist keinesfalls utopischer als beispielsweise die Schöpfungstheorie. In Anbetracht dessen, dass es eine unendliche Vielzahl von ganz unterschiedlich beschaffenen Universen geben könnte, erscheinen die vielen so unwahrscheinlich anmutenden zufälligen Koinzidenzen als nun sogar sehr wahrscheinlich, um „irgendwann" und „irgendwo" Beobachter hervorzubringen. Hier haben wir es also mit einer Einschätzung zu tun, die davon ausgeht, dass der Beobachter oder das Subjekt nicht konstitutiv für das Universum sind, sondern eher dessen natürlich erklärbares Produkt darstellen, welches innerhalb der zeitlich und örtlich gigantischen Dimensionen dieses Uni- oder Multiversums eine nur marginale und temporäre Rolle spielt. Im Gegensatz zum starken anthropischen Prinzip, das behauptet, dass die zahlreichen Universen nur dazu da sind, um in einem davon durch Zufall die Bedingungen des Lebens hervorzubringen, ist für Linde der lediglich zufällig entstandene Beobachter irrelevant für die Existenz des Universums. Er wird entstehen und vergehen, ohne dass das Universum groß davon Notiz nehmen wird.

Auch das bereits erwähnte inflationäre Modell des Urknalls ist ein Theorem, das ohne übernatürliche Feinbestimmungen auskommt. Egal wie die Anfangsbedingungen auch im Einzelnen waren, nach etwa 10^{-35} Sekunden setzte eine inflatorische Phase ein, in der das Universum in einem Sekundenbruchteil um das 10^{30}-Fache anwuchs und somit alle möglichen unterschiedlichen Anfangsbedingungen quasi nivelliert hätte. Diese erweiterte Urknall-Theorie wird heute von vielen Kosmologen favorisiert, ohne damit anthropische Konnotationen zu verknüpfen. Die Vorteile dieses Modells bestehen u. a. darin, dass sich der glatte und einheitliche Zustand des Universums aus nicht nur einem ganz bestimmten Anfangszustand zu entwickeln braucht. Es erklärt ferner, warum verschiedene weit entfernte Regionen im Universum die gleichen Eigenschaften haben. In einem Universum, das in einer gewissen Zeit extrem beschleunigt worden ist, anstatt von der Gravitationskraft der Materie gebremst zu werden, hätte das Licht genügend Zeit gehabt, „um von einer Region des frühen Universums in die andere zu gelangen."[122] Auch die Ausdehnungsgeschwindigkeit des Universums, die knapp über dem kritischen Punkt eines durch die Gravitation bedingten kosmischen Kollapses liegt, lässt sich weiter durch diese Theorie begründen, „ohne dass man von der Annahme auszugehen hätte, die ursprüngliche Ausdehnungsgeschwindigkeit des Universums sei mit Bedacht gewählt worden."[123] Zwar kann auch mit den inflationären Modellen nicht jeder Anfangszustand zu dem heute beobachtbaren Universum führen, jedoch ist es dadurch, dass es ebenfalls keiner Annahme einer Feinabstimmung mehr bedarf, eine gute Alternative zu den anthropischen Begründungen, zumal die theoretischen und empirischen Daten in Übereinstimmung zu bringen sind und man weiter nach wissenschaftlichen Erklärungen suchen kann.

Leider hat sich Steven Hawkings Optimismus von 1988, wir stünden bezüglich einer Verbindung der Relativitäts- mit der Quantentheorie „jetzt wirklich kurz vor dem Abschluss der Suche nach den letzten Gesetzen der Natur",[124] bis jetzt noch nicht erfüllt. An eine prinzipielle

---

[122] Hawking, Stephen: Eine kurze Geschichte der Zeit, 1988, S. 163.

[123] Hawking, Stephen: a.a.O., 1988, S. 164.

[124] Hawking, Stephen: a.a.O., 1988, S. 196. Hawking spricht auch im Zusammenhang mit der Hoffnung, dass die Stringtheorie eine Vereinheitlichung der physikalischen

Möglichkeit der Erklärung unseres Universums glaubt er allerdings fest: „Ich glaube, dass die Untersuchung des frühen Universums und die Forderung mathematischer Widerspruchsfreiheit gute Voraussetzungen dafür bieten, dass einige von uns noch eine vollständige einheitliche Theorie erleben werden..."[125] Aber zumindest werden durch die Inflationsidee und die Synthese von Kosmologie und Elementarteilchenphysik kausale Mechanismen ergründet, die die heute zu beobachtende Gleichförmigkeit und Flachheit des Universums erklären können. In der Tat ist aber noch keineswegs sicher, ob man die in der Quantenmechanik beobachteten subatomaren Phänomene auf den makrokosmischen Bereich überhaupt extrapolieren darf. Es ist unseres Wissens nach bis heute noch nicht endgültig geklärt, wie z. B. aus der reversiblen mikroskopischen Dynamik die makrokosmisch zu beobachtende Irreversibilität folgen kann. Wo ist die Schnittstelle und wie funktioniert sie? So erfolgreich auch die Quantentheorie immer wieder bestätigt wurde – man muss vorsichtig sein, was ihre Extrapolationen auf mesokosmische und makrokosmische Ebenen angeht. Hier handelt es sich zu einem guten Teil um Spekulation. Zudem ist sie nicht die einzige fundamentale Theorie der Physik, da auch die Allgemeine Relativitätstheorie an der Beschreibung der Realität zu berücksichtigen ist, besonders dort, wo große gravitative Kräfte wirken. Beide Theorien, die Quantenmechanik und die Relativitätstheorie, werden im Projekt der Quantengravitation zu verschmelzen versucht. Vorschläge, wie dabei die Superpositionen (die Überlagerung der quantenmechanischen Zustände) unabhängig von einem Beobachter stattfinden, also quasi auf einen objektiven physikalischen Prozess zurückgeführt werden können, werden z. B. von Roger Penrose gemacht.

Die Emergenz (das Auftreten neuer Qualitäten) im Rahmen der kosmischen Evolution lässt sich ebenfalls als Symmetriebrechung im Sinne einer Änderung von Gleichgewichtszuständen („Phasenübergänge") deuten. „Interpretiert man das Universum selbst als gigantisches Hochenergielaboratorium, so können auch die Entwicklungsphasen des Universums in einer physikalischen Kosmogonie erklärt werden. Eine einheitliche Quantenfeldtheorie aller vier Grundkräfte liefert nämlich die physikalische Grundlage, um den heutigen Zustand des Universums als Folge von Symmetriebrechungen aus einem einheitlichen Urzustand zu erklären. Neuere Ergebnisse der Elementarteilchenphysik haben gezeigt, dass die Vereinheitlichung dieser vier Grundkräfte von der Energie abhängig ist. Bei Energien ab etwa 100 GeV (1 GeV = 1 Milliarde Elektro-

---

Theorien ermöglicht, davon, dass „in den nächsten Jahren Antworten auf diese Fragen zu erwarten" sind, „so dass wir wohl am Ende des Jahrhunderts wissen werden, ob die Stringtheorie tatsächlich die langgesuchte einheitliche Theorie der Physik ist." Bis jetzt (2015) aber ist diese Frage noch offen.

[125]   Hawking, Stephen: a.a.O., 1988, S. 216.

nenvolt) gehen die sonst unterschiedliche schwache Wechselwirkung und die elektromagnetische Wechselwirkung in eine einzige über. Bei 1014 GeV geht die elektroschwache mit der starken Wechselwirkung eine neue Wechselwirkung ein, die durch die GUT als „große unifizierte Theorie" beschrieben wird. Dieser zunächst kosmische (physikalische) Prozess der Symmetriebrechungen führte schließlich zu chemischen und biologischen Emergenzerscheinungen, die aber auch nur eine endliche kosmische Phase darstellen werden.

Auch daraus, dass es keine spezifisch chemischen oder biologischen Kräfte gibt, wie man letztes Jahrhundert noch z. B. im Vitalismus annahm, kann man ersehen, dass der wissenschaftliche Reduktionismus konkrete metaphysische bzw. esoterische Annahmen übernatürlicher Kräfte zu widerlegen weiß, da sich chemische und selbst biologische Systeme als durch elektromagnetische Wechselwirkung und Gravitation beeinflusst erweisen. Chemische Bindungen sind auf elektrische Kräfte, nämlich die elektromagnetische Wechselwirkung zwischen Atomkernen und Elektronen, zurückzuführen. Mainzer spricht von einer „universellen dissymetrischen Kraft in der Natur", bei der die „Paritätsverletzung der schwachen Wechselwirkung zeigt, dass eine subatomare gut bestätigte Symmetriebrechung sich auf den höheren Organisationsniveaus der atomaren, molekularen [hier schlägt die Biochemie die Brücke zwischen Chemie und Biologie, P.K.] und makro-molekularen Systeme fortsetzt und zu messbaren Wirkungen aufpotenziert". Somit ließen sich also auch die Biochemie und andere makroskopische Ordnungsmuster in eine Theorie der Abfolge von Symmetriebrechungen im Rahmen einer kosmologischen Evolution einreihen, wie sie auch aus Sicht der Quantentheorie für die kosmologische Entwicklung postuliert wird. Dabei liegen sogar „mathematische Evolutionsgleichungen für die Entwicklung der Biomoleküle vor, die unter experimentellen Laborbedingungen prüfbar und damit in hohem Maße wissenschaftlich sind. Sie betreffen gerade den Übergang von der unbelebten zur belebten Natur."[126] Die Symmetriebrechung spielt damit für die Entstehung neuer Strukturen eine wesentliche Rolle. Dies gilt nicht nur für die Entstehung des Universums, sondern ebenso für die spätere Entstehung chemischer und biologischer Systeme. Dies ist ein naturgesetzlicher Vorgang, mit dem sich sowohl die Entwicklung des Universums wie auch die des Lebens und des Geistes ohne Zuhilfenahme übernatürlicher Entitäten zureichend begründen lässt.

---

[126]   Mainzer, Klaus: Symmetriebrechung und Emergenz in der Kosmologie, in Saltzer, Walter: Die Erfindung des Universums, 1997, S. 87ff./94.

Anhänger des anthropischen Prinzips sehen in dem Zielzustand des Universums mit Lebewesen und neurologischen Verbindungen, auf deren Grundlage ein daraus resultierender Geist über das Universum zu reflektieren vermag, ein teleologisches Prinzip dieser Symmetriebrechungen. Es fällt aber auch auf, dass teleologische Annahmen in der Wissenschaftsgeschichte häufig ein Indiz für Erklärungsdefizite der Naturwissenschaften darstellten. So können beispielsweise die Symmetrieeigenschaften des Standardmodells durchaus mit profanen wissenschaftlichen und kausalen Begründungen durch die schnelle Expansion in der Frühphase des Universums ,wie es das Modell des inflationären Universums beschreibt, erklärt werden und bedürfen nicht nachträglich einer anthropozentrischen Zusatzhypothese eines „kosmischen Zielzustandes des (menschlichen) Bewusstseins"[127], auch dann nicht, wenn in der Tat für die Entstehung von Leben die zulässige „anthropische Variationsbreite"[128] nur sehr gering ist. Eine Reihe von Feinabstimmungen bildet die Voraussetzung für Leben und Bewusstsein. Alleine die lokalen (im Sinne eines umfassenden Universums) Bedingungen für die Möglichkeit des Entstehens von Leben und Bewusstsein sind beeindruckend: Ein Energie spendender Zentralkörper; die für die Entstehung von Jahreszeiten wichtige ekliptische Schieflage der Erdachse; die richtige Entfernung der Planeten zur Sonne mit nur geringer Exzentrizität, um keine zu hohen Temperaturschwankungen zu ermöglichen[129]; ein Magnetfeld, welches kosmische Strahlung abhält; eine Ozonschicht, die den UV-Anteil des Sonnenlichtes abhält. Die Expansionsgeschwindigkeit des Universums (bestimmt durch die Expansionskräfte des Weltalls und der entgegenwirkenden Gravitationskraft) war exakt so groß, dass die vorhandene erste Materie, welche aus einem Überschuss der Antimaterie hervorging, sich nicht durch die Ausdehnung verdünnte, sondern großräumige Materieakkumulation zuließ, was die Voraussetzung für die Herausbildung der Sterne, Planeten und somit der Galaxien war. Aufgrund geringfügiger Inhomogenitäten innerhalb des Vakuumzustandes 1 zum Vakuumzustand 2, wie er sich aus der Inflationstheorie ergibt, ist diese

---

[127] Mainzer, Klaus: Symmetriebrechung und Emergenz in der Kosmologie, in Saltzer, Walter, a.a.O., 1997, S. 96.

[128] Kanitscheider, Bernulf: Von der mechanistischen Welt zum kreativen Universum, 1993, S. 153.

[129] Man muss sich vergegenwärtigen, dass z. B. nur eine geringfügige Annäherung zur Sonne einen Temperaturanstieg zur Folge hätte, der den CO_2-Gehalt aus der Erdoberfläche freisetzen würde, der wiederum zu einem extremen Treibhauseffekt führte. Eine Kettenreaktion würde in Gang gesetzt werden, welche unseren Planeten zu einem ähnlich lebensfeindlichen Ort werden ließe, wie dies auf der Venus der Fall ist. Auch eine geringfügig größere Entfernung von der Sonne als die tatsächliche würde aufgrund des Albedoeffektes unseren Planeten in eine äußerst lebensfeindliche Eiswüste verwandeln.

kosmische Entwicklung von losen Partikelanhäufungen zu Sternen aber durchaus erklärbar. Eine weitere Voraussetzung ist die geringfügige Durchbrechung der Symmetrie bei der wechselseitigen Vernichtung von Materie und Antimaterie, ohne die zumindest das heute beobachtbare Leben nicht möglich gewesen wäre. Ein nächster darauf beruhender Schritt ist der, dass die nun entstandene Materie auch genau solche Eigenschaften aufweist, welche zu massiveren Gebilden wie Sonnen führt und welche Nukleosynthese und die Eigenschaft, komplexere Strukturen herauszubilden, überhaupt zulässt. Wäre die elektromagnetische Kraft nur um einen winzigen Bruchteil stärker oder schwächer ausgefallen, wäre eine Molekülbildung der Atome nicht möglich gewesen. Da Zellen wiederum sich aus Molekülen zusammensetzen, hätte somit auch kein Leben entstehen können. Die Massen der Materieteilchen (Elektron, Proton und Neutron) müssen exakt den vorhandenen Wert aufweisen, um Sonnen, Planeten und Lebewesen hervorbringen zu können.

An diese, durch naturwissenschaftliche Disziplinen hervorgebrachten Erkenntnisse knüpft nun die theologische Frage an, ob nicht die Vielzahl von verblüffenden Koinzidenzen, Naturkonstanten und Naturgesetzen das theistische Weltbild mit einem Schöpfergott nahelegt. Nur, wäre es nicht eine „betrübliche Entschließung", um mit Kant zu sprechen, wiederum voreilig aus einem gewissen Wissensdefizit, wie schon in vergangenen Jahrtausenden, auf supernaturale Entitäten zurückzugreifen, nur weil wir vorerst noch keine gesicherte Erklärung für diese in der Tat frappierenden Koinzidenzen besitzen? Und welche Meta-Intelligenz hätte dann den Schöpfer erschaffen? Wird mit der Schöpferhypothese nicht einfach nur das Problem auf eine andere, metaphysische Ebene verlagert, ohne letztlich irgendetwas erklärt zu haben? Jedenfalls gibt es, was die zu beobachtende und äußerst frappierende Feinabstimmung des Universums anbelangt, inzwischen plausible Erklärungsmöglichkeiten, die ohne die Zusatzhypothese eines transzendenten Weltenlenkers auszukommen vermögen. Eine davon ist die bereits besprochene Vielweltenhypothese mit der Annahme (unendlich) vieler Welten, mit der die in der Tat erstaunlichen Kontingenzen und Koinzidenzen unseres Universums eine mögliche und plausible Erklärung findet. Auch die heute von den meisten Kosmologen vertretene Inflationsidee ist nicht nur in der Lage, die Gleichförmigkeit und Flachheit unseres Universums aus einem möglicherweise chaotischen Anfangszustand des Universums zu erklären, sondern sie ist darüber hinaus auch noch kompatibel mit eben dieser Vielweltenhypothese. Die Vielweltenhypothese ist, um es eher bescheiden auszudrücken, zumindest nicht unwahrscheinlicher als jede andere metaphysische Hypothese, welche auf eine außerphysikalische Entität zurückgreifen muss und somit einen methodisch wie explikatorisch fragwürdigen Bruch zwischen einer natürlichen Welterklärung und einer übernatürlichen göttlichen Erklärungsebene darstellt. Darüber hinaus ist sie, was ein großer Vorteil gegenüber transzendente Entitäten hierfür postulierenden Systemen darstellt, grundsätzlich überprüfbar, wenn auch – bis heute zumindest – noch nicht bewiesen. Wer dennoch nicht vom Gottesbegriff lassen möchte, kann sich diesen ja als reine Intelligenz oder als reine Energie vorstellen, nur muss man sich dann darüber im Klaren sein, dass diese Art von Gott nichts mehr mit jenem archaisch-theistisch gedachten Gott der überlieferten Heiligen Bücher zu tun hat. Generell wäre auch zu fragen, ob mit einer solch gewagten und höchst spekulativen Anpassung des Gottesbegriffs an moderne kosmologische Erkenntnisse der Begriff „Gott" nicht völlig obsolet geworden ist.

1.3 Die Relativitätstheorie

Die von Albert Einstein aufgestellte Relativitätstheorie wird in eine spezielle (1905) und in eine allgemeine (1915) unterteilt. Sie befasst sich im Gegensatz zur Quantentheorie nicht mit den Phänomenen auf mikrokosmischer, sondern mit solchen auf makrokosmischer Ebene. Allerdings besteht ein Zusammenhang zwischen beiden doch so unterschiedlichen Bereichen. Eine Vereinigung der beiden momentan noch inkompatiblen Wissenschaften wird deshalb angestrebt, weil man davon ausgeht, dem Verständnis über das Universum und seiner Geschichte damit einen entscheidenden Schritt näher zu kommen. Trotz immer wieder versuchter Widerlegungen konnte sich die Relativitätstheorie bis heute gut behaupten. Zeitdilatation, Längenkontraktion, Äquivalenz von Masse und Energie und vieles mehr sind gut bestätigte Konsequenzen der Relativitätstheorie. Gerade letztere, faszinierend einfach ausgedrückt in der Formel $E = mc^2$, kann mit Kernspaltung und Kernverschmelzung beobachtet werden. Die relativistische Zunahme der Masse ist dabei ebenfalls empirisch bestätigt. Nach der klassischen Physik müssten Elektronen, die man mit 20,5 Milliarden Volt beschleunigt das 283-Fache der Lichtgeschwindigkeit c (299.792,458 Kilometer in der Sekunde) erreichen. Tatsächlich aber sind sie um 0,15 Meter/Sekunde langsamer als das Licht. Dies hängt mit dem Umstand zusammen, dass ein Objekt, je schneller es sich bewegt, auch umso mehr Energie für seine ebenfalls zunehmende Masse benötigt. Masseteilchen können somit keine Lichtgeschwindigkeit erreichen, weil es dazu einer unendlichen Energie bedurfte. Im Gegensatz zur klassischen Vorstellung der Masse wird diese in der relativistischen Theorie in der Nähe einer Geschwindigkeit $v = c$ so groß, dass der Körper unter Anwendung noch so hoher Kräfte keine weitere Beschleunigung mehr erfährt. Nur das Licht (massefreien Photonen) oder andere Wellen, die keine intrinsische Masse haben, sind in der Lage, diese Geschwindigkeit zu erreichen. Aufgrund dieser Überlegungen wird auch zwischen Ruhemasse und dynamischer Masse unterschieden.

Man muss sich vergegenwärtigen, dass die Konsequenzen aus der Tatsache, dass Geschwindigkeit nicht beliebig erreicht werden kann auch für religiöse Überlegungen nicht unbedeutend sind. So stellt sich hier die Frage, wie ein transzendenter und theistisch gedachter Gott – der unermesslich weit, vielleicht „außerhalb" des Universums existierend – spontan, d. h. ohne Zeitverlust, ins Weltgeschehen eingreifen könnte. Unterliegt auch er der Logik und den Naturgesetzen, so würde die Erfüllung von Gebeten, bis sie zu ihm durchgedrungen wären und dann wiederum eine von ihm ausgehende Einflussnahme in Richtung Erde vollzogen wäre, angesichts des enormen Durchmessers unseres Universums Milliarden von Lichtjahren dauern – ein schwerwiegender naturwissenschaftlicher Einwand gegen theistische Vorstellung eines ins Weltgeschehen eingreifenden Gottes.

Den Ausgangspunkt der Speziellen Relativitätstheorie bildet das Prinzip der Relativität der Geschwindigkeit. Geradlinige und gleichförmig gegeneinander bewegte Bezugssysteme sind demnach physikalisch gleichwertig, d. h. die Gesetze der Physik müssen so formuliert werden, dass sie von der Wahl der physikalisch gleichberechtigten Bezugssysteme unabhängig sind. Dabei ging Einstein von der universellen Gültigkeit der Relativität der Geschwindigkeit aus. Dies hat zur Konsequenz, dass eine Abfolge von Ereignissen von dem jeweiligen Bezugssystem abhängig ist, von denen aber keines in irgendeiner Weise ausgezeichnet ist. Somit gibt es keine Absolutbewegung, sondern alle Bewegungen, die relativ zu einem absoluten Raum sind, und alle Inertialsysteme (Bezugssysteme, in denen das Trägheitsgesetz gilt) sind gleichberechtigt. Die Lichtausbreitung beträgt unabhängig von der Bewegungsrichtung und der Geschwindigkeit des Inertialsystems immer knapp 300.000 km/s in allen Richtungen. Mit diesem Umstand hängt auch die Systemabhängigkeit der Zeit zusammen. Alle sich relativ zueinander bewegenden Systeme besitzen jeweils eigene Zeiten, die aber ineinander umrechenbar sind. Die Systemzeiten sind somit objektiv, relativ und gleichberechtigt real.

Eine der wichtigsten Erkenntnisse aus der Speziellen Relativitätstheorie ist die Tatsache, dass träge Masse oder Materie latente Energie ist. Die Trägheit ist vom Energiegehalt eines Körpers abhängig. Führt man diesem Energie zu, so erhöht sich somit auch seine Masse um E/c^2. Masse und Energie sind also korrelative Eigenschaften, weshalb man auch in der Relativitätstheorie von Masseenergie spricht. Der Arbeitsbereich dieses Feldes, in dem sich Masse in Energie und umgekehrt umwandeln lässt, ist jener der Hochenergiephysik. Durch das unter hohem Energieaufwand betriebene Beschießen von Teilchen lässt sich die Theorie auch in der Praxis beobachten. Ein Teil der kinetischen Energie der aufschlagenden Teilchengeschosse verwandelt sich in Masse, zu neuen Teilchensorten. Hier vollzieht sich der Übergang der Relativitätstheorie zum mikrokosmischen Forschungsfeld, wie dies 1928 von Paul Dirac mit der Verbindung von Quantenmechanik und Spezieller Relativitätstheorie zur relativistischen Quantenmechanik geleistet wurde. Bei der Erzeugung von Materie entsteht neben dem Teilchen auch immer sein Antiteilchen, also beispielsweise zum Elektron das Proton, womit auch die Erhaltung der elektrischen Ladung gegeben ist. Bei der Umwandlung dieser Materiepaare in Photonen und umgekehrt liegt die experimentelle Bestätigung der Einsteinschen Formel vor, die die Äquivalenz von Masse und Energie ausdrückt. Ein beobachtbares, in der Natur vorkommendes Phänomen dieser Äquivalenz ist die Strahlungsenergie, welche die Sterne abgeben, wobei sie auch Masse verlieren. Im Falle unserer Sonne beträgt der Masseverlust unter Berücksichtigung der Einsteinformel 4,4 Millionen Tonnen/Sekunde.[130]

Die Allgemeine Relativitätstheorie geht insofern über die Spezielle hinaus, als hier die Gravitationskraft mit einbezogen wird. Damit wird berücksichtigt, dass die das Gravitationsfeld erzeugende Materie auch die Struktur des Raumes bestimmt. An die Stelle des Newtonschen Gravitationsgesetzes treten dabei die Feldgleichungen. Da sich die Raumstruktur infolge der physikalischen Prozesse somit ständig ändert, existieren im gekrümmten Raum auch keine über den gesamten Raum ausgedehnten starren Bezugssysteme. Der Materieinhalt des Raumes bestimmt quasi dessen Geometrie, was eine Überwindung der euklidischen Geometrie bedeutet.

Der psychologische Widerstand, der sich dabei gegen eine Theorie erhebt, die über diese räumlichen Aspekte hinausgehend auch noch die Absolutheit der Zeit negiert, ist verständlich, denn unser Alltagswissen ist eine phylogenetische Kumulation aus Jahrmillionen dauernder Anpassung an ganz spezifische Umweltbedingungen im mesokosmischen Bereich unserer Umwelt, nämlich der Erde. So außergewöhnliche Daten, wie sie sowohl in der Quanten- als auch in der Relativitätstheorie vorkommen (z. B. die Lichtgeschwindigkeit) spielten in diesem Entwicklungs- bzw. Anpassungsprozess keine Rolle, weshalb diese beim Alltagsverstand heute noch auf Skepsis stoßen. Andererseits können diese Daten aber einwandfrei empirisch verifiziert werden. Unser bisher naiver und absoluter Zeitbegriff ist durch die Relativitätstheorie auf eindrucksvolle Weise revolutioniert worden. Ein Grundphänomen, was Philosophen seit Anbeginn beschäftigte, erhält durch naturwissenschaftliche Erkenntnisse eine vollkommene neue und die Alltagsvernunft rela-

---

[130] Kanitscheider, Bernulf: Von der mechanistischen Welt zum kreativen Universum, 1993, S. 127.

tivierende Bedeutung. So sind die Zeitdilatation und die Lorentzkontraktion zwei experimentell gut bestätigte Phänomene, die die absolute Auffassung von Zeit, wie sie von idealistischen Philosophen seit Platon vertreten wurde, negieren. Wir sehen also, dass wieder einmal der rationalistische Standpunkt, nach dem man z. B. in der platonischen Tradition glaubte, alle Gesetze – auch des Universums – allein durch Nachdenken und durch festgelegte (mathematische bzw. geometrische) Ideen ein für alle Mal bestimmen zu können, durch unvorhersehbare Einflüsse der Empirie und der Beobachtung widerlegt werden können. Die anschauliche klassische Physik wurde durch eine vollkommen unanschauliche relativistische bzw. quantenphysikalische Sichtweise revidiert. Dabei sind Raum und Zeit auch keine statischen Größen mehr. Durch die Bewegung eines Körpers oder durch das Wirken einer Kraft wird auch die Raum- und Zeitkrümmung beeinflusst, ebenso wie umgekehrt die Bewegung von Objekten und die Wirkung von Kräften von der Struktur des Raumes beeinflusst werden.

Was die Vorstellungen über den Zustand unseres Universums angeht, vertrat Einstein zunächst ein statisches Modell. Aber schon aufgrund Newtons Gravitationstheorie hätte man konsequenterweise darauf schließen können, dass ein statisches Universum infolge der Gravitationskräfte schon längst hätte in sich kollabieren müssen. Seit Edwin Hubbles Erkenntnissen bezüglich der Leuchtkraft von Sternen wissen wir heute, dass unsere Galaxis, die einen Durchmesser von etwa hunderttausend Lichtjahren besitzt, nur eine unter Milliarden anderen Galaxien ist. Auch durch die Katalogisierung der von Hubble entdeckten Sterne und Galaxien erkannte man, dass die Sterneninseln sich alle voneinander weg bewegen und sich nicht, wie man zuvor vermutete, mehr oder weniger zufällig im Raum bewegen. Je weiter dabei die Galaxien voneinander entfernt sind, desto schneller bewegen sie sich auch voneinander fort. Dies lässt sich durch den sogenannten Dopplereffekt innerhalb der Spektralanalyse nachweisen, dem zufolge sich das Licht von den sich von uns weg bewegenden Sternen in den Rotbereich bzw. das von den sich auf uns zu bewegenden Sternen in den Blaubereich verfärbt. Damit und mit der kosmischen Hintergrundstrahlung war die bis Hubble – und zunächst auch noch von Einstein – vertretene Theorie eines statischen Universums zu Beginn des 20. Jahrhunderts definitiv begraben worden. Obwohl diese Konsequenz eigentlich aus der Relativitätstheorie abzuleiten gewesen wäre, wollte sie ihr Erfinder nicht wahrhaben. So führte Einstein, um sein statisches Universum erhalten zu können, die sog. kosmologische Konstante (also eine Art Antigravitation, die durch die Anziehungskräfte im Universum exakt aufgehoben wird) quasi als Ad-hoc-Erklärung in seine Berechnungen ein. Damit glaubte er seine Vorstellung eines statischen, also nicht expansiven Universums retten zu können. Später hatte Einstein 1931 seinen Fehler eingesehen und bezeichnete die Einführung seiner Konstante aufgrund Hubbles Beobachtungen als die „größte Eselei" seines Lebens. Eliminieren lässt sie sich aber andererseits auch nicht, „weil sie bei einer strengen Herleitung der Einsteinschen Feldgleichungen aus physikalischen Grundprinzipien folgt". Somit entpuppt sie Einsteins „größte Eselei" heute doch noch als „visionäre Erkenntnis", wenngleich auch seine ursprüngliche Absicht, ein statisches Universum zu rechtfertigen, nicht mehr haltbar ist.[131]

Nachdem wir jetzt in der Geschichte unseres Universums zurückgeblickt haben und von seiner Zustandsform wissen, dass es sich ausdehnt, bleibt natürlich die Frage nach der aus diesen Erkenntnissen ableitbaren Zukunft des Universums. Neuere Erkenntnisse der Supernova-Forschung[132] machen ersichtlich, dass die kosmologische Konstante nicht null ist, sondern einen positiven Wert besitzt, der mehr Energie aufweist als die gesamte sichtbare und unsichtbare Materie des Universums zusammen. Sie stellt somit nach neuesten Erkenntnissen mit ca. 70 % sogar den „Löwenanteil" der Gesamtenergie des heutigen Universums dar. So haben wissenschaftliche Gruppen wie das Supernova Cosmology Project des kalifornischen Lawrence Berkeley National Laboratory und das High-Z Supernova Search Team vom Australian National Observatory herausgefunden, dass es das lange diskutierte pulsierende oder oszillierende Universum nicht geben wird. Vielmehr wird unser Universum aufgrund der heutigen Beobachtungen und der Erkenntnisse über die kosmologischen Konstante, also der Antigravitation, auf ewig auseinander fliegen und das mit immer stärker zunehmender Geschwindigkeit. Während es also in einem unendlich „heißen" und hohen Energiezustand auf kleinstem Raum begann, ist sein Ende der „Kältetod" in den unendlichen Weiten des Weltalls. In etwa $1,5 \times 10^{10}$ Jahren wird somit erwartet, dass sich die Sonneneinstrahlung dermaßen erhöht, dass die Erde unbewohnbar wird. In dieser Zeit bläht sich die Sonne zu einem Roten Riesen auf, schrumpft darauf hin zusammen und endet als Weißer Zwerg. Sollte, was undenkbar ist, der Exodus allen terrestrischen Lebens dann immer noch nicht eingetreten sein, wartet auf uns nach einer kleinen Gnadenfrist in etwa $2,0 \times 10^{10}$ Jahren die Kollision der sich bereits jetzt aufeinander zu bewegenden Milchstraße mit unserer benachbarten Galaxie, dem Andromeda-Nebel. Unabhängig von dieser unbedeutenden Randerscheinung des Universums folgt die Epoche seines Zerfalls: Sie beginnt mit der Auflösung der Galaxien (10^{15} bis 10^{19} Jahre). Die Sterne verteilen und verlieren sich im intergalaktischen Raum. Am Ende (10^{40} bis 10^{200} Jahre) dieser Epoche stehen der Protonenzerfall und die Auflösung der Atome. Was bleibt, ist die Epoche der „Finsternis". Falls

---

[131]   Bild der Wissenschaft, 6/1999, S. 63.

[132]   Bild der Wissenschaft, 6/1999, S. 59ff.

das Proton stabil ist, so wandelt sich die Kernmaterie in Eisenkugeln um (10^{1500} Jahre). Aber auch diese kollabieren als Kerne einstiger Galaxien zu Schwarzen Löchern, die allmählich verdampfen ($10^{10^{hoch26}}$ Jahre).

Und wo ist dann Gott, das verkündete ewige Paradies, das ewige Leben? Ist es nicht längst mit dem Leben und Bewusstsein verschwunden? Eben deshalb, weil es nur in jenem Bewusstsein als Produkt menschlichen Wunschdenkens existierte? Sollte sich das Szenario des künftigen Geschickes unseres Universums als wissenschaftlich plausibel erweisen, dann haben auch zwangsläufig jene Fragen ihre Berechtigung. Hält die Tendenz des Universums, wie beobachtet und berechnet, als immer schneller auseinanderfliegend an, so wäre das Szenario, welches das Universum noch vor sich hat, vollkommen lebensfeindlich und würde auch alle Spekulation auf ein ewiges Sein, auch bezüglich unserer Hoffnungen auf ein paradiesisches ewiges Leben, mit einem Schlag zunichte machen. Nicht einmal die Hoffnung, die mit einem pulsierenden Universum verbunden waren, dass wir Menschen mit der ewig wiederkehrenden Geburt neuer Universen ebenfalls „wiedergeboren" würden, lässt sich aufrechterhalten. In der Tat wäre dies die traurigste und auswegloseste Alternative aus Sicht des nach einem höheren Sinn des Seins sowie nach einem ewigen Leben verlangenden Menschen. Ein Sinn im Dasein könnte nur noch auf die Epoche unseres temporären Daseins bezogen werden. Mit dem beschriebenen Sterben des Universums ist also nicht nur die christliche Vorstellung eines ewigen paradiesischen Lebens auf der Erde unvereinbar, sondern ebenso die buddhistische Vorstellung, welche davon ausgeht, dass alles in Zyklen des Entstehens und Vergehens verlaufe und dass die Welt weder einen Anfang noch ein Ende habe.[133] Die christlich spekulative Hoffnung eines himmlischen Reiches, ob es nun hier auf Erden oder sonst wo im Universum existieren soll, lässt sich jedenfalls angesichts dieser düsteren, aber wissenschaftlich fundierten Voraussagen nicht mehr im Sinne eines wissenschaftlich intellektuellen Gewissens glaubhaft aufrechterhalten.

Die zeitlichen Dimensionen, die diese Agonie des Seins einleiten werden, sind aus menschlicher Sicht freilich noch in gigantischer Ferne, aber sie verdeutlichen, dass die bisherige Entwicklung des Universums

---

[133]   Die aus den religiösen Kulturen sich ergebenden Jahreszahlen sind heute so weit von den nachweislichen und tatsächlichen Dimensionen des Universums entfernt, dass sich jegliche Diskussion hierüber erübrigt. So dauern nach der frühen Kabbala die Zyklen des Universums, von denen es aber nur sieben gibt, gerade mal 6000 Jahre. Damit ist eine Naherwartung verbunden, wie sie auch Jesus Christus gelehrt hat, die allerdings entgegen seinen Voraussagen nicht eingetroffen ist. Auch heute noch findet dieser Gedanke seine Faszination. Die Zeugen Jehovas beispielsweise haben bereits mehrmals das Ende der Welt und das damit verbundene Reich Gottes verkündet.

und erst recht die der Menschheitsgeschichte nicht mehr als ein kurzer Wimpernschlag gewesen ist. Die Entstehung von Leben und Bewusstsein, wo immer es sich in den unendlichen Weiten des Universums noch entwickelt haben mag und sich auch noch entwickeln wird, ist somit an einen ganz bestimmten und begrenzten zeitlichen Ausschnitt im Entwicklungsprozess unseres Universums gebunden. Die Hoffnung auf ein ewiges Leben, das die Existenz unseres Planeten, Sonnensystems oder Galaxis überdauern könnte, lässt sich somit nur mit wissenschaftlich nicht mehr nachvollziehbaren transzendenten Spekulationen nähren. Sich Gott oder dieses ewige paradiesische Leben außerhalb unseres Universums vorzustellen, ist leider auch nicht ganz ohne Widerspruch, da gemäß Einsteins Relativitätstheorie Raum und Zeit mit unserem Universum entstanden sind, es somit auch kein Vorher, Nachher oder Außerhalb dieses Universums gibt. Hiermit ist ein Gegensatz zwischen theistischer und naturwissenschaftlicher Sichtweise zu sehen. Für die naturwissenschaftliche Sichtweise spricht ihre wissenschaftliche Grundlage als überprüfbare Position – eine zugegeben düstere, aber realistische und dem psychologisch motivierten Verdrängungsprozess nicht nachgebende Sicht.

1.4 Weltanschauliche Konsequenzen aus den kosmologischen Erkenntnissen für den Theismus

In den vorangehenden Kapiteln haben wir einen Einblick in die physikalische bzw. kosmologische Sichtweise bei der Ergründung unserer Welt bekommen. Besondere Berücksichtigung fanden dabei die Quanten- und die Relativitätstheorie sowie deren Einfluss auf die moderne Kosmologie, also die Frage nach Anfang, Beschaffenheit und Zukunft unseres Universums. Was nun wären die weltanschaulichen Konsequenzen aus diesen kosmologischen Erkenntnissen insbesondere in Bezug zu dem nach wie vor heute noch gesellschaftlich dominierenden Theismus? Dieser Frage soll in diesem Kapitel nachgegangen werden. Einen Teil der Antworten haben wir bereits im vorhergehenden Kapitel im direkten Zusammenhang mit den quantenphysikalischen und den relativitätstheoretischen Erörterungen vorweggenommen.

Für den unbefangenen, objektiv herangehenden Interessenten ergibt sich durchaus der Eindruck, dass hier zwei vollkommen unterschiedliche Vorgehens- und Denkweisen aufeinander prallen. Gerne wird dabei von theologischer Seite darauf verwiesen, dass es sich bei den Berichten der Heiligen Bücher um keine wissenschaftlichen Abhandlungen handelt, sondern um das Weltbild und den Wissensstand der damaligen Zeit widerspiegelnde mythologische Vorstellungen. Genau das aber war nicht die Absicht der Autoren. Diese gingen sehr wohl von der Realität ihrer Geschichten aus oder wollten zumindest, dass diese als reale Beschreibung geglaubt werden. Auch innerhalb der Kirchen- und Glaubensgeschichte wurde über Jahrhunderte unter Androhung der Inquisition verlangt, dass die biblischen Geschichten als historisch wahr und Heilige Bücher als unfehlbar anzunehmen seien. Auch Luther vertrat – wie bereits erwähnt – jenes Sola-scriptura-Prinzip. Die vielbeschworene Kompatibilität dieser beiden antipodischen Modelle höchst unterschiedlicher intellektueller Ebenen, also theistische Religiosität und nüchterne Naturwissenschaftlichkeit, ist eher ein theologisches Wunschdenken und aus der Not geboren. Dieser Gegensatz scheint sich mit zunehmendem wissenschaftlichen Erkenntnisstand noch zunehmend zu verstärken, wie noch zu zeigen sein wird.

Zu den grundlegendsten und tiefsten philosophischen Problemen gehört wohl die Frage: Warum existiert überhaupt etwas und wieso ist nicht einfach nichts? Diese Frage ist noch grundlegender als die theologische Frage nach Gott, da auch dieser dem Sein oder gegebenenfalls dem Nichtsein unterliegt. Wer also mit der Existenz eines Schöpfers diese philosophische Grundsatzfrage zu beantworten versucht, muss sich darüber bewusst sein, dass mit einer postulierten Existenz Gottes letztlich nichts gewonnen ist, sondern das Problem nur auf eine andere metaphysische Ebene verlagert wird. Denn ebenso lässt sich natürlich die Frage stellen: Warum gibt es einen Schöpfer, warum gibt es nicht einfach nichts? Wer der Auffassung ist, Gott müsse existieren, weil irgendjemand das Universum erschaffen haben muss, muss sich natürlich die Rückfrage gefallen lassen, wer dann Gott erschaffen hat. Die Antwort „niemand, weil Gott per definitionem unendlich ist", lässt sich dabei ebenso auf das Modell eines existierenden Multiversums anwenden. Auch eine Selbstschaffung des Universums aus dem Nichts ist innerhalb quantenkosmologischer Gesichtspunkte gut denkbar und ebenso plausibel. Schon immer zeichnete sich die Unwissenheit des reflektierenden Menschen dadurch aus, dass er diese mit Hilfe einer an sich nichts erklärenden Hypothese allwissender und omnipotenter Götter von sich abzuschütteln versuchte, um nicht an dieser Unwissenheit zu verzweifeln. Nur sehr sukzessive gelangen wir zu zuverlässigerem Wissen, welches über die vorwissenschaftliche mythologische Weltdeutung allmählich hinausgeht. Zusehend werden immer mehr dieser metaphysisch-theologischen Spekulationen und göttlichen Wahrheiten über die Erschaffung der Welt bis hin zum Seelenglauben entzaubert, indem sie durch natürliche Erklärungen entkräftet oder gar widerlegt werden. Die Unwissenheit über das Sein (einschließlich des über sich selbst reflektierenden Menschen) scheint mit der Schöpferhypothese lediglich anthropomorphisiert zu sein, und zwar je nach Zeit, Ort und Kultur in unterschiedlicher Weise.

Um aus den heute bekannten physikalischen Gegebenheiten auf ein Modell unseres Universums zu schließen, vor allem, was dessen Ur-

sprung unterhalb der Grenze der sog. Planckzeit angeht, bedarf es natürlich ebenfalls eines großen Maßes an Spekulation. Jedoch handelt es sich
bei dieser Art der Metaphysik um eine spezifisch wissenschaftliche Spekulation, die ihre durchaus festen theoretischen und empirischen Grundlagen hat, von wo aus sie abhebt. Es erscheint als durchaus nicht unwahrscheinlich, dass zwar einige dieser spekulativen Überlegungen in
einer Art evolutivem bzw. selektivem Prozess scheitern werden, jedoch
ist es gut möglich, vor allem wenn man sich den rasanten, beinahe „exponentiellen" Wissenszuwachs der letzten Jahrzehnte vergegenwärtigt
und ihn auf die Zukunft extrapoliert, dass ein Bruchteil dessen, was heute noch als spekulativ gilt, sich eines Tages als gesichertes kosmologi-
sches Wissen etabliert haben wird.

Für die rein spekulativen und im Kern irrationalen religiösen Glaubenssysteme bedeutet dies, dass sie aus dieser, sich an strenge Kriterien
anlehnenden wissenschaftlichen oder naturphilosophischen Perspektive
heraus schon längst keine oberste universelle Sichtweise des Seins mehr
darstellen. Vielmehr ist Theologie und Religion als ehemals universeller
Welterklärungsversuch, der mit dem sakrosankten Anspruch der Unfehlbarkeit aufgetreten ist, längst depotenziert und aus der nüchternen
Sicht wissenschaftlicher Disziplinen als untergeordnetes evolutionspsychologisch, soziologisch, politisch oder historisch erklärbares Phänomen
entmythologisiert worden. Eine ganz spezifische und personale Gottesvorstellung im theistischen Sinne ist spätestens seit der Aufklärung unter den Intellektuellen zweifelhaft geworden. Denker wie Spinoza, Goethe, Kant bis zu Einstein und den heutigen Naturwissenschaftlern wie
Stephen W. Hawking[134] lehnten den personalen Gottesglauben als obsolet ab. Goethe, den viele Deutsche über alle Konfessionen hinweg als
geistigen Übervater hoch schätzen, hat sich mehrmals in dieser Richtung
geäußert. So sprach er gar von dem „Märchen von Christus" und bezeichnete „die ganze Lehre von Christo... ein Scheinding."[135] In einem
Brief an Johann Kaspar Lavater vom November 1773 schreibt er sogar
explizit, er sei „zwar kein Widerchrist, kein Unchrist, aber doch ein de-
zidierter Nichtchrist..."[136] Und auch die „Theologische Realenzyklopä-
die" von 1984 stellt fest, zu Goethes „beständigen Überzeugungen gehört die Ablehnung des kirchlichen Offenbarungsdogmas". In der Tat,
denn schon Goethe schien seine Probleme mit der Vergöttlichung Jesu
zu haben: „Offen steht das Grab. Welch herrlich Wunder, der Herr ist
auferstanden! Wer's glaubt! Schelme, ihr trugt ihn ja weg." (Goethe,
„Übergangenes zu den Venezianischen Epigrammen", 11) Oder: „Es

---

[134] Hawking, Stephen: Eine kurze Geschichte der Zeit, 1986, S. 155f.

[135] Brief Goethes an Herder vom Mai 1775 und vom 4. September 1788.

[136] Krätz, Otto: Goethe und die Naturwissenschaften, Callwey, 1998, S. 33. Zitiert aus
einem Antwortschreiben Goethes an Johann Kaspar Lavater, vom 30.11.1773.

werden wohl noch zehntausend Jahre ins Land gehen und das Märchen vom Jesus Christus wird immer noch dafür sorgen, dass keiner so richtig zu Verstande kommt." Und in „Zahme Xenien" schreibt er gar: „Es ist die ganze Kirchengeschichte Mischmasch von Irrtum und Gewalt."

Und weil gerade auch Albert Einstein fälschlicherweise immer wieder von christlicher Seite auf Internetseiten oder in Buchveröffentlichungen für sich beansprucht wird, soll an dieser Stelle auch gleich anhand einer Auswahl eindeutiger Positionierungen Einsteins für Klarheit gesorgt werden.[137] Einstein vertritt in seiner Autobiographie[138] die an Schopenhauer erinnernde Einschätzung, dass Religion jedem Kinde „durch eine traditionelle Erziehungs-Maschinerie" eingepflanzt werde. Er berichtet in der Retrospektive als 67-Jähriger davon, dass seine Religiosität mit 12 Jahren ein jähes Ende fand. Durch populärwissenschaftliche Literatur wurde ihm klar, „dass nicht alles, was in der Bibel steht, wahr sein konnte". Die Folge dieses Erwachens war, wie er schreibt, eine „fanatische Freigeisterei" und die Überzeugung, „dass die Jugend vom Staate mit Vorbedacht belogen wird", woher auch sein lebenslanges Misstrauen gegen jede Art von Autorität rühre. Dieses „verlorene religiöse Paradies der Jugend" – wie er es ausdrückt – war für ihn die Befreiung aus den Fesseln des „Nur-Persönlichen", wo nur „Wünsche, Hoffnungen und primitive Gefühle" herrschen. Von da an – so Einstein – zog er das „gedankliche Erfassen der außerpersönlichen Welt" dem religiösen Denken vor. Der Weg zu diesem „wissenschaftlichen Paradies war nicht so bequem und lockend wie der Weg zum religiösen Paradies, aber er hat sich als zuverlässig erwiesen und ich habe es nie bedauert, ihn gewählt zu haben." Soweit Einsteins autobiographisches Bekenntnis. Auf dem Papier war Einstein zwar mosaischen Glaubens, aber er selbst schreibt in „Mein Weltbild", dass Thora und Talmud für ihn „nur die wichtigsten Zeugnisse für das Walten der jüdischen Lebensauffassung in früher Zeit" sind. An den Zentralverein Deutscher Staatsbürger Jüdischen Glaubens schrieb er 1921: „Ich bin weder deutscher Staatsbürger noch ist irgendetwas in mir, was man als ‚jüdischen Glauben' bezeichnen kann. Aber ich freue mich, dem jüdischen Volk anzugehören, wenn ich dasselbe auch nicht für das auserwählte halte."[139] Einsteins religiöse Einstellung findet sich am ehesten im Pantheismus wieder. In „Über Wissenschaftliche Wahrheit"[140] schreibt er selbst: „Unter ‚religiöser Wahrheit' kann ich mir etwas Klares überhaupt nicht denken... Jene mit

[137]   Vergleiche hierzu: Einstein, Albert: Mein Weltbild, Ullstein, 1991. Die meisten hier angegebenen Zitate entstammen dieser Schriftensammlung Einsteins.

[138]   Schillp, Paul Arthur: Albert Einstein als Philosoph und Naturforscher, Kapitel: Albert Einstein: „Autobiographisches", Stuttgart, 1979.

[139]   Zitiert in Bührke, Thomas: Albert Einstein, München, 2004, S. 126.

[140]   Einstein, Albert: Mein Weltbild , 1991, S. 171.

tiefem Gefühl verbundene Überzeugung von einer überlegenen Vernunft, die sich in der erfahrbaren Welt offenbart, bildet meinen Gottesbegriff; man kann ihn also in der üblichen Ausdrucksweise als ‚pantheistisch' (Spinoza) bezeichnen. Konfessionelle Tradition kann ich nur historisch und psychologisch betrachten; ich habe zu ihnen keine andere
Beziehung." Ferner: „Nach dem Sinn oder Zweck des eigenen Daseins
sowie des Daseins der Geschöpfe überhaupt zu fragen", so Einstein in
„Wie ich die Welt sehe", „ist mir von einem objektiven Standpunkt aus
stets sinnlos erschienen."[141] Im Gegensatz zu Newton glaubte Einstein
somit also nicht an einen personalen Schöpfer, der die Ordnung im Wel-
tenbau erschaffen habe. Im Gegenteil, sein Biograph Wickert zitiert ihn:
„Je mehr der Mensch von der gesetzmäßigen Ordnung der Ereignisse
durchdrungen ist, umso fester wird seine Überzeugung, dass neben dieser gesetzmäßigen Ordnung für andere Ursachen kein Platz ist. Er erkennt weder einen menschlichen noch einen göttlichen Willen als unabhängige Ursache von Naturgesetzen an."[142]
Wie schon Feuerbach, so meint auch Einstein, „dass an der Wiege
des religiösen Denkens und Erlebens die verschiedensten Gefühle stehen."[143] Einstein konstruiert in „Religion und Wissenschaft" eine Art
Dreistadienentwicklung der Religionen. Erstes Stadium der Entwicklung
sind die frühen Religionen als Furchtreligionen. Aus Furcht vor Hunger
und wilden Tieren, vor Krankheit und Tod sei – so Einstein – ehemals
die Religion entstanden. Eine „zweite Quelle" sieht er in den sozialen
Gefühlen, in der „Sehnsucht nach Führung, Liebe und Stütze". Dabei ist
es der Gott der Vorsehung, „der beschützt, bestimmt, belohnt und bestraft. Es ist der Gott, der je nach dem Horizont des Menschen das Leben
des Stammes, der Menschheit, ja das Leben überhaupt liebt und fördert,
der Tröster in Unglück und ungestillter Sehnsucht, der die Seelen der
Verstorbenen bewahrt. Dies ist der soziale und moralische Gottesbegriff." Besonders in der Heiligen Schrift des jüdischen Volkes lasse sich,
so Einstein, „die Entwicklung von der Furcht-Religion zur moralischen
Religion schön beobachten."
Über diese beiden Stufen der Religionen stellt Einstein eine „dritte
Stufe religiösen Erlebens", die er als „kosmische Religiosität" bezeichnet.
Eine Religiosität, „die keine Dogmen und keinen Gott kennt, der nach
dem Bild der Menschen gedacht wäre."[144] „Dies" – so Einstein – „lässt

---

[141] Einsteins irdische Ideale waren Güte, Schönheit und Wahrheit. Einsteins „kosmi-
      sche Religiosität" – wie er sie selbst benennt – bezieht sich nicht auf Götter, sondern
      auf das „Geheimnisvolle", welches auch die Religion gezeugt habe. Einstein, Al-
      bert: „Wie ich die Welt sehe", in: Einstein, Albert, 1991, S. 9f.

[142] Wickert, Johannes: Einstein, Hamburg, 1979, S. 121.

[143] Einstein, Albert: „Religion und Wissenschaft", in: Einstein, Albert: Mein Weltbild ,
      1991, S. 15.

[144] Einstein, Albert: „Religion und Wissenschaft", in: Einstein, Albert: a.a.O, 1991, S. 16.

sich demjenigen, der nichts davon besitzt, nur schwer deutlich machen, zumal ihr kein menschenartiger Gottesbegriff entspricht." Für Einstein ist diese von allem vermenschlichenden Eigenschaften befreite „kosmische Religiosität" sogar „die stärkste und edelste Triebfeder wissenschaftlicher Forschung" von je her.[145] Insbesondere im Buddhismus sieht Einstein diese kosmische Religiosität ausgeprägt.

Was den Zusammenhang von Religion und Moral anbelangt, so ist auch hier Einsteins Standpunkt eher säkularer Natur. Er schreibt: „Das ethische Verhalten des Menschen ist wirksam auf Mitgefühl, Erziehung und soziale Bindung zu gründen und bedarf keiner religiösen Grundlage. Es stünde traurig um die Menschen, wenn sie durch Furcht und Strafe und Hoffnung auf Belohnung nach dem Tode gebändigt werden müssten."[146] Mit dieser Position steht Einstein völlig konträr zu den Begründern des Grundgesetzes und vieler Landesverfassungen, die es als notwendig erachtet hatten, den (christlichen) Gottesbezug in erster Linie aus ethischen Gründen mit aufzunehmen. Wer die Geschichte des Christentums und die zahlreichen ethisch verwerflichen, weil an Grausamkeit kaum zu überbietenden Stellen der Bibel kennt, fragt sich in der Tat, wie man sich ausgerechnet auf ein mythologisches Wesen, insbesondere auf den grausamen Gott des Alten Testamentes, berufen konnte. Aber auch die jüngere und weiterentwickelte Gottesvorstellung des Neuen Testamentes taugt wohl kaum, um sich darauf aus ethischen Gründen zu berufen, denn während der alttestamentarische Gott „nur" grausam tötet, so droht der neutestamentarische Gott mit den ewigen Höllenqualen. Wie kann Gott die Feindesliebe fordern und selbst diejenigen, die nicht einmal seine Feinde sind, sondern nur mittels der von Gott gegebenen Vernunft Zweifel an der Göttlichkeit Jesu hegen, für immer in die Hölle schicken? „So jemand den Herrn Christus nicht lieb hat, der sei verflucht." (1.Kor 16,22) Und „… doch jene meine Feinde, die nicht wollten, dass ich über sie König würde, bringt her und erschlagt sie vor mir." (Lk 19,24ff.) Oder: „Wer glaubt und sich taufen lässt, wird gerettet; wer aber nicht glaubt, wird verdammt werden." (Mk 16,16) „Der Menschensohn wird seine Engel aussenden, und sie werden aus seinem Reich alle zusammenholen, die andere verführt und Gottes Gesetz übertreten haben, und werden sie in den Ofen werfen, in dem das Feuer brennt. Dort werden sie heulen und mit den Zähnen knirschen." (Mk 9,42-48. Vgl. auch Mt

[145] Einstein, Albert: „Religion und Wissenschaft", in: Einstein, Albert: a.a.O., 1991, S. 17. „Wie kann kosmische Religiosität von Mensch zu Mensch mitgeteilt werden, wenn sie doch zu keinem geformten Gottesbegriff und zu keiner Theologie führen kann? Es scheint mir, dass es die wichtigste Funktion der Kunst und der Wissenschaft ist, dieses Gefühl unter den Empfänglichen zu erwecken und lebendig zu erhalten."

[146] Einstein, Albert: „Religion und Wissenschaft", in: Einstein, Albert: a.a.O., 1991, S. 17.

13,49-50) Wer diese dunkle Seite der sogenannten „christlichen Ethik"
nicht absichtlich übersehen will, der wird sich fragen, ob nicht eine z. B.
auf die abendländische humanistische und philosophische Wertetraditi-
on sich gründende Präambel eine berechtigtere Alternative gewesen wäre, als jener Bezug auf ein in seiner Existenz und in seiner ethischen In-
tegrität äußerst fragwürdiges religiöses Konstrukt, zu dessen Attributen
auch das der Nächstenliebe gehört. Über die philosophischen und theologischen Kenntnisse der Verfassungsväter lässt sich heute nur noch
spekulieren, aber jedenfalls hat es sich zu jener Zeit bei ihnen noch nicht
herumgesprochen, dass zahlreiche Errungenschaften unserer zivilisierten demokratischen Gesellschaft nicht durch, sondern trotz der christlichen Religion und ihrer irdischen Vertreter durchgesetzt werden konnten. Wo das aufgeklärte Gegengewicht zu den monotheistischen Religionen fehlt, kommt es zu Terror und Kriegen im Namen Gottes, wie ein
Blick in die islamistisch beherrschte Welt, aber auch in die christliche
Vergangenheit des Abendlandes deutlich zeigt. In diesem Sine wäre ein
Bezug unserer Verfassungen auf Sokrates, Kant, Lessing u. v. a. berech-
tigter gewesen als auf den fragwürdigen Gott des Christentums.

Doch zurück zu Einstein. An anderer Stelle, in „Die Notwendigkeit
der ethischen Kultur", wird der Einfluss Schopenhauers auf Einstein
deutlich, wenn er das „Verstehen des Nächsten" als wichtige Grundlage
einer funktionierenden Ethik ansieht. „Dies Verstehen wird aber nur
fruchtbar, wenn es von Mit-Freude und von Mit-Leid getragen ist. Die
Pflege dieser wichtigsten Triebfedern moralischen Handelns ist es, was
von der Religion übrig bleibt, wenn man sie von der Komponente des
Aberglaubens gereinigt hat."[147] Eine Art zusammenfassendes „Glaubensbekenntnis" Einsteins finden wir noch in „Wie ich die Welt sehe."
„Das Wissen um die Existenz des für uns Undurchdringlichen, der Ma-
nifestationen tiefster Vernunft und leuchtender Schönheit, die unserer
Vernunft nur in ihren primitivsten Formen zugänglich sind, dieses Wissen und Fühlen macht wahre Religiosität aus; in diesem Sinn und nur in
diesem gehöre ich zu den tief religiösen Menschen. Einen Gott, der die
Objekte seines Schaffens belohnt und bestraft, der überhaupt einen Willen hat nach Art desjenigen, den wir an uns selbst erleben, kann ich mir
nicht einbilden. Auch ein Individuum, das seinen körperlichen Tod
überdauert, mag und kann ich mir nicht denken; ... mögen schwache
Seelen aus Angst oder lächerlichem Egoismus solche Gedanken nähren.
Mir genügt das Mysterium der Ewigkeit des Lebens und das Bewusstsein und die Ahnung von dem wunderbaren Bau des Seienden sowie
das ergebene Streben nach dem Begreifen eines noch so winzigen Teiles

---

147 Einstein, Albert: „Die Notwendigkeit der ethischen Kultur", in: Einstein, Albert:
a.a.O., 1991, S. 20.

in der Natur sich manifestierenden Vernunft."[148] Wenn Einstein deshalb
von Gott spricht, z. B. dass dieser „nicht würfele", dann handelt es sich
hier um Metaphern, mit denen er physikalische Sachverhalte verdeutlichen will, die mit der Existenzfrage nach Gott gar nichts zu tun haben.
Seine dagegen sehr wohl ernst und explizit geäußerten Ausführungen
über seinen Glauben, sind in der Aufsatzsammlung „Mein Weltbild" zu
finden, aus der die meisten Zitate Einsteins entnommen wurden. Es ist
deshalb völlig schleierhaft, wie man sich in theistischen Kreisen immer
noch auf Albert Einstein als einen der ihrigen berufen kann. Einstein war
Spinozist und somit Pantheist. Auf eine Anfrage eines New Yorker Rab-
bi, ob er, Albert Einstein, an Gott glaube, antwortete er: „Ich glaube an
Spinozas Gott, der sich in der gesetzlichen Harmonie des Seienden offenbart, nicht an einen Gott, der sich mit dem Schicksal und den Handlungen der Menschen abgibt."[149]

In der Tat lassen die heutigen Kenntnisse über die Dimensionen des
Universums den unausrottbaren Glauben des Menschen, er sei Ziel und
Mittelpunkt einer eigens nur für ihn geschaffenen Welt, als Selbstüberschätzung und Hybris erscheinen. Aber erst nach und nach wurde dies
spätestens seit Galilei und durch die zunehmenden Erkenntnisse der
Naturwissenschaften zumindest den aufgeklärten Menschen allmählich
immer klarer. Schon alleine das offenbarungstheologisch begründete
statisch-theistische Weltbild mit der Vorstellung des Menschen als
Ebenbild Gottes steht dem offenen und dynamisch voranschreitenden
evolutiven Weltbild mit der Einsicht unserer relativen und marginalen
Bedeutung innerhalb des Kosmos gegenüber. Nach allem, was wir heute
über den Kosmos wissen, erscheint es als äußerst wahrscheinlich, dass
die Erde nicht den einzigen Planeten in den unermesslichen Weiten des
Universums darstellt, der intelligentes Leben hervorgebracht hat. Wenn
wir willens und in der Lage sind, von der einstigen anthropozentrischen
Froschperspektive in eine immer höher steigende wissenschaftlich begründete Vogelperspektive zu wechseln, wird uns dieser Kontrast der
Weltanschauungen bewusst. Gerade der Kosmonaut, der durch das
Fenster in der Raumkapsel die kleine Erde beobachtet, kann als bildliche
Verdeutlichung dieses Gedankens herangezogen werden. Um wie viel
mehr an Glaubwürdigkeit wächst dieses Bild, wenn man sich nun nicht
als Kosmonaut einer um die Erde sich bewegenden Raumstation sieht,
sondern mit Lichtgeschwindigkeit (ungeachtet der realistischen Möglichkeit dieses Bildes) zwischen den Galaxien in raumzeitlichen Dimensionen von Milliarden von Lichtjahren umherreist. Wie klein und unbedeutend wird dann unsere Erde als vermeintlicher Mittelpunkt der Welt

---

[148]   Einstein, Albert: „Wie ich die Welt sehe", in: Einstein, Albert: a.a.O., 1991, S. 10.
[149]   Zitat aus „Der Spiegel", 1999, Nr. 50, S. 276.

und um wie viel kleiner der darauf befindliche Mensch mit seinen dann
naiv anmutenden archaischen und anthropozentrischen Vorstellungen,
wie er sie in seinen Religionen als offenbarte und unfehlbare göttliche
Wahrheit zum Ausdruck bringt. Eine mögliche Erklärung für den
Mittelpunktsglauben des menschlichen Selbstverständnisses besteht darin, dass das Individuum immer am unmittelbarsten sich selbst erlebt
und all seine Empfindungen und Gedanken sich mit dem „Ich" verschmelzen. Das führt zu einer „Weltsicht", die das wahrnehmende und
empfindende Individuum automatisch und subjektiv in das Zentrum
allen Geschehens stellt und dabei auch die Welt aus einem egozentri-
schen Winkel heraus betrachtet und bewertet. Projiziert auf die Gesellschaft und auf ganze Kulturen bedeutet dies, dass sich die Mehrzahl der
Individuen als Kollektiv ebenso im Zentrum des Seins bzw. Weltgeschehens wähnt. Sie sind der Mittelpunkt allen Seins, aus dem wiederum der
Glaube eines diesen Mittelpunkt schaffenden und rechtfertigenden Gottes resultiert, bis hin zum Glauben der exklusiven Auserwähltheit von
Individuen und ganzen Glaubensgemeinschaften. Aus gehirnphysiologischer Sicht wird dieser psychologische Aspekt der Weltdeutung
durchaus bestätigt. Von Split-Brain-Patienten wissen wir, dass das durch
die Trennung der beiden Gehirnhälften entstehende quasi doppelte Bewusstsein versucht ist, dennoch die zweifach und getrennt bewertete
Außenwelt zu deuten. „Unvollständige Situationserfassungen werden
konstruktiv und gar ‚dichterisch' ergänzt. Das Gehirn integriert kreativ
und konstruktiv, es ‚interpretiert', wo es Ergänzungen ‚produktiv' fin-
giert und projiziert."[150] Es gibt keinen Anlass, diese aus der modernen
Neurologie sich ergebende Erkenntnis über das menschliche Hirn als
sinn- und bedeutungsproduktives Organ nur im Zusammenhang mit
Situationen aus der Alltagswelt zu sehen. Dieses charakteristische
Merkmal unseres Erkenntnisapparates lässt sich ebenso auf die höhere
Ebene der Metaphysik extrapolieren. Auch hier wird ständig Unver-
standenes zu Sinnzusammenhängen konstruiert, die ihren Ursprung aus
dem Ich schöpfen. Nur mit den Mitteln des wissenschaftlichen Forschens
besteht eine Chance, diese subjektiven und tradierten metaphysischen
Konstruktionen auch objektiv zu überprüfen. Die Sinnfrage kann deshalb heute auch nicht mehr alleine von den Geisteswissenschaften für
sich beansprucht werden. Bereits David Hume hat sich kritisch gegen
konstruierte Sinnhaftigkeiten, wie wir sie auch in einem christlichen Sinne als einen teleologisch ablaufenden Heilsplan vorfinden, geäußert:

---

[150]   Lenk, Hans: Kleine Philosophie des Gehirns, Wissenschaftliche Buchgesellschaft,
        2001, S. 66

"What peculiar privilege has this little agitation of brain which we call thought, that we must thus make it the model of the whole universe."[151]

Einen klassischen Grenzbereich aber, in dem noch keine zuverlässigen natürlich erklärbaren Erkenntnisse vorliegen, welche religiös motivierte Spekulationen widerlegen könnten, stellt die Relativitäts- und Quantenphysik im Zusammenhang mit der Schöpfungsvorstellung dar. Denn: Was den Urknall ausgelöst haben könnte, dazu gibt es bisher nur wissenschaftliche Hypothesen. Damit verbunden ist auch das Problem von Raum und Zeit als Rahmenbedingungen jeglichen Seins. Nach der Relativitätstheorie ergibt sich eine Abhängigkeit zwischen der Raumzeit und dem Universum: „So wie man ohne die Begriffe von Raum und Zeit nicht über Ereignisse im Universum sprechen kann, so ist es in der Allgemeinen Relativitätstheorie sinnlos, über Raum und Zeit zu sprechen, die außerhalb der Grenzen des Universums liegen."[152] Einen durchaus originellen und beachtenswerten Ansatz hierzu hat bereits Augustinus (354–430) aufgestellt, indem er erklärte, dass die Zeit erst mit der Schöpfung entstanden sein konnte, „vor" der Erschaffung der Welt also nicht existent war. Augustinus schreibt in seinem Buch „Vom Gottesstaat", dass „ohne Zweifel die Welt nicht in der Zeit, sondern zugleich mit der Zeit erschaffen" worden sei.[153] Damit aber sind Probleme verbunden, die Augustinus wohl nicht bemerkt hat. So stellt sich nun die Frage, welchen Sinn es noch macht, von einer Schöpfung zu sprechen – egal ob von einer natürlichen (in dem sich das Universum selbst erzeugt) oder einer göttlichen – wenn doch kausale Vorgänge in die Zeit eingebunden sind, diese aber wiederum erst mit der Entstehung des Universums entstanden sein soll. Beginnt die Zeit erst mit dem Universum zu existieren, so kann es auch kein „Vorher" in Bezug auf einen eventuellen göttlichen Schöpfungsakt des Universums geben. Die damit verbundenen kausalen Schwierigkeiten eines nicht existenten „Vorher" stellen aber eine Antinomie für die theistische Vorstellung eines präexistenten Schöpfers und seiner Schöpfung dar, denn die Vorstellung eines Schöpfers, der vor dem Universum existiert haben musste, um dieses zu erschaffen, ist somit widersinnig, da es dieses „Vorher" genauso wenig wie eine räumliche

---

[151]   Hume, David : Dialogues concerning natural religion, 1799, Part II. Siehe auch deutsche Ausgabe: Hume, David: Dialoge über natürliche Religion, Stuttgart, 1981, S. 31.

[152]   Hawking, Stephen: Eine kurze Geschichte der Zeit, 1988, S. 52.

[153]   „Vor der Welt aber konnte Zeit nicht sein, weil ja keine Kreatur war, mit deren bewegtem Zustandswandel sie hätte werden können. Vielmehr ist in einem mit der Zeit auch die Welt erschaffen, wofern mit ihr zugleich die Bewegung, nämlich Zustandswandel begann". Augustinus: Vom Gottesstaat (De Civitate Die), XI, München, 2011.

Lokalisierung Gottes geben kann, da Zeit und Raum (was seit Einstein als einheitliches Raum-Zeit-Kontinuum bestätigt ist) erst mit dem Universum entstanden sind. Wann und wo hätte ein solcher theistisch gedachter Schöpfer existieren sollen? Ebenso wenig lässt sich dann auch die Kausalität, also Ursache und Wirkung als Zeit und Raum unterliegende Begriffe, auf einen Zustand anwenden, in dem beide Parameter gar nicht existierten. Die Welt und mit ihr Raum, Zeit, Materie hätte demnach, ähnlich wie wir dieses Phänomen bei der plötzlichen Entstehung von Elementarteilchen aus dem Quantenbereich kennen, keine Ursache. Die Frage also, was letztlich den Schöpfungsakt oder den Urknall hervorgebracht hat, scheint demnach sinnlos, da sich der Kausalnexus von Ursache und Wirkung als ein an Zeit gebundenes Verhältnis nicht auf einen zeitlosen Zustand übertragen lässt.[154] Demnach ist auch die Hypothese eines Schöpfers aus quantenkosmologischer Sicht antinomisch.

Im Wesentlichen gibt es zwei Möglichkeiten: einen in der Zeit und einen außerhalb der Zeit befindlichen Gott. Nach der eben besprochenen Vorstellung eines außer Raum und Zeit befindlichen, diese Parameter transzendierenden und erst erschaffenden Gottes gibt es nicht unerhebliche Probleme mit der theistisch-personalen Gottesvorstellung, denn ein außerzeitlicher Gott kann nicht denken, planen, Gebete erhören, in das Weltgeschehen eingreifen, da dies alles an die Zeit gebundene Tätigkeiten sind. In diesem Sinne erklärt auch der Theologe Karl Barth: „Ohne eine vollständige Zeitlichkeit Gottes ist der Inhalt der christlichen Botschaft gestaltlos."[155] Ein außerzeitlicher Gott ist nicht vereinbar mit der theistischen Gottesvorstellung, da viele Eigenschaften, die dieser Glaube Gott zuerkennt, eben nur im Zusammenhang mit Zeit und Raum sinnvoll sind.

Aber auch die Option eines in der Zeit befindlichen Gottes führt zu Antinomien mit dem christlichen Theismus. Das Problem dieses Modells wiederum besteht darin, dass ein in der Zeit befindlicher Gott der Gesetzlichkeit der Zeit und somit, da mit diesem untrennbar verbunden, auch des Raumes unterliegt. Somit kann er also nicht allmächtig und

---

154 Hypothesen über zeitlich rückwärts gerichtete Ursachen, die zu solchen den Ursachen vorausgehenden Wirkungen führen, scheinen aus wissenschaftlicher Sicht doch noch zu spekulativ zu sein, als dass sie hier näher beleuchtet werden sollten. Die sich aus dieser Überlegung ergebenden Paradoxien, wie beispielsweise die, dass ein in die Vergangenheit reisender Mensch seinen Erzeuger bzw. Vater oder andere Vorfahren umbringen könnte und somit gleichzeitig seine eigene Existenz vernichtet, die aber dennoch besteht, weil er eben diese rückwärtsgerichtete Zeitreise überhaupt antreten konnte, zeigen, dass es sich hierbei um eher fragwürdige und rein hypothetische Überlegungen handelt, die schon alleine auf der theoretischen Ebene inkonsistent sind.

155 Barth, Karl: Kirchliche Dogmatik, Bd. II, Zürich, 1993, S. 699.

nicht der Schöpfer des Universums (= Beginn von Raum und Zeit) sein, da ein in der Zeit befindlicher Gott dem physikalischen Universum, also dem Raum und der Zeit, unterworfen wäre. Dies würde bedeuten, Raum und Zeit sind Gottes „Umwelt", die er nicht erschaffen hat und deren Gesetzen er somit unterliegt. Auch die vermeintliche Allwissenheit Gottes als Attribut eines theistisch gedachten Gottes erfordert einen in der Zeit befindlichen Gott, denn um Voraussagen oder Planungen für morgen machen zu können, bedarf es des Eingebundenseins in die Zeit. Ein behauptetes zeitloses Wissen Gottes, in dem er alle Ereignisse und Zustände zu jeder Zeit schon immer gewusst habe, ist reine theologische Phantasie ohne rationale Grundlage. Fühlen, Denken oder Wissen sind keine von der Zeit abstrahierbaren Begriffe. Außerdem sollte man sich auch über die Konsequenz der „Allwissenheit" Gottes für die Willensfreiheit des Menschen im Klaren sein. Letztlich wird diese durch die Allwissenheit Gottes negiert, da die Handlungen der Menschen – somit auch Gut und Böse – mit seiner Allwissenheit schicksalshaft verbunden sind, was wiederum zu einer Sinnlosigkeit der Heilslehre, also der Eigenverantwortlichkeit des Menschen bezüglich seines metaphysischen Schicksals, in den „Himmel" oder in die „Hölle" zu kommen, führt.

Der Versuch, diese beiden mit dem theistischen Gottesbild eigentlich inkompatiblen Optionen eines in bzw. außerhalb der Zeit existierenden Gottes zu umgehen, indem man Gott für sowohl außer als auch in der Zeit befindlich erklärt, erscheint auch rein logisch gesehen wie ein hölzernes Eisen. Ein außer der Zeit befindlicher Gott und dessen höchst spekulatives und rational nicht nachvollziehbares Involviertsein in ein zeitliches Geschehen stellen eine letztlich unlösbare Antinomie dar, die etwas an die scholastische Lehre von der doppelten Wahrheit erinnert, nämlich die des Glaubens und des Wissens, was aber letztlich nur ein Beleg dafür ist, dass schon während der Scholastik rationale und religiöse Sichtweisen auch für die Theologie auf metatheoretischer Ebene inkompatibel waren. Es ist erstaunlich, mit welcher Beliebigkeit (je nach theologischem oder weltanschaulichem Standpunkt) und „Kunstfertigkeit" theologische Gedankenkonstrukte in die unterschiedlichsten Richtungen hin und her errichtet werden, wenn es logische, aber auch nicht mehr weg zu diskutierende naturwissenschaftliche (evolutionstheoretische oder kosmologische), aber auch theologische (kritische bibelexegetische) Zwänge erforderlich machen. Jedenfalls erscheint heute eine natürliche Entstehung des Universums aufgrund quantenmechanischer Effekte, die auf die Ebene des kosmischen Anfangs extrapoliert werden, keinesfalls unwahrscheinlicher als das intellektuell resignierende Postulat eines Schöpfergottes. Da wir aber (noch) nicht in der Lage sind, die Ereignisse vor der sogenannten Planckzeit zu erklären, besteht hierin natürlich auch die theoretische Möglichkeit einer übernatürlichen Erklärung. Aus der Wissenschaftsgeschichte müssten wir aber eigentlich gelernt haben, dass nicht alles, was außerhalb unserer (noch vorläufigen) Erklärungsmöglichkeiten liegt, mit voreiligen übernatürlichen Antworten besetzt werden sollte. Zu viele dieser voreiligen metaphysischen Antworten entpuppten sich im Laufe der Zeit als Phänomene, denen eine ganz profane und natürliche Erklärung zugrunde liegt. Wer dennoch an der Schöpferhypothese festhalten möchte, der sollte zumindest bedenken, dass es neben und schon lange vor dem jüdischen bzw. christlichen Schöpfungsglauben zahlreiche andere Vorstellungen hinsichtlich der Entstehung der Welt gegeben hat. Daher darf mit der Option eines Schöpfergottes noch lange nicht zwingend und exklusiv davon ausgegangen werden, es könne sich hierbei nur um den christlich dreieinigen Gott handeln.

Wie sehr naturwissenschaftliche Erkenntnisse unser religiöses Weltbild beeinflussen bzw. gegebenenfalls auch falsifizieren können, kann an einem konkreten Beispiel aufgezeigt werden, nämlich an dem Wandel der Bedeutung des Begriffes „Himmel". Waren in der antikmythischen Vorstellung Sterne als personifizierte Götter oder im Neuen Testament und lange Zeit im Volksglauben der Himmel als Wohnort Gottes und als Paradies angesehen worden, so scheint in gleichem Maße wie die Naturwissenschaft fortgeschritten ist (in diesem Fall die Kosmologie) auch die Entmystifizierung des Himmels als Wohnort der Engel und der Auserwählten fortgeschritten zu sein. Gleiches lässt sich heute weitgehend auch über andere metaphysische Begriffe wie Engel, Dämonen, Teufel, Seele und – vielleicht auch über den Begriff „Gott" selbst sagen. Aussagen über eher naive Vorstellungen von Himmel und Gott finden sich in Mt 6,9: „Unser Vater im Himmel"; Mt 5,3 den Armen gehört das „Himmelreich"; nach Mt 24,30 wird der Menschensohn in den Wolken des Himmels kommen; nach Mt 24,29 werden sogar „Sterne... vom Himmel fallen"; Lk 23,43, spricht vom „Paradies"; Phil 3,20: „Unsere Heimat aber ist der Himmel. Von dorther erwarten wir auch Jesus Christus..."

Im Mittelalter stellte man sich hinter der Fixsternsphäre das Empyreum, das Reich Gottes vor. Im Spätmittelalter kam schließlich mit Cusanus und Giordano Bruno der Gedanke an ein unendliches Universum mit unendlich vielen Sternen auf, der heute in der modernen Kosmologie u. a. wegen des sogenannten Olberschen Paradoxons[156] zurückgewiesen werden muss. Damit zeigten sich aber erste Ansätze, das enge geo-

---

[156]   Den Überlegungen Heinrich Wilhelm Olbers' zufolge müsste bei einem unendlichen Universum mit unendlich vielen Sternen auch der Nachthimmel unendlich hell sein. Olbers, der an ein unendliches Universum glaubte, führte die Hypothese ein, dass dieses Sternenlicht zu einem großen Teil von interstellarer Materie absorbiert wird. Jedoch hätte dies wiederum ein Aufheizen dieser Materie zur Folge, die nicht den Beobachtungen entspricht.

zentrische Weltbild zu sprengen. Auch in anderen Kulturen galt der Himmel als Symbol der Unsterblichkeit. Das Wiederauftauchen des zunehmenden Mondes nach Neumond, die Rückkehr der Sonne nach einer Sonnenfinsternis, ihr täglicher Aufgang nach der Nacht, all dies führte zu der Assoziation des Wiedergeborenen, also der Vergänglichkeit und der daran sich knüpfenden Vorstellung von der Möglichkeit, den Tod zu überwinden. In diesem Sinne schreibt auch der Philosoph Schnädelbach: „Die Entwicklung der Kosmologie in der Neuzeit hat aber das topologische Modell [des Paradieses an einem konkreten Aufenthaltsort im „Himmel", P.K.] vollends unglaubwürdig werden lassen, obwohl die Christen in aller Welt in der Deklamation des Credo immer noch an ihm festhalten; damit blieb nur der platonische Ausweg, das heißt die Spiritualisierung des Jenseits, wenn man an ihm festhalten wollte. Wo sollte man auch hin mit einer Utopie, die schon ‚erschienen' ist? Das Nirgendwo muss dann doch irgendwo sein, und wenn es nicht ‚oben' ist, dann kann es nur ‚im Geiste' existieren. Damit aber wurde die geistige Welt zur angeblich einzig wahren ‚umgelogen' (Nietzsche). Das Unheil der christlich-platonischen Diesseits-Jenseits-Unterscheidung besteht darin, dass durch sie die reale Welt zum bloßen Schein herabgesetzt und normativ entwertet wurde. Die neuzeitliche Aufklärung war wesentlich bestimmt durch die Idee der Rehabilitierung der wirklichen Wirklichkeit. Die kirchlichen Anwälte des Jenseits sollten nicht länger das, was es wirklich gibt, für ihre Machtzwecke instrumentalisieren dürfen…" [157]

Ganz so einfach ist es also nicht, wenn man ungeliebte naturwissenschaftliche Erkenntnisse damit zu entkräften versucht, dass sie als physische, diesseits gerichtete Forschung nichts über das darüber Hinausgehende zu sagen hätten. Es gibt durchaus die Möglichkeit einer Überprüfung des Glaubens durch die Naturwissenschaften, insofern es sich um konkrete Glaubensaussagen handelt, die empirisch zugänglich und somit auch grundsätzlich überprüfbar sind. So ist beispielsweise die Vorstellung der verschiedenen Sphären und der dahinter liegende „Himmel" als Aufenthaltsort Gottes und der Engel aufgrund unanfechtbarer kosmologischer Erkenntnisse längst als obsolet gewordener Mythos entlarvt. Darauf lässt sich Ernst Haeckels Spott von der „Wohnungsnot Gottes" zurückführen. Auch das von der Bibel bestimmte Erdalter von nur wenigen Jahrtausenden (3760 v.u.Z.) ist ebenso wie der kreationistische Standpunkt aufgrund naturwissenschaftlicher Erkenntnisse eindeutig als falsch einzustufen. Sind also viele streng gläubige Menschen auch aus Bequemlichkeitsgründen dazu verleitet, das für das menschlich begrenzte Denkvermögen unendlich komplexe und kaum erklärbare Universum mit einer zumindest prima facie bestechend einfachen Ad-hoc-

---

[157]   Schnädelbach, Herbert: Der Fluch des Christentums, Die Zeit, 20/2000 bzw. http://www.zeit.de/2000/20/200020.christentum_.xml.

Hypothese zu erklären, wenn sie mit Begriffen wie „Gott" oder „Schöpfung" operieren? Mit dieser Durchschlagung des Gordischen Knotens
sind mit einem Male alle ungelösten Detailfragen wenn nicht gelöst, so
doch zumindest für den, der sich damit zufrieden gibt, in andere, nämlich transzendente Hände gelegt. Der angenehme Nebeneffekt dabei ist
zusätzlich noch der, dass mit dieser Schöpferhypothese die Hoffnung
auf die Überwindung der überall im Diesseits zu beobachtenden Endlichkeit allen Seins aufrechterhalten werden kann. Aber was konkret
erklärt diese Ad-hoc-Hypothese eines Schöpfers? Im Grunde doch nur,
dass wir aufgrund unseres unzureichenden Wissens davor kapitulieren,
unsere Vernunft einzusetzen, indem wir die für uns undurchschaubaren
und komplexen Zusammenhänge durch eine göttliche Hypothese ersetzen, die vermeintlich alles, aber bei näherer Hinterfragung eben gar
nichts erklärt. Der Glaube an ein ewiges Leben als psychologisch motiviertes Grundverlangen wird dadurch befriedigt, der Hunger nach Wissen jedoch bleibt ungestillt.

Mit dem Begriff „Gott" lassen sich also somit mindestens zwei Motive in Zusammenhang bringen. Einerseits stellt er das Pendant zum
menschlichen Unwissen über die Zusammenhänge der Welt dar, mit
dem alles erklärbar ist, faktisch aber nichts erklärt wird, weil es außer
metaphysischen und mythologischen Spekulationen keine konkreten
Antworten auf ganz konkrete Fragen gibt. Andererseits sind mit dem
Begriff „Gott" Hoffnungen und Sehnsüchte (z. B. nach einem unendlichen paradiesischen Leben) verbunden, die wir von diesem erfüllt zu
bekommen erhoffen. Letzteres ist aus psychologischer Sicht verständlich. Sich mit Ersterem zufrieden zu geben und auf dieser Stufe stehen
zu bleiben wäre töricht und der Tod jeglicher objektiver (d. h. von psychologischen Motivationen und Weltanschauungen unabhängiger) Versuche, Wissen zu erlangen und nicht nur ersatzweise zu „mythologisie-
ren", zu spekulieren oder blind und dogmatisch einfach nur zu glauben.
Diese Paulinische Position der Hochschätzung des Glaubens und der
damit verbundenen absoluten Unterordnung des Strebens nach Wissen
ist sicherlich ein geniales Mittel, den Glauben angesichts einer breiten
genügsamen Masse auf unbestimmte Zeit zu etablieren und zu festigen.
Nicht alle Menschen wollen sich aber damit begnügen, diese interes-
sensgesteuerte und religiös ideologisch motivierte Hierarchie auf Dauer
zu akzeptieren. Zwar mag die große Masse der Menschheit nach wie vor
nach Erlösung und Geborgenheit streben, viele Menschen aber, insbesondere die in aufgeklärten Kulturkreisen lebenden kritischen Geister,
streben bevorzugt nach Erkenntnis und Wissen. Ob sich beides bei konsequenter Durchhaltung der Positionen – nämlich der auf archaischen
Quellen basierenden theologischen und der auf naturwissenschaftliche
und philosophische Erkenntnisse zurückgreifenden naturphilosophi-

schen Position – vereinbaren lässt, muss aus unserer Sicht bezweifelt werden.

Ein weiteres konkretes Beispiel, weshalb aus zumindest naturphilosophischen und logischen Überlegungen heraus die Vorstellung eines theistisch gedachten Gottes negiert werden muss, hängt mit der zu beobachtenden Zunahme an Entropie im Universum und der damit verbundenen Problematik dessen prinzipieller Berechenbarkeit zusammen, mit der die theistische Vorstellung eines allwissenden Gottes ebenfalls nicht mehr aufrechtzuerhalten ist. Könnte irgendein übernatürliches Wesen ständig über alle noch so zahlreichen (atomistischen) Details der Welt zu jedem Augenblick vollständig informiert sein? Bedenken wir, was es heißt, bei der unglaublichen Größe des Universums in jeder Makrosekunde (um auch den zeitlichen Ablauf der Ereignisse zu berücksichtigen) über das kleinste Detail genau Bescheid zu wissen und dabei zu wissen, was in jeder einzelnen zurückliegenden und noch vorliegenden Sekunde, Woche, Monat, Jahr… geschehen ist bzw. in jedem dieser auch mikrokosmischen Abläufe noch geschehen wird? Die anthropomorphe Vorstellung eines allwissenden Gottes glaubt daran. Um nicht ständig von den sich sehr schnell ändernden Ereignissen in der Welt überholt zu werden, müsste dabei ein solches Superhirn ein unvorstellbar großes Volumen besitzen, um für jeden Zeitpunkt in der Zukunft Vorhersagen machen bzw. errechnen zu können. Welches ganz bestimmte Atom wird auf einem ganz bestimmten Planeten einer ganz bestimmten von uns weit entfernten Galaxie zu einem ganz bestimmten Zeitpunkt zerfallen? Allein das Wissen darüber, wie viele Sandkörner sich an den Stränden alleine auf unserer Erde in welchem Zustand (Lage, Masse, Gewicht, Farbe…) befinden, übertrifft ja schon alle denkbaren Vorstellungen über den Begriff Wissen. Dabei handelt es sich nur um unseren Planeten Erde, welcher selbst wiederum nur ein Sandkorn im Meer der Galaxien darstellt. Was, wenn bei diesen Überlegungen die Ebene unseres Planeten verlassen wird und das gesamte Universum einbezogen wird, wenn ebenso quantenphysikalische Prozesse, und vor allem die sich ständig verändernden Beziehungen und Relationen aller Atome des Universums zueinander und zu allen Zeiten einbezogen werden? Zudem kommt noch hinzu, dass ein solches allwissendes Wesen auch noch über die eigenen Zustände, die bei einem solchen gigantischen permanenten Wissensprozess ablaufen, informiert sein muss. Dieses Wissen um das eigene Wissen und dessen Abläufe potenziert noch einmal den Begriff der Allwissenheit ins Unermessliche. Alleine schon die Überlegung, dass Billionen von Lebewesen alleine in ihrem „Denken" und Fühlen unendliche biochemische und neuronale Aktivitäten im atomaren Bereich produzieren, die – wenn man sich alleine nur die Anzahl von Neuronen eines einzelnen Gehirns klarmacht – alle eine unendliche Zahl an Erregungen und Nervenverbindungen hervorrufen, die dann auch noch alle in Relation zueinander gestellt werden können… Ein allwissender Gott müsste auch über die Relationen, die in Körpern aller Lebewesen zueinander in Bezug gestellt werden können, zu jedem Zeitpunkt, auch von denen längst ausgestorbener Tierarten, genauestens Bescheid wissen. Dabei handelt es sich aber immer noch nur um einen sehr kleinen, nämlich biologischen Ausschnitt der kosmischen Existenz. Also nicht nur ein ohnehin schon unendliches Faktenwissen, das auf den Moment beschränkt ist, gehört zur Allwissenheit, sondern die beliebige Verbindung aller Ereignisse unter den verschiedensten Aspekten, die jemals stattgefunden haben und noch stattfinden werden, gehört mit zu einem zu Ende gedachten Begriff der Allwissenheit. Ein auf materieller Basis funktionierender Mechanismus, eine Art Superhirn, ist diesbezüglich nicht denkbar, eine immaterielle Substanz, die dies bewältigen könnte, schlichtes Hirngespinst ohne jegliche empirische und rationale Basis.

Wenn wir uns dies alles einmal radikal und konsequent vor Augen halten, haben wir eine Ahnung darüber, wie gigantisch Gottes Allwissen oder aber wie gigantisch unsere Naivität in Bezug auf unseren theistischen Glauben über diese Vorstellungen sein muss. Davon abgesehen, wenn es sich bei der Heisenbergschen Unschärferelation um ein tatsächliches und allgemeinverbindliches Naturgesetz handelt, so ist das stochastische und somit indeterministische Moment aus der Welt nicht weg zu leugnen. Ergo: Eine in einem wirklich konsequenten und strengen Sinne Allwissenheit kann es in einem Universum mit indeterministischen Komponenten nicht geben! Vielmehr handelt es sich um eine nicht eingehend genug reflektierte religiöse Floskel, die auf dem anthropozentrischen Projektionsmechanismus des Theismus zu beruhen scheint. Das Problem ist, dass sich die Ereignisse ständig ändern und dabei unvorhersagbare, im Rahmen der Heisenbergschen Unschärferelation ablaufende indeterministische Vorgänge stattfinden. Da chaotische Systeme in ihrer Struktur zudem rechengesetzlich nicht weiter reduzierbar sind, bedeutet dies, dass Rechenzeit und die Zeit, die das System braucht, um sich zu dem Endzustand zu entwickeln, gleich lang sind. Jede Berechnung würde also zu spät kommen. Der Zufall liegt also somit nicht nur in der Mathematik begründet, was auf menschliche Unzulänglichkeit zurückzuführen wäre[158] sondern ist ein ontischer Tatbestand der

---

[158] Über die Bedeutung und Gewichtung der Mathematik gibt es unter Philosophen und Mathematikern unterschiedliche Einschätzungen. So gibt es eine platonische Einschätzung in dem Sinne, als man mathematischen Objekten oder Theorien eine eigene unräumliche und unzeitliche Realität einräumt, die unabhängig von der Empirie mit rein logischen und somit rein denkerischen, rationalen Mitteln aufgefunden werden. Mathematik so verstanden besitzt einen transkulturellen und transhumanen Status. Daneben steht der Konzeptualismus, für den mathematische Theorien nicht entdeckt, sondern als anthropomorphe Modellbildung konstruiert

Natur, der aus der Quantenmechanik zu ersehen ist. Jedes chaotische System oder jeder chaotischer Zustand ist, um es allgemein zu formulieren, aus sich heraus die kürzeste Beschreibung. Jeder noch so schnelle und leistungsstarke Computer wäre nicht in der Lage, schneller zu sein. Selbst einem übernatürlichen Wesen wäre es also rein aus logischen Gründen heraus nicht möglich, die Zukunft im Voraus und im Detail zu kennen. Außer, man entbindet es jeglicher Logik und Naturgesetzlichkeit. Diese letzte, aber nicht sehr überzeugende Möglichkeit, bleibt ja der theologischen Seite grundsätzlich als Ausweg und als bevorzugter methodischer Weg zum ewigen Glück immer offen.

Eine weitere Implikation metaphysischer Fragen ergibt sich aus den naturwissenschaftlichen Erkenntnissen über die Dimensionen und Zahlen des Universums wie sie in der bereits angesprochenen „Feinabstimmung" des Universums zum Ausdruck gekommen sind. Sie findet ihren Ausdruck im anthropischen Prinzip, welches davon ausgeht, dass aufgrund der frappierenden Feinabstimmung physikalischer Größen das Universum auf die Existenz des Menschen hin geordnet ist, was sich sowohl theologisch als auch naturalistisch interpretieren lässt.

So sieht das theologisch interpretierte anthropische Prinzip hinter dieser Feinabstimmung (welche aus dieser Sicht nicht zufällig sein kann) eine dem Universum vorgeordnete transzendente oder metaphysisch höhere – wenn man so will, göttliche – Intelligenz (planend) und Macht (umsetzend).[159] Es besitzt aber den Nachteil, dass es sich jeder Nachprüfbarkeit entzieht und somit für außerwissenschaftliche religiöse wie esoterische Spekulationen Tür und Tor öffnet, wonach ein transzendentes (im theistischen Sinne) oder ein immanentes (im pantheistischen Sinne) Prinzip diese Feinbestimmung bewirkt. Die teleologische Hypothese geht davon aus, dass, wie der Name schon sagt, die Entwicklung der Wirklichkeit auf ein vorgegebenes Ziel zusteuert. Dieses Ziel kann ein Gott im theistischen Sinne (z. B. des Christentums) sein, könnte aber ebenso auch ein nicht personales Wesen oder ein sonstwie geartetes höheres Prinzip sein, ebenso wie mit dieser Hypothese auch eine atheisti-

---

werden. Hier wird der evolutionäre Aspekt berücksichtigt, der zu bedenken gibt, dass begriffliche Dinge äquivalent zu unseren Gehirnprozessen sind und somit keineswegs unfehlbar und absolut, sondern eher relativ, bezogen auf unser bescheidenes Erkenntnisvermögen. Für den Mathematiker David Hilbert beispielsweise waren mathematische Gesetze ohne Fundament in irgendwelchen platonischen oder idealen Welten. Für ihn sind sie Konstrukte formaler Art, wobei er versuchte, die mathematisch abstrakten Strukturen als vollkommen axiomatisch zu erweisen, was aber an dem Unvollständigkeitstheorem von Kurt Gödel (1931) scheiterte. Vgl. Kanitscheider, Bernulf, Von der mechanistischen Welt zum kreativen Universum, 1993, S. 186ff.

[159] Dass das „Vorgeordnetsein" mit Einsteins relativistischer Theorie kollidiert, demnach es ein zeitliches „vor" dem Universum nicht geben kann, darauf wurde bereits hingewiesen.

sche Position zu vertreten wäre. Das Problem, das dieser Hypothese anhaftet, besteht darin, dass es ein gewisses zeitliches Paradoxon aufwirft. Wenn Zeit erst mit dem Urknall entsteht, wie könnte sich ein Telos oder Ziel davon abkoppeln und vorauseilen und zu dem werden, was es sein soll, nämlich ein Ziel? Ferner weiß man heute um die grundlegende Bedeutung des Zufalls in der Evolution – sei es die kosmische, die biologische oder die soziokulturelle.

Das naturalistisch interpretierte anthropische Prinzip geht ebenfalls von der Einzigartigkeit des Universums in Hinblick auf die Entstehung des Lebens aus. Aber auch dieses Prinzip ist gewagt spekulativ, besitzt jedoch nach unserer Auffassung gewisse Vorteile gegenüber dem theologischen Modell, denn mit ihm bewegt man sich innerhalb eines natürlichen Erklärungsrahmens, ohne eine weitere und nicht zu beweisende übernatürliche Zusatzhypothese eines Schöpfers annehmen zu müssen.

Wie also können Religionen und Heilige Bücher noch Göttlichkeit oder bedingungslosen Glauben für sich beanspruchen, wenn sie mit der naturwissenschaftlichen Faktenlage in zunehmenden Widerspruch stehen? Kosmologie, Evolutionsbiologie, Genetik, Hirnforschung usw. spielen heute eine bedeutendere Rolle denn je. Nicht zuletzt deshalb, weil ihre Erkenntnisse auf fundiertem Boden stehen. Wer heute noch behauptet, die Erde sei eine Scheibe oder erst vor ca. 6000 Jahren entstanden, nur weil es aus Heiligen Büchern wie der Bibel so ableitbar ist, würde sich außerhalb jeglicher vernünftigen Basis für eine sinnvolle Diskussion stellen. Andererseits wieder kann „Sinnhaftigkeit" des Seins und Soseins keine Kategorie naturwissenschaftlichen Denkens sein. Erst eine darüber hinausgehende philosophische und nach allen Seiten offene theologische Beschäftigung eröffnet das hierfür notwendige Feld. Dabei stellt sich aber heute dringender denn je die Frage, wie glaubwürdig die Antworten sogenannter heiliger Bücher auf die Sinnhaftigkeit des persönlichen Seins sein können, wenn diese in ihren Grundfesten massiv erschüttert sind – sei es durch die Infragestellung der Naturwissenschaften oder sei es durch die noch wesentlich kritischere Infragestellung der Kritischen Theologie selbst, zu der wir noch kommen werden. Nüchterne Denker, wie der Naturphilosoph Bernulf Kanitscheider sehen in diesem Zwiespalt moderner Wissenschaft und theistischer Glaubensüberlieferung eine zunehmende Zurückdrängung der letzteren: „Mit dem Wachsen der Naturwissenschaft wird der Verdacht noch stärker, dass es eine besondere Bedeutung der Welt und eine ausgezeichnete Rolle des Menschen in derselben gar nicht gibt..."[160] Kanitscheider bezeichnet die Naturwissenschaft sogar als einen „erbarmungslosen Mähdrescher", da

160 Kanitscheider, Bernulf: Leben, ein Rätsel der Kosmologie?, in Saltzer, Walter: Die Erfindung des Universums, 1997, S. 33.

jede neue Entdeckung in Neurologie, Soziobiologie oder Tiefenpsychologie dem Menschen neue Sinnverluste zufügt: „Indem die Wissenschaft die Zugehörigkeit des Menschen zur Welt immer stärker aufdeckt, ihn mehr und mehr als einen Teil der Natur enthüllt, destruiert sie auch seine traditionelle Sonderstellung. Die Spezifika des Humanum werden Teile der natürlichen Realität."[161] Dies könne man schon daran erkennen, dass unsere Lebenszeit im Vergleich zur unermesslichen kosmischen Zeit unerheblich erscheint und dass unser kurzes menschliches Dasein, wenn überhaupt, dann nur minimale Spuren hinterlässt. Mag sein, dass manche in dieser Sichtweise eine Art Nihilismus erblicken. Die Suche nach höheren Wahrheiten sollte aber unabhängig sein von dem, was man sich aus emotionalen Gründen heraus gerne als wahr wünschen würde. Sinnkriterien sind nicht per se auch gleich Wahrheitskriterien. Auch kann es kein Fehler sein, wenn sich diese unerschrockenen und radikalen Wahrheitssucher insbesondere auch kritisch an den wissenschaftlich eruierten Fakten orientieren. Der umgekehrte Weg, ein fest zementiertes Glaubensgebäude zu errichten, das über Wahrheit und Irrtum in Wissenschaft und Philosophie entscheidet, hat sich als tyrannischer, dogmatischer und illusionärer Irrweg erwiesen. Mythologische und religiöse Weltbilder sind gänzlich widerlegt von empirischen Erkenntnissen, die als objektiv bezeichnet werden können, weil sie intersubjektiv, d. h. ungeachtet und über kulturelle, weltanschauliche oder ideologische Grenzen hinausgehend, nachprüfbar sind.

Es ist durchaus legitim, die Frage zu stellen, ob Sinn nicht zwangsläufig immer subjektiv ist und ob es von daher einfach unmöglich ist, einen objektiven Sinn über ganz allgemeine und universelle Fragen bezüglich der Existenz und dem Sosein von Welt zu erlangen. Unsere Eingebundenheit nicht nur in biologische bzw. genetische, sondern auch in kulturelle Grenzen, welche es als fragwürdig erscheinen lassen, objektiv verbindliche Antworten auf die Sinnfrage z. B. des Lebens zu geben, verdeutlichte auch Max Weber: „Kultur ist ein vom Standpunkt des Menschen aus mit Sinn und Bedeutung bedachter Ausschnitt aus der sinnlosen Unendlichkeit des Weltgeschehens."[162] In der Tat kann man sich dem Gedanken Steven Weinbergs[163] kaum mehr entziehen, dass, je größer unser Wissen über das Universum wird, im Gegenzug dazu eine irgendwie geartete Sinnhaftigkeit, welche unseren menschlich subjektiven Sinn übersteigt, immer weniger wahrscheinlich wird. Eine wenig

---

[161]   Kanitscheider, Bernulf: Leben, ein Rätsel der Kosmologie?, in Saltzer, Walter: a.a.O., 1997, S. 36.

[162]   Weber, Max, Wissenschaft als Beruf, in: Max Weber: Gesammelte Aufsätze zur Wissenschaftslehre, Tübingen, 1988, S. 599.

[163]   „The more the universe seems comprehensible, the more it also seems pointless", Weinberg, Steven: The First Three Minutes, A Modern View of the Origin of the Universe, Glasgow, 1977, S. 1486.

erfreuliche, aber kaum mehr zu bezweifelnde letzte Konsequenz aus
diesen naturphilosophischen Überlegungen, wie sie sich aus den kosmologischen Erkenntnissen ergeben haben, ist somit die, dass die menschliche Existenz, die in eine mittlere Phase der kosmischen Entwicklung
eingebunden ist, mit all ihren hervorragenden kulturellen und wissenschaftlichen Errungenschaften nur ein kosmisches Durchgangsstadium
darstellt und eines Tages spurlos verschwunden sein wird, wenn es
nicht doch eine heute aber nur noch psychologisch erklärbare Hoffnung
einer wie auch immer gearteten Transzendenz gibt, die uns aus diesem
materiellen Dasein – wie auch immer und wohin auch immer – mit
hinübernimmt.

Dabei haben wir bisher nur von den zunehmenden Differenzen
zwischen einer sich auf die Naturwissenschaften beziehenden naturphilosophischen Sichtweise und den tradierten religiösen Vorstellungen
gesprochen, aber auch die unterschiedlichen religiösen Systeme untereinander widersprechen sich oder schließen sich gegenseitig aus und –
was unter philosophischen und wissenschaftlichen Positionen nicht vor-
kommt – sie bekriegen und bekämpfen sich bis auf den heutigen Tag auf
zum Teil blutige und unerbittliche Weise. Theologen, welche der Naturwissenschaft häufig interne Widersprüchlichkeiten vorwerfen – was
ein normaler wissenschaftstheoretischer Vorgang einer ebenfalls der
Evolution unterworfenen Wissenschaftsentwicklung ist – übersehen dabei, dass religiöse, auf ein theistisches Gottesbild rekurrierende Glaubenssysteme sich ebenfalls und viel unversöhnlicher – wie erwähnt, sogar gewaltsam – gegenüberstehen und sich theoretisch ebenfalls gegenseitig ausschließen, wobei es sich hierbei nur um reine Spiegelfechterei
ohne jegliche empirische Überprüfbarkeit handelt. Das Sosein Gottes,
dessen Attribute und Wesenhaftigkeit, die ganzen Geschichten, die sich
darum ranken: Sie sind unter den unterschiedlichsten Religionen meist
völlig inkompatibel. Wissenschaftliche Streitereien dagegen können eines Tages aufgrund eines dynamischen Fortschrittsprozesses wenigstens
prinzipiell entschieden werden. Sie gelten dabei – im Gegensatz zu religiösen Glaubenswahrheiten – universell, d. h. glaubens- und kulturübergreifend. Im Gegensatz zu den meisten Klerikern ist zudem die
prinzipielle Möglichkeit des Fallibilismus auf Seiten der Wissenschaftler
und Wissenschaftsphilosophen in ihr Denken involviert, man grenzt
Andersdenkende auch nicht durch ewige Verdammnis und Höllenqualen aus oder verwehrt ihnen zumindest nicht den Zugang zum Paradies
und führt schon gar keine Glaubenskriege mit Millionen von Toten. Im
Gegenteil: Das wissenschaftliche Prinzip in seiner Ganzheit unterscheidet sich methodisch vom religiösen gerade durch das dialektische Prinzip des Kritisierens, Hinterfragens und Verwerfens, was in religiösen
Systemen als Sünde gewertet wird.

Besonders die zur Erlangung einer postulierten religiösen Sinnhaftigkeit und Erlösung geforderten Bedingungen, wie Mitgliedschaft in einer ganz bestimmten Kirche oder Glaubensgemeinschaft und deren ganz spezifischer Glaube an den jeweiligen einzig wahrhaften Gott, die Vergebung der Sünden, Gebete, die Erfüllung ritueller Praktiken, die Einhaltung göttlicher Gesetze u. v. m. wollen unter dem Blickwinkel einer dieser engen Sichtweise enthobenen und zeitlich wie örtlich wesentlich weitergreifenden kosmologischen Perspektive nicht mehr so recht plausibel erscheinen. Wir haben gesehen, dass aus den bisherigen naturphilosophischen Überlegungen heraus der theistisch gedachte Gott, also ein persönlicher Gott, nach dessen Ebenbild wir beschaffen sein sollen, sowohl äußerlich als auch von unseren Wesenszügen wie Denken und Fühlen her, zu Widersprüchen mit den aus naturwissenschaftlich ableitbaren naturphilosophischen Konsequenzen führt – seien sie empirischer oder logischer Natur. Dass diese Widersprüchlichkeit und die eben bereits infrage gestellte Kompatibilität auch auf der nächsten Ebene, die sich mit evolutionsbiologischen Fragen auseinandersetzt, bestehen bleibt, werden wir im nächsten Kapitel sehen.

2. Die Evolutionsbiologie

> Die älteste aller Philosophien, die der Evolution, wurde während des Mil-
> lenniums theologischer Scholastik an Händen und Füßen gefesselt in tiefster
> Finsternis gefangen gehalten. Aber dann kam Darwin und hauchte den alten
> Ideen neues Leben ein, und die Fesseln barsten, und das wiederbelebte Den-
> ken der alten Griechen erwies sich als geeigneterer Ausdruck für die univer-
> sale Ordnung der Dinge als irgendeines der Schemata, die durch die Leicht-
> gläubigkeit und den Aberglauben der siebzig nachfolgenden Generationen
> Eingang gefunden hatte."[164]

Nachdem wir die Entwicklungsgeschichte des Universums bis zur
Herausbildung von Sternen und Planeten berücksichtigt haben, wollen
wir uns nun zunächst mit den Voraussetzungen für die Evolution des
Lebens auf unserem Mutterplaneten befassen. Auf die zentrale und wesentliche Rolle des Entwicklungsgedankens für das moderne Weltbild
wurde bereits ausführlich hingewiesen. „Die Welt auf einen Baumeister
zurückzuführen ist durchaus natürlich und ansprechend und zutiefst
menschlich. Daneben aber gibt es, wie Darwin und Wallace gezeigt haben, noch einen anderen, nicht minder ansprechenden, nicht minder
menschlichen, aber weit zwingenderen Weg: die natürliche Auslese, die
die Musik im Laufe der Zeitalter immer herrlicher erklingen lässt."[165]

Darwin war sicherlich nicht der Erste, der den Evolutionsgedanken
angedacht hatte. Nach den bereits erwähnten Vorsokratikern hatten sich
im 18. und 19. Jahrhundert zahlreiche Naturforscher und Denker ebenfalls mit dem Evolutionsgedanken auseinandergesetzt und wichtige Bei-
träge hierzu geliefert.[166] Das entscheidend Neue war aber, dass Darwin
die Evolution durch sein „Selektionsprinzip" kausal zu erklären vermochte. Unter der späteren Hinzuziehung des genetischen Aspektes,
z. B. im Neodarwinismus oder in den synthetischen Theorien, welche in
der Evolution keine monokausale Wirkung sehen, liefert das genetische
Programm (also Replikation, Kombination sowie die Übersetzung dieses
Programms in Phänotypen mit deren Vielfalt und Variationsbreite) das
Rohmaterial, welches von der Selektion als ausrichtender Faktor auf bessere Adaption (Anpassung) weiterentwickelt wird. Sekundäre Komponenten wie geographische, paarungsbiologische oder auch genetische
Isolation, Annidation (Einnischung) und Schwankung der Populationsgrößen müssen ebenfalls berücksichtigt werden und zeigen die Komple-

---

164 Huxley, Thomas Henry, zitiert in: Sagan, Carl: Unser Kosmos, 1996, S. 35.

165 Sagan, Carl: a.a.O., 1996, S. 41.

166 Beispielsweise wären auch de Buffon (1707–1788), Bonnet (1720–1793), Linné (1735–
1768), de Lamettrie (1709–1751), Lamarck (1744-1829), Cuvier (1769–1832), von Baer
(1792–1876), Wallace (1823-1913), Huxley (1825–1895) und Haeckel (1834–1919) zu
nennen.

xität des evolutiven Wirkens, welche in der Synthetischen Theorie Berücksichtigung finden.[167]

Historisch gilt dabei nicht Darwin, sondern Jean Baptiste de Lamarck (1744–1828) als der eigentliche Begründer der Abstammungsleh-
re, wobei er vielerlei Übergänge zwischen Arten aufzeigen konnte, die
Phasen der Höherentwicklung skizzierte, den Menschen in den tierischen Stammbaum einbezog und eine Erklärung der Artumbildung
durch „Vererbung erworbener Eigenschaften" darlegte. Mit seiner „Philosophie zoologique" brachte Lamarck 1809, also fünfzig Jahre vor
Darwins „Origin of Species", den evolutionären Gedanken ins Spiel,
ohne sich dabei allerdings Gehör verschaffen zu können. Lamarcks Anschauung zufolge spielen der Gebrauch bzw. Nichtgebrauch der Organe
(welcher die Beschaffenheit und Entwicklung bzw. Rückbildung des
Organs beeinflusst) und die Vererbung erworbener Eigenschaften eine
wesentliche Rolle bei der Entstehung der Arten. Seiner Theorie liegt somit die „aktive Anpassung" zugrunde, die unter den heutigen Evolutionstheorien wieder an Boden gewonnen hat und mit der darwinistischen Position, bei der primär Zufall und Selektion für die Entwicklung
der unterschiedlichen Lebensformen maßgeblich sind, vereint wird.[168]
Phylogenetische Änderungen werden somit auch durch die aktive Betä-
tigung der Organismen und durch äußere Zwänge verursacht. Die Abhängigkeit von besonderen Umweltgegebenheiten, welche solche Modi-
fikationen langfristig auslösen können, muss also berücksichtigt werden.[169]

Ein wirklich umfassendes „Beweismaterial" aus der vergleichenden
Anatomie, Haustierzüchtung, Paläontologie und Tiergeographie, welches den Durchbruch für die Evolutionstheorie zunächst in der Biologie
letztlich bedeutete, wurde allerdings erst mit Darwins Werk „On the
Origin of Species" (1859) vorgelegt. Heute kann diese Aufzählung durch
weitere, voneinander unabhängige Wissenschaftszweige ergänzt wer-

---

[167] Über diese hinausgehend nehmen Vertreter der „Systemtheorie der Evolution"
        neben der externen auch noch eine interne Selektion an, nach der Regelungs-,
        Rückkopplungs- und Kontrollmechanismen im Lebewesen wirken und auf dieses
        selbst selektiv wirksam sind. Somit besteht zwischen Geno- und Phänotypus auch
        nicht mehr nur eine einseitige, sondern eine wechselseitige Beziehung, indem Phä-
        ne, wenn auch nicht direkt, so doch indirekt, über das Netzwerk des organismi-
        schen Gesamtsystems auf die sie bedingenden Gene zurückwirken.

[168] Siehe Wuketits, Franz: Evolutionstheorien, Darmstadt, 1995.

[169] Hierin wird oftmals ein Gegensatz zu Darwin gesehen, aber auch Darwin betonte,
        dass der Gebrauch bzw. Nichtgebrauch von Organen evolutiv von Einfluss ist. Der
        Hauptunterschied beider originären Evolutionstheoretiker besteht mehr darin, dass
        Lamarck von einer kontinuierlichen Höherentwicklung der Arten ausging, wäh-
        rend Darwin annimmt, dass durch einen Selektionsprozess die einen bevorzugt,
        andere wieder eliminiert werden.

den, die ebenfalls in eindeutiger Weise das Entwicklungsprinzip bestätigen: Morphologie, Paläobiologie, Zytologie, Genetik, Molekularbiologie,
Physiologie, Ökologie, Verhaltensforschung. Sie sind eine beeindruckende Ergänzung und Bestätigung zu den paläontologischen Funden.
Zusammen mit diesen bilden sie heute die aus diesen Teilmomenten sich
zusammensetzenden Evolutionstheorien. Ein besonders wichtiger Beleg
für die prinzipielle Richtigkeit des Entwicklungsgedankens ist dabei,
dass diese Wissenschaftszweige unabhängig voneinander die ältere Paläontologie bestätigen. So kann beispielsweise mittels der Genetik ebenfalls die Verwandtschaft und Abstammung der Arten in Übereinstimmung mit und auf vollkommen unabhängige Weise von der Paläontologie nachgewiesen werden.

Für den Erfolg des Darwinismus ausschlaggebend (und heute immer
noch als eines der wichtigsten Prinzipien der Evolution erachtet) war in
erster Linie Darwins Erklärung der Artänderung durch die „natürliche
Auslese erblicher Varianten", die empirisch und experimentell beobachtet und bestätigt werden konnte. Allerdings wird auf molekularer Ebene
heute das Prinzip der Mutation und Selektion, welches die Richtung der
Evolution[170] bestimmt, von einigen Biologen durch einen physikalischen
Determinismus, also eine Limitierung und Einschränkung der Freiheits-
grade durch Systembedingungen, ergänzt. Auch Phänomene der Selbstorganisation nach physikalisch-chemischen und thermodynamischen
Gesetzen bestimmen demgemäß die Richtung der Evolution.[171] Die Plausibilität des darwinschen Entwicklungsgedankens wird noch näher darzulegen sein. Ein ganz profaner Beleg ist der Eingriff des Menschen in
die Natur. Denken wir nur an das Heranzüchten von Milchkühen mit
einem überproportionalen Euter, die Domestizierung des Wolfes, der
gegen seine Natur als Hütehund für die Viehherden des Menschen gezüchtet wurde, die Heranzüchtung von Kulturpflanzen, z. B. großer Äh-
ren oder Mais. Das ursprüngliche Gewicht der Wolle des Schafes wurde
drastisch von unter einem auf bis zu zwanzig Kilogramm herauf-
gezüchtet. Der Mensch ist also in der Lage, durch kontrollierte Fortpflanzung Veränderungen herbeizuführen. Weshalb sollte dies die Natur nicht auch selbst können? Dass genau dies in Jahrmillionen geschehen ist, erweist sich durch zahlreiche paläontologische Funde längst
ausgestorbener Tiere. Natürlich sieht man den Evolutionsprozess heute

---

170   Der Begriff „Evolution" (Entwicklung) wurde von dem englischen Philosophen
      Herbert Spencer (1820–1903) eingeführt, auch wenn das damit Gemeinte bei ver-
      schiedenen Philosophen und Biologen bereits vor Darwin (z. B. bei Lamarck) be-
      kannt war.

171   Nagel, Walter: Gentechnologie und Grenzen der Biologie, Darmstadt, 1995, S. 159.

als eine auch ohne übernatürliche Konnotationen plausible und hinreichend erklärbare Koevolution von Leben und Umwelt an.

Die wesentlichen prinzipiell und allgemein anerkannten Aussagen
der Evolutionsbiologie, die ja keineswegs eine in sich einheitliche, sondern in einzelnen Fragen durchaus divergierende Standpunkte vertretende Wissenschaft ist, sind somit:[172]

- Alle Tier- und Pflanzenarten haben sich im Laufe geologischer Epochen in andere Arten umgebildet. Die meisten Stammesreihen haben
  sich in mehrere Zweige aufgegabelt.

- Alle Organismen sind Zweige eines gemeinsamen Stammbaumes.
  Dabei sind die Generationen verbunden durch kontinuierliche Tei-
  lungsfolgen totipotenter Zellen (meist werdender und reifer Keimzellen). Viele Stammesreihen lassen eine Höherentwicklung (Anagenese) erkennen, andere nur zunehmende Verbesserungen der Anpassung an ihre Umwelt (Adaptiogenese), einige auch Rück-
  entwicklungen mancher Organe.

- Der Mensch ist dem tierischen Stammbaum einzubeziehen. Er
  stammt von äffischen Vorfahren ab.

- Es wird zunehmend wahrscheinlicher, dass die Lebewesen stufenweise aus Unbelebtem entstanden.

- Psychische Erscheinungen haben sich parallel zur Entwicklung von
  Sinnesorganen und Nervensystemen in zunehmender Vielgestaltig-
  keit und Komplikation entwickelt.

Die intraspezifische Evolution (also die Rassen- und Artbildung) beruht
auf einem oder mehreren der folgenden Faktoren:

- Mutation einzelner Gene, der Anordnung der Gene auf den Chro-
  mosomen oder durch Änderung der Chromosomenzahl

- Gen-Ausbreitung in Populationen

- Änderung der Populationsgrößen

- Natürliche Auslese (besonders wirksam wegen der stets großen
  Überproduktion von Nachkommen)

- Geographische, ökologische, physiologische oder genetische
  Isolation

- Bastardierung

---

[172]   Ritter, Joachim und Gründer, Karlfried (Hrsg.): Historisches Wörterbuch der Philo-
         sophie, Schwabe und Co., 1972, Band 2, Sp. 836f.

Eine der kritischen Fragen, die sich den theistischen Schöpfungsvorstellungen gegenüber ergeben, wäre z. B. die, wie ein göttlich allwissender
Konstrukteur so viele Fehlschläge verursacht hat und ganze Arten aussterben mussten und immer noch müssen, bis es zu überlebensfähigen
Wesen gekommen ist. Auch gegenseitig vernichten und fressen sich die
Tiere aus Sicht des moralisch wertenden Menschen auf bestialische Weise, was mit der menschlichen Vorstellung eines allliebenden Gottes
ebenfalls nicht vereinbar ist. Der geistig höher entwickelte Mensch steht
dem Tier dabei in nichts nach. Er setzt sogar seine Vernunft ein, um seine Interessen auf noch hinterhältigere und grausamere Weise durchzusetzen.

2.1 Die atmosphärischen Voraussetzungen für die Entstehung des Lebens

Bevor es aber so weit war, dass sich Leben und Intelligenz auf unserem
Planeten entwickeln konnte, wozu wir noch kommen werden, musste
nach der kosmischen Evolution erst eine Art terrestrische oder atmo-
sphärische „Evolution" einsetzen, um die Voraussetzungen hierfür zu
schaffen. Da terrestrisches Leben als hochkomplexe materielle Struktur
an Stoffwechsel gebunden ist, setzt dieser Umstand entsprechende Moleküle voraus. Weil diese sich aber ab einer gewissen Temperatur in ihre
atomaren Bestandteile auflösen, ist eine der Voraussetzungen des Lebens eine geeignete Temperatur. Auch das lebensnotwendige Wasser
bildet sich nur unter gewissen Temperaturen.

Um diese atmosphärischen Bedingungen für Leben zu erhalten, war
es Voraussetzung, dass die Erde eine stabile und nicht zu exzentrische
Umlaufbahn sowie eine geeignete Entfernung zur Sonne besitzt. Ohne
die Bildung einer Atmosphäre ist alles auf der Erdoberfläche Existierende schutzlos der Sonneneinstrahlung ausgeliefert. Die ersten zarten Ansätze von Leben würden ohne diese sofort wieder vernichtet werden,
ehe es überhaupt entstanden ist.[173] Unsere Erde besitzt eine mittlere Entfernung zur Sonne von ziemlich genau 150 Millionen Kilometern, was
auch als astronomische Einheit (1 AE) bezeichnet wird. Die dabei auftretenden Temperaturen ermöglichen es, dass lebensnotwendiges Wasser
weder vollkommen vereist noch verdampft. Auch die Größe der Erde ist

---

[173] So herrschen beispielsweise auf der Venus, unserem „inneren" Nachbarplaneten,
der ca. 108 Millionen Kilometer von der Sonne entfernt ist, Temperaturen von 459
Grad Celsius bei einem Druck von 100 Atmosphären. Ebenso lebensfeindliche Bedingungen dürften für Jupiter gelten. Dieser hat einen mittleren Abstand von über
778 Millionen Kilometern von der Sonne und entsprechende Temperaturen von bis
zu minus 120 °C. Pluto besitzt einen Abstand zur Sonne von knapp 6 Milliarden Kilometer, was die Chancen auf die Existenz von Leben bei bis zu minus 230 °C noch
weitaus geringer werden lässt.

Peter Kamleiter

von Bedeutung, da sich so ein metallischer fester Erdkern mit 4000 °C bilden konnte. Er hat einen Gehalt an radioaktiven Elementen, der zur Erwärmung gerade so viel beitrug, dass sich eine Erdkruste bilden konnte. Der den inneren Eisenkern umgebende äußere flüssige Eisenkern erzeugt zusammen mit der Erdrotation das weit ins Weltall reichende Magnetfeld der Erde, welches die Erde vom Sonnenwind, also dem Strom geladener Teilchen, die von der Sonne emittiert werden, schützt. Unsere Erde dürfte aber auch nicht wesentlich kleiner sein als sie tatsächlich ist, da sonst ein Aufheizen des Planeten nicht möglich gewesen wäre. Der an das Weltall abgegebene Wärmeverlust wird durch die Sonneneinstrahlung im Tagesmittel um das Dreitausendfache übertroffen. Bei einem zu großen Planeten wiederum würde die Überhitzung eine Verflüchtigung der leichten Elemente bewirken. Wie man heute weiß, hatte die Erde ursprünglich auch keine Atmosphäre, da alle leichten Elemente sich in den Weltraum verflüchtigt hatten, soweit sie sich – und das ist entscheidend – nicht durch chemische Prozesse an feste Elemente gebunden hatten. Auch die Eigenwärme der Erde, so unbedeutend sie im Vergleich zur Sonneneinstrahlung für die Oberfläche auch sein mag, hatte für die Entstehung einer Atmosphäre und somit für das Leben eine wichtige Konsequenz: den Vulkanismus. Eine ungeheure Vulkanaktivität in der Frühgeschichte unserer Erde versorgte die Oberfläche mit den leichten Elementen, ohne die es keine gasförmigen Substanzen und keine Meere geben würde. Große Mengen an Wasserdampf, Stickstoff, Kohlendioxid, Wasserstoff und Ammoniak wurden freigesetzt. In den Senken der Erdoberfläche bildeten sich allmählich die Ur-Ozeane, die als Wiege des später entstehenden Lebens bezeichnet werden können. Wasser bildet die einzig denkbare Grundlage, bei der sich die chemischen Reaktionen und Begegnungen auf molekularer Ebene abspielen konnten, die dann die Voraussetzung für die Bildung der ersten Biopolymere und Zellen waren. Doch bis es so weit war, setzten komplexe erdgeschichtliche Prozesse ein. Da die Erdkruste noch Temperaturen über 100 °C besaß, verwandelte sich der herabfallende Niederschlag sofort wieder in Wasserdampf, der wieder nach oben stieg und sich zu einem großen Teil in den Weltraum verflüchtigte. Freier Sauerstoff, der für die heutigen Lebewesen lebensnotwendig ist, war noch nicht vorhanden.[174]

---

[174] Dass die Ur-Atmosphäre keinen freien Sauerstoff enthalten haben konnte, geht auch aus Analysen entsprechend alter Gesteinsschichten hervor, denen zufolge sich bei Verwitterungsvorgängen das im Gestein enthaltene Eisenoxid zweiwertig war, während heute bei einer Sauerstoffatmosphäre die Verwitterung im Oberflächengestein dreiwertiges Eisenoxid erzeugt. Ähnliches gilt für andere Verbindungen, z. B. eisen- und schwefelhaltige Mineralien. (Vgl. Ditfurth, Hoimar von: Im Anfang war der Wasserstoff, München, 1995, S. 74).

Nach heutigen Erkenntnisse bestand die Ur-Atmosphäre aus hauptsächlich Wasser, Kohlendioxid, Stickstoff, in Spuren Schwefelwasserstoff, Schwefeldioxid, Chlorwasserstoff, Fluorwasserstoff, Wasserstoff, Kohlenmonoxid, Methan, Ammoniak und Argon.[175] Die Entstehung des Sauerstoffs muss man sich als einen koevolutiven Prozess zwischen der Ur-Atmosphäre und der ersten Photosynthese der Pflanzen vorstellen. Bei diesen handelte es sich um erste primitive Zellverbände, die sogenannten Blaualgen bzw. Cyanobakterien, die als kernlose algenartige Einzeller zu den ältesten bekannten Fossilien zählen. Die daraus letztlich hervorgehende lebensfreundliche Erdatmosphäre war dabei auch noch zu einer Art Klimaanlage der Erde geworden, die die Temperaturen auch in der Nacht speichern konnte. Extreme Temperaturdifferenzen, wie z. B. auf dem Mond, wären für die Herausbildung von Leben sicherlich problematisch gewesen.

Obwohl Sauerstoff unter zunächst anaeroben Bedingungen entstanden ist, ist der heutige, im Gegensatz zur Ur-Atmosphäre relativ hohe Sauerstoffgehalt, biogen. Sein zunehmend konzentriertes Auftreten, u. a. durch Photosynthese der ersten Pflanzen verursacht, war die Voraussetzung für das Entstehen höheren Lebens. Die ersten Sauerstoff produzierenden Organismen, die Cyanobakterien, dürften nach heutigen Erkenntnissen etwa nach einer Milliarde Jahre seit Bestehen der Erde entstanden sein, also vor rund 3,5 Milliarden Jahren. Die ersten atmenden Organismen (Eukaryonten) dagegen ließen relativ lange auf sich warten, sie traten erst vor ca. 1,3 bis 1,5 Milliarden Jahren auf. Es ist also durchaus berechtigt, auch von einer „Entwicklungsgeschichte der Atmosphäre" zu sprechen. Diese wurde durch die sich immer mehr abkühlende Erdkruste und die damit verbundene zurückgehende Verdampfung der Niederschläge allmählich immer klarer und durchsichtiger, so dass auch die ersten Sonnenstrahlen auf die Erdoberfläche durchzudringen vermochten. So zerstörerisch die UV-Strahlung für die aus Eiweiß aufgebauten ersten Organismen auch war, so notwendig war sie als Energielieferant für die anorganischen Verbindungen in der Atmosphäre zu Großmolekülen. Diese mussten aber nach ihrer Entstehung sofort geschützt werden, um nicht gleich wieder von der sie erschaffenden Kraft zersetzt zu werden. Diese Voraussetzung war in den großen Ozeanen, die sich ebenfalls zu dieser Zeit durch die lange anhaltenden Niederschläge gebildet hatten, gegeben. Die UV-Strahlen konnten einige Meter tief in das Wasser eindringen und ihre schöpferische (für die Moleküle in einer geschützten und optimalen Wassertiefe) wie zerstörerische Kraft (für die Moleküle, die sich zu nahe an der Wasseroberfläche befanden) walten lassen.

---

[175]   Siehe Wilhelm, Friedrich: Der Gang der Evolution, München, 1987, S. 85.

Ein zweiter Effekt, den die auf die Erde treffende Sonnenenergie bewirkt, ist die „Photodissoziation". Das Sonnenlicht zerlegt das Wasser (H_2O) in seine Bestandteile, nämlich freien Wasserstoff und freien Sauerstoff. Während der leichtere Wasserstoff sich im Weltraum verflüchtigte, blieb der Sauerstoff sozusagen „übrig". Hierbei handelt es sich also um eine abiotische Erzeugung von Sauerstoff, bei der Strahlungsenergie in chemische Energie umgewandelt wird. Die Ultraviolettstrahlung bzw. Photolyse war somit zunächst ein durchaus lebensfeindlicher Prozess, weil sie auch andere Moleküle, z. B. die der Desoxyribonukleinsäure, zerlegte. Da der immer mehr zunehmende Sauerstoffgehalt aber auch einen wirksamen UV-Filter darstellte, kehrte sich dieser Entwicklungsprozess irgendwann wieder um, sobald ein gewisser Grad in der Atmosphäre erreicht worden war. Nun konnte keine UV-Einstrahlung mehr auf die Erdoberfläche dringen.[176] Dies ist auch genau der Bereich, in dem Proteine und Nukleinsäuren am strahlungsempfindlichsten sind. Abgesehen von der hohen Schutzwirkung, die die Erdatmosphäre gegen die ansonsten tödliche radioaktive Sonneneinstrahlung bietet, lässt sie jedoch einen sehr schmalen Bereich aus dem breiten Frequenzbereich dieser Sonneneinstrahlung bis auf die Erdoberfläche durch, welcher den sichtbaren Teil, also das Licht, ausmacht. Dementsprechend haben viele der höheren Lebewesen von diesem Umstand „Gebrauch gemacht" und im Laufe der Evolution ein Sinnesorgan dafür entwickelt, das Auge. Mit dem damit verbundenen besseren Erkennen der Umwelt war – ähnlich wie bei der Herausbildung des Gehörs, bei dem sich der Organismus die Schwingung und Übertragung der Luftmoleküle zu Nutzen machte – ein eindeutiger Selektionsvorteil verbunden. Hier haben wir ein anschauliches Beispiel dafür vorliegen, wie sich das Leben an seine Umwelt, in diesem Falle an den winzigen Ausschnitt aus dem Frequenzbereich der Sonnenstrahlung, anpasst.

---

[176] Durch Oxidationsvorgänge auf der Erde wurde der Sauerstoffgehalt im Laufe der Zeit aber wieder gesenkt, was bedeutete, dass der Sauerstoffgehalt wieder unter den kritischen Punkt fiel und die Photodissoziation wieder einsetzen konnte. Dieser Rückkopplungseffekt wird nach dem amerikanischen Chemiker und Nobelpreisträger Harold C. Urey auch als „Urey-Effekt" bezeichnet. Aus diesem Rückkopplungseffekt ist zu entnehmen, dass sich der Sauerstoffgehalt der Atmosphäre durch diesen Selbstregelungsmechanismus auf einen gewissen Wert eingependelt haben musste, der nach Berechnungen des Geophysikers Lloyd Berkner 0,1 Prozent des heutigen Wertes betrug. Die Photodissoziation erweist sich somit als eine nur kleine Quelle für Sauerstoff. Dennoch genügte diese durch die Photodissoziation mit Sauerstoff angereicherte und veränderte Atmosphäre, die Wirksamkeit der unterschiedlichen Frequenzen des UV-Lichtes zu beeinflussen. Da die Photodissoziation durch andere Frequenzen verursacht wird als die Zerstörung von Eiweißmolekülen oder anderen chemischen Verbindungen, hängen die chemischen Konsequenzen der Entwicklung der UV-Strahlung davon ab, welche Frequenzen in der gerade vorgegebenen Sonneneinstrahlung vorhanden sind.

Die Indizien für die Entstehung des Lebens aus anorganischer Materie sind mittlerweile so überzeugend, dass von naturwissenschaftlicher Seite her die Entstehung des Lebens aus abiotischer Materie nicht mehr bezweifelt wird. Die kreationistische Schöpfungstheorie, die im Vorhinein fix und fertig kreierten Lebewesen ausgeht, die völlig unabhängig von materiellen Vorformen in einem separaten Schöpfungsakt aus Nichts entstanden sein sollen, ist aufgrund des heutigen Nachweises der Entstehung des primitiven Lebens in Form von kernlosen Einzellern nicht mehr aufrecht zu halten. Auch hier bewahrheitet sich das Prinzip, dass es die kleinen, aber fundierten einzelwissenschaftlichen (reduktionistischen) Erkenntnisse sind, welche spekulative und groß angelegte, in ihren Ausschließlichkeits- und Wahrheitsansprüchen oft anmaßend fungierende Glaubensmodelle zu Fall bringen können und so zu einem völlig neuen, auf empirischen Grundlagen fundierten holistischen Weltbild führen.

2.2 Die Entstehung und Evolution des Lebens

Nach der mindestens eine Milliarde Jahre andauernden chemischen Evolution auf unserem Planeten begann die Ära der organischen Evolution, bei der sich nur sehr allmählich und nur Stufe für Stufe immer größere und komplexere Moleküle herausbildeten, bis zu der Stufe, an der die ersten anfangs noch kernlosen Einzeller entstanden sind. Da diese Entwicklung heute en gros gut nachvollziehbar ist, ist es auch verständlich, weshalb die heutige Biologie keine eindeutige Grenze zwischen belebter und unbelebter Natur zu ziehen vermag. Sicher gibt es keinen Zweifel darüber, dass ein im Garten herumliegender Stein unbelebt und ein auf der Straße laufender Hund belebt ist. Die Schwierigkeit der Unterscheidung spielt sich in einem Grenzbereich ab, in dem sich diese beiden Zustände einander annähern. Als Beispiel für ein solches Zwischending gelten die Viren. Ihnen fehlt die Fähigkeit, sich selbst zu vermehren. Sie sind dazu auf lebende Zellen angewiesen. Wir sehen an dieser dichotomischen Unterscheidung zwischen tot und lebendig, wie unsere Sprache und damit unser Alltagsdenken, wenn es nur im phänomenalen Bereich verbleibt, im Vergleich zur wissenschaftlichen (in diesem Fall biologischen) Einschätzung der Dinge irren kann. Diese phänomenale Grenzziehung tot–lebendig existiert in dieser radikalen Weise in der Natur nicht. Es ist heute noch nicht unter den Biologen gelungen, das Phänomen Leben in einer einvernehmlichen Weise zu definieren: „'Leben' ist ein Phänomen, dessen Entstehung sich so folgerichtig, so zwangsläufig und so stufenlos vollzogen hat, dass niemand genau sagen kann, an welchem Punkt es ,beginnt.'"[177]

---

[177] Ditfurth, Hoimar von: Im Anfang war der Wasserstoff, 1995, S. 136.

Auch wenn eine exakte Grenzziehung zwischen belebter und unbelebter Natur nicht möglich ist, so werden heute die Kennzeichen für Leben aus biologischer Sicht an folgenden Punkten festgemacht: „Gestalt,
Selbstregulation, Reproduktionsfähigkeit, Selbstproduktion, Artwandel,
gleiche Vererbungsregeln und Mutationstypen wie die prinzipiell gleiche Grundstruktur der Erbträger... Die genetische Definition des Lebens
scheint sich durchgesetzt zu haben, trifft sie doch auf Viren ebenfalls zu,
die sonst als Grenzfälle des Lebens gelten..."[178]
    Für die Taxonomie des Lebens sind aber neben genetischen auch
strukturelle und ökologische Merkmale von Bedeutung. Leben wird dabei – und das ist das Grundsätzliche an der naturwissenschaftlichen
Sichtweise – nicht mehr als ausschließlich philosophisch oder theologisch zu erschließender Begriff betrachtet, sondern in erster Linie als
biochemisch analysierbarer Prozess auf molekularer Ebene sowie als
Funktionszusammenhang unterschiedlicher Elemente, eingebettet in
eine Organismus-Umwelt-Beziehung mit ökologischem Bezugsrahmen.
Dabei wird das Leben in seiner evolutiven Entwicklung maßgeblich und
nicht mehr bestreitbar durch den Faktor Zufall bzw. Mutation wie durch
die gerichtete Selektion im Sinne von Rückkopplungsprozessen beeinflusst. Ein strenger Determinismus und ein damit verbundenes teleologisches Denken sind somit obsolet geworden. Dieses verallgemeinert
und projiziert ein zielgerichtetes Streben des Menschen nach Höherem
bzw. nach einem höheren Sinn in einem stark vom Zufall bestimmten
natürlichen Evolutionsprozess, was eine unzulässige Anthropomorphisierung der Natur darstellt. Ähnlich wie das Individualstreben eines
Tieres nach dem Modell menschlicher Handlungen gedacht wurde,
glaubte man ein Streben der Natur zu erblicken, das nach einem vorgegebenen göttlichen Modell des Handelns funktioniert. Für eine moderne
Naturphilosophie jedoch sind diese Aspekte auf ein mangelndes natur-
wissenschaftliches Naturverständnis zurückzuführen und deshalb anti-
quiert. Ob es sich um die Entstehung von Gebirgen, Artenvielfalt, Sprache usw. handelt – innerhalb der Theorien der Selbstorganisation erfolgt
der Systemaufbau „unteleologisch, zwar gerichtet, aber niemals zielgerichtet, unter Einschluss des Zufalls und letztlich blind."[179] Für den Verlauf der Evolution hätte es demnach unzählige Möglichkeiten gegeben,
wobei sich aber auf der Erde nur eine Realität entwickeln konnte.

Eine noch nicht restlos geklärte Frage betrifft den Ursprung des Lebens
in Form primitiver kernloser Zellen, also die Frage, wie aus einfachen
chemischen Grundsubstanzen die Bausteine des Lebens, also Nukleinsäuren und Eiweiß und andere komplizierte Zusammensetzungen ent-

---

[178]   Irrgang, Bernhard: Lehrbuch der Evolutionären Erkenntnistheorie, 1993, S. 83.
[179]   Kanitscheider, Bernulf: Im Innern der Natur, 1996, S. 157.

stehen konnten. Ein entscheidendes und berühmtes, deshalb auch viel zitiertes Experiment stammt von dem amerikanischen Chemiestudenten Stanley Miller aus Chicago und geht bereits auf das Jahr 1953 zurück. Unter Laborbedingungen und unter Hinzunahme der wichtigsten Ingredienzien (Methan, Ammoniak und etwas Wasser) und einer Energiequelle (künstliche Blitze in Form von Funkenentladungen) erhielt Miller in seinem Glaskolben innerhalb von nur 24 Stunden unter anderen auch gleich drei (von insgesamt 20 Bausteinen, aus denen alle biologischen Eiweißarten zusammengesetzt sind) der für das Leben wichtigsten Aminosäuren: Glyzin, Alanin und Asparagin. Auch bei den zahlreichen Nachahmungsversuchen (die teilweise modifiziert wurden, z. B. ein Gemisch aus Kohlenstoff, Wasserstoff und Stickstoff) konnten die Ergebnisse Millers verifiziert werden. Denn immer wieder entstanden, neben vielen anderen chemischen Verbindungen, manchmal bis zu siebzig unterschiedlichen Aminosäuren, Zucker, Purine und andere Moleküle, die als Bestandteile aller Lebewesen jedem Biochemiker bekannt sind. Auch Porphyrine (chemische Vorstufen des Chlorophylls), welche eine wichtige Rolle bei der Sauerstoffbildung in der Atmosphäre und somit bei der biologischen Entwicklung spielten, konnten nachgewiesen werden. Weiter konnte die abiotische Entstehung von Adenosintriphosphat (ATP, das als wichtigste Energiequelle aller Zellen bekannt ist) sowie von einzelnen Polymeren (den Bausteinen der Eiweiße und Nukleinsäuren) beobachtet werden. Die bis dahin noch fragwürdige abiotische Genese der komplizierten Moleküle, die die Voraussetzung für die Theorie der Entstehung des Lebens aus unbelebter Natur darstellt, konnte damit gefestigt werden.

Fundamental für das, was wir Leben nennen, ist sicher auch das Zusammenwirken zwischen Enzymen und DNS (also zwischen der Steuerzentrale des Zellkerns und den komplizierten Eiweißstrukturen, die den Körper der Zelle bilden) als in sich geschlossene und funktionelle Einheit einer Zelle. So steuern die Nukleinsäuren die Erzeugung von Enzymen und anderen Eiweißen, während die Enzyme ihrerseits unter anderem auch die Nukleinsäuren aufbauen. Irgendwann muss es bei der abiotischen Entstehung dieser beiden Molekülarten, der Nukleinsäuren und der Eiweiße, zu einer Synthese gekommen sein, welche den Beginn dessen darstellt, was wir heute retrospektiv als biologische Evolution nachzeichnen können. Natürlich hatte sich diese zunächst auf der molekularen und zellulären Ebene abgespielt, denn erst im Laufe der Jahrmillionen bildeten sich die speziellen Zellteile, wie Zellkern (Eukaryonten) oder die Organellen. Die Zellmembran dürfte dabei eine ebenfalls wichtige Rolle gespielt haben, war sie doch eine individualisierende Abgrenzung gegen die Umwelt, die aber dennoch durchlässig genug war, um bestimmte kleiner Moleküle, die quasi die „Nahrung" unserer Urzelle darstellten, ins Innere gelangen zu lassen. Dass Membranen sich tatsäch-

lich auf ganz einfache und natürliche Weise bilden, zeigen auch Labor-
versuche anhand der molekularen Lipid-Haut. Die zufällige Bildung
einer Schutzhülle (Proteinhülle) nach außen hin bedeutete dabei einen
entscheidenden Selektionsvorteil, da frei herumschwimmende Enzyme
somit die Nukleinsäure nicht mehr zerstören konnten.

„Das Leben", so Hoimar von Ditfurth, ist „auch in der Form der ersten
Zelle nicht vom Himmel gefallen – in keinem Sinn dieses Wortes… Auch
die erste lebende Zelle war ohne jeden Zweifel ein legitimer Nachfahre
des Wasserstoffs."[180] Wer an einer göttlichen Einwirkung dennoch festhalten möchte, kann dies freilich gerne tun, doch gibt es auch hier, wie
wir sehen werden, Modelle, welche als natürliche Erklärung vollkommen ausreichen, um einen plausiblen und in sich konsistenten Weg der
abiotischen Entstehung des Lebens als weitaus wahrscheinlicher auszuweisen. Die Experimente von Stanley Miller und Harold Urey zeigen
jedenfalls, dass eine natürliche Entstehung des Lebens durch gewöhnli-
che physikalische und chemische Prozesse sehr wahrscheinlich ist. Der
aufgrund nachweislicher selbstorganisatorischer Prozesse geprägte Begriff der „Synergetik" drückt aus, dass Ordnung spontan auftritt, ohne –
wie kompliziert das System auch sein mag – übernatürliche Eingriffe
von außen.
    Auch Manfred Eigen ist sich der Problematik des Grenzbereiches
zwischen belebter und unbelebter Natur im Klaren.[181] Deshalb versucht
er auch gar nicht erst, dieses Problem für seine Ausgangsbasis zu lösen,
sondern greift auf den kleinsten unter Wissenschaftlern akzeptierten
Nenner dieser Trennung zurück: Hier die Makromoleküle und dort die
primitiven Einzeller, mit der als Charakteristikum für das Leben wesentlichen Autokatalyse, also der Fähigkeit zur Selbstproduktion. Die Vorgänge, die zu diesem Stadium führen, werden als autokatalytische Prozesse innerhalb der Selbstorganisationstheorien und Autopoiesis-Kon-
zeptionen bezeichnet. Wer dabei die Frage nach dem Ursprung des
Lebens mit der Frage nach dem Ursprung biologischer Informationen
verbindet, wird die Evolution des Lebens auch als einen Prozess der In-
formationsgewinnung verstehen. Von da aus sind es dann nur noch graduelle Schritte von einfachen Reizmustern primitiver Lebensformen bis
hinauf zu der Herausbildung eines reflexiven Bewusstseins, welches in
der Lage ist, Kunst und Wissenschaft hervorzubringen. So beschreibt
gerade Manfred Eigen den Prozess der biologischen Informationsentste-
hung als einen „molekulardarwinistischen Selbstorganisations- und Evolutionsprozess der Materie, in dessen Verlauf biologische Information

---

[180]   Ditfurth, Hoimar von: Im Anfang war der Wasserstoff, 1995, S. 166.
[181]   In: Stegmüller, Wolfgang: Hauptströmungen der Gegenwartsphilosophie, Kröner,
         1987, Bd. 3, S. 209ff.

sukzessive entstand."[182] Gemäß diesem Modell entsteht biologische Information durch selektive Selbstorganisation und Evolution nach Spontanauftreten biologischer Makromoleküle als Träger der biologischen Information. Betrachtet man sich die Entstehung des Universums mit seinen Sonnen, Planeten und Galaxien, so liegt es nahe, Selbstorganisation (die Orientierung eines dynamischen Systems hin auf Ordnung bzw. außersubjektiv und ontisch vorhandene Regelhaftigkeiten) als inhärente Eigenschaft der Materie zu betrachten, womit gleichzeitig jegliche mit dem Metaphysischen und aus erkenntnistheoretischer Sicht dem Subjektiven behaftete Gedankenmodelle, wie der Entelechie- oder Teleologiegedanke, durch eine naturwissenschaftlich nachvollziehbare objektive Erklärung ersetzt wird. Freilich ist die Frage berechtigt, wie weit naturwissenschaftliche Forschung einen solch komplexen Prozess, wie die Entstehung und Evolution des Lebens, prinzipiell überhaupt erklären kann. Wir hatten bereits erwähnt, dass die Unerfüllbarkeit zu hoher Erwartungen nicht nur in menschlichen Unzulänglichkeiten, sondern auch in der Natur der Sache selbst liegt, da die Welt oder die Natur eben nicht vollkommen deterministisch funktioniert. Dabei bilden diese zufälligen, in der Quantenstruktur der Welt begründeten Schwankungen sogar eine unerlässliche Voraussetzung für die Entstehung des Lebens und somit auch für unsere menschliche Existenz. So hat die Mutation ihre Ursache in statistischen Fluktuationen, die letztlich nur quantenmechanisch deutbar sind. Eine vollständige Erfassung aller Vorgänge, die zur Herausbildung des rezenten Lebens führten, lässt sich somit schon alleine aus ontischen Gründen – der Natur der Quantenwelt entsprechend – nicht verwirklichen. Jedoch würde schon ein Verstehen der Prinzipien eine enorme Wissenserweiterung darstellen.

Entscheidend bei der Entstehung und ersten Entwicklung des Lebens waren nach heutigem Erkenntnisstand zufallsbedingte Verstärkung unbestimmter Schwankungen, Prozesse der Segregation und der Selektion sowie die zufällige Entstehung leistungsfähiger Mutanten. Gerade bei den zufälligen Schwankungen lässt sich heute nachweisen, dass sie ihren letzten Grund darin haben, dass die physikalischen Gesetze Wahrscheinlichkeitsgesetze sind. In einem deterministischen Universum wäre es demnach vermutlich gar nicht zur Entstehung von Leben gekommen. Diese auf Manfred Eigen zurückgehende Erkenntnis macht somit das Darwinsche Prinzip zu einem physikalisch fundierten Gesetz der Selbstorganisation der Materie, wenngleich das Wort „notwendig" hier weniger im logischen Sinne als in der Bedeutung von „physikalisch notwendig" gebraucht wird und man von Anfangsbedingungen ausgeht, die nur ungefähr rekonstruierbar sind.

[182]	Küppers, Bernd Olaf: „Der Ursprung biologischer Information. Zur Naturphilosophie der Lebensentstehung", München, 1986.

Die Biogenese, die Entstehung des Lebens, ist somit ein Prozess, welcher in der Eigenschaft der Materie gründet. Besonders Manfred Eigens Konzept der materiellen Selbstorganisation, basierend auf dessen Modell des Hyperzyklus (die Entstehung des Lebendigen als einem Rückkopplungsprozess zwischen Proteinen und Nukleinsäuren) scheint hierfür plausible Belege zu liefern. Zu Eigens Konzept einer abiotischen und natürlichen Entstehung des Lebens gehört „die spezifische Integration von materiellen Elementen zu immer komplexeren Systemen, die hierarchische Schaltung zu übergeordneten, stabileren Einheiten, die jeweils neue *Systemgesetzlichkeiten* aufweisen... Diese autokatalytischen Vorgänge, die vor etwa 3,5 bis 4 Jahrmilliarden sukzessive zur Emergenz, zum ‚Auftauchen' biomolekularer und zellulärer (prozytischer) Systeme geführt haben, waren mithin das Fundament für die Entstehung der Ordnung des Lebens... Wir wissen also heute, dass sich Leben aus unbelebter Materie als Folge universeller Selbstorganisationsprozesse entwickelt hat – zumindest sprechen alle naturwissenschaftlichen Indizien dafür. Die Wirkung immaterieller Kräfte bei der Biogenese ist rational ausgeschlossen."[183]

Ein weiterer Beleg für die gemeinsame Abstammung aller Lebewesen aus einer Urform besteht in der genetischen Universalität aller Lebewesen. Es ist egal, ob es sich bei der Erbstruktur um die einer Pflanze, eines Insektes, Fisches, Vogels oder Menschen handelt. Die Struktur des DNS-Moleküls stimmt bei allen Lebewesen bis hin zur Zusammensetzung ihrer Bausteine, der Nukleotide, überein. Entscheidend für die Mannigfaltigkeit des Lebens und der Herausbildung der unterschiedlichen Arten sind lediglich die verschiedenartige Aufeinanderfolge der Basenpaare, die Länge und Anzahl der DNS-Moleküle sowie die chemische Zusammensetzung des damit reagierenden Zellplasmas. Als Beispiel dafür betrachten wir das Enzym Cytochrom c, welches als Atmungsferment den vom Blut herangeführten Sauerstoff ins Zellinnere befördert. Dieses Enzym wird aus 20 Aminosäuren aufgebaut und hat über einhundert Glieder. Diese „innere" Atmung wird vom Menschen bis hinunter zur Bäckerhefe durch dieses Enzym katalysiert. Wenn man nun die Aminosäuresequenzen dieses Enzyms von unterschiedlichen Spezies vergleicht, kann man feststellen, dass eine überwältigende Übereinstimmung der Positionierung (was mit der Durchnummerierung der einzelnen Glieder leicht verglichen werden kann) ihrer unterschiedlichen Aminosäuren vorliegt, die unmöglich bei allen Lebewesen auf Zufall beruhen kann. So gleicht die Abfolge der 20 unterschiedlichen Aminosäuren in der 104 Glieder langen Molekülkette des Menschen der des Rhesusaffen bis auf eine einzige Ausnahme an der 58. Stelle der Se-

---

[183]   Wuketits, Franz: Grundriss der Evolutionstheorie, Darmstadt, 1989, S. 66.

quenz. Die Zahl der Abweichungen des menschlichen Enzyms im Vergleich zu anderen Spezies nimmt dabei in folgender Reihenfolge zu: Mensch – Rhesusaffe (1 unterschiedliches Glied in der Aminosäurekette), Hund (11 Abweichungen), in Richtung Kaninchen, Huhn, Frosch, Thunfisch, Schmetterling, Weizen... So vergrößert sich die Zahl der nicht übereinstimmenden Aminosäuren innerhalb der Sequenz immer mehr. Dennoch ist die Übereinstimmung insgesamt noch so hoch, dass nur eine Folgerung möglich ist, die zudem auch mit fossilen Funden übereinstimmt: Einzeller, Fische, Insekten, Vögel, Säugetiere und auch wir Menschen stammen von einer Urform des Lebens ab. Die Übereinstimmung in der Sequenz der Aminosäuren bildet hierfür einen einfach nicht mehr zu ignorierenden Beleg. Alle Lebewesen sind somit miteinander (unterschiedlich eng) verwandt. Die Abweichungen innerhalb der Molekülketten unterschiedlicher Arten erklären sich nachweislich durch Mutation. Damit kann man aufgrund der Anzahl der Abweichungen innerhalb der Sequenzen unter Berücksichtigung des Zeitfaktors auf den Stammbaum des Lebens schließen. Je länger zwei Arten sich selbständig voneinander weg entwickelt haben, desto mehr ist die Zahl der produzierten Mutanten und somit auch die Zahl der Sequenzunterschiede im Aufbau ihrer Enzyme angewachsen. Der aus diesem Eiweißvergleich konstruierte Stammbaum des Lebens ist aufgrund der Übereinstimmung somit auch eine Bestätigung der aus paläontologischen Untersuchungen der Fossilien rekonstruierten Entwicklung des Lebens. Aber nicht nur die Sequenz selbst ist ein Beleg für die Verwandtschaft aller Lebewesen, auch das Basen-Triplett, aus dem sich eine ganz bestimmte Aminosäure zusammensetzt, zeigt, dass selbst diese Bausteine, also die Aminosäuren, im ganzen Bereich der belebten Natur vorkommen, vom Bakterium über die Blumen bis zum Menschen.

Wir stehen jetzt an dem Punkt, an dem es zu erklären gilt, wie aus den primitiven Zellformen immer höhere und komplexer entwickelte Zellformationen entstehen konnten. Da man keine Übergangsformen hierzu gefunden hat, geht man davon aus, dass die Weiterentwicklung von den kernlosen Ur-Zellen bis zu den höheren Zellen mit ihren Organellen auf dem noch heute überall in der Natur vorherrschenden Prinzip des Fressens und Gefressenwerdens basiert. Die komplexeren Zellen – so der heutige wissenschaftliche Konsens – sind das Resultat des symbioseartigen Zusammenschlusses verschiedener Ur-Zellen mit unterschiedlich spezialisierten Leistungen und Fähigkeiten. Aufgrund von Nahrungsknappheit begannen sich die Ur-Zellen gegenseitig als Energielieferanten zu betrachten und aufzufressen.[184] Diese Prozesse, wie z. B. eine

---

[184]   Die Biopolymere dienten nun als Nahrung der schnell anwachsenden Zahl der ersten lebenden Zellen. Nachdem diese so quasi ausgestorben waren, konnten sich

168
Peter Kamleiter

Amöbe ein Paramecium verschlingt, sind unter dem Mikroskop ja durchaus auch zu beobachten. In Ausnahmefällen mag dabei die Beutezelle aus irgendwelchen Gründen nicht aufgelöst worden sein, vielleicht weil ein Enzym fehlte oder „fehlerhaft" war, um dies zu bewerkstelligen. Auf diese Weise waren die ersten Pflanzenzellen entstanden, indem sie die Chloroplasten, welche ursprünglich selbständige Algen waren, in sich aufnahmen. Für dieses Modell spricht der Umstand, dass sich bei dem Einzeller *Paramecium bursaria* dieses selbst und die in ihm enthaltenen Chloroplasten auch dann als lebensfähig erweisen, wenn man sie voneinander trennt. Bei höher entwickelten Zellen, mit einer Arbeitsteilung der Organellen, gehen die einzelnen Bestandteile der Zelle zugrunde. Hier hat bereits eine Spezialisierung der ehemals freien Zellbestandteile eingesetzt, die zum Erhalt des Gesamtorganismus beiträgt, der einzeln nicht mehr lebensfähig ist. Sie sind bereits das Ergebnis einer Symbiose oder symbiotischen Vereinigung ehemals freier und unterschiedlich spezialisierter kernloser Ur-Zellen. So hatten gerade die Zellen, welche Mitochondrien in sich vereinnahmen konnten, einen entscheidenden Überlebensvorteil gegenüber solchen, denen diese Organellen fehlten.[185] Zu dieser Zeit bahnte sich ein entscheidender Umbruch an, der von den Chloroplasten ausging. Durch Photosynthese produzierten diese nicht nur für sich Energie, sondern auch – durch die Aufspaltung der dafür benötigten Wassermoleküle – Sauerstoff. Durch die Photosynthese kam es zu einer gewaltigen Vermehrung der ersten Algen, wodurch quasi als Abfallprodukt der freie Sauerstoff entstand. Dies bedeutet nicht nur das Ende der Ur-Atmosphäre, sondern auch das Aus für all das bis dahin existierende mikroskopische Leben, für das Sauerstoff eine neue und giftige Substanz darstellte. Das Auftreten der Eukaryonten bewirkte somit vor ca. 1,5 Milliarden Jahren einen für die weitere Evolution des Lebens wesentlichen Anstieg des O_2-Pegels. Es hat also nahezu 3,5 Milliarden Jahre gedauert, bis die früheste biologische Evolution die ersten Sauerstoff atmenden Zellen hervorgebracht hatte (worauf auch Fossilienfunde erster Landpflanzen hinweisen), wenn man ihren Beginn nach ca. 500 Millionen Jahren der Erdentstehung mit der Herausbildung einer festen Erdkruste annehmen möchte.[186]

---

die Zellen durchsetzen, die es fertig brachten, mit Hilfe von Sonnenenergie organische Verbindungen selbst aufzubauen. Dieser Prozess der Photosynthese wiederum führte zur Sauerstoffanreicherung der Ur-Atmosphäre.

[185] Mitochondrien stellen sozusagen das Kraftwerk der Zelle dar, indem sie durch „Atmung" in der Lage waren, mit Hilfe von Sauerstoff größere Moleküle wie Traubenzucker in kleinere Bruchstücke (Wasser und CO_2) unter Gewinnung der dabei frei werdenden Bindungsenergie zu zerlegen.

[186] Siehe Kandler, Otto, in Wilhelm, Friedrich: Der Gang der Evolution, 1987, S. 118. Auch lässt sich in alten Gesteinsschichten terrestrisch abgelagerter roter Sandstein finden, der nur so entstanden sein kann, dass der photosynthetisch gebildete Sauer-

Die „Erfindung" der Atmung aufgrund des wachsenden Sauer-
stoffgehaltes stellt einen wichtigen Schritt innerhalb der biologischen
Evolution dar. Da dabei nur die Pflanzen in der Lage waren, durch die
Sonneneinstrahlung anorganisches (Kohlendioxid der Luft und Wasser)
in organisches Material (zunächst Kohlenhydrate) zu verwandeln, war
ihre Entstehung die Voraussetzung für tierisches Leben, denn Tiere sind
auf organische Nährstoffe angewiesen. Auch hieran wird die Bedeutung
der Mutation für das Leben ersichtlich. Ohne Mutation ist kein Leben
möglich, weil sonst kein dynamisches Moment hervortreten könnte,
welches sich den ebenfalls ständig auftretenden Umweltveränderungen
anpassen könnte. Die Ursachen der spontanen Mutation können dabei
vielfältiger Art sein. Diese kann auf die innere Instabilität der DNS-
Moleküle oder auf äußere Ursachen zurückgeführt werden. So sind ge-
steigerte Mutationsraten besonders auch durch Ultraviolettstrahlen (wie
sie von der Sonne ausgehen), Röntgenstrahlen, erhöhte Wärme und
Wärmeschocks zu beobachten. Die Mutation an sich ist dabei richtungs-
los und überwiegend negativ bis letal, d. h. nur sehr selten führt sie zu
einer Verbesserung der Struktur oder Funktion. Das, was sich als das
richtungsweisende Moment der Evolution ausweisen lässt, ist die Selektion, welche nachteilige Mutanten eliminiert, die seltenen Fälle von vor-
teilhafter Mutation hingegen fördert. Die Selektion bestimmt somit das
Fortschreiten der phylogenetischen Entwicklung sowie deren Richtung.
Die Angepasstheit tierischer wie menschlicher Populationen an ihre
Umwelt ist kein Zufall, sondern beruht eben auf diesem Prinzip. Neue
Arten entstehen dabei durch das Zusammenwirken von Mutation, Neu-
kombination von Genen durch Sexualität, natürliche Auslese, räumliche
und sexualphysiologische sowie genetische Isolation von Populationen.

Wem die bis jetzt vorgetragenen Stufen der Evolution und die fundamentale Rolle des Zufalls zu spekulativ sind, dem sei noch ein weiteres
Experiment genannt, welches das evolutionsbiologische Grundprinzip
der Mutation auf beeindruckende Weise bestätigt. Aufgrund der Uni-

---

stoff im Wasser frei diffundieren und zum Teil in die Atmosphäre entweichen
konnte. Der Sauerstoffpegel in der Atmosphäre stieg nahezu exponentiell an und
„durch die Umschaltung von Gärung auf Atmung ergab sich eine drastische Steigerung des Wirkungsgrades der heterotrophen Lebensweise (2872 kJ statt 239 kJ pro
Mol Glucose), die die rasche Evolution mehrzelliger ‚energieintensiver' Lebewesen
erlaubte". Der heutige Sauerstoffgehalt der Atmosphäre liegt bei 21 % und wurde
nahezu ausschließlich durch biologische Prozesse (pflanzliche Photosynthese) auf
diesen Wert angehoben. Allerdings war der Auslöser dieser Entwicklung die abiotische Photolyse. Auch aus der Anwendung biochemischer und molekular-
biologischer Methoden ergibt sich somit, dass die Entstehung des Lebens vor ca.
vier Milliarden Jahren eingesetzt haben muss, und zwar als koevolutiver Prozess
zusammen mit der Entstehung der Erdkruste wie der Atmosphäre.

versalität des genetischen Codes kann von einer prinzipiell allgemeingültigen Bedeutung dieser Versuche ausgegangen werden. Dem amerikanischen Biologen und Nobelpreisträger von 1958, Joshua Lederberg, ist hierfür der Nachweis im Labor gelungen. Lederberg benutzte für seine berühmten Stempelversuche Bakterien, deren durchschnittliche Generationsdauer nur bei etwa 20 Minuten liegt. Lederberg züchtete in einer Petrischale Bakterien. Mit einem kreisrunden samtüberzogenen Stempel machte er vorsichtig einen Abdruck von diesen Bakterienkolonien und übertrug diese somit auch in ihrer räumlichen Anordnung auf eine zweite Petrischale, die anstatt eines Nährbodens ein Konzentrat aus Penicillin enthielt. Dabei zeigte sich, dass von den ungefähr 100.000 kleinen Staphylokokken-Kolonien nur vier überlebt hatten. Der Rest konnte unter den für Bakterien lebensfeindlichen Umweltbedingungen nicht gedeihen und starb ab. Die vier resistenten Kolonien aber vermehrten sich und bedeckten bald den ganzen Boden der zweiten Petri-schale, die jetzt im Unterscheid zur ersten Schale ausschließlich penicillinresistente Staphylokokken enthielt. Da bei der Übertragung durch den Stempel auch die räumliche Anordnung der ersten Kultur mit übertragen wurde, konnte Lederberg die vier resistenten Ur-Kolonien der Mutterschale lokalisieren. Bei der Überprüfung des Versuches entnahm er immer wieder zahlreiche Proben aus der ersten Schale, immer mit dem Erfolg, dass keine der Bakterienkolonien auf dem penicillinhaltigen Boden gedeihen konnte, außer mit immer genau den vier Ausnahmen, die sich bereits beim ersten Versuch als resistent erwiesen hatten. Daraus ist zu schließen, dass es nicht der Kontakt mit dem Medikament selbst war, der einige Bakterien zur Mutation bewegte, sondern dass die mutierten Varianten bereits in der ersten Schale vorhanden waren, also bevor der Kontakt mit dem Penicillin zustande kam. Aus irgendeinem zufälligen Grund besaßen also von über 100.000 Bakterienkolonien einige wenige genau diese Abweichung vom Rest, die ihnen das Überleben auf der penicillingetränkten Basis ermöglichte. Der Zufall besteht auch darin, dass man jederzeit andere Antibiotika wählen kann, die dann andere dagegen resistente Bakterien überleben lassen. Dieser Versuch ist deshalb so bedeutsam, weil er zeigt, dass Mutation und Selektion tatsächlich ein grundlegendes Prinzip des Lebens ist. Daraus lässt sich im Analogieschluss folgern, dass auch auf der Erde nicht exakt die biologischen Ereignisse hätten eintreten müssen, die eingetreten sind, um das heute zu beobachtende Leben hervorbringen zu können. Die Mutation hätte unter anderen Umweltbedingungen eben andere Wege gefunden, Leben in anderer Form voranzubringen.

Das auf der Stufenleiter des Lebens auftretende erste echte vielzellige Individuum ist der „Volvox", der als grünlicher Punkt bereits mit bloßem Auge zu erkennen ist. Neben einer zu beobachtenden Arbeitsteilung der unterschiedlichen Zellen kann sich erstmals bei diesem Vielzeller nicht mehr jede einzelne Zelle vermehren, sondern nur noch relativ wenige. Im Gegensatz zu den potentiell unsterblichen Einzellern[187], bei denen es aufgrund der fortwährenden Zellteilung quasi keine „Leiche" gibt, tritt hier zum ersten Mal die mit der Arbeitsteilung zusammenhängende Trennung in sterbliche Körperzellen und potentiell unsterbliche Keimzellen, die für die Vermehrung zuständig sind, auf. Wenn man so will, ist die Sterblichkeit der Preis dafür, den die Entwicklung vom Einzeller zum Mehrzeller gefordert hat. Die biologischen Vorteile, z. B. eine steigerungsfähige Körpergröße, ist somit mit einer begrenzten Lebensdauer erkauft worden und der Tod aus biologischer Sicht somit ein vollkommen natürlich zu erklärendes Phänomen.

Eine weitere wichtige Station der Evolution war der Übergang der Lebewesen vom Wasser auf das Land.[188] Zunächst gab es unter den sich allmählich entwickelnden Landsäugetieren nur sogenannte „Kaltblüter", welche noch nicht in der Lage waren, eine gleichbleibende Körpertemperatur aufrechtzuerhalten. Wie ihre Vorfahren aus dem Wasser mussten sie quasi völlig passiv die Temperatur ihrer Umwelt annehmen, weshalb sie bei niedrigen Temperaturen (z. B. in der Nacht oder in kälteren Jahreszeiten) in eine Art Kältestarre verfielen. Auch in dieser Periode der „Kaltblüter" wurde durch Mutation allmählich eine Änderung herbeigeführt, die manchen Tieren einen Überlebensvorteil einbrachte. Dieser bestand in der Fähigkeit, die durch Nahrung aufgenommene Energie in Körperwärme umzusetzen, was eine zunehmende Unabhängigkeit gegenüber der Außentemperatur bedeutete. Wir können diesen Übergang heute noch an primitiven Säugetieren, wie z. B. den australischen Beuteltieren, nachvollziehen, die diese Zwischenstellung der poikilothermen (wechselwarmen) und homoiothermen (gleichtemperierten bzw. „warmblütigen") Tiere repräsentieren.

---

[187] „Potentiell unsterblich" bedeutet, dass die Einzeller aufgrund der ständigen Zellteilung nicht aus inneren Ursachen sterblich sind. Es entstehen so immer wieder neue Zellen, ohne dass es eine „Leiche" gibt. Natürlich hat es schon alleine aufgrund des begrenzten Lebensraumes genügend äußere Ursachen gegeben, die eine unendliche Vermehrung praktisch nicht möglich werden ließen.

[188] Weshalb dieser Übergang stattfand, ist nicht ganz geklärt, denn prima facie scheinen damit mehr Nachteile als Vorteile verbunden gewesen zu sein. Vielleicht war der Umstand, dass es auf dem noch nicht mit Lebewesen besiedelten Land keine Konkurrenz gab, ein Grund dafür, weshalb sich die Wassertiere allmählich in diese „Nische" hinein ausbreiteten. Die Nachteile, welche mit diesem Übergang denkbar wären, bestanden vor allem darin, dass diese Tiere nun Temperaturschwankungen unterlagen, denen sie zuvor zumindest in diesem Maße nicht ausgeliefert waren und die so den Stoffwechsel beeinträchtigen können. Auch musste nun das Körpergewicht, das im Wasser nur knapp über dem spezifischen Gewicht von 1 lag, mit einem wesentlich höheren Energieaufwand bewegt werden. Bis zu 40 % der gesamten Stoffwechselenergie gehen dabei verloren.

Aber auch bei der embryonalen Entwicklung menschlichen Lebens gibt es eindeutige Hinweise auf die Herkunft der Säugetiere aus dem Wasser. Wir können hier eine Art evolutionären Schnelldurchgang beobachten, der diese bereits Millionen von Jahren zurückliegenden evolutionsgeschichtlichen Zwischenstationen tatsächlich, wenn auch unvollständig, rekapituliert. Unsere Gene haben scheinbar das phylogenetisch gespeicherte Erbmaterial nicht einfach vergessen: So entwickelt sich anfangs ein Schwanz, der sich dann zum Steißbein zurückentwickelt. Kiemen aus unserer Vorzeit im Meer entstehen kurzfristig. Die Augen sind zunächst, wie bei frühen tierischen Entwicklungsstufen, weit voneinander an den Seiten des Kopfes angebracht und im vierten Monat etwa entwickelt der Embryo auch einen Haarpelz. Auch diese genetisch vorgegebene pränatale Entwicklung jedes einzelnen Menschen weist zusammen mit anderen Bereichen, wie z. B. der Paläontologie oder der Genetik, auf die Richtigkeit des Entwicklungsgedankens hin.

Was nun endlich die Stammesgeschichte des Menschen angeht, so trennten sich nach heutigem anthropologischem Erkenntnisstand die Stammeslinien von Menschen und Schimpansen (der Bonobo ist unser nächster lebender Verwandter) vor ca. fünf Millionen Jahren. Darauf weisen genetische Analysen des Max-Planck-Instituts für evolutionäre Anthropologie in Leipzig hin. Die ersten Halbaffen gab es bereits im Paläozän vor ca. 65 Millionen Jahren und die Hominiden (Menschenartigen) zweigten sich im Mittleren Miozän vor etwa 12–15 Millionen Jahren von den ersten echten Affen ab, wie Propliopithecus und Aegyptopithecus. Sie werden als Vorstufe zu den Menschenaffen angesehen. Als entscheidend für die spezielle Entwicklung des spättertiären Affen zum Menschen wird der klimatisch bedingte Übergang vom Baum- zum Bodenleben angesehen. Die damit verbundene Entwicklung des aufrechten Ganges war eine Voraussetzung u. a. auch für die Herausbildung der Hände. Deren immer diffiziler werdender Gebrauch, bis hin zur gezielten Werkzeugherstellung vor ca. 2,5 Millionen Jahren (Oldovay-Kultur), war neben anderen Faktoren für die Vergrößerung des Gehirns ursächlich. Für den Frankfurter Paläoanthropologen Friedemann Schrenk ist das vergrößerte Hirnvolumen das entscheidende Unterschiedsmerkmal zwischen Australopithecinen (vor rund vier bis zwei Millionen Jahren) und den ersten Vertreter der Gattung Homo. Während sich das Hirnvolumen der Australopithecinen nicht wesentlich von dem der Schimpansen unterschied, wuchs es von Homo habilis (ca. 600 cm^3) über Homo erectus (ca. 1000 cm^3) bis hin zum Homo sapiens (bis zu 1500 cm^3) im Laufe der Jahrmillionen immer mehr an. Die Produktion von Artefakten erfordert besondere Fähigkeiten, z. B. eine genaue Vorstellung von dem was angefertigt werden soll, also ganz bestimmte motorische und kognitive Fähigkeiten. Die Fleischbeschaffung und -verwertung stand wiederum im

Zusammenhang mit dem Gebrauch von Werkzeugen. Auch ist zu bedenken, dass eine Zunahme der Gehirngröße nur durch eine erhöhte
Energiezufuhr, also durch eine Ernährung mit Fleisch, möglich war. Die
Beschaffung von Fleisch wiederum förderte und setzte ein hohes Maß an
sozialer Organisation und Kooperation voraus. Der Konkurrenzdruck
um Nahrung, der durch die überlegenen Vertreter der Gattung Homo
immer größer wurde, dürfte schließlich auch zum Aussterben der Australopithecinen geführt haben. Es gilt als wahrscheinlich, dass die ersten
Vertreter der Species Homo, also Homo rudolfensis und Homo habilis,
aus den „grazilen" Australopithecus-Arten vor rund 2,5 Millionen Jahren hervorgegangen sind. Die Entwicklung der Sprache ist für die Hominisation neben der Werkzeugherstellung und der Vergrößerung des
Gehirns ein weiteres ganz entscheidendes Kriterium für die Entwicklung
der menschlichen Intelligenz. All diese Faktoren hängen eng zusammen,
denn zwischen Sprache und Funktion sowie Größe unseres Gehirns hat
ein evolutionärer Rückkopplungsprozess stattgefunden, der schließlich
zu einem zunehmenden abstrakten Denkvermögen führte. Die zunehmende gegenseitige Vernetzung biologischer und kultureller Faktoren
ist also ein ganz entscheidendes Merkmal der Gattung Homo. Die biologische Evolution ging sozusagen fließend in die kulturelle Evolution
über. Eine absolute Trennung von Natur und Kultur gibt es so nicht.
Auch nicht die von Körper und Geist, was in der moderne Hirnforschung mittlerweile selbstverständlich ist.

Trotz der allmählichen geistigen Überlegenheit gegenüber seiner
tierischen Verwandten stellt der Mensch aus evolutionsbiologischer
Sicht aber nichts prinzipiell Einzigartiges oder Krönendes dar. Auch Tiere besitzen – wenn auch sehr unterschiedliche und keineswegs mit dem
menschlichen Verstandesvermögen vergleichbare – „intellektuelle" Eigenschaften. Bei höheren Tieren, die dem Menschen verwandtschaftlich
nahe stehen, wie z. B. die Schimpansen, lassen sich durchaus kognitive
Leistungen beobachten, die einen hohen Grad an Intelligenz voraussetzen. So zeigen zahlreiche Problemlösungsversuche bei Schimpansen,
dass diese durchaus in der Lage sind, logische Schlussfolgerungen zu
treffen, wenngleich der Vorstellungsverlauf aufgrund einer fehlenden
Sprache und Begrifflichkeit nicht mit der des Menschen zu vergleichen
ist. Aus gehirnphysiologisch anatomischer Sicht ist das Vorderhirn der
Menschenaffen ähnlich wie beim Menschen in vielerlei sensorische, motorische und assoziative Funktionszentren gegliedert. Die Farben, die sie
wahrnehmen können, entsprechen dem Wellenbereich der von Menschen wahrgenommenen Farben. Die Physiognomie, die mit Freude,
Angst, Wut und Schmerz verbunden ist, ähnelt stark der unsrigen.[189]
Auch sind sie zu einer sprachartigen averbaler Kommunikation in der

---

[189]   Rensch, Bernhard: Das universale Weltbild, 1991, S. 196ff.

Lage. Die Forschung mit anderen Tieren hat ergeben, dass hier ein unge-
ahntes Potential an Intelligenz steckt. Robben z. B. sind in der Lage,
komplizierte abstrakte Figuren selbst dann wiederzuerkennen, wenn
diese gedreht oder gespiegelt wurden. Eine Aufgabe, die selbst Menschen nicht immer leicht fällt.[190] Schon alleine aus der Verhaltensforschung liegt der Schluss nahe, dass menschliche Intelligenz nur eine
Weiterentwicklung tierischer Vorfahren ist. Diese These wird von der
vergleichenden Evolutionsbiologie aufgrund von gehirnphysiologischen
Untersuchungen gestützt. Auch wenn sich anhand des fossilen Skelett-
materials nicht sehr viel über das Verhalten unserer Vorfahren sagen
lässt, so kann man doch zumindest aufgrund der Struktur von Augen-
höhlen, Nasenmuscheln und Ohrknöchelchen auf die Ausprägung der
entsprechenden Sinne und aus der Größe und Gestaltung des Hirnrau-
mes auf die zentralnervösen Leistungsfähigkeit schließen. Ausgüsse aus
der Schädelhöhle lassen Hirnfurchen und Hirnadern erkennen, so dass
auch hier, neben tierpsychologischen Forschungsergebnissen, paläontologische Rückschlüsse möglich sind, die uns Einblick in die phylogenetische Entwicklung des Gehirns geben. Die biblische Vorstellung, der
Mensch sei ein separat erschaffenes Wesen, Krönung und Mittelpunkt
der Schöpfung, welches Gott Geist und Seele eingehaucht hat, steht somit im klaren Widerspruch zu den naturwissenschaftlich gesicherten
Erkenntnissen. Das seelische und geistige Vermögen des Homo faber
oder Homo sapiens ist evolutiv, also auf materieller und naturhafter Basis, d. h. ohne außer- oder übernatürliche Hilfestellung, erklärbar.

Freilich reichen bei der Erfassung des heutigen Menschen und seiner
Entwicklung zum Homo faber rein biologische Aspekte nicht aus. Abstraktion, Sprache und Schrift sind wesentliche kulturelle Aspekte, die
aber dennoch nicht unabhängig von den biologischen oder genetischen
Voraussetzungen zu sehen sind. Für den bereits erwähnten amerikanischen Evolutionsbiologen Edward O. Wilson ist es aufgrund empirischer
Untersuchungen eindeutig, dass die menschliche Kultur neben einer
sicherlich nicht zu leugnenden Eigendynamik, letztlich aber auch in ihrer Entwicklung genetische Ursachen hat. Er spricht daher von einer
„genetisch-kulturellen Koevolution". „Kultur wird vom kollektiven Verstand erschaffen. Jeder einzelne Verstand ist seinerseits das Produkt des
genetisch strukturierten menschlichen Gehirns. Gene und Kultur sind
daher untrennbar miteinander verbunden."[191] Wilson belegt dies durch
mehrere Beispiele, u. a. mit der Farbwahrnehmung. So resultiert die „gesamte menschliche Farbenkultur" aus der genetisch bedingten Anordnung der Farben im Farbenspektrum. Beispielsweise unterlag der kultu-

190   Bild der Wissenschaft, 2/1999, S. 16ff.

191   Wilson, Edward: Die Einheit des Wissens, 1998, S. 171.

relle Entwicklungsprozess von Worten zur Beschreibung von Farben in allen Kulturen genau diesen biologischen Zwängen, wie eine von Wilson erwähnte Studie an der University of California in Berkeley herausfand. „Unsere Gene legen fest, dass wir die verschiedenen Wellenlängen des Lichts auf eine ganz bestimmte Weise sehen, und unsere zusätzliche Veranlagung, die Welt in Einheiten einzuteilen und diese mit Worten zu benennen, bewegt uns dazu, dass wir bis zu elf farbliche Grundeinheiten in einer bestimmten hierarchischen Reihenfolge strukturieren... Aus den elementaren Beispielen von Parasprache und Farbvokabular wird deutlich, dass sich Kultur aus den Genen erhob und für immer ihren Stempel tragen wird."[192]

Ähnliches ließe sich auch über unsere musikalische Kultur sagen. Auch unser Hörempfinden lässt sich auf die Beschaffenheit und den Obertonaufbau einzelner Töne (richtiger „Klänge") und sogar auf die obertönige Zusammensetzung der Vokale beim Sprechen, also auf Sprache zurückführen. Man vermutet (besonders seit Helmholtz, der dieser Frage physikalisch nachging) nicht ganz unbegründet hierin die Wurzeln unseres darauf basierenden und mit den Zahlenverhältnissen des zunächst nur unbewusst zu hörenden Obertonaufbaus übereinstimmenden Tonsystems, welches wiederum die Voraussetzung der sich darauf entwickelnden musikalischen Kultur darstellt.

Eine in der Kulturgeschichte der Menschheit weitere wichtige Erfindung war die auf die Entwicklung eines Sprachvermögens folgende Schrift, mit der nun das bis dato mündlich tradierte Wissen fixiert werden konnte und zu einer immensen Akkumulation von Wissen führte. Auch bei der kulturellen Evolution gibt es Mutationen in Form von Ideen, die ebenfalls sowohl einem intraspezifischen wie auch interspezifischen Selektionsverfahren unterworfen sind. Wie sich neue Gene ausbreiten, so auch neue Ideen und Erfindungen. Ebenso spielen bei der Entwicklung von Kulturen Isolationsfaktoren eine Rolle, wie man an den unterschiedlichen sozialen, kulturellen und wissenschaftlichen Standards unterschiedlicher Populationen feststellen kann. Wie im biologischen Bereich, so ist auch bei den Kulturen sowohl Anagenese[193] (Höherentwicklung) als auch Stasigenese (evolutiver Stillstand bei optimaler Anpassung), z. B. bei den Ureinwohnern des Amazonasgebietes, zu konstatieren.[194]

---

[192] Wilson, Edward: a.a.O., 1998, S. 218f.

[193] Als besondere Kennzeichen der Anagenese lassen sich dabei 1. Zunahme der Komplexität, 2. Fortschreitende Rationalisierung, 3. Entwicklung komplexer und effizienter Nervensysteme, 4. Körpergrößenzunahme, 5. Überleben „nicht spezialisierter" Formen, 6. Zunahme der Plastizität und 7. Umwelterweiterungen anführen.

[194] Näheres: Rensch, Bernhard: Das universale Weltbild, 1991, S. 140ff; oder Wuketits, Franz: Grundriss der Evolutionstheorie, 1989, S. 114ff.

Wir müssen also an dieser Stelle aufgrund der nachweisbaren Entwicklungsgeschichte festhalten: Auch der menschliche Geist stellt eine natürliche und stufenweise nachvollziehbare Weiterentwicklung der Evolution dar, die sich keineswegs nur im Bereich des Phänotyps vollzogen hat.
Der z. B. von katholischer Seite vertretene Leib-Seele-Dualismus, der
davon ausgeht, dass die Seelen direkt von Gott geschaffen und dem Leib
„eingehaucht" sind, ist mit den heutigen evolutionsbiologischen bzw.
paläontologischen Erkenntnissen schlicht unvereinbar. Auch die von
vielen Philosophen und insbesondere Theologen noch immer viel zu
wenig berücksichtigte Anthropologie und Verhaltensforschung bestätigt
dieses Eingebundensein des Menschen in die Natur, sprich in die Tierwelt, der er entstammt, ebenfalls mit zahlreichen Erforschungen. Unsere
sozialen Verhaltensmuster können direkt aus dem Tierreich abgeleitet
werden. Von z. B. dem Imponiergehabe paarungsbereiter männlicher
Säugetiere und den Demutsgesten weiblicher Tiere, deren Sexualhormo-
ne sogar die gleichen sind wie die beim Menschen, gibt es verblüffende
Parallelen. Natürlich sind viele der instinktiven Handlungen im Laufe
der Zeit kulturell überlagert worden, aber gerade was den sexuellen Bereich angeht, laufen die entscheidenden Phasen dabei ebenso reflexhaft
ab wie bei den Tieren. Darüber hinausgehend spricht Konrad Lorenz
sogar von „moralanalogen Verhaltensweisen" bei Tieren.[195] Versteht
man also unter dem Begriff „Seele" die auf physiologischer Grundlage
basierenden Akte des Denkens, Vorstellens, Fühlens, Verhaltens etc., so
kann in diesem natürlichen Sinne dieser Begriff auch unter Berücksichtigung evolutiver und neurowissenschaftlicher Aspekte durchaus aufrechterhalten bleiben. Egal ob man den Begriff auf eine allerdings bis
heute noch nicht nachgewiesene rein religiös-spekulative Weise mit dem
ebenfalls fraglichen Göttlichen in Zusammenhang bringt oder nicht –
dass Bewusstseinsvorgänge physiologischen Hirnprozessen unmittelbar
entsprechen bzw. mit diesen korrelieren und somit das Materielle eine
entscheidende Funktion besitzt, ist heute nicht mehr zu leugnen. Konrad
Lorenz hat mit als Erster auf den Begriff der „Fulguration" aufmerksam
gemacht, nach dem in der evolutiven Entwicklung völlig neue Systemei-
genschaften entstehen, die vorher auch nicht in Andeutungen vorhanden gewesen sind, wie z. B. Leben oder Bewusstsein.[196] Lorenz spricht
sich klar gegen ein wie von Bernhard Rensch vertretenes pan-

---

195   Lorenz, Konrad: Das sogenannte Böse. Zur Naturgeschichte der Aggression, Mün-
      chen, 1974.

196   Lorenz, Konrad: Die Rückseite des Spiegels, Pieper 1997, S. 64: „Eine neue und
      komplexe Funktion entsteht oft, wenn nicht immer, durch die Integration mehrerer,
      schon vorhandener einfacherer Funktionen, die als einzelne und unabhängig von
      der späteren Integration funktionsfähig waren und die, weit davon entfernt, zu
      verschwinden oder ihre Wichtigkeit einzubüßen, als unentbehrliche Bestandteile
      der neuen Einheit weiterfunktionieren."

psychistisches Weltmodell aus.[197] Für ihn besteht der Aufbau der Welt in Schichten, bei denen neue Gesetzlichkeiten und kategoriale Formungen auftreten, welche nicht nur „graduelle", sondern auch „wesentliche" Änderung bedeuten.[198] Das sich im Laufe der Zeit herausbildende Höhere steht dabei zwar in Abhängigkeit vom vorausgehenden Niederen, weist aber dennoch Selbständigkeit auf: „Wir wissen mit Sicherheit, dass höhere Systeme aus niederen entstanden sind, dass sie aus ihnen aufgebaut sind und sie noch heute als Bausteine enthalten. Wir wissen auch ganz sicher, welche Vorstufen es waren, aus denen höhere Lebewesen entstanden sind. Jeder Akt des Aufbaus aber bestand aus einer ‚Fulguration', die sich in historischer Einmaligkeit in der Stammesgeschichte ereignete, und dieses Ereignis trug jedes Mal den Charakter des Zufälligen."[199] Diese „vier großen Schichten des Seins" erblickt Lorenz im Anorganischen, Organischen, dem Seelischen (in einem nicht-theologischen eher als Empfindung gedachten Sinne) und im Geistigen. In Bezug auf das Leib-Seele-Problem vertritt Lorenz eine versöhnliche Zwischenstellung, die zwar von der unmittelbaren materiellen Abhängigkeit aller Bewusstseinsleistungen ausgeht, denen aber dennoch als höhere Fulgurationsebene Eigenständigkeit zukommt, die von den diesen zugrunde liegenden physiologischen oder materiellen Ursachen kategorial verschieden ist. Das aus seinen Vorläufern sich zusammensetzende Höhere und somit wesenhaft Neue – z. B. das lebende System oder das Bewusstsein – kann dabei aber niemals restlos erklärt werden. Somit bleibt also immer ein nicht rationalisierbarer Rest, auch wenn grundsätzlich die abhängige und korrelative Beziehung zwischen Materie und Geist unter Berücksichtigung evolutionärer Aspekte betont wird. Allerdings

---

[197] Auch Bernhard Rensch vertritt eine Position, nach der Geist erst ab einer höheren Entwicklungsstufe nach evolutiven Prinzipien entstanden ist. Jedoch bringt er mit der panpsychistischen Anschauung einer protopsychischen Beschaffenheit der Materie ein spekulatives Element mit ein, welches Lorenz ablehnt. Für ihn ist die schrittweise Entstehung von Bewusstsein aus Materie ohne diese (Zusatz-) Hypothese hinreichend bestätigt. Für ihn sind es die spezifischen „protopsychischen Eigenschaften" der Elementarteilchen, wie Energie, Ladung, Spin usw., welche durch ihre Zusammensetzung das Geistige ausmachen.

[198] Zwar schafft nach Lorenz jeder Evolutionsschritt „einen wesensmäßigen und nicht nur graduellen Unterschied", aber er betont auch, dass „das Unverständnis für das organische Werden und für die ihm entspringenden, stets wesensverschiedenen, aber immer aufeinanderruhenden Schichten des Lebendigen" für das Verständnis „jedweder historischer Zusammenhänge" hinderlich ist. Dies gilt auch für die kategoriale Verschiedenheit von Mensch und Tier, welche „durch die Fulguration des menschlichen Geistes entstanden ist." Lorenz, Konrad: Die Rückseite des Spiegels, 1997, S. 212f. In diesem Werk gibt Lorenz auch einen Aufriss nicht nur darüber, wie sich Leben allmählich immer höher entwickelt hat, sondern auch darüber, wie sich Denken und Geist stufenweise immer weiter entfaltet hat.

[199] Lorenz, Konrad: Die Rückseite des Spiegels, 1997, S. 55.

ist Lorenz davon überzeugt, dass unter „Voraussetzung einer restlosen
Kenntnis der Struktur jedes lebende System, auch das höchststehende...
auf natürliche Weise, d. h. ohne Heranziehung außernatürlicher Faktoren erklärt werden" kann.[200]

Einen Beleg für die behauptete Evolution nicht nur des Phänotyps, sondern auch des Geistes erhält man auch aus der hierarchischen Struktur
unseres Gehirns. Aufgrund seiner unterschiedlichen Schichten und deren Funktion lässt es sich ebenfalls lückenlos in den Entwurf des Evolu-
tionsprinzips einfügen. Dies lässt sich am Beispiel der Narkotisierung
des Gehirns in der Medizin darlegen. So konnte man bei der früher üblichen Narkose durch Ätherdämpfe zunächst die jüngere und weil auch
komplexer aufgebaute äußere Schicht des Gehirns narkotisieren. Dadurch wurde die höhere Funktion des Gehirns, das Bewusstsein, ausge-
schaltet. Nun übernimmt der nächst ältere und tiefer liegende Teil des
Gehirns, der obere Abschnitt des Hirnstammes, die Kontrolle. Da das
Prinzip so zu verstehen ist, dass die älteren Hirnareale auch die entsprechend widerstandsfähigeren sind, werden somit also zunächst die jüngeren und entsprechend höher entwickelten, aber auch sensibleren und
leichter zu störenden Gehirnareale und deren Funktionen eliminiert.[201]
Da der nun noch funktionierende obere Abschnitt des Hirnstammes,
welcher ebenso bereits bei Fischen und Reptilien ausgebildet ist und die
Automatismen der Instinkte und Triebe verursacht, nun nach Ausschaltung des Bewusstseins instinktiv diesen Vorgang als Bedrohung empfindet, beginnt jetzt die Phase des sogenannten „Exzitationsstadiums",
d. h. der Patient beginnt nun für einen Moment, um sich zu schlagen, er
versucht sich unbewusst gegen diesen als Angriff empfundenen Eingriff

---

[200]   Lorenz, Konrad: a.a.O., 1997, S. 53. Aus praktischen Gründen ist Lorenz der Mög-
        lichkeit einer umfassenden Lösung des Leib-Seele-Problems gegenüber allerdings
        eher skeptisch eingestellt. So kann eine vollkommene Reduktion oder gar Gleich-
        setzung geistiger Phänomene mit ihren neurologischen Grundlagen durch die da-
        zwischen liegenden zahlreichen Fulgurationsschritte nach seinem Dafürhalten
        nicht mehr, auch nicht durch naturwissenschaftliche Mittel wie die Gehirnfor-
        schung, vollzogen werden. Prinzipiell jedoch, unter Voraussetzung einer allerdings
        nach Lorenz' Auffassung nie zu erreichenden restlosen Kenntnis der Struktur (z. B.
        des Gehirns oder des Lebens) wäre diese Reduzierung zumindest rein theoretisch
        möglich. So geht er also von einer evolutiven und fulgurativen Höherentwicklung
        des Lebens als real stattfindend aus, die aber wegen der unzulänglichen
        Rekonstruierbarkeit vom forschenden Menschen nicht mehr exakt und in allen Ein-
        zelheiten, sondern nur noch prinzipiell nachvollziehbar ist.

[201]   Man kann dies, wenn man möchte, durchaus mit menschlichen technischen Erfin-
        dungen, z. B. dem Auto oder Flugzeug, vergleichen. Auch in der Evolution der
        technischen Errungenschaften stellen die jüngeren und komplexeren Weiterent-
        wicklungen, wie z. B. die Elektronik eines Flugzeuges, das jüngste und komplexes-
        te, aber auch anfälligste Glied dar.

in Form einer Vergiftung durch ein instinktives Abwehr- und Fluchtverhalten zu wehren, da die kritische höhere Instanz, die ihm sagen könnte, dass es sich hier nur um einen operativen Eingriff zu seinem Vorteil handelt, nicht mehr funktioniert. Erst wenn auch der Hirnstamm durch weitere Narkotisierung außer Gefecht gesetzt ist, kann dann operiert werden. Die Kunst des Narkosearztes bestand also darin, diese Stadien genau einzuschätzen und zu dosieren. Der untere Hirnstamm als älteste Schicht des menschlichen Gehirns, welcher die vegetativen Funktionen (Kreislauf, Atmung, Temperaturregulation usw.) und somit das Leben des Patienten aufrechterhält und steuert, darf also nicht geschädigt werden.[202] Die funktionelle Arbeitsweise unseres Gehirns (ebenso wie die unseres Geistes als Teilprodukt davon) hat also ihre Entsprechung im anatomischen Aufbau des Gehirns, das wie geologische Sedimente geschichtet ist und somit ebenfalls als eindeutiger Beleg für die evolutive Entstehung zu sehen ist. Zuunterst das Alte und nach weiteren Zwischenstufen ganz oben das Neue in Form der Gehirnrinde mit den höheren Bewusstseinsleistungen, welche das spezifisch Menschliche ausmachen.

Was ebenfalls noch für die These der direkten Abhängigkeit des Geistes von seiner materiellen Grundlage, dem Gehirn, spricht, ist dessen Beeinflussung von Verletzungen von außen, bei der gewisse – je nachdem, welche Gehirnregion betroffen ist – Veränderungen des Geistes oder von Wesenseigenschaften auftreten. Auch übermäßiger Alkoholkonsum führt zu Bewusstseinsänderungen, was die Bedeutung biochemischer Abläufe im Gehirn für unser „Ich" bzw. unser Bewusstsein unterstreicht. Besonders Drogen, wie z. B. LSD, verdeutlichen, wie eng materielle (chemische oder physikalische) Prozesse und deren Auswirkungen auf den Geist verknüpft sind. Indizien, die für eine seit Jahrtausenden von Priestern und Philosophen behauptete Existenz einer hiervon unbeeinflussten immateriell gedachten Seele sprechen würden, haben sich aus heutiger naturwissenschaftlicher Sicht nicht bestätigt.

Die Vorstellung, unser Geist oder unsere „Seele" sei eine vom Körper unabhängige und selbständige Entität wurde bereits in der Antike kontrovers diskutiert. Schon damals gab es Philosophen wie Epikur und Demokrit, die die Seele nur als Produkt physischer Prozesse ansahen. In den besonders stark christlich geprägten mittelalterlichen Jahrhunderten war allerdings ein Bekenntnis zu diesem Materialismus nicht nur nicht en vogue, sondern auch lebensgefährlich, weil damit unweigerlich die Absage an eine jenseitige, rein geistige Welt verbunden war, die im Wi-

---

[202] Vielen Menschen, die sich einer ansonsten schmerzhaften Operation unterziehen müssten, kommt somit der Tatbestand zugute, dass sich die jüngeren bewusstseinsfähigen Schichten unseres Gehirns sukzessive außer Gefecht setzen lassen, ohne dabei bei sachgerechtem Vorgehen die älteren und unten liegenden lebensnotwendigen Gehirnareale zu schädigen.

derspruch zur kirchlichen Weltanschauung stand und bis heute auch noch immer steht. Erst mit der Aufklärung, insbesondere mit dem französischen Arzt und Philosophen Offroy de La Mettrie (1709–1751), konnte sich eine materialistisch-naturwissenschaftliche Sichtweise allmählich etablieren. Der Grund hierfür waren sicherlich einerseits die unter immer mehr Gelehrten nicht mehr als sehr glaubhaft empfundene kirchliche Lehrmeinung hierzu und andererseits die naturwissenschaftlichen Erkenntnisse, aus denen die Folgerung zu ziehen war, dass mentale Prozesse vom Vorhandensein eines Nervensystems abhängig sind, was einer Entthronung der – gegenüber der als minderwertig angesehenen Leiblichkeit stehenden – autonom und göttlich gedachten Seele gleichkam. Diese Tendenz verstärkte sich im 19. Jahrhundert immer mehr. So konnten u. a. der Anthropologe Paul Broca (um 1861) und kurz darauf Carl Wernicke (1874) die nach ihnen benannten Sprachzentren im Hirn lokalisieren und nachweisen, dass es im Gehirn verschiedene Areale gibt, denen spezifische mentale Funktionen zugeordnet werden. Ist das Brocasche Sprachzentrum verletzt, so können die Betroffenen sich nur noch langsam und mühsam artikulieren, während der Sinn des Gesagten richtig ausgedrückt ist. Bei einer Verletzung des Wernickeschen Sprachzentrums verhält es sich genau anders herum, hier wird der Sprachfluss nicht beeinträchtigt, jedoch ergeben die Sätze keinen Sinn mehr. Weitere empirische Hinweise für die materielle Abhängigkeit geistiger Zustände folgten – so der in der Mitte des 19. Jahrhundert Furore machende Fall des Bauarbeiters Phineas Gage. Gage überlebte eine Explosion, bei der sich eine Eisenstange durch sein Gehirn bohrte. Allerdings brachte diese Verletzung eine Bewusstseinsveränderung mit sich, die ihn derart negativ veränderte, dass Freunde ihn nicht mehr als den Gage, den sie einmal kannten, wiedererkennen konnten. Er war aggressiv, unberechenbar und launenhaft geworden. Dieser und ähnliche Fälle waren für die damalige Diskussion ein sehr starkes Indiz dafür, dass das, was wir als Seelenfunktionen begreifen, eigentlich nur Funktionen des Gehirns sind. Wie man heute weiß, ist das Ausmaß der Störung des Bewusstseins bei einem Schlaganfall abhängig von der durch diesen verursachten Gewebeschädigung. Es treten Fälle auf, bei denen das Sprachzentrum betroffen ist und der Geschädigte nicht mehr in der Lage ist, sich in seiner Muttersprache zu artikulieren. Hingegen hat er möglicherweise keine Probleme, sich in einer früher erlernten Fremdsprache zu verständigen, da diese ihre Lokalisation in einem anderen, nicht betroffenen Gehirnareal hat. Auch kann der Verlust der Sprache durch Singen und das allmähliche Weglassen der Melodie nach und nach wieder erlernt werden, da im Zusammenhang mit Melodien die Texte gewissermaßen „gelesen" werden können und die „Sprache" in diesem musikalischen Zusammenhang noch funktioniert, weil das „musikalische" oder das für das Singen zuständige Zentrum seine Lokalisation an einem nichtgeschädigten Ort des

Gehirns hat. Ebenso ist bekannt, wenn gewisse genetisch prädisponierte physiologische Entwicklungen nicht genutzt werden, dass diese dann verkümmern. Dies belegt die gleichermaßen wichtige Rolle des genetisch Vererbten mit dem durch Umwelteinflüsse aufgenommenen empirischen Element. So kann bei Kindern, denen in einem gewissen Reifungsprozess die sprachliche Kommunikation entzogen worden ist, dieses frühkindliche Defizit nie mehr, auch nicht durch intensivstes späteres Sprachtraining kompensiert werden (Kaspar-Hauser-Effekt). Auch was die Ausreifung der Intelligenz angeht (ähnlich wie bei Musikalität und anderen Begabungen), geht man heute davon aus, dass sowohl die genetische wie auch die förderlichen bzw. hinderlichen Umwelteinflüsse (ob eine reizarme oder eine komplexe Umgebung vorhanden ist) gleichermaßen ausschlaggebend sind, denn die „funktionale Spezifität neuronaler Strukturen... ist das Ergebnis eines fortwährenden Balanceaktes zwischen Strukturvorgaben und Erregungsfluss".[203] Die nach Amputationen auftretenden Phantomschmerzen sind ebenfalls ein eindeutiger Beleg für die materielle Basis unserer Bewusstseinserscheinungen. Obwohl die Gliedmaßen abgetrennt wurden, empfinden die Betroffenen noch Schmerzen im eigentlich z. B. gar nicht mehr vorhandenen Bein. Da auch bei der Durchtrennung der Nervenbahnen die Schmerzen immer noch vorhanden sind, muss davon ausgegangen werden, dass die Ursache im Gehirn selbst liegt. Einprogrammierte Strukturen von den früher gemeldeten Reizen (Schmerzen) aus dem nicht mehr vorhandenen Körperteil werden also im Nervensystem beibehalten.[204]

Auch Halluzinationen haben – wie man heute weiß – neuronale Ursachen. Die häufig als Visionen gedeuteten Halluzinationen können somit heute entmythologisiert und als gehirnphysiologische Defekte wissenschaftlich belegt werden. Kommt dabei eine sehr religiöse Grundeinstellung des Patienten hinzu, so finden solche von Ekstase und Verzückung begleiteten Erscheinungen Interpretationen, die wir als mystisch bezeichnen. „Da durch die intensive Beschäftigung mit religiösen Inhalten in den Neuronenensembles in ihrem Gehirn sehr viele religiöse Vorstellungen repräsentiert waren, tauchten diese als Assoziationen be-

---

[203] Breidbach, Olaf: Expeditionen ins Innere des Kopfes, Stuttgart, 1993, S. 115. Sicherlich ist auch „Musikalität" ähnlich wie Intelligenz (die Grenzen hierbei sind fließend) ein Faktor, der auf Vererbung beruht. Jedoch wird wohl ohne ein entsprechendes Elternhaus, also ohne die entsprechende Umgebung, dieses Talent nicht zur vollen Ausreifung gelangen, da es in einem wichtigen Lebensabschnitt nicht gefördert wurde. Wie Intelligenz letztlich zu definieren ist, ist auch heute noch umstritten. Es gibt Fälle von außerordentlicher einseitiger Intelligenz, wie im Falle von autistischen Personen. Sie besitzen beispielsweise ein außergewöhnliches dokumentarisches Gedächtnis oder eine unglaubliche Fähigkeit, mit Zahlen umzugehen.

[204] Vgl. hierzu „Bild der Wissenschaft", Oktober 1998 und Januar 1999.

vorzugt auf..."[205] Beim Durchtrennen des corpus callosum (des Gehirn-
balkens als Hauptverbindung der beiden Hirnhemisphären) bei Epilep-
tikern, wodurch das Aufschaukeln von Erregungen unterbunden werden sollte, lässt sich ebenfalls eine deutliche Anomalie auf der Bewusst-
seinsebene nachweisen. Beide Hirnhälften agieren nun autonom, das
Bewusstsein scheint gespalten und somit verdoppelt zu sein. Alles, was
wir Denken oder Wirklichkeit nennen, hängt ab von den unvorstellbar
komplexen strukturellen Mustern sowie den biochemischen und elektrischen Abläufen in unserem Gehirn. Der naturalistischen Hypothese entsprechend sind sogar religiöse Empfindungen ein evolutives Produkt
der Menschwerdung, welches sich unter gehirnphysiologischen bzw.
biochemischen Aspekten erklären lässt.

Nachdem wir nun den biologischen Entwicklungsprozess bis hinauf zur
Ebene des Bewusstseins in nuce verfolgt haben, soll noch kurz auf kritische Einwände gegen die Evolutionstheorie eingegangen werden. Ein
Vorwurf, der der Evolutionstheorie oder genauer dem darin implizierten
Selektionsgedanken zugrunde liegt, ist der Tautologievorwurf. Man
wirft dem Selektionsgedanken vor, er postuliere das Überleben der tauglichsten Varianten, wobei die tauglichsten Varianten aber wiederum diejenigen sind, die überleben. Dieser Vorwurf greift unseres Erachtens
letztlich aber nicht, mag er auch prima facie stichhaltig erscheinen. Bei
näherem Hinsehen lässt sich erkennen, dass es sich hierbei um eine
sprachlich vordergründige Argumentation handelt, die einer näheren
Überprüfung nicht standhält. Denn hier geht es nicht um eine Apriori-
Aussage, um ein rein sprachphilosophisches Anliegen, sondern man
muss das empirische Moment sowie den Zeitfaktor berücksichtigen.
Demnach steht eben nicht bereits im Voraus fest, was sich evolutiv
durchsetzen wird. Dies entscheidet sich unter sehr komplexen Mechanismen und unter der ontischen Gegebenheit des Zufälligen immer erst
im Laufe des evolutiven Geschehens. Aufgrund des Zusammenspiels
von Zufall und Notwendigkeit ist letztlich nicht vorhersagbar, was sich
selektiv durchzusetzen vermag und was nicht. Erst ex post kann aufgrund gewisser, nun freilich rekonstruierbarer Fakten darauf zurückge-
schlossen werden. Welche Systeme letztlich die bestangepassten sind
und sich durchsetzen werden, kann immer erst im Nachhinein gewusst
werden. Zufälle auf molekularer oder mesokosmischer Ebene, wie z. B.
Mutation oder Meteoriteneinschläge, die bei der Entstehung und Entwicklung hineingespielt haben, lassen sich nicht vorhersehen. Entgegnen
wir dem Tautologievorwurf gegen die Evolutionstheorie durch eine ba-
nale Analogiebildung aus dem Bereich des sportlichen Wettkampfes: In
Analogie dazu hört sich dies dann so an: Im Sport (Evolution) siegen

---

[205]   Röthlein, Brigitte: Unser Gehirn wird entschlüsselt, Hamburg, 1993, S. 199.

(überleben) nur die Besten (die Tauglichsten); die Besten (Tauglichsten) sind die, die siegen (überleben). Aber auch hier ist nur eine scheinbare Tautologie vorhanden. Denn auch hier geht man von einem Wettbewerb mehrerer Teilnehmer aus, wobei unter gleichen Bedingungen nicht mit Sicherheit vorhersehbar ist, wer gewinnt. Erst die Zeit, der Wettbewerb wird zeigen, wer zu den Gewinnern und Verlierern gehören wird. Bedenken wir, dass in der Evolution des Lebens noch zahlreiche Einflüsse von außen hinzukommen, so ist ersichtlich, um wie viel mehr hier unvorhersehbare Faktoren eintreten können, die den Ausgang entscheidend beeinflussen können. Der Tautologievorwurf gegenüber der Evolutionstheorie ist somit nicht gerechtfertigt.

Fassen wir die bisherigen evolutionsbiologischen Stationen zusammen, so können wir mit Bernhard Rensch resümieren, „dass Lebendiges mit nicht geringer Wahrscheinlichkeit sehr allmählich stufenweise aufgrund kausaler chemischer Gesetzlichkeiten, d. h. zwangsläufig entstand".[206] Es ergibt sich zusammenfassend somit folgendes chronologisches Bild: Die Richtigkeit des evolutiven Prinzips, auch wenn es innerhalb dessen unterschiedliche Auffassungen bezüglich Detailfragen gibt, wird durch unzählige genetische, biochemische, zytologische, embryologische, ökologische und tier- und pflanzengeographische Untersuchungen bestätigt. Hierbei handelt es sich um wissenschaftliche Disziplinen, die unabhängig voneinander zu kongruenten Ergebnissen gelangen, was die Plausibilität des evolutionären Prinzips allen Seins zu einem Höchstmaß an wissenschaftlicher Wahrscheinlichkeit anwachsen lässt. Besonders die Paläontologie (einschließlich der Paläoanthropologie) und die Genetik als voneinander unabhängig agierende wissenschaftliche Disziplinen kommen zu übereinstimmenden Erkenntnissen, welche die Evolution als Faktum bestätigen. Auch wir Menschen unterliegen der universellen Verwandtschaft aller Lebewesen auf diesem für kosmische Verhältnisse eher unbedeutenden Planeten Erde. Wir wissen heute, dass wir der Evolution und eben nicht einem gesonderten, geplanten und privilegierten Schöpfungsprozess unser Dasein als Ebenbilder von Göttern zu verdanken haben. Hierin besteht ein unüberbrückbarer Widerspruch zu archaischen und anthropozentrischen Auffassungen in sogenannten heiligen Büchern.

Ob es sich bei all dem Wissen über die Evolutionsgeschichte um Beweise oder nur einigermaßen plausible Theorien handelt, wird von Philosophen unterschiedlich bewertet, während von Naturforschern längst kein Zweifel mehr am evolutiven Prinzip des Weltgeschehens besteht. So ist für den Verhaltensforscher Konrad Lorenz[207] Evolution als

---

[206]   Rensch, Bernhard: Das universale Weltbild, 1991, S. 26.

[207]   „Wenn die Ursachen und Mechanismen des großen organischen Werdens auch durchaus noch nicht vollkommen durchleuchtet sind, ist doch die Tatsache, *dass* es stattgefunden hat, so sicher, dass es geradezu abwegig erscheint, sie zu bezweifeln.

ein bewiesenes Faktum zu betrachten, während nach Karl Popper als primär philosophischem Denker aus erkenntnistheoretischen Gründen lediglich ein (wenn auch sehr hoher) Indiziencharakter für die Richtigkeit des evolutionären Weltbildes beansprucht werden kann. Popper war Mathematiker, was hätte für ihn außer in formalistischen Systemen überhaupt Beweischarakter? Wichtig jedoch ist festzuhalten, dass wir heute keine besseren und überzeugenderen Erklärungen für die Entstehung der Arten und somit auch für unser Menschsein besitzen, wenn wir nicht wieder in obsolet gewordene mystische und religiös-spekulative Erklärungen zurückverfallen wollen. Dies war auch Popper klar. Die Evolutionstheorien sind prinzipiell überprüfbar und somit falsifizierbar, was deren wissenschaftlichen Charakter ausmacht. Dass das Prinzip der Evolution bis heute noch nicht falsifiziert worden ist, ist auch für kritische Rationalisten der beste Hinweis für ihre Stichhaltigkeit. Zumindest so lange, bis der Gegenbeweis angetreten ist. Natürlich wird sich für denjenigen, der auch die erschlagendsten Indizien oder sogar Beweise aus z. B. weltanschaulichen Gründen nicht zur Kenntnis nehmen will, diese Einsichtigkeit nie erschließen. Besonders die als notwendig und folgerichtig erachtete Entstehung des Lebens aus sich selbst organisierenden Prozessen des Anorganischen stellt eine für religiöse Modelle ungeheure Herausforderung und Infragestellung ihrer selbst dar. Nach den offenbarungstheologischen Vorstellungen handelt es sich bei Pflanzen, Tieren oder beseelten Menschen um kategorial verschiedene Schöpfungen direkt aus der Hand Gottes. Die dieser Ansicht widersprechende wissenschaftliche Sicht der Dinge stellt dabei aber keineswegs einen billigen Reduktionismus dar, da trotz dieser sich auf rein natürliche Ursachen beschränkenden evolutionären Sichtweise Leben nicht alleine auf Physik oder Chemie reduziert werden kann. Hierzu ist es notwendig, nochmals auf den Emergenz- oder Fulgurationsgedanken hinzuweisen, wie ihn beispielsweise Konrad Lorenz vertreten hat, dem zufolge Leben ebenso wie Bewusstsein durchaus als eine eigene – wenn auch natürlich erklärbare – autonome Kategorie anzusehen ist, welche auf höheren Stufen als neues Phänomen entsteht.

Es ist eine schlechthin sichere Tatsache, dass alles, was da lebt, in einem äonenlangen Werden aus einer gemeinsamen Wurzel entstanden ist. Dies als ‚Theorie' zu bezeichnen, ist einfach falsch und ebenso hirnrissig wie etwa der Glaube an die Hohlwelttheorie oder die Vorstellungen Dänikens". Lorenz, Konrad, in: Evolution, Ordnung und Erkenntnis, Berlin-Hamburg, 1985, S. 14.

2.3 Die weltanschaulichen Konsequenzen aus der Evolutionsbiologie für den Theismus und die Anwendung des evolutiven Prinzips auf religiöse Systeme

„Wenn die Schöpfungslehre ein großes Hindernis für das Evolutionsdenken war, durch dieses überwunden wurde, an der Tatsache des evolutiven Artenwandels nicht mehr zu zweifeln ist – dann sollte die Frage ‚Schöpfung oder Evolution?' eigentlich entschieden sein… Im Rahmen naturwissenschaftlichen Denkens ist – ich zögere nicht, dies zu sagen – Gott, wie schon Pierre Simon de Laplace meinte, eine ‚überflüssige Hypothese'."[208]

Wir haben im vorhergehenden Kapitel gezeigt, dass aus der beschriebenen naturwissenschaftlichen Erkenntnislage auch nach der kosmischen Evolution auf der Erde eine Reihe von Koinzidenzen eintreten mussten, damit ein Prozess in Gang gesetzt werden konnte, der als Voraussetzung für die Möglichkeit der Entstehung des Lebens notwendig war. Da dies häufig als Argument pro einen planenden Schöpfer angeführt wird, wollen wir hier auf die Frage von Zufall und Schöpfung eingehen. Dabei soll die Plausibilität natürlicher Erklärungsmodelle gegenüber der Auffassung, die Welt sei nur aufgrund eines Schöpfers denkbar, aufgezeigt werden.

Wir haben dargelegt, dass die unglaublich hohe Anzahl an Galaxien und Sonnensystemen im Universum durchaus die vereinzelte Entstehung von „lebensfreundlichen" Planeten wahrscheinlich macht. Dennoch berufen sich die Verfechter der Schöpferhypothese immer wieder auf ein wenig reflektiertes Argument, nach dem die Form des Lebens wie wir es kennen die einzig mögliche und denkbare sei, eben weil sie so und nicht anders als die von Gott gewollte und geschaffene sei. Oft hört man Argumente wie z. B., dass durch Zufall aus einem Einzeller einen Menschen entstehen zu lassen, dasselbe bedeutet, wie durch die Explosion einer Druckerei ein Lexikon entstehen zu lassen. Die Ansicht, rückwärtsgerichtet nur das auch tatsächlich in seiner heute zu beobachtenden Form vorhandene Leben als das einzig mögliche zu erachten, ist aber aus Sicht des evolutiven Prinzips vollkommen verfehlt, da es sich hierbei um eine zu enge Einschätzung der Möglichkeiten der Entwicklung des Lebens und somit der Evolution handelt. Diese ist prinzipiell durch die immense Bedeutung des Zufalls so angelegt, dass sich die Lebensformen zwar in einem vorgegebenen Rahmen, aber dennoch in ganz anderer Weise hätte entwickeln können als wir es heute vorfinden und dies auch tun würden, wenn die Möglichkeit gegeben wäre, den Prozess weitere Male durchlaufen zu lassen. Der entscheidende Denkfehler ist der, dass davon ausgegangen wird, das Leben stelle eine Einmaligkeit dar, weil die Zahl der Zufälle, die dazu nötig gewesen wären, um es in

---

[208] Wuketits, Franz: Evolutionstheorien, 1995, S. 27/29.

exakt dieser heute beobachtbaren Form entstehen zu lassen, so astrono-
misch hoch ist, dass es nur mit der Schöpferthese erklärbar ist. Nie aber
hat und nie wird die Natur vor der Aufgabe stehen, etwas, was es schon
einmal gab – sei es eine bestimmte komplexe Form des Lebens oder sogar die bestimmte Sequenz einer Aminosäure – noch einmal in genau
dieser Weise in allen Einzelheiten durch Zufall entstehen lassen zu müssen. Diese Art der evolutionskritischen Argumentation hat zwar auf den
ersten Blick etwas Überzeugendes, basiert aber bei näherem Hinsehen
einfach auf falschen Voraussetzungen und führt deshalb auch zu einer
falschen Konklusion, wenn davon ausgegangen wird, dass die ungeheu-
erliche Zufälligkeit des Lebens deshalb auch gleichzeitig die Unmöglichkeit einer natürlichen Entstehung des Lebens bedeuten würde. Weitere
Argumente, welche die Evolutionstheorie diskreditieren sollen, sind z. B.
die rhetorische Frage, wie lange man wohl 1000 Trillionen Metallatome
schütteln müsse, bis daraus durch Zufall ein Volkswagen entsteht, oder
die Frage, wie lange wohl eine Horde Affen brauchen würde, um durch
wahlloses Hämmern auf Schreibmaschinen durch Zufall ein Sonett von
Shakespeare zu schreiben. Dieser Vergleich entbehrt jeder Grundlage
und ist unter Einbeziehung von Selektion und Mutation, welche das
Prinzip des Zufalls als ontisches Faktum in sich trägt, auch aus biologischer Sicht schlichtweg falsch. So würde gemäß jener Analogie jeder Af-
fe in seinem Versuch immer wieder ganz von vorne anfangen, während
der evolutionäre Prozess erfolgreiche Versuche für die weitere Entwicklung übernimmt, um darauf aufzubauen bzw. sich weiter zu entwickeln.
Das ist ein entscheidender Unterschied, der am Ende zu vollkommen
anderen Ergebnissen führt, was wiederum zeigt, wie unhaltbar die
kreationistischen Argumente bei näherem Hinsehen sind. Abgesehen
davon muss es sich bei einem möglichen Schöpfer keineswegs zwingend
um einen theistisch gedachten christlichen, muslimischen oder jüdischen
Gott handeln. Letztlich ist die Schöpferhypothese auch nur eine Ver-
schiebung der Problematik auf eine andere, metaphysische Stufe, mit der
mehr problematische Fragen auftauchen als damit plausible Antworten
verbunden sind.

Natürlich müssen gewisse Anfangsbedingungen geherrscht haben,
um eine Evolution präbiotischer Bausteine des Lebens entstehen zu lassen. So werden, um das Beispiel der zu Boden fallenden Dachziegel an-
zuführen, zahlreiche nacheinander auf den Boden fallende Dachziegel
selbst bei gleichen Ausgangsbedingungen nie das exakt gleiche Streu-
ungsmuster ergeben. Wer also von der Prämisse ausgeht, das beobachtbare Universum sei die einzige Verwirklichung, die möglich gewesen ist,
dem ist zuzugeben, dass dies in der Tat von so ungeheuren Zufällen abhängig ist, dass der Gedanke einer göttlichen schöpferischen Macht
durchaus eine gewisse Berechtigung besäße. Doch ist die Prämisse, von
der dieser Gedanke ausgeht, sehr unwahrscheinlich. Wenn man das

Muster mehrerer oder auch nur eines einzigen zerbrochenen Ziegels, der
von zehn Metern Höhe auf die Straße gefallen ist und dort in tausend
Stücke zersplittert ist, exakt wiederholen möchte, würden keine Millionen Versuche ausreichen, um dieses wieder genauso zustande zu bringen. Da das Leben in seiner Jahrmilliarden währenden Entwicklung von
noch weitaus komplexeren Einflüssen bestimmt wurde und sogar seine
Umwelt auch noch selbst beeinflusst hat (also eine wechselseitige Beeinflussung der Evolution stattgefunden hat), liegt hier eine noch wesentlich höhere Unwahrscheinlichkeit dafür vor, dass sich bei einem hypothetischen Neubeginn die Entwicklung des Lebens exakt genauso wiederholen würde. Unsere momentan vorzufindende Flora und Fauna ist
nur eine mögliche (aber realisierte) Variante unter Abermillionen anderen Möglichkeiten. Wäre die Entwicklung nicht so verlaufen, wie sie
verlaufen ist, dann eben anders. Die Herausbildung von Leben aus
präbiotischer Materie sowie die Prinzipien der Evolution hätten unter
lebensfreundlichen Bedingungen so oder so stattgefunden, auch wenn
der Zufall als wesentliches Element der Evolution die Richtung innerhalb gewisser durch die Umwelt vorgegebener Bahnen beeinflusst und
diese in die eine oder andere Richtung modifiziert.

Eine Teleologie der Natur, im Sinne einer von Gott so eingerichteten
und gewollten Sinnhaftigkeit oder, philosophisch gesprochen, von einer
streng deterministischen causa finalis, wie sie auch dem mittelalterlich-
christlichen Denken zugrunde lag und wie sie auf Aristoteles als den
Urheber dieses Gedankens zurückgeht, lässt sich heute unter Berücksichtigung der evolutionären Sichtweise nicht mehr aufrechterhalten.
Teleologie in einem modernen biologischen Sinne verstanden bedeutet
„die Kennzeichnung von Strukturen und Funktionen im Hinblick auf
ihren unmittelbar *systemerhaltenden* Charakter und nicht hinsichtlich irgend eines kosmischen Planes...“[209] Deshalb wird der Begriff der Teleologie heute vielfach durch den abgeschwächten Begriff der Teleonomie
ersetzt. Dieser neuere Begriff geht zwar ebenfalls von der Zweckmäßigkeit der Gebilde aus, ohne dass aber die Zweckmäßigkeit des Gebildes
als determinierter Erklärungsgrund für sein Dasein herangezogen wird.
Für Aristoteles hingegen waren die Abläufe der Natur auf einen höheren
und letzten Zweck bzw. ein solches Ziel hin gerichtet. So regnete es nach
Aristoteles und den darauf basierenden mittelalterlichen Vorstellungen
nicht einfach deshalb, weil sich aufgestiegene Luft notwendigerweise
abkühlt, zu Wasser wird und in Form des Regens wieder auf die Erde
fällt. Für Aristoteles gibt es hier einen Zweck, die Natur lässt es regnen,
damit das Getreide wachsen kann. Hier wird die kausale Abfolge der
Evolution verdreht, da nicht das Getreide Ursache des Regens ist, sondern umgekehrt der Regen bzw. das Wasser eine entscheidende Voraus-

---

[209]   Wuketits, Franz: Evolutionstheorien, 1995, S. 51.

setzung für alles Leben und somit auch für das Getreide in diesem speziellen Beispiel darstellt.[210] Analog zu diesem Beispiel argumentiert heute noch der anthropozentrisch denkende Mensch auch bezüglich der Stellung des Lebens, des Menschen und des Bewusstseins, wenn er diese als Ziel einer Schöpfung betrachtet.

Was die biologische Sichtweise über den Tod angeht, so mag sie nur ein unvollkommener Aspekt unter mehreren sein. Aber die über den Bereich des empirisch Feststellbaren hinausgehenden metaphysischen bzw. transzendenten Vorstellungen eines über das materielle Dasein hinausgehenden ewigen Lebens sind Vorstellungen, welche mit naturwissenschaftlichen Mitteln nicht zu bestätigen sind und für die naturalistische Sicht der Dinge eine hypothetische Zusatzannahme darstellen. Der Tod lässt sich rein evolutionsbiologisch erklären, denn ohne ihn wären sehr schnell Platz und Ressourcen der Erde aufgebraucht. Dennoch, für den sich seiner Endlichkeit bewussten Menschen stellt er ein schockierendes und zentrales Ereignis dar. Mit dem Einsetzen eines ersten Reflexionsvermögens im Laufe der menschlichen Entwicklungsgeschichte war auch die Ausprägung eines Zeitbewusstseins und damit die Einsicht in die Endlichkeit des (menschlichen) Seins verbunden. Aus paläoanthropologischer Sicht kann diese Einsicht aufgrund der ältesten bekannten, über 30.000 Jahre alten Grabbeilagen, als der Urgrund aller metaphysischen Jenseitsvorstellungen und Hoffnungen bezeichnet werden, mit denen der „Schock" über die Endlichkeit kompensiert wurde. Wesentlich später haben sich diese Vorstellungen in den Offenbarungsreligionen in Form der Hoffnung auf ein ewiges paradiesisches Lebens konkretisiert. Dort sieht sich der Mensch nun gar als Ziel und Mittelpunkt einer eigens für ihn initiierten Schöpfung. Wie schon erwähnt, sind aufgrund der exorbitant hohen Anzahl von „lebensfreundlichen" Sonnensystemen aber aus heutiger Sicht auch weitere, auf ganz anderen chemischen und physikalischen Voraussetzungen beruhende Lebensformen in anderen kosmischen Regionen durchaus wahrscheinlich. Auch diese These steht im Gegensatz zu der anthropozentrischen Sicht des theistischen Seinsverständnisses. Sind dann, so wäre zu fragen, diese eventuell vollkommen anders gearteten Lebewesen anderer kosmischer Regionen keine Ebenbilder Gottes? Oder vielleicht Ebenbild ihres Gottes? Gibt es also mehrere Götter, für jedes Leben beinhaltende Sonnensystem jeweils einen? Oder haben andere extragalaktische Kulturen keine Religionen bzw. diese vielleicht aufgrund anderer Einsichten erst gar nicht entwickelt bzw. schon überwunden? Oder hat Gott ein solch variantenreiches „Aussehen", dass die unterschiedlichsten Kreaturen des Universums allesamt und gleichermaßen von einer wie auch immer zu

---

[210]   Vgl. Berr, Franz und Pricha, Willibald: Atommodelle, Verlag des Deutschen Museums, München, 1997, S. 18.

verstehenden Ebenbildlichkeit sprechen könnten? Und wieso steht nichts von anderen, ebenfalls mit seinen Geschöpfen bewohnten Welten in den für heilig gehaltenen Büchern? Spätestens mit dem ersten Nachweis extraterrestrischen (intelligenten) Lebens wären die theistischen Offenbarungsreligionen mit ihrer anthropozentrischen Sichtweise nicht mehr aufrecht zu erhalten, und zwar dann durch naturwissenschaftliche Erkenntnisse, was viele Geisteswissenschaftler, Philosophen und Theologen prinzipiell gar nicht für möglich halten. Der elitäre Auserwähltheitsglaube durch ihren Gott verleitet Juden, Christen und Muslime noch immer dazu, sich nicht nur als die wahrhaft Rechtgläubigen, sondern sich auch als Mittelpunkt und Ziel der Welt zu betrachten, um die herum sie eine auf sich zentrierte Heilsgeschichtlichkeit konstruieren. Das theologische beinahe selbstverständliche Reden über einen Schöpfer oder über die Schöpfung zeugt zwar von einer tiefen Gläubigkeit, aber ebenso auch von einer tiefsitzenden Ignoranz nicht nur gegenüber naturwissenschaftlichen Vorbehalten, sondern auch gegenüber den offenkundigen Widersprüchen zu anderen Religionen, die, wie z. B. der Buddhismus oder Taoismus, von einer ewigen und zyklischen Beschaffenheit des Weltprozesses ohne Schöpfung ausgehen. Vielleicht lässt sich der Mittelpunktswahn der Menschheit ja psychologisch auf das Individuum selbst zurückführen, da jeder einzelne Mensch schon immer die Welt primär von seinem spezifisch subjektiven Standpunkt (seines Denkens und Empfindens) aus erlebt und sich somit auch als Individuum als mikrokosmischer Mittelpunkt des Seins empfindet. Es wäre nicht mehr vermittelbar, wie ein theistisch gedachter Gott und die darauf sich berufenden Religionen im Falle einer (hier einmal hypothetisch als sehr wahrscheinlich angenommenen) Verifikation anderer intelligenter Lebensformen – irgendwo in unserer Milchstraße oder den Weiten des Universums – noch aufrechtzuerhalten wäre. Betrachtet man die Bibel nicht als ein göttliches, vom Heiligen Geist inspiriertes Buch, sondern als menschliches Werk, in dem sich Geschichte, politische, territoriale und soziale Ansprüche sowie Wünsche und Mythen eines Volkes wiederfinden, so fiele die Antwort denkbar einfach aus: Von diesen Erkenntnissen des heutigen modernen Weltbildes kann gar nichts in diesem Buch stehen, weil es als menschliches Produkt selbst nur die Kultur und die damit verbundene (religiös motivierte) Weltanschauung seiner Zeit widerspiegeln kann. Mit dieser aufgrund der kosmologischen Erkenntnisse nicht zu vernachlässigenden spekulativen Erörterung über weitere mögliche intelligente Lebensformen im Universum tritt ein durchaus ernst zu nehmender und gewichtiger Aspekt hinzu, welcher die durchaus essentielle Diskrepanz zwischen Moderne und antik-theistischer Weltanschauung zusätzlich verstärkt.

Bis hierher haben wir also gesehen, dass die wissenschaftliche Forschung daran arbeitet, die Entstehung des Lebens aufgrund von Selbstorganisationsprozessen, also aufgrund natürlicher Ursachen in einem
entsprechend langen Zeitraum von Jahrmilliarden, zu begründen. Nach
dem lange für unfehlbar deklarierten göttlichen Buch, der Bibel, und der
daraus resultierenden Zeitrechnung erschuf Gott die Welt und die darin
vorkommenden Lebewesen einschließlich uns Menschen immerhin in
nur sieben Tagen aus dem Nichts. Und dies im Jahre 3760 v.u.Z, also im
Chalkolithikum (Kupferzeit). Zu dieser Zeit aber mögen vielleicht in
Palästina nach den Vorstellungen der späteren Verfasser der göttlichen
Bibel die Welt und die Menschen erschaffen worden sein. In Mesopotamien, Ägypten und Südeuropa begann die Kulturstufe der Mittelstein-
zeit (Mesolithikum) jedenfalls schon lange vor der vermeintlichen Erschaffung der Welt aus biblischer Sicht, nämlich um 10.000 v.u.Z., in
Nordeuropa um 8000 v.u.Z. Wir sind im Besitz von Kupferwerkzeugen
und Schmuck, der vor über 10.000 Jahren hergestellt wurde. Erste Höhlenmalereien, Elfenbeinfiguren und das älteste Musikinstrument (eine
Knochenflöte) besitzen ein Alter von 35.000 bis 40.000 Jahren. Steinwerk-
zeuge wurden aus geologischen Schichten ausgegraben, die bis zu 2,5
Millionen Jahre alt sind (Oldovan-Kultur). Funde konnten belegen, dass
der Australopithecus als Ahne des modernen Menschen ein Alter von
mehr als vier Millionen Jahren besitzt. Primitive, affenähnliche Tiere
bevölkerten vor sieben bis zwanzig Millionen Jahren Gebiete des afrika-
nischen und später des eurasischen Kontinents.

Weder von Anthropologen noch von Historikern, Archäologen, Pa-
läontologen und schon gar nicht von Kosmologen werden die biblischen
Daten zur Erschaffung der Welt heute noch ernst genommen. Auch die
Theologie ist klug genug, so offensichtlich falsche biblische Vorstellungen nicht mehr als wörtlich zu nehmende Tatsachenberichte aufrechtzuerhalten, wenngleich sie sich dazu immer erst aufgrund nicht mehr
ernsthaft in Zweifel zu ziehender wissenschaftlicher Fakten gezwungen
sah. Fraglich wird damit allerdings, was dann überhaupt in den per definitionem unfehlbaren und göttlich inspirierten Heiligen Büchern noch
geglaubt werden kann. Wenn sich darin fundamentale und essentielle
Glaubensvorstellungen als relativistisch, mythologisch und beliebig
interpretierbar erweisen, worin liegt dann noch das konkret Fassbare
und Glaubhafte, ohne das jede Religion ihre Identität verliert? Interessanterweise hat nur eine der großen Weltreligion den Kosmos in den
ewigen Kreislauf von Werden und Vergehen involviert, deren Zeitvorstellungen in etwa auch denen der heutigen wissenschaftlichen Kosmologie entspricht: der Hinduismus. Im Gegensatz zu den heute völlig un-
realistisch erscheinenden Zeitvorstellungen, wie sie in der Bibel festgehalten sind, besteht ein Weltenzyklus nach hinduistischer Vorstellung

8,64 Jahrmilliarden, was länger zurückreicht als die Existenz der Erde und der Sonne und rund die Hälfte der Zeit seit dem Urknall umfasst.[211]

Die Versuche vieler Theologen, mittels nachträglicher Ad-hoc-Interpretationen biblische Bilder an etablierte wissenschaftliche Erkenntnisse und moderne Sichtweisen anzupassen, sind gegenüber dem vielbeschworenen intellektuellen Gewissen jedenfalls als unredlich einzustufen, weil sie entgegen dem ursprünglichen Sinne der antiken Autoren auf sehr fragwürdige Weise und wohl aus der Not geboren uminterpretiert werden müssen, um überhaupt noch einen Rest von möglicher Glaubwürdigkeit bewahren zu können. Andere Aussagen wiederum werden als unfehlbar oder zumindest als unumstößlich erachtet (zumindest so lange, bis es auch hierzu kritische theologische oder widerlegende wissenschaftliche Erkenntnisse gibt), was die Heiligen Bücher im Laufe der Zeit zu beliebig und somit auch immer unverbindlicher werdenden Opera degenerieren lässt. Da es sich bei den Offenbarungsreligionen und ihren Absolutheitsansprüchen bezüglich deren Glaubenswahrheiten im Kern aber um statische Systeme handelt, musste und muss es auch in Zukunft immer wieder zwangsläufig zu diesen angesprochenen Ad-hoc-Interpretationen und Anachronismen mit der dagegen dynamisch voranschreitenden Erkenntnislage der Moderne kommen. Dabei kann es auch nicht Aufgabe von Naturwissenschaft und Philosophie sein, subjektiv verträgliche und gewünschte „Wahrheiten" zu konstruieren oder althergekommene Glaubensüberzeugungen zu stützen, wie dies lange Zeit von der Theologie gefordert wurde, da die Vernunft nicht dem Glauben widersprechen dürfe. Ihre Aufgabe ist der (Wissens-)Fortschritt, mittels eines möglichst unabhängigen, objektiven, der Wahrheit verpflichteten methodischen Vorgehens. Der Preis dieses nüchternen Denkens in Form einer Sinnkrise oder Perspektivlosigkeit mag hoch sein, für den weltanschaulich möglichst unvoreingenommenen Philosophen und Wissenschaftler (der in erster Linie nach wissenschaftlichen Erkenntnissen bzw. Fakten zu suchen hat) darf es aber nicht um Sinnkonstruktionen gehen, wenn diese in einem fragwürdigen Verhältnis zu der intersubjektiv anerkannten und nachprüfbaren wissenschaftlichen Fakten- und Erkenntnislage stehen. Zudem besteht ja auch die ungeliebte und deshalb auch unpopuläre, aber dennoch nicht unwahrscheinliche Möglichkeit, dass es eine höhere, d. h. metaphysische Sinnhaftigkeit des Seins, inklusive des menschlichen Daseins gar nicht gibt.

Es gibt viele Erklärungen für das Phänomen Religiosität. Die offenbarungstheologische geht davon aus, dass ihren Heiligen Büchern tatsächlich ein göttlicher Garant zugrunde liegt, so dass sich alles so zuge-

---

[211]   Sagan, Carl: Unser Kosmos, 1996, S. 270.

tragen hat wie es von Gott oder einem göttlichen Geist inspiriert wurde. Daneben gibt es aber auch historische Erklärungen für die Durchsetzung gewisser religiöser Vorstellungen aufgrund z. B. machtpolitischer, geographischer oder anderer weltlicher Interessen. Hinzugekommen ist jüngst die (Evolutions-)Psychologie, welche Religionen als quasi Lebenshilfe bzw. Daseinsbewältigung begreifen, deren Vorstellungen und Glaubenswahrheiten deshalb nicht unbedingt auch Realität zukommen muss. Ausgehend von anthropologischen Forschungen, die ebenso das Zustandekommen von Gedächtnis, Sprache und Kunst bei unseren prähistorischen Vorfahren untersuchen, unterliegt auch die Religion diesem biologischen wie kulturellen Menschwerdungsprozess und somit der Evolution. Auch das Glücksempfinden ist dabei ein evolutiv durchaus relevantes Faktum. Neben dem Umstand, dass es das Leben lebenswerter, angenehmer macht, hat es somit nach einer Studie der amerikanischen Psychologen Myers und Diener[212] auch eine lebensverlängernde Funktion. Die beiden Psychologen stellten nicht nur fest, dass Ehepaare glücklicher leben als Singles (was eine Auswertung aus 17 Ländern ergab), sondern dass auch religiöse Menschen sich im Allgemeinen wohler fühlen. „Wer das Paradies im Jenseits erwartet, lebt schon auf Erden glücklicher" und somit auch länger. Dies zeigt aus evolutionärer Sicht, weshalb viele Menschen an ihren Glaubensgrundlagen – wenn es sein muss, auch wider jede bessere Einsicht – festhalten. Wer lässt sich schon gerne unglücklicher machen oder sich den Lebenssinn nehmen, auch wenn die kritischen Einwände noch so berechtigt wären? Wie verzweifelt wäre der Großteil der Menschheit, wenn er sich seiner irdischen Endlichkeit bewusst ist, aber nichts zur Kompensation bereitstellen könnte? Durch den Glauben an religiöse Lehren, die keinesfalls nur zufällig genau diese Defizite kompensieren, die sich aus diesem Bewusstsein der eigenen Endlichkeit ergeben, erwächst frischer Lebensmut, was durchaus einen Überlebensvorteil und ein verlängertes Leben bedeuten kann. Demnach besteht der evolutionäre Nutzen von Religion darin, dass mit ihr ein glücklicheres oder doch zumindest erträglicheres Leben verbunden ist. Optimistischere Menschen, so haben Untersuchungen ergeben, leben länger. „Realismus ist offenkundig fatal... Illusionen hingegen sind ein Weg, die Wirklichkeit im besten Licht zu interpretieren."[213] Damit ist der Nutzen von Religion evolutionspsychologisch durchaus positiv einzustufen, aber ebenso entpuppen sich deren Ansprüche auf Wahrheit als beliebig und austauschbar und somit als Illusion.

Neurobiologisch geht man heute davon aus, dass Glück, ebenso wie andere Emotionen, seine Ursache im limbischen System, in der

---

[212]   Bild der Wissenschaft, 3/1999, S. 60ff.
[213]   Bild der Wissenschaft, 3/2001, S. 28ff.

Amygdala, haben. Das limbische System, mit dem alle Hirnregionen direkt oder indirekt verbunden sind, entwickelte sich bereits vor 150 Millionen Jahren bei den frühen Säugetieren. Der Hypothalamus ist dabei die wichtigste Hormondrüse des Gehirns. Im Zusammenspiel mit der Hypophyse verursacht er die körperlichen Reaktionen auf starke Gefühle, wie Zittern, Schweißausbrüche und Herzrasen. Diese Vermutung ergibt sich aus der Tatsache, dass beim Entfernen dieses Gehirnteils bei Affen das Gefühlsleben dieser Tiere verarmte. Auch beim Menschen konnten durch elektrische Stimulanz dieses Teils starke Emotionen wie Lust, Euphorie, Furcht und Angst erzeugt werden. Auch der Hippocampus, ebenfalls ein Teil des limbischen Systems, konnte als Sitz der Entstehung von Freude, Angst, Wut und Lust lokalisiert werden. Insgesamt weisen die neueren Forschungsergebnisse darauf hin, „dass die Fähigkeit des Menschen, Glück zu empfinden, weitgehend ein Fall von Chemie ist, die Folge von Interaktion zwischen Hormonen und Nerven im Gehirn – und damit eine Folge der Erbanlagen." Somit ist Glücklichsein also ähnlich wie Interesse, Intelligenz, Musikalität, die bei jedem Menschen variieren, zum großen Teil auch eine Frage der „genetischen Ausstattung".[214]

Daraus lässt sich nun im Kontext anderer evolutionsbiologischer Fakten die These ableiten, dass durch die enge Verwobenheit zwischen Evolution, Glück und Religion die Religionen als evolutives Produkt mit einem psychologisch begründbaren Überlebensvorteil auf der Ebene des Affektes einzustufen sind. Freilich gibt es noch andere Begründungen, wie z. B. die moralisch-ethische, bei der für das Gemeinwohl von Stammesverbänden aufgrund von religiös motivierten Verhaltenskodizes erhebliche Überlebensvorteile verbunden sind. Dennoch würde dies aber letztlich bedeuten, dass Religionen dann beliebig sind – ihre Protagonisten sind austauschbar. Wäre nicht Christus unser Religionsbegründer, dann eben irgendjemand anderes. Hätten wir also nicht das Christentum, so würde eine andere Religion die seelischen Bedürfnisse befriedigen und die gläubigen Menschen würden sie genauso vehement gegen konkurrierende Religionen oder intellektuelle Angriffe verteidigen wie dies heute überzeugte Christen, Juden oder Muslime tun.

Menschen mit starken emotionalen Regungen, sei es aus Liebeskummer, Trauer, Wut, religiöser Unterworfenheit etc., werden in ihrer Fähigkeit, sich zu konzentrieren, und in ihrem Denkvermögen beeinflusst. Diese Verknüpfung von Emotion und Denkvermögen lässt sich auch aufgrund von Hirnaufnahmen beobachten. Deshalb kann, wenn auch nur bedingt und mit Ausnahmen, darauf geschlossen werden, dass stark religiös emotionalisierte Menschen ebenfalls in ihrem rationalen Denken, welches u. a. aus distanzierter Objektivität, Abstraktionsvermö-

---

[214] Izard, Carol, in: Bild der Wissenschaft, 3/1999, S. 69.

gen und der Fähigkeit, Kritik zu entwickeln, besteht, beeinträchtigt sind. Jedenfalls ist unstrittig, dass prägende Kindheitserlebnisse, religiös gedeutete Schicksalsschläge, religiöse Riten, dunkle und riesige Dome mit der dazugehörigen entsprechenden Musik, einen enormen Einfluss auf die Affekte und das Gefühlsleben ausüben. Mit diesen übermächtigen Empfindungen in der Brust kann kaum mehr eine kritische Distanz bzw. ein einigermaßen objektiver Standpunkt gegen das Übermächtige und Übersinnliche eingenommen werden. Dazu kommt noch die Befriedung innerer psychologischer Dispositionen und Wünsche, die schon alleine aufgrund ihrer angenehmen Aussichten gerne und ohne viel kritische Hinterfragung angenommen werden. Diese psychologischen Mittel, die bereits Nietzsche, der große Analytiker des psychisch Verborgenen, erkannte, machten sich schon immer die Religionen aller Kulturen und Kulturstufen zu eigen. Aber mit steigendem Bildungsniveau einer immer nüchterneren und aufgeklärteren Gesellschaft steigt die Gefahr für die Kirchen, dass immer mehr Schafe vom „wahren" Glauben abfallen. Ulrich Ruh zeigt, dass für die Kirchenbindung Beruf, Wohnortgröße und auch die Bildung von Einfluss ist: „... So liegt etwa der Prozentsatz der Konfessionslosen in den höheren Bildungs- und Einkommensschichten über dem Durchschnitt der Gesamtbevölkerung."[215] In der Tat ist in sehr armen, z. B. streng katholischen Ländern wie Mexiko mit einem hohen Analphabetismus geradezu eine fundamentale und unerschütterliche Glaubensstärke vorhanden. Dies hat aber weniger mit der Überzeugungskraft welcher Religion auch immer zu tun, denn dieser Zusammenhang zwischen Bildung und Gläubigkeit ist auch bei anderen, z. B. in armen islamischen Ländern, zu beobachten. Insofern kann man sagen, dass lediglich die religiöse Sozialisierung und die Hoffnung auf ein besseres Leben, die von den Religionen für ein paradiesisches Leben nach dem Tode versprochen wird, das eigentliche Agens ihres Glaubens ist. Die Erfüllung fundamentaler Wünsche und Sehnsüchte ist also das eigentliche Agens der Religiosität. Die religiösen Protagonisten an sich sind – wie man anhand der zahlreichen unterschiedlichen Religionen ersehen kann – beliebig und austauschbar, was für die Hypothese eines Evolutionsvorteils durch die Religionen im Sinne eines glücklicheren, lebenswerteren Lebens spricht. Das leidvolle irdische Dasein kann aufgrund dieser aussichtsreichen Versprechungen besser bewältigt werden.

Durchaus gibt es neben psychologischen Erklärungen auch äußere Ursachen für die Durchsetzung einer Religion vor ihren Konkurrenten. Die christliche Religion wurde angenommen, weil gewisse historische und gesellschaftliche Faktoren sie begünstigten, konkret z. B. das gerade zu jener Zeit vorhandene Staats- und Wirtschaftsgefüge des Römischen Reiches, die in Auflösung befundenen alten Volksreligionen, die Erlö-

---

[215]   Ruh, Ulrich: Religion und Kirche in der BRD, München, 1990.

sungssehnsucht des antiken Menschen im Zusammenhang mit den relativ neuen monotheistischen Ideen. Auch der beispielsweise eleatische Gedanke von der Unveränderlichkeit und Ewigkeit Gottes bedeutete wie auch gnostisches Gedankengut eine essentielle Prägung für das sich entwickelnde und noch junge Christentum. Besonders aber profitierte das Christentum davon, dass die philosophische Entwicklung der Antike die Volksreligion mehr oder weniger außer Kraft setzte. Religiöse Sehnsüchte aber waren nach wie vor im Innersten der Menschen vorhanden geblieben. Bereitwillig wurden östliche Heilslehren aufgenommen, die dieses Vakuum an Volksreligionen füllten, wobei sich das Christentum in einem – wenn man so will – evolutionären, nämlich selektiven Sinn gegen seine Mitkonkurrenten durchsetzen konnte. Es war die Gunst der Stunde und somit ein Stück Zufall, dass gerade diese äußeren historischen Umstände herrschten, sonst wäre auch eine vollkommen anders geartete religiöse Entwicklung für das Abendland denkbar gewesen. „Das religiöse Sehnen der Zeit konnte nur eine Religion erfüllen, die die Erlösungssehnsucht der Menschen befriedigte, und zugleich nur eine Religion, die dem monotheistischen Zug recht gab... Indem das Christentum die positive Antwort auf die Fragen der Zeit bot, setzte es sich durch."[216] Diese durchaus nüchterne und historische Einschätzung eines renommierten evangelischen Theologen erinnert aber vielmehr an das evolutive Prinzip von Selektion durch Umwelt und menschlichen Bedürfnissen als an eine Religion, die direkt von Gott bzw. Gottes Sohn inauguriert wurde. Ein weiterer Vorteil der religiösen Lehren war der, dass sie anders als die damaligen philosophischen Systeme nicht als abstrakte Lehren daherkamen, sondern den Anspruch erhoben, sie seien auf tatsächliche und somit historische Gegebenheiten zurückzuführen, deren Ursprung auf die höchste denkbare Autorität, nämlich auf die Offenbarung Gottes selbst zurückgeht. Ein hohes Heilsbedürfnis gerade bei den damals bildungsferneren Schichten war ja ohne Frage vorhanden, der Messiasgedanke fiel somit auf fruchtbaren Boden. Deshalb muss auch die jüdische Mission als eine wichtige und glückliche Voraussetzung für das Christentum gewertet werden. „Die jüdische Mission im Reich hat der christlichen also das Feld bereitet..."[217] Ein damit zusammenhängender ebenfalls wesentlicher Aspekt ist die end- und heilsgeschichtliche Erwartung. Das ganze Denken auch der unterdrückten Juden stand unter dem Einfluss der Apokalyptik. Die Geschichtstheologie des Neuen Testamentes wurzelt hierin. Zweifellos hat auch Jesus das nahe Weltende als unmittelbar bevorstehend erwartet.[218] Ein folgen-

216 Schmidt, Kurt Dietrich: Kirchengeschichte, 1990, S. 39.
217 Schmidt, Kurt Dietrich: a.a.O., 1990, S. 56.
218 Dies wird selbst von führenden Theologen des 20. Jahrhunderts zugegeben. So von Karl Rahner (Heilsgeschichtliche Herkunft der Kirche von Tod und Auferstehung Jesu, in: Rahner, Karl: Schriften zur Theologie, Band 14, Zürich, Einsiedeln, Köln,

schwerer Irrtum, den die nachfolgenden urchristlichen Gemeinden bravourös umgedeutet haben, indem sie nun behaupteten, das Endreich sei mit Jesus Christus bereits hereingebrochen, nachdem es ganz offensichtlich zu Lebzeiten Jesu eben nicht, wie erwartet und angekündigt, eingetreten ist. So schlug diese Enttäuschung wiederum um in Hoffnung auf die Zukunft.

Bei der Beschreibung des ganzheitlichen Menschen mit seinen metaphysischen Bedürfnissen reichen also lediglich evolutionsbiologische Überlegungen nicht aus. Aber auch neben den sozialen und historischen Gegebenheiten stellten lange vor der Etablierung der monotheistischen Weltreligionen die Fähigkeiten der Abstraktion, Sprache und Schrift ebenfalls wesentliche Aspekte dar, die aber dennoch nicht losgelöst von evolutionsbiologischen Vorgaben gesehen werden dürfen. Beispielsweise ist auch die Entwicklung der Sprache mit neurobiologischen Veränderungen verbunden gewesen. Wenige, wie Konrad Lorenz, sind sich klar darüber, zu welchem hohen Grad diese auf biologischer Grundlage stehenden sozialen und kulturellen Faktoren unseren Erkenntnisapparat und seine Funktionen mitbestimmen und damit auch alles, was wir für wahr, richtig, gesichert und wirklich halten.[219] Hiervon schließt Lorenz auch weltanschauliche und religiöse Ansprüche nicht aus. Auch sie sind im Zusammenhang dieser natürlichen Entwicklung entstanden, sind Ausdruck menschlicher Natur, menschlicher Bedürfnisse, Wünsche und Vorstellungen: „Zu den... ideologischen Motiven, die es geisteswissenschaftlich ausgerichteten Historikern ohne Berücksichtigung soziobiologischer Aspekte unmöglich machen, den Gang der Kulturgeschichte so hinzunehmen, wie er sich tatsächlich vollzieht, gehört auch der Glaube an die Existenz einer Planung des Weltgeschehens. Dass der Gang der Historie wie der der Phylogenese nur von Zufall und Notwendigkeit gelenkt wird, ist eine Tatsache, die erfahrungsgemäß für sehr viele Menschen schlechthin unannehmbar ist."[220]

In der Tat sind wohl noch die meisten Theologen eher dogmatisch denn wissenschaftlich begründend der Auffassung, der Gegenstand ihrer Wissenschaft – also eine spezifische Gottesvorstellung, Heilige Bücher und deren Wahrhaftigkeit – läge außerhalb eines entwicklungsgeschichtlich erklärbaren Prozesses. Ihre „Wahrheiten" unterlägen somit nicht dem relativen Prinzip menschlich-falliblen Denkens, aus dem sie (dennoch) – wie alle anderen Theorien auch – hervorgegangen sind. Kleriker und viele Theologen leiten ihre Ansprüche quasi von oben, direkt

---

1980, S. 78) und Rudolf Bultmann, beide zitiert in Augstein, Rudolf: „Jesus Menschensohn", S. 101f bzw. 103.

[219]   Lorenz, Konrad: Die Rückseite des Spiegels, 1997, S. 221f.

[220]   Lorenz, Konrad: a.a.O.,, 1997, S. 226.

von einem göttlichen Prinzip ab, das sie offenbarungstheologisch begründen. Nur zu folgerichtig erachten die Vertreter diverser religiöser
Systeme diese aufgrund ihrer postulierten göttlichen Provenienz deshalb
auch als einzig wahrhaftig und sogar als unfehlbar. Nach ihrem Selbstverständnis steht der Glaube außerhalb bzw. über einer kritischen philosophischen Betrachtungsweise, die von unten, also z. B. mit historischen,
soziologischen oder evolutiven Erklärungsmitteln arbeitet und die Welt
deshalb mit natürlichen Erklärungsmitteln als ausreichend begründbar
erachtet. Auch aufgrund dieser methodischen Vorgehensweise gelangten die dynamisch voranschreitenden Wissenschaften und eine daran
orientierte kritische Philosophie immer mehr in Widerspruch zu den
statischen und offenbarungstheologisch fixierten religiösen Überzeugungen.

Konrad Lorenz sieht auch durchaus einen Bezug der heutigen religiösen Traditionen zu den alten Ahnenkulten. So ist es nach Lorenz kein
Wunder, „dass sich Ahnenkult bei sehr verschiedenen Völkern in nahezu gleicher Ausbildung vorfindet. Wie die Verehrung für die – oft sogar
zu Göttern erhobenen – Ahnen mit dem Maße für die verflossene Zeit
zunimmt, so wächst auch die Achtung vor tradierten Verhaltensweisen
mit deren Alter: Je weiter ihr Ursprung in das Dunkel der Vergangenheit
entgleitet, desto mehr nehmen sie den Charakter des Heiligen an, dessen
Verletzung oder Durchbrechung *Sünde* ist und Gefühle von Angst und
Schuld erweckt."[221] Aus einer objektiven anthropologischen und religi-
onsphilosophischen Sicht gibt es keinen Grund, diese später entstandenen theistischen Formen von Religion prinzipiell als etwas anderes als
kulturevolutiv und somit als keineswegs von Göttern eingesetzt zu betrachten. Auch wenn sich das Erscheinungsbild der Religionen (kulti-
sche Handlungen, Mythen, Legenden, politische Motivation usw.) äußerlich durch gewisse historische, geographische und soziale Vorgaben
unterscheidet: Hinter der Fassade stecken immer die gleichen urmenschlichen Motivationen und Intentionen.

Wenn unsere Verhaltensweisen wirklich genetisch determiniert
sind, ist es aus philosophischer Sicht nicht nur legitim, sondern zwingend erforderlich, darüber zu diskutieren, ob nicht auch genetische Ver-
anlagungen ursächlich sind für Gefühle und somit indirekt auch für religiöse Dispositionen. Neben den eher klassischen Disziplinen wie beispielsweise Philosophie, Theologie, Archäologie, Soziologie sind heute
auch naturwissenschaftliche Richtungen, wie beispielsweise Hirnforschung, Evolutionsbiologie und Soziobiologie entscheidend an der Beantwortung der Frage beteiligt, ob das Numinose nur Produkt menschlicher Phantasie und Wunschvorstellungen ist oder ob es auch eine außer-
subjektive, objektive Realität besitzt. Freilich vermittelt die Vorstellung

---

[221]   Lorenz, Konrad: a.a.O., 1997, S. 255.

eines gütigen Schöpfergottes, der uns Menschen nach seinem Vorbild erschaffen hat und für uns sorgen wird, ein Geborgenheitsgefühl, welches von den nüchternen wissenschaftlichen Erklärungen nicht erwartet werden darf. Aber dahinter verbirgt sich eben auch in jedem von uns ein psychologisches Motiv, eben das zu glauben, was unseren existentiellen Bedürfnissen entgegenkommt. Wer dennoch unbeirrt an der durchaus möglichen Existenz eines Schöpfers festhalten möchte, muss allerdings eingestehen, dass damit nicht zwangsläufig allein nur der biblische Gott infrage kommen muss. Der Schöpfer könnte auch einer anderen, oder gar keiner Religion „angehören".

Gerade in diesem Punkt, der Entstehung und Entwicklung des Lebens und des Menschen (in der Bibel Ziel und Mittelpunkt, in der Evolutionstheorie dagegen zufälliges Produkt des Lebens), gibt es die größten Vorbehalte gegenüber einem Buch, das gemäß der darauf basierenden religiösen Institutionen ein göttliches, ja sogar unfehlbares Buch sein soll. Wäre Gott oder der Heilige Geist wirklich der Urheber Heiliger Bücher, dann wäre auch der Widerspruch zwischen der biblischen Schöpfungsgeschichte und den tatsächlichen evolutionären Geschehnissen rational schlichtweg unerklärbar. Wer hingegen Heilige Bücher eine profane Entstehungsgeschichte zuschreibt, hat hierfür die einfache und plausible Erklärung, dass der Wissensstand der Autoren schlicht dem Stand der damaligen Zeit entsprach. Heute so zu tun, als könne man in großzügiger Auslegung auch den evolutionären Aspekt mit dem Schöpfungsbericht vereinbaren, ist aus der Perspektive des intellektuellen Gewissens bzw. des wissenschaftlichen Standpunktes schlicht unredlich. Diese zweifelhafte theologische Vorgehensweise bestätigt den Vorwurf, dass sich aus der Bibel alles und das Gegenteil davon interpretieren lässt, wenn es notfalls aufgrund empirischer oder historischer Faktenlage erforderlich werden sollte.

Die momentan überwiegend von Theologen herbeigeredete Übereinstimmung von Vernunft und Glaube (im theistisch-christlichen Sinne) existiert nicht. Es ist deshalb sicherlich kein Zufall, dass die meisten Wissenschaftler, wenn sie denn keine Atheisten sind, ein Gottesbild mit sich herumtragen, das nicht dem eines persönlichen Gottes (wie im Judentum, Christentum und Islam vertreten) entspricht. Wir haben in diesem Zusammenhang bereits auf Geistesgrößen wie Goethe oder Einstein verwiesen. Aber auch nach einer Studie von Edward Larson von der University of Georgia aus dem Jahr 1998 bekennen sich von 400 befragten US-amerikanischen Elitewissenschaftlern (Mitglieder der Academy of Science) nur mehr 7 % zum Theismus und nur 8 % glauben an ein Leben nach dem Tod. Dies ist auch kein Wunder, denn wer sich eingehend und ernsthaft beispielsweise mit Kosmologie oder Evolutionstheorie befasst, denkt eben in anderen chronologischen, topologischen und deshalb auch intellektuellen Dimensionen als dies beispielsweise der biblisch-theistische Tellerrand mit seinem Horizont einer heute peinlich anmutenden wenige Jahrtausende alte mythologisch konstruierten Weltgeschichte und seiner nicht weniger obsolet gewordenen geo- und anthropozentrische Sichtweise zulässt.

Sowohl die Entstehung des Lebens als auch dessen Entwicklung von den einfachsten Anfängen an bis zu den gegenwärtigen hochentwickelten menschlichen Gesellschaften, lässt sich heute im Rahmen natürlicher Erklärungsmuster plausibel nachvollziehen, ohne die These eines Schöpfers beanspruchen zu müssen. Bei der damit verbundenen zunehmenden Aufspaltung von Glaube und Wissen besteht durchaus die Gefahr der Unterdrückung durch konservative und restriktive religiöse wie politische Mächte. Eine Einschränkung oder gar Unterdrückung des in Jahrhunderten hart erkämpften freiheitlichen Denkens und Forschens, das uns heute in der westlichen Welt Frieden und Wohlstand beschert, darf nicht zugelassen werden. Angesichts der Erstarkung des christlichen Fundamentalismus in den USA, mehr aber noch des islamischen Fundamentalismus, ist die Sorge darüber nicht unbegründet. Religiöser Fundamentalismus und damit verbundene Intoleranz und wissenschaftsfeindliche Borniertheit, sind weltweit wieder auf dem Vormarsch und könnten durch massive Migration aus den islamischen Ländern in die liberalen, aufgeklärten und weitgehend laizistischen nordeuropäischen Staaten dringen und zu großen kulturellen Spannungen führen.

3. Das Leib-Seele-Problem

3.1 Das Leib-Seele-Problem im historischen Kontext

Der Begriff „Seele" hat genau so viele, fast unüberschaubare Bedeutungen, wie es unterschiedliche mythische, religiöse, philosophische und psychologische Traditionen und Lehren gibt. Meist bezieht sich der religiöse und religiös beeinflusste philosophische Seelenbegriff auf eine vom physischen Tod unabhängige, also unsterbliche, immaterielle, und durchgängig die Identität (Wesens- und Charaktereigenschaften) eines Individuums ausmachende Entität. Diese Vorstellungen finden wir bei indigenen Kulturen (Naturvölker) ebenso wie in den alten vedischen Religionen aus denen sich die unterschiedlichen Strömungen des Hinduismus entwickelt haben. Letzteren ist gemeinsam, dass sie keinen Unterschied zwischen der menschlichen Seele und der anderer Lebensformen (Tiere und Pflanzen) machen. Die ersten Hochkulturen entwickelten ebenfalls ganz unterschiedliche und sehr phantasievolle Vorstellungen des Seelischen, beispielsweise in Ägypten mit Totenreich und Totengericht. Mit den hebräischen Wörtern „Nefesch" und „Neschama", die so viel wie Atem bedeuten, ist dann wiederum lediglich eine Art Vitalseele gemeint. Das altgriechische Substantiv „Psyché", das erstmals in den Epen Homers belegt ist, bedeutet so viel wie Atem, Hauch. Die Homer'sche körperlose Seele trennt sich nach dem Tod vom Körper, um sich als dessen schattenhaftes Abbild in die Unterwelt zu begeben. Der mit Reinkarnation und Erlösung verbundene Seelenglaube ist auch dem aus Thrakien stammenden Dionysoskult und der Orphik immanent. Wie wir noch sehen werden, werden die Vorstellungen über die Seele bzw. über die unterschiedlichen Seelenteile mit dem Einsetzen der philosophischen Reflexion entsprechend abstrakter und verlieren ihren ursprünglich mythologischen Charakter immer mehr. Neben den zahlreichen Vorstellungen einer immateriellen Seele gab es aber bereits in den indischen Lehren und in der späteren vorsokratischen Philosophie materialistische Ansätze, die alles Psychische als eine Eigenschaft des Körperlichen betrachteten. Neuzeitliche Philosophen, die diese Auffassung vertreten, sind beispielsweise Thomas Hobbes, Denis Diderot und Julien Offray de La Mettrie. In der modernen Psychologie und Anthropologie findet der religiös konnotierte Seelenbegriff kaum mehr Anwendung, da er zu sehr mit metaphysischen und damit auch mit nicht nachweisbaren Voraussetzungen behaftet ist. An dessen Stelle ist die Beschreibung und Erklärung von Akten des Denkens, Fühlens, Vorstellens und Verhaltens getreten. Nach wie vor gehört zum zentralen Problem der Leib-Seele-Diskussion das Verhältnis von neurophysiologischen Prozessen und geistigen Phänomenen, also die Frage ob und wie eine kausale Wechselwirkung einer lediglich behaupteten immateriellen (und unsterbli-

chen) Seele mit Materiellem, also mit dem Körper und Gehirn faktisch
funktionieren und logisch betrachtet überhaupt möglich sein kann. Ob
es sich bei dem Leib-Seele-Problem nur um ein vorwissenschaftliches
Scheinproblem handelt, wie viele heutige metaphysikkritisch eingestellte
Hirnforscher und Philosophen nahelegen, oder ob sich so etwas wie eine
Seele auch unter modernen wissenschaftlichen Aspekten aufrechterhalten lässt, ist gerade für den zentralen urmenschlichen Wunsch nach einem ewigen Leben und somit auch für die Glaubwürdigkeit der Religionen von höchster Relevanz. Geht man von dem Erkenntnisstand der
evolutiven Entwicklung des Geistes aus, welcher durch die enge und
kausale Verbundenheit mit dem Zentralnervensystem (ZNS) von der
biologischen Evolution nicht zu trennen ist, so ergeben sich durchaus
auch auf diesem Gebiet Spannungen zwischen einer nüchternen naturwissenschaftlichen Sichtweise und einer eher geisteswissenschaftlich
orientierten Philosophie bzw. Theologie. Unstrittig ist heute aber, dass
mit zunehmender Anagenese auch eine zunehmende Komplexität und
Höherentwicklung des Erkenntnisapparates, sprich des Gehirns, verbunden war. So wie sich im Laufe von Jahrmillionen der Hominisation
das Gehirnvolumen und die Gehirnkomplexität weiter entwickelt haben,
so auch die von dieser materiellen „Hardware" hervorgebrachten und
mit dieser in einem begrenzten vorgegebenen Rahmen interagierenden
geistigen Fähigkeiten, deren Potentialität sich im Laufe der Entwicklungsgeschichte stetig weiter entwickelten. Das ist ein beeindruckendes
Indiz dafür, dass es keine von Anfang an festgelegte und fertige Menschenseele gegeben haben kann, sondern dass sie – vorausgesetzt, wir
akzeptieren den fragwürdig gewordenen Begriff „Seele" – mit den ihr
zugeschriebenen Eigenschaften an eben jene materielle Entwicklung der
Evolution eng gekoppelt ist. Sowohl die Abspaltung der ersten Australopithecinen (Vormenschen) von den äffischen Vorfahren vor etwa 4,2
Mio. Jahren als auch die Abspaltung der ersten Vertreter der Gattung
Homo vor ungefähr 2,5 Mio. Jahren belegt die schrittweise Entwicklung
des Menschen in anatomischer wie auch geistiger Hinsicht. Gehirngröße
und Werkzeugkultur stehen in einem direkten Zusammenhang. Die fos-
sile Fundlage belegt diese Entwicklung eindeutig. Sie ist auch keineswegs gezielt oder nach einem göttlichen Plan verlaufen, sondern war
von Zufällen abhängig. Friedemann Schrenk (Universität Frankfurt)
hierzu: Die Entwicklung des Menschen verläuft „weder zielgerichtet
noch zeitlich in allen Merkmalen synchronisiert."[222] Auch für führende
Paläoanthropologen wie Don Johanson und Richard Leakey war die
über 50 Mio. Jahre währende Evolution der Primaten nicht zielgerichtet
oder geplant: „Denn" – so Richard Leakey – „die natürliche Evolution
orientiert sich an den jeweils vorherrschenden Gegebenheiten und nicht

---

[222]   Schrenk, Friedemann: Die Frühzeit des Menschen, München, 2001, S. 120.

an einem langfristigen Ziel."[223] Dieser Antagonismus zwischen Evolution und Schöpfung bzw. zwischen Zufall und Plan scheint der eigentlich problematische Punkt zwischen der wissenschaftlich-evolutionären und der anthropozentrischen Sichtweise zu sein. Die ab einem gewissen Punkt der Evolution mit einem „höheren", reflexiven Bewusstsein ausgestatteten Repräsentanten des Genus Homo, welche analog hierzu auch über ein zunehmendes Hirngewicht von 600 g (Homo habilis, vor ca. 2,5 Mio. Jahren) bis 1500 g (Neandertaler) verfügten, entwickelten eine zunehmende Intelligenz, welche ihnen nicht nur den Gebrauch von Werkzeugen ermöglichte, sondern sie auch dazu befähigte, sich ihrer Individualität zunehmend bewusst zu werden. Damit geht auch die als eine Art Schock wirkende Einsicht in die Endlichkeit allen Seins, besonders die der eigenen Existenz einher, welche im Laufe der Zeit mit religiösen Vorstellungen, wie dem Jenseitsglauben kompensiert wurde. Dazu gehören die unterschiedlichsten Hoffnung und Trost spendenden religiösen Vorstellungen, die zunächst noch eher naiv waren, was man daran erkennen kann, dass den Toten Dinge aus dem täglichen Leben (Schmuck, Waffen. Nahrung...) als Grabbeilage mitgegeben wurde, damit sie im Jenseits standesgemäß weiterexistieren können. Bei zunehmender sozialer und kultureller Höherentwicklung wurden schließlich auch die davon nicht zu trennenden religiösen Vorstellungen zunehmend sublimiert. Der Verfall bzw. die irreversible Verwesung des menschlichen Leichnams musste dann schon fast zwangsläufig zu der Vorstellung einer immateriell existierenden Entität führen, die über den materiellen und endlichen Aspekt erhaben ist. Somit wird die Entwicklung der Vorstellung einer immateriellen und ewigen Seele immer konkreter bis hin zu ihren philosophischen Verankerungen, insbesondere bei Platon, von denen insbesondere auch das mittelalterliche Christentum maßgeblich beeinflusst wurde.

Bis heute entwickelten sich aus den ursprünglich bildhaften, aber als solche für durchaus real gehaltenen religiösen Vorstellungen immer abstraktere theologische Konstrukte, wie man auch an der Entwicklung der ursprünglichen vor- und frühchristlichen Vorstellung einer leiblichen Auferstehung und der Entwicklung zum Seelenglauben ersehen kann. Die Vorstellung der leiblichen Auferstehung der Toten wurde aufgrund der doch etwas zu kühnen und unglaubhaften Vorstellung der zu Staub verwesten Leichen sowie durch den Einfluss der neuplatonischen Vorstellung einer immateriellen Seele vom Christentum schon sehr früh zugunsten der Annahme einer immateriellen und unsterblichen Seele, wie sie schon lange vor dem Christentum auch in anderen Kulturkreisen

---

[223] Zwar entwickelte sich der Homo sapiens schließlich als Nachfahre der ersten Menschen, doch dieser Prozess vollzog sich durchaus nicht zwangsläufig." Leakey, Richard: Die ersten Spuren, München, 1999, S. 42.

existierte, ersetzt. Das als unmittelbar bevorstehend geglaubte Reich Gottes und die damit verbundene Auferstehung der Toten ist nicht eingetreten, sie sind vollkommen verwest. Die psychologisch naheliegende Konsequenz daraus war die Übernahme des Seelenglaubens.

Bereits der große Platon ging – freilich nicht unbeeinflusst von noch älteren östlichen Auffassungen – davon aus, dass der Leib das irdische „Gefängnis" einer an sich unsterblichen Seele sei, was auch später Augustinus und mit ihm das Christentum im Prinzip übernommen hat. In diesem spekulativ-mythologischen Dualismus sind auch die einseitige Geringschätzung des Leibes sowie die Überbewertung des Immateriellen, Transzendenten, Metaphysischen im davon beeinflussten Christentum zu erklären. Aristoteles dagegen bestritt die Voraussetzungen einer getrennten Existenz von Leib und Seele. In einer weniger mythologischen Weise als Platon, der in seiner Seelenvorstellung von den Pythagoreern beeinflusst wurde und im „Phaidon" im Zusammenhang mit seiner Anamnesislehre von Karma und Wiedergeburt schreibt, versteht Aristoteles die Seele als Formprinzip (Entelechie), das die Materie organisiert, erhält und bewegt. Aufgrund dieser Form-Materie-Einheit von Leib und Seele stirbt die Seele auch mit dem Leib. In dieser Tradition wiederum geht Thomas von Aquin von einer sich im menschlichen Leib befindlichen anima rationalis aus, die unkörperlich nicht aus Materie und Form bestehend, jedoch aus potentia und actus zusammengesetzt ist. Als substantielle Form ist sie mit dem Leib verbunden, hat dabei keinen organischen Sitz, sondern ist im ganzen Körper und in all seinen Teilen. Der aktive Intellekt gehört dabei zur Einzelseele und wird mit ihr durch den Körper individuiert. Als Brücke zwischen Geistigem und Körperlichem agiert die Seele als unterste Intelligenz, die im Gegensatz zu der Tierseele, welche mit dem Samen vererbt wird und deshalb sterblich ist, unsterblich ist, weil sie dagegen angeblich nicht mit dem Samen vererbt wird. Thomas stellte sich dies aus heutiger naturwissenschaftlicher Sicht doch etwas grotesk anmutend folgendermaßen vor: „Die Samkraft des Vaters formt das mütterliche Blut bis zu pflanzlicher Organisation und vergeht, die ihr folgende vegetative Seele bis zur Tiergestalt, um zugunsten einer sensitiven Seele ebenfalls zu vergehen. Hat diese den Embryo bis zur Menschengestalt organisiert, so vergeht auch sie und Gott schafft dem Organismus eine unsterbliche Seele mit vegetativem, sensitivem und intellektivem Vermögen ein. Diese ist nicht selbst Person, aber bildet mit dem Leib die Person... Nach der Trennung übt sie keine vegetative und sensitive Tätigkeit mehr aus, behält jedoch Fähigkeit und Neigung, mit ihrem Körper vereint zu sein."[224] Der „Haustheologe" der Katholiken, Thomas von Aquin, hat also weitgehend die

---

[224] Ritter und Gründer (Hrsg.): Historisches Wörterbuch der Philosophie, 1980, Bd. 5, Sp. 190.

aristotelische Auffassung der Seelenlehre übernommen. Bei ihm werden dann allerdings spezifisch christliche Glaubensvorstellungen mit der aristotelischen Auffassung verbunden. So wird die Seele, entsprechend der Vorstellung der Auferstehung des Fleisches, genau dann wieder zu einer Persönlichkeit, wenn sie nämlich bei der Auferstehung mit den aus den Gräbern hervorkriechenden irdischen Körper wiedervereint wird. Im Zusammenhang mit der katholischen Auffassung der wie auch immer sich vorzustellenden Wiedervereinigung von Seele und Leib ist dabei zu erwähnen, dass die Vorstellung einer leiblichen Auferstehung zu den ältesten Seelenvorstellungen gehört und keineswegs originär christlich ist. Sie hat ihre Ursache wohl darin, dass sich viele Menschen eine Existenz ohne Leiblichkeit ursprünglich nicht vorstellen konnten. Entgegen den damals freilich noch gar nicht vorhandenen naturwissenschaftlichen Erkenntnissen ist die Seele kein sich aus seinen einzelnen Funktionen zusammensetzendes ganzheitliches Produkt neuronaler Prozesse, sondern ein immaterielles, von Gott geschaffenes substantielles höheres Wesen, welches als solches über die mentalen Prozesse eine leitende Funktion einnimmt.

Neben der religiös motivierten Seelenmetaphysik gibt es heute aber auch eine weltanschaulich neutrale, wissenschaftliche (neurologische, psychologische), nämlich eine mehr im Sinne der Erforschung unseres Bewusstseins mit seinem Vermögen und Eigenheiten sich auseinandersetzende Richtung der „Seelenlehre". Ihr Forschungsgegenstand ist das diesseitige Fassbare und weniger das jenseitig Spekulative, welches beides im Begriff „Seele" impliziert ist. Besonders unter dem Eindruck der im angelsächsischen Raum betriebenen und Wittgenstein rezipierenden sowie weiterführenden analytischen Sprachphilosophie, welche ausschließlich den Begriff „mind" benutzt, hat sich im Zusammenhang mit dem Logischen Empirismus und der Analytischen Philosophie des Geistes deshalb auch im deutschen Sprachraum die Bezeichnung „mind-body-problem", also „Körper-Geist-Problem" etabliert. Da jedoch immer noch überwiegend vom „Leib-Seele-Problem" gesprochen wird, wollen auch wir an dieser Formulierung festhalten. Im Deutschen gibt es nun mal kein besseres Wort, das die Gesamtheit unserer Vorgänge des bewussten, vorbewusst-intuitiven und unbewussten Denkens, Fühlens und Wollens zum Ausdruck bringt, als eben „Seele." Jedoch enthält sich der neurologische und psychologische Seelenbegriff jeglicher metaphysischen Spekulation über Unsterblichkeit oder göttlicher Provenienz. Der Neurobiologe Gerhard Roth fasst dies so zusammen: „Die in unserem Sinne definierte Seele ist nach aller verfügbaren wissenschaftlichen Erkenntnis untrennbar an Hirnfunktionen gebunden. Ihre Eigenschaften und Leistungen formen sich mit der Entwicklung des Gehirns, und mit dem Tod des Gehirns enden diese ‚Seelenvermögen.' Wenn man also nach einer unsterblichen Seele fragt, so muss sich dies auf gänzlich andere Zustände und Eigenschaften beziehen, als diejenigen, die einer wissenschaftlichen Behandlung zugänglich sind."[225] Ein Trend den schwammigen Seelenbegriff fallen zu lassen und durch andere Worte zu ersetzen zeichnete sich bereits in der Mitte des 19. Jahrhunderts ab. In Bezug auf den Philosophen und Psychologen Friedrich Albert Lange spricht man mittlerweile von einer „Psychologie ohne Seele", wenn auch die Begründer der wissenschaftlichen Psychologie wie Herbart, Lotze, Fechner und Wundt zunächst noch an diesem Begriff festhalten. Die historischen Wirkungen der Urväter der Psychologie bestanden auch darin, dass metaphysische, insbesondere theologische Konzepte nach Möglichkeit vermieden werden und man sich dafür mehr den immanenten Konzepten des Ichs als Empfindungskomplex widmete. Ganz allgemein gilt es festzustellen, dass sich im ausgehenden 19. Jahrhundert die ersten Anfänge einer experimentellen Psychologie zeigten, zu der die introspektiven Methoden, z. B. nach Franz Brentano, eine Art Vorwissenschaft bilden sollten – so lange, bis empirische bzw. experimentelle Untersuchungen sowie die Gehirnforschung eines Tages einen zuverlässigen wissenschaftlichen Rang einzunehmen in der Lage sind, was sich heute tatsächlich verstärkt abzeichnet.

Weniger von einer empirischen und wissenschaftlichen Seite als von einer ideologie- und sprachkritischen Sicht nähert sich auch Nietzsche der Seelenlehre. Entgegen Brentano allerdings hält er die Seele nicht für unvergänglich oder ewig. Dementsprechend erachtet er nicht nur die Substantialität der Seele, sondern auch die Seele als übernatürliche Entität als reine Fiktion. Als solche aber sei sie gesellschaftlich notwendig. Historisch hat sie sich aus der „Innenwendung der Instinkte", der „Verinnerlichung des Menschen" herausgebildet.[226] Nach weiteren Veröffentlichungen zur Seelenproblematik von Hans Vaihinger, Herbert Spencer, Ernst Mach und Richard Avenarius ist in der Philosophie und Psychologie um die Jahrhundertwende immer mehr das „Ich" anstelle der Seele getreten. Die Entstehung der wissenschaftlichen Psychologie führte auch zu einer Identifikation von „psychisch" und „bewusst", so dass ihre Bezeichnung als experimentelle bzw. empirische „Bewusstseinsphilosophie" ihre Rechtfertigung erhält. Dabei wird interessanterweise die Bedeutung des Unbewussten von keiner der diversen psychologischen Schulen des 19. Jahrhunderts richtig erkannt. Erst an der Schwelle zum 20. Jahrhundert erkennt man, z. B. mit Theodor Lipps, allmählich die Bedeutung des Unbewussten auch für das Bewusstsein. Sigmund Freud spezialisierte sich auf diesen Bereich der Psychologie.

Auch waren bisher die meisten Attribute im Zusammenhang mit der Seele negativ bestimmt. So war die zunächst substantiell gedachte

---

[225]   Roth, Gerhard: Wie das Gehirn die Seele macht, Stuttgart, 2014, S. 370.

[226]   Vgl. Nietzsche, Friedrich: Zur Genealogie der Moral II, Leipzig, 1887, S. 16.

Seele durch Unräumlichkeit, Immaterialität oder Unsterblichkeit definiert. Zumindest die Unräumlichkeit des Psychischen überlebte als Erbe des kartesischen Dualismus den Zerfall der substantiellen Seele. Sie wird nun übertragen auf die Empfindungen und psychischen Akte, denen man bis dahin nur Qualität und Intensität zugestanden hatte. Allerdings erweist sich diese Annahme wiederum als nicht kompatibel mit der zu Beginn des Jahrhunderts aufkommenden Gestalttheorie (Wolfgang Köhler), welche aufgrund ihres psychophysischen Isomorphismus das Phänomenale ebenso räumlich gegliedert sein lässt wie das Physiologische. Aus der Unräumlichkeit oder Unausgedehntheit folgt die Unteilbarkeit des Psychischen, welche ebenfalls heute von der Neurologie infrage gestellt wird, da die Einheit des Psychischen durch die Psychopathologie (Dissoziationserscheinungen) relativiert ist. Mit zunehmendem Fortschritt der Gehirnphysiologie musste auch die Ansicht des Psychischen als Nicht-Quantifizierbares immer mehr aufgegeben werden. Als positive Merkmale des Psychischen sind die Subjektgebundenheit, die Selbsttätigkeit, die Temporalität (der Fluss der Bewusstseinserscheinungen, Veränderlichkeit, Kontinuität) und die auf Brentano zurückgehende Intentionalität psychischer Akte zu erwähnen.

Neben dieser, sich hin zu einer naturwissenschaftlichen Betrachtungsweise bewegenden Entwicklung, gab es aber auch andere Strömungen, wie zu Beginn des 20. Jahrhunderts den Vitalismus, die eher als Renaissance der alten Seelenmetaphysik zu sehen sind, heute aber in Philosophie und Hirnforschung keine Rolle mehr spielen. Von ganz anderer Radikalität wiederum war der frühe Behaviorismus, der mentalistische Begriffe teils aus methodologischen Gründen, teils aus materialistischen Gründen zurückwies und somit einfach die Existenz des Bewusstseins leugnete (Watson). Ein gewisser Einfluss des Behaviorismus auf die Philosophie beginnt mit Bertrand Russell. Für den in der Tradition Ernst Machs und William James stehenden Russell ist Introspektion zwar möglich, führt aber zu keinen sichereren Erkenntnissen als die äußere Beobachtung. Für die Wiener Schule wiederum ist eine Hinwendung zur Identitätstheorie (Identität von Materie und Geist) charakteristisch. So ist für Moritz Schlick das Psychische zwar mit dem „unmittelbar Gegebenen" identisch und das Physische ausschließlich begrifflicher Natur, jedoch sind für ihn wie für Carnap alle psychischen Gegenstände auf physische reduzierbar. Psychologische Aussagen sind für Carnap „stets in die physikalische Sprache übersetzbar. Und zwar bezieht jeder psychologische Satz sich auf physikalische Vorgänge am Leib der betreffenden Person(en)"[227]

---

[227]   Carnap, Rudolf: Psychologie in physikalischer Sprache, in: Erkenntnis 3, Berlin, 1932/33, S. 107-142.

Edmund Husserl, ein Schüler Brentanos, entwickelte die phänomenologische Philosophie, die er als deskriptive Psychologie, entgegen der daneben sich weiterentwickelnden experimentellen und empirischen Psychologie zu seinem Hauptgeschäft machte. Husserl verstand den Begriff der Seele als konstitutive Leistung des Bewusstseins, die er durch verschiedene Schichten hindurch zu fassen bzw. zu beschreiben versuchte. Dabei muss zwischen dem „Menschen als Natur" und dem „Menschen als Geist" unterschieden werden. Aufgrund des Zusammenhangs mit dem Körperlichen hat die Seele allerdings „Anknüpfung an die Natur". Gegen eine zu einseitige naturalistische Auffassung der Seele wendet Husserl ein, dass sie dort ihre Grenze hat, wo Erleben nicht psychophysisch konditioniert, sondern durch Wissen determiniert sein soll. Wie bei Wittgenstein dient auch bei Gilbert Ryle die Analyse der Alltagssprache dazu, die philosophischen Kategorienfehler aufzudecken. In zahlreichen Untersuchungen über das Reden von Intelligenz, Wille, Gefühlen, Neigungen und Erregungen kommt er zu einer ablehnenden Haltung gegenüber den Hypostasierungen einer Ontologie des Geistigen. Dabei kritisierte er den Psychologismus als Verdopplung genauso wie den Behaviorismus als Reduktion des Leib-Seele-Problems. Ryles Einfluss auf die Diskussion über das Leib-Seele-Problem war gravierend, da er eine vollkommen neue, aber auch radikale Perspektive einbrachte. Zwar bekämpften sich die unterschiedlichen Auffassungen vom richtigen Verhältnis von „Leib und Seele" (Idealismus, Materialismus, neutraler Monismus, epiphänomenaler Parallelismus...) schon immer, jedoch gingen sie davon aus, dass es sich hierbei nicht nur um ein Scheinproblem handle, wie es aus Ryles Kritik („The concept of mind") hervorgeht, wenn er die Lösungsvorschläge hierzu als fiktive Theorien über ein fiktives Problem betrachtet.

Nach diesem zwangsläufig nur sehr rudimentären Überblick über einige historische Auffassungen zum „Leib-Seele-Problem" haben wir heute die Situation, dass das Leib-Seele-Problem eine sehr vielfältige und differenzierte Betrachtung erfährt. Dabei unterlag der Begriff der Seele in der abendländischen Philosophie von Platon über Descartes bis in die Gegenwart einer ständigen Modifikation. Aus einer religiös motivierten immateriellen unsterblichen „Seele" wurde ein Begriff der in der wissenschaftlichen Psychologie unter Verzicht metaphysischer Annahmen sich immer mehr auf das Bewusstsein bzw. auf das Vor- und Unterbewusstsein und seine vielfältigen Erscheinungen z. B. in Denken, Emotionen, Erinnern, Erkennen, Empfinden usw. hin entwickelte.

3.2 Das Leib-Seele-Problem aus neurologischer Sicht

Nach dem kurzen historischen Überblick über die theologischen, philosophischen und psychologischen Vorstellungen über die Seele folgt nun eine kurze Darstellung der naturwissenschaftlichen Bemühungen um das Verständnis des Denkens und insbesondere seiner materiellen Ursache, des Gehirns. Die Hinweise für eine Beschäftigung des Menschen mit seinem Gehirn reichen dabei bis weit in prähistorische Zeiten zurück. Dass eine Kenntnis über sensomotorische Hirnfunktionen (z. B. durch Kriegsverletzungen des Gehirns) schon bei den Ägyptern vorliegt, wissen wir aus schriftlichen Überlieferungen aus dem 17. Jh. v.u.Z. aufgrund des sogenannten „Papyrus Smith". Im religiösen und kultischen Bereich, z. B. bei der Mumifizierung, wurde das Gehirn wie auch alle anderen leicht in Fäulnis übergehenden Organe aus dem Körper entfernt. Es wurde ihm also keine besondere Bedeutung beigemessen.

Die ersten, die das Gehirn in seiner wahren Funktion unter wahrnehmungs- und erkenntnistheoretischen Gesichtspunkten erforschten, waren die Griechen. Alkmaion von Kroton bezeichnete es als Organ, mit dem wir zu Wahrnehmungen (Hören, Sehen, Riechen) befähigt sind, aus denen Gedächtnis und Vorstellung und aus diesen wiederum Wissen hervorgeht. Während andernorts Epileptiker als besondere religiöse Menschen und Propheten verehrt wurden, erkannte Hippokrates, der Begründer der Medizin, dieses Phänomen als „heilige Krankheit" und nahm ihr ihre mystische Bedeutung. Die ersten gezielten und systematischen Untersuchungen des Hirns sind von den alexandrinischen Gelehrten Herophilos und Erasistratos überliefert, die Vivisektionen an verurteilten Verbrechern durchführten. Lange war unklar, wo sich nun der Sitz der Seele bzw. der Sitz der Bewusstseinsleistungen befindet. Auch wenn Aristoteles mit seiner kardiozentrische These in dieser Frage gegen Platons zephalozentrische These irrte, so blieb „seine Erkenntnislehre wegweisend für die gesamte Hirnforschung".[228] Der römische Arzt und Philosoph Claudius Galenos benutzte später neben Tierversuchen die Hirnverletzungen von Gladiatoren, um Aufschlüsse über dieses Organ zu gewinnen. Er kam zum Schluss: „Haltet euch nicht an die Götter, um durch Eingebung die alles beherrschende Seele zu entdecken, erkundigt euch lieber bei Anatomen."[229]

Im Mittelalter ging man von einer Dreiteilung des Gehirns in Ventrikeln als hintereinander im Kopf liegende Zellen aus. In der ersten Zelle wurde der bereits von Aristoteles geforderte, alle Sinne zu einer Einheit verbindende Sensus communis sowie die Vis imaginativa vermutet, in der zweiten Zelle der Verstand als Vis cogitativa und in der dritten das Gedächtnis als Vis memorativa. Unter dem Einfluss des mechanistischen Weltbildes gelangte man im 17. Jahrhundert (Thomas Willis) zu einer Lokalisation psychischer Funktionen in der Hirnsubstanz. Der Spiritus

---

[228]   Oeser, Erhard und Seitelberger, Franz: Gehirn, Bewusstsein und Erkenntnis, Darmstadt, 1995, S. 5.

[229]   Siehe Oeser und Seitelberger: a.a.O., 1995, S. 6.

animalis (der zwischen Leib und Seele vermittelnde Lebensgeist) wird nun im Zusammenhang mit den Kanälen im Gehirn gesehen. So kommt es allmählich zu einer annähernd richtigen Korrelation zwischen der Beschreibung der Seelenfunktionen und jener der Gehirnfunktionen, denn die Entstehung von „höheren Funktionen", wie Vorstellung, Gedächtnis und Wille, wird nun in der Großhirnrinde vermutet.

Von einer echten empirisch betriebenen Hirn- und Neurophysiologie kann man aber erst nach William Harveys (1578–1657) Entdeckung des Blutkreislaufs sprechen. Harvey wies die Theorie von irgendwelchen „Geistern" zurück, welche die Nervenfunktionen verursachen sollten. Später konnte Giovanni Alfonso Borelli in einem Experiment nachweisen, dass die „animalischen Geister" auch nicht gasförmiger Natur sind. Dabei schlitzte er einem Tier unter Wasser die Muskulatur auf und konnte bei der damit einhergehenden Kontraktion nachweisen, dass – da keine Luftblasen zu erkennen waren – ein pneumatisches Element hierbei nicht die Ursache sein konnte. Man ging dazu über, stattdessen einen „Nervensaft" zu konstatieren. Da man jedoch später erkannte, dass die Nerven keine hohlräumigen Gefäße darstellen, musste auch diese Auffassung wieder zurückgenommen werden. Erst mit der Entdeckung der „tierischen Elektrizität" 1786 durch Luigi Galvani anhand seiner berühmten Versuche präparierter Froschschenkel wurde das Rätsel gelöst, vor dem die Physiologen bis dahin standen. Sie alle konnten eine Erregbarkeit der Nerven durch äußere Verursachung beobachten, jedoch nicht angeben, welcher Natur die Energie ist, von denen die Muskelkontraktionen bewirkt wurden. Aufgrund der mit Metallen assoziierten Elektrizität, wie sie Alessandro Volta erkannte, war es zunächst schwer, diese bezogen auf den Organismus überzeugend für Laien darzulegen. Erst mit dem Physiologen Johannes Müller wurde die „Physik der Nerven" zu einer eigenständigen Wissenschaft. Sein Schüler Hermann von Helmholtz konnte später sogar die Leistungsgeschwindigkeit der Nerven bestimmen. Emil Dubois-Reymond, ebenfalls Schüler von Müller, entdeckte die „Aktionsströme" und vermutete dabei, dass die Ausbreitung der Nervensignale zusätzlich durch chemische Übertragungsmechanismen erfolgt, was heute mit der Neurochemie eine maßgebliche Rolle bei der Erforschung der Funktion unseres Bewusstseinsapparates spielt. Eine weitere entscheidende Entdeckung wurde von Santiago Ramón y Cajal gemacht. Er fand heraus, dass das gesamte Nervensystem aus Nervenzellen (Neuronen) aufgebaut ist, die nicht in einem Zellverband zusammengeschlossen sind, wie dies bei anderen Zellen der Fall ist, sondern ein eigenständiges biologisches Dasein fristen. Die Verbindungen unter den einzelnen Neuronen werden durch die von Sherrington als „Synapsen" bezeichneten Reizübertragungsstellen hergestellt, bei denen elektrische (für die Reizleitung) und chemische (für die eigentliche Kommunikation der Neuronen untereinander) Vorgänge wirksam sind. Die physiologisch, d. h. elektrisch und chemisch in unserem Kopf hervorgerufenen Empfindungen, wie sie auch durch die Außenwelt verursacht werden, zeigen, dass aufgrund der kategorialen Verschiedenheit zwischen materieller Verursachung und phänomenaler Gewahrwerdung keine Wesensgleichheit zwischen Außen- und Innenwelt unkritisch angenommen werden darf, was aber noch nicht dazu berechtigt, unser Gehirn als geschlossenes System anzusehen, wie dies das Konzept der Autopoiese von Maturana und Varela (1987) behauptet. Lebewesen sind kommunikative, informationstauschende Systeme. Ihre Autonomie und Selbstorganisation kooperiert mit Reizen oder Informationen von außen und innen. Dass unser Nervensystem nur eine Abstraktion, Repräsentation oder partielle Isomorphie der Außenwelt in ihrem An-sich-Sein (von deren Existenz auch der hypothetische Realist hypothetisch ausgeht) darstellt, erscheint alleine daher schon wahrscheinlich, dass nur kleine Ausschnitte aus der Gesamtwirklichkeit der Außenwelt mittels unserer Sinnesorgane aufgenommen und zu nervalen Signalen (mittels eines Codes) transformiert werden. Die dabei in unserem Gehirn entstandene Information besitzt nach Franz Seitelberger „kein organisch-materielles Substrat, sondern besteht in den Mustern der im Tätigkeitsorgan ablaufenden codierten Erregungsprozesse, also in räumlich-zeitlichen Signalfigurationen, die man im technischen Sprachgebrauch als *Programme* bezeichnet."[230]

Was die Gehirne aus evolutionsbiologischer Sicht angeht, so sind diese evolutiv entstandene Informationsverarbeitungssysteme, die sich mit dem Menschen erst relativ spät zu einem „höheren" Bewusstseins- und Erkenntnisorgan entwickelt haben. Zunächst stellten sie die informationsverarbeitende Schnittstelle zwischen Umwelt und Organismus dar, wobei sich das Verhalten des Lebewesens als zielgerichtet und spontan erweist. Im Laufe der Evolution der Wirbeltiere kommt es vor etwa 500 Mio. Jahren zu einer immer komplexer werdenden Verhaltenssteuerung, was mit einer Vergrößerung der nervalen und auch räumlichen Konzentration hin zum Zentralnervensystem und einer damit verbundenen Verdichtung und Differenzierung verbunden ist. Je nach Anpassung der einzelnen Arten an eine spezifische Umweltnische ist damit auch ein spezialisiertes Verhaltensmuster verbunden, das durch die nervale Organisation verursacht ist. Selbst bezüglich des relativ spät entstandenen und geistig hochstehenden Menschen lassen sich Verhaltensweisen beobachten, die deutlich zeigen, dass hier noch Relikte früh etablierter Verhaltensmuster vorhanden sind, die auf die Verwandtschaft mit Tieren verweisen. Das Phänomen der Rudimentation ist somit keineswegs nur auf anatomische Strukturen begrenzt. Das Gehirn ist aus evolutions-

[230]   Oeser und Seitelberger: Gehirn, Bewusstsein und Erkenntnis, 1995, S. 46f.

biologischer Sicht gesehen – entgegen theologischer und so mancher philosophischen Vorstellung – somit nicht Sitz einer metaphysisch gedachten Seele, sondern ganz schlicht ein Handlungs- und Überlebensorgan. Zum Homo sapiens führte unsere menschliche Entwicklungsgeschichte von den ersten, sich im Perm-Zeitalter aus den Reptilien entwickelnden Säugern über die Primaten (vor ca. 50 Mio. Jahren), die Hominoiden (menschliche Affen) und die davon sich abzweigenden Hominiden (vor ca. 5 Mio. Jahren). Zentrale Punkte für die Menschwerdung waren dabei neben äußeren klimatischen Ursachen, welche die bereits erwähnte Aufrichtung des Körpers zur Folge hatten, insbesondere die Entwicklung einer zunächst noch primitiven Sprache. Da mit den Vormenschen, den Australopithecinen, die Fortbewegung hauptsächlich den Beinen zukam, konnten die Arme für neue Aufgaben wie das Ergreifen von Gegenständen, die Zubereitung von Nahrung, das Tragen oder die Erzeugung von Gegenständen genutzt werden. Durch diese Erschließung neuer Tätigkeitsbereiche kam es wahrscheinlich durch eine verbesserte Selbsterhaltung und Vermehrungsrate der Art zu einem enormen Selektionsdruck, welcher dazu führte, dass sich innerhalb der letzten 4 Mio. Jahre das Hirngewicht der Hominiden um das Vierfache erhöhte. Mit dem immer besseren bzw. effizienteren Gebrauch des Gehirns wurde der Trend zu einer immer perfekteren Spezialisierung der organischen Ausstattung an eine Umwelt umgekehrt, hin zu einer Entspezialisierung, die mit einer Entlastung der Hand und des Gesichtes verbunden war. Mund und Gesicht wurden der Fressfunktion aufgrund der Zubereitung und Zuhilfenahme der Hände entlastet, wobei sie für kommunikative Aufgaben wie mimischen Ausdruck und Sprache verfügbar gemacht wurden. Damit wurden genetisch gegebene Programme des Verhaltens ergänzt durch individuelles Verhalten, also durch erlernte und sozial weitergegebene Programme. Wenn man so will, spezialisierte sich der werdende Mensch auf das Lernen, also auf die Modifikation und Erweiterung des individuellen Verhaltens durch Erfahrung. Die damit verbundene Offenheit und Flexibilität führte zu einer besseren Anpassungsfähigkeit an die verschiedensten und sich ständig ändernden Umwelteinflüsse. Da ein kausales Verhältnis zwischen Umweltreizen bzw. Anpassung an Umweltnischen und dem diese Korrelation verarbeitenden Zentralnervensystem besteht, führte diese Entwicklung über verschiedene Durchgangsstadien schließlich zu dem heute vorhandenen anatomischen Menschengehirn mit seinen unterschiedlichen funktionalen Schichten, welche den jeweiligen zeitlichen bzw. evolutionären Entwicklungsstadien entsprechen: dem Hinterhirn (Atmung, Blutkreislauf), dem Kleinhirn (Kontrolle der Körperhaltung, Bewegungsablauf), dem Mittelhirn (es enthält Schalt- und Bearbeitungsstellen für den Gesichts- und Gehörsinn), dem Zwischenhirn (es wacht über das innere Milieu des Organismus und die Rhythmen der Lebenstätigkeiten), dem Endhirn

mit seinen beiden Hemisphären des Großhirns, an welches die höheren
und bewussten Hirnleistungen gebunden sind.

Kommen wir nun zu den neurologisch untersuchten höheren Bewusstseinsphänomenen. Hierzu gehören die Fähigkeiten des Lernens sowie
Gedächtnis und Erinnerung. Das ZNS höherer Lebewesen besitzt in un-
terschiedlichem Maße die Fähigkeit, sich Wirklichkeitsstrukturen einzu-
prägen. Mit dem Lernvermögen kann es somit Umweltinformationen
aufnehmen, kodieren, speichern und sein Aktualverhalten dementsprechend modifizieren bzw. anpassen, was gleichzeitig auch eine enorme
Beschleunigung der Anpassungsleistungen gegenüber der zeitlichen
Dauer genetischer Anpassungsvorgänge darstellt. Nach heutiger Auffassung der Kognitionsforschung ist das Lernen durchaus als organischer
Vorgang zu verstehen, bei dem sich stabile molekulare oder morpholo-
gische Veränderungen als materielle Substrate neuer Verhaltensmög-
lichkeiten herausbilden. Auch hier zeigt sich, dass die Verdammung
materialistischer Denkansätze, die meist aus religiös-ideologischen und
weniger aus wissenschaftlichen Gründen geführt wird, aus naturwissenschaftlicher Sicht faktisch widerlegt werden kann. So zeigt sich, dass das
Lernvermögen des Gehirns „auf Veränderungen der Erregungsübertra-
gungen zwischen Nervenzellen im Sinne einer erhöhten Evozierbarkeit
der dem Lerninhalt entsprechenden Erregungsmuster, an denen jeweils
eine Vielzahl von Nervenzellen beteiligt ist", beruht.[231] Gerade beim
Menschen ist die Lernfähigkeit exzessiv gesteigert und steht in unmittel-
barer Beziehung mit weiteren kognitiven Eigenschaften, wie Merkfähig-
keit, Gedächtnis und Erinnerung. Kurz: Lernvorgänge gehen mit Veränderungen synaptischer Kontakte einher und haben somit eine materiell
definierbare Grundlage. Auch das Gedächtnis funktioniert aufgrund
einer materiellen Basis, wie aus Hirnverletzungen empirisch eindeutig
belegt werden kann. Allerdings ist es im Gegensatz zu anderen Lokali-
sierungen komplexer. So interagieren hier Großhirnrinde, Hippocampus
und Amygdala. Vereinfacht ausgedrückt handelt es sich beim Gedächtnis aus neurologischer Sicht um eine selektive Verstärkung der Synapsen, die häufiger gemeinsam erregt werden als andere. Dabei entstehen
entsprechend den spezifischen Gedächtnisinhalten Ensembles von
gleichzeitig erregten Nervenzellen, die aufgrund der reziproken Verbindung auch Assoziationen ermöglichen.

   Das gegenständliche Erkennen gehört ebenso zu den höheren Bewusstseinsleistungen. Erkenntnis setzt aber ein Erkenntnisvermögen
voraus. Hierzu gehört Wahrnehmung (wie beispielsweise Sehen und
Hören) ebenso wie die Fähigkeit zu abstrahieren. Abstraktion kann als
ein wesentlicher Grundzug der neuronalen Informationsverarbeitung

---

[231]   Oeser und Seitelberger: a.a.O., 1995, S. 73.

angesehen werden. Man vermutete in der Gehirnphysiologie eine „Verdichtung" (quantitative Reduktion) der durch die Sinnesreize gegebenen
Daten, welche eine weitere intermodale Verarbeitung des neuronalen
Netzwerkes erleichtert oder erst ermöglicht. Der Wahrnehmungsgegen-
stand ist somit auf der multimodalen Ebene „ein aus selektierten Bestandteilen synthetisch erzeugtes, abstraktes Leistungsprodukt der
neuronalen Informationsverarbeitung, ein *Modell*, aber *kein Abbild* der
Wirklichkeit."[232] Es ist somit eine erkenntnistheoretische Fragestellung,
ob die von uns empfundene Realität eher ein Abbild der Verrechnungs-
strukturen unseres Hirns oder die Realität an sich darstellt, oder vielleicht beides. Die Frage ist, inwieweit die empfundene Qualität unserer
von den Sinnesorganen übermittelten Außenreizen ein Abbild der Außenwelt oder ein Abbild der körpereigenen Reaktionen und Transforma-
tionen ist. Heute wird die gegenständliche Wahrnehmung des Menschen
zudem nicht mehr als passives Einwirkenlassen, sondern als aktiver,
nämlich intentionaler Akt angesehen, der abstrakte Wirklichkeitsäquiva-
lente eigenständig hervor- und in das Verhalten einbringt. Durch das
Abstraktionsvermögen als Vereinfachung der Erkenntnisleistungen
kann eine fast unüberschaubare Informationsflut und Vielfalt an Erscheinungen auf ein „Minimum von relevanten Merkmalen", welche für
das Ganze stehen, erfasst werden. Mit dieser „klassifizierenden Begriffs-
bildung" liegt es dann auch nahe, die Entstehung der Sprache in Zusammenhang zu bringen.

Auch die Emotionen stellen einen aus neurophysiologischer bzw.
neurobiologischer Sicht phänomenologischen Tatbestand mit materieller
(biochemischer) Verursachung dar. Dabei werden die als kürzer im Bewusstsein erlebten Empfindungen (Stimmung, Befinden, Gefühl, lustvol-
le und unlustbetonte Erregungen) von den länger anhaltenden Affekten
und Trieben unterschieden. Beim Menschen dringen Emotionen, also
Tönungen im Gefühlsbereich, durchaus bis zum Bewusstsein durch und
können deshalb auch reflektiert werden. Wegen ihrer irreduziblen
Komplexität aber und aufgrund der Ermangelung sensorischer Qualität
werden sie nicht als konkret fassbare Wahrnehmungen zugänglich, sondern als verbal nicht exakt definierbare gefühlstonhafte Befindlichkeiten
empfunden. Da nun die vegetative und die animale (geistige) Sphäre
unseres Gehirns durch Kortikalisation verknüpft sind, erklärt sich auch,
weshalb alle Hirnleistungen eine gewisse Gefühlstönung aufweisen.
Hieraus ergibt sich dann die emotionale Verwurzelung allen Handelns,
welche durchaus als verhaltensdominierend bewertet werden kann,
wenn auch im Unterschied zum Tier (bei dem die Signale aus der Vital-
sphäre und dem Vegetativum so gut wie unmittelbar das aktuelle Verhalten beeinflussen) der Mensch sein Verhalten aufgrund seiner Reflexi-

---

232   Oeser und Seitelberger: a.a.O., 1995, S. 78.

onsfähigkeit autonom entscheiden kann und somit in der Lage ist, Triebhandlungen zu kompensieren. Aus neurobiologischer Sicht haben unsere emotionalen Regungen ihre Ursache hauptsächlich im Thalamus, Hypothalamus, limbischen System und in der Großhirnrinde.

Gefühle wiederum sind mitunter auch dafür verantwortlich, für welches Weltanschauungssystem wir uns entscheiden, was sie zu einem relevanten Thema dieses Buches macht. Nicht wenige Philosophen, wie z. B. Ludwig Feuerbach, waren der festen Überzeugung, dass letztlich nicht der menschliche Verstand, sondern Gefühle die religiösen Vorstellungen zur Befriedigung ureigenster Wünsche und Bedürfnisse hervorgebracht haben. Besonders emotionale bzw. emotionalisierte Menschen (sei es durch eine angeborene Sensibilität oder durch konkrete Schicksalsschläge des Lebens und die dadurch verursachten Gefühle der Trauer, Beklommenheit, Einsamkeit usw.) neigen leichter zur Annahme religiöser oder spiritualistischer Einstellungen. Durch die Verbindung mit der Großhirnrinde können Gefühle auf Gedanken, aber auch Gedanken auf Gefühle Einfluss nehmen bzw. diese hervorrufen. Die Vorstellung, dass dabei aber unsere Gefühle auf chemischen Prozessen beruhen, ist schon allein deshalb einsichtig, weil aufgrund von Pharmaka drastisch unser Gefühlsleben beeinflusst werden kann (z. B. bei der Verabreichung von Antidepressiva). Ob wir fröhliche oder eher depressive, ängstliche oder mutige, friedfertige oder aggressive Menschen sind, ob wir von sexuellen Trieben geleitet werden oder abnorme Lust beim Essen empfinden – all dies hat auch eindeutig biochemische Ursachen. Wo bleibt dann bei solch unterschiedlichen genetischen Voraussetzungen noch Raum für eine wirkliche, d. h. allumfassende und volle Strafmündigkeit in unserem Handeln und Tun, mit der wir von einem vermeintlich höheren Richter „gerichtet" werden könnten, wie dies die monotheistischen Religionen glauben?

Interessant ist auch die Frage, welchen Stellenwert die Gefühle, Emotionen und Triebe für das Wesen des Menschen letztendlich einnehmen. Ist die Befriedigung von Trieben und Lust ganz allgemein handlungsbestimmendes oberstes, wenn auch kulturell mehr oder weniger domestiziertes Prinzip des Menschseins? Werden wir letztlich von unseren Trieben und Neigungen gesteuert? Welche Rolle spielt dabei die regulierende Ratio? Angesichts der zahlreichen Glaubenskriege, aber auch der jüngeren religiös-fundamentalistisch motivierten Attentate sehen wir, welche immense auch negative Kraft in den irrationalen und entarteten religiösen Gefühlen steckt, wenn sie das Bewusstsein und die daraus folgenden Handlungen (unbewusst) beherrschen. Schon Kant und Schopenhauer waren sich in dieser Frage uneins. Während für Kant der freie Wille in der Vernunft gründete, betonte Schopenhauer die dominierende Rolle der Gefühle und Triebe, die sich des Verstandes nur bedienen, um ihre (unbewussten) Ziele zu erreichen. Während wohl

heute die meisten geisteswissenschaftlich geprägten Denker noch immer
Kant zustimmen, sehen führende Hirnforscher wie Gerhard Roth und
Wolf Singer das limbische System im Sinne Schopenhauers als die letztlich maßgebliche Instanz des Wollens und Handelns. Allerdings darf
man den Unterschied zwischen einer Willens- und einer Handlungsfreiheit nicht übersehen. Auch diesbezüglich hat schon Schopenhauer darauf hingewiesen, dass wir zwar tun können was wir wollen, aber eben
nicht wollen können was wir wollen. Eine bei näherer Betrachtung unter
Einbeziehung evolutionstheoretischer Aspekte durchaus plausible Fest-
stellung, die sowohl unsere begrenzte Möglichkeit der Freiheit als auch
unsere genetische Determiniertheit verdeutlicht.

Damit sind wir auf der nächsthöheren Ebene der menschlichen
Geisteseigenschaften angelangt, dem Bewusstsein. Darunter verstehen
wir eine reflexive Geistesleistung, die dem menschlichen Handeln, Fühlen, Tun und Denken übergeordnet ist. Das Bewusstsein hat von daher
auch eine diese Verhaltensweisen ständig begleitende Funktion, bei der
dieses als unmittelbares Selbstgefühl und begleitende Empfindung
(„Mitwissen") an allem, was eben „bewusst wird", Anteil hat und dieses
verbindend umgreift. Bewusstseinsinhalte sind die im Bewusstseins-
strom erlebten äußeren (also sinnlich vermittelten) wie inneren (der Ge-
fühls- und Gedankenwelt entspringenden) Vorstellungen und Empfindungen. Dies führt zu einer Unterscheidung von Selbstempfindung und
Empfundenem, also zu einer Unterscheidung von Akt und Aktinhalt zu
einer subjektiven Erfahrungseinheit, was auch ein Selbstbewusstsein in
einer mehr oder weniger ausgeprägten Weise involviert und somit eine
Dichotomie von Subjekt (individuell erlebte Innenwelt) und Objekt (die
in kausalem Zusammenhang mit dem Subjekt stehende und verinner-
lichte Außenwelt) führte. Das Bewusstsein ermöglicht somit auch pla-
nendes und vorausschauendes Verhalten, welches bei höheren Lebewesen einen Teil des Gesamtverhaltens, das aber zu einem großen Teil auch
unbewusst bzw. genetisch determiniert ist, ausmacht. Nach heutigem
Forschungsstand gibt es keine bestimmte Stelle im Gehirn, die als Sitz
des Bewusstseins zu lokalisieren wäre. Dagegen existieren aber zahlreiche Transmitter und Modulatoren, die fast alle etwas mit bewusstseins-
begleitenden neuronalen Erregungsabläufen zu tun haben. Ebenso ist
heute bekannt, dass der nicht-bewusste Anteil an eingehenden Informationen ein quantitatives Übergewicht besitzt und dass der bewusste Teil
davon als gefilterte Informationsverdichtung betrachtet werden kann.
Dennoch hat dieser unbewusste Anteil unserer Hirnarbeit einen entscheidenden Einfluss auf unser Verhalten, wenn auch für unser Verhalten die bewusst rationale Ebene entscheidend ist, die mit einem Anteil
von nur ca. 2 % die mehr oder weniger gelungene Kontrolle über die
nicht-bewussten Verhaltensanlagen ausübt. Allerdings unterscheidet
man neben dem Bewussten auch das Vorbewusste vom Unbewussten.

So gehören alle Inhalte des Langzeitgedächtnisses, die aktuell nicht bewusst sind, zum Vorbewussten. Diese Inhalte des bewussten Arbeitsge-
dächtnisses sinken im Laufe der Zeit immer weiter automatisch ins Vorbewusste ab, wenn sie nicht ständig im Aktualbewusstsein gehalten
werden. Im Unterschied zum Unbewussten sind die Inhalte des Vorbewussten jedoch prinzipiell erinnerlich, d.h. man kann sie sich wieder
mehr oder weniger bewusst machen und verbalisieren. Subcortical ablaufende Prozesse können aus neurobiologischer Sicht nicht bewusst
gemacht werden. Somit handelt es sich bei den von Psychoanalytikern
hervorgeholten Geschehnissen nicht um solche aus dem Unterbewusstsein, sondern um solche die ins Vorbewusste abgesunken oder dorthin
verdrängt wurden.

Als besondere Form des Bewusstseins kann man das entwicklungsgeschichtlich gesehen erst später entwickelte und somit höher einzustu-
fende Selbstbewusstsein bezeichnen, und zwar in dem Sinne, als über
das Gewahrwerden von Empfindungen und Inhalten ein Träger dieser
Phänomene, das Ich, erfahren wird. Als erlebendes Subjekt begreift sich
das Ich sowohl subjektbezogen reflexiv als auch objektbezogen intentio-
nal. Nicht nur phylogenetisch, sondern auch ontogenetisch (bei der Individualentwicklung des Menschen ab etwa dem Ende des ersten Le-
bensjahrzehntes) bildet sich das Selbstbewusstsein erst allmählich heraus, indem eine Art undeutliches Selbstgefühl allmählich ein voll
reflexives Selbstbewusstsein generiert. Durch die Doppelstellung des
Leibes als Gegenstand der Welt wie als Ort des Selbst erscheint dem Ich
einerseits die Einheit der äußeren Erfahrung aufgebrochen, andererseits
aber auch innere und äußere Erfahrung in der Einheit des Bewusstseins
untrennbar miteinander verbunden. Dem Bewusstsein kommt somit
eine vereinheitlichende Funktion zu, indem es die Konstitution der Ge-
genstandswelt wie die des Ichs begründet. Das Vermögen des Selbstbe-
wusstseins ermöglicht es dem Menschen, sich quasi reflektierend über
sich selbst zu stellen. Diese selbstbezogene Erlebnisperspektive ist der
Grund auch für die Bewusstwerdung des eigenen Aussehens und das
Selbsterkennen im eigenen Spiegelbild, was bekanntlich auch bei Menschenaffen experimentell nachgewiesen werden konnte. Ein weiterer
Schlüssel zum Verständnis der Bewusstseinsprozesse liegt sicherlich
auch darin, dass der Kortex nicht direkt mit den Sinneseingangsberei-
chen verbunden ist und sich so von den momentanen sensorischen Ein-
gängen und den damit dargestellten Umweltsituationen entkoppeln und
zunehmend an Selbstbezug gewinnen konnte. Damit sind die Lebewesen auch unabhängiger von spontanen Reizen und somit wiederum für
die Fressfeinde unkalkulierbarer. Diese zunehmende Entkopplung von
der sensorischen Umwelt stellt somit durchaus einen Selektionsvorteil
und deshalb eine plausible evolutive Erklärung für die Entstehung des
(Selbst-)Bewusstseins dar. So gesehen wäre der Umstand, dass wir Men-

schen über ein höheres Bewusstsein bzw. ein reflexives Selbstbewusstsein verfügen, kein Umstand mehr, der auf theologische Begründung angewiesen wäre, sondern lediglich eine Reaktionsform organismischer Wesen zum Zwecke des Überlebens.

Mit Personalität, Erkenntnis und der vermeintlichen Willensfreiheit sind die allgemein als höchste und spezifisch menschliche Ausformungen eines höheren Bewusstseins erreicht. Das Persönlichkeitsbewusstsein geht insofern noch über das Ichbewusstsein hinaus, als es sich nicht nur auf die Formalstruktur bezieht, sondern als Selbstidentifikation im Zusammenhang mit Selbstwertgefühl und Selbstdarstellung angesehen wird. Ich, Gemeinschaft und Welt werden in der Person als höhere innere Einheit konstituiert. Im Unterschied zum Ich, welches sich seiner Einzigartigkeit bewusst ist, steht die Person in der Personalität in enger und umfassender Beziehung mit ihrer Lebenswelt. Die zumindest intuitiv empfundene Willensfreiheit wiederum ist gebunden an dieses höhere zur Reflexion fähige Bewusstsein. Die Eigenart der so empfundenen Willensfreiheit ist dabei ihre subjektive Gewissheit. Lange Zeit, also vor dem Bekanntwerden der genetischen, psychologischen, kulturellen und lebensweltlichen (sozialen) Determinanten des vermeintlich freien Willens, hielt man diese subjektive Gewissheit, nämlich in allen Belangen frei und unabhängig entscheiden zu können, auch tatsächlich für objektiv gegeben. Willensfreiheit ist für viele Hirnforscher heute ein subjektives Bewusstseinsphänomen, welches aus heutiger Sicht durch seine eindeutige Gebundenheit an materielle bzw. gehirnphysiologische Vorgänge genetisch und sozial weitgehend determiniert ist. Die behauptete Freiheit bei den vermeintlich freien Entscheidungen, Denkweisen und den damit in direktem Zusammenhang stehenden Handlungen besteht für das Individuum höchstens noch darin, eine Auswahl der durch die zufälligen genetischen, psychologischen, kulturellen und sozialen Umstände bereits vorselektierten Optionen zu treffen und sich innerhalb dieses vorgegebenen Rahmens für die eine oder andere Weise zu entscheiden. Hier noch von Willensfreiheit zu sprechen, ist also aufgrund des verbleibenden Restes an Wahlmöglichkeiten wenn, dann nur noch in einem begrenzten Rahmen möglich. Der Mensch erscheint demnach „als Subjekt des Bewusstseins naiv willensfrei, aber als Objekt des Bewusstseins determiniert...“[233] Hier wiederum könnte der Bogen zur theologischen Problematik geschlagen werden, wie dann der Mensch aufgrund der genannten Determinanten, die er genetisch mitbekommt oder in die er hineingeboren wird, überhaupt strafmündig sein kann und von einem obersten Richter, welcher auch noch für die Zulassung der Verhältnisse auf Erden verantwortlich ist, zur Verantwortung gezogen werden kann.

---

[233]   Oeser und Seitelberger: Gehirn, Bewusstsein und Erkenntnis, 1995, S. 102.

Im Zusammenhang mit dem Theodizee-Problem werden wir darauf
noch zu sprechen kommen.

3.3 Philosophische Lösungsansätze zum Leib-Seele-Problem

In diesem Kapitel soll zunächst ein grober Überblick über die heute gän-
gigsten Theorien des Leib-Seele-Verhältnisses gewonnen werden. Da
sind zunächst die monistischen Spielarten, zu denen auch die Identitätstheorie zu zählen ist. Es ist bereits erwähnt worden, dass Gilbert Ryle
bezüglich des Leib-Seele-Problems von einem Scheinproblem spricht,
das lediglich sprachliche Ursachen hat und mittels logischer Sprachanalyse auch überwunden und als solches dechiffriert werden könne.
Neurophysiologische Zustände sind demnach nicht nur eine andere Er-
scheinungsform von Bewusstsein, sondern sogar als „identisch" mit Be-
wusstseinszuständen zu erachten. Die Grundüberzeugung besteht in
dem materialistischen Ansatz, dass alle Phänomene des Universums,
auch das des daraus hervorgegangenen menschlichen Bewusstseins, auf
physikalischen Gesetzmäßigkeiten beruhen. Der damit verbundene
eliminative Materialismus, (Willard van Orman Quine, Richard Rorty,
Paul und Patricia Churchland) begnügt sich damit, mentale Ausdrücke
durch die Terminologie der Neurowissenschaften zu ersetzen. An die
Stelle mentaler Aussagen treten bei dieser extremen Position Aussagen
über Gehirnvorgänge.

Auch wenn diese Identifizierung mentaler und physiologischer Zustände von den meisten Philosophen und Naturwissenschaftlern nicht
geteilt wird, so lässt sich jedoch kaum mehr die kausale und materielle
Abhängigkeit mentaler Ereignisse von neuronalen Ereignissen leugnen.
So geht der gemäßigtere neutrale Materialismus davon aus, Geist und
Materie seien lediglich zwei Erscheinungsweisen ein und desselben Fak-
tums, wobei es eine Tiefenstruktur der Wirklichkeit gebe, welche beides
hervorbringe. Wie diese Tiefenstruktur aber aussehen soll und wie sie zu
begreifen ist, dies ist eine noch unbeantwortete Frage. Jedenfalls aber
liegt allen monistischen Anschauungen die Idee zugrunde, dass nur eine
einzige Realität existiert. Eine ontische spekulative Erweiterung oder
eine Dichotomie der Realität durch die metaphysische Annahmen einer
zusätzlichen, materieunabhängigen und somit rein geistigen Ebene wird
dadurch vermieden. Das Geistige ist an das Materielle gebunden, es entstammt diesem. So gesehen handelt es sich insofern um einen Dualismus, als die geistige Ebene neben den materiellen neurologischen
Grundlagen als emergente Entität anerkannt wird. Indem aber die Gebundenheit an das Materielle und Strukturelle sowie die evolutive Herkunft in der Emergenztheorie betont wird, liegt letztlich ein monistischer
Ansatz vor. Die Positionen von Dualismus und Monismus sind also un-

ter diesem Aspekt des evolutiven Gewordenseins durchaus nicht unvereinbar.

Als Hauptvertreter des Funktionalismus, einer ursprünglich aus der
Identitätstheorie hervorgegangenen Variante, gilt Hilary Putnam. Auch
er geht von einer Identität zwischen Gehirn und Bewusstsein aus, wenngleich für ihn diese nicht im Sinne des Physikalismus materieller Natur
ist, sondern auf „nichtphysikalische" Eigenschaften, nämlich auf die
funktionalen Eigenschaften des Gehirns, zurückzuführen ist. Ausgangspunkt ist also die Annahme, dass die Funktionen unabhängig von dem
zugrunde liegenden Material sind, mit dem diese Funktionen hervorgebracht werden. Gerade von dieser Richtung aus werden immer wieder
Parallelen zu Computermodellen und künstlicher Intelligenz gezogen,
da es sich hier ebenfalls um physikalische Systeme handelt, welche
nichtphysikalische Eigenschaften, also ein gewisses Programm (Soft-
ware) besitzen. Diese Analogisierung wird von vielen Philosophen kritisiert, weil auch hier der Aspekt der Intentionalität, durch den Bewusstsein wesentlich definiert ist, nicht vorhanden ist.

Kommen wir nun zu den dualistischen Auffassungen der Leib-
Seele-Problematik. In ihrer klassischen Variante gibt es unter den Dualis-
ten die Parallelisten, wie etwa Leibniz, und Interaktionisten, wie Descartes. Da der Parallelismus eine transzendente Macht benötigt, welche
Geist und materielle Abläufe ohne gegenseitige kausale Wirkungen im
Gleichklang hält, steht er im Gegensatz zu den empirischen Erkenntnissen und wird heute nicht mehr vertreten.[234] Konträr zu der Auffassung,
Geist und Gehirn seien zwei Seiten einer Medaille, vertreten dagegen
Karl Popper wie auch der Gehirnforscher John Eccles eine interaktionis-
tische „Geist in der Maschine"-Auffassung, gemäß der sowohl der Geist
auf die Physis als auch die Physis auf den Geist Einfluss nimmt. Eccles
geht bei seiner dualistisch-interaktionistischen Hypothese aufgrund seiner religiösen Voreingenommenheit allerdings weiter als der hier eher
nüchtern denkende Popper. Eccles ist von dem übernatürlichen Ursprung des Geistigen überzeugt. Metaphysische Implikationen, wie eine
„Einpflanzung" einer göttlichen Seele, lehnt Popper dagegen ab, da es
gemäß der Emergenztheorie in der Evolution zu immer neuen grundlegenden empirisch erklärbaren Erscheinungen kommt, wie z. B. zur
durchaus natürlich erklärbaren Entstehung des Lebens oder des Bewusstseins. Entgegen dem Parallelismus, der nur durch Einbeziehung
eines metaphysischen Koordinators zwischen Seele und Leib aufrechtzuerhalten ist, kommt es beim Interaktionismus zu einer aktiven und
wechselseitigen Beeinflussung zweier kategorial unterschiedlicher Ebe-

---

[234] Für eine übersichtliche und kritische Einschätzung der unterschiedlichen Erklä-
       rungsmodelle hinsichtlich des Leib-Seele-Problems siehe auch Ruß, Hans Günther:
       Religiöser Glaube und modernes Denken, 1996, S. 60ff.

nen, nämlich einer materiellen Ebene (Gehirnabläufe) und einer immateriellen Ebene (Bewusstseinsphänomene). Nicht gelöst ist dabei das Problem, wie beide Ebenen aufgrund ihrer Verschiedenheit Einfluss aufeinander nehmen können. Es handelt sich hierbei um eine kategoriale Unvereinbarkeit. Wie soll etwas Immaterielles auf Materielles Einfluss
nehmen können? Selbst wenn Meditation oder positives Denken als
vermeintlich rein geistige Tätigkeiten Einfluss auf unseren Körper, z. B.
auf physische Krankheiten haben soll, so ließe sich dagegen aus monistischer Sicht einwenden, dass jene Meditationen und jenes positive Denken selbst nichts anderes seien als eine selbst wiederum materiell erklärbare Hirntätigkeit.

Skeptisch bis ablehnend stehen auch die Vertreter der evolutionären
Erkenntnistheorie dem dualistischen Interaktionismus[235] (also der Wechselwirkung zwischen Geist und Materie bzw. Gehirn) gegenüber, da sie
diesen als unvereinbar mit den aktuellen Forschungen und der modernen Wissenschaftstheorie halten. Seine Hauptstützen seien „Alltags-
überzeugungen und religiöse Bedürfnisse – beide sind aber schlechte
Ratgeber bei der Behandlung wissenschaftlicher Probleme."[236] Gemäß
der Evolutionären Erkenntnistheorie (EE) ist das in Jahrmillionen sich
entwickelnde menschliche Gehirn als eine Art Überschussorgan, welches
über die unmittelbaren überlebensnotwendigen Bedürfnisse hinausgeht,
zu verstehen. Nach Konrad Lorenz beruhen selbst die höchsten wissenschaftlichen Erkenntnisleistungen auf den „maschinellen Strukturen des
menschlichen Zentralnervensystems". Im Zusammenhang mit der Leib-
Seele-Problematik erkennt Lorenz ausdrücklich die „kategoriale Verschiedenheit" von Gehirn und Bewusstsein als dennoch untrennbar und

---

[235] Auf entscheidende Fragen hat der Interaktionismus (noch) keine oder wenig überzeugende Antworten, so z. B. auf die Fragen: Welche Existenzform hat der Geist?
Wo findet die Wechselwirkung statt? Wie kommt die geforderte Wechselwirkung
zustande? Ferner kann die Einheit des Bewusstseins – ein Hauptargument der Dualisten – beispielsweise beim Schizophrenen aufgehoben werden. Nirgends in der
Wissenschaft wird sonst so radikal zwischen einem System und seinen Eigenschaften getrennt. So sprechen wir doch auch nicht von einem „Körper-Bewegungs-
Problem". Fasst man den Geist als nicht-materielle Wesenheit auf, so wird zudem
noch der Satz von der Erhaltung der Energie verletzt, da jede Wechselwirkung mit
einem Energieübertrag verknüpft ist.

[236] Vollmer, Gerhard: Was können wir wissen?, Bd. 2, Stuttgart, 1988, S. 88. Vollmer
(als eher vorsichtiger Vertreter der Evolutionären Erkenntnistheorie) weist aber
dennoch explizit darauf hin, dass in dieser Frage des Mind-Body-Problems noch
keine definitiven wissenschaftlichen Erkenntnisse vorliegen. Denn auch der Monismus besitzt seine philosophischen Ungereimtheiten. An dem engen kausalen
psychophysischen Zusammenhang zwischen Materie und Geist bei unseren Bewusstseinsphänomenen kann seiner Auffassung nach jedoch heute angesichts der
zahlreichen medizinischen Befunde und der unmittelbaren Entsprechung von
Denkabläufen und elektrophysiologisch gleichzeitig registrierten Hirnpotential-
schwankungen nicht mehr gezweifelt werden.

korrelativ verbundene Einheit an. Lorenz geht von einer prinzipiell kausalen Erklärbarkeit der Entwicklungsvorgänge vom Anorganischen (mittels der Selbstorganisation der Materie) zum Organischen über das Tier
zum Menschen (mittels der Hominidenevolution) aus. Eine reine Erkenntnistheorie ohne Berücksichtigung naturwissenschaftlicher Aspekte
kann deshalb, „weil sie den Organcharakter dieser Strukturen vernachlässigt und die konstituierende biologische Frage nach ihrem ursprünglichen arterhaltenden Sinne gar nicht stellt"[237], keine Erkenntnisfort-
schritte bewirken.

Auch der emergentische Interaktionismus des Nobelpreisträgers
Roger Sperry lehnt den dualistischen Interaktionismus Eccles' und dessen Auffassung ab, dass „geistige Kräfte in die physiologischen und
chemischen Abläufe im Gehirn eingreifen..."[238] Der menschliche Geist
wird dabei auch von Sperry durchaus nicht als eigenständige Eigenschaft geleugnet, auch nicht ins Metaphysische oder Epiphänomenale
verwiesen. Auch er verbleibt innerhalb einer evolutionären und faktisch
nachvollziehbaren Beschreibung der Entwicklung, ohne sich in übernatürliche Spekulationen zu verlieren. Für Sperry stellt der menschliche
Geist einen gewissen Abschluss einer Jahrmillionen andauernden natürlichen Anagenese dar. Das vorausgehende tierische Element wird somit
nicht geleugnet, bildet doch gerade erst die Evolutionstheorie eine hinreichende Erklärung für nachweisbare Korrelationen zwischen Psychi-
schem und Physischem. Sperry scheint gegenüber Eccles auch darin
Recht zu behalten, als er durch zahlreiche Forschungen veranlasst davon
ausgeht, dass bezüglich der Hemisphärenspezialisierung das menschliche Bewusstsein nicht mehr länger als fraglos vorausgesetzte Einheit
aufgefasst werden darf, wie es sich für Eccles aus seiner spekulativen
Voraussetzung einer übernatürlich eingepflanzten Seele ergibt. Vielmehr
bringt es sich selbst erst im Laufe seiner Tätigkeit aktiv als Einheit zustande, indem beide Hirnhälften als integrative Einheit zusammenwirken. Besonders der Fall der Schizophrenie zeigt, dass von dieser postulierten Einheit des Bewusstseins nicht zwangsläufig und a priori ausgegangen werden darf. Auch bei Störungen durch äußere Verletzungen
oder durch innere Ursachen (Drogen, Alkohol u. a.) kann es zu Bewusst-
seinsspaltungen und -veränderungen kommen. Die Persönlichkeit zeigt
sich auch hier als abhängig von physiologischen, anatomischen und biochemischen Einflüssen.

Der sogenannte „Neuronale Darwinismus" (Gerald M. Edelman)
betrachtet das Gehirn auch während seiner phylogenetischen Entwicklung als ein selektives System mit den Neuronen als selektive Einheit.

---

237   Lorenz, Konrad: Kants Lehre vom Apriorischen im Lichte gegenwärtiger Biologie,
      in: Blätter für dt. Philosophie 15, 1941, S. 94-1256.
238   Sperry, Roger: Naturwissenschaft und Wertentscheidung, München, Zürich, 1985.

Ramón y Cajal konnte nachweisen, dass dendritische oder axionale Verästelungen, von denen die meisten in einer Art chaotischen Phase des Probierens absterben, wenn sie an ihr Ziel gelangt sind, einen funktionalen Zusammenhang herstellen. Hierbei werden die brauchbaren Fortsätze erhalten und fixiert, die nutzlosen oder „exploratorischen" dagegen „reabsorbiert". Das Individuum selbst ist es also, das die von der Außenwelt eingehenden Informationen in seinem Zentralnervensystem in einer Art konstruktivem Selektionsprozess aufbaut. Da diese Generierung aber genetisch festgelegt ist, sind die dabei resultierenden strukturellen Informationen zwar für das Individuum a priori, aber phylogenetisch a posteriori. Die sich dabei während der Individualentwicklung abspielende Rekapitulation der Evolution hat ihre Grundlage in der phylogenetischen Evolution und sogar in der präbiotischen Evolution, denn bereits auf dieser Stufe handelte es sich um eine Entwicklung von Informationsverarbeitungssystemen. Auch gemäß dieser Richtung handelt es sich bei Bewusstseinsphänomenen wie Fühlen, Denken oder Handeln um Phänomene, die ihre Ursache in letztlich physiologischen bzw. physikalischen Gegebenheiten haben, welche auch empirisch (z. B. durch „Synästhesien") nachzuweisen sind.

Mit der Neuroepistemologie[239] liegt eine „naturalisierte" Erkenntnistheorie vor, die sich im interdisziplinären Kontext mit Neuropsychologie, Neuroanatomie, Neuroinformatik, Neurophysiologie und Neurolinguistik sieht. Im Vordergrund steht die Vereinigung neurobiologischer mit erkenntnistheoretischer Betrachtungsweise zu einer einheitlichen Disziplin, eben der Neuroepistemologie. Sie hat ihre primäre empirische Grundlage jedoch nicht in der Sinnesphysiologie, sondern in der Gehirnphysiologie. Sie sieht sich somit als vermittelnde Position zwischen einem rein empirischen Sensualismus und einem reinen Rationalismus. Dabei verweist sie darauf, dass sie als solche eine kontinuierliche Fortsetzung einer Tradition darstellt, die bereits auf Descartes, Leibniz und Kant verweisen kann. Besonders auf Kant versucht sie ihre philosophische Legitimität historisch zu begründen, indem man diesen als den eigentlichen Begründer eines erkenntnistheoretischen „Zerebralismus" betrachtet. Demnach sind es nicht die Sinnesorgane (die ja nur die Peripherie des ZNS darstellen), sondern das innere Verarbeitungssystem, welches die Wahrnehmungen der Außenwelt erst ermöglicht, womit dann auch die Entscheidung über wahr oder falsch nicht in der Peripherie, sondern im Zentrum erfolgt. Die Vertreter der Neuroepistemologie wie Erhard Oeser fordern dabei die Akzeptanz der Umkehrung der Vor-

---

[239] Vgl. Oeser und Seitelberger: Gehirn, Bewusstsein und Erkenntnis, 1995, S. 148ff.
Der Begriff „Neuroepistemologie" wurde von Erhard Oeser 1985 eingeführt, siehe S. 157.

aussetzungsproblematik: „Es ist nicht mehr die Philosophie oder die philosophische Erkenntnistheorie, von der aus die Probleme gestellt werden, sondern es ist die empirische Hirnforschung, die von ihren eigenen Ergebnissen her zu philosophisch-erkenntnistheoretischen Fragestellungen kommt, die sie jedoch im Rahmen ihrer Terminologie und Methoden allein nicht zu lösen vermag. ‚Neuroepistemologie' ist daher, wie man in bewusst zirkulärer Formulierung sagen kann, *der Versuch des menschlichen Geistes, durch die Erfassung des Gehirns sich selbst zu erkennen.*" Entgegen eines naiven Naturalismus ist man sich jedoch durchaus bewusst, dass auch das, was mit naturwissenschaftlichen Mitteln über die reale Welt und somit auch über das Gehirn ausgesagt werden kann, selbst wiederum nur Aussagen über die kognitiven Erscheinungen sind, die in diesem Gehirn produziert worden sind. Dies bedeutet, dass die von einer neurobiologischen Perspektive prinzipiell nicht beantwortbaren Fragen zu einer „explizit erkenntnistheoretischen Betrachtungsweise hingeführt... werden." Umgekehrt ist aber auch jeder Erkenntnistheoretiker „gezwungen, die Ergebnisse und den gegenwärtigen Stand der empirischen Wissenschaft zu berücksichtigen, da er über das Gehirn nicht philosophieren kann, ohne sich mit Neurobiologie zu beschäftigen – ebenso wenig, wie er über die reale materielle ‚Außenwelt' philosophieren kann, ohne die Ergebnisse der Physik und ihre erkenntnistheoretischen Konsequenzen zu berücksichtigen."[240]

Unter Verzicht auf übernatürliche Erklärungen wird auch hier betont, dass es sich bei dem Leib-Seele-Problem um eine natürliche evolutive Angelegenheit handelt, mit der Begründung, dass funktionale Erklärungen mit der Gegenüberstellung von notwendigen und hinreichenden Bedingungen charakterisiert sind, was durch das Vorhandensein von neuronalen Netzwerken als notwendige, wenn auch noch nicht hinreichende Bedingungen für das Auftreten von Bewusstseinsphänomenen gegeben ist. Die notwendigen Bedingungen werden von der Neurobiologie erforscht, die noch nicht hinreichenden Bedingungen betreffen die Ebene des Bewusstseins und der sich damit auseinandersetzenden Psychologie bzw. Erkenntnistheorie, wobei innerhalb der Neuroepistemologie eine Kooperation beider Forschungsrichtungen gefordert wird.

Angesichts des Selbstorganisationsparadigmas nicht nur für materielle, biologische oder soziale Systeme, sondern auch für die der Erkenntnis bis hinauf zu den höchsten menschlichen Erkenntnisleistungen muss der evolutive Gedanke Berücksichtigung finden, zumal ein rein transzendentalistisches Programm unvollständig und letztlich vor die-

---

240   Oeser und Seitelberger: a.a.O., 1995, S. 152f.

sem faktischen Hintergrund nicht einsichtig erscheint.[241] Denn für die
physiologischen Abläufe in unserem Gehirn gilt, dass sie, wenn auch an
gewisse – sozusagen apriorische, nämlich genetisch vorgegebene –
Grenzen gebunden, eine Art Selbstorganisationsprozess darstellen. Unser Gehirn organisiert sich selbst, indem gewisse Umweltmerkmale, die
mittels der Sinne in unser Gehirn eintreten, für entsprechende strukturelle Folgen sorgen, die wiederum die neuronale Organisation der kognitiven und intellektuellen Hirntätigkeit beeinflussen. Durch die
schwerpunktmäßige Auseinandersetzung mit einzelnen Ereignissen
oder Themenbereichen kommt es dann zu einer entsprechenden neuronalen Strukturierung. Bewusstsein darf also als Substanz oder Subjekt
nicht als apriorische Voraussetzung angesehen werden, sondern als
notwendige Bedingung aller Erfahrung resultiert es erst selbst wiederum
aus den fundamentalen kognitiven Funktionen, welche in phylogenetisch vorgegebenen Bahnen ontogenetisch entwickelt werden. Die im
ZNS enthaltene strukturelle Information ist die einer Überlebensgaran-
tie, welche a priori vor aller Erfahrung, aber a posteriori in der Stammesgeschichte durch Mutation und Selektion entstanden ist. Die Neuroepistemologie kommt somit im Zusammenhang mit dem Wechselspiel
von fließender und sich dann durch selbstverstärkende Rückkopplungs-
prozesse verfestigender struktureller Information zu einem dynamischen Modell evolutiv entstandener Informationsverarbeitungssysteme
und einer damit verbundenen ökonomischen Informationsverdichtung.
Dieser Iterationsprozess vollzieht sich zunächst auf der Ebene der anorganischen Materie als physikalisches Informationsverarbeitungssystem,
dann auf der Ebene der genetischen, neuronalen, mentalen und schließlich der soziotechnischen Informationsverarbeitungssysteme. Die im
Laufe der Evolution entstandenen mentalen Phänomene werden als
„Epiphänomene hochkomplexer zentralnervöser Organisation"[242] gedeutet, was aber nicht zu der Schlussfolgerung berechtigen soll, dass das
menschliche Bewusstsein selbst ein epiphänomenales Produkt sei. Vielmehr wird es als „emergente Eigenschaft einer artspezifischen Hirnleis-
tungspotenz des Menschen" angesehen, welche das bei komplexen Erkenntnisleistungen mehrerer getrennt entwickelter Einzelfunktionen
auftretende Zusammenwirken als eine Art Vereinheitlichungsfunktion
dieser Einzelfunktionen darstellt. Diese Vereinheitlichungsfunktion des
Bewusstseins tritt dann als Entscheidungsinstanz bei komplexen Rück-

---

[241]   Bereits Schelling ergänzte die Transzendentalphilosophie um eine Natur-
         philosophie, welche – wenn auch zunächst noch rein spekulativ – von der Idee ei-
         ner sich selbst organisierenden und selbst produzierenden Natur ausgeht, die wie-
         derum eine selbstorganisierende organische Natur hervorbringt, für die die struk-
         turelle oder innere Selektion der Teile eines Organismus in Auseinandersetzung
         mit der Umwelt einen Teilaspekt des evolutionsbiologischen Ablaufs darstellt.

[242]   Oeser und Seitelberger: Gehirn, Bewusstsein und Erkenntnis, 1995, S. 226.

kopplungsphänomenen auf, welche keiner Lokalisierung im Gehirn bedarf, da sie als eine Art Metafunktion des gesamten Menschenhirns anzusehen ist. Evolutionsbiologisch erklärt sich das Bewusstsein somit als „integrierende und steuernde Aktintentionalität für adäquates Verhalten des Organismus".[243] Dass damit dem menschlichen Bewusstsein in seiner Gesamtheit bis zu den unterschiedlichen wissenschaftlichen wie künstlerischen Leistungen, welches dieses hervorzubringen imstande ist, noch nicht Rechnung getragen wird, liegt auf der Hand. Hier müssen soziokulturelle Aspekte, wie z. B. die Auswirkung der Erfindungen wie Werkzeug und Sprache für die Entwicklung des Menschen bis hin zum Homo sapiens herangezogen werden. Wie sehr das Bewusstsein und die soziale Wirklichkeit auch heutiger Menschen von den technologischen Erfindungen weltweit beeinflusst und auch manipuliert wird, ist alleine schon aus der Erfindung des Internets und der medialen Möglichkeiten ersichtlich.

Mit dieser eng sich an den Stand der Hirnforschung und der Evolution anlehnenden Sichtweise wird kaum mehr Spielraum gelassen für religiös motivierte Ansichten, welche spekulativ auf ein transzendentes, unsterbliches und immaterielles Seelenleben verweisen. Wie aber in anderen Disziplinen auch, kann bei einer zeitgemäßen Untersuchung philosophischer Grundprobleme auf den Erkenntnisstand naturwissenschaftlicher Forschung unter keinen Umständen mehr verzichtet werden, wenn man nicht Gefahr laufen möchte, in seinem philosophischen oder theologischen Elfenbeinturm in einen tiefen Dornröschenschlaf zu verfallen, der zwar süße metaphysische Träumereien hervorzubringen vermag, aber ansonsten zur Folge hat, isoliert, rückständig und ignorant den Anschluss an den modernen Erkenntnisstand zu verlieren. Auch hinsichtlich des Leib-Seele-Problems tut sich also die Schere immer weiter auf, zwischen der wissenschaftlichen Erkenntnislage und eines eher psychologisch und religiös motivierten Wunsches nach Unsterblichkeit. Als Trost und Hoffnung verbleibt aber immerhin die Denkmöglichkeit, einer über wissenschaftliche Erkenntnisse hinausgehenden und mit wissenschaftlichen Mitteln nicht zu erfassenden, wie auch immer gearteten metaphysischen Wirklichkeit.

3.4 Weltanschauliche Konsequenzen aus der naturphilosophischen Betrachtungsweise des Leib-Seele-Problems

Betrachtet man die Auseinandersetzung und den Stand in der Leib-Seele-Diskussion, so muss zugegeben werden, dass in den Jahrtausenden philosophischer und theologischer Bestrebungen, dieses Problem zu lösen, heute noch immer fast genauso große Uneinigkeit herrscht wie zu

---

243   Oeser und Seitelberger: a.a.O., 1995, S. 227.

Beginn der philosophischen Auseinandersetzung in der Antike. Zwar
hat die Philosophie des 20. Jahrhunderts vehement an dem Fundament
der Idee einer metaphysisch gedachten immateriellen und unsterblichen
Seele gerüttelt, aber ein empirischer und handfester Beweis dagegen
oder dafür konnte bis heute noch nicht erbracht werden, auch wenn eine
hohe Plausibilität, die empirisch und wissenschaftlich begründet ist, die
metaphysischen Aspekte mit zunehmendem wissenschaftlichen Kenntnisstand in das Reich des Wunschdenkens zu verbannen scheint. Was
alleine in den letzten zwanzig Jahren über die Funktionsweise unseres
Gehirns, über die materiell-psychische Korrelation erforscht wurde, mag
noch nicht ausreichend sein, um endgültige Schlüsse ziehen zu können,
aber es stellt im Vergleich zu den vorhergehenden Jahrhunderten eine
immense Erkenntniserweiterung dar und es besteht Anlass zur Hoffnung, dass das bis dahin beinahe beliebige Spekulieren über Seele oder
Nicht-Seele sowie deren Beschaffenheit als Substanz oder Nicht-
Substanz zugunsten des wissenschaftlich Überprüfbaren und Greifbaren
überwunden werden kann. Alleine die Entdeckung und Funktion der
Neuronen als Grundeinheit des Nervengewebes belegt den Fortschritt.
Weitere Belege sind die biochemischen Funktionen mit ihren Einflüssen
auf unseren Hormonhaushalt und somit auf unsere „seelische" Verfassung. Auch die Befunde über den evolutionär erklärbaren anatomischen
Schichtenbau unseres Hirns zeigen, welch weitreichende Folgen naturwissenschaftlich gewonnene Erkenntnisse auch für die Philosophie und
Theologie haben können. Die Abhängigkeit des Seelischen oder Geistigen von der materiellen Struktur ist aufgrund der elektrischen und biochemischen Funktionsweise sowie gehirnanatomischer Erkenntnisse,
z. B. im Zusammenhang mit Hirnläsionen, unbestritten. Andererseits
geben wir auch zu bedenken, dass aufgrund der kategorialen Unter-
schiedlichkeit der Hirnprozesse und des darauf gründenden und mit
diesen korrelierenden Bewusstseins eine einseitige, nur physikalische
Erklärung bzw. Erforschung der Komplexität des Problems in seiner
Gänze nicht gerecht wird und wohl kaum eine zureichende Erklärung
bezüglich der Erfassung der auf der materiellen Gegebenheiten beruhenden Ebene des Geistigen sein kann. Wenn denn je eine befriedigende
Lösung dieses komplexen Gebietes erreicht werden wird, dann nur in
einer interdisziplinären Zusammenarbeit zwischen den unterschiedlichen neurowissenschaftlichen Teildisziplinen mit philosophischen, psychologischen und phänomenologischen Wissenschaftsbestrebungen. Der
Umstand, dass aus der Neurobiologie selbst keine direkten Aussagen
über den Phänomenbereich aus kategorialen Gründen möglich sind,
zeigt die Notwendigkeit einer Zusammenarbeit mit der Psychologie.
Andererseits darf von Philosophie, Psychologie und Theologie auch verlangt werden, dass sie nicht aus ideologischen Gründen dogmatisch an
alten Denkschulen festhalten, indem sie aus weltanschaulichen Gründen

empirisch gesichertes Faktenwissen ignorieren bzw. verdrängen. Der Evolutionsbiologe Edward O. Wilson stellt genau diese Forderung, bedauert aber zugleich, dass „die überwältigende Mehrheit unserer politischen Eliten" ebenso wie „öffentlich engagierte Intellektuelle und Medienmacher sozial- und geisteswissenschaftlich geschult" sind und kaum über naturwissenschaftliche Kenntnisse verfügen, um das notwendige Verständnis hierfür aufzubringen. Theologische Auffassungen, denen zufolge Geist, Denken oder Seele als prima causa, als erste und oberste göttliche Ursache für das Menschsein anzusehen sind, werden heute damit konfrontiert, dass es sich hierbei nur um ein mehr oder weniger zufälliges und auf Selbstorganisationsprozessen beruhendes evolutionäres Produkt auf materieller Basis handelt. Größer kann der Gegensatz zwischen einer vergeistigten, allem Irdischen enthobenen menschlichen Selbsteinschätzung und der naturwissenschaftlicher Nüchternheit gar nicht sein. Wenn jene entzaubernde Nüchternheit mit elektrischer Reizung der Sehrinde oder der Schläfenlappen des Vorderhirns halluzinatorische visuelle und auditive Vorstellungen verursachen,[244] wie kann man sich dann noch sicher sein, dass die wunderbarsten Visionen und Erscheinungen, wie sie in religiösen Berichten (insbesondere in der Mystik) enthalten sind, nicht eher psychoneuraler denn göttlicher Natur sind? Auch hinsichtlich des menschlichen Geistes bestätigt sich zusehends die evolutive Theorie vom Menschen als einem auch in geistiger oder „seelischer" Hinsicht keineswegs unabhängig von der Tierwelt entstandenen Wesen. Damit und mit den Erkenntnissen der Neurowissenschaften wird zwangsläufig, weil untrennbar damit verbunden, auch die Vorstellung einer freien, die Bewusstseinsprozesse lenkenden, vom Materiellen unabhängigen und zudem in einem göttlichen Schöpfungsprozess autonom erschaffenen Menschenseele immer fragwürdiger. Vielleicht sollte man einfach nur nicht vergessen, dass auch der Seelenglaube ebenso wie alle Religionen selbst einem evolutionären Prozess unterliegt, somit keineswegs als unumstößliche göttliche Wahrheit vom Himmel gefallen ist – wie auch, wenn sich alle Religionen untereinander so fundamental unterscheiden? –, sondern ein kulturelles Produkt der Menschheitsgeschichte darstellt, das sich auch als solches nachweisen lässt. Fällt nun aber jene historisch zurück verfolgbare pythagoreisch-platonische und die darauf basierende christliche Vorstellung einer göttlichen, immateriellen und unsterblichen Seele, an die wir unsere Hoffnung auf eine das materielle Dasein überwindende transzendente Welt gründen, der naturalistischen Entzauberung zum Opfer, so wird dies nach Kopernikus

---

244   Weshalb die eingehenden Reize in den verschiedenen Arealen als Ton, Gesehenes oder Gefühltes empfunden werden, ist insofern ein Rätsel, als keine Unterschiede in der Gewebestruktur festzustellen sind. Manche führen dies als Kritik gegen den Monismus an, da sie den Geist als eine den materiellen Vorgängen übergeordnete Entschlüsselungsfunktion betrachten.

und Darwin ein weiterer schwerer Rückschlag für das menschliche bzw.
religiöse Selbstverständnis des Menschen darstellen. Ähnlich wie andere, ehemals rein metaphysisch erklärte Begriffe, z. B. Himmel, Leben,
Tod, (Un-)Endlichkeit, Menschsein usw. erfahren wir auch auf dem klassischen philosophischen Gebiet der Leib-Seele-Problematik eine zunehmende Entmythologisierung. Damit ist noch lange nicht gesagt, dass alle
philosophischen Fragen im Zusammenhang mit Gehirn und Bewusstsein mittels eines viel gescholtenen naturwissenschaftlichen Reduktionismus lösbar sind. Aber jedenfalls scheint sich mit fortschreitendem Forschungsstand auch das Geistige in der Welt auf Grundlage eines
diesseitigen und natürlich-kausalen Erklärungsrahmens hinreichend
begründen zu lassen. Wie wir aufgrund der heutigen Biologie lernen
mussten, dass im Gegensatz zu den archaischen Vorstellungen gerade
auch der theistischen Religionen es eben keine absolute Dichotomie in
belebt und unbelebt oder beseelt oder unbeseelt gibt, so müssen wir heute lernen, dass dies auch für das Leib-Seele-Problem zutrifft. Es ist eine
Definitionssache, inwieweit eine Amöbe, eine Pflanze, ein Tier oder nur
der Mensch als beseelt zu bezeichnen ist. Eine absolute Schnittstelle jedenfalls vermag wohl niemand anzugeben. Wie auch, wenn Leben und
Geist evolutiv und somit sukzessive entstanden sind? Die strikte
kreationistische Unterscheidung zwischen jeweils separat erschaffenen
Tieren und dem Menschen, so wie es in archaischen Schöpfungsberich-
ten geschildert wird, wozu auch die geistigen oder „seelischen" Eigenschaften gehören, ist aus heutiger Sicht keinesfalls mehr aufrechtzuerhalten. Es ist aber kein typisches Wesensmerkmal der Moderne, wenn die
Existenz einer metaphysisch gedachten Seele infrage gestellt wird. Auch
für Aristoteles besaß die Seele außerhalb des Körpers keine Sonderexis-
tenz. Beide gehören untrennbar zusammen. Alle mentalen Vorgänge
sind für Aristoteles ein Produkt der Verbindung von Körper *und* Seele,
wobei für ihn das Herz der Ort der Seelentätigkeit ist. Da aber weder der
Körper noch die Seele allein in der Lage sind zu denken, gehen sie nach
Aristoteles auch beide – und somit auch die individuelle Persönlichkeit
des Menschen mit all den spezifischen Eigenheiten, Gefühlen, Erfahrungen, Erinnerungen etc. – notwendig mit dem physischen Tod des Leibes
zugrunde.

   Mit der Evolutionären Erkenntnistheorie (EE) liegt eine zeitgemäße
Philosophie vor, welche die Erkenntnisse der Naturwissenschaften, vornehmlich der Evolutionsbiologie und der Philosophie interdisziplinär zu
verarbeiten versucht. Da auch die EE nicht nur von einer Evolution des
Phänotyps, sondern aufgrund des evolutionsbiologischen und paläo-
anthropologischen Kenntnisstandes auch von einer Evolution des Gehirns und seiner Fähigkeiten ausgeht, verwundert es nicht, wenn sie
bezüglich des Leib-Seele-Problems eine naturalistische Position vertritt.
Das Denken des Homo sapiens, sein Geist, entwickelte sich durch den

Überlebensdruck seiner Umwelt und stellt somit ein natürliches und sich innerhalb der Evolution abspielendes Phänomen dar, das nicht zu trennen ist von den materiellen und strukturellen Grundlagen des Gehirns. Gemäß dem kritischen Realismus Gerhard Vollmers sind dabei die Anschauungsformen, die Kategorien der Erfahrung, die Qualitäten der Wahrnehmung sowie die Grundelemente des Urteilens, der Klassifikation und Abstraktion genetisch durch die Jahrmillionen währende Anpassung an den Mesokosmos, also an die Welt der mittleren Dimensionen, vererbt. Deshalb haben sie auch nur innerhalb dieses Bereiches relative Gültigkeit. Im mikrokosmischen Bereich der Quantenwelt ebenso wie in makrokosmischen Dimensionen des Weltalls versagen unsere Anschauungsmöglichkeiten, weil sich unser Gehirn im Laufe seiner evolutiven Entstehung lediglich im mesokosmischen Bereich anpassen musste. Dennoch ermöglicht uns seiner Meinung nach die kulturell erworbene rational und empirisch durchgeführte wissenschaftliche Vorgehensweise, zu Erkenntnissen zu kommen, welche über diesen mesokosmischen Rahmen hinaus Gültigkeit beanspruchen können.

Im Erbgut sind somit gewisse Erkenntnisstrukturen über die Welt enthalten, die aber nicht in einem platonisch-idealistischen Sinne als göttliche Wahrheiten vererbt werden, sondern die in einer Jahrmillionen währenden koevolutiven „Auseinandersetzung" zwischen überleben „wollenden" Lebensformen und einer selektiven Umwelt sich allmählich in unterschiedlicher Weise, je nach Spezies und deren spezifischen Lebensraum, herausgebildet haben. Philosophisch ausgedrückt bedeutet dies nach Konrad Lorenz, dass entgegen Kants Transzendentalphilosophie, die von der fragwürdigen These synthetischer Urteile a priori ausgeht, unsere vermeintlichen Apriori-Wahrheiten in Wirklichkeit nur phylogenetische Aposteriori-Wahrheiten darstellen. „Das Apriori der Philosophen hat sich aus der Perspektive der Evolutionsforscher als ein Aposteriori der Stammesgeschichte erwiesen",[245] dass also die Vorgegebenheiten unseres Denkens (Kants a priori) der Evolution entspringen und akkumulierte individuelle Erfahrungen unzähliger einzelner Generationen sind. Die biologische Bedingtheit des Kognitiven führt dann aber unvermeidlich zu einer Dezentralisierung des Subjekts. Denn wenn Denkstrukturen das Produkt zufälliger und natürlicher Auslese sind, führt dies zur phylogenetischen Relativierung des Apriorischen und somit zur Negation des menschlichen Mittelpunktdenkens und der Entanthropomorphisierung des Weltbildes. Auch wenn damit in Erwägung gezogen werden muss, dass dann auch wissenschaftliche Erkenntnisse als Produkte dieses unzulänglichen menschlichen Denkens letztlich keine Garantien auf sichere Erkenntnisse geben können, so muss

---

[245] Ditfurth, Hoimar von: So lasst uns denn ein Apfelbäumchen pflanzen, Hamburg, 1985, S. 278.

man mit Karl Popper dennoch zu bedenken geben, dass es nun einmal „nichts ‚Rationaleres' als die Methode der kritischen Diskussion, und das ist die Diskussion der Wissenschaft", gibt. Zwar sei es unvernünftig „irgend eines ihrer Ergebnisse als sicher anzunehmen, aber... es gibt keine andere Methode, die zu diesem Zweck als vernünftiger gelten könnte."[246]

Mit der Klarstellung, dass die EE eben nicht behauptet, „dass Evolution, Selektion oder Anpassung die Wahrheit aller unserer Erkenntnisse garantieren", entgeht Vollmer dem Zirkelvorwurf. Zwar determinieren die Sinnesorgane und unser Nervensystem unsere Wahrnehmung und unser Denken, aber wir können diese nach seiner Auffassung durch die Natur und Evolution zwanghaft auferlegte Einschränkung durchaus überwinden. Die Wissenschaftliche Erkenntnisebene ist nach Auffassung der EE nicht genetisch gebunden, weshalb auch objektive Erkenntnis – wie weit auch immer – möglich ist. Als Beleg für diese Ungebundenheit der wissenschaftlichen Erkenntnisstufe könnte man auf Erkenntnisse aus der Physik verweisen, die zu einem großen Teil eben nicht von jenen angeblich apriorischen Erkenntnisstrukturen ausgehen, sondern über diese hinausgehen und sich zudem auch noch jeder Anschaulichkeit entziehen und dieser widersprechen können. Denken wir nur an die Quantentheorie, in der es Ereignisse gibt, die keine Ursache besitzen, oder den Welle-Teilchen-Dualismus sowie nichteuklidische Geometrien in der Relativitätstheorie. Hierin kann durchaus ein Beleg dafür gesehen werden, dass solche empirisch belegbaren physikalischen Erkenntnisse bedeutend weiter reichen als auf den mesokosmischen Bereich begrenzte vermeintliche A-priori-Urteile. Aus Sicht der EE wird philosophischer Idealismus genauso wie religiöser Wahrheitsanspruch dem natürlichen, nämlich evolutionsbiologischen Prozess untergeordnet und somit relativiert. Lange bevor sich Mythen und die ersten „primitiven" Naturreligionen zu den Hochreligionen entwickeln konnten, gab es bereits Leben, soziale Gemeinschaften und natürlich entstandene Gehirne, auf die Denken und Fühlen auch in seiner heutigen Form zurückführbar ist. Aus Sicht eines neutralen aufgeschlossenen Beobachters besteht also nicht

---

[246] Popper, Karl: Objektive Erkenntnis, Hamburg, 1994, S. 27. Die philosophische Position des Idealismus wird dabei, ausgenommen der kritische und transzendentale Idealismus Kants, von führenden Vertretern der EE wie Lorenz sogar als „Forschungshemmnis" angesehen. Für Kant ist die Welt in ihrem An-sich-Sein nicht erkennbar, für die EE als realistische Erkenntnistheorie ist sie dies mittels der wissenschaftlichen Erkenntnisstufe sehr wohl, wenn auch nur durch die Sinnesorgane „verzerrt" und durch die Vernunft lediglich approximativ. Die evolutiv entstandenen und phylogenetisch verankerten Denkkategorien geben nach Vollmer somit immer ein zumindest adäquates Bild der Umwelt oder Realität ab, was er anhand des Überlebens einer Spezies durch Anpassung an diese Realität als evident ansieht.

der geringste Grund, die unzähligen religiösen oder philosophischen Ansprüche auf Wahrheit ungeprüft als sakrosankt einzustufen. Mehr noch: Aus der evolutionären Sichtweise folgt beinahe zwangsläufig, dass auch religiöse Theorien ein Eigenprodukt des Menschen sind und nicht etwa eine vom Himmel gefallene göttliche Erleuchtung darstellen. Wären (monotheistische) Religionen himmlische Offenbarungen und ihre damit verbundenen monopolistischen Wahrheitsansprüche gerechtfertigt, könnten sie sich auch nicht in zentralen Punkten widersprechen. Warum gibt es überhaupt so viele sich widersprechende Religionen, die alle universelle Wahrheit für sich beanspruchen? Theologisch lässt sich diese Frage wohl nur schwer beantworten, ohne allen Religionen – außer der eigenen, versteht sich – ihre göttlichen Ansprüche in Abrede zu stellen. Betrachtet man die Sache wiederum aus der Perspektive der Evolution, und zwar der kulturellen Evolution, so erhält man hierfür eine zwar profane, dafür aber plausible Antwort, indem man sie als menschliche, kulturabhängige und historisch entstandene Produkte begreift. Was benötigt wird, ist ein strenges System an Kriterien, das den leichtfertigen Umgang und die dogmatische Inanspruchnahme von Wahrheiten erschwert, indem es sie ohne Ansehen auf die dahinterstehenden Institutionen und Interessen kritisch und methodisch hinterfragt. Im Gegensatz zum wissenschaftlichen Selbstverständnis ist eine kritische Hinterfragung in Glaubensangelegenheiten eher unerwünscht und galt lange sogar als Ketzerei, weil damit religiöse Welterklärungen mittels wissenschaftlicher Methodik und Explikationskraft entzaubert zu werden drohen. Für aufgeklärte und kritische Geister erklären aber heutzutage nicht mehr die Religionen die Welt und die menschliche Existenz. Längst sind es die Naturwissenschaften, die die Führung übernommen haben hinsichtlich der Explikationskraft von Weltmodellen einschließlich des Menschen und seiner Kulturen, zu denen auch die Religionen gehören. So stellt aus evolutionspsychologischer Sicht eine religiöse Grundhaltung in letzter Instanz nur einen Evolutionsvorteil dar, da hiermit eine Festigkeit verbunden ist, welche das Leben ebenso wie die Aussicht auf den bevorstehenden Tod erträglicher gestaltet. Hierin liegt ihr vielleicht auch neurologisch verankerter psychologischer Vorteil, der aber nur den subjektiv gültigen Charakter der Religionen und nicht deren reale Geltung unterstreicht. Ob man diesen radikalen Gedanken teilen will oder nicht – er ist auf seine Weise für nüchtern denkende Menschen auch nicht radikaler als die Glaubensansprüche, die mit fragwürdigen und archaischen Wundergeschichten Heiliger Bücher verbunden sind. Denn ähnlich wie die Kunst in den anfänglichen Höhlenmalereien ihren Ursprung hat, so gibt es aus anthropologischer Sicht auch einen relativ primitiven Ursprung von Religion, die an den Bewusstseinsstand und die Sprachentwicklung gebunden war. So geht Edward O. Wilson davon aus, dass sich Religion erst auf der Grundlage primitiver Elemente eines archaischen Moralverhaltens entwickelte und dazu diente, moralische Normen der einen oder anderen Form zu rechtfertigen. Somit hätte sich religiöses Verhalten größtenteils durch natürliche evolutionäre Auslese herausgebildet, deren Nutzen in einem psychisch motivierten Überlebensvorteil der eigenen Gruppe bestand und auch noch immer besteht. Die wesenhaften Besonderheiten unserer Spezies, unser Sosein – lange Zeit hat die Theologie die Beantwortung der damit in Zusammenhang stehenden Fragen für sich allein beansprucht, „aber viel ist ihr dazu nicht eingefallen. Weil sie noch immer mit den Vorstellungen eines Volkswissens aus der Eisenzeit belastet ist, ist sie außerstande, reinen Tisch zu machen und sich der realen Welt anzupassen, die unserer Forschung heute offen steht."[247] Von der so oft beschworenen Kompatibilität zwischen Naturwissenschaft und Theologie ist bei Wilson nicht viel zu spüren. Im Gegenteil, die zunehmende Diskrepanz von wissenschaftlicher Moderne und theologischer Rückgebundenheit an Offenbarung, Tradition und Dogmen, sie kommt hier ungeschminkt zum Ausdruck.

Auch fällt auf, dass unsere philosophische und theologische Tradition bisher immer nur vom Idealbild des gebildeten Europäers, also seiner Vorstellungswelt und seinen kulturellen Wurzeln ausgegangen ist. Erst mit der Etablierung der Evolution als Tatsache und den Erkenntnissen aus der Anthropologie wissen wir, dass dies ein in jeder Hinsicht viel zu enger Rahmen ist, mit dem diese altehrwürdigen Disziplinen bisher versucht haben, das Wesen des Menschen, seine Herkunft und seine Suche nach Sinn und Übersinnlichkeit zu begreifen. Dass auch der menschliche Geist und das, was wir als „Seele" bezeichnen, etwas ist, das sich erst in vielen Jahrmillionen aus primitiven Strukturen biologisch entwickelt hat, ist weder mit den allermeisten philosophischen Auffassungen bis Hegel noch mit der theologischen Auffassung des Kreationismus, wie er Jahrhunderte lang in der sogenannten zivilisierten Welt mit dem Theismus vorherrschte, vereinbar. Selbstredend wurde und wird noch immer insbesondere von den theistischen Religionen der Anspruch erhoben, nur sie alleine können mit ihren Heiligen Büchern und ihren ganz spezifischen Glaubenswahrheiten universale Gültigkeit für alle Menschen in allen Kulturkreisen zu allen Zeiten zu beanspruchen. Dabei erlangen auch immer nur die jeweils Rechtgläubigen das Heil, alle anderen werden davon ausgeschlossen. Schon Nietzsche hatte auf das Gewordensein alles Sein aufmerksam gemacht. Er bezeichnete es als den „Erbfehler der Philosophen", dass sie immer nur vom gegenwärtigen Menschen ausgehen. „Sie wollen nicht lernen, dass der Mensch geworden ist, dass auch

---

Wilson, Edward: Die Einheit des Wissens, 1998, S. 359.

das Erkenntnisvermögen geworden ist."[248] Faktoren wie die kognitive Vielfalt von unterschiedlichen Kulturen, das historische Wachstum menschlichen Wissens, der ontogenetische wie der phylogenetische Aspekt, all dies wurde von der theistisch geprägten Philosophie nie bedacht, geschweige denn berücksichtigt. Der metaphysische Seelenglaube an eine transzendente, von Gott bei der Geburt fertig und unentwickelt eingegebene unsterbliche Seele, die sich die im Leben erworbenen individuellen Eigenschaften nach dem Tode im Jenseits bewahrt, ist aber mit den Erkenntnissen, wie wir sie aus der Evolutionsbiologie und der Paläoanthropologie kennen, nicht vereinbar. Wie sollen die ganz persönlichen und individuellen Eigenschaften, also das Ich eines jeden einzelnen Menschen, erhalten bleiben, wenn die materielle Grundlage hierfür, das ebenso individuelle und jeweils einzigartige menschliche Gehirn, zu Staub verfallen ist? Unsere ganz spezifischen und individuellen persönlichen Eigenschaften sind nun mal abhängig von der materiellen Struktur und biochemischen Funktionsweise unseres Gehirns, so wie es sich aus den genetischen Vorgaben und den im Laufe der jeweils völlig unterschiedlichen Lebenssituationen herausgebildet hat. Dies freilich ist von Seiten religiöser Glaubenssysteme nicht zu akzeptieren, da in letzter Konsequenz damit die Unsterblichkeit und somit auch deren Daseinsberechtigung infrage gestellt ist. Durchsetzen wird sich diese rational-wissenschaftliche Sichtweise aber ohnehin nicht, da sie dem stark ausgeprägten psychischen Grundbedürfnis des Menschen nach einem ewigen und möglichst paradiesischen Leben entgegengesetzt ist.

Eben weil die EE solche naturwissenschaftlichen Erkenntnisse als wesentliche Basis ihrer Philosophie involviert und somit auch archaische Glaubensvorstellungen entzaubert, stellt sie gerade für transzendente Systeme ein unannehmbares Konglomerat der großen Kränkungen der Menschheit dar: der kosmologischen durch Kopernikus und Galilei; der biologischen durch Darwin. Beide haben das anthropozentrische Denken des Menschen, in dem er sich als Mittelpunkt und Ziel einer Schöpfung mit einem heilsgeschichtlichen Ablauf wähnt, zutiefst erschüttert. Schon Nietzsche stellte fest: „Seit Kopernikus scheint der Mensch auf eine schiefe Ebene geraten – er rollt immer schneller nunmehr aus dem Mittelpunkt weg – wohin? Ins Nichts? Ins ,durchbohrende Gefühl seines Nichts'"?[249] Mit Darwin wiederum steht fest, dass der Mensch aus der Tierreihe hervorgegangen und ein enger Verwandter der Menschenaffen ist. Eine weitere Kränkung der menschlichen Eitelkeit ist die tiefenpsychologische durch Freud, aus der hervorgeht, dass das Ich gar nicht Herr über sich selbst, über seine seelischen Vorgänge ist. Zu einem großen

[248]   Nietzsche, Friedrich: 1982, Erstes Hauptstück (Von den ersten und letzten Dingen. Erbfehler der Philosophen), S. 19.

[249]   Nietzsche, Friedrich: Zur Genealogie der Moral, 1887, Dritte Abhandlung, § 25.

Teil werden wir durch unser Unterbewusstsein und durch genetisch begründbare Triebe gelenkt. Die menschliche „Seele" wird auch von Freud nicht mehr als fertiges Produkt Gottes, sondern als ein von phylogenetischen Prinzipien in Abhängigkeit von anthropologischen, soziologischen Aspekten sowie von evolutiven Einflüssen entstandenes natürliches Resultat angesehen. Die ethologische Kränkung erfolgte durch Oskar Heinroth (1910), nach der wir Menschen nicht nur in Körperbau, Stoffwechsel und Neurophysiologie, sondern auch, was unsere Verhaltensweisen angeht, aus dem Tierreich hervorgegangen und mit diesem stammesgeschichtlich verbunden sind. Die epistemologische Kränkung geht auf Konrad Lorenz (1941) zurück, denn der biologisch begründete Hypothetische und Kritische Realismus, der nur von einer in Jahrmillionen an unsere spezifische Umwelt angepassten und somit relativen Erkenntnisfähigkeit ausgeht, negiert jeden monopolistischen absoluten Wahrheitsanspruch und damit auch die alleinseligmachenden Glaubenswahrheiten der Religionen. Die soziobiologische Kränkung verursachte Edward O. Wilson, nach der auch wir Menschen darauf programmiert sind, für die Erhaltung und Vermehrung unserer Erbanlagen zu sorgen. Selbst dort, wo wir anderen nützen, wo wir uns also sozial oder altruistisch und damit moralisch hochwertig zu verhalten glauben, soll demnach nichts weiter als jener Gen-Egoismus am Werk sein. Während die transzendenten Auffassungen Ethik und Moral von einer höheren Macht als deren Ursache ableiten, wird aus evolutionsbiologischer bzw. naturphilosophischer Sicht die Kausalkette genau andersherum gesehen. Wilson herzu: „Das Individuum ist biologisch dazu veranlagt, bestimmte Entscheidungen zu treffen. Durch die kulturelle Evolution erhärten sich diese Entscheidungen zu Normen, dann zu Gesetzen und schließlich, wenn Veranlagung oder Zwang stark genug sind, zum Glauben an die Gewalt Gottes oder die natürliche Ordnung des Universums."[250] Die ökologische Kränkung macht uns ferner deutlich, dass wir nicht von irgendwelchen ominösen Mächten des Bösen und des Guten abhängig sind, sondern von unserer Umwelt, deren Schicksal eng mit

---

[250]   Wilson, Edward: Die Einheit des Wissens, 1998, S. 334ff. Die Ethologie, also die Verhaltensforschung bei Tieren, zeigt, dass in der Tat schon bei Primaten ein moralanaloges Verhalten ausgeprägt ist. Hinzu kommt noch das Verlangen nach einer die irdische Endlichkeit überwindenden Fortdauer unserer Existenz. „Getreu seinem Primatenerbe ist der Mensch leicht durch selbstsichere, charismatische und vor allem männliche Führungspersönlichkeiten verführbar... Jede Kultur bildet sich um Führungspersönlichkeiten. Mit der Zeit werden überragende Autoritäten sogar zu Religionsbegründern erhoben und in heiligen Schriften verewigt (a.a.O., S. 346). Die „unbequeme Wahrheit" nach Wilson ist, „dass diese beiden Überzeugungen" – gemeint ist der Glaube an das Übernatürliche und die wissenschaftliche Biologie – „faktisch nicht kompatibel sind, was zur Folge hat, dass all diejenigen, die es nach sowohl intellektueller wie religiöser Wahrheit dürstet, niemals beide in vollem Umfang erfahren werden." (a.a.O., S. 349).

der unsrigen verknüpft ist. Keine göttlichen Wesen bestimmen über unser Schicksal, der Mensch selbst hat es in der Hand, wie er mit Ozonloch,
Trinkwassermangel, Energieverschwendung, Umweltverschmutzung
usw. umgeht. Letztlich steht uns wohl noch die neurobiologische Kränkung bevor, wenn nämlich unsere für unser erhofftes postmortales Wei-
terleben benötigte „Seele" sich als materieabhängiges, von der Struktur
und neurobiologischen Zusammensetzung unseres Gehirns nicht zu
trennendes und somit vergängliches geistiges Vermögen herausstellen
sollte.

    Zugegeben, Kritik an den wissenschaftlichen Methoden und Er-
kenntnissen ist durchaus legitim und notwendig, aber gut gesicherte
und plausible Erkenntnisse empirischer Forschung immer genau dann
abzulehnen, wenn sie nicht mit dem persönlich favorisierten und meist
wesentlich mehr auf „Spekulation" und fragwürdiger Glaubenstradition
basierenden, religiös motivierten Weltbild übereinstimmen, mag aus
psychologischen Gründen zwar verständlich sein, ist aber erkenntnistheoretisch und aus Sicht eines weltanschaulich möglichst neutralen intellektuellen Gewissen unredlich. Was, so wäre zu fragen, bliebe vice
versa von den metaphysischen, esoterischen oder religiösen Systemen
noch an Glaubwürdigkeit übrig, würden diese die gleichen kritischen
Kriterien, wie sie sie zu ihrer Verteidigung gegen die Naturwissenschaften anwenden, gegen sich selbst anwenden? Was bliebe von den theistischen Weltreligionen noch übrig, wenn die religiös-weltanschaulich motivierte Kritik ihre sehr konkret geäußerten Wundergeschichten und
„Wahrheiten" ebenso kritisch, hartnäckig und skeptisch hinterfragen
würde, wie sie es beispielsweise lange gegenüber den im Gegensatz dazu allerdings empirisch nachweisbaren Tatsachen der Evolution getan
hat, nur weil sie den Menschen als Nachkommen von Tieren aus seinem
anthropozentrischen Denken herausgerissen hat und somit zu zentralen
eigenen Glaubensüberzeugungen, wie sie in deren Heiligen Büchern
zementiert sind, im Widerspruch stand. Der Glaube an einen persönlichen Gott und die von ihm geschaffene unsterbliche Seele, die nach dem
irdischen Dasein sich mit ihm vereint oder wieder zu ihm findet in einem postmortalen paradiesischen Leben, hat durchaus seine psychologische Daseinsberechtigung, er tut gut, beruhigt, tröstet, gibt Hoffnung
und vieles mehr, aber aus rationaler Sicht ist mit dem unaufhaltsamen
Fortschreiten des wissenschaftlichen Erkenntnisstandes immer weniger
ersichtlich, wie er mit jenem noch plausibel vereinbar sein soll, ohne ein
konsequentes und redliches, auf Verstand und Vernunft sich gründen-
des Denken, zu überfordern.[251]

---

[251]   Selbst wenn man mit Popper bezweifelt, dass es so etwas wie sichere wissenschaft-
     liche Erkenntnisse überhaupt geben kann, müsste man zumindest den hohen Plau-
     sibilitätsgrad anerkennen, welchen die Wissenschaften aufgrund ihrer empirischen
     Überprüfbarkeit, Berechenbarkeit und vor allem aufgrund der selbstkritischen Me-

    Es stehen sich letztlich also zwei auch heute noch grundsätzlich an-
tithetische Auffassungen gegenüber: Die materialistische von einer endlichen und natürlichen Seinsweise der Seele und die Vorstellung einer
übernatürlichen an ein ewiges Dasein im Jenseits gebundene Seele, die
bei den theistischen Religionen mit der Vorstellung eines Schöpfergottes
und dessen Einflusses auf alles Geschehen, also auch auf das weitere
Schicksal der Seelen, verbunden ist. Während die erste Auffassung für
jedermann durch den alltäglich uns umgebenden Tod unmittelbar einsichtig und täglich erlebbar ist, also keinerlei philosophischer Bestätigung mehr bedarf, bedarf es für die Seelenmetaphysik eines auf spekulativer Explikation gründenden metaphysischen und manchmal auch grotesk anmutenden und konstruiert wirkenden Systems, das sich dabei
immer auch eines gewissen psychologisch durchaus nachvollziehbaren
Wunschdenkens verdächtig macht. Denn außer in den mythologischen,
religiösen, esoterischen und manchen philosophischen Vorstellungen
gibt es bei den objektiv-wissenschaftlich vorgehenden[252] Untersuchungen über das Gehirn heute keine stichhaltigen Anhaltspunkte mehr für
eine die materiellen und geistigen Prozesse überschreitende Seelenmetaphysik, die auf eine immaterielle und unsterbliche Seele schließen lassen. Wie und wann, in welchem embryonalen Stadium sollte es z. B. aus
biologischer Sicht zu der Verbindung des Leibes mit der göttlichen Seele
kommen? Eine solche Annahme bereitet heute unüberwindbare Schwierigkeiten. Nicht nur weil es für diese Art von Verbindung keine Anhaltspunkte gibt, sondern weil es auch völlig zureichende natürliche
Erklärungen für die Entstehung des Menschen hinsichtlich seiner wesenhaft geistigen Seite gibt. Aber selbst wenn Geist gemäß dem Dualismus als eine autonome, vom Materiellen unabhängige Entität zu beweisen wäre, wäre damit noch lange nicht gesagt, dass es sich hierbei auch
zwangsläufig um eine im religiösen Sinne göttlich erschaffene jenseitige,
also übernatürliche Entität handeln muss, wenngleich diese Option dann
allerdings ihre Berechtigung hätte.[253] Allerdings liegen auch innerhalb
der religiösen und esoterischen Dimensionen unterschiedliche Glau-

---

thoden für sich beanspruchen können. Zweifel und Kritik, ein wissenschaftliches
Grundprinzip, gelten dagegen für Offenbarungsreligionen bzw. deren Vertreter
und die Kirchen als verwerflich. Wer nicht an deren zentrale Inhalte glaubt, dem
wird durch das selektive Selbstverständnis des ethisch so hoch gelobten Christentums das Himmelreich verwehrt.

[252]   „Objektiv" im Sinne von bei den Untersuchungen und Forschungen hierüber nicht
an eine Weltanschauung gebunden.

[253]   „Eine ewige, glückliche Existenz in einer jenseitigen Realität scheint insgesamt
jedoch eine viel zu voraussetzungsreiche Angelegenheit zu sein, um durch einen
Geist-Körper-Dualismus allein gestützt werden zu können. Was diese Problematik
betrifft, bewegt man sich vollends im Bereich der Spekulation." Ruß, Hans Günther: Religiöser Glaube und modernes Denken, 1996, S. 87.

bensauffassungen bezüglich einer metaphysisch geprägten Seelenvorstellung vor, die keineswegs eine einheitliche und unwidersprüchliche Position darstellen. Handelt es sich um eine Art Emanation im Sinne der Gnosis, um einen Pantheismus, um eine Art ewiger Reinkarnation verbunden mit dem Karma-Gedanken, wie ihn auch Platon in seinem Phaidon schildert? Oder muss man sich einen personalen dreieinigen Schöpfergott denken, der ganz individuelle Seelen kreiert und diese in die Welt entlässt, bevor er sie in den Himmel oder in die Hölle als ewige Aufenthaltsstätte schickt?

Einige sehr weit gehende, materialistisch eingestellte „Neurophilosophen" wie Paul und Patricia Churchland schließen heute nicht einmal mehr aus, dass alle Bewusstseinserscheinungen, auch Gefühle und damit verbundene religiöse Vorstellungen letztendlich auf neurobiologische, also auf physiko-chemische Tatsachen reduzierbar sind, ähnlich wie Licht zu elektromagnetischer Strahlung und Temperatur zur mittleren kinetischen Energie der Moleküle geworden ist. Welch vermeintlich deprimierender Gedanke, wenn unsere religiösen erhabenen Gefühle und Hoffnungen sich lediglich als evolutionär, also zum Zwecke eines Selektionsvorteils nachweisen ließen und somit Religiosität und Seelenglaube ganz nüchtern und lapidar von der Psychobiologie neurologisch als Wirkung von biogenen Aminen auf den Temporallappen und das limbische System erklärt werden würde. Nicht Gott hätte damit die Evolution in Gang gesetzt, sondern Gott selbst, zumindest aber die ihn postulierenden Religionen, wären damit ein Produkt der biologischen und kulturellen Evolution.

Der philosophische Skandal bei der Erbringung der plausiblen Gründe für die jeweiligen metaphysischen Geltungsansprüche besteht nun darin, dass alle metaphysischen Systeme, von den skurrilsten esoterischen Behauptungen bis hin zu den großen Weltreligionen, sich in der angenehmen Situation befinden, als Glaubenssysteme alle nur erdenklichen Behauptungen aufstellen zu können, ohne für diese echte Beweise vorlegen zu müssen. Hier besteht ein methodisch ungerechtes Verhältnis zwischen metaphysischen und wissenschaftlichen Systemen. Während sich auf Seiten der Glaubenssysteme alles behaupten und als Glaubenswahrheiten darlegen lässt, selbst wenn es gegen jegliche offensichtliche Rationalität verstößt, fordert man genau diese wasserdichte Beweisführung von den wissenschaftlichen Positionen, wenn ihre Erkenntnisse dem Glauben gefährlich werden. Obwohl dies aufgrund der unterschiedlichen Bedingungen sehr schwierig erscheint, gab und gibt es durchaus Fälle, wie Wissenschaften ehemals metaphysische Behauptungen widerlegen konnten, ohne dies als ursprüngliches Ziel überhaupt beabsichtigt zu haben. Die längst entschiedene Kontroverse Kreationismus versus Darwinismus ist ein solches fundamentales Beispiel. Vieles deutet heute darauf hin, dass wir auch hinsichtlich der Leib-Seele-

Problematik vor einer ähnlichen Situation stehen. Die Folge aus den schrittweisen Entzauberungen ist dann immer, dass sich die metaphysischen Theorien auf ein weiteres Terrain zurückziehen, welches noch nicht von den wissenschaftlichen und empirischen Methoden bearbeitet worden ist. Diese Vorgehensweise lässt sich auch anhand der Kosmologie nachweisen. Sterne galten so lange als Götter, bis es eindeutige wissenschaftliche Hinweise darauf gab, dass es sich um unbelebte Materie handelt. Dieser Einsicht würde heute wohl auch nicht der radikalste Wissenschaftsskeptiker mehr widersprechen wollen. Nun aber wird von dem Metaphysiker das Reich des Göttlichen auf weiter entfernte Gebiete des Universums verlegt, welche vom Arm der Wissenschaft noch nicht erfasst sind. So war nach christlicher Vorstellung das Reich Gottes und der Engel hinter der Sphäre der Planeten. Mittlerweile ist er von der Kosmologie auch von dort verbannt worden und befindet sich nun außerhalb des beobachtbaren Universums. Zumindest für so lange, bis aufgrund des wissenschaftlichen und technologischen Fortschrittes auch hierfür neue Erkenntnisse geliefert werden können. Die Erforschung der Fragen, ob wir in einem Uni- oder Multiversum leben oder was den Urknall verursacht haben könnte, fällt in dieses Ressort.

Dies ist das Prinzip, nach dem die Auseinandersetzung zwischen Mythos und Logos seit der „Erfindung der Wissenschaften" durch die Vorsokratiker funktioniert. Die Beweislast haben immer die Vertreter des Logos-Prinzips, da die Wahrheit a priori immer die Mythosvertreter für sich gepachtet haben und diese mit rational und methodisch fragwürdigen Mitteln, ja notfalls sogar mit psychologischen und gewaltsamen Druckmitteln durchsetzen. Die Beweislast für die Existenz metaphysischer Postulate wie Seele, Gott, Unsterblichkeit, Geistwesen, Engel, Dämonen, Teufel, Astralleib... kann aber doch wohl nicht bei denjenigen liegen, die etwas gar nicht Nachweisbares aufgrund zahlreicher und zureichender natürlicher Erklärungen auch nicht für vorhanden halten, sondern bei denjenigen, die schwerwiegende Behauptungen aufstellen, die mit allen rationalen und wissenschaftlichen Mitteln nicht nachweisbar sind. Damit wird die prinzipielle Schwäche religiöser bzw. theologischer Behauptungen deutlich: Sie können aufgrund ihres nichtempirischen Charakters den Fakten der empirischen Wissenschaften lediglich spekulative Glaubenswahrheiten entgegenhalten, die sich aber lediglich auf längst selbst fraglich gewordene Heilige Bücher und Traditionen berufen. Die Aufforderung der Theologen, alle Zweifler und Skeptiker sollen erst einmal das Gegenteil dessen beweisen, was sie an Glaubenswahrheiten postulieren, ist also insofern nicht gerechtfertigt, als die Beweislast oder auch nur die Plausibilitätserfüllung auf Seiten derer liegt, die subjektive Gewissheiten für objektive Wahrheit ausgeben. Aufgrund von Denkinhalten und Gefühlen auch auf deren bewusstseinsunabhängige ontische Realität zu schließen, ist erkenntnistheoretisch nicht legitim. Einer noch so gefühlsmäßig empfundenen Gewissheit der Wahrheit kann keine objektive Gültigkeit zugestanden werden, sonst wären alle an diese subjektive Überzeugung geknüpften konkreten Vorstellungen, die es in den unterschiedlichsten (sich teils auch durchaus ausschließenden und widersprechenden) Religionen, esoterischen Systemen bis „hinunter" zu den primitiven Vorstellungen der Naturvölker gibt, gleichermaßen „wahr". Dies würde den Begriff „Wahrheit", den jedes transzendente Glaubenssystem alleinseligmachend für sich beansprucht, doch etwas zu sehr strapazieren. Auch der überzeugteste Mystiker kann hinsichtlich seiner Visionen von Gott letztlich nicht ausschließen, dass sein außergewöhnlicher ekstatischer Bewusstseinszustand lediglich gehirnphysiologische Ursachen hat, womit die erlebten Bewusstseinsinhalte, über den lediglich subjektiven Bereich hinausgehend, keinen Anspruch auf objektive oder ontische Realität erheben können.

Wird aber die religiöse Vorstellung einer unsterblichen und von Gott eingehauchten Seele nicht alleine schon dadurch entkräftet oder fragwürdig, dass diese „Seele" Merkmale aufweist, die von Großeltern und Eltern ererbt sind? Aufgrund der Zwillingsforschung konnte eindeutig erwiesen werden, dass spezielle Charaktereigenschaften und Begabungen, ebenso wie geistige Schwächen, Labilität, Sensibilität, Aggressivität, Reaktionsgeschwindigkeit und andere zahlreiche Anlagen erblich weitergegeben werden. Die Wirkung von Neuromodulatoren, Neuropeptiden und Neurohormonen auf seelisch-psychische Vorgänge, ist heute in der Hirnforschung eine allgemein anerkannte Tatsache, ebenso wie die komplizierte Interaktion zwischen genetischen Prädispositionen und frühen Umwelteinflüssen. „Die genetisch-epigenetische Ausstattung eines Menschen und der Verlauf der Ontogenese von Nervensystem und Gehirn geben den Rahmen vor, in dem die vorgeburtliche und nachgeburtliche Umwelt auf die Psyche und Persönlichkeit einwirken kann."[254] Deutet dies nicht hinreichend darauf hin, dass zur Erklärung unsere Individualität gar nicht auf übernatürliche Seelenlehren zurückgegriffen werden muss, wenn nahe liegt, dass unser individuelles menschliches Wesen neben Erziehung und zufälligen Lebensereignissen bereits durch unsere Erbanlagen prädisponiert ist?

Von hier aus ist es auch nur noch ein kleiner Schritt zur damit zusammenhängenden Frage nach der Willensfreiheit des Menschen, die davon ausgeht, dieser könne autonome und vollkommen eigenverantwortliche Entscheidungen treffen. Auch hier widersprechen sich eine biologische – also naturwissenschaftlich fundierte – Sichtweise und eine religiös motivierte Auffassung über das Wesen des Menschen hinsichtlich seiner Willensfreiheit und der damit verbundenen Verantwortung gegenüber Gott. Nach christlicher Auffassung kommt die „Seele" des

---

254   Roth, Gerhard, 2014: Wie das Gehirn die Seele macht, S. 199.

voll zur Verantwortung heranzuziehenden Sünders in die Hölle bzw. in
das Paradies. Unter Berücksichtigung genetischer, soziologischer und
kultureller Aspekte kann dem Menschen dagegen weder eine absolute
Eigenverantwortlichkeit zuerkannt werden noch eine für alle Menschen
und Kulturen zuständige göttliche Instanz postuliert werden, die allge-
meinverbindlich für alle Menschen maßgeblich ist. Besonders aus Sicht
der heutigen Hirnforschung wird der vermeintlich freie Wille, der notwendig ist, um den Menschen auch aus theologischer Sicht zu richten,
immer mehr negiert. Aber auch ein radikaler Determinismus ist fragwürdig, da das Leben des Individuums von vielen zufälligen Faktoren
wie temporären Stimmungen oder auch äußeren Einflüssen bestimmt
wird. Ob nun die biochemische bzw. elektrische Funktionsweise unseres
Gehirns quantenmechanischen Prozessen unterliegt oder nicht – jedenfalls spielen sich auf dieser Ebene Prozesse ab, die unbewusst und zufällig ablaufen, was auch auf unser Denken und Fühlen nicht ohne Einfluss
sein dürfte. Für Bernhard Rensch ist absolute Willensfreiheit aufgrund
„stammesgeschichtlicher Erwägungen" deshalb auch nur vorgetäuscht.
„Zudem würde... ein freier Wille in die physiologisch nachweisbaren
Kausalketten des Gehirngeschehens eingreifen, eine ‚Anstoßenergie'
liefern und so das Gesetz der Erhaltung der Energie verletzen."[255] Wenn
der Mensch wirklich in seinem Wesen voll oder auch nur zum Teil determiniert ist, so ist er für sein Sosein letztlich nicht mehr verantwortlich
zu machen, was wiederum für den paulinisch geprägten christlichen
Theismus bezüglich seiner Lehre von der eigenverantwortlichen Sündhaftigkeit und der damit verbundenen großzügigen Vergebung durch
die Gnade Gottes gewisse Paradoxien aufwirft und auch tatsächlich äußerst widersprüchliche theologische Antworten hervorgerufen hat. Denn
auch die Bereitschaft und das Vermögen des Reflektierens, z. B. des
Mörders über seine Untat, sind ebenso von Ursachen abhängig, die nicht
notwendigerweise alleine in seiner Verantwortlichkeit liegen müssen.
Faktoren wie soziales Umfeld, Elternhaus, Kriege, Hungersnöte,
Geworfenheit in eine spezifische historische und örtliche Lebenswelt
u. v. m. spielen eine maßgebliche Rolle bei der Herausbildung des Charakters. Ebenso aber auch biologische Faktoren, wie genetische Dispositionen oder biochemische Vorgänge und anatomische Strukturen im
Gehirn, welche unsere psychische Verfassung, unsere Emotionen, unser
Denken sowie unser Handeln maßgeblich bestimmen. Hier wiederum
wird ersichtlich, wie sehr der oft so vehement gescholtene Materialismus
auch für die Verhaltens- und Geistesebene von Relevanz ist. Ob es die
Geschehnisse im Kosmos oder die mikroskopischen Abläufe auf z. B.
molekularer oder atomarer Ebene sind: überall bilden materielle Vorgänge und Gesetze die Voraussetzungen für die phänomenal beobacht-

---

[255] Rensch, Bernhard: Das universale Weltbild, 1991, S. 237.

baren Ereignisse wie auch die des Bewusstseins. Diese Erkenntnis steht
nicht im Widerspruch zu der Auffassung, dass sich auch äußere, z. B.
kulturelle Einflüsse wiederum auf die materielle Ebene, z. B. wenn es
um neue Neuronenverbindungen im Gehirn geht, auswirken können.
Vielmehr unterliegen materielle und kulturelle Phänomene (z. B. die
Entwicklung der Sprache und Erfindung der Schrift) einer Wechselbeziehung. Nichtsdestotrotz dürfen die genetischen pränatalen Voraussetzungen als das, was dem Menschen von der Natur ungefragt mit auf
seinen Lebensweg gegeben wird, wie er denkt und fühlt, nicht kleinge-
redet werden. Gerade aber der Theismus und seine theologischen Vertreter verkennen dabei in der ihnen eigentümlichen Versunkenheit innerhalb ihres theologischen Tellerrandes, dass die Entwicklung der Seele
oder des Geistes als ebenfalls evolutiver Werdegang nicht von der Entwicklung des Phänotypus zu trennen ist. Betrachtet man diesen Aspekt
unter dem nüchternen, aber höchst einleuchtenden Gesichtspunkt, dass
bei der Entwicklung des werdenden Menschen auch seine „seelischen"
oder geistigen Fähigkeiten in Abhängigkeit von der genetisch bedingten
und nachgewiesenen Heranbildung der neuronalen Strukturen des Gehirns (weil mit diesen identisch oder korrelierend) auf höchst natürliche
Weise entstehen, so fallen mit einem Mal alle Paradoxien und metaphysischen Ungereimtheiten weg, die sich aus der Vorstellung einer selb-
ständigen, von außen eingegebenen Seele auftun. Nur einen Teil, den
Phänotypus als evolutiv geworden anzuerkennen, die Seele jedoch als
nicht-evolutives, sondern kreationistisches göttliches Produkt zu postulieren, ist aus wissenschaftlicher Sicht inkonsequent und nicht mehr
haltbar. Es wäre unter dem evolutionären bzw. phylogenetischen Aspekt
zu fragen, wann Gott bei der Jahrmillionen andauernden evolutiven
Entwicklung zum heutigen Menschen welchem Prähominiden zum ersten Mal eine menschliche Seele eingehaucht hat, die diesen zum Menschen gemacht hat? Eine abstruse Fragestellung, denn die kreationistische Vorstellung mit dem Menschen als Ebenbild Gottes ist schlicht
unvereinbar mit der Evolution des Menschen, gemäß der es eine kontinuierliche Entwicklung von primitiven Prähominiden hin zum rezenten
Homo sapiens gegeben hat. Entweder man leugnet die Evolution oder
man erkennt sie an. Eine Synthese zwischen Kreationismus und Evolution ist so widersinnig wie ein hölzernes Eisen. Die Evolution des Geistes
ist aus naturwissenschaftlicher Sicht jedenfalls nicht von der des Gehirns
zu trennen, wie in der „Catholic Encyclopedia" gelehrt wird. Nach dieser wird die Seele „in dem Augenblick geschaffen, da er [Gott, P.K.] sie
der Materie einhaucht."[256] Damit existiert die Seele also nicht, wie Platon
oder fernöstliche Reinkarnationsreligionen annehmen, schon vor der
Geburt. Aber auch hier ist die Seele eine völlig von materiellen Eigen-

---

[256]   Vgl. hierzu Davies, Paul: Gott und die moderne Physik, 1986, S. 113.

schaften losgelöste Entität. Nebenbei bemerkt, ergibt sich für die sich an Thomas von Aquin[257] anlehnende katholische Auffassung, die Seele würde nicht mit dem Samen übertragen, sondern mit jedem Menschen neu erschaffen, auch ein Problem mit der Lehre von der Erbsünde. Da es die Seele ist, die sündigt, ist fraglich, wie sie, wenn sie nicht übertragen, sondern direkt von Gott für jedes Individuum neu erschaffen wird, Adams Sünden erben kann. Die katholische Auffassung über die Seele steht somit sogar im Widerspruch zur eigenen Lehre der Erbsünde. Dennoch muss an allen katholischen Bildungsanstalten mit philosophischer Fakultät das System Thomas von Aquins nach über 700 Jahren noch heute „als das einzig richtige gelehrt werden; das ist seit einem Erlass Leos XIII. aus dem Jahre 1879 die Regel."[258] Dabei lehrten die Apostel explizit die „Auferstehung des Fleisches" und selbst im Credo (wie schon bei Daniel, Dan 12, 2f) ist nur von einer Auferstehung der Toten und nicht von einer unsterblichen Seele, welche den platonischen Leib-Seele-Dualismus voraussetzt, die Rede. Da der Leib für jedermann ersichtlich nach dem Tode vollkommen zerfällt und die leibliche Auferstehung somit nur noch wenig Plausibilität besitzt, ist die Seele zu einer mittlerweile für alle transzendenten Systeme notwendigen und unverzichtbaren Voraussetzung für ein ewiges Leben geworden. Wird die Seele deshalb zugunsten eines vergänglichen und auf materiellen, biochemischen und elektrischen Grundlagen funktionierenden Bewusstseins infrage gestellt, so sind die Konsequenzen für den metaphysischen Wunschtraum eines materieunabhängigen, immateriellen ewigen Lebens gravierend. Der Mensch wird damit seiner letzten Hoffnung beraubt, über die terrestrische Existenz hinaus ein ewiges „paradiesisches" Leben führen zu können. Und ungern glauben wir, was unseren tiefsten existentiellen Wünschen zuwiderläuft. „Die Hirnforschung" – so Edward O. Wilson – „macht riesige Fortschritte bei der Analyse von komplexen Verstandesoperationen. Es gibt keinen vorstellbaren Grund, weshalb sie nicht früher oder später auch eine materielle Erklärung für all die Emotionen und rationalen Überlegungen finden sollte, aus denen sich spirituelles Gedankengut zusammensetzt."[259] Auch Bernulf Kanitscheider sieht wenig Chancen für eine Bestätigung der mit der Seelenmetaphysik verbundenen transzendenten Überwindung des Lebens. „Die persönliche Unsterblichkeit ist mit der naturwissenschaftlichen Analyse des Gehirns und den Resultaten der Psychobiologie unverein-

---

[257]   Kennzeichnend für Thomas' Philosophie ist, dass er, bevor er zu philosophieren beginnt, bereits die Wahrheit kennt, die immer im Sinne der christlichen Offenbarung liegt. „Die Suche nach Beweisen für einen bereits gegebenen Schluss kann man aber nicht als Philosophie bezeichnen, sondern nur als eine besonders geartete Verteidigung." Russell, Bertrand: Philosophie des Abendlandes, 1999, S. 472.

[258]   Russell, Bertrand: a.a.O., 1999, S. 462.

[259]   Wilson, Edward: Die Einheit des Wissens, 1998, S. 328.

bar. Die Auferstehung des menschlichen Körpers widerspricht bereits physikalischen Prinzipien, da nach den Gesetzen der Thermodynamik Ordnungswachstum nur fern vom thermodynamischen Gleichgewicht eintreten kann."[260] Kanitscheider spricht im Zusammenhang einer Seelenmetaphysik und der damit verbundenen Hoffnung auf ein ewiges Leben, ganz offen von „heute obsolet gewordenen theistischen Trostquellen".[261] Die Alternative zu diesen verlorengegangenen „Trostquellen" sieht er nicht zwangsläufig in einem immer wieder von religiöser Seite eingeredeten Nihilismus, sondern z. B. in dem epikureischen Ratschlag des Horaz: „carpe diem quam minimum credula postero". Auch das Fazit von Erhard Oeser[262] verweist in diese Richtung: „Während man in alten Zeiten noch glauben konnte, dass der menschliche Geist als eigene Substanz unzerstörbar und unverändert aus jeder körperlichen Krankheit wieder auftaucht und auch den Tod des Lebens übersteht, hat uns die medizinische Hirnforschung eines anderen belehrt. Nicht dem ‚Ich‘ gehört das Gehirn, wie die Dualisten (Popper, Eccles 1982) behaupten, sondern es ist genau umgekehrt: Das ‚Ich‘ gehört seinem Gehirn als bloß funktionale Realität an. Was bleibt ist, lediglich die Hoffnung, dass das individuelle Selbstbewusstsein als substantielle Funktion, einmal entstanden, auch für immer ‚bleibend‘ ist, in irgendeinem mit den Mitteln naturwissenschaftlicher Erkenntnis nicht mehr argumentativ feststellbaren Sinn."[263] Wie sehr mit den heutigen medizinischen Forschungen über das Verhältnis von Leib und Seele oder besser von Körper und Geist auch existentielle Fragen berührt und neu gewertet werden, erkennt man auch an der Stellungnahme Franz Wuketits. Demnach war das höhere Bewusstsein, welches der Mensch allmählich evolutiv entwickelt und womit sich somit intellektuell von anderen Lebewesen abgehoben hat, teuer erkauft. Der Preis, den er dafür zu bezahlen hatte, war das Wissen um seine Vergänglichkeit. Aus naturalistisch-evolutionärer

---

[260] Kanitscheider, Bernulf, 1996: Im Innern der Natur, S. 136.

[261] Kanitscheider, Bernulf, 1993: Von der mechanistischen Welt zum kreativen Universum, S. 8.

[262] Oeser und Seitelberger, 1995: Gehirn, Bewusstsein und Erkenntnis, S. 228.

[263] Ausdrücklich wird bei Oesers Konzept der Neuroepistemologie auch auf Franz Brentano und dessen Intentionalitätsbegriff verwiesen, der auch für die Neuroepistemologie die Grundlage bildet. Dies zeigt, dass es sich hierbei keineswegs um eine einseitige materialistische Deutung des Leib-Seele-Problems handelt: „Er [der Intentionalitätsbegriff, P.K.] bildet den nichteliminierbaren Grundbegriff einer neuen ‚Philosophie des Geistes‘, die sich als kompatibel mit der modernen Hirnforschung erweisen könnte." (Oeser und Seitelberger: a.a.O., 1995, S. 108) Zugrunde liegt aber auch hier ein dynamisches Modell der Evolution von Informationsverarbeitungssystemen, beginnend mit einem physikalischen Informationssystem auf der anorganischen Ebene, über ein genetisches, neuronales und mentales bis zur höchsten Ebene, dem soziotechnischen Informationssystem als kollektives System. (Oeser und Seitelberger: a.a.O., 1995, S. 223ff.)

Sicht wiederum war dies die Erklärung für den Beginn des religiösen
Denkens. Damit wären Religiosität bzw. religiöse Vorstellungen und
Systeme auch als Evolutionsvorteil durchaus erklärbar, indem diese psychischen Halt und Festigkeit geben. Gleichzeitig wird Religiosität damit
aber auch zu einem lediglich psychologisch bedingten Epiphänomen
menschlichen Daseins degradiert, indem sie nur als psychologisch notwendige Stabilisierung angesehen wird ohne reale oder historische Entsprechung ihrer bildlichen Erzählungen und Glaubensinhalte. „Wissenschaftstheoretisch", so der Naturphilosoph Klaus Mainzer, müssen bei
der Entstehung des Lebens „keine neuen Prinzipien angenommen werden, die nicht aus der Physik und Chemie bekannt sind."[264] Das schließt
nicht den Glauben an eine höhere Macht aus, zeigt aber auch, dass diese
auch hinsichtlich der Erklärung des Lebens und des Leib-Seele-Problems
heute zusehends zu einer zumindest unter Wissenschaftlern und Naturphilosophen verzichtbaren Zusatzhypothese herabgesunken ist. Der methodische und aus einem naturwissenschaftlichen wie naturphilosophischen Selbstverständnis heraus problematische Schnitt besteht einfach
darin, dass von einer heute durchaus natürlichen Erklärbarkeit der Welt
mit einem Male und quasi ohne Not auf übernatürliche Erklärungen
zurückgegriffen wird. „Die theistische Annahme" – um noch einmal
Wilson zu zitieren – „eines biologischen, persönlichen Gottes, der die
organische Evolution lenkt und in das Diesseits eingreift... steht jedenfalls zunehmend im Widerspruch zu den Erkenntnissen der Biologie
und der Hirnforschung." Auf die Gretchenfrage „Ist Religion also nur
Illusion?" gibt Wilson zu bedenken, dass „die objektiven Fakten kaum
für sie sprechen. Es gibt keine statistischen Beweise, dass Gebete Einfluss
auf Krankheit oder Sterblichkeit haben, außer vielleicht im Individual-
fall, vielleicht durch eine leichte psychogene Verbesserung des Immun-
systems."[265] Zwar war der Glaube an das Numinöse in der prähistorischen Entwicklungszeit des Gehirns von nicht zu unterschätzendem
Vorteil, er steht aber in einem scharfen Kontrast zur heutigen Wissenschaft bzw. Biologie. „Die unbequeme Wahrheit ist, dass diese beiden
Überzeugungen faktisch nicht kompatibel sind, was zur Folge hat, dass
all diejenigen, die es nach sowohl intellektueller wie religiöser Wahrheit
dürstet, niemals beide in vollem Umfang erfahren werden."[266]

Den Homo religiosus werden all diese schwergewichtigen Bedenken freilich in seinem festen Glauben nicht erschüttern können, denn er
hat einen metaphysischen Kunstgriff bei der Hand, mit dem er mit nur
einem Federstrich alle rationalen Einwände wegfegt: Gott ist allmächtig
und steht über allen Naturgesetzen und – wenn es hart auf hart kommt –

---

[264]   Mainzer, Klaus: Zeit, München, 1996, S. 93.

[265]   Wilson, Edward: Die Einheit des Wissens, 1998, S. 320 und 327.

[266]   Wilson, Edward: a.a.O., 1998, S. 349.

auch über jeglicher Logik und Vernunft. Rationale Gründe werden religiöse Menschen nie überzeugen, schon alleine deshalb nicht, weil die wenig Gutes verheißende wissenschaftliche Vernunft nicht gegen das Gefühl, gegen Hoffnung und gegen Sinnsuche ankommt. Gerade das Gefühl nimmt die meisten Menschen, besonders wenn es um existentielle Fragen geht, stärker in den Bann als jede noch so überzeugende naturalistische Theorie. Dem wissenschaftlichen Naturalismus fehlt schlichtweg die spirituelle Kraft. Und je mehr er die religiösen Quellen in ihren natürlichen Anlagen aufdeckt und Religionen entzaubert, desto stärker wird der affektive Widerstand oder der Drang nach Ersatzbefriedigung, wie sie zunehmend auch in esoterischen Lehren gesucht wird. Wenn die (evolutions-)biologische Erklärung des Phänomens Religion als genetisch verankerter Überlebensvorteil zutreffend ist, dann ist ihre Existenz aufgrund dieser genetischen Disposition gesichert und die wissenschaftlich nüchterne, dabei wenig trostvolle Aufklärung wird sich – wenn überhaupt – nur sehr langsam durchsetzen.

Es steht also sehr viel auf dem Spiel. Sollte sich zeigen, dass die Annahme einer materieunabhängigen Seele ein lediglich philosophisches bzw. theologisches Konstrukt und somit kulturgeschichtlich wie neurologisch begründbare Illusion war, so ist weder die Auffassung eines ewigen Lebens irgendwo im „Himmel" noch die einer ewigen Wiedergeburt, wie sie in fernöstlichen Vorstellungen vorhanden ist, mehr haltbar. Zwangsläufig müsste dies das Ende aller jenseitsorientierten Religionen und esoterischen Versprechungen bedeuten, da sich die Basisannahme, quasi der immaterielle „Träger" ihrer transzendenten Hoffnungen, in Schall und Rauch aufgelöst hätte. Sie wären als vorwissenschaftliche, rein menschliche Hoffnungskonstrukte, basierend auf den psychologisch zu deutenden Grundbedürfnissen des Menschen entlarvt.

Wenngleich noch nichts Definitives in dieser Frage entschieden ist, so weist aus gehirnphysiologischer Sicht entgegen den zahlreichen esoterischen und populärwissenschaftlichen Veröffentlichungen über die Seelenmetaphysik bis jetzt nichts auf eine Seele im metaphysischen bzw. transzendenten Sinne hin. Im Gegenteil: Es sind die Implikationen und Verflechtungen des Geistigen mit den biochemischen und strukturellen Grundlagen des Gehirns, welche eher für eine naturalistische Auffassung über die Seele sprechen. Darüber hinausgehende transzendente Annahmen beruhen auf Spekulation und religiös motivierten Gefühlen. Unklar ist beispielsweise beim Reinkarnationsgedanken, wie die hyperbolische Vermehrung der Menschheit von einigen wenigen Tausenden bis hin zu mehreren Milliarden zu erklären ist? Können sich also auch Seelen vermehren? Welche seriösen Erklärungen ließen sich hierfür finden? Wie lässt sich dieser Seelenglaube mit der weltweiten Bevölkerungsexplosion, aber auch mit der phylogenetischen Höherentwicklung des Geistes und der eindeutig damit kausal zusammenhängenden Ent-

wicklung des Gehirns erklären? Auch der von vielen geschätzte Rein-
karnationsgedanke besitzt also durchaus seine Unvereinbarkeiten mit
der naturalistischen bzw. evolutiven Faktenlage.

Als Fazit lässt sich an dieser Stelle konstatieren, dass sich auch auf dem Gebiet der Leib-Seele-Problematik zunehmend ein Hiatus einer Jahrtausende alten Seelenmetaphysik, die auch von der christlichen Religion übernommen wurde, und einer auf der Grundlage naturwissenschaftlicher Methodik vorgehenden Neurologie auftut. Da organische Materie sichtbar zerfällt, also endlich und sterblich ist, ist es, um die Vorstellung eines ewigen Lebens aufrechterhalten zu können, notwendig, eine Seele zu postulieren, die immateriell und somit rein geistig ist. Dieses Wunschdenken kann aber aus naturphilosophischer und medizinischer Sicht nicht bestätigt werden. Da die Funktionsweise unseres Gehirns und die damit verbundenen geistigen bzw. „seelischen" Eigenschaften noch nicht zureichend verstanden sind, kann hier vorerst zwar noch nicht von Beweisen, aber zumindest von einer sich allerdings klar abzeichnenden Tendenz gesprochen werden, welche den natürlichen Verlauf allen Lebens einschließlich der damit verbundenen geistigen Fähigkeiten bestätigt. Dass die Beweislast für die Existenz unauffindbarer, sich vermeintlich aber nur verbergender Entitäten – wie eben der Sitz einer unsterblichen Seele im Gehirn – eigentlich nicht auf Seiten der Skeptiker, sondern auf Seiten der metaphysischen Verfechter liegt, dürfte nachvollziehbar sein. Wir haben auch gesehen, dass sich im Rahmen des biologischen Naturalismus, der eben auch Bewusstsein als Teil der Natur versteht, sogar die alten Fronten von Dualismus und Materialismus überwinden lassen, indem Geist, als spätes evolutives Phänomen, als ein sich in zahlreichen emergenten Zwischenstufen allmählich entwickelndes Phänomen erweist. „Bewusstsein ist ein biologisches Phänomen wie jedes andere."[267] Mit dem evolutionsbiologischen Ansatz überwinden wir sowohl die materialistische Leugnung von Bewusstsein als auch diejenige dualistische Behauptung, Geist sei etwas nicht zur natürlichen Welt Gehöriges.

---

[267]   Searle, John: Geist, Sprache und Gesellschaft, Darmstadt, 2001, S. 67.

4. Schlussbetrachtung

„Es besteht kein Zweifel, dass die Religion in der Wissenschaft ihren be-
drohlichsten Widersacher gefunden hat... Mit der Verwissenschaftlichung
geht eine Entzauberung der religiösen Welt einher. Die Wissenschaft wirkt
als Aufklärungs- und Entmythologisierungsinstanz auf die Glaubenswelt
ein und lässt deren Inhalte als unglaubwürdig erscheinen."[268]

Die im vorhergehenden zweiten Teil des Buches exemplarisch aufge-
führten Standpunkte sollten die durchaus bestehenden prinzipiellen
Spannungen zwischen naturwissenschaftlichem bzw. naturphilosophisch und religiös geprägtem Weltbild verdeutlichen. Natürlich sind
Weltbilder immer nur Bilder, nicht mehr. Und auch in den naturphilosophischen Weltbildern steckt immer ein Stück Mythos, insofern auch
sie keine letztgültigen Antworten auf alle Fragen geben können. Allerdings muss man zugestehen, dass die Naturwissenschaften heute aufgrund ihrer logischen Konsistenz, ihrer methodischen Strenge und damit verbunden aufgrund ihres empirischen Erfolges zu den aussagekräf-
tigsten und einflussreichsten Weltbildlieferanten geworden sind, so dass
sich neben den weiterhin bestehenden religiösen Erklärungen auch eine
natürliche Sichtweise über Welt, Leben und Bewusstsein bzw. Geist
etabliert, die durchaus genügt um ein in sich stimmiges und konsistentes
Weltbild zu entwerfen. Das physikalische Weltbild unserer Tage, was
aus einem System unanschaulicher, schwer fassbarer Gleichungen besteht, ist allerdings, was die Erfassbarkeit durch die Sinne angeht, so
gesehen kein „Bild" mehr, da der Begriff der materiellen Wirklichkeit
völlig abstrakt geworden ist. Nach Max Planck aber bedeutet diese historisch beobachtbare fortschreitende Abkehr des physikalischen Weltbildes von der Sinnenwelt wiederum nichts anderes als eine fortschreitende Annäherung an die reale, nämlich physikalische oder erlebnistrans-
zendente Welt. Auch was die Evolution der Weltbilder angeht, kann
somit von einer Entwicklung vom Mythos hin zum Logos gesprochen
werden. Nur wenn es um die damit freilich nicht zu verschonende
Infragestellung der eigenen religiösen Glaubensgrundlagen geht, dann
stellt sich auch bei vielen im alltäglichen Leben durchaus rational denkenden gläubigen Menschen ein innerer weniger rational als psychologisch erklärbarer Widerstand ein. Dass mit den natur- und geisteswis-
senschaftlichen Erkenntnissen eine Entzauberung mythischer und religiöser Hoffnungen und Wünsche verbunden ist, darf aber dem
intellektuell redlichen und kritischen Philosophen, nur weil er diese Zusammenhänge aufzeigen und belegen kann, nicht zum Vorwurf gemacht
werden. Unser Verständnis von Philosophie ist es, alles ohne falsche

---

[268]   Wuchterl, Kurt: Analyse und Kritik der religiösen Vernunft, Bern-Stuttgart, S. 77
         und 86.

Rücksichtnahme auf der Suche nach Wahrheit radikal zu hinterfragen. Insbesondere erscheint es uns heute auch unverzichtbar, bei aller gebotenen kritischen Distanz zu den Einzelwissenschaften, deren streng methodisch errungene Erkenntnisse für eine möglichst adäquate und realistische Beurteilung der Wirklichkeit zu berücksichtigen und mit den Aussagen tradierter Glaubenssysteme zu vergleichen, ohne sich von deren Ansprüchen und Dogmen beeinflussen zu lassen. Erst an zweiter Stelle, wenn dieses kritisch-philosophische, quasi analytische Fundament gegeben ist, kann in Auseinandersetzung mit den objektiv gegebenen Fakten die Sinnfrage zu ihrem Recht kommen. Es ist methodisch unsinnig, zuerst einen auf fragwürdig gewordenen religiösen Glaubenswahrheiten basierenden Sinn des Seins geben zu wollen und erst als zweiten Schritt dessen Wahrhaftigkeit unter der geistigen Bevormundung eben jener religiöser Ideologien ergründen zu wollen. Freilich besteht die Gefahr für Freidenker und aufgeklärte Geister, am Ende gar keinen, den menschlich subjektiven Sinn übersteigenden höheren Sinn mehr entdecken zu können. Die Realität erschließt sich aber nun mal nicht aus dem, was aus ideologischen oder psychologischen Gründen sein soll, sondern aus dem, was ist – und dazu ist eine freie und kritische Betrachtungsweise Voraussetzung. Zugegeben, die Naturwissenschaften umfassen immer nur einzelne Bereiche des Seins, diese aber dafür mit enorm hoher, exakter und kulturübergreifenden Explikationskraft. Religionen hingegen beanspruchen das Ganze zu erfassen, und dies mit Wunderberichten und irrationalen Welterklärungsmodellen auf rein spekulativer Ebene, deren Geltungsbereich sich aber nie objektiv und über den Bereich der Glaubensgemeinde hinaus erweisen lässt. Dass dabei auch diese alleinseligmachenden religiösen wie theologischen Konstrukte sich letztlich im Rahmen einer – wie gesehen – evolutionsbiologischen, aber auch historisch oder kulturevolutionären Sichtweise erklären lassen, sich also den Wissenschaften (Ratio, Logik und Empirie) und dem gesunden Menschenverstand beugen müssen, wird freilich von vielen Theologen zurückgewiesen, da sie glauben, über einen höheren göttlich legitimierten und somit universellen Wissensanspruch zu verfügen, der sie über diese aus ihrer Sicht profanen einzelwissenschaftlichen Disziplinen erhaben macht. Während aber z. B. naturwissenschaftlich zutage geförderte Gesetze und Naturkonstanten wie beispielsweise Energieerhaltungssatz, Lichtgeschwindigkeit oder Gravitationsgesetz kulturübergreifende Anerkennung genießen, existieren weltweit unzählig viele verschiedene religiöse Auffassungen, welche sich in ganz zentralen Glaubensfragen grundlegend widersprechen und sich somit in letzter Konsequenz gegenseitig in ihren Glaubensansprüchen eliminieren. Das oft zu hörende Theologenwort, Gott sei die Wahrheit – womit es freilich so viele Wahrheiten gibt, wie es Götter gibt – ist abgesehen von der sprachlichen und logischen Konfusion, die es auslöst, problematisch – die Wörter „wahr"

oder „falsch" sind nur in Bezug auf Urteile und nicht auf Objekte oder
Subjekte sinnvoll –, weil sie damit in einer Art höherer, aber irrationaler
Weisheit andeuten, alles erklären zu können, während damit aber in
concreto nichts, aber auch rein gar nichts ausgesagt ist.

Wenn, wie in den vorigen Kapiteln aus naturphilosophischer Sicht dargelegt, das Universum ebenso wie Leben, Seele und Geist eine natürliche
Ursache hat, so ist es mehr als naheliegend, dass auch der weitere Verlauf des Geschehens in unserem Universum natürlich vonstatten gehen
wird. Der Glaube und die Hoffnung auf übernatürliche Entitäten, deren
Eingreifen ins Weltgeschehen sowie die damit verbundene übernatürliche Errettung aus einem obskur anmutenden mythologischen Erb-
sündekonstrukt wird somit alleine schon aus naturwissenschaftlicher
Sicht fraglich. Nimmt man dann auch noch die zahlreichen kritischen
Einwände und Ergebnisse der heutigen kritischen Bibelexegese hinzu,
stürzt das gesamte Glaubenskonstrukt, das sich auf vermeintlich heilige
und unfehlbare Bücher beruft, laut krachend in sich zusammen. Es ist
ein sicher nur sehr schwer zu ertragender Gedanke, dass nicht nur der
Mensch eines Tages unwiderruflich (wie auch alle andere Lebewesen,
mit denen er verwandt ist) von der Bildfläche verschwinden wird, sondern dass auch die aus seiner Sicht so einzigartigen geistigen und kulturellen Produkte, die er geschaffen hat, für immer untergehen werden.
Die größten Kunstwerke der Musik, der darstellenden Künste, Literatur,
Architektur, die Philosophie, all die wissenschaftlichen Erkenntnisse
und Leistungen, aber eben auch theologische Konstruktionen über eine
vermeintliche Schöpfung und die ebenso vermeintliche zentrale Stellung
des darin befindlichen Menschen sowie die in seinem Bewusstsein existierenden Götter, all dies wird eines Tages für immer und restlos verschwunden sein. Nur für einen relativ kurzen Zeitraum war das Universum in der Lage, in Form intelligenter Lebewesen, das es hervorbrachte,
über sich selbst zu reflektieren. So jedenfalls die nüchterne und weltanschaulich neutrale Sicht, wie sie sich aus den heutigen kosmologischen
Erkenntnissen konsequenterweise ergibt. Eine Sicht, ganz ohne romanti-
sche und die Endlichkeit der Menschen kompensierende Wunschvorstellungen, wie sie sie in Form ewiger Wiederkehr, Reinkarnation oder eines
ewigen himmlischen Paradieses für sich erschaffen haben. Sehr prägnant
beschreibt Bertrand Russell diese Diskrepanz zwischen dem theologischen und dem naturphilosophischen Selbstverständnis: „Die Theologie… vermittelt die dogmatische Überzeugung, dass wir wissen, wo wir
in Wahrheit nicht wissen, und züchtet auf diese Weise so etwas wie eine
unverschämte Anmaßung dem Universum gegenüber. Bei lebhaften
Hoffnungen und Befürchtungen ist Ungewissheit qualvoll: Sie muss jedoch ertragen werden, wenn wir ohne die Unterstützung tröstlicher
Märchen leben wollen. Es tut weder gut, die von der Philosophie aufge-

worfenen Fragen zu vergessen, noch uns selbst einzureden, wir hätten
über jeden Zweifel erhabene Antworten darauf gefunden. Wie man ohne
Gewissheit und doch auch ohne durch Unschlüssigkeit gelähmt zu werden, leben kann, das zu lehren, ist vielleicht das Wichtigste, was die Philosophie heutzutage noch für diejenigen tun kann, die sich mit ihr beschäftigen."[269]
Nach den bis jetzt angeführten Diskrepanzen und Widersprüchen
zwischen einem naturalistisch-wissenschaftlichen Weltbild, das ohne
übernatürliche Eingriffe auskommt, und den theistischen Vorstellungen
über Gott und die Welt, wie sie in den Offenbarungsreligionen vertreten
werden, erscheint es uns sehr fragwürdig, wie die jeweiligen Geltungsansprüche miteinander vereinbar sein sollen. Hier eine das Universum,
das Leben und den Menschen auf eine höhere göttliche Macht hin fokus-
sierende rein spekulative Sichtweise, dort eine diese Gegebenheiten im
Rahmen natürlich erklärbarer kausaler Abläufe empirisch nachweisende
Forschergemeinschaft, die sich aus unterschiedlichen einzelwissenschaftlichen Teilbereichen zusammensetzt und eine dazu gegensätzliche, rein
natürliche Erklärung abgibt, welche prinzipiell ohne Zuhilfenahme
übernatürlicher Einflüsse auszukommen versucht – was ihr auch immer
mehr gelingt. Was viele Menschen daran hindern dürfte, den doch so
offensichtlich fragwürdig gewordenen archaischen Theismus kritisch zu
hinterfragen – sofern sie überhaupt über die hierfür maßgeblichen und
mittlerweile auch zahlreichen Erkenntnisse informiert sein wollen –,
dürfte nicht unwesentlich auch einer psychologisch und anthropologisch
erklärbaren Angst der Menschen vor der Endlichkeit und dem Umstand
geschuldet sein, alleine und ohne einen tröstenden bzw. rettenden Anker
auf sich selbst gestellt zu sein. Den Propheten, die den Himmel versprechen, folgt man leicht, denjenigen aber, die diesen Wunschtraum als solchen erkennen und benennen, begegnet nicht allzu selten Ablehnung,
Hass und natürlich die ewige Verdammnis. Religiöser Glaube beruht
nun mal in erster Linie auf Gefühlen wie Geborgenheit, Sicherheit, Trost,
Zugehörigkeit... und diese wehren sich gegen jegliche Bedrohung von
außen, insbesondere durch eine kritische Vernunft, und seien ihre Argumente auch noch so plausibel. Darin besteht die Tragik des philosophierenden Helden. Er kann sein Ideal der intellektuellen Redlichkeit
keinen noch so schönen paradiesischen Scheinwelten opfern, sich nicht
selbst betrügen und mit immer neuen Ad-hoc-Erklärungen versuchen,
die Sache sich letztlich doch als wahr einzureden. Nicht, wie vom Homo
religiosus oft vorgeworfen, die Lust an der Destruktion lässt ihn eine
kritische oder gänzlich ablehnende Position gegenüber den ominösen
und mehr oder weniger fiktiven Geschichten Heiliger Bücher einnehmen
– es ist die intellektuelle Selbstachtung, die diesen tragischen Helden,

---

[269]   Russell, Bertrand: Philosophie des Abendlandes, 1999, S. 12.

den immer auf der Suche befindlichen kritischen Denker veranlasst, als Nüchterner unter die Trunkenen zu treten. Seine Verpflichtung auf Vernunft und intellektueller Aufrichtigkeit, verbunden mit der Suche nach Wahrheit und dem Drang nach Entzauberung vermessener und monopolistischer Wahrheitsansprüche universeller Glaubensideologien ist es, die ihn für die philosophische Sache, nämlich die nie endende Suche nach Wahrheit und Wahrhaftigkeit eintreten lässt. Tragisch ist dieser Held zu nennen, weil er dabei gegen uneinnehmbare Bastionen ankämpft. Selbst wenn er seine Kritik minutiös beweisen könnte, er würde nicht gehört werden. Es stehen einerseits die archaischen, monströsen, übermächtigen, pompösen, unfehlbaren, traditionsbeladenen Glaubensinstitutionen, die alles daran setzen, Macht, Reichtum und das Auskommen der Priester, Imame und Rabbiner zu erhalten, andererseits das Glaubensvolk, das gar nicht daran interessiert ist, selbständig zu denken und an einer damit verbundenen ganz anderen Art von profanen Wahrheit, die zudem auch noch sehr weh tun könnte. Die psychische und soziale Abhängigkeit des religiös gläubigen Menschen von den religiösen Strukturen und Institutionen innerhalb der Gesellschaft, von den liebgewonnenen und erlösenden Glaubenswahrheiten, wie sie ihm von Kindesalter an in Kindergärten und Schulen eingetrichtert worden sind, von den damit verbundenen angenehmen und Sicherheit vermittelnden Gefühlen, verbunden mit der Hoffnung auf ein ewiges und natürlich auch paradiesisches Leben u. v. m. – sie ist so groß, dass keine noch so plausiblen wissenschaftlich eruierten Erkenntnisse ihn von seinem über Jahrtausende tradierten Glauben abbringen könnten. Aber hat sich ein Großteil der Menschheit nicht selbst in eine Situation gebracht, in der er immer hoffnungsvollere Trostmittel erfunden hat, die ihm wie Rauschmittel das tägliche Dasein erträglicher machen sollen? Die Ernüchterung, der Kater für den aus diesem Trunkenheitstraum Erwachenden, er wäre umso unerträglicher, je berauschter er war und je intensiver er geträumt hatte. Der kritisch denkende freigeistige Mensch dagegen strebt nicht allein nach höherem Sinn und einer über den Tod hinaus gehenden Fortexistenz, zuvor gilt es ihm, Wirklichkeit und Wahrheit zu erforschen. Vielleicht verbleibt ja nur noch wenig Spielraum für die Frage nach einer höheren, transzendenten Sinnhaftigkeit des Seins. Es hat in der Tat den Anschein, als ob der Preis, den der moderne aufgeklärte Mensch für sein faustisches Streben nach Erkenntnis zu zahlen hat, darin besteht, dass er, je mehr er weiß, umso mehr auf die einstigen selbst konstruierten transzendenten Daseinskompensationen und den damit erhofften höheren Sinn des Daseins verzichten muss. Ob das faustische Wissen dabei zuletzt wirklich mit Sinnverlust und Leere bezahlt wird, liegt nicht zuletzt auch daran, wie „zart und leidend" (Nietzsche) wir Menschen geworden sind, ob wir nicht mehr in der Lage sind, uns mit einem „sinn-vollen" Leben hier in der real existierenden Welt, in der vergänglichen Diesseitigkeit, zufriedenzugeben. Wir sind uns bewusst, dass viele Menschen nur mit der religiösen Hoffnung auf ein besseres und ewiges Leben nach dem Leben ihr irdisches Dasein ertragen und bewältigen können. Aus psychologischen Gründen gibt es deshalb auch nichts gegen diese Lebenshilfe in Form von religiöser Sinngebung einzuwenden. Aber aus philosophischer Sicht interessiert eben nicht nur der psychologische Aspekt, sondern auch die Plausibilität und Wahrheit der von den transzendenten Glaubenssysteme vertretenen Lehren. Nicht zuletzt deshalb, weil von den religiösen Institutionen aufgrund ihrer Macht und ihres Reichtums ganz konkrete irdische Fakten geschaffen werden. Sie beeinflussen das allgemeine politische, soziale Geschehen wie auch das ganz persönliche psychische Wohlbefinden von Milliarden von Menschen, sie beeinflussen den Fortschritt in Wissenschaft und Aufklärung, die persönliche und gesellschaftliche Freiheit, das freie selbstständige Denken und Handeln, die Mündigkeit der Menschen, und vor allem entscheiden sie und ihre Vertreter maßgeblich über Krieg oder Frieden. Was also, wenn diese vermeintlich göttlich legitimierten Institutionen und Glaubenssysteme letztlich komplett auf Sand gebaut sind, wenn sie sich als pure Ideologie herausstellen würden, in der sich die proklamierte Wahrheit und Göttlichkeit als menschlichallzumenschliche Konstrukte erweisen würden? Man denke auch an das unzählige schreckliche Leid, das im Namen unzähliger Gottheiten Andersgläubigen gegenüber angetan wurde. Wie betrogen müsste sich die Menschheit vorkommen, wenn sich herausstellte, dass Heilige Bücher, die Geschichten, die sie erzählen, ihre Götter, ihre Ethiken und ihre auf all das sich berufenden Kirchen und Gottesmänner letztlich nichts weiter als Fiktion, Mythos, Irrtum, frommer (Selbst-)Betrug – kurz: nichts weiter als Schall und Rauch – sind. Es wäre wohl der größte und fatalste Selbstbetrug der Menschheitsgeschichte. Und genau danach sieht es aus, denn unter Berücksichtigung philosophischer, naturwissenschaftlicher und viel mehr der noch zu besprechenden modernen kritisch-theologischen Erkenntnisse tun sich immer mehr massive und begründete Zweifel auf.

Viele mögen es bedauern, dass durch die großen Entzauberungen der Naturwissenschaften, was metaphysische Vorstellungen über das Leben, Seele, Kosmos, Paradies, Jenseits, Gott... angeht, unsere Welt ärmer und hoffnungsloser geworden ist. Aber der Philosophie und der Wissenschaft darf es – wie erwähnt – nicht ausschließlich und bevorzugt auf die Sinnfrage ankommen, sondern über dieser steht noch das intellektuelle Gewissen und die sakrosankte Suche nach der Wahrheit mit dem Bewusstsein, sie möglicherweise niemals sicher und umfassend erschließen zu können. Dennoch können wir ihr nahe kommen, wenn wir bereit sind, Irrtümer und Mythen hinter uns zu lassen. Und da scheint sich mehr denn je der Satz des Heraklit zu bestätigen: „Nur dann kannst Du das Wesen der Dinge begreifen, wenn Du ihren Ursprung

und ihre Entwicklung kennst." Aber genau dieses entwicklungsgeschichtliche Prinzip erweist sich mit dem archaischen Welt- und Gottesbild der theistischen Religionen, das im Kern statisch und kreationistisch
ist, als nicht kompatibel. So ist für viele moderne naturwissenschaftlich
orientierte Philosophen und philosophierende Naturwissenschaftler, wie
Franz Wuketits, durch die Tatsache der natürlichen Auslese als dem
wichtigsten Evolutionsfaktor „jede Finalität, jeder Endzweck der Natur
ausgeschlossen." Die gesetzmäßige Struktur der Evolution ist eine ei-
gendynamische Angelegenheit, ohne einen übernatürlichen Einfluss
dafür als Erklärung heranziehen zu müssen. Zumindest wäre fraglich,
wie sich der für die Evolution so maßgebliche objektiv vorhandene Zufall und das Moment der Unvorhersehbarkeit mit der Vorstellung eines
allmächtigen, bis ins Kleinste hinein alles planenden und lenkenden Gottes, ohne dessen Wille nicht einmal ein Sperling vom Dach fallen kann,
vereinbaren lassen soll. Unter dem Aspekt einer auf effiziente Kausalität
verweisenden Evolution „bleibt kein Platz mehr für den Glauben an eine
kosmische Teleologie, den Glauben also, dass die Lebewesen einer universellen Zweckmäßigkeit untergeordnet sind."[270]

Freilich wird die Mehrheit der Menschheit, die nach einfachen
Antworten und Lösungen verlangt, schwer für eine wissenschaftlich
komplexe und womöglich gegen die emotionalen und psychischen Bedürfnisse gerichtete intellektuelle bzw. philosophische Sichtweise zu
gewinnen sein, bei der doch nur der Weg das Ziel sein kann, ganz ohne
jegliche Heilsversprechungen und Vergebung von Sünden, die in einer
aufgeklärten und soziobiologisch begründeten Ethik als solche gar nicht
mehr existieren. (Für Anhänger Heiliger Schriften sind die moralischen
Gesetze bzw. Gebote von Gott erlassen, ein Verstoß dagegen wird als
Sünde gewertet und entsprechend sanktioniert; für die soziobiologisch
begründete Ethik dagegen ist Religion vice versa ein geeignetes Mittel,
um die vorgeordneten und ursprünglicheren Regeln des sozialen Zusammenlebens, welches entscheidend für das Überleben einer Gruppe
und eines Volkes ist, zu regeln und durchzusetzen. „Normen und Werte
sind nicht von Gott oder irgendeinem ‚Weltgeist' a priori gegeben, sondern Erfindungen des Menschen, der damit seine sozialen Probleme zu
regeln versucht."[271]) Die philosophisch suchende Position kann ganz
schlicht deshalb nicht zur Massenbefriedigung beitragen, weil sie die
Wahrheitsfrage von der Sinnfrage trennt, ja ihr sogar die Priorität einräumt. So müssen sich gegebenenfalls auch die religiös beantworteten
Sinnfragen des Lebens und des Seins der intellektuellen Aufrichtigkeit
unterordnen, wenn sich diese als psychisch bzw. religiös motiviertes
menschliches Wunschdenken verdächtig machen sollten.

---

[270]   Wuketits, Franz: Evolutionstheorien, 1995, S. 50f.

[271]   Wuketits, Franz: Soziobiologie, Heidelberg-Berlin-Oxford, 1997, S. 174.

Der religiöse Glaube in aufgeklärten Gesellschaften unterliegt somit einem Dilemma. Einerseits besteht die Gefahr, dass die ehemals wörtlich zu nehmenden Glaubenswahrheiten Heiliger Schriften durch die Assimilation an den wissenschaftlich geprägten Zeitgeist zur Beliebigkeit verkommen, was ihre Deutung angeht; andererseits besteht die Gefahr eines unzeitgemäßen und peinlich anmutenden Atavismus, wenn man versucht ist, die Resultate moderner Erkenntnisse zu ignorieren und an den Inhalten heiliger Bücher mehr oder weniger wörtlich festzuhalten. Gleichzeitig besteht hierin aber auch die Chance einer zeitgemäßen Philosophie. Sie ist nicht an Dogmen und heilige Bücher gebunden, kann deshalb wesentlich flexibler als retrospektiv an eine Offenbarung und Dogmatik gebundene starre religiöse Systeme auf neue wissenschaftliche Erkenntnisse reagieren und diese unbefangen berücksichtigen. Ihr von manchen angelasteter großer Nachteil gegenüber den Religionen besteht allerdings darin, dass sie aufgrund ihrer kritischen Hinterfragung und ihrer Angebundenheit an die Erkenntnissen aus den Geistes- und besonders den Naturwissenschaften die großen Bedürfnisse nach Sinn und Transzendenz kaum mehr erfüllen kann. Philosophie als kritisch hinterfragende Disziplin kann nach ihrem eigenen Verständnis heute nur mehr Weg sein, nie das Ziel selbst, denn sie darf sich im Bewusstsein der eigenen Fallibilität selbst nicht ausklammern und verschonen. Darin liegt aber auch ihre Glaubwürdigkeit, nämlich die Ehrlichkeit hinsichtlich ihrer beschränkten und als solche auch zugegebenen Möglichkeiten, ohne populistische Versprechungen zu machen. Aufgrund des evolutiven und dynamischen Fortschritts innerhalb der wissenschaftlichen Systeme sind Wissenschaft und Philosophie entwicklungsfähig, müssen es von ihrem Selbstverständnis her auch sein. Sie verspüren nicht wie statisch religiöse Grundanschauungen das Bedürfnis, an tradierten und göttlich offenbarten Wahrheiten festzuhalten, die unverrückbar für alle Zeiten feststehen, sich als solche aber nicht nur nicht ausweisen lassen, sondern darüber hinaus in ihren Wahrheitsansprüchen im Laufe des wissenschaftlichen Fortschritts immer fraglicher werden. Auch das kritische Vermögen, die Bereitschaft, zugunsten der intellektuellen oder wissenschaftlichen Redlichkeit sich selbst und die vertretene Position ernsthaft zu hinterfragen, wird heute als eines der entscheidenden Kriterien angesehen, welches seriöse Wissenschaft von pseudo- oder nichtwissenschaftlichen Positionen ebenso wie von transzendent-metaphysischen Weltbildern unterscheidet. Für Rechtgläubige dagegen bedeutet Zweifel oder Infragestellung ihres Glaubens Sünde, mit der das Seelenheil verwirkt werden kann. Denn die theistische Gottesvorstellung sowie die konkreten Inhalte der Religionen (bestimmte Wunder und Ereignisse, übernatürliche Taten übernatürlicher Wesen...) sind es, die als Voraussetzung und gemeinsame Basis für die Zugehörigkeit zu einer religiösen Gemeinschaft angesehen werden, mit denen sich die Gläubigen auch zu identifizieren haben. An diesen konkreten Glaubenswahrheiten aber können religiöse Aussagen zumindest teilweise auch gemessen werden und gerade hier entstehen die größten Reibungen mit den ebenfalls konkreten wissenschaftlichen Erkenntnissen, die dagegen eine völlig natürlich beschreibbare Welt geben, die sie im Gegensatz zu den religiösen Glaubenswahrheiten und Wundern, wie sie in Heiligen Schriften zuhauf aufgeführt werden, auch empirisch belegen können. Hinzu kommt, dass die wissenschaftlichen oder naturphilosophischen Systeme in ihren Geltungsansprüchen entgegen den nur auf Überlieferung vertrauenden metaphysischen Systemen bescheiden bleiben, indem sie die Möglichkeit der Fallibilität immer implizieren. Das ist ein wissenschaftliches Grundprinzip, das – hätten es die großen Weltreligionen in ihrer Geschichte ebenfalls praktiziert – der Menschheit viel Krieg, Elend und Not erspart hätte. Nebenbei bemerkt ist auch nur so Fortschritt denkbar.

Der Hinweis auf die besprochene abiotische Entstehung des Lebens soll als Beispiel genügen, um diese Reibung bzw. diesen Gegensatz zwischen einer mythischen, aber zumindest über viele Jahrhunderte für wahr erachteten biblischen Sichtweise und der heutigen wissenschaftlichen Sicht noch einmal kurz in Erinnerung zu rufen. Die Verfasser des Buches „Genesis" konnten freilich noch gar keine Kenntnisse über die heutigen wissenschaftlichen Erklärungen haben. Problematisch wird es allerdings, wenn man nach wie vor an Götter, Engel oder einem Heiligen Geist als Verfasser bzw. Inspirator Heiliger Bücher festhält und die Inhalte deshalb für absolut verbindlich erklärt, was sehr lange Zeit unter Androhung von Verdammnis und Folter so geschehen ist und im Grunde heute noch für die zahlreichen Glaubenskriege und Terroranschläge ursächlich ist. Da diese Prozesse zur Entstehung des Lebens heute in plausibler und natürlicher Weise – also ohne Zuflucht in übernatürliche Spekulationen nehmen zu müssen – erklärt und rekonstruiert werden können, erübrigen sich damit auch übernatürlich eingreifende Faktoren, wie sie in der archaischen und widerlegten Darstellung der theistischen Offenbarungsliteratur zu finden ist. Auch die Rolle des Zufalls und die Absage an teleologische Prinzipien widersprechen hierbei theistischen Anschauungen. „Die Entstehung des Lebens auf der Erde war... maßgeblich ein Prozess materieller Selbstorganisation, ein Prozess der allgemeinen Materieentwicklung, die insgesamt einen eigendynamischen Verlauf zeigt und nur durch sich selbst – und nicht andere Faktoren – gesteuert und limitiert wird."[272] Zwangsläufig folgt daraus für die evolutionsbiologische und naturphilosophische Betrachtungsweise, dass auch der Homo sapiens sowohl als Phänotyp als auch in seiner geistigen

[272]   Wuketits, Franz: Evolutionstheorien, 1995, S. 149.

Konstellation ein sehr spätes Produkt ebendieser biologischen Entwicklungsgeschichte auf unserem Planeten ist.
Auch methodisch haben das religiöse und das wissenschaftliche
Denken wenig gemeinsam. Der miteinander verwandte religiöse und
idealistische Erkenntnisweg von oben nach unten erklärt die vorgefun-
dene „wirkliche" Welt von einem übergeordneten transzendenten Reich
der Ideen (Platon) bzw. von der Schaffung der Welt durch einen Schöpfergott (Theismus). Damit sind für die leichter zufriedenzustellenden
religiösen Naturen alle Fragen beantwortet. Was sich aber langfristig als
die überlegene Methode herauskristallisiert hat, ist der Erkenntnisweg
von unten nach oben, nämlich der, von einer mühevollen einzelwissenschaftlichen Detailarbeit hin zu einer holistischen Zusammenschau. Das
Resultat für den sich einst als Mittelpunkt der Schöpfung sehenden
Menschen fällt dabei allerdings ernüchternd aus. Als zufällig gewordenes Naturprodukt eines evolutiven Prozesses im Rahmen einer rein naturalistischen Weltsicht beraubt er sich immer mehr selbst seiner Hoffnungen auf die Sonderstellung innerhalb der Natur und somit vor Gott
und des damit verbundenen postmortalen transzendenten Daseins. Das
religiöse Denken wiederum umgeht diesen steilen und intellektuell be-
schwerlichen Weg von unten nach oben zugunsten einer globalen, aber
auch nur wenig konkreten, dazu auch noch außerhalb der Ausweisbar-
keit und des natürlichen Erklärungsrahmens befindlichen Hypothese,
die da lautet „Gott". Dass damit aber nicht nur nichts beantwortet ist,
sondern die Unwissenheit nur einen anderen Namen bekommt bzw. auf
eine andere Ebene verschoben wird, erhellt sich aus der Frage: Wer hat
den Schöpfer erschaffen? Die logisch durchaus denkbare Antwort, er
existiere seit ewigen Zeiten oder er sei als causa sui ohne eine weitere
außer ihm liegende Ursache zu begreifen, sie ließe sich genauso gut für
ein natürlich entstandenes Universum annehmen. Somit kann heute
auch nicht mehr das kosmologische Argument überzeugen, wie es bereits Thomas von Aquin in seinen Summa Theologiae und vor ihm Aristoteles formuliert hatte, dass alles einer Ursache bedarf – außer Gott –,
besonders nicht mehr unter Berücksichtigung der Quantenkosmologie.
    Es wird spannend sein zu beobachten, wie sich ganze Religionen
und Theologien entwickeln werden, hinsichtlich der zunehmenden
Spannungen von überführten und somit fragwürdig gewordenen Traditionen und einer dazu im Gegensatz stehenden unaufhaltsamen, primär
naturwissenschaftlich vorangetriebenen Erkenntnisdynamik. Wie weit
können und müssen sich Kirchen und Glaubensgemeinschaften an ein
immer mehr wissenschaftlich geprägtes Weltbild anpassen, ohne einerseits anachronistisch und obsolet zu erscheinen und andererseits die
Identifikation mit den eigenen Bildern, Geschichten, Wundern, Lehren
und Dogmen nicht zu verlieren? Wie glaubwürdig ist der christliche
Theismus noch, wenn dessen Vertreter zuerst Galilei und Darwin verur-

teilen bzw. verspotten, weil deren Einsichten mit fundamentalen Aussagen vermeintlich unfehlbarer heiliger Bücher unvereinbar sind, um dann, aber nur unter großem Widerwillen, weil sich das archaisch-theistische Weltbild nicht mehr aufrechterhalten lässt, notgedrungen doch einlenken zu müssen? Wie wahrhaftig kann ein Glaubenssystem sein, wenn sich Teile davon, wie der Kreationismus, definitiv als falsch herausgestellt haben? Wenn sich die Evangelien lediglich als verklärende und sich widersprechende Berichte über einen Untergangspropheten erweisen, dem diese Autoren persönlich nie begegnet sind und dessen Vergöttlichung auch durch den eigentlichen Religionsgründer Paulus das einzige Ziel war, nachdem sich herausgestellt hatte, dass er, ohne es vorher zu ahnen, am Kreuz gestorben ist – und zwar ohne dass das Reich Gottes gekommen ist, das er selbst noch zu seinen Lebzeiten erwartet, verkündet und gepredigt hatte. Statt des verkündeten Reiches Gottes ist eine Kirche entstanden, die für schreckliche Kriege und Genozide verantwortlich ist. Wie kann sich ein vermeintlich allwissender Gott (Jesus Christus) in einem so zentralen Punkt so eklatant irren? Dennoch ist unsere Alltagswelt, angefangen von der Geburt über die Kindergärten, Schulen, Medien bis hinauf in die hohe Politik durch und durch beherrscht von einer religiösen Weltanschauung, die auf dem Prüfstand der kritischen Vernunft mehr als fragwürdig geworden ist. Erinnern wir uns an Nietzsche, der die Frage aufgeworfen hatte, was ein Glaube wohl wert sei, der nur aufgrund von verlockenden Versprechungen einerseits und Angst einflößenden Drohungen andererseits geglaubt wird.[273] Und Edward Wilson bringt es aus seiner naturphilosophischen Anschauung wie folgt auf den Punkt: „Die Wissenschaft hat uns von jenem persönlichen Gott entfernt, der einst über die Zivilisationen des Abendlandes herrschte. Aber sie hat wenig dazu beigetragen, unseren instinktiven Hunger [z. B. im Wunsch nach Unsterblichkeit, P.K.] zu stillen… Das wirkliche spirituelle Dilemma der Menschheit ist, dass unsere genetische Entwicklung dafür gesorgt hat, dass wir an eine bestimmte Wahrheit glauben, aber eine andere entdeckt haben."[274] Wie werden hoch emotionalisierte und emotionsgesteuerte Glaubensfundamentalisten aller Couleur auf die gar nicht unbedingt beabsichtigte, aber unvermeidbare wissenschaftliche Entzauberung bzw. Infragestellung ihrer Heiligen Schriften reagieren? Wird der Dissens intellektuell und verbal ausgetragen oder wird es zum Beispiel zu einer unheilvollen Islamisierung der freiheitlichen Welt, gar zu einem Dschihad gegen die Ungläubigen, Philosophen, Wissenschaftler, Freigeister und somit zu einem physischen An-

---

[273]   „Wenn der Glaube nicht selig machte, so würde er nicht geglaubt werden: wie
        wenig wird er also wert sein!" Nietzsche, Friedrich: Menschliches, Allzu-
        menschliches, Drittes Hauptstück (Das religiöse Leben, Nr. 120).

[274]   Wilson, Edward: Die Einheit des Wissens, 1998, S. 351.

griff auf die mühevoll seit der Aufklärung erkämpften Freiheiten kommen? Wenn ja, wer wird die Oberhand behalten, Mythos oder Logos, Emotionalität oder Rationalität? Anzeichen eines möglichen Kulturkampfes, ausgetragen in westlichen Ländern, sind aufgrund zahlreicher Anschläge und Terrorakte bereits seit einigen Jahren vermehrt zu beobachten.

Wie die erwähnten Fälle Galilei und Darwin zeigen, ist die Explikationskraft der Naturwissenschaften im Zweifelsfall den religiösen bzw. mythologischen Vorstellungen, die in einem archaischen und vorwissenschaftlichen Denken verhaftet sind, haushoch überlegen geworden. Aber auch die Geisteswissenschaft in Form einer kritisch gewordenen Theologie bzw. historischen Bibelforschung erhebt immer mehr den Anspruch, mit ihren Erkenntnissen gehört zu werden. Sie zieht ganz massiv zentrale Glaubensaussagen der Bibel in Zweifel. Dadurch, dass sie sich in ihren Forschungsarbeiten direkt mit dem Allerheiligsten kritisch auseinandersetzen, werden sie den darauf gründenden und sich berufenden Kirchen und Religionsgemeinschaften weitaus gefährlicher als es die weltanschaulich neutralen naturwissenschaftlichen Erkenntnisse je werden könnten. Aufgrund der unbeabsichtigten Allianz jener grundverschiedenen kritischen Geisteswissenschaften mit den Naturwissenschaften hat es den Anschein, dass mit noch weiteren Kränkungen für den Anthropozentrismus, wie er letztlich auch Grundlage der theistischen Weltreligionen ist, zu rechnen ist. Wir stehen erst am Anfang einer bereits jetzt schon erkennbaren exponentiell, wenn nicht sogar hyperbolisch (also in immer kürzerer Zeit) anwachsenden Vermehrung des Wissens, die eine weitere Öffnung der Schere von Glauben und „Wissen" oder von Religion und Naturalismus zur Folge haben wird. Auch wenn daraus nicht immer Gegensätze entstehen müssen, so wirken die archaisch-religiöse und die modern-wissenschaftliche Weltsicht wie zwei sich zunehmend entfremdende Sichtweisen, wobei die (meist theologischen) Versuche, beide miteinander kompatibel zu gestalten, mit fortschreitendem wissenschaftlichen Erkenntnisstand immer konstruierter und somit unglaubwürdiger erscheinen. Noch größer aber wird der Widerspruch, wenn man strikt an den „geoffenbarten Wahrheiten" durch eine wortwörtliche Auslegung Heiliger Schriften festhält. So oder so, die Divergenz zwischen Mythos und Logos, sie nimmt immer mehr zu. Die Zugeständnisse, welche die Naturwissenschaften, aber insbesondere auch die kritische Bibelexegese den Theologen bis jetzt innerhalb vergleichsweise weniger Jahrhunderte abgerungen haben, führen zwangsläufig zu einer Relativierung ehemals für unantastbar gehaltener Glaubenswahrheiten und man fragt sich, was so manche an die Moderne assimilierten religiösen Interpretationen noch mit den originären Intentionen des Religionsstifters zu tun haben. Inwieweit hat das Christentum durch die aufgezwungene Bereitschaft, Zugeständnisse an diese von den Wissenschaften dominierte Moderne zu machen, sich von sich selbst entfremdet? Inwieweit sind manche liberalen theologischen Einstellungen, wenn sie z. B. die Auferstehung Jesu (als das Offenbarungszentrum des christlichen Glaubens) als kein reales, sondern nur mehr als ein visionäres Ereignis deuten, überhaupt noch als christlich zu bezeichnen? Solche Fragen scheinen berechtigt, da das Wesenhafte einer Religion insbesondere durch deren ganz konkrete Gottesbilder, Glaubenswahrheiten, Prophezeiungen, Riten, Wunder, bildhafte Erzählungen und deren als wahrhaftig eingestuften Status zu verstehen ist. Mit der Infragestellung dieser Grundbausteine muss das ganze Glaubenssystem in sich zusammenstürzen. Die mit ganz konkreten Inhalten und Vorstellungen verbundenen Offenbarungen Gottes scheinen, da sie in den diversen Heiligen Büchern sehr unterschiedlich und widersprüchlich ausfallen, vielmehr kulturabhängige Projektionen des menschlichen Wesens auf eine idealisierte transzendente Wunschwelt zu sein. Es gibt Hunderte von Religionen, die sich aufgrund ihrer Inhalte und Absolutheitsansprüche gegenseitig negieren. Da aber nur eine wahr sein kann – wenn überhaupt! – gilt es zu bedenken, dass rein statistisch die Wahrscheinlichkeit relativ gering ist, der richtigen anzugehören. Selbst wenn sich also die Idee eines Schöpfergottes stichhaltig verifizieren lassen würde, so wäre damit noch nichts darüber ausgesagt, welcher Religion er zuzuordnen wäre und ob man auf der richtigen oder falschen Seite gestanden hat. Aber auch selbst wenn Physiker, Kosmologen oder Evolutionsbiologen eine wie auch immer geartete göttliche Kraft hinter den Erscheinungen als mögliche Option einräumen, von der Vorstellung eines theistischen religionsstiftenden Übervaters ist davon bei ihnen im Allgemeinen nicht mehr viel übrig geblieben. Auch scheint sich dieser nach der Erschaffung der Welt und der Naturgesetze völlig zurückgezogen zu haben. Andernfalls hätte er als allliebender und allmächtiger Gott den Holocaust, Hiroschima und die in seinem Namen vollführten Kriege und Genozide sicher verhindert. Verwunderlich ist auch, wie angesichts dieses Gottes und des Verlaufes der Religionsgeschichte noch immer ein sozialer Anspruch auf die ethisch-moralische Meinungsführerschaft von den monotheistischen Weltreligionen erhoben werden kann. Wie gerade Kritische Theologie und historisch-kritische Bibelexegese mit ihren Forschungsergebnissen die Axt an die Heiligen Schriften anlegt und diese entzaubert, dazu werden wir in Teil III nun ausführlicher eingehen.

TEIL III

DIE INFRAGESTELLUNG DES (CHRISTLICHEN) THEISMUS
DURCH DIE THEOLOGIE SELBST
ODER
DIE INTELLEKTUELLE SELBSTAUFLÖSUNG DES THEISMUS
DURCH EINE SELBSTKRITISCH GEWORDENE THEOLOGIE

Einleitung

Nachdem in Teil II des vorliegenden Werkes eine Kritik des (christlichen) Theismus aus überwiegend naturwissenschaftlicher bzw. naturphilosophischer Sicht geübt wurde, sollen nun kritische geisteswissenschaftliche Aspekte aus Philosophie, kritischer Theologie und Geschichte zur Geltung kommen. Insbesondere der heutige Forschungsstand einer sich nicht am Gängelband der konfessionellen Rechtgläubigkeit führen lassenden sogenannten „Kritischen Theologie" stellt dabei eine überzeugende, weil auf profunder wissenschaftlicher Basis stehende Kritik tradierter Glaubensüberzeugungen dar. Wie noch zu sehen sein wird, betrifft diese wissenschaftlich objektiv vorgehende historisch-kritische Methode auch ganz zentrale und essentielle Glaubenswahrheiten des christlichen Theismus. Hinzu kommt die Überlegung, dass eine faktisch derart grausam verlaufene Geschichte des Christentums wie auch anderer theistischer Religionen unvereinbar ist mit der Vorstellung eines liebenden und allmächtigen Gottes, der von eben jenen Religionen verkündet wird. Ein Widerspruch, der vielleicht theologisch, aber nicht logisch auflösbar ist. Da sich die Gottesvorstellungen jener theistischen Religionen gegenseitig negieren, ist zu betonen, dass nicht nur skeptische Philosophen und Naturwissenschaftler, sondern die unterschiedlichen Religionen sich selbst die Existenz als alleinseligmachender Wahrheit und somit den Erlösungsanspruch aberkennen. Nach unserer Auffassung ist mit der Infragestellung konkreter Glaubenssysteme keineswegs zwangsläufig ein Atheismus verbunden. Was sich aber zumindest dem unvoreingenommenen, kritischen und aufgeklärten Menschen immer deutlicher zeigt, ist die Fragwürdigkeit der konkreten Glaubens-

wahrheiten, ohne die das Seelenheil aber nicht zu erlangen ist. Wäre diese Art des Glaubens reine Privatsache, so solle doch jeder glauben, was
er will. De facto aber ist der Einfluss jener Glaubenssysteme auf die Gesellschaften wie auch auf Krieg und Frieden noch immer exorbitant. Gerade in der modernen pluralistischen und sich globalisierenden Welt
muss nach möglichst zuverlässigen und weltumspannenden Alternativen gesucht werden, die wie die allgemeinen Menschenrechte für alle
Kulturen verbindlich sind und sich nicht auf glaubensspezifische und
religiöse Besonderheiten beschränken. Nach über zweitausend Jahren
schlimmster historischer Erfahrungen muss die Frage erlaubt sein, ob die
monotheistischen Religionen in ethischer Hinsicht nicht versagt haben
und ob es nicht an der Zeit wäre, jene kulturspezifischen und die Kulturen trennenden Glaubenssysteme durch völkerverbindende neutrale,
sich auf wissenschaftliche Erkenntnisse stützende, tolerante ethische
Systeme ohne universelle Wahrheitsansprüche zu ersetzen. Da zudem
für wissenschaftliche, philosophische oder säkularisierende Ideen noch
keine mit den religiös motivierten Menschheitsverbrechen wie Genoziden, Kreuzzügen, Bücher- und Menschenverbrennungen vergleichbaren
Verbrechen begangen wurden, wäre eine solche freie Ausübung einer
auf wissenschaftlicher Basis sich dynamisch wandelnden agnostischen
oder nicht-theistischen ethischen Weltanschauung unseres Erachtens
nicht etwa der vielbeschworene Untergang der abendländischen oder
morgenländischen Zivilisation, sondern als eine neue Chance für die
Weltgemeinschaft zu sehen. Die Realisierung einer solchen überkonfes-
sionellen, universalistischen Idee einer Religion ohne Götter und ohne
absolute Wahrheitsansprüche ist freilich utopisch. Zu stark sind die alten
Traditionen in den Köpfen und Herzen verwurzelt. Dies gilt selbst für
relativ aufgeklärte Nationen wie die deutsche. Schon Kant hatte vor über
zweihundert Jahren erkannt, dass der Drang nach Verbildlichung, wie er
den Religionen und den religiös gesinnten Menschen inhärent ist, nicht
nur eine unvermeidliche anthropologische Anlage darstellt, sondern
dass dies ebenso auch zum Kalkül politischer Herrschaft gehört. Für
Kant waren es auch die Regierungen, die es unterstützt haben, dass man
für die Religion, „aus Furcht vor Kraftlosigkeit dieser Ideen," in „Bildern
und kindlichem Apparat" nach Hilfe sucht. „Daher haben auch Regierungen gerne erlaubt, die Religion mit dem letzten Zubehör reichlich
versorgen zu lassen, und so dem Untertan die Mühe, zugleich aber auch
das Vermögen zu benehmen gesucht, seine Seelenkräfte über die
Schranken auszudehnen, die man ihm willkürlich setzen, und wodurch
man ihn, als bloß passiv, leichter behandeln kann."[275] Aufklärung ver-
wirklicht sich demnach erst dann, wenn die Sehnsucht nach Bildern,
welche die Religionen aus realen Bedürfnissen und seelischen Zustän-

[275]   Kant, Immanuel: Kritik der Urteilskraft, § 29 (B125), 1995, S. 202.

den zeichnen, erlischt. Freilich können und wollen wir hier nicht die subjektiv-religiösen Erfahrungen, Erlebnissen, Gefühlen oder Visionen, die immer wieder gegen die objektiven, also intersubjektiv wissenschaftlich gestützten Anschauungen angeführt werden, in Abrede stellen. Aber es gilt deutlich zu machen, dass diese subjektiven Überzeugungen eben immer auch nur subjektive Gültigkeit besitzen können, denen durchaus objektive wissenschaftlich eruierte Erkenntnisse entgegenstehen. Und dazu gehört eben auch jene in Teil II ausgiebig besprochene universelle evolutionäre Sichtweise des Seins. Damit müssen sich auch religiöse Systeme, ebenso wie alle anderen wissenschaftlichen oder philosophischen Bereiche auch, dem Prinzip des Gewordenseins bzw. des Werdens und den damit verbundenen Konsequenzen stellen. Ein Anspruch, davon als (vermeintlich) göttliche und somit über den Dingen schwebende transzendente Lehre ausgenommen oder befreit zu werden, hat sich aus wissenschaftlicher Sicht nicht begründen lassen. Im Gegenteil: Sowohl naturwissenschaftliche Disziplinen, wie die Evolutionsbiologie, als auch geisteswissenschaftliche Disziplinen, wie insbesondere Geschichtswissenschaften und die kritische Bibelexegese, zeigen, dass sich auch Kulturen und die von ihnen wechselseitig hervorgebrachten Religionen ebenfalls dem profanen und evolutiven Prozess unter- und einordnen lassen. Dass damit eine zunehmende Infragestellung religiöser Ansprüche verbunden ist, ist weder die „Schuld" kritisch nachdenkender Menschen noch die einer immer aufgeklärter und dabei „ungläubiger" werdenden säkularen Gesellschaft, noch die einer frei forschenden Wissenschaftlergemeinschaft und auch nicht die einer respektlosen kritischen Philosophengemeinschaft. Die Ursache für den Glaubwürdigkeitsverlust archaischer Weltanschauungen und Wundergläubigkeit liegt neben den mittlerweile fragwürdig gewordenen Quellen auch in einem Auseinanderklaffen eines statischen und auf einmalige heilsgeschichtliche Geschehnisse hin retrospektiv ausgerichteten metaphysischen Modells und eines dagegen immer schneller voranschreitenden progressiven und wissenschaftlich geprägten offenen Erkenntnisprozesses begründet. Wer willens, offen und stark genug ist, die Probleme und Widersprüche, die sich aus einem archaisch-religiösen Denken mit der Moderne ergeben, überhaupt zur Kenntnis zu nehmen, der wird erkennen, dass die kritische und skeptische Einstellung gegenüber den traditionellen theistischen Weltanschauungen in der Sache selbst begründet liegt und nicht auf reiner Destruktionssucht ungläubiger und ignoranter Menschen beruht, die, wie noch so manche Kirchenmänner gerne glauben machen wollen, nur nicht die göttliche Gnade des rechten Glaubens empfangen haben, oder sogar vom Teufel geleitet sein sollen. Bedenken wir auch die befreiende Wirkung, welche eine solche Entmythologisierung mit sich bringen kann, wenn z. B. die Mär von (Erb-)Sünde und den ewigen Höllenqualen für den ungläubigen Großteil der Menschheit, die eine nicht zu unterschätzende Jahrtausende lange enorme psychische Belastung für die daran Glaubenden darstellte und für viele noch immer darstellt, endlich überwunden werden könnte, wie es für aufgeklärte Gesellschaften des 21. Jahrhundert unseres Erachtens angebracht wäre.

1. Philosophische Kritik am Theismus

1.1 Das Theodizee-Problem

Einen besonders schwerwiegenden und bis heute nicht gelösten Widerspruch zwischen der theistischen Vorstellung eines allmächtigen und allliebenden Gottes und einer allgemeinverbindlichen Logik stellt das Theodizee-Problem dar. Es befasst sich mit der Frage, wie es möglich sein kann, dass ein mit diesen Attributen versehener Gott so viel faktisch nicht zu leugnendes Leid hervorbringt oder doch zumindest zulässt. Wenn Gott wirklich allmächtig und allgütig wäre, dann dürfte es diese Welt, in der wir leben, mit ihren realiter vorhandenen grausamen Daseinsformen gar nicht geben. Dieses Problem ist im Kern mehr als nur eine theologische Aporie, es ist ein Widerspruch zwischen religionsideologischem Anspruch und der für alle Menschen ersichtlichen und empirisch vorfindbaren realen Welt, in der wir leben. Der mit den Attributen der Allwissenheit, Allliebe und Allmacht versehene Gott ist ein theologisches Gedankenkonstrukt, das von der Wirklichkeit seit Jahrmillionen, seit es Leben auf diesem Planeten gibt, dessen Prinzip das Fressen und Gefressenwerden ist, jeden Tag ad absurdum geführt wird. Dennoch wird seitens der Theologie krampfhaft versucht, Erklärungen zu konstruieren, die es ermöglichen sollen, dennoch an dieser Gottesidee festzuhalten. Diese Erklärungen und die damit verbundenen Unzulänglichkeiten sind Gegenstand dieses Kapitels.

Auch der Mensch zeigt mit der Disposition seiner Triebe und Affekte durchaus tierische Verhaltensmuster, auch wenn er diese durch seinen evolutionsgeschichtlich jüngeren Neokortex und die damit ermöglichte kulturelle Zivilisierung bis zu einem gewissen Grad zu kontrollieren vermag. Brechen aber diese Triebe durch und es kommt zu gewalttätigen kriegerischen Auseinandersetzungen, sei es um Land, Rohstoff-, Nahrungs- und Wasserressourcen, Paarungspartner und vieles mehr, so ist er in der Lage, die im Tierreich vorzufindenden naturbedingten Grausamkeiten an Heimtücke, Berechnung und Grausamkeit bei weitem zu überbieten. Dabei könnte man die Religionen durchaus als eine Art Domestikationsmittel verstehen, wenn nicht diese selbst Auslöser gerade der schrecklichsten Kriege und Genozide wären, wo es doch eigentlich nur um (religiöse) Ideologien, um theologische Gedankenkonstrukte geht. Der naive Dualismus des moralischen Schwarz-Weiß-Denkens, also der Dualismus von Gut und Böse, Gott und Teufel, Gläubigen und Ungläubigen, Erlösten und Verdammten usw. hat natürlich, wenn man den naturalistischen bzw. soziobiologischen Bezugsrahmen hinsichtlich der Moral und Ethik mit einbezieht, keinerlei Überzeugungskraft mehr auf aufgeklärte Geister. Er erscheint wie ein uraltes archaisches Relikt längst vergangener Zeiten. Und dennoch ist er in einer wieder fundamentalistischer werdenden religiösen Welt ein zunehmender Grund zahlreicher Kriege und Terrorakte. Wer sich den modernen Wissenschaften nicht verschließt, weiß, dass es in der Primatenforschung Erkenntnisse gibt, die zumindest so etwas wie prämoralische Verhaltensweisen unter den Menschenaffen erkennen lassen. Wir können also davon ausgehen, dass auch der für alle Religionen ganz fundamentale ethische Aspekt, der ursprünglich das Zusammenleben der Gruppen regeln und deren Zusammengehörigkeitsgefühl gegen äußere Feinde stärken sollte, kein vom Himmel gefallenes göttliches Produkt darstellt, sondern im Rahmen evolutiver, psychologischer und sozialer Gesetzmäßigkeiten entstanden ist. Während also die Natur an sich indifferent gegenüber moralisch-ethischen Erwägungen ist, sind Gut und Böse ein rein menschliches Konstrukt der kulturellen Evolution, das durch die verabsolutierte Idee von Göttern oder eines Gottes seine damit unangreifbare Legitimation erworben hat. Dieser kulturhistorische und evolutive Aspekt muss bei der Entstehung aller Religionen im Allgemeinen, aber auch bei der Diskussion um das Theodizee-Problem im Besonderen berücksichtigt werden. Grundlegende, menschliches Verhalten und Zusammenleben regelnde Gebote wie „Du sollst nicht töten" oder „Du sollst nicht stehlen" usw. sind dabei freilich keine spezifisch christliche Erfindung, sondern besaßen bereits in wesentlich älteren Religionen und Kulturen ihre Gültigkeit – zumindest den eigenen und befreundeten Stämmen gegenüber, den verfeindeten Stämmen gegenüber galten freilich ganz andere Normen. Gut und Böse wäre somit eine auf archaischen Kulturstufen allmählich entstandene Grundlage für Verhaltensnormen zur Regelung eines für die einzelnen Gesellschaften optimalen nach sozialen Gesichtspunkten zu regelnden Zusammenlebens. Schließlich mussten sich einzelne Stammesverbände und ganze Völker in ihrem Entwicklungsprozess und im täglichen Kampf ums Dasein gegen andere konkurrierende Völker durchsetzen. Dies erklärt auch die alttestamentarische Ethik, nach der Jahwe als Kriegsgott gegen andere Land- und Kulturgüter besitzende Völker und deren Götter (was die Akzeptanz anderer Götter voraussetzte), an vorderster Front mitkämpfte und zu grausamsten, heute als Kriegsverbrechen zu verurteilenden Grausamkeiten aufrief. Wer an der Sinnhaftigkeit oder der Existenz dieses Gottes zweifelte und somit die auf den dadurch geheiligten ethischen und gesellschaftlichen Konsens beruhenden Volksinteressen gefährdete, auf den wurden die inneren Selektionsmechanismen angewandt, indem die Renegaten vernichtet wurden. Vergessen wir dabei nicht: Es ist der gleiche Gott, den die Christen aus dem Judentum übernahmen und zum trinitarischen Bestandteil ihres Gottesbildes, also zum Vater neben dem Sohn und Heiligen Geist, machten. Das christliche Bild eines allgütigen Gottes ist schon alleine aufgrund jener Tatsache ein Widerspruch in sich. Diese kultur- und religionsgeschichtliche Situation muss heute mit berücksichtigt werden, wenn von einer christlich geprägten reaktionären politischen Grundhaltung wieder verstärkt eine Hinwendung zu christlichen Maximen und zu einer „christlichen Ethik" gefordert wird, ohne sich über die Herkunft und historische Problematik dieses Begriffes wirklich im Klaren zu sein. Denn der oft unmenschlich grausame Umgang mit politischen Feinden oder Andersgläubigen, ja gegenüber wehrlosen Kindern und Frauen, wie er im Alten Testament nachzulesen ist, basiert auf einem moralischen Empfinden, das sich unter einem Kriegsgott entwickelte, der erst im Laufe der Jahrhunderte in einem kulturhistorischen Prozess von einer anfangs nur kleinen regionalen Berggottheit zum Schöpfer der ganzen Welt und schließlich zum dreieinigen und allliebenden Gott der Christen avanciert ist.

Die Begriffe „gut" und „böse", wie wir sie aus den theistischen Religionen kennen, sind somit ebenfalls – wie die dahinterstehende Vorstellung eines diese Begriffe definierenden Gottes – ein unter ganz bestimmten regionalen, kulturellen und politischen Gegebenheiten entstandenes, soziobiologisch erklärbares menschliches Konstrukt. Diese historisch begründbare Auffassung, zu der auch noch evolutionspsychologische Ansätze hinzuzuzählen sind, ist heute wenigstens nicht unglaubwürdiger als die Fiktion eines Teufels als Verursacher und personifizierter Vertreter des Bösen – ein essentieller Glaubensinhalt nicht nur des christlichen Theismus.[276]

Da das Theodizee-Problem vom Gegensatz Gut und Böse entsprechend Gott und Welt ausgeht, sollte als Vorausuntersuchung erst einmal deutlich gemacht werden, dass es sich hierbei um menschengemachte kulturrelative Begrifflichkeiten handelt. Die Welt/Natur an sich ist demgegenüber indifferent. Doch nun zu dem auf diesen Gegensatz sich gründenden Theodizee-Problem. Es gibt viele Versuche mit teilweise haarsträubendensophistischen Verdrehungen, das Theodizee-Problem theologisch so zu lösen, dass dabei die heilige Sache selbst, nämlich der theistische Glaube, nicht infrage gestellt werden muss. Jedoch wird auch unter Theologen zugegeben, dass es trotz der größten theologischen Bemühungen nicht gelungen ist, Allmacht und Allgüte Gottes mit der Realität in Einklang zu bringen. Einige Lösungsansätze, welche von den

---

[276] Je allgemeiner ein ethisches Gebot, wie z. B. „Du sollst nicht töten", umso plausibler lässt es sich evolutionsbiologisch erklären, denn der Tod wird über alle Kulturen und Religionen hinweg als Leid oder existentiell schockierender Einschnitt empfunden. Speziellere Gebote, z. B. die Einhaltung des Sabbats und der entsprechenden Rituale, sind wiederum kulturspezifisch ableitbar. Gebote wie „Du sollst keine anderen Götter neben mir haben", zeigen dagegen die Überlebensstrategie der Religionen selbst im evolutiven Wettbewerb der Gottesbilder und der damit verbundenen Machterhaltung der jeweiligen Priesterschaft.

Apologeten des „lieben" Gottes geliefert werden, sollen nun vorgestellt und geprüft werden.

Ein Versuch, diesen Widerspruch aufzulösen, besteht darin, dass man versucht, zwischen einem „gerechtfertigten" und einem „ungerechtfertigten" Leid zu unterscheiden. Ersteres wäre dann gegeben, wenn es auf ein noch größeres Übel aufmerksam macht, damit dieses verhindert oder beseitigt werden kann. Somit sei das Leid, wenn es auf noch größeres Leid aufmerksam macht, letztendlich aufgrund dieser positiven Eigenschaft letztlich kein Übel. Doch setzt auch ein solches „gerechtfertigtes" Leid immer schon ein Bestehen des Übels voraus und es bleibt die Frage, warum existiert dieses Übel, wenn Gott allgütig sein soll?

Ein zweiter nicht sehr viel überzeugenderer Ansatz geht von einem notwendigen Bestandteil eines gewissen Maßes an Übel aus. Augustinus und Leibniz vertreten die These, dass wir in der bestmöglichen aller möglichen Welten leben. Abgesehen davon, dass aufgrund der damit implizierten Unvollkommenheit dieser Welt bereits die Allmacht Gottes per se negiert ist, stellt sich die Frage, ob es sich für Gott nicht hätte verbieten müssen, diese Welt mit ihrem nach dieser Auffassung durchaus zugegebenem Vorrat an Elend und Leid zu erschaffen. War es einem allmächtigen Gott tatsächlich nicht möglich, eine Welt ohne Viren zu erschaffen, die für tödliche Krankheiten verantwortlich sind? Der Mensch kann für diese Art Leid nichts. Aber auch die letztlich auf sein Konto gehenden Grausamkeiten wie Kriege und Unterdrückungen hätte Gott durch geringfügig anders geartete neuronalen Mechanismen, neurobiologische Zusammensetzungen und äußere (ökologische) Bedingungen leicht verhindern können. Die gesamte Evolution wäre theoretisch denkbar auch ohne die grausame Selektion. Wieso regierte nicht Güte und Liebe in den Jahrmillionen der biologischen Evolution? Es ist so leicht, sich eine bessere Welt vorzustellen – wieso war Gott nicht in der Lage, diese zu erschaffen?

Ein heute pervers anmutender Versuch, das Theodizee-Problem zu beantworten, liegt auch bei Thomas von Aquin vor. Ähnlich wie später Leibniz behauptet er, die ewigen Höllenqualen der auf alle Ewigkeit hin Verdammten sei deshalb gerechtfertigt, weil sie die Wonnen der kleinen Zahl der Seligen zu intensivieren vermögen, damit ihnen gegeben ist, „die Strafe der Gottlosen vollkommen zu schauen, damit ihnen ihre Seligkeit noch erfreulicher sei und sie Gott dafür noch überschwänglicher danken."[277] Damit hängt aber noch eine weitreichendere Frage zusammen, die die Unhaltbarkeit auch dieses Versuches aufzeigt: Wenn das Böse aus dem eben genannten oder irgendeinem anderen Grund not-

---

[277]   Thomas v. Aquin, zitiert nach Ruß, Hans Günther: Religiöser Glaube und modernes Denken, 1996, S. 97.

wendig ist, warum sollen dann die Menschen, die für die Umsetzung des Bösen von Gott instrumentalisiert, ja sogar regelrecht missbraucht werden, dafür auch noch bestraft werden? Was ist dies für eine Gerechtigkeit und was hat dies mit einem liebenden Gott zu tun, wenn zur Erfüllung des göttlichen Willens Menschen für das Böse (sicherlich für diese ganz unfreiwillig, denn wer würde schon freiwillig sich für gerade diese Option der ewigen Verdammnis entscheiden) prädestiniert werden? Wie pervers mutet es aus humanistischer Sicht an, wenn wir den Folteropfern oder den Müttern, die ihre Söhne und Männer im Krieg verloren haben, erklären, dass dies alles schon in Ordnung gehe, da dies der Erfüllung einer von Gott gewollten und so geordneten Welt dient. Für Theisten geschieht nichts ohne den Willen Gottes. Für Christen fällt nicht einmal ein Sperling vom Dach, ohne dass es der Wille Gottes wäre. Die Erklärung, Gott hätte die bestmögliche aller möglichen Welten erschaffen, krankt aber auch daran, dass nach christlicher Auffassung ein paradiesisch gedachtes Jenseits existiert, warum – so fragt man sich – kann nicht bereits diese jenseitige Welt diejenige sein, in der die Menschen ohne jegliches Leid und Übel leben dürfen? Der Mythos vom Paradies zeigt doch entgegen Leibniz, dass ein Gott denkbar ist, der in der Lage wäre, eine bessere Welt zu erschaffen als die, in der wir uns realiter befinden. Und wenn dem so ist, was hindert uns eigentlich daran, Gott nicht mit dem Guten, sondern mit dem Bösen gleichzusetzen? So gesehen wäre das Übel nicht eine Randerscheinung des Guten, sondern das Gute nur eine Randerscheinung des ansonsten obwaltenden Bösen. Aus dem Dualismus von Gut und Böse lässt sich beides gleichermaßen ableiten.

Auch der weitere Erklärungsversuch, die Übel der Welt würden deshalb bestehen, weil sie höhere Tugenden verursachen, hat letztlich keine überzeugende Aussagekraft. Warum sollte das Gewahrwerden des Leidens anderer Menschen erst höhere geistige oder ethische Werte schaffen? Warum bedarf es erst dieses Leides? Ein allgütiger und allmächtiger Gott müsste in der Lage sein, eine Welt zu erschaffen, in der diese Werte ohne diesen hohen Preis zu erlangen sind. Der Zusammenhang zwischen Leid und dem Erzeugen von Mitleid wird dabei gar nicht geleugnet. Sind wir uns aber wirklich bewusst, wie viel Leid und Elend auf der Welt unter Menschen und Tieren Tag für Tag stattfindet, ohne dass wir dieses Ausmaß auch nur erahnen könnten? Es kann deshalb auch nicht entsprechend viel Mitleid erzeugen, da hier eine unverantwortliche Unverhältnismäßigkeit zwischen der tatsächlichen Not und dem damit vermeintlich bezweckten Mitleid herrscht. Davon abgesehen ist überhaupt nicht einzusehen, weshalb Mitleid ein Gut sein soll, wenn andere dafür leiden müssen.

Ein ebenso problematisches Unterfangen stellt die Berufung auf die Willensfreiheit dar. Ist doch gerade die Behauptung der menschlichen

Willensfreiheit aus heutiger Sicht der Hirn- und Verhaltensforschung fraglicher denn je geworden. Selbst wenn der Mensch – mit Schopenhauer gesprochen – tun kann, was er will (Handlungsfreiheit), so kann er aber noch lange nicht wollen, was er will (Willensfreiheit). Anders ausgedrückt: Der Mensch hat vielleicht im Rahmen seiner für ihn bewussten Entscheidungssituationen die Möglichkeit, frei über die verschiedenen Optionen zu verfügen, doch gibt es eine genetische und neben dieser auch eine durch Tradition und soziale Umwelt fixierte übergeordnete Reglementierung, welche diese Freiheit in vorgegebene Bahnen lenkt und somit als bestenfalls bedingte Freiheit relativiert. Da aber vorgegebene genetische, kulturelle oder soziale Determinanten nicht in den Bereich der menschlichen Verantwortung fallen, kann der Mensch hierfür auch nicht zur Verantwortung oder vor ein göttliches Strafgericht gezogen werden. Selbst der religiöse Glaube ist nicht frei gewählt und hängt ganz überwiegend von der „Geworfenheit", also davon ab, wo und wann und unter welchen Umständen ich geboren und aufgewachsen bin. Was ist mit den Abermillionen unglücklichen Menschen, die vor Christi Geburt lebten und nicht an der Gnade der Erlösung teilnehmen können, weil sie an ihn unbekannterweise gar nicht glauben konnten? Nicht weniger borniert erscheint es, wenn Christen ungläubige Muslime zu den „verlorenen Schafen" zählen, weil sie anderen Glaubens sind, was diese in umgekehrter Weise ebenfalls mit gleicher Selbstverständlichkeit tun. Ob man zu den verlorenen oder geretteten Schafen zählt, ist somit reine Zufälligkeit der Geburt bzw. davon abhängig, in welchen Kulturkreis man hineingeboren wird, und hat mit einer freien Willensentscheidung herzlich wenig zu tun. Damit wird auch die Androhung des Jüngsten Gerichtes zur reinen Makulatur. Auch wenn es tatsächlich eine wirkliche unabhängige und autonome menschliche Willensfreiheit gäbe, so ist immer noch die Frage, warum Gott die formalen und systematischen Voraussetzungen dafür gegeben hat, dass Menschen anderen Menschen Leid zufügen oder dass sie vice versa von ihren Artgenossen unterdrückt und gequält werden.

Warum also überhaupt die Option des Bösen? Die Möglichkeit einer Willensfreiheit müsste doch gar nicht zwangsläufig an die Wahl des Bösen gebunden sein. Es wäre durchaus denkbar, eine Welt zu erschaffen, in der die Willensfreiheit existiert, aber das Böse als Entscheidungsoption gar nicht erst zur Disposition gestellt wird. Gemäß christlicher Vorstellung wird den Engeln, Seligen und Heiligen ebenfalls Entscheidungsfreiheit zugestanden, ohne diese in die Verlegenheit geraten zu lassen, diese bezüglich des Bösen zu missbrauchen. Warum trifft dies nur für die fiktive Welt der Engel und Heiligen zu? Schließlich wird doch in diesen Überlegungen deutlich, dass eine Welt ohne das Böse mit der Entscheidungsfreiheit der Individuen durchaus denkbar ist. Wenn es diese Welt in dem geglaubten Jenseits tatsächlich geben sollte, warum hat Gott dann diese unvollkommene leidvolle Welt jener Welt vorgeschaltet? Warum lässt er in dieser Welt den Großteil seiner Geschöpfe leiden? Warum determiniert er den Großteil der Menschen zur ewigen Verdammnis unter grausamsten Höllenqualen? Auch wenn diese Fragen aufgeklärten Menschen völlig abstrus vorkommen mögen – sie ergeben sich aus den theistischen Glaubensgrundlagen.

Vollkommen untauglich wird das Argument der Willensfreiheit aber spätestens dann, wenn wir uns des Leides bewusst werden, welches nicht von der Willensfreiheit des Menschen abhängt, wie z. B. bei Naturkatastrophen, auf die der Mensch keinen Einfluss hat. Abgesehen davon, dass die Begründung, dies würde geschehen wegen der Sündhaftigkeit der Menschen, nicht mehr so recht überzeugen will (einfach deshalb, weil es für Erdbeben oder Überschwemmungen nachweislich natürliche Ursachen gibt), bestünde ein weiteres Problem darin zu begründen, weshalb diese Art von Strafen sowohl über gute als auch über schlechte Menschen gleichermaßen hereinbricht. An eine diesseitige göttliche Gerechtigkeit kann deshalb nicht wirklich geglaubt werden. Die Verlegung der gerechten Strafen und Urteile ins ewige Jenseits war deshalb von je her ein sehr taugliches Mittel, Menschen zu vertrösten bzw. sie immun für revolutionäre Gedanken zu machen, mit denen sie sich gegen die bis weit in die Neuzeit hinein von Staat und Kirche gleichermaßen vollzogene physische wie psychische Unterdrückung und Ausbeutung hätten wehren können. Daneben ist auch immer wieder von Theisten zu hören, Gott hätte durch sein Wirken gewisse Ereignisse veranlasst. So sprach beispielsweise Johannes Paul II. bei seiner Polenreise 1999 davon, dass Güte und Gerechtigkeit Gottes das kommunistische System in diesem Land zu Fall gebracht hätten. Muss man aber nicht konsequenterweise auch dann die negativen Seiten der Realität wie die äußerst grausamen Ereignisse im gleichen Zeitraum, beispielsweise den Kosovokrieg oder die unermessliche Hungersnot in Äthiopien ebenfalls diesen allgütigen und allmächtigen Gott anlasten? Dieses einseitige und selektive Auslesen der positiven Aspekte ist intellektuell unredlich und angesichts des für jeden ersichtlichen Weltgeschehens einfach nur als realitätsblind und ideologisch motiviert zu erklären. Man muss schon einen sehr stark ausgeprägten Glauben besitzen, um solche Aussagen akzeptieren und solchen geistlichen Führern zujubeln zu können. Mag das kommunistisch-totalitäre Regime durchaus seine menschenverachtenden Schattenseiten gehabt haben, ob es summa summarum betrachtet so viel schrecklicher war als die von den Päpsten betriebene Politik (z. B. die von Papst Urban II. im Namen Gottes initiierten Kreuzzüge), kann durchaus bezweifelt werden. Das Gute schreibt man Gott, das Böse aber dem Menschen selbst und besonders den ideologisch Andersdenkenden zu.

Auch der letzte Versuch, das viele auf rationale Weise nicht erklärbare Leid und dessen Duldung durch Gott dadurch zu entschuldigen,
dass Gottes Entscheidungen „wie unerforschliche Wege" seien (Paulus,
Brief an die Römer, 11,33), ist nüchtern gesehen die Kapitulation der
theologischen Vernunft vor der eigenen Glaubensideologie, da es sich
um nichts weniger als das Eingeständnis handelt, dass die mit dem
Theodizee-Problem verbundenen Widersprüche nicht lösbar sind. Wenn
wir aber Gottes Güte mit menschlichen Begriffen und mit menschlicher
Denkweise nicht mehr begreifen können, so stellt dies ein schweres un-
überbrückbares Manko zwischen Mensch und Gott dar. Man muss sich
einmal vor Augen führen, was es heißt, einen Großteil der eigenen Geschöpfe, letztlich aufgrund göttlicher Vorsehung, einer ewigen Verdammnis und unaussprechlichen (Höllen-)Qualen zu opfern. Dies ist ein
an Grausamkeit und Perversität kaum zu überbietender Akt, der selbst
gewissenlosen Schwerverbrechern nicht so ohne Weiteres zuzutrauen
wäre. Wie passt diese aus dem Neuen Testament abgeleitete Vorstellung
mit der Vorstellung eines allliebenden Gottes zusammen? Gegen eine
heute meist sehr einseitige selektive Bibelauslegung, welche die positiven Seiten Gottes herausstellt, um mit diesem rosaroten Bild die Kir-
chenbänke wieder zu füllen, steht klar das Wort des vom Heiligen Geist
inspirierten und unfehlbaren göttlichen Buches, wenn es beispielsweise
heißt: „Dann wird er sich auch an die auf der linken Seite wenden und
zu ihnen sagen: Weg von mir, ihr Verfluchten, in das ewige Feuer, das
für den Teufel und seine Engel bestimmt ist... Und sie werden wegge-
hen und die ewige Strafe erhalten..." (Mt 25,41 und 25,46). Es scheint
heute dem theologischen Zeitgeist zu entsprechen, Jesu Gerichtsbot-
schaft zu entschärfen, da immer nur von der frohen Botschaft die Rede
ist und die angedrohten ewigen Höllenqualen für den Großteil der
Menschheit in selektiver Weise zugunsten dieses Heile-Welt-Christen-
tums völlig verdrängt werden. Vergessen wir nicht, das Reich Gottes
kommt unter entsetzlichen Leiden und die endzeitliche Feuerhölle (Heb-
räisch: gehinnom) tut ihren Schlund auf. Für Paulus (Röm 17) gibt es nur
einen sehr kleinen Rest der von Gott Erwählten. Aber trösten wir Ungläubigen uns damit, dass nichts von den kühnen Phantasien des lebenden Jesus sich erfüllt hat, „er selbst war hingerichtet oder sonst wie getötet worden; das Leben ging weiter... Die gemeint hatten, Jesus sei auferstanden, meinten auch, mit der bisherigen Welt sei es in Kürze zu Ende.
Die kosmische Endhandlung blieb nun freilich ebenso aus wie vorher
der Triumph des irdischen Jesus."[278] Erinnern wir uns da an das fünfte
Buch Mose 18,22: „Wenn ein Prophet im Namen des Herrn spricht und
sein Wort sich nicht erfüllt und nicht eintrifft, dann ist es ein Wort, das

---

[278]   Augstein, Rudolf: Jesus Menschensohn, 1999, S. 110.

nicht der Herr gesprochen hat. Der Prophet hat sich nur angemaßt, es zu sprechen. Du sollst dich dadurch nicht aus der Fassung bringen lassen." Es ist auch kein sehr überzeugender Ausweg, wenn man angibt, Gott stünde außerhalb jeglicher menschlichen Logik und Gesetzlichkeit, denn wenn der Satz „A = A" gleichbedeutend sein soll mit „A = Non A", dann macht es auch keinen Sinn mehr zu unterscheiden zwischen „Gott existiert" und „Gott existiert nicht". Allmacht und Allgüte wären gleichbedeutend mit vollkommener Machtlosigkeit und absoluter Boshaftigkeit. Auch dieses Argument führt also zur vollkommenen Absurdität und ist als Ausweg aus dem theistischen Dilemma untauglich. Absolute Macht und absolute Güte Gottes verhalten sich zueinander wie rund und eckig. Da beide sich gegenseitig ausschließenden Eigenschaften gleichzeitig auch nicht einem Objekt zugesprochen werden können, so muss mit gleicher Logik die Existenz eines so gedachten theistischen Gottes in Anbetracht der realen Verhältnisse in der Welt negiert werden.

Nehmen wir trotz aller rational begründbaren Zweifel an, der theistisch gedachte personale Gott existierte dennoch. Was wäre dann davon zu halten, dass er seine Schäfchen für ewig verdammen würde, weil sie von ihrer Vernunft und Logik Gebrauch machen, die ihnen von ihm gegeben wurde. Es ist einfach absurd, logische und rationale Überlegungen bis einen gewissen Punkt zu gestatten und sich bewähren zu lassen, um dann zu fordern, diese an einem bestimmten Punkt, wenn es um ganz spezifisch religiöse, für das Seelenheil notwendige Vorgaben geht, zugunsten irrationaler metaphysischer Mutmaßungen über Bord zu werfen. Gottes Denken und Handeln wäre somit nicht nur unlogisch und inkonsequent, sondern gegenüber dem kritischen, von seinem Verstand Gebrauch machenden Menschen auch betrügerisch und perfide. Dies stünde aber wiederum in Widerspruch zur Vorstellung eines „lieben" Gottes. Muss man nicht viel eher in umgekehrter Weise Gottes Forderung eines unbedingten Glaubens an ihn unter den gegebenen Umständen als unmoralisch verurteilen, vor allem wenn man berücksichtigt, wie er mit den selbständig denkenden Ungläubigen verfährt, wenn sie lediglich ihren Verstand gebrauchen und ihn nicht wie die rechtgläubigen Schafe abschalten, um für den Glauben genügend Platz zu schaffen, oder aber erst gar nicht über Gott und die Welt nachdenken, sondern dies um des lieben Seelenheils wegen lieber anderen, der davon schon zu allen Zeiten ganz gut lebenden Geistlichkeit, überlassen? Für Gott wäre es aufgrund seiner Allmacht sicher auch ein Leichtes gewesen, sich so unmissverständlich zu offenbaren, dass es dieser Spekulationen und Zweifel gar nicht bedürfte. Er hat aber darauf verzichtet, dafür die nötigen Voraussetzungen zu schaffen, folglich tut sich auch hier wieder die Inkompatibilität von Allmacht und Allgüte auf. Zumindest aber dürfte von ihm verlangt werden, dass er Verständnis für die kritischen auf Ratio und Logik gegründeten Zweifel seiner Kreaturen aufbringt, da sie durchaus folgerichtig und diskursiv begründet sind. Ganz davon abgesehen erzeugt es auch ein gewisses Gefühl der Peinlichkeit, wenn ein Gott sich Kreaturen erschafft, nur um von diesen bewundert und verehrt zu werden. Würden wir die eben geschilderten Eigenschaften bei einem weltlichen Herrscher oder Politiker feststellen, würden wir dann nicht auch eher von einem eitlen, selbstherrlichen „Tyrannen" als von einem selbstlosen, gnädigen, fürsorglichen und liebenswerten Menschen sprechen? Ist es nicht berechtigt, von einer gewissen Perversität jenes Gottesbildes zu sprechen, wenn dann auch noch ein Verlangen Gottes besteht, von seinen von ihm in deren irdischem Dasein zum Teil massiv durch z. B. Schicksalsschläge, Katastrophen und Glaubenskriege gequälten Kreaturen auch noch geliebt zu werden?

Als Fazit ersehen wir auch aus diesem Ausschnitt über das Theodizee-Problem, dass weder der Atheismus noch der Agnostizismus eine bösartige oder teuflische Angelegenheit ist, sondern seine intellektuelle Berechtigung nicht nur, aber eben auch aus der Schwäche der systemimmanenten Widersprüche der theistischen Ideologie selbst bezieht. Der schon Tertullian zugeschriebene Ausspruch „credo quia absurdum est" macht ja nur all zu deutlich, dass letztlich die theologische Haltung vor der Vernunft resigniert hat und somit dem Atheisten und Agnostiker seine Daseinsberechtigung auch aus Sicht des Glaubens zugestanden werden muss. Was wäre der christliche Glaube außerdem wert, gäbe es nicht diese wohlbegründeten Zweifel. Er „verkäme" zur Gewissheit. Ein Glaube, der zur Gewissheit wird, ist aber kein Glaube mehr. Folglich bedarf der Glaube nach theistischer Logik sogar des ungläubigen und verdammenswerten Zweiflers – aus allerdings ganz egoistischen Gründen des eigenen Seelenheils, was wiederum seinen tatsächlichen Wert relativiert.

1.2 Ludwig Feuerbach oder der historisch bedeutsame Umschwung von der Glaubensgewissheit zur großen Ungewissheit

Seit dem Zeitalter der französischen Aufklärung gegen Ende des 18. Jahrhunderts waren für den freien Gebrauch der kritischen Vernunft endlich auch die gesellschaftlichen Rahmenbedingungen gegeben. So formierten sich innerhalb der französischen, englischen, und deutschen Philosophie mit Voltaire, Hume und Kant kritische Denker, die gegen die Inhalte der religiösen Glaubenslehren und ihre monopolistischen Ansprüche rationale und kritische Argumente entwickelten. Sie forderten zudem etwas heute Selbstverständliches, nämlich Toleranz und die

Emanzipation der Wissenschaft von der sie gängelnden Theologie. Ebenso eine Religion ohne Dogmen und eine natürliche Moral. Die Zweifel und kritischen Einwände gegen religiöse Glaubens- und Weltanschauungsvorstellungen und deren restriktiven Einfluss auf Wissenschaft und Gesellschaft mehrten sich, da nun nicht mehr Leib und Leben mit dieser Kritik in Gefahr war und die Widersprüche des religiösen Glaubenssystems immer akribischer herausgearbeitet und sichtbar wurden. Diese Gedanken- und Meinungsfreiheit war aber nichts Selbstverständliches, sondern musste unter erheblichem Widerstand der Kirchen erkämpft werden. Mit beruflichen Konsequenzen und gesellschaftlicher Ächtung, wie im Falle Fichtes oder Feuerbachs, war noch immer zu rechnen, wenn man sich öffentlich kritisch gegenüber der Kirche oder ihren Lehren äußerte. Den entscheidenden Wendepunkt vom Aufstieg der Philosophischen Theologie hin zu deren Abstieg sieht der Religionsphilosoph Wilhelm Weischedel in keinem Geringeren als Georg Wilhelm Friedrich Hegel personifiziert. „In großen Zügen kann man sagen, dass bis zu ihm hin der Aufstieg, von ihm an der Verfall der Philosophischen Theologie datieren."[279] Die wesentliche Ursache dieses Verfalls und des Scheiterns der Philosophischen Theologie sieht Weischedel in den „unausgewiesenen Voraussetzungen", auf denen sie beruht. Sie konnten einem Philosophieren – verstanden als radikales Hinterfragen – nicht mehr standhalten. Wenn Hegel der Anlass zu diesem Umschwung gewesen ist, dann insofern, als er gewisse Gegenreaktionen gegen sein spekulatives philosophisches System hervorgerufen hat. Diese bestanden darin, dass er seine Philosophie als eine Art unüberbietbaren Schlusspunkt der abendländischen Geistesgeschichte verstand und das Christentum als höchste Entwicklungsstufe der Religionen überhaupt betrachtete, womit sie mit dem Inhalt der „wahren" Philosophie quasi zusammenfällt.

Besonders der zu den oppositionellen Linkshegelianern gezählte Ludwig Feuerbach hat neben Schopenhauer und Nietzsche entscheidenden Anteil an diesem bis heute anhaltenden Umschwung, so dass wir ihm hier ein eigenes Kapitel widmen wollen. Seine anthropologische Religionskritik stellt neben dem bereits erörterten Theodizee-Problem eine weitere, sehr schwerwiegende Infragestellung der theistischen Gottesvorstellung dar. In seinem Hauptwerk „Das Wesen des Christentums" unterzieht er die Religionen (explizit das Christentum) einer tiefsinnigen und plausibel vorgetragenen anthropologischen Kritik, indem er sie auf das „Wesen" des Menschen zurückführt und gleichzeitig eine quasi tiefenpsychologische oder psychoanalytische Auswertung des menschlichen Wesens und der daraus entstehenden religiösen Vorstel-

---

[279]   Weischedel, Wilhelm: Der Gott der Philosophen, 1998, S. 495.

lungen vornimmt.[280] Erfrischend ist, dass Feuerbach seinen Atheismus nicht als etwas Böses, Verwerfliches, Sinnleeres oder Negatives sieht, sondern als etwas Bejahendes und Positives. „Der Atheismus ist... positiv, bejahend; er gibt der Natur und der Menschheit die Bedeutung, die Würde wieder, die ihr der Theismus genommen."[281] Weiter: „Mein Atheismus ist nur der zum Bewusstsein gebrachte, ehrliche, unumwundene, ausgesprochene, unbewusste und tatsächliche Atheismus der modernen Menschheit und Wissenschaft."[282] Feuerbach ist aber nicht nur ein radikaler Zertrümmerer, als Ausgleich für den von ihm anthropologisch entlarvten Theismus will er „an die Stelle der Gottesliebe die Menschenliebe als die einzige wahre Religion setzen, an die Stelle des Gottesglaubens den Glauben des Menschen an sich."[283]

Die Ursache aller Religion sieht Feuerbach in der Psyche des Menschen begründet. Er deutet sie daher vom psychologischen, ja beinahe schon psychoanalytischen Standpunkt, wobei er nicht die Ratio, sondern die menschliche Gefühlsseite, die Affekte und Emotionen, als das eigentliche Agens allen religiösen Denkens ansieht. „Was der Mensch nicht wirklich ist, aber zu sein wünscht, das macht er zu seinem Gotte oder das ist sein Gott."[284] Wie Schopenhauer, so sieht auch Feuerbach das eigentlich Betrügerische der Religion darin, dass sie den Schein der Wirklichkeit, nämlich die ihr eigenen bildhaften Erzählungen für Wirklichkeit ausgibt. Damit zusammenhängend ist ein gewisser Egoismus des Menschen als Grundprinzip der Religion und Theologie ersichtlich: „Denn wenn die Anbetungs- und Verehrungswürdigkeit, folglich die göttliche Würde eines Wesens einzig abhängt von der Beziehung desselben auf das Wohl des Menschen, wenn nur ein dem Menschen wohltätiges, nützliches Wesen ein göttliches ist, so liegt ja der Grund von der Gottheit eines Wesens einzig im Egoismus des Menschen, welcher alles nur auf sich bezieht und nur nach dieser Beziehung schätzt."[285]

Aufgrund der Beschäftigung mit dem französischen Philosophen Pièrre Bayle (1647–1706) verschärfte sich Feuerbachs ablehnende Einstellung gegenüber religiösen Anschauungen noch mehr. Bayle war ein früher Vertreter der These, dass Glaube und Wissen unüberbrückbare Ge-

---

[280]   Die Zeit war noch nicht reif, aufgrund naturwissenschaftlicher Erkenntnisse begründete Zweifel an den bestehenden theistischen Vorstellungen zu üben. Darwins „Entstehung der Arten..." als erste wirkliche naturwissenschaftliche Infragestellung der biblischen und christlichen Schöpfungsvorstellungen (nach der Widerlegung des Geozentrismus durch Kopernikus u. a.) kam erst 1859 heraus.

[281]   Bolin, Wilhelm und Jodl, Friedrich (Hrsg.): Ludwig Feuerbach, Sämtliche Werke, Band 8, Stuttgart, 1959-1964, S. 357.

[282]   Bolin und Jodl: a.a.O., 1959-1964, Band 10, S. 345.

[283]   Bolin und Jodl: a.a.O., 1959-1964, Band 8, S. 359.

[284]   Bolin und Jodl: a.a.O., 1959-1964, S. 293.

[285]   Bolin und Jodl: a.a.O., 1959-1964, S. 78.

gensätze darstellen und dass widerspruchsfreie religiöse Erkenntnis gar unmöglich sei. Bayles Verdienst war es, unter Hinweis auf die geschichtlichen Erfahrungstatsachen darzulegen, dass Atheisten nicht unmoralischer sind als Christen, die im Namen Gottes schlimme Verbrechen begangen haben und noch begehen. Darüber hinaus postulierte er sogar einen schädlichen Einfluss der Religion auf den Menschen, wenn sie etwa gewollt oder ungewollt Hass gegenüber Andersgläubigen fördert. Wenn wir uns sowohl die Geschichte der monotheistischen Offenbarungsreligionen als auch die nach wie vor andauernden weltweiten Konflikte, welche religiöse Differenzen als Ursache haben, vergegenwärtigen, so kann diesem Gedanken nur schwer widersprochen werden.

Über Bayle hinausgehend will nun Feuerbach beweisen, „dass der Inhalt und Gegenstand der Religion ein durchaus menschlicher ist" und „dass das Geheimnis der Theologie die Anthropologie, des göttlichen Wesens das menschliche Wesen ist."[286] Als die neue Wissenschaft, die für sich beansprucht, dies zu leisten, bezeichnet er die „Psychologie, als Wissenschaft vom natürlichen Menschen." Der zentrale Begriff der Feuerbachschen Philosophie ist die „Anthropologie". Der Mensch einschließlich seiner aus der Natur abgeleiteten Eigenschaften wird dabei als das primär Gegebene gesetzt und somit gleichzeitig alles Metaphysische, wie Gott, Unsterblichkeit, Seele etc. als etwas vom Wesen des Menschen Projiziertes relativiert.[287] Diese Deutung des Phänomens Religion, bei der das Wesen des Menschen in idealisierter Weise auf transzendente Welten und Götter übertragen wird, wird deshalb auch als „Projektionstheorie" bezeichnet. Damit aber ist nicht Gott der Kreator, der Welt und Mensch erschaffen hat, sondern vice versa erschafft sich der Mensch seine Götter und seine Religionen, wobei die Merkmale seiner eigenen Natur, seines eigenen Wesens, wie der Wunsch nach Unsterblichkeit, Liebe, Frieden, etc. in die Religion bzw. auf die Gottesvorstellung projiziert wird. Die Projektionen des eigenen menschlichen Wesens auf ein göttliches wird aber bestimmt und limitiert durch die Gattung, denn „der Mensch kann nun einmal nicht über sein wahres Wesen hinaus. Wohl mag er sich vermittels der Phantasie Individuen anderer, angeblich höherer Art vorstellen, aber von seiner Gattung, seinem Wesen,

---

[286] Feuerbach, Ludwig: Das Wesen des Christentums, 1969, Kapitel 28.

[287] Feuerbach, Ludwig: a.a.O., 1969: „Der Charakter der Religion ist die unmittelbare, unwillkürliche unbewusste Anschauung des menschlichen Wesens als eines anderen Wesens. Dieses gegenständlich angeschaute Wesen aber zum Objekt der Reflexion, der Theologie gemacht, so wird es zu einer unerschöpflichen Fundgrube von Lügen, Täuschungen, Blendwerken, Widersprüchen und Sophismen" (S. 323) „Gott ist und hat alles, was der Mensch, aber in unendlich vergrößertem Maßstabe." (S. 324) Oder: „Alle Prädikate, alle Bestimmungen des göttlichen Wesens sind grundmenschliche." (S. 335) „Die Persönlichkeit Gottes ist selbst nichts anderes als die entäußerte, vergegenständlichte Persönlichkeit des Menschen." (S. 340)

kann er nimmermehr abstrahieren; die Wesensbestimmungen, die positiven letzten Prädikate, die er diesen anderen Individuen gibt, sind immer aus seinem eigenen Wesen geschöpfte Bestimmungen – Bestimmungen, in denen er in Wirklichkeit sich selbst abbildet und vergegen-
ständlicht."[288] „Wie der Mensch denkt, wie er gesinnt ist, so ist sein
Gott." So viel Wert der Mensch hat, so viel Wert und nicht mehr hat sein
Gott. Das Bewusstsein Gottes ist somit nichts anderes als „das Bewusstsein des Menschen, die Erkenntnis Gottes somit die Selbsterkenntnis des
Menschen…" Die Durchführung des wissenschaftstheoretischen Kon-
zepts des Werkes besteht also darin zu beweisen, dass die christlichen
Dogmen psychologisch bzw. „genetisch-kritisch" auf anthropologische
Inhalte zurückzuführen sind. Der Mensch vermag dabei nicht über den
Horizont seines Wesens (Gattung) hinauszusehen, sondern trifft überall
nur auf sich selbst, wobei sich allerdings der religiöse Mensch nicht be-
wusst ist, dass sein Bewusstsein von Gott Selbstbewusstsein des eigenen
Wesens ist. Auch befreit sich der Mensch in der Religion von den
Schranken der Natur, wie z. B. der Sterblichkeit, die im Christussymbol
und im Auferstehungsglauben überwunden ist. Christus verkörpert als
Individuum die Gattung und ist somit die Anthropomorphisierung der
Gattung als unsterblicher Gott.

Als die eigentliche Aufgabe von Feuerbachs Hauptwerk kann somit
der Versuch gesehen werden, zu zeigen, dass den übernatürlichen Mysterien der Religion ganz einfache und natürliche Wahrheiten zugrunde
liegen. Die Religionen arbeiten dabei, wie schon erwähnt, stark mit Hilfe
von Bildern und von für jeden leicht verstehbaren Allegorien, die jedoch
für die Glaubensgemeinde als seligmachende Glaubenswahrheiten anzunehmen sind. Hier sieht Feuerbach auch einen essentiellen Unterschied zur Philosophie, welche nicht „dramatisch" fungiert, sondern rein
abstrakt, während das Gefühl „das wesentliche Organ der Religion" ist.
Hexen, Kobolde, Teufel, Gespenster und Engel sind solche illusionäre
Personifikationen unserer Gemütsverfassung.

Indem Feuerbach die Geheimnisse des Glaubens als Setzungen des
menschlichen Verstandes lüftet, setzt er (Kap. 3, „Gott als Wesen des
Verstandes") den Verstand an die erste Stelle und ordnet ihm alle Religion und alle Vorstellungen über Gott unter. Über dem Wesen Gottes
steht die höhere Macht der Vernunft als das eigentliche *ens realissimum*.
Gott wird also zu einem Produkt des Verstandes degradiert. Die Vernunft und deren Gesetze stehen über Gott, dessen Sosein von diesen
Kriterien abhängig ist, je nach rationaler Entwicklungsstufe einer Kultur.
Wie der Mensch dabei seine tiefsten Sehnsüchte und Wünsche in seinen
Glauben projiziert, wird dabei in seinem Kapitel, „Der christliche Himmel oder die persönliche Unsterblichkeit" aufgezeigt. Feuerbach geht

---

[288]   Feuerbach, Ludwig: a.a.O., 1969, S. 51.

hier von der Annahme aus, dass „das Interesse, dass Gott ist", eins sei mit dem Interesse, „dass ich ewig bin." „Gott ist die meinen Wünschen und Gefühlen entsprechende Existenz, er ist der Gerechte, der Gütige, der meine Wünsche erfüllt." Da nun die „Unsterblichkeit die Schlusslehre der Religion" ist, ist der Glaube an Gott somit nichts anderes als der Glaube an die eigene Unsterblichkeit, die eben von diesem Gott unter gewissen Bedingungen garantiert werden soll. Der Gläubige selbst macht die Existenz Gottes von der eigenen ewigen Existenz abhängig, indem er spricht: Wenn ich nicht ewig bin, so ist Gott nicht Gott. Diese Abhängigkeit der Existenz Gottes von unserem Wunsche nach Unsterblichkeit ist für Feuerbach der Beweis dafür, dass Gott und Himmel beides letztendlich dasselbe sind, ja dass somit der Himmel oder der Wunsch nach einem ewigen Leben der „Schlüssel zu den innersten Geheimnissen der Religion sind." Der Himmel, so Feuerbach, ist nichts weiter als eine „Blumenlese aus der Flora dieser Welt." „Was der Mensch schön, gut, angenehm findet, das ist für ihn das Sein, welches allein sein soll, also sein Himmel. Ursprünglich, so meint Feuerbach, drückt das Jenseits bei den rohesten untersten Stufen der Religion nichts weiter als Heimweh aus. Der Tod trennt den Menschen von den Seinigen, von seinem Volke, von seinem Lande. Aber der Mensch, der sein Bewusstsein nicht erweitert hat, also der „Wilde", kann es in dieser Trennung nicht aushalten, er muss wieder zurück in sein Heimatland. Bei den Christen sind es zwar nicht mehr „die ewigen Jagdgründe", hier handelt es sich eben um das Paradies nach biblischer Vorstellung. „Wie Gott nichts anderes ist als das Wesen des Menschen, gereinigt von dem, was dem menschlichen Individuum, sei es nun im Gefühl oder Denken, als Schranke, als Übel erscheint: so ist das Jenseits nichts anderes als das Diesseits, befreit von dem, was als Schranke, als Übel erscheint." Das Jenseits ist somit nichts als „das Diesseits im Spiegel der Phantasie, das im Bilde angeschaute, von aller groben Materie gereinigte, verschönerte Diesseits." Dieses schönen Scheines wegen flüchtet sich der religiöse Mensch in die Religion, aber gleichsam trennt er sich in dieser von sich selbst, indem er sich verneint, indem er sich als nichtig und sündig betrachtet, aber nur um sich neu zu bestimmen, und zwar jetzt in verherrlichter Gestalt. Wie also der Glaube an Gott „nur der Glaube an das abstrakte Wesen des Menschen ist, so ist der Glaube an das Jenseits nur der Glaube an das abstrakte Diesseits. Aber der Glaube an das Himmelreich ist eins mit dem Glauben an Gott – es ist derselbe Inhalt in beiden – Gott ist die reine, absolute, von allen Naturschranken entledigte Persönlichkeit: er ist… das menschliche, und zwar subjektiv menschliche Wesen in seiner absoluten Freiheit und Unbeschränktheit."[289] Folglich ist also die Beziehung des Menschen zu Gott nichts anderes als der personifizierte

---

[289] Feuerbach, Ludwig: a.a.O., 1969, S. 283.

Wunsch nach Heil und Erlösung. Der Zweck der Religion ist das Wohl, das Heil des Menschen, womit Feuerbach gleichzeitig nachgewiesen hat, dass der wesentliche Standpunkt der Religion ein praktischer ist, ganz im Gegensatz zur Philosophie, in der theoretische Überlegungen vorherrschen müssen, unabhängig vom subjektiven Empfinden und den Wünschen des Einzelnen.

Als den größten Feind der Religionen sieht Feuerbach die Sinnenwelt wie sie uns alltäglich und ganz natürlich umgibt. Sie trennt Gott vom Menschen, Jenseits von Diesseits, Wunsch von Realität. Doch auch hier behilft man sich mit einem Kunstgriff, indem die Wirkungen der Natur und sie selbst zu Wirkungen Gottes gemacht werden, was aber letztendlich mit dem natürlichen Verstande unvereinbar ist. Somit aber ist Gott letztlich nur „der den Mangel an Theorie und Wissen ersetzende Begriff."[290] Das Mittel, mit dem dieser offensichtliche Widerspruch zwischen Wunschwelt und den Wirkursachen der Realität bzw. der Sinnenwelt zu überspringen versucht wird und mit dem der direkte Kontakt zu Gott hergestellt werden soll, ist das Gebet. Als übernatürliches Mittel versucht es, natürliche Zwecke zu erreichen, seine Macht also ist das Wunder. Das Wunder wiederum liegt aber bereits in der Grundanschauung der Religion, indem nämlich Gott die übernatürliche und unmittelbare Ursache aller Dinge ist. Wunder sind aber, und das wollte Feuerbach aufzeigen, nicht Realität, sondern sind Erscheinungen des Affektes, in dem sich das Innerste des Menschen offenbart. Und gerade eben daraus, dass das Wunder der höchste Grad des geistlichen oder religiösen Egoismus ist, indem alle Dinge dem notleidenden Menschen zu Diensten stehen, erhellt sich, dass die wesentliche Weltanschauung der Religion die Anschauung vom praktischen oder subjektiven Wesen des Menschen ist, und zwar ein solches, das den Mangel und das Bedürfnis der theoretischen Anschauung ersetzt, somit also kein Gegenstand der Vernunft oder des Erkennens sein kann. Somit dient also Feuerbach das Wunder (als Produkt des Affektes) als ein weiterer Beleg dafür, dass Religion etwas Praktisches und Subjektives, nicht etwas Objektives oder Reales sei. Das Gleiche gilt auch für Gott, da dieser mit dem Wunder gleichgesetzt wird: Gott ist das ursprüngliche und eigentliche Wunder. Wie aber kommt es zu dem Wunderglauben? Weil die Religion als emotionales und irrationales Phänomen nichts weiß, bestimmt sie das ihren Auge verborgene allgemeine Wesen der Natur und der Menschheit zu einem wunderbaren, übernatürlichen Wesen. Die Welt ist der Religion ein Nichts und somit weiß sie nichts von den Freuden des Naturforschers, des Denkers (Philosophen), des Künstlers. Gott ist ihre affektive Antwort auf Fragen, die sie intellektuell und rational nicht beantworten kann. Feuerbach äußert sich im 23. Kapitel diesbezüglich

---

[290] Feuerbach, Ludwig: a.a.O., 1969, S. 295.

noch weitaus radikaler. „Je beschränkter der Gesichtskreis des Menschen, je weniger er weiß von Geschichte, Natur, Philosophie, desto in-
niger hängt er an seiner Religion... Darum hat auch der Religiöse kein
Bedürfnis der Bildung in sich. Warum hatten die Hebräer keine Kunst,
keine Wissenschaft wie die Griechen? – Weil sie kein Bedürfnis danach
hatten. Und warum hatten sie kein Bedürfnis? Jehova ersetzte ihnen das
Bedürfnis", indem er der Inbegriff aller Schätze und Kostbarkeiten, aller
Wissens- und Denkwürdigkeiten war. Religiöse Phantastereien und
mystische Gottesvorstellungen bringen auf die eigentlichen Fragen, die
die Menschen bewegen, immer nur bildhaft naive, dabei auch immer
nur vorläufige und mit zunehmender wissenschaftlicher Entwicklung
immer zweifelhafter werdende Antworten.

   Kommen wir zum letzten Beispiel Feuerbachscher Religionskritik,
„Der Widerspruch von Glaube und Liebe". Schon anhand der Kapitel-
überschrift ist zu ersehen, dass Feuerbach nicht wie der religiöse Mensch
den Glauben aus der Liebe zu Gott oder umgekehrt die Liebe zu Gott
aus dem Glauben ableitet und beide Begriffe als untrennbar miteinander
verbindet, sondern vielmehr religiösen Glaube und Liebe als zwei ursprünglich selbständige und getrennte Entitäten postuliert, die sogar bei
näherem Hinsehen miteinander im Widerspruch stehen. Da der religiöse
Glaube in Wahr und Falsch scheidet und naturgemäß nur sich selbst die
Wahrheit zueignet, ist er seiner Natur nach ausschließend. Damit aber
beschränkt, borniert der Glaube den Menschen. Er nimmt ihm die Fähigkeit, das andere, das von ihm Unterschiedene nach Gebühr zu schätzen. Der Glaube ist somit aber auch in sich selbst befangen und besitzt
deshalb für nach Erkenntnis strebende, unabhängige und philosophisch
veranlagte Freigeister eine restriktive Eigenschaft. Dabei ist der religiöse
Glaube, verglichen mit dem philosophischen oder wissenschaftlichen
Dogmatismus, den es freilich auch gibt, noch wesentlich unfreier, da er
seine Sache zu einer Sache des Gewissens, ja sogar zu einer von der Seligkeit abhängenden Sache erklärt. Damit wird der Glaube zu einem bestimmten Glauben, woraus Feuerbach folgert, dass es im Wesen des
Glaubens liegt, zum Dogma erhoben zu werden. Aber wie wir wissen,
liegt auch das Verdammen im Wesen des Glaubens. Der Gläubige hat
Gott für sich, der Ungläubige gegen sich. Was aber Gott gegen sich hat,
ist nichtig und somit verdammt. Da somit der Glaube die Ungläubigen
letztendlich verstößt und gut nur zu den Gläubigen ist, liegt also auch
das Wesen des Verdammens und somit ein „böses Prinzip" im Glauben,
aus dem eine feindselige Gesinnung entspringt, wie anhand der christlichen Glaubensgeschichte mit Genoziden, Hexenverbrennung, Inquisition und Judenpogrome zu ersehen ist. Der Satz „liebet eure Feinde" ist
deshalb für Feuerbach eine Farce und bezieht sich nur auf persönliche
Feinde, aber nicht auf die öffentlichen Feinde, die Feinde des Glaubens
bzw. die Feinde Gottes. Somit – und dies ist ein ebenfalls schwerwie-

gender, aber nicht unbegründeter Vorwurf gegen den religiösen Glauben – hebt der Glaube die naturgemäßen Bande der Menschheit auf. Auch hier weist Feuerbach auf die Identität zwischen Glauben und Gott hin, denn beides ist letztendlich ein und dasselbe: Was Gott verdammt, verdammt auch der Glaube, und umgekehrt.

Neben den von Feuerbach anthropologisch hinterfragten Voraussetzungen des religiösen Glaubens gibt es aber auch noch formal-logische Widersprüche, die mit der theologischen Rechtfertigung des Glaubens verbunden sind. In einem kurzen Exkurs soll an dieser Stelle kurz darauf eingegangen werden. Nach katholischer Auffassung ist der religiöse Glaube ein von Gott gnadenvoll offenbartes Für-Wahr-Halten des göttlich Offenbarten. So heißt es nach der Lehre des 1. Vatikanums gemäß Augustinus: „Glaube ist die übernatürliche Tugend, durch die wir mit Beistand und Hilfe der göttlichen Gnade das von Gott Geoffenbarte für wahr halten, nicht weil wir mit dem Lichte der natürlichen Vernunft seine Wahrheit durchschauen, sondern wegen der Autorität Gottes, der es offenbart hat und der weder irren noch in Irrtum verfallen kann."[291] Der aufmerksame Leser erkennt natürlich sofort die darin enthaltene Problematik. Denn in der Tat: Hier beißt sich die Katze in den Schwanz oder – philosophisch ausgedrückt – es handelt sich hierbei um eine Petitio Principii, einen Zirkelschluss, der das zu Beweisende in der Prämisse bereits als gegeben voraussetzt. Denn das, was geglaubt bzw. für wahr gehalten wird, aber erst bewiesen werden soll, nämlich das „von Gott Geoffenbarte", basiert auf der „göttlichen Gnade" und der „Autorität Gottes" und setzt somit die Existenz Gottes bereits voraus, die aber doch erst am Ende durch die Argumentation bewiesen werden sollte. Denn wenn wir aufgrund der Gnade und der Autorität Gottes an ihn glauben, so heißt dies notwendig, dass er zuvor bereits existieren muss; genau das aber ist ja erst noch die Frage, die zu belegen man sich anschickt. Die Conclusio des Beweises wird somit unzulässigerweise in der Prämisse bereits vorausgesetzt. Gelänge ein wirklicher Beweis für die Existenz Gottes (ein Unterfangen, das Kant überzeugend als nicht möglich dargelegt hat), so wäre es kein Glaube mehr, sondern ein Wissen und jeder der wider besseres Wissen handeln und glauben würde, wäre ein Narr. Auch Thomas von Aquin bediente sich dieser eigenartigen theologischen Logik, die für das religiöse Denken Sonderrechte beansprucht: „Da nämlich der Glaube sich auf die unfehlbare Wahrheit stützt und da der Wahrheit Entgegengesetztes unmöglich zu beweisen ist, so ist es klar, dass die Beweismittel, die gegen den Glauben hervorgebracht

---

[291]   Zitiert nach Hoffmeister: Wörterbuch der philosophischen Begriffe, 1955, S. 273.

werden, keine strengen Beweise sind, sondern widerlegliche Gründe."[292] Man ersetze einfach „Glaube" durch „Unglaube" bzw. „Atheismus" oder denke ihn als buddhistischen, moslemischen, hinduistischen... Glaube und schon zeigt sich die Beliebigkeit dieser Aussage, deren unübersehbares Manko es ist, dass sie von einer „unfehlbaren Wahrheit" ausgeht, die jede der genannten Positionen ebenso für sich zu beanspruchen berechtigt wäre. Wenn das die Beweisgänge der besten theologischen Köpfe sind, welche die christliche Theologie hervorgebracht hat, auf welche sich die Katholische Kirche auch heute noch beruft, dann kann dies nur als intellektuelles Armutszeugnis bezeichnet werden.

Das zweite Vatikanische Konzil spricht davon, „dass Gott... mit dem natürlichen Licht der menschlichen Vernunft... durch Offenbarung von allen leicht, mit sicherer Gewissheit und ohne Beimischung von Irrtum erkannt werden kann." Warum also gibt es auf der ganzen Welt dann nicht bloß rechtgläubige Katholiken? Warum gibt es so viele sich gegenseitig eingrenzende und negierende Religionen, die demgemäß alle, außer dem jeweils eigenen, z. B. dem katholischen Glauben, irren? Widerlegt nicht schon alleine die Existenz der zahlreichen unterschiedlichen Glaubenssysteme ihre eigenen Wahrheitsansprüche ohne jegliches Hinzutun irgendwelcher skeptischer naturwissenschaftlicher oder philosophischer Einwände? Streng genommen bedarf es doch gar keiner philosophischen Einwände mehr. Während sich moderne philosophische Systeme innerhalb einer dynamisch oder evolutionär voranschreitenden Erkenntnisdynamik der menschlichen und somit speziell auch der philosophischen Fallibilität bewusst sind, praktizieren insbesondere monotheistische Glaubenssysteme noch immer einen dogmatischen, monopolistischen und vor allem prinzipiell retrospektiv und statisch ausgerichteten Glauben, der sich häufig nicht einmal seiner prinzipiellen Unausgewiesenheit und Widersprüchlichkeit bewusst wird, weil er nicht bereit ist, sich einer konsequenten, auch vor sakrosankten Glaubenswahrheiten nicht Halt machenden Selbstreflexion unter wissenschaftlichen bzw. kritisch-theologischen Voraussetzungen zu unterziehen. Die Gefahr, im Glauben schwankend oder gar abfällig zu werden, wäre einfach viel zu groß und schließlich kann nicht sein, was nicht sein darf. So kommt es, dass diese Art des Glaubens unter Ausschaltung jeglicher kritischer und intellektueller Selbstreflexion auch noch als Tugend gepriesen wird. Dabei sind gerade religiöse Glaubensideologien weit mehr als die nach strengen Kriterien erarbeiteten wissenschaftlichen Erkenntnisse von der Möglichkeit der Fallibilität betroffen. Die im Laufe der Philosophiegeschichte heute eingesehene und zugegebene Fehlbarkeit aller menschlichen Vernunft und das Selbstverständnis der dagegen göttli-

---

292   Bernhart, Joseph (Hrsg.): Thomas von Aquin. Summe der Theologie, 1. Band, Gott und Schöpfung. Leipzig, 1938.

chen und somit nicht fehlbaren irrtumsfreien Offenbarungsreligionen
verdeutlichen somit wiederum den eigentlichen Gegensatz zwischen
rationaler Philosophie und einem auf Affekten beruhenden religiösen
Glauben, der in seiner dogmatischen Abschottung gegenüber Logik,
Wissenschaftlichkeit (historisch-kritische Methode der Bibelexegese) und
philosophischen Argumenten zum blinden Glauben verkommt, dabei
aber in einer unglaublichen Anmaßung sich nicht davor scheut, seine
Glaubenswahrheiten als Unfehlbarkeiten und ewige Wahrheiten zu ver-
äußern. Der Aspekt, dass auch religiöse Glaubenssysteme kulturabhängige Produkte menschlichen Denkens sind und somit auch mit dessen
Schwächen und Irrtümer verhaftet sind, wird a priori negiert oder nicht
einmal ins Kalkül gezogen. Die seitens der christlichen Kirchenangeführ-
te bloße Existenz der Kirche kann als zureichende Glaubenslegitimation
nicht ernst genommen werden. Auch nicht ihre „bewundernswürdige
Ausbreitung", ihre „außerordentliche Heiligkeit" und „unerschöpfliche
Fruchtbarkeit an allen Gütern", weder die „katholische Einheit" noch die
„unbesiegbare Stabilität" können außerhalb des eigenen religiösen und
theologischen Denkens überzeugen. Die „bewundernswürdige Ausbreitung" erfolgte durch die zu Hilfenahme des Schwertes und die behauptete „Heiligkeit", „Fruchtbarkeit an Gütern", „Unbesiegbarkeit" usw.
sind wiederum Aussagen, welche bereits den Glauben voraussetzen und
somit eben nicht diesem bewahrheitend vorausgehen können. Außerdem sollte der geisteswissenschaftlich geschulte Theologe, der in seinem
Nachdenken über Gott und die Welt von meist nur zwei bis drei Jahrtausenden ausgeht, in Erwägung ziehen, dass auch die großen monotheistischen Offenbarungsreligionen und deren Götter dem Prozess des
Werdens und Vergehens unterliegen könnten. Was sind schon zweitausend Jahre innerhalb der gesamten Menschheitsgeschichte? Viel ist in
den Jahrmillionen vorher passiert und viel wird noch danach geschehen.
Wer kann schon voraussagen, ob in den nächsten zweitausend Jahren
die Menschheit überhaupt noch auf diesem Planeten existieren wird.
Wenn ja, ob dann die heutigen Religionen angesichts eines hyperboli-
schen Anwachsens an wissenschaftlichen und gesellschaftlichen Veränderungen bis dorthin noch existieren oder vielleicht sogar ganz verschwunden sein werden. Was spricht aus rationaler Sicht dagegen, dass
man in zweitausend Jahren über den Islam, das Judentum und das
Christentum mit gleicher Nüchternheit und Distanziertheit sprechen
wird wie wir heute über die polytheistische Religion der griechischen
und römischen Antike sprechen? Vielleicht wäre mit der Auflösung der
großen Weltreligionen auch eine friedvollere Welt verbunden, weil die
mit ihnen verbundenen permanenten Konflikte und Kriege ebenfalls
verschwunden sein werden. Vielleicht wird sich dann die neutestamentliche, nur auf die christlichen Glaubensbrüder und -schwestern sich er-
gießende Liebe zu einer alle Kulturen, Rassen und Religionen übergrei-

fenden universellen Liebe weiterentwickelt haben, die Andersgläubige nicht verdammt oder für sie die Hölle bereithält.

Mit dieser idealistischen Wunschvorstellung sind wir wieder bei Feuerbach angekommen. Denn auch er setzt dem als fragwürdig und problematisch dargelegten religiösen Glauben die natürliche Liebe entgegen. Sie ist für ihn von freier Natur im Gegensatz zum engherzigen und beschränkten Glauben. Er hat die Hölle erfunden und nicht die Liebe oder die Vernunft. Der Liebe ist die Hölle gar ein Gräuel und der Vernunft ist sie blanker Unsinn. Der weitverbreiteten Auffassung, dass nur im Christentum die wahre Liebe zu finden und zu erfahren sei, tritt Feuerbach im „Das Wesen des Christentums", Kapitel 27 („Der Widerspruch von Glaube und Liebe") mit dem gegenteiligen Beweis entgegen, indem er historisch aufzeigt, was im Namen dieser vermeintlichen Liebe für unzählige und grausame Verbrechen an der Menschheit begangen wurden. Für Feuerbach geht der Glaube notwendig in Hass und der Hass notwendig in Verfolgung über, wo die Macht des Glaubens keinen Widerstand in der Liebe, im Humanismus findet. Die Liebe und Moral, die dennoch im Glauben steckt und diesen reguliert, entstammt keineswegs dem Glauben selbst, sondern ist eine von diesem unabhängige Macht, die ihm seine Gesetze gibt. Somit flößt der Glaube den Menschen auch keine wirklich sittliche Gesinnung ein, denn bessert er den Menschen und hat er moralische Gesinnung zur Folge, so kommt dies nur aus der inneren, vom religiösen Glauben aber unabhängigen Überzeugung von der unumstößlichen Wahrheit der Moral. Das Christentum hat somit die Liebe nicht freigegeben, nicht freigeben können, weil es Religion ist, d. h. weil diese die Liebe der Herrschaft des Glaubens unterwirft. Eine durch den Glauben beschränkte Liebe ist aber eine unwahre Liebe. Die wahre Liebe bedarf nicht der Weihe des Glaubens, kennt keine Gesetze und ist göttlich durch sich selbst. Liebe, durch den Glauben gebunden, ist eine scheinheilige und sich selbst widersprechende Liebe, denn sie birgt latent auch den Hass des Glaubens in sich und ist nur so lange gut, wie der Glaube nicht verletzt wird. Ja sie geht sogar so weit, dass sie die Handlungen des Hasses, wie z. B. die Verfolgungen Andersdenkender, die um des Glaubens wegen geschehen sind, sogar als Handlungen der Liebe auslegt. Auch in der Bibel ist dieser Widerspruch vorhanden, wenn die Liebe einerseits begnadigt, aber durch den Glauben verdammt. Auch die Bibel kennt nur die auf den Glauben begründete Liebe. Die reine naturgegebene Liebe (gegenüber Verwandten, Freunden, dem anderen Geschlecht usw.) ist vom Glauben unabhängig, sie ist ihrem eigentlichen Wesen nach „ungläubig", so wie andererseits der Glaube an sich lieblos ist. Somit wird auch die christliche Liebe nach Feuerbach so lange eine lieblose Liebe bleiben, bis sie dazu in der Lage ist, den Unterschied zwischen Christentum und Heidentum (Atheismus) aufzuheben.

Zudem ist die wahre Liebe sich selbst genug und nicht an eine Person (Jesus, Mohammed, Moses), Autorität (Gott, Allah, Jahwe) oder Institution gebunden. Feuerbach versteht die Liebe als „universelles Gesetz der Natur", und so war auch die Liebe Jesu Christi nur eine abgeleitete. Er liebte nicht kraft einer Vollmacht, sondern kraft der Natur der Menschheit. Stützt sich die Liebe dagegen auf eine Person (im Christentum auf Jesus Christus), so ist die Liebe eine besondere und geht nur so weit als die Anerkennung dieser Person geht. Den Beweis dafür, dass wir nicht wegen Christus lieben, sondern kraft unserer menschlichen Natur, sieht Feuerbach historisch alleine schon darin begründet, dass die Liebe als Gefühl wie als ethische Richtschnur keineswegs nur mit dem Christentum und durch dasselbe in das Bewusstsein des Menschen kam. Zwar verschwanden mit dem gemeinsamen Glauben an das Christentum die Nationaldifferenzen, an deren Stelle jedoch traten heftiger als alle nationalen Gegensätze die Glaubensdifferenzen, der Gegensatz von christlich und unchristlich, gegenwärtig insbesondere der Gegensatz von islamisch und unislamisch (i.e. ungläubig).

Trotz aller realistischen und religionskritischen Grundeinstellung steckt auch in Feuerbachs Denken ein Rest an Religiosität bzw. Metaphysik, der im Vergleich zu Nietzsche deshalb auch nicht gleich die Umwertung aller Werte forderte oder das Mitleid als dekadente Eigenschaft des leidend gewordenen religiösen Menschen betrachtete. Feuerbachs metaphysische Überzeugung besteht darin, dass er eine Unendlichkeit der Gattung wie auch eine Unendlichkeit der Natur postuliert. So ist für ihn Religion „das Bewusstsein des Unendlichen", demgemäß von ihm auch die Basis der Religion, nämlich der Mensch, als unendliches Wesen begriffen wird. Religion sei demnach „das Bewusstsein des Menschen von seinem… nicht endlichen, beschränkten, sondern unendlichen Wesen."[293] Von diesem Gedanken her begründet Feuerbach die Projektion des menschlich unendlichen Wesens auf ein spekulativ göttliches unendliches Wesen. Genau an diesem Punkt zeigt sich, dass Feuerbach die Überwindung der Metaphysik nicht gänzlich gelang. Denn das menschliche Wesen als unendlich zu bezeichnen, ist selbst wiederum eine metaphysische Annahme. Zwar tritt Feuerbach dafür ein, „dass wir bei der Natur als dem letzten Grund unserer Existenz stehen bleiben müssen, dass alle über die Natur hinausgehenden Ableitungen derselben von einem nichtnatürlichen Wesen nur Phantasien oder Selbsttäuschungen sind", jedoch setzt auch er die Natur metaphysisch und spekulativ als unendlich voraus, weil er von der Unendlichkeit und Nichtgeschaffenheit der Welt überzeugt war. Dass das Universum irgend-

---

[293]   Zitiert nach Weischedel, Wilhelm: Der Gott der Philosophen, 1998, S. 399f.

wann einen wirklichen Anfang gehabt haben könnte, betrachtet Feuerbach als eine „sinn- und bodenlose Einbildung."[294]

Nach dem Aufruf Kants, „Habe Mut, dich deines *eigenen* Verstandes zu bedienen", als „Wahlspruch der Aufklärung", die von ihm als „Ausgang des Menschen aus seiner selbst verschuldeten Unmündigkeit" definiert wird,[295] wird mit der Selbstbefreiung des Verstandes von der klerikal gesteuerten Gängelung mittels theistischer Glaubensvorgaben bei Feuerbach ernst gemacht und die irrationalen und latenten Komponenten und Motivationen der Religion werden schonungslos aufgedeckt. Feuerbachs Kritik und Projektionsthese besteht in ihren Grundzügen darin, dass sich jegliches religiöse Bewusstsein seine tradierten Inhalte letztlich selbst auf Grundlage eines unbewusst vorhandenen Agens, nämlich der Natur bzw. des innersten Wesens des Menschen, selbst zurechtgeformt hat. Somit ist eine Reduktion der Religion auf anthropologische und psychologische Ursachen gegeben, die für offene und unvoreingenommene Geister durchaus hohe Plausibilität besitzt.

Mit Feuerbach also kam der Atheismus in Deutschland zu seiner Vollendung, indem er erstmals ungeschminkt und ohne Rücksicht auf gesellschaftliche Konventionen und Sanktionen das analytisch herausarbeitet und ausspricht, was bis dahin als Blasphemie verurteilt worden wäre. Für Marx war mit Feuerbach die Kritik der Religion in Deutschland beendet und die Kritik an der Religion war ihm Voraussetzung aller Kritik. Je näher wir uns der Gegenwart nähern, desto selbstverständlicher wird jene Kritik. Mitte des 20. Jahrhunderts war für Heidegger ein Gott, „der sich seine Existenz erst beweisen lassen muss, am Ende ein sehr ungöttlicher Gott...", zu dem der Mensch weder beten noch ihm opfern kann. „Vor der Causa sui kann der Mensch weder aus Scheu auf die Knie fallen, noch kann er vor diesem Gott musizieren und tanzen."[296] Auch Heidegger steht der theistischen oder spezifisch christlichen Theologie eher skeptisch gegenüber, da er im Glauben immer ein Moment ursprünglicher Gewissheit enthalten sieht, das dem Philosophieren fremd sein muss: „Die Unbedingtheit des Glaubens und die Fragwürdigkeit des Denkens sind zwei abgründig verschiedene Bereiche."[297] Die Konsequenz, die Heidegger daraus zieht, ist die, dass es – entgegen dem Selbstverständnis sogenannter christlicher Philosophen – gar keine christliche Philosophie geben kann: „Es gibt keine christliche Philoso-

---

[294]   Zitiert nach Weischedel, Wilhelm: a.a.O., S. 402f.

[295]   Kant, Immanuel: Beantwortung der Frage: Was ist Aufklärung?, 1783. In: Zehbe, Jürgen (Hrsg.), Immanuel Kant: Was ist Aufklärung?, Göttingen, 1985, S. 55.

[296]   Heidegger, Martin: Identität und Differenz, Pfullingen, 1957, S. 366 und Heidegger, Martin: Nietzsche, Band 1, Pfullingen, 1961, S. 70.

[297]   Heidegger, Martin: Was heißt Denken? Tübingen, 1954, S. 110.

phie. Es gibt keine wahrhafte Philosophie, die sich irgendwoher anders als aus sich selbst bestimmen könnte."[298] Feuerbachs Verdienst ist es, mit seiner philosophischen, ja schon beinahe als tiefenpsychologisch zu bezeichnenden Kritik ein weiteres Feld kritischer Argumente gegen die Fraglichkeit des Theismus mit analytischer Klarheit aufgetan zu haben. Sein Mut und vor allem die konsistente Ausarbeitung seiner Kritik machten den Atheismus nicht nur salonfähig, wovon viele nachfolgende Freigeister bis in die Gegenwart profitierten, sondern darüber hinaus auch noch zu einer für manche zwar ungeliebten, aber geistesgeschichtlich nicht mehr rückgängig zu machenden anthropologischen Alternative zu jeglichem Götterglauben.

1.3 Reaktion und Apologetik bedeutender Theologen des 20. Jahrhunderts auf die Entzauberung des Glaubens durch Aufklärung und Vernunft

Wie nun reagiert die Theologie, wie reagieren namhafte Theologen auf die allmähliche Entzauberung des christlichen Glaubenssystems und seiner Wahrhaftigkeitsansprüche durch die zunehmenden wissenschaftlichen und atheistischen Infragestellungen? Was hat die Theologie den für den Glauben destruktiven Argumenten entgegenzusetzen? Welche Glaubenskompromisse ist man bereit einzugehen bzw. muss man eingehen? Was ist von dem ehemals unfehlbaren Glaubenssystem angesichts der zunehmenden Kritik von naturwissenschaftlicher, philosophischer und kritisch-theologischer Seite noch zu retten und aufrechtzuerhalten, ohne das intellektuelle Gewissen zu sehr zu missbrauchen? Wir wollen an dieser Stelle exemplarisch einige theologische Apologeten des 20. Jahrhunderts herausgreifen und deren Sichtweise zu Glauben und Vernunft darlegen.

Als einer der großen evangelischen Theologen gilt Karl Barth (1886–1968). Barth gehörte zu den Theologen, die sich entschieden gegen die Philosophische Theologie[299] oder, wie er es nannte, „natürliche Theolo-

---

[298] Heidegger, Martin: Nietzsche, Band 1, S. 14. Heidegger geht a. a. O., Band 2, S. 132 noch weiter, indem er davon so spricht, dass „Viereck und Kreis kommen noch darin überein, dass sie räumliche Gebilde sind, während christlicher Glaube und Philosophie abgründig verschieden bleiben."

[299] Als Grundlage unserer Betrachtungen dient das bereits öfters zitierte umfangreiche und analytisch hervorragend ausgearbeitete epochale Werk Wilhelm Weischedels „Der Gott der Philosophen" (Darmstadt, 1998), das sich intensiv mit der Problematik der Auseinandersetzung einer kritischen und freien Philosophischen Theologie mit dem Offenbarungsglauben auseinandergesetzt hat. Zwei Positionen stehen sich nach Weischedel dabei gegenüber: Einerseits die theistisch geprägte Offenbarungsreligion und die sogenannte „Philosophische Theologie". Die Bedeutung des Wortes „Philosophisch" in diesem Konnex verweist auf ein kritisches und nicht vor den

gie" wandte. Der Grund hierfür ist in seinen offenbarungstheologischen Voraussetzungen zu suchen. Die „menschliche Vernunft" hält Bart von sich aus für „blind für Gottes Wahrheit"[300], die er als kerygmatischer Theologe allein in der Offenbarung veranschlagt. Sie erkennt nicht den einen wahren dreieinigen Schöpfergott, der uns „rechtfertigt in Christus und heiligt durch seinen Geist." Der neo-orthodoxe Theologe Barth wirft somit der natürlichen Theologie vor, sie verfehle den Begriff des „wahren" Gottes und übersieht das „Faktum" der durchgängigen Sündhaftigkeit des Menschen.[301] Die Erlösung aus dieser behaupteten sündenhaften Realität zum ewigen Paradies obliegt dabei nach Barths Auffassung alleine Gott. Im Zustand der Sünde kommt dabei dem Menschen nicht einmal die Freiheit zu, sich für oder gegen Gott zu entscheiden. Barth sagt: „Die Freiheit zur Erkenntnis des wahren Gottes ist ein Wunder, eine Freiheit Gottes, nicht eine von unseren Freiheiten." Barth stellt gegen den „Traum unserer Freiheit" die „Freiheit Gottes".[302] Freilich ist dabei wieder nur der Gott gemeint, dem der Theologe selbst anhängt. Barth geht sogar so weit, dass er alle seiner Meinung nach nichtkonformen christlichen religiösen Vorstellungen und Phänomene als „Fakten der sündigen Existenz des Menschen" bezeichnet.[303] Für ihn kann die Theologie „nur im Blick auf Jesus Christus und von ihm her denken... Sie ist angewiesen auf die Heilige Schrift."[304] Was aber, wenn die heute quantitativ und qualitativ zunehmende Kritik der kritischen Theologen an der Authentizität der biblischen Geschichten sich als berechtigt erweist? Was, wenn es sich beispielsweise in den Evangelien größtenteils

---

Grenzen theologischen Denkens, vor den unantastbaren sakrosankten Glaubenswahrheiten, Halt machendes Hinterfragen. Es verweist darauf, „sich an nichts anderes zu binden als an diejenige Wahrheit, die der Radikalität ihres Fragens standhalten kann." Weischedel, a. a. O., S. 2. Der zweite Bestandteil dieser Bezeichnung („Theologie") zeigt an, welcher Themenkreis sich dieser kritisch-philosophischen Evaluation unterzieht. Nämlich die Frage nach dem Göttlichen und den in den Religionen offenbarten und manifestierten Glaubenswahrheiten. Die in den Religionen gemachten als „gültig und bindend" anerkannten, auf einer Offenbarung beruhenden Voraussetzungen werden somit einer unbefangenen kritisch-philosophischen Überprüfung unterzogen.

[300] Barth, Karl, S. 34. Die hier im Zusammenhang mit Barth verwendeten Zitate sind entnommen aus: Barth, Karl: Nein! Antworten an Emil Brunner, München, 1934.

[301] Hierbei von einem Faktum zu sprechen, ist allerdings mehr als anmaßend. Ebenso könnte man die Lehre der Erbsünde als vom Homo religiosus sich ohne größere Not selbst auferlegte Anprangerung naturgegebener Dispositionen (z. B. des Sexualtriebes) verstehen und man bliebe dabei in einem nachvollziehbaren natürlichen Erklärungskontext, ohne den methodisch und aus wissenschaftlicher Sicht fragwürdigen Sprung in die Welt des Übernatürlichen zu tun.

[302] Barth, Karl: Nein! Antworten an Emil Brunner, 1934, S. 52f.

[303] Weischedel, Wilhelm: Der Gott der Philosophen, 1998, Teil 3, S. 7.

[304] Barth, Karl: Die Menschlichkeit Gottes, Zürich, 1956, S. 18.

tatsächlich nicht um authentische Jesusworte und -berichte, sondern um die mit viel Wunschdenken und Phantasie angereicherten Konstrukte einer enttäuschten Anhängerschaft handelt, mit denen das angekündigte, aber ausgebliebene Reich Gottes kompensiert werden sollte? Genau das ist das Ergebnis der historisch-kritischen Bibelexegese. Wenn aber, wie Barth fordert, die „Wahrheit Jesu Christi" auf die „Wahrheit der Verkündigung und Überlieferung" bezogen werden muss und diese mit zunehmendem theologischem Forschungsstand selbst immer fragwürdiger erscheint, was berechtigt dann noch in einer solch monopolistischen Weise vom christlichen als dem einzig wahren Gottesglauben zu sprechen? Gott aus anderen Quellen außerhalb der Offenbarung erkennen zu wollen, stellt für Barth ein gleichzeitiges Misstrauen gegenüber dieser dar. Dieses Misstrauen besteht aber, wie wir heute wissen, vollkommen zu Recht und man fragt sich, was eigentlich geschehen müsste bzw. welche objektiv überprüfbaren Umstände noch eintreten müssten, damit die von Metaphysikern, Esoterikern, theistischen Theologen usw. aufgestellten Glaubenswahrheiten von diesen als widerlegt oder zumindest als fraglich zugegeben werden. Popper forderte, dass jede Theorie, die rationalen oder sogar wissenschaftlichen Anspruch erhebt, angeben können muss, unter welchen Bedingungen sie bereit wäre zuzugeben, dass sie falsch ist. Dasselbe ist man berechtigt, auch von religiösen Systemen zu fordern, sofern sie mit ihren Lehren Wahrheitsansprüche verbinden. Barth selbst versucht es erst gar nicht, den Glauben auf diese rationale Weise zu rechtfertigen. Für ihn lässt sich der Offenbarungsglaube weder plausibel machen noch in argumentativen Weltzusammenhängen einordnen, womit uns wieder das alte und vor der kritischen Vernunft kapitulierende „credo quia absurdum est" begegnet. Die gleiche trotzige wie ignorante Grundhaltung vertritt auch der Theologe Walter Kaufmann: „Der einzige Theismus, der unsere Achtung verdient, glaubt an Gott nicht wegen, sondern trotz der Art und Weise, wie unsere Welt beschaffen ist."[305] Wieso sollte es ein Argument für den sogenannten „lieben Gott" sein, dass in der Natur das Fressen und Gefressenwerden vorherrscht, dass Krankheiten, Elend, Naturkatastrophen usw. die Welt beherrschen?

Auch sollte man sich im Klaren darüber sein, dass mit der Verlegenheitslösung „credo quia absurdum est" wirklich jeder Glaube, also nicht nur der christliche, sondern jeder beliebige Glaube, wie absurd auch immer, verfochten werden kann. Damit gibt es dann aber auch keinen ausgezeichneten Glauben mehr, der Anspruch erheben könnte, der wahre Glaube zu sein, weil es durch die Ausschaltung der Vernunft keine Kriterien mehr gibt, die unterschiedlichen Plausibilitätselemente eines

---

[305]   Zitiert nach Ruß, Hans Günther: Religiöser Glaube und modernes Denken, 1996, S. 110.

jeden Glaubens zu überprüfen, zu vergleichen und kritisch zu bewerten. Die Ausschaltung der rationalen Instanz in Glaubensfragen führt also zwangsläufig auch zu der Konsequenz: Je absurder das zu Glaubende, umso mehr glaube ich daran. Das Resultat dieser hier zugegeben sehr kurz zusammengefassten theologischen Denkweise Karl Barths kann so gezogen werden, dass Barths theologischer Versuch der Rechtfertigung des Glaubens alleine schon aufgrund der hier aufgezeigten Zirkularität nicht überzeugen kann.

Ähnlich anmaßend wie Barth erweist sich auch der Theologe Rudolf Bultmann, wenn auch er erklärt: „Es bleibt also dabei, dass alles menschliche Reden von Gott außerhalb des Glaubens nicht von Gott redet, sondern vom Teufel."[306] Auch bei Bultmann setzt sich der christliche Glaube somit ohne akzeptable Begründung für absolut und begreift sich als die einzige Möglichkeit einer wahrhaften Erkenntnis Gottes und des noch fraglicheren Teufels. Für Bultmanns Theologie ist im Gegensatz zu Barth aber auch eine gewisse progressive Tendenz zur Entmythologisierung und zur „Beseitigung aller Spuren göttlichen Eingreifens in unsere von Naturgesetzen bestimmte Welt..." kennzeichnend. „Alle Versuche, die Heilsereignisse als Geschehen in Raum und Zeit zu deuten, die eine von unserem Bewusstsein und Existenzvollzug unabhängige vorhandene Wirklichkeit beträfe, werden dadurch ad absurdum geführt, dass sie an der Kritik der modernen Tatsachenwissenschaften scheitern müssen. Die Wirklichkeitsthese liefert die Offenbarungsaussagen an das Messer der historischen Kritik."

Mit dieser Einsicht zeigt sich Bultmann etwas realitätsnäher als sein Kollege Barth. Bultmanns *existentiale* Interpretation entdeckt „hinter den Mythen des Neuen Testaments eine persönliche Bedeutsamkeit von Ereignissen, die sich ganz in der je konkreten Existenz des Einzelnen vollzieht".[307] Bei ihm macht sich der Konflikt zwischen Wissenschaft und Mythos wenigstens bemerkbar, auch wenn er als Problemlösung eine existentiale bzw. subjektivistische Lösung vorschlägt. Allerdings ist die entscheidende Wahrheitsfrage nicht die, was der einzelne individuelle Gläubige subjektiv glaubt (vielleicht ja auch nur immer das ihm Angenehme), sondern einzig und allein entscheidend sind aus kritisch-philosophischer Sicht objektive, historische und reale Gegebenheiten, denen sich, handelt es sich um empirisch oder wissenschaftlich belegbare Fakten, auch Glaubensansprüche unterordnen müssen, wenn sie nicht willkürlich verfahren wollen. Da nun aber für zahlreiche Theologen eben diese sich zu früheren Zeiten auf vermeintlich „objektives Wissen" stützende „Gewissheit" auf nahezu null abgesunken ist, flüchtet man sich in entsprechenden Theologenkreisen in den rein subjektiven Glauben mit

---

[306]   Bultmann, Rudolf: Glauben und Verstehen, Bd. 1, Tübingen, 1933, S. 303.

[307]   Wuchterl, Kurt: Analyse und Kritik der religiösen Vernunft, 1989, S. 24ff.

den entsprechenden persönlichen hermeneutischen Auslegungen, die sich allen kritischen Einwänden entziehen, indem sie ihre jeweils eigene persönliche Wahrheit interpretatorisch beliebig konstruieren. Eine solche an den Naturalismus Zugeständnisse machende Interpretation gibt Bultmann beispielsweise im Zusammenhang mit dem Ostergeschehen. Das Ostergeheimnis ist ihm kein geschichtliches Ereignis mehr, das sich am Menschen Jesu vollzieht, sondern es ist „identisch mit der Entstehung des Glaubens der Gemeinde an den Auferstandenen".[308]

Wenn man sich fragt, wie es zu dieser eklatanten inneren Zerrissenheit der Glaubensgewissheit kommen konnte, so sind hierfür sicher auch Heideggers Existenzanalyse und die dahinter steckende Philosophie der Endlichkeit ebenso wie der Einfluss von Feuerbachs Projektionsthese und Nietzsches Elimination Gottes zu nennen. Mit diesen kritischen Geistern kam es zu der besonders in der protestantischen Theologie zu beobachtenden Humanisierung des christlichen Glaubens im Sinne eines etwas paradox anmutenden „Atheistisch-an-Gott-Glaubens". Damit ist eine Form des Glaubens gemeint, die ohne übernatürliche Vorstellungen eines himmlischen oder transzendenten Wesens auskommt, aber dann auch auf Beruhigung und Trost von oben verzichten muss. In diesem Zusammenhange einer Elimination der Transzendenz ist auch der Begriff „religionsloses Christentum" Bonhoeffers zu verstehen, wobei es bei ihm in dieser inneren Zerrissenheit zu dem paradoxen Bild einer „Transzendenz in der Immanenz" kommt: „Das ‚Für-andere-da-Sein" Jesu ist die Transzendenzerfahrung... Unser Verhältnis zu Gott ist kein ‚religiöses' zu einem denkbar höchsten, mächtigsten, besten Wesen – das ist keine echte Transzendenz –, sondern unser Verhältnis zu Gott ist ein neues Leben im ‚Dasein-für-andere", in der Teilnahme am Sein Jesu..."[309] In dieser liberalen theologischen und schätzenswert ethischen Gesinnung bleibt die Rolle Gottes und die Sohnschaft Jesu allerdings fraglich. Diese selbstkritischen Einsichten und Eingeständnisse einer im Glauben an essentielle Glaubensinhalte unsicher gewordenen Theologie sind ein Ergebnis der kritischen Hinterfragung durch die Aufklärung und die besprochenen Philosophen, aber eben auch der daraus entstandenen historisch-kritischen Methode, die man auch auf die Bibelexegese anwandte. Zu bedenken ist allerdings, dass es, wenn man den ursprünglichen transzendenten Bezug Jesu negiert, fraglich wird, was dann noch christlich im ursprünglichen Sinne dieser Religion ist, die in der Trinität reale Gottheiten und Ursache allen Seins sieht. Was bleibt noch von dem ehemals erhobenen Anspruch, dass die Bibel mit ihren Geschichten göttlich offenbarte Wahrheiten darstellen, deren Negation lange Zeit für den größten Teil der Menschheit die ewige Höllenpein bedeutet. Hier wird

---

308   Wuchterl, Kurt: a.a.O., 1989, S. 24.
309   Zitiert nach Wuchterl, Kurt, a.a.O., 1989, S. 27.

in der nunmehr frei geführten Auseinandersetzung der Konflikt innerhalb der protestantischen Theologie offensichtlich. Dialektische Theologie (Barth), Existenztheologie (Bultmann) oder Geschichtstheologie (die
mit Jürgen Moltmann von der Überzeugung der Eschatologie und der
Wiederkunft Christi geprägt ist) stehen sich divergierend gegenüber.

Im Gegensatz zu der „Wort-Gottes-Theologie" von Barth und Bultmann öffnet der protestantische Theologe Wolfhart Pannenberg den
christlichen Glauben wieder für den rationalen interdisziplinären Dis-
kurs. Offenbarung ist nicht alleine Angelegenheit einer autoritären
kirchlichen Instanz, sondern hat sich der Auseinandersetzung mit der
autonomen philosophischen und historischen Vernunft zu stellen. Das
klingt zunächst einmal weltoffen und erweckt den Eindruck der unvoreingenommenen objektiven Wahrheitssuche nach wissenschaftlichen
und rationalen Kriterien. So betont Pannenberg, „dass gerade um der
Reinheit des Glaubens willen die Bedeutung der vernünftigen Erkenntnis *seines Grundes* hervorzuheben" sei, denn – so Pannenberg – die „Offenbarung" stehe nicht „in Gegensatz zum natürlichen Denken".[310] Pannenberg begreift die Offenbarung Gottes nicht durch einzelne Offenba-
rungsereignisse, sondern in ihrem Wirken in der Geschichte. Deshalb
könne Gottes Selbstoffenbarung auch erst von ihrem Ende her verstanden werden. Allerdings sei das Christusereignis, insbesondere die Auferstehung, als Vorgriff auf diese eschatologische Zukunft zu verstehen,
weswegen ihm zu Recht eine exklusive Bedeutung beigemessen werde.
Panneberg meint sogar, dass sich hier eine „unbefangene Wahrnehmung" der Ereignisse, dass also die Geschichte Gott offenbart, aufzeigen
lässt. Bei näherem Hinsehen allerdings ist festzustellen, dass Pannenberg
von einem problematischen Geschichtsbild, der alttestamentarisch überlieferten Geschichte Israels, ausgeht und dieses an sich im Vergleich zu
anderen Hochkulturen und weltgeschichtlichen Ereignissen wenig herausragende Welt- und Geschichtsbild verabsolutiert und theologisch zur
universellen, einzigartigen und wahren Heilsgeschichtlichkeit verklärt.
Dieses wird bestimmt von prophetischen und göttlichen Verheißungen
und Erfüllungen, deren Realität gerade auch den heutigen Alttestamentlern zweifelhaft erscheint, zum Beispiel, weil es sich bei diesen Verheißungen in Wirklichkeit um vaticinia ex eventu handelt. Das heißt, dass
die Prophezeiungen in einen Text eingeführt werden, nachdem der Autor bereits von den in Wirklichkeit schon längst eingetretenen Ereignissen Kenntnis hatte. Diese Tatsache ist unter Bibelexegeten bekannt und
die Bibel ist voll von solchen sogenannten „Prophezeiungen". Als Beispiel für seinen heilsgeschichtlichen Standpunkt erwähnt Pannenberg
ausgerechnet die Landnahme Kanaans, wo es doch heute unter den al-

---

[310] Pannenberg, Wolfhart: Grundfragen systematischer Theologie, Göttingen, 1967, S.
223; und Offenbarung als Geschichte, Göttingen, 1963, S. 98.

lermeisten Theologen als erwiesen angesehen wird, dass auch die
Landnahmeverheißungen eine nachträgliche Erfindung der im Exil befindlichen Israeliten waren, welche so ihren göttlichen Anspruch auf ihre
Heimat, aus der sie vertrieben wurden, geltend machten. Die blutige
Landnahme, wie sie im Buch Josua geschildert wird, hat so gar nicht
stattgefunden.[311] Nur in dieser theologisch fragwürdigen Ausgangsposi-
tion ist die Vermessenheit verstehbar, zu der sich Pannenberg hinreißen
lässt, wenn er schreibt: „Die Einheit der Weltgeschichte ist auch heute
noch nur vom Gott Israels her zugänglich."[312] Durch diese Hybris, wie
sie schon immer im jüdischen und christlichen Erwähltseinsdenken vorzufinden war, wird die Ausgrenzung bzw. Abwertung aller anderen
Religionsgemeinschaften und aller Andersdenkenden deutlich. Somit
ziehen gerade monotheistische Religionen entgegen ihrer hohen ethischen Selbsteinschätzung (sie sollten doch eigentlich Menschen miteinander verbinden und Frieden stiften) Gräben auf, indem sie andere
ausschließen und somit deren Verdammung durch die – in diesem Falle
– christliche Religion in Kauf nehmen. Davon abgesehen ist auch hier
wieder der vitiöse Zirkel offenkundig. Die von ihm vertretene Prämisse
der sich vollziehenden göttlichen Heilsgeschichte ist unausgewiesen und
keineswegs aus einer seriös objektiven und universalen historischen Betrachtung deduzierbar, sondern steht bereits unter der religiös-ideologischen Voraussetzung des planenden alttestamentarischen Kriegs-
gottes. Aber auch dieser monotheistische Gott der Juden und Christen ist
keineswegs der unendlich existierende Schöpfergott, sondern – glaubt
man Alttestamentlern – aus dem Polytheismus hervorgegangen bzw.
von der aus Ägypten kommenden Mosesschar unter dem Einfluss
Echnatons eingeführt worden. Warum Pannenberg nicht über den biblischen Zeitraum und Kulturkreis hinaussieht und z. B. auch frühere
heidnische Kulturen und Entwicklungen berücksichtigt, die Voraussetzungen des späteren biblischen Gottesverständnisses sind, zeigt die weit
verbreitete theologische Begrenztheit, die nur bis zum Tellerrand der
eigenen, aber sehr begrenzten Religionsgeschichte zu blicken gewillt ist.
Eine solche erweiterte Sichtweise würde unweigerlich zu der Erkenntnis
führen, dass auch der biblische Gott nur ein Produkt der kulturellen
Evolutionsgeschichte darstellt und nicht vice versa die universale
Menschheits- und Kulturengeschichte als eine heilsgeschichtliche Offenbarung alleine des christlichen Gottes begriffen werden kann. Entsprechend kühn und abenteuerlich klingen deshalb für den unvoreingenommenen Denker auch Pannenbergs Behauptungen bezüglich Jesu
Christi. So ist es für ihn eine „schlichte und keineswegs übernatürliche

[311]   Vgl. Donner, Herbert: Geschichte des Volkes Israel und seiner Nachbarn in Grund-
       zügen 1, Göttingen, 1984, S. 117ff.
[312]   Pannenberg, Wolfhart: Was ist der Mensch?, Göttingen, 1962, S. 103.

Wahrheit", dass Jesus Christus die absolute Offenbarung Gottes ist. Auch die „Auferweckung des Gekreuzigten, der eschatologische Selbsterweis Gottes" ist eine „vor aller Augen offenkundige Wahrheit", dabei unzweifelhaft gewiss" und „selbstevident".[313] Auch wenn man subjektiv noch so sehr von der Richtigkeit eines religiösen Glaubens überzeugt sein mag – eine solche objektive Ansprüche erhebende Aussage ist schon allein aus epistemologischen Gründen nicht haltbar. Denn aus der Tradierung, insbesondere wenn sie religiös motiviert und somit hoch emotional und interessensgesteuert ist, ihr dabei in puncto „Wahrhaftigkeit" von vielen heutigen Theologen in wesentlichen Punkten widersprochen wird, können sich keine „evidenten" Wahrheitsansprüche ableiten lassen. Die apodiktische Inanspruchnahme, die hinter den Evidenz- bzw. Wahrheitsansprüchen vieler Theologen steckt, ist schon verblüffend und zeugt wohl mehr von einer Art kindlich naivem Wunschdenken denn von der Fähigkeit, sich mit den Glaubensvoraussetzungen in wissenschaftlich-objektiver Absicht auseinander zu setzen.

Auch der Versuch Pannenbergs, dem Offenbarungsglauben eine natürliche, jedermann zugängliche und selbstverständliche Einsicht zuzuweisen, muss somit als gescheitert betrachtet werden. Er musste auch scheitern, denn der Offenbarungsglaube basiert auf einer un- oder übernatürlichen Grundlage, deren metaphysische Ausschmückungen, Wunder und Irrationalitäten geradezu jeglicher Natürlichkeit widersprechen. Natürlichkeiten sind diesseitige, physikalischen und kausalen Gesetzlichkeiten unterworfene, dabei im Rahmen des prinzipiell rational Erfassbaren und Überprüfbaren sich bewegende Phänomene. Gerade das aber ist eben nicht in religiös-transzendenten Vorstellungen enthalten. Hinzu kommen noch die historischen, kritisch-theologischen Zweifel, die inneren Widersprüche und die Unvereinbarkeit der diversen theistischen Glaubenssysteme selbst. Wie soll dies alles mit der Vernunft vereinbar sein bzw. aus dieser hergeleitet oder durch sie erkennbar sein, wenn all jene unterschiedlichen und sich gegenseitig infrage stellenden Glaubenssysteme gerade eben jene Absolutheit der Vernunft für sich beanspruchen? Nur durch einen mehr oder weniger verbindlich anzunehmenden Glauben, der immer schon vorausgesetzt sein muss und dabei das gewünschte Ergebnis bereits determiniert, sind die offenbarten Glaubensinhalte scheinbar mit der Vernunft vereinbar. Dieser Art einer ganz speziellen theologischen „Vernunft" ist letztlich immer nur der Glaube selbst das Maß aller Dinge, womit sie sich nicht als freie und nur dem intellektuellen Gewissen unterworfene Vernunft, sondern als mehr oder weniger durch den Glauben begrenzte Vernunft erweist. Auf eine solche je eigene Vernünftigkeit berufen sich dann freilich alle Religionen und Weltanschauungssysteme. Aufgrund der Tatsache, dass sie alle zu

---

[313]   Pannenberg, Wolfhart: Offenbarung als Geschichte, 1963, S. 99ff.

ganz unterschiedlichen Schlüssen kommen, kann man den Wert einer so verstandenen Vernunft ersehen. Eine Kapitulation der Vernunft ist es allerdings, wenn sich Pannenberg als christlicher Theologe auf die exklusive göttliche Erleuchtung beruft, was seiner Natürlichen Theologie und der Evidenzlehre eigentlich widerspricht. Diese Erleuchtung scheint ihm aber notwendig, „damit einem Menschen das von sich aus Wahre auch als solches einleuchtet."[314] Selbstverständlich kann aber auch der Skeptiker oder kritische Philosoph und kritische Theologe, welcher die Unzulänglichkeiten und unausgewiesenen Glaubensvoraussetzungen offenlegt, sich ebenfalls mit gleichem Recht als Erleuchteter, z. B. im Namen der Vernunft, der Aufklärung und gegen den Aberglauben begreifen. Ebenso jeder andere nichtchristlich religiöse Mensch. Wie aber sollen jene gegensätzlich ideologischen oder religiösen Anschauungen alle aufgrund ihrer Erleuchtung wahr sein, wenn sie diametral gegensätzliche Anschauungen über Geschichte, Gott und Jenseits haben? Hier kommt nun das auch für Pannenberg unverzichtbare Moment der „Sünde" zum Tragen, auf die diese „Tendenz des auf sich beharrenden Eigenwillens" der Verblendeten beruht. Wobei er natürlich übersieht, dass auch dem Christ dieser Vorwurf der ungläubigen Verblendung aus Sicht anderer Religionen gemacht werden kann. Ganz davon abgesehen, dass man an den fragwürdigen christlichen Sündenbegriff erst einmal glauben muss, um dieser Argumentation überhaupt folgen zu können, denn wer garantiert, dass die (Erb-)Sünde nicht lediglich ein perfides theologisches Konstrukt ist, um die Schäfchen in Abhängigkeit zu halten? Und selbst wenn nicht: Worin besteht die Verantwortung bzw. Sündhaftigkeit der „Verblendeten", wenn die Menschheit, nach Luthers Gnadenlehre, bereits determiniert ist in Gläubige und Ungläubige, in Erlöste und in Verdammte? Das theologische System Pannenbergs ist somit selbst alles andere als evident und nicht überzeugend. So schreibt auch der Stuttgarter Philosophieprofessor Kurt Wuchterl: „Die von Pannenberg konstruierte Ontologie der die Gegenwart bestimmenden Zukunft ist *eines* der zahlreichen Beispiele metaphysischer Kontingenzbewältigung. Sie wirkt nur im Umkreis der theologischen Argumentation und bleibt dem common sense und dem wissenschaftlichen Wirklichkeitsverständnis der vielen Gläubigen fremd."[315] Treffender und kürzer lassen sich kaum die zahlreichen Rechtfertigungsversuche der zeitgenössischen Theologie beschreiben.

Aber auch das Verhältnis von Vernunft und Glaube nach katholischer Auffassung soll kurz angeführt werden. Karl Rahner gilt als einer der

---

Pannenberg, Wolfhart: Grundfragen systematischer Theologie, 1967, S. 232.

[315]   Wuchterl, Kurt: Analyse und Kritik der religiösen Vernunft, 1989, S. 272.

wichtigsten katholischen Religionsphilosophen.[316] Seine Grundthese lautet: „Das Wesen des Seins ist Erkennen und Erkanntheit in ihrer ursprünglichen Einheit." „Sein und Erkennen" bilden somit „eine ursprüngliche Einheit". Aber bereits dieser Grundansatz Rahners muss fraglich erscheinen. Wieso soll „zum Wesen des Seins" die erkennende Bezogenheit auf sich selbst gehören? Für Rahner kommt aber allem Seienden das Bei-sich-Sein nicht im gleichen Maße zu. Er verbindet damit sogar eine Gradualität des Seins. Seine Folgerung, die Endlichkeit müsse sich als je verschiedener Grad der Seinsmächtigkeit und abgestuft nach der „In-sich-Reflektiertheit" darstellen, ist keineswegs per se überzeugend. Ebenso wenig wie die Behauptung, dass zur Grundverfassung menschlichen Daseins dessen „Vorgriff auf das an sich unbegrenzte Sein" oder „absolute Sein" gehört. Dies sind zwar wohlklingende und erbauliche, allerdings auch ebenso assertorische Aussagen, wie sie gerne von Theologen und ihrer Neigung zu schöngeistiger Spekulationen erdacht werden, um nicht vor einem nüchternen Naturalismus – also einer natürlichen und vergänglichen Welterklärung – kapitulieren zu müssen. Wie Pannenberg, so versucht auch Rahner aus dem Streben des Menschen nach dem Unendlichen Gottes Existenz zu erweisen. Jedoch geht überhaupt nicht zwingend hervor, weshalb aus diesem Streben das vorausgesetzte unendliche Gegenüber existieren muss. Aus der Tatsache, dass der Mensch oder das menschliche Denken sich aus dem Blickwinkel der eigenen Begrenztheit und Endlichkeit ein ideales Unbegrenztes, Unendliches wünscht, kann nicht notwendig auch auf dessen Existenz geschlossen werden (vergleiche Feuerbachs Projektionslehre). Sicher ist bei entsprechender Negation des Endlichen ein unendliches Sein Gottes durchaus denkbar. Doch muss die begriffliche Ebene, mit der sich freilich über alles Mögliche spekulieren lässt, keineswegs deshalb immer auch die Wirklichkeit erfassen. Sonst gäbe es so viele Götter, Geister, Dämonen… wie es Mythen und Religionen gibt. Auch der zweite Schritt, dieses absolute und unbegrenzte Sein mit einem theistischen, z. B. dem christlichen Gott zu identifizieren, entspringt deshalb keineswegs einer zwingenden Notwendigkeit. Wenn Rahner ein durchaus fragwürdiges unendliches Sein als Horizont des Vorgriffs mit dem als wirklich gedachten Gott gleichsetzt, müsste er diesen konsequenterweise auch mit der Totalität der Welt identifizieren, was dann aber letztlich zu keinem theistischen Gottesbild führen würde, sondern – wie bei vielen Philosophen vor ihm – eher pantheistische Züge zur Konsequenz hätte. Doch sind schon die theoretischen Voraussetzungen hierfür, also das „absolute unendliche Sein" sowie die Identifizierung dessen mit Gott, rein spe-

---

[316]   Weischedel, Wilhelm: Der Gott der Philosophen, 1998, Teil 3, S. 60ff. Weischedel nimmt für seine Analyse Rahners Buch „Hörer des Worts", München, 1941, zugrunde. Die in diesem Buch mit Rahner zusammenhängenden und angeführten Zitate beziehen sich ebenfalls darauf.

kulativ. Der Nutzen solcher Spekulationen beschränkt sich somit auf das Gefühl der Erbauung; der Geltungsbereich wiederum bleibt auf diese erbaulichen spekulativen Systeme begrenzt.

Die Natürliche Theologie bzw. die Philosophische Theologie wird von katholischer Seite hoch geschätzt. Freilich aber nur dann, wenn mit den philosophischen Erörterungen die Existenz des geglaubten Gottes erhärtet wird. Dies geht besonders aus der Enzyklika „Humani generis" hervor. So wurde im Ersten Vatikanum von der „doppelten Ordnung der Erkenntnis" gesprochen. „In der einen erkennen wir durch die natürliche Vernunft, in der anderen durch den göttlichen Glauben."[317] Da über beide Wege Gott erkennbar ist, kann es „nie einen wahren Zwiespalt zwischen Glauben und Vernunft geben." Der Pferdefuß hierbei ist jedoch, dass dies nicht von der Sache her, sondern lediglich offenbarungstheologisch, also letztlich wiederum nur vom Glauben her begründet ist. Wieder soll das mittels der Vernunft bewiesen werden, was a priori schon im Glauben festgelegt ist. Die Vernunft ist dadurch nicht frei, sondern unterliegt der Eingeschränktheit und den Vorgaben des Glaubens. Dieser bestimmt, was vernünftig ist und was nicht, was am Ende herauszukommen hat und was nicht sein kann, weil es nicht sein darf. Derjenige, der leugnet, „der eine wahre Gott, der Schöpfer und unser Herr, könne nicht mit Gewissheit durch das, was geschaffen ist, mit dem natürlichen Licht der menschlichen Vernunft erkannt werden", wird deshalb gar mit dem „Anathema" belegt. Auch daraus ist ersichtlich, dass sich diese nur scheinbare Hochschätzung menschlicher Vernunft im Zweifelsfalle doch immer den dann tyrannisch in Erscheinung tretenden dogmatischen Glaubensvorgaben zu beugen hat. Diese latenten und sozusagen a priori vorgegebenen Glaubenswahrheiten sind aber nicht nur in der theologischen Argumentation, sondern bereits eine Schicht tiefer, in der Konnotation einzelner Begriffe anzutreffen. Schon durch die theologische Begrifflichkeit ist vorgegeben, was am Ende zwangsläufig herauskommen muss. Beispielsweise wird mit dem Begriff der „Geschöpflichkeit" oder „Schöpfung" die Vorstellung eines Schöpfers immer schon unausgewiesen und latent mitgedacht. Alleine schon durch den spezifischen theologischen Sprachgebrauch steht somit immer schon im Voraus das Resultat fest, nämlich die Existenz des Schöpfergottes. Auch unter diesem sprachanalytischen Aspekt handelt es sich deshalb im theologischen Beweisverfahren für die Existenz des Schöpfers letztlich nur um eine Petitio Principii. Was also unter dem Strich letztlich bleibt, ist eben doch wieder nur der reine Glaube, über den hinaus zu gelangen man doch mittels der Vernunft versucht hatte.

---

[317] Die folgenden Zitate stammen aus: Concilium Vaticanum, Constitutio dogmatica de fide catholica (Erstes Vaticanum), herausgegeben von K. Rahner, Freiburg 1955, zitiert in Weischedel, Wilhelm: a.a.O., Teil 3, S. 42ff.

Was also ist von diesen Bemühungen, eine plausible zeitgemäße theologische Hermeneutik zu geben, zu halten? Wir stellen zunächst einmal fest, dass bei den vorgestellten theologischen Rechtfertigungsversuchen des Glaubens in Form von doch sehr konstruiert und strapaziert wirkenden Interpretationen dieser mit der gemeinen landläufigen Volksfrömmigkeit nicht mehr viel zu tun hat. Was hätten wohl der Religionsstifter und die Urchristen zu diesen Interpretationen gesagt? Sie waren von der wörtlich zu nehmenden Richtigkeit der von ihnen für heilig gehaltenen Texte überzeugt. Die theologischen, an die Moderne angepassten Interpretationen wären für die Urchristen völlig unverständlich gewesen. Die Frage muss erlaubt sein, welche Plausibilität ein Glaube für sich beanspruchen kann, der solche rabulistischen Verrenkungen nötig hat, um sich auch rational zu rechtfertigen. Auch sind die aus „höherer" theologischer Sicht behaupteten übernatürlichen Wirksamkeiten, auf die der Glaube immer noch angewiesenen ist und auf die er verweist, selbst wiederum Sache des Glaubens und führen somit zu einer tautologischen und zumindest außerhalb des Glaubensgebäudes nichtssagenden zirkulären Sichtweise. Auch der Hinweis, Glaube sei nicht nur Fürwahrhalten, sondern auch Vertrauen, entkräftet nicht das bisher Gesagte. Denn wer nicht von der Richtigkeit einer Aussage überzeugt ist, kann auch kein Vertrauen in diese haben. „Man soll glauben, weil man glauben soll; dass man glauben soll, ist selber Sache des Glaubens."[318] Würde der religiöse Glaube nicht den monopolistischen Besitz einer absoluten Wahrheit für sich beanspruchen, so wäre die Kritik an ihm auch weniger streng. Aber die Absolutsetzung der jeweils eigenen Religion und ihrer Glaubensinhalte, welche die einzige und eigentliche Möglichkeit darstelle Gott zu erkennen und ein ewiges Leben zu erlangen, erfordert eine adäquate Überprüfung, welche aufgrund der hier dargelegten zahlreichen Gründe nicht bestehen kann. Zumindest nicht für diejenigen, für die nicht bereits im Voraus feststeht, was hinten herauskommen soll.

Wie sieht nun zum Schluss das Verhältnis von Philosophie und Glaube aus? Gegen die Forderung des absoluten Glaubens, man müsse diesen annehmen, auch oder gerade weil er „absurd" sei, setzt die Philosophie dagegen auf Einsicht, auf kritisch rationale Reflexion unter objektiven, das heißt ergebnisoffener Voraussetzungen und verwahrt sich dabei gegen jegliche glaubensideologische Gängelung. Wie gegensätzlich Glaube und Philosophie an sich sind, das fasst Weischedel so zusammen: „Der Philosophierende kann nichts aufgrund einer noch so ehrwürdigen Tradition akzeptieren. Er muss, was ihm anzunehmen vorgelegt wird, prüfen und muss versuchen, ob er es sich denkend zu eigen machen kann. Er kennt keine andere Verpflichtung als gegenüber dem, was ihm ein-

---

318   Weischedel, Wilhelm: Der Gott der Philosophen, 1998, Teil 3, S. 56.

leuchtet. So steht das Philosophieren dem Glauben aufs Äußerste entge-
gen... In einem tieferen Sinn ist es die durch Jesus Christus vermittelte
Herrschaft Gottes, der sich der Glaubende rückhaltlos unterwirft. Der
Philosophierende dagegen verriete seine Sache, wenn er eine andere
Autorität anerkennte als sein eigenes Denken und die Sache, die er denkend erkennt. Das aber besagt: Philosophieren vollzieht sich in Freiheit."
Philosophieren als wesenhaft „radikales Fragen" gräbt „die Wurzeln
aller sich als unfraglich gebenden Gewissheit aus. Es reißt alle Sicherheit
in die Radikalität seines fraglich machenden Tuns hinein. So stehen
Glauben und Philosophieren zueinander in einer wesensnotwendigen
Gegnerschaft. Unter allen nur möglichen Gesichtspunkten sind sie miteinander unvereinbar. Wer glaubt, kann nicht zugleich philosophieren;
wer philosophiert, kann nicht zugleich glauben. Alle ‚Versöhnungen' der
beiden streitenden Haltungen, wie sie immer wieder in der Geschichte
der Philosophie und der Theologie versucht worden sind, haben sich als
nur scheinhaft erwiesen. Darum sind sie auch immer wieder auseinan-
dergebrochen. Ein ehrliches Philosophieren wird sich zwar mit dem
Glauben auseinandersetzen. Aber es kann sich nicht positiv auf ihn einlassen... Aus dem Gesagten folgt, dass es keine christliche Philosophie
geben kann. Sie wäre ein hölzernes Eisen.[319] Wohl ist es möglich, auf
dem Boden des Christentums ‚philosophische' Gedanken zu entfalten,
aber nur unter Verzicht auf ein wirklich freies und radikales philosophisches Fragen. Wo dagegen das Philosophieren sich ernst nimmt, da muss
es darauf aus sein, die ihm etwa anhaftenden christlichen Wurzeln ent-
schlossen auszureißen."[320] (Mono-) Theistische Glaubenssysteme und
freies intellektuell anspruchsvolles Philosophieren sind unvereinbar.
Dem Theologen bleibt aber immerhin die Hoffnung, „dass wir die
Wahrheit des Christentums erst noch vor uns haben, eine Hoffnung, die
ungegründet im Leeren schwebt".[321] In der Tat wurden schon unzählige
Generationen dieser Hoffnung eines kommenden, im Johannesevangelium theatralisch und dramaturgisch geschilderten Hereinbrechens des
Reiches Gottes beraubt. Es werden wohl noch unzählige weitere Generationen enttäuscht werden. Indem der Glaube intellektuell in einem engen Käfig gefangen bleibt und sich immer nur durch sich selbst bestätigt,
mit lediglich den objektiv gesehenen bescheidenen Erkenntnismöglichkeiten des Offenbarungsglaubens, hat er nicht die Potenz und die Mittel,

---

[319] So auch Wuchterl, Kurt: Analyse und Kritik der religiösen Vernunft, 1989, S. 245:
„Die theologische Reflexion unterscheidet sich von der philosophischen Reflexion
durch das Ja zur Offenbarung als den fundamentalen Ausgangspunkt aller Überlegungen". Dieser allerdings gründet sich, wie gesehen nur im Glauben. Dieser aber,
wie ebenfalls gesehen, wird durch zahlreiche Punkte verschiedenster Ansätze immer zweifelhafter.

[320] Weischedel, Wilhelm: Der Gott der Philosophen, 1998, Teil 3, S. 59.

[321] Weischedel, Wilhelm: a.a.O., 1998, Teil 3, S. 24.

sich gegenüber einer kritischen Philosophie bzw. einer so verstandenen Philosophischen Theologie zureichend zu verteidigen. Seine letzte Bastion ist immer nur der Glaube selbst und nichts außer ihm.

So bleibt am Schluss nur feststellen, dass nicht nur über das Wesen Gottes mittels der Vernunft nichts ausgesagt werden kann (dies betrifft die einzelnen Religionen), sondern auch nicht über dessen Existenz überhaupt (dies betrifft die Religion als solche). Somit können auch nicht Heerscharen von Theologen den Anzweiflungen seitens einer kritisch hinterfragenden Philosophie gerecht werden, da diese in der Sache selbst, also in den Widersprüchen und Fragwürdigkeiten der Religionen begründet liegen. Glaube kann aber schon alleine deshalb rational nicht mit Sicherheit begründet werden, da es sich ansonsten nicht mehr um Glauben, sondern um Wissen handeln würde. Und gerade das durch die Vernunft begründete philosophische Hinterfragen kann aufgrund seines kritischen Selbstverständnisses nicht auf der Ebene des Glaubens stehen bleiben, erst recht nicht, wenn dieser auch noch gegen die Gesetze der Logik, der Physik oder des empirisch Gegebenen gerichtet ist. Auch ist es höchste Zeit, Tora, Bibel und Koran als das zu sehen, was sie wirklich sind: den damaligen Zeitgeist widerspiegelnde, durch religiöse Vorstellungen und Ideologie motiviertes Wunschdenken mit reichlich Widersprüchen, Irrtümern und ideologisch wie politisch motivierten Fiktionen versehene Menschenwerke. Die ursprüngliche Absicht und das ursprüngliche Verständnis der Heiligen Schriften hat nichts mehr zu tun mit den verwegenen und rein spekulativen Interpretationsverrenkungen einer von Wissenschaft und Aufklärung in die Enge getriebenen apologetischen Theologie. Das Festhalten an der heute weder unter philosophischen noch naturwissenschaftlichen (biologischen und genetischen) Gesichtspunkten mehr nachvollziehbare Lehre von der Erbsünde ist nur ein Beispiel dafür, wie wenig Interesse Theologen und Geistliche an einer durch Wissen und Vernunft getragenen Aufklärung wirklich haben. Denn schließlich haben sie ihr regelmäßiges Einkommen durch das Aufrechterhalten eines religiös begründeten Sündenbewusstseins, welches durch den angeblichen Willen Gottes gerechtfertigt wird. Der Kreislauf von Sünde, Reue, Beichte und Schuldvergebung muss alleine schon aus diesen profanen Gründen aufrechterhalten werden. Aus wissenschaftlicher Sicht (Genetik, Evolutionsbiologie, Soziologie, Psychologie…) betrachtet ist die Lehre von der Erbsünde dagegen überholt und absurd, außerdem menschenverachtend, da der Mensch nach Auffassung des Christentums verblendet ist, wenn er sich nicht für schlecht und unfähig zum Guten hält. Alleine schon an diesem Beispiel zeigt sich, dass die von vielen Theologen behauptete Vereinbarkeit von Glaube und Vernunft in der lebensweltlichen Praxis Makulatur ist.

2. Die theologisch begründete Kritik am Theismus

2.1 Die kritisch gewordene Theologie und ihre Selbstaufhebung

„Es bedarf keines Wortes, dass sich Jesus in der Erwartung des nahen Weltendes getäuscht hat."[322]

Wir haben gerade gesehen, wie die apologetische Theologie auf die Angriffe des christlichen Glaubens von außen reagiert, welche Argumente und Auswege sie sucht, um den Anfechtungen entgehen zu können. In diesem Kapitel werden wir sehen, dass es aber auch Theologen gibt, die die Kritik von außen nicht nur annehmen, sondern vom theologischen Standpunkt sogar noch über diese hinaus gehen. Neben der geschilderten naturalistischen und philosophischen Infragestellung der Geltungsansprüche des (christlichen) Theismus werden mittlerweile also auch aus der Theologie selbst radikale Zweifel gegen diesen geäußert, die in diesem Kapitel zur Geltung kommen sollen. Die theologische Kritik wiegt dabei besonders schwer, weil sie nicht indirekt über Natur oder über allgemeine philosophische Überlegungen zu ihren (Selbst-)Zweifeln gelangt, sondern diese direkt aus einer methodisch-wissenschaftlichen Auseinandersetzung mit der Bibel selbst begründet. Auf katholischer Seite sollen die Standpunkte Eugen Drewermanns, auf protestantischer Seite die von Gerd Lüdemann und Andreas Lindemann dargelegt werden. Im Wesentlichen deckt sich ihre Kritik, gerade was auch ganz existentielle und zentrale Glaubenswahrheiten anbelangt, weshalb nicht immer wieder explizit und aufs Neue auf die jeweiligen Standpunkte zu den gleichen Glaubensfragen eingegangen wird.

Für die genannten Theologen steht zunächst einmal fest, dass Jesus nicht in Bethlehem, sondern in Nazareth geboren ist. Die Evangelisten Lukas und Matthäus haben die Geburt nach Bethlehem verlegt, weil nach dem Propheten Micha des Alten Testamentes der Messias aus Bethlehem in Judäa kommen sollte. Die Jungfrauengeburt, die auf altorientalische Königsvorstellungen zurückgeht und mittlerweile auch von vielen anderen Theologen als historisches Ereignis abgelehnt wird, ist auch für Drewermann unhaltbar. Für Drewermann[323] ist dieser den katholischen

---

[322] Dieses Zitat stammt immerhin von einem bedeutenden Theologen, von Rudolf Bultmann, aus dem Buch „Das Urchristentum im Rahmen der antiken Religion", 1949, S. 102. Karlheinz Deschner greift auf dieses Zitat zurück, in: Der gefälschte Glaube, München, 1995, S. 11 und S. 34. Deschner selbst wird wiederum das nachdenkenswerte Zitat zugeschrieben: „Es gäbe wenig Gläubige auf der Welt, kennten sie ihre Glaubensgeschichte so gut wie ihr Glaubensbekenntnis."

[323] Die folgende Zusammenfassung von Drewermanns kritischer Theologie ist entnommen aus einem Interview der Zeitschrift „Der Spiegel", 52/1991, „Jesus wollte diese Kirche nicht."

Christen aufgedrängte Glaube bereits seit über 150 Jahren überholt. So ist mit der Jungfrauengeburt von Helden und Göttern schon vor Christus die Macht der Reinheit verbunden gewesen, mit der Götter oder Dämonen besänftigt werden sollten, und auch im katholischen Glauben gilt Maria insbesondere als Fürbitterin. Religionen, die ihr Dasein einem Ehebruch zu verdanken haben (so die Empfängnis Mariae durch den Heiligen Geist), sind durchaus gängiges antikes Sujet gewesen. Selbst Pannenberg spricht bezüglich der Überlieferung von Jesu jungfräulicher Geburt von „starken historischen Bedenken" und von einer (ätiologischen) „Legende", was sich „mit voller Sicherheit behaupten" lässt. Auch weist Pannenberg darauf hin, dass Jesu Gottessohnschaft im Sinne der Präexistenz, der Jungfrauengeburt, wie sie im Glaubensbekenntnis bezeugt wird, widerspricht.[324] Für Drewermann sind viele Wunderberichte der Bibel bereits im Voraus zweifelhaft, wenn nach gängigem Sujet zunächst die Hilflosigkeit des Menschen dramatisiert wird, um dann die Allmacht und die Wunder Gottes in einem umso glorioseren Bild erscheinen zu lassen. Die christlichen Theologen machen es sich dabei häufig sehr einfach, wenn sie Wunderberichte anderer Religionen für Legenden, die Wundertaten Jesu aber für historisch erklären und somit das wirkliche Verständnis der Texte als symbolisches und bildhaftes verstellen. In diesem Sinne haben für Drewermann auch die Ostergeschichten die Auferstehung nicht begründen, sondern lediglich bildhaft auslegen wollen. „Ein Leichnam kann nicht wieder lebendig werden und aus dem Grabe steigen." Wer Jesu Himmelfahrt gar als historisches, „raumzeitlich datierbares Ereignis" und nicht als „Bild" versteht, der „lehrt nicht Glauben, sondern Aberglauben." Oder: „Die Auffassung, Gott könne die Naturgesetze für die Zeit und die Person Jesu außer Kraft gesetzt und Wunder bewirkt haben, halte ich für falsch und gefährlich. Sie hilft nicht, den christlichen Glauben zu begründen, sondern führt zum Atheismus. Denn was wäre das für ein Gott, der zwar in seinem Sohn Jesus seine Allmacht demonstriert, ansonsten aber angesichts eines Meeres von Menschenleid untätig bleibt? Das wäre ein Gott ohne Menschlichkeit." Was die Einsetzung der Sakramente wie z. B. Taufe, Eucharistie, Abendmahl, Firmung, Beichte und Ehe angeht, so sind diese laut Drewermann und vielen seiner kritischen Theologenkollegen nicht von Jesus eingesetzt. Der Taufbefehl beispielsweise sei Jesus erst lange nach seinem Tode zugeschrieben worden, was plausibel ist, da Jesus vom nahen Weltende überzeugt war und dieses auch gepredigt hatte. Folglich konnte er auch keine Kirche oder Priester haben wollen. Außerdem beschränkte er sein Wirken lediglich auf Israel und beabsichtigte keine Missionierung der ganzen Welt mit ihm als Sohn Gottes.

---

[324]   Pannenberg, Wolfhart: Das Glaubensbekenntnis, Gütersloh, 1990, S. 79ff.

Das Schwerwiegende an der Auffassung der genannten kritischen Theologen besteht darin, dass sie nicht nur irgendwelche marginalen Passagen des Neuen Testamentes infrage stellen, sondern gerade bei den wichtigsten Aussagen – wie der Geburt Jesu, Osterereignis, Himmelfahrt, Taufbefehl, Kirchengründung etc. – feststellen, dass es sich hierbei um Legenden, Symbole und Mythen handelt. Dazu gehört auch die Auffassung von der Opfer- und Sühnetheologie, die sie als ein Konstrukt der Theologen ansehen, denn diese war Jesum völlig unbekannt. Für die Kritische Theologie sah Jesus in seinem Tod überhaupt keinen Sinn, denn er hatte ihn weder vorhergesehen noch wollte er sterben.

Der ehemalige protestantische Theologieprofessor Gerd Lüdemann aus Göttingen geht in einem Gespräch mit dem katholischen Fachkollegen, Peter Eicher, noch einen Schritt weiter, wenn er Religion im Allgemeinen als ein Phänomen begreift, das aufgrund von „Visionen und Auditionen" entsteht, die dann von einer Schülerschaft tradiert werden.[325] So als würde sich heute jemand „auf den Marktplatz einer Stadt begeben, dort seine Visionen von sich geben und somit eine Anhängerschaft oder Schülerschaft um sich versammeln, welche diese dann nach gewisser Zeit in schriftlicher Form mehr oder weniger authentisch festhält." Mit dieser Sichtweise aber sind Religionen ihres direkten göttlichen Ursprungs beraubt und somit auch nicht mehr von den von kirchlicher Seite bekämpften Sekten zu unterscheiden. Der Unterschied bestünde lediglich darin, dass die beiden Großkirchen sich innerhalb eines längeren Zeitraumes gegen konkurrierende Glaubenssysteme durchsetzen und etablieren konnten. „In der Tat", so stellt Lüdemann fest, „sind die Ergebnisse von dreihundert Jahren Bibelforschung wenig bekannt, von den Kanzeln wird anders gepredigt". Darin tritt das große Dilemma der heutigen Kirche offen zutage. Hier die mittels wissenschaftlich-rationalen Vorgehens analysierten und herausgearbeiteten Erkenntnisse und Indizien, dort die immer noch an alten, theologisch überholten Glaubensinhalten festhaltende Gemeindefrömmigkeit. Auch unsere führenden Politiker, allesamt gut ausgebildete Experten auf ihrem Gebiet, sind, was den theologischen Forschungsstand angeht, meist völlig uninformiert, was wiederum gravierende Auswirkungen auf viele sozial relevante Entscheidungen zur Folge hat. Im Gegensatz zu den bibeltreuen Theologen hält Lüdemann gerade einmal 15 % der Jesusworte für authentisch und einer der bedeutendsten Theologen dieses Jahrhunderts, Bultmann, gar nur 5 %. Allgemein unter Theologen, so schätzt Lüdemann, werden durchschnittlich 30 % für echt gehalten. Im Johannesevangelium dagegen sollen es sogar weniger als 5 % sein.

---

[325]   „Sternstunde Religion" im Sender 3sat, aus Anlass der Veröffentlichung von Lüdemanns Buch „Der große Betrug", 1998, in dem Lüdemann sich vom Christentum „verabschiedet". Die folgenden Zitate stammen aus dieser Sendung.

Diese Zahlen drücken aus, wie problematisch die Bibel, hier speziell das Neue Testament, selbst in ihrem innersten Glaubenszentrum einzustufen ist. Wie weit ist es als ehemals unfehlbares, vom Heiligen Geist inspiriertes göttliches Buch heute gesunken, wenn lediglich die nichttranszendenten und unspektakulären äußeren Ereignisse des Auftretens Jesu, die aber keine Hinweise auf irgendein wirklich göttliches Wirken aufzeigen, historisch nachvollziehbar sind. In diesem Sinne negiert auch Lüdemann die an ihn gerichteten Fragen, wie: „Ist die Bibel Gottes Wort? Ist Jesus Gott? War Jesus ohne Sünde? Hat er Naturwunder bewirkt? Ist er zu Bethlehem geboren? Ist er von einer Jungfrau geboren?" Es ist ja auch sehr seltsam, dass trotz der großartigen Wunder, die Jesus bewirkt haben soll, kein Wort eines zeitgenössischen nichtchristlichen Schriftstellers überliefert ist. Immerhin zerriss der Tempelvorhang, eine Sonnenfinsternis und ein Erdbeben traten ein, ja sogar Tote stiegen aus den Gräbern und erschienen den Lebenden. Nicht einmal der grausame und umfangreiche Kindermord des Herodes wurde in irgendeiner Weise von außerbiblischen Geschichtsschreibern zur Kenntnis genommen. Da im Lukasevangelium erwähnt wird, dass Jesus während der ersten römischen Volkszählung geboren wurde, diese aber erst im sechsten Jahr nach Jesu Geburt in Judäa stattgefunden hat, also zehn Jahre nach dem Tode des Herodes, ergeben sich auch hier Ungereimtheiten, zumal Judäa zu Herodes Lebenszeit noch gar nicht Teil der römischen Provinzialordnung war. Der zentrale und somit auch heikelste Punkt der theologischen Kritik am Glauben ist natürlich der der Auferstehung Jesu, weil damit dessen Göttlichkeit und somit auch das ganze Glaubenskonstrukt steht und fällt. Für Lüdemann und die Kritische Theologie ist die Auferstehung Jesu Christi nur symbolisch zu verstehen, was der gnostischen Lehre entsprechen würde, welche sich mit dem rein Geistigen, wie sie es von der griechischen Philosophie her (Platon) kannte, begnügte. Erst das materialistische Verlangen der Juden- und Heidenchristen nach einer auch leiblichen Konservierung bzw. Restituierung bei der Auferstehung führte schließlich zu einer materialistischen bzw. körperlichen Deutung auch bei der Auferstehung Christi. Nach seiner Einschätzung verstehen es die evangelischen Theologen durch ein „Verwirrspiel, das leere Grab zu retten", während andere Wunder wie „die Speisung der Fünftausend oder die Schöpfung" durchaus von ihnen der historischen Kritik preisgegeben werden.[326] Daran sieht man, dass das österliche Ereignis, die Auferstehung Jesu, als die alles entscheidende Aussage des Christen-

[326] Deschner verweist darauf, dass auch Geschichten über leere Gräber und Himmelfahrten bereits gängige Sujets antiker Erzähler waren. (Der gefälschte Glaube, 1995, S. 49ff.) So fällt sein Urteil auch bezüglich der vermeintlichen Wunder, die die Göttlichkeit Jesu im Neuen Testament belegen sollen, entsprechend nüchtern aus: „Der Rahmen, die Inhalte, die Formen, Titulaturen, Wundern, die Gebote und Verbote, nichts war neu." (a.a.O., 1995, S. 52)

tums schlechthin verstanden wird. „Der Glaube soll sich auf eine Tatsache gründen (das leere Grab bzw. die leibliche Auferstehung Jesu), doch die Tatsache erschließt sich nur dem Glauben. Was den Glauben begründen soll, kann selbst nur geglaubt werden." „Völlig verrückt und grausam" ist für Lüdemann auch die Vorstellung eines Gottes, der seinen Sohn opfert. Aber diese Vorstellung ist erst nach Jesu völlig unerwartetem Tod in der christlichen Urgemeinde entstanden. Für sie war er ein Schock, denn Jesu Voraussage, dass das Reich Gottes noch zu seinen Lebzeiten eintreten wird, hatte sich damit als Irrtum erwiesen. Das Heilsgeschehen am Kreuz ist deshalb christliches Glaubensgut geworden, weil man dem Geschehen am Kreuz einen Sinn geben wollte. Jesus selbst hatte gar keine Erlösungslehre, man findet bei ihm keine Erlösung durch Blut oder eine Vergebung am Kreuz. Diese ist erst später durch Paulus konstruiert worden und steht in völligem Gegensatz zu der Gottesvorstellung Jesu, die von einem liebenden Vater, von einem menschenfreundlichen Gott ausging. „Welch primitive Mythologie, dass ein menschgewordenes Gotteswesen durch sein Blut die Sünden der Menschen sühnt."[327] Interessant dabei ist auch, dass Lüdemann der Theologie sogar den Rang einer „Wissenschaft" in Abrede stellt, insofern sie den Glauben und nicht wissenschaftliche Kriterien als Maßstab ansetzt. Lüdemann stellt fest, „…dass wir an der deutschen Universität zwei Fakultäten theologischer Art haben, evangelische und katholische, die von sich behaupten, Wissenschaft zu betreiben, aber schon deswegen keine Wissenschaft sein können, weil sie ja nach Glauben gehen." Dazu kommt noch, dass das Prinzip der Wissenschaft auch den Irrtum mit involviert, der in einem quasi evolutiven Prozess als solcher erkannt und selektiert wird, während die monotheistischen Religionen und deren jeweiliger einzig wahre Glaube Unfehlbarkeit beanspruchen, was ein sicheres Zeichen eben für Nichtwissenschaftlichkeit ist.

Der evangelische Neutestamentler Andreas Lindemann[328] sieht ebenso wie Gerd Lüdemann große Widersprüche und Fragwürdigkeiten im Neuen Testament. Entgegen der katholischen und päpstlichen Auffassung, denen Lindemann vorwirft, dass sie 250 Jahre Jesus-Forschung schlicht ignorieren, wird, so Lindemann, „seit Jahrzehnten von keinem ernst zu nehmenden Exegeten" mehr behauptet, „dass es sich bei den Evangelien um Lebensbeschreibungen Jesu handelt." Die Evangelisten

---

[327]   Rudolf Bultmann, zitiert in: Kubitza, Heinz-Werner: Der Jesuswahn, Marburg, 2013, S. 246.

[328]   Andreas Lindemann, wie auch Gerd Lüdemann, gilt als einer der renommiertesten deutschen Bibelforscher. Die folgenden Darstellungen seiner theologischen Erkenntnisse und Einschätzungen finden sich in einem mit Journalisten der Zeitschrift Der Spiegel (Nr. 50/1999, S. 130ff.) geführten Gespräch.

sind keine direkten Augen- und Ohrenzeugen, wie lange behauptet wurde. Weder der Apostel Matthäus noch der Apostel Johannes haben ein Evangelium geschrieben noch waren die Evangelisten Markus und Lukas Begleiter von Aposteln. Dennoch hielten auch die letzten Päpste entgegen allen neueren Erkenntnissen nach wie vor an dieser überholten Auffassung fest, indem sie die Evangelien noch immer als „zuverlässige historische Zeugnisse" betrachteten. In diesem Sinne werden auch heute noch, entgegen jeder besseren Einsicht der modernen Bibelexegese, den Kindern in Kindergärten und Schulen Legenden als seligmachende Wahrheiten gelehrt. Wie für Lüdemann, so steht auch für Lindemann fest, Jesus war Jude und kein Christ, d. h. er selbst hat sich gar nicht als Sohn Gottes oder Gott gesehen. Wenn er sich überhaupt als Messias gesehen hat, dann nur als Verkünder eines in Kürze hereinbrechenden Reiches Gottes. Die Christen machten Jesus zu etwas, was er nie selbst zu sein gedachte: ein Gott. Der Titel „Messias" oder griechisch „Christos" war im ursprünglichen Verständnis, so wie ihn auch Jesus kannte, lediglich die Bezeichnung für den regierenden König und nach dem Verfall des davidischen Reiches der erhoffte Idealherrscher aus dem Hause David. Ganz bestimmt stellte man sich ihn nicht als einen leidenden Messias vor, der am Kreuze schmählich sterben wird, sondern als Sieger und Herrscher. „Wer am Holz hängt, der ist von Gott verflucht." (Dtn 21,23) Aber Paulus, der Jesus nie begegnet ist, gelang das Kunststück, die Niederlage am Kreuz in einen Sieg umzudichten. Die Erlösung durch das Blut Christi ist damit völlig konträr zur Verkündigung Jesu. So glauben die Christen heute etwas, das nach Auffassung vieler Theologen nicht einmal Jesus selbst glaubte, nämlich dass er Gottes Sohn oder gar Gott selbst sei. Nach christlicher Auffassung steht und fällt aber der christliche Glaube mit genau dieser Überzeugung, Jesus sei Gottes Sohn. Auch die Erfindung der Sünde hat in diesem umgedeuteten Kreuzestod ihre Ursache. Denn welchen höheren und göttlichen Sinn sollte der Kreuzestod sonst haben, wenn nicht die Tilgung der menschlichen Sündhaftigkeit? Ferner bekennt auch Lindemann sich zu der Überzeugung, dass der historische Jesus gar nicht getauft hat und dies auch nicht von seinen Anhängern verlangt hat: „Der Evangelist Matthäus hat den Taufbefehl formuliert, um die von der urchristlichen Gemeinde von Anfang an geübte Taufpraxis zu legitimieren." Lindemann gesteht ebenso ein, dass er es für „unwahrscheinlich" hält, dass der Evangelist Markus (Mk 9,1) Jesus die Worte über das kurz bevorstehende Weltende nur „in den Mund gelegt hat." Jesus war vielmehr zutiefst überzeugt davon. Die Überzeugung vom unmittelbar bevorstehenden Weltende, vom Gericht Gottes, war ebenso wie die damit verbundene Aufforderung zur Umkehr Kernstück seiner Verkündigung. Wenn aber Jesus das nahe Weltende bzw. das Reich Gottes gepredigt und auch fest daran geglaubt hat, so ist besonders darin ein untrüglicher Beleg dafür zu sehen, dass Jesus

alles Mögliche gewesen sein mag, ein guter Mensch mit neuen ethischen
Maßstäben, ein Prophet..., aber eines bestimmt nicht: ein allwissender
und unfehlbarer Gott. Vielmehr machte man aus dem Verkündiger den
Verkündigten. Von dem theologischen Konstrukt der Trinität, mit ihm
als Bestandteil, hatte Jesus noch überhaupt keine Ahnung. Dies kam erst
später hinzu. Als im Jahre 383 Hieronymus beauftragt wurde, einen einheitlichen Text der lateinischen Bibeln fertigzustellen, war bereits Historisches mit Fiktivem derart vermengt, dass beides auch für ihn nicht
mehr zu trennen war. Damit aber nicht genug. Selbst Hieronymus veränderte die ihm vorliegenden Schriften selbst noch einmal an über dreitausend Stellen. Es war nicht mehr als ein Versuch, ein einheitliches
Schriftdokument zu verfassen, um den dichterischen Auswüchsen Ein-
halt zu gebieten. Trotz dieser teils eingestandenen menschlichen Urhe-
berschaften und Retuschen wurde die lateinische „Vulgata", nachdem
sie zunächst von der Kirche selbst lange Zeit abgelehnt wurde, im 16.
Jahrhundert auf dem Tridentiner Konzil für authentisch und nun auf
einmal sogar für göttlich, also als vom Heiligen Geist inspiriert, erklärt.
Aus dem einst erwarteten Reich Gottes hatte sich im Laufe der Jahrhunderte eine Ersatzideologie entwickelt, die versuchte, diese Enttäuschung
zu kompensieren. Der Theologe Albert Schweitzer hat darauf aufmerksam gemacht: „Unser Christentum beruht auf Trug, insoweit das Nichteintreffen der eschatologischen Erwartungen darin nicht eingestanden
ist."[329] Denn Jesus stand zweifelsohne in der Tradition der Propheten,
der jüdischen Apokalypsen, der Essener und Johannes des Täufers. Sie
alle hatten ganz gewiss nicht an die Einsetzung einer (katholischen) Kirche, an Bischöfe und Päpste, Religionskriege, Scheiterhaufen, Juden- und
Ketzerverfolgungen, Inquisition gedacht, geschweige denn dies gewollt.
Vielmehr war man von einem Eingreifen Gottes, einer Art kosmischen
Katastrophe überzeugt. Jesu fester Glaube und Verkündigung des nahen
Weltendes, das er wie viele andere auch als unmittelbar bevorstehend
erwartete, steht deshalb in einem schreienden Gegensatz zur Existenz
aller christlichen Kirchen. Auch für den Philosophen Martin Heidegger
war das Ausbleiben Gottes ein wesentlicher Aspekt, der die Fragwürdigkeit des theistischen Weltbildes dokumentiert. „Das Weltalter ist
durch das Wegbleiben des Gottes, durch den ‚Fehl Gottes' bestimmt."[330]
Dies aber ist nicht irgendeiner Schuldhaftigkeit des Menschen zuzuschreiben, sondern das „Verhängnis des Ausbleibens des Gottes" geht
auf die Religion selbst zurück, denn „nicht nur der Gott und die Götter
sind entflohen, sondern der Glanz der Gottheit ist in der Weltgeschichte
erloschen."[331] Aber auch einigen hochrangigen katholischen Geistlichen

[329]   Schweitzer, Albert: Geschichte der Leben-Jesu-Forschung, Tübingen, 1951, S. 22.
[330]   Heidegger, Martin: Holzwege, Frankfurt/M., 1950, S. 248.
[331]   Heidegger, Martin: a.a.O., 1950, S. 248.

ist diese Problematik zumindest bewusst. So meint hierzu Kardinal Walter Kasper: „Hat sich Jesus etwa in dieser seiner Naherwartung getäuscht? Wäre dies der Fall, dann hätte dies weitreichende Konsequenzen nicht nur für den Vollmachtsanspruch seiner Person, sondern für den Wahrheits- und Gültigkeitsanspruch seiner ganzen Botschaft."[332] Insbesondere hätte dies auch fatale Konsequenzen für die von Jesum abgeleitete Existenzberechtigung der großen Kirchen, denn wer das nahe Weltende erwartet, beabsichtigt wohl kaum die Gründung einer nun schon über zweitausend Jahre bestehenden Kirche. Und dass Jesus das nahe Weltende erwartet hat, steht fest: „Wahrlich, ich sage euch: ‚Dieses Geschlecht wird nicht vergehen, bis dies alles geschieht.'"[333]

Der Theologe Alfred Loisy fasst die wahre, aber unterdrückte Erkenntnis über die Kirchengeschichte so zusammen: „Jesus hat das Reich Gottes verkündet, gekommen aber ist die Kirche."[334] Der allwissende Gott, er hat sich geirrt. Jesus selbst kam es auch gar nicht in den Sinn, zu glauben, er hätte eine Präexistenz bei Gottvater gehabt und würde am Ende der Tage wiederkehren. All dies ist zwar christlicher Glaube, jedoch wusste Jesus als Jude, der er doch war, von diesen späteren, mit seiner Person und an seinem Wirken verquickten Glaubensüberzeugungen selber noch nichts. „Kein Zweifel", so Lindemann, „Jesus hat sich stets ausschließlich als Jude verstanden. Er sah seine Aufgabe in Israel, und keinesfalls wollte er eine neue Religion stiften." Sein Missionsbestreben galt ausdrücklich dem Hause Israel und nicht einer universalen heidnischen Welt. Wie auch immer, jedenfalls wurde das bedauerlicherweise ausbleibende Reich Gottes, das man zunächst auf Erden erwartete, von den Christen allmählich durch den Glauben an ein überirdisches Himmelreich ersetzt. Der Glaube an das Reich Gottes dagegen wurde institutionalisiert, es wurde umgewandelt in den Glauben an die Göttlichkeit der Kirche. Die Rechtfertigung, dass Jesus von Nazareth mit den Worten „Du bist Petrus, der Fels, und auf diesen Felsen will ich meine Kirche bauen" (Mt 16,18) die Katholische Kirche installiert habe, wird heute kaum noch ausgesprochen, denn mittlerweile gilt es als sicher, dass auch diese Passage eine später angefügte Fälschung des ursprünglichen Textes darstellt. Der Theologe Heinz-Werner Kubitza spricht aus, was heute unter vorgehaltener Theologenhand ohnehin bekannt ist, nämlich „dass der Christus der Kirchen fast nichts mit dem historischen Jesus von Nazareth zu tun hat. Der Christus der Kirche ist ein Geschöpf dieser Kirche selbst, nicht er hat die Kirche begründet,

---

[332] Dieses Zitat entstammt ebenfalls dem „Spiegel"-Gespräch von 1999, Nr. 50 (S. 135).

[333] Die eschatologische Naherwartung Jesu ist auch bezeugt in Mk 9,1; 1,15; 13,30; Mt 4,17; 10,7; 10,23; 16,28; Lk 11,51.

[334] Zitiert in Kubitza, Heinz-Werner: Der Jesuswahn, 2013, S. 105.

sondern die Kirche hat Christus begründet."[335] Freilich beginnen die Fälschungen schon bei den Evangelien und bei der göttlichen Verklärung des eigentlichen Gründers des Christentums, bei Paulus. Das ist vielfach in theologischer Fachliteratur nachzulesen. Aber der Kirche ist der Vorwurf zu machen, dass sie diese Fälschungen über Jahrhunderte bereitwillig akzeptiert und sie auch noch durch die behauptete Verbalinspiration des Heiligen Geistes dogmatisiert hat.

Für Lindemann und seine Kritischen Theologiekollegen sind auch die Worte Jesu, mit denen seinem Sterben Heilsbedeutung zugeschrieben wird, ihm nachträglich in den Mund gelegt worden. Wenn nun aber Jesus von seinem Sühnetod gar nichts wusste, kann er auch nicht das Abendmahl eingesetzt haben und nicht die Worte über sein Blut gesprochen haben, das angeblich zur Vergebung der Sünden vergossen wurde. Auch hier existiert eine Übereinstimmung mit Lüdemann, wenn Lindemann bekennt, dass die Abendmahlsworte in der Tat „nicht historisch auf Jesus zurückzuführen sind. Die urchristliche Gemeinde hat ihren Glauben in Worte Jesu gekleidet." Auch für den Frankfurter Theologen Hans Kessler steht fest: „Alle neutestamentlichen Aussagen, die den Tod Jesu als Heilsereignis verstehen, sind erst nach Jesu Tod entstanden."[336] Und Bultmann erklärt gar: „Welch primitive Mythologie, dass ein Mensch gewordenes Wesen durch sein Blut die Sünden der Menschen sühnt."[337]

Auch andere Erzählungen, wie z. B. die Nacht auf dem Ölberg werden von Theologen (Bultmann) als „ursprüngliche Einzelgeschichten ganz legendären Charakters" eingestuft.[338] „Der Bericht ist eine Legende."[339] Dramaturgisch höchst wirkungsvoll aufgebaut, hier die schwachen, der Müdigkeit nicht widerstehenden Jünger, dort der Held, der um seines kurz bevorstehenden Schicksals Bescheid weiß. Laut Markus (14,36) redet Jesus Gott im Garten Gethsemane mit „Abba" an und bittet ihn, den Kelch an ihm vorübergehen zu lassen. Wie aber soll dieses angebliche Geschehnis überliefert worden sein, wenn doch niemand diese Szene beobachtet oder belauscht haben kann? Auch der Theologe Wyneken schreibt: „Diese Religion, die den Völkern ,die Wahrheit' bringen wollte, hat in einem beispiellosen Ausmaß mit Lüge und Betrug gearbeitet."[340] Alle Evangelien wurden zunächst anonym überliefert und

---

[335]   Kubitza, Heinz-Werner: a.a.O., 2013, S. 233.

[336]   Zitiert nach Augstein, Rudolf: Jesus Menschensohn, 1999, S. 185.

[337]   Bultmann, Rudolf: Neues Testament und Mythologie, München, 1988, S. 19.

[338]   Bultmann, Rudolf: Die Geschichte der Synoptischen Tradition, Göttingen, 1995, S. 288; 306.

[339]   Conzelmann, Hans und Lindemann, Andreas: Arbeitsbuch zum Neuen Testament, Tübingen, 1998, S. 501.

[340]   Vgl. Wyneken, Gustav: Abschied vom Christentum, München, 1963, S. 41.

erst später von der Kirche den Uraposteln als zuverlässigen Zeugen des Geschehens zugeschrieben. Doch bereits der Autor des ältesten Evangeliums (vermutlich zwischen 70 und 80 entstanden), Markus, war – darüber gibt es auch unter heutigen Theologen keinen Zweifel – kein Augenzeuge des Geschehens mehr. Geleitet von einer Mischung aus Hörensagen und eigenem Wunschdenken, wie man es als Anhänger und Verehrer Jesu gerne gehabt hätte, hat man, ohne sich um die historischen Gegebenheiten groß zu kümmern, bewusst oder unbewusst frei erfunden. Eine Mischung aus tatsächlichem Geschehen und Phantasie, die sich heute nur noch schwer auseinanderdividieren lässt. Die Geschichte von der dreimaligen Verleugnung Jesu und dem bei Markus zweimaligen, bei den anderen Evangelisten nur einmaligen Hahnenschrei sind zudem (wie beispielsweise auch die Jüngerflucht) gängige volkstümliche Erzählmotive. Bultmann hält sogar die ganze Verleugnungsgeschichte für „legendarisch und literarisch".[341] Dennoch werden solche hübsch anzuhörenden Geschichtchen heute nach wie vor in der Kirche und im Religionsunterricht ungeachtet und wider besseres theologisches Wissen den Kindern so beigebracht, als hätte all dies tatsächlich so stattgefunden.

Kann aber bei all diesen kritischen Erwägungen nicht wenigstens an der ethischen Besonderheit des Christentums, wie sie in der Bergpredigt zum Ausdruck kommt, festgehalten werden, auch wenn gerade die Kirchen als göttliche Institutionen besonders gravierend gegen diese verstoßen haben? Auch hier bestehen erhebliche Zweifel, denn dass Jesus die Bergpredigt gehalten hat, behauptet gemäß der Kritischen Theologie heute wohl kein ernst zu nehmender Exeget mehr. Dies aber würde bedeuten, dass ein wesentlicher Bestandteil der christlichen Ethik gar nicht christlich ist, also gar nicht auf Christus zurückgeführt werden kann. Es ist zudem hinlänglich bekannt, dass in älteren Quellen (den Qumran-Schriften bzw. im Buch Henoch) viele Parallelen zur jesuanischen Ethik zu finden sind. Schon aus diesem Grund, weil diese Ethik also nicht originär auf Jesus zurückgeführt werden kann, verbietet es sich, von einer „christlichen Ethik" zu sprechen, wie dies auch gerne Vertreter christlicher Parteien tun. Weder die Bergpredigt des Matthäus noch die Feldpredigt des Lukas sind authentisch auf Jesus zurückzuführen, sondern Bildung und Fortbildung der Gemeinde. So erklärt sich auch, dass weder Markus noch Paulus etwas über diese wussten. Und was war die eigentliche Botschaft dieser Predigten? In erster Linie handelte es sich um Trost für die sogenannten kleinen Leute, die auf das nahe Reich Gottes verwiesen werden, auf das Weltende, dessen Kommen sie nicht beeinflussen können. Es betrifft also die Zeit nach dem Tode, die Hoffnung auf ein besseres Leben, auf das kurz bevorstehende Reich Gottes, auf

---

341   Bultmann, Rudolf: Die Geschichte der Synoptischen Tradition, 1995, S. 290.

den „Himmel" eben. Die Überzeugung vom nahen Weltende war selbst
noch bei Paulus so groß, dass er den Sklaven empfahl, bei ihren Herren
zu bleiben, denn „jeder soll vor Gott in dem Stand bleiben, in dem ihn
der Ruf Gottes getroffen hat."[342] In diesem Sinne ist das Christentum
nicht gerade als revolutionär zu bezeichnen. Es soll alles so bleiben wie
es ist, vielmehr wird angesichts von Lohn und Strafe auf das baldige
Jenseits verwiesen. Mag man damals noch an diese jenseitige Gerichts-
barkeit geglaubt haben, so würden sich heute wohl nur noch wenige in
praktischer Hinsicht auf diese Spekulation verlassen und lieber sehen,
dass sie im Diesseits möglichst gut davonkommen, was besonders und
immer schon für Priester gegolten hat.

Fassen wir mit dem Philosophen Herbert Schnädelbach den kritisch-
theologischen Sachverhalt zusammen.[343] Zum Zwecke, Jesus als den
wahren Messias erscheinen zu lassen „wird das Alte Testament geplündert, und was sich dort in irgendeiner Weise als messianische Verheißung auffassen lässt, wird dann in der Biographie Jesu als erfüllt behauptet – nach dem Schema: „Auf dass erfüllet werde die Schrift..."[344]
Da man innerhalb der konservativ-theologischen und kirchlichen Kreise
bis in die obersten Hierarchien über die Erkenntnisse der unabhängigen
und objektiv vorgehenden historischen Methode durchaus informiert ist,
deren Ergebnisse aber weder im Religionsunterricht noch in den Gottes-
diensten an das Glaubensvolk weitergegeben und somit regelrecht un-
terschlagen werden, fällt Schnädelbachs Urteil diesbezüglich auch entsprechend hart, aber zutreffend aus: „Der strategische Umgang mit der
historischen Wahrheit um einer höheren Wahrheit willen ist ein Erbübel
des verfassten Christentums. Da haben die Evangelisten Tatsachen erfunden, und bis in unsere Tage war es Christen streng verboten, sie auch
nur zu bezweifeln. Die Geschichte der rationalen Bibelkritik seit der frühen Neuzeit zeigt, wie das starre Festhalten an den biblischen Tatsa-

---

[342]   1. Korinther 7, 24.

[343]   Schnädelbach, Herbert: Der Fluch des Christentums. Die Zeit, 20/2000.

[344]   „So wurde Jesus wegen Micha 5, 1 in Bethlehem geboren, wegen 4. Mose 24, 17
         musste da ein Stern aufgehen, wegen Psalm 72, 10 und 15 und Jesaja 60, 6 mussten
         die Weisen aus dem Morgenland kommen, und wegen Hosea 11, 1 musste die Hei-
         lige Familie nach Ägypten geflohen sein. Jeremia 31, 15 ist die Raison d'Être des
         Bethlemitischen Kindermordes – eines unfassbaren Ereignisses, dessen sich nach
         zwei Generationen die Zeitgenossen bestimmt noch erinnert hätten, handelte es
         sich dabei nicht um eine dreiste Fiktion. Dass der sterbende Jesus Worte des Alten
         Testaments zitiert habe, könnte wahr sein, aber dass in seiner Sterbestunde der
         Vorhang im Tempel zerrissen sei, die Erde gebebt habe und Tote den Lebenden er-
         schienen seien (Matthäus 27, S. 51ff.), dafür gäbe es ganz sicher unabhängige Zeu-
         gen, wäre dies nicht auch eine Legende." Schnädelbach, Herbert: Der Fluch des
         Christentums. Die Zeit, 20/2000.

chenwahrheiten die Glaubwürdigkeit der christlichen Botschaft insgesamt beschädigte. Noch heute versuchen die Amtskirchen, die theologische Aufklärung des Kirchenvolkes zu verhindern. Das ist sogar verständlich, denn was bleibt vom ‚Kern' des Christentums übrig, wenn man seine fiktiven Schalen entfernt? Was bleibt von der Auferstehung, wenn man das leere Grab auf sich beruhen lässt?" Die daran sich logisch anschließende weitere und letzte Konsequenz erkannte schon Paulus: „Ist aber Christus nicht auferstanden, so ist unsere Predigt vergeblich, so ist auch euer Glaube vergeblich" (1. Korinther 15,14).[345] Da aber nicht sein kann, was sein darf, so war das Grab eben leer.

Ein prominenter Zweifler am göttlichen Selbstverständnis Jesu ist auch Albert Schweitzer gewesen. Auch für ihn hat Jesus den nicht eingetretenen Weltuntergang erwartet und als unmittelbar bevorstehend vorausgesagt. Ebenso wenig wie seine Jünger hielt auch er sich nicht für Gottes Sohn. Der eigentliche Begründer des Christentums ist für Schweitzer deshalb Paulus, denn er machte aus dem Tod, der Niederlage Christi, einen Sieg. Denn Paulus deutete das Ereignis am Kreuz nicht als das Ende eines von zahlreichen aufrührerischen Untergangspropheten jener Zeit, sondern als Anfang der Eschatologie, die durch die bis heute ausgebliebene, aber schon mehrmals angekündigte Rückkehr des „Gottessohnes" vollendet wird.

Zum Schluss dieses Kapitels wollen wir noch einmal in einem kurzen Exkurs auf die Theologie des Paulus eingehen, denn Paulus gilt vielen als der eigentliche Begründer des Christentums und das, obwohl er nach allgemeinem theologischen Konsens gar nicht die ursprüngliche und authentische Lehre Jesu lehrte. Paulus war bestens mit der eschatologischen Überzeugung des Judentums vertraut und war selbst felsenfest von dem nicht nur von Jesum prophezeiten, sondern damals allgemein herbeigesehnten unmittelbar bevorstehenden Weltende überzeugt. Auch Paulus predigte die kurz bevorstehende Endzeit.[346] Aber auch er musste erkennen, dass das erwartete und angekündigte Weltende bisher noch nicht eingetroffen ist. Während das von Jesus angekündigte Reich Gottes nach dessen Tod also ausgeblieben ist, konnte er allerdings mit seiner theologischen Ausdeutung dieses Ausbleibens immerhin eine Kirche gründen, weil er es schaffte, zumindest die Hoffnung darauf aufrechtzuerhalten. Die einst so fest geglaubte Überzeugung wird von Paulus ersetzt durch das allgemeinere und unverbindlichere Prinzip Hoffnung, welche das konkret zu Lebzeiten Jesu erwartete Reich Gottes auf unbestimmte Zeit hinausschiebt. Dies aber hatte zur Folge, dass Jesu Lehre ebenso wie sein Leben und Wirken nun zwangsläufig immer mehr

---

[345] Schnädelbach, Herbert: Der Fluch des Christentums. Die Zeit, 20/2000.

[346] Vgl. 1.Thess 4,15; 1.Kor 7,29ff. Vgl. hierzu auch Deschner, Karlheinz: Der gefälschte Glaube, 1995, S. 75.

314   Peter Kamleiter

verdunkelt wurde und zu einer Art Mysterienreligion mit noch stärkeren metaphysischen und spekulativen Tendenzen mutierte. Die vorchristliche gnostische Lehre von der Herabkunft des Erlösers diente dabei als Modell für den nun mythologisierten und vergöttlichten Jesus. Der historische Jesus bleibt dabei auch bei Paulus, der ihn persönlich aufgrund der Lebensdaten gar nicht kennen konnte, weitgehend unberücksichtigt. Von Jesu irdischem Lebensweg, seinem Wirken und seiner Lehre kommt bei ihm nichts vor. Für Paulus allein maßgeblich ist seine eigene innere Erleuchtung. „Christus ist nicht Urheber, sondern Gegenstand des neuen Glaubens."[347] Paulus vermengt also Vorstellungen von Mysterienreligionen und philosophische Elemente mit seinen eigenen theologischen Vorstellungen vom Christentum. So weist der deutlich ältere Mithraskult frappierende Parallelen zum nun entstehenden Christentum auf. Der Mithraskult war bereits in vorchristlicher Zeit in Tarsos, der Heimatstadt des Paulus, vertreten und es ist davon auszugehen, dass Paulus diese Lehren gekannt und teilweise mit dem Christentum vermischt hat. Solche Parallelen sind z. B. das Aussenden Mithras durch Gottvater, um die Welt zu retten, die sieben Sakramente, darunter die Taufe, Firmung, Kommunion und Abendmahl. Aber auch Hostien mit einem Kreuzzeichen, Unsterblichkeit der Seele, letztes Abendmahl, Himmel und Hölle, letztes Gericht und Wiederauferstehung kannte bereits der Mithraskult.[348] Selbst die liturgischen Formeln des Mithraskultes beim Sonnwendfest zeigen große Ähnlichkeit zu den christlichen: „Die Jungfrau hat geboren, zu nimmt das Licht." Und aus den Mysterienfeiern stammt der Ruf: „Euch ist heute der Heiland geboren."[349]

Wer bisher glaubte, die Bibel stelle ein in ihren Geschichten originäres und authentisches Zeugnis historischer Ereignisse dar, dem seien noch weitere und zum Teil ältere außerbiblische Motive genannt, die von den biblischen Autoren adaptiert wurden. Präexistenz, Inkarnation des Erlösers, Martyrium, Tod mit Auferstehung, Endzeiterwartung, Höllen- und Himmelfahrt, all das sind keine originär christlichen Inhalte, sondern Vorstellungen, die bereits in älteren Kulturen vorzufinden sind. In Ägypten (die Gattin des Königs wurde zwar nicht vom Heiligen Geist, aber immerhin vom Sonnengott geschwängert), Babylonien, Indien (Buddha), Persien (Zarathustra) und Rom (Hera und Hephaistos) wurden die heidnischen Heilande lange vor Christi Geburt schon von Jungfrauen geboren. Schon lange bevor die Kirche (im Jahre 353) den Geburtstag Christi auf den 25. Dezember legte, war dies bereits der Geburtstag des unbesiegbaren Sonnengottes Mithras. Auch die Schilderung

---

[347]   Wyneken, Gustav: Abschied vom Christentum, 1963, S. 53.

[348]   Siehe Störig, Hans Joachim: Kleine Weltgeschichte der Philosophie, 1981, S. 224.

[349]   Vgl. Deschner, Karlheinz: Der gefälschte Glaube, 1995, S. 42f.

von Gottheiten in einem Korb oder in einer Krippe ist ebenso wie die der
auf der Flucht befindlichen Jungfrauensöhne ein lange vor Christus be-
liebtes und gängiges Sujet. So beispielsweise das Kind der göttlichen Isis,
die lange vor Maria als „liebreiche Mutter", „Himmelskönigin", „Gna-
denspenderin", „Unbefleckte" verehrt wurde. Die von Jesus ausgeführ-
ten Wunder sind ebenfalls keineswegs eine originäre Erfindung der neu-
testamentarischen Verfasser, sondern haben ebenfalls ihre Vorbilder in
anderen Religionen. Das Wunder auf der Hochzeit in Kana, gemäß dem
Jesus Wasser in Wein verwandelte, wird bereits, so Euripides, von Dionysos vollbracht. Die zahlreichen Heilungen Jesu haben ihr Vorbild in
den wunderbaren Heilungen des Asklepios, der ebenfalls mit ausge-
strecker oder aufgelegter Hand heilte und Tode auferweckte. Auch andere „Standardwunder" vieler Hochreligionen kehren im Christentum
wieder: Dämonenaustreibungen, Wandeln auf dem Wasser, Stillung von
Stürmen, wunderbare Brotvermehrung, ja nicht einmal das Auferste-
hungsmotiv ist originär christlich. Dionysos, Herakles, Tammuz (Babylonien), Adonis (Syrien), Attis (Phrygien) Osiris (Ägypten) sind Gottheiten, die den Tod meist ebenfalls nach drei Tagen überwunden haben. So
gab es gekreuzigte Götter lange vor Jesus: Prometheus, Lykurgos,
Marsyas, Dionysos. Gerade die Parallelen von Jesus und Dionysos sind
frappierend, wie das Reiten auf dem Esel, Dionysos zu Schiff und als
Herr des Meeres, Dionysos und die trockenen Feigen, der Weinstock,
seine Verspottung und sein Leiden. Auch Dionysos' Fleisch wurde gegessen und sein Blut getrunken. Die Geschichte vom leeren Grab kann
man auch in dem griechischen Roman „Chaireas und Kallirhoe" von
Chariton nachlesen. Das Erscheinen nach der Auferstehung ist ebenfalls
keineswegs eine rein christliche Angelegenheit. Zahlreiche Parallelen mit
den Wundergeschichten Jesu bestehen auch zu Apollonios von Tyana.
Auch dieser erschien seinen Aposteln. Man muss einfach davon ausgehen, dass es sich ganz allgemein um ein bereits vorhandenes, von den
Autoren gemeinsam genutztes Reservoir volkstümlicher Erzählmotive
handelt. Höllenfahrten und Himmelfahrten kennen wir ebenfalls aus
ägyptischen, babylonischen und hellenistischen Mythen. So z. B. von
dem babylonischen Weltenschöpfer Bel Marduk, von Herakles, Attis,
Mithras, Dionysos und Orpheus. Ja sogar der von seinen Anhängern
verklärte und zu einem Gott erhobene Pythagoras soll der Legende nach
zur Hölle hinabgestiegen sein. Über den Zeitpunkt und den Ort von
Christi Himmelfahrt gibt es darüber hinaus innerhalb des Neuen Testamentes selbst Widersprüche. Nach Lukas erfolgte sie am Tag der Auferstehung, nach der Apostelgeschichte 40 Tage später. Laut Lukas bei
Bethanien, laut Apostelgeschichte vom Ölberg aus. Besonders ist der
Einfluss des Zarathustra, also des persischen Propheten und Begründers
des Zoroastrismus, auf die Entwicklung der nahöstlichen Religionen
und somit auch auf das Christentum als gravierend einzustufen. Zara-

thustra führte den monotheistischen Glauben ein, als in Palästina noch
der Polytheismus verbreitet war. Ebenso den ethischen Dualismus, den
Kampf des Guten gegen das Böse mit anschließendem Weltgericht, bei
dem die Bösen bestraft und die Guten mit Heil und Unsterblichkeit belohnt werden.

Nach dieser nur exemplarischen Auflistung kulturbedingter Parallelen und gegenseitiger Beeinflussungen fragt man sich, was man eigentlich noch an Indizien vorlegen muss, um ersichtlich zu machen, dass es
sich auch bei den Religionen um kulturhistorisch erklärbare menschliche
Produkte und nicht um vom Himmel gefallene einzigartige göttliche
Offenbarungen handelt. Würde sich diese von der Vernunft hervorge-
brachte Einsicht universal durchsetzen, wäre damit vielleicht die nötige
gegenseitige Toleranz verbunden, die die weltweiten grausamen kriegerischen und terroristischen Auseinandersetzungen gar nicht erst ermöglichen würden.

Doch zurück zu Paulus. Auch wenn es sich nicht mehr zuverlässig
nachvollziehbar lässt, woher Paulus seine Erlösungstheorie hatte – der
Gedanke der Erlösung des Menschheit durch den „Sohn" ist ebenso wie
die Hinwegnahme der Sünden durch das Ritual des Blutes aus älteren
Religionen bekannt. Die Vorstellung des Königs, der für sein Volk stirbt,
ist ein bekanntes antikes Sujet und wie so vieles keinesfalls originär
christlich.

Neben der Erlösungslehre führte Paulus aber weitere Neuerungen
ein, nämlich die Lehre von der Prädestination und der Erbsünde. Mit ihr
wird selbst der Säugling aufgrund der vererbten Sündhaftigkeit, die auf
Adam und Eva, das mythologische Stammelternpaar aller Menschen
zurückgeht, schuldlos schuldig. Die Erbsündenlehre stellt eine für den
Glauben und die Kirche absoluten Geniestreich dar, indem sie sich so
ihre Klientel abhängig macht und sich ihrer auf lange Sicht sicher sein
kann. Aus eigener Kraft, so Augustinus gegen Pelagius, der die Willensfreiheit vertreten hatte, kann sich der Mensch dabei aus dieser Erbsünde
nicht befreien. Ganz und gar ist er auf die Gnade Gottes angewiesen,
denn da wir alle die Ursünde erben, verdienen wir auch alle die ewige
Verdammnis. Gottes Verdammnis gilt sogar als Beweis für seine Gerechtigkeit, die Erlösung dagegen als Beweis für seine Gnade. Durch theologische Logik erhält man somit einen gerechten und gütigen Gott, dessen
Güte selbst unschuldige Kinder, wenn sie nicht getauft sind, in die Hölle
wirft. Hier wurde mit der Naivität einfacher Menschen in Verbindung
mit dem Wunsch, erlöst zu werden, ein Abhängigkeitsverhältnis erzeugt, das durchaus als perfide, wenn nicht gar pervers eingestuft werden kann. Wer nicht getauft und somit kein Mitglied dieser Kirche ist,
der kann auch nicht erlöst werden. Somit macht sich die Kirche zur unverzichtbaren Mittlerin zwischen den armen sündigen Seelen und Gott.
Das eigentlich Groteske an dieser Art Theologie ist aber, dass der

Mensch eigentlich für seine Sünden gar nichts kann, da er – nach Paulus, Augustinus und Luther – vorab schon von Gott entweder für das himmlische Paradies oder für die Verdammung in der Hölle determiniert ist. Was wohl Jesus dazu gesagt hätte, hätte er diese theologischen Auswüchse um seine Person und Lehre noch erlebt? Was hätte er dazu gesagt, hätte er es erlebt, dass man ihn im vierten Jahrhundert auf dem Konzil von Nizäa mit der Verwerfung der subordinatianischen Theologie als wesensgleich mit Gottvater erklärte. Auch Paulus und das gesamte zweite christliche Jahrhundert wussten davon noch gar nichts zu berichten. Das Dogma der Wesensgleichheit von Vater und Sohn (Homousie) wurde den hierüber streitenden Parteien in Nizäa durch das Diktat des noch ungetauften Kaisers Konstantins aufgezwungen, womit es eindeutig nicht als ein göttlicher, sondern menschlich-politischer Kompromiss zu werten ist. Dass es sich bei all den späteren Beschlüssen und Dogmen dennoch immer um die „rechtgläubige" Lehre handelt, wird damit begründet, dass diese Entscheidungen durch den Heiligen Geist inspiriert sind. Aber auch dieser ist weder Paulus noch dem frühen Christentum bekannt. Bei Paulus gibt es noch keine trinitarischen Anspielungen. Das sogenannte „Comma Johanneum" (1.Joh. 5,7f.), das den trinitarischen Hinweis beinhaltet, gilt als eine der „bekanntesten neutestamentlichen Fälschungen" und fehlt in sämtlichen griechischen Handschriften.[350] So hatte sich das Christentum seit Paulus bis hin zum vierten Jahrhundert erheblich gewandelt. Von der Religion der Unterdrückten und Notleidenden hin zu einer dogmatisierten Religion der Herrschenden und der Schriftgelehrten. Doch immer noch konnte sich die gedrückte Menschheit mit dieser identifizieren, auch wenn jetzt die Kirche selbst zur Unterdrückerin degenerierte. Mit dem eigentlichen Anliegen Jesu und dessen propagierter Armut und Bevorzugung der Schwachen und Unterdrückten lässt sich deren weitere Geschichte allerdings kaum

---

[350]   Hingewiesen sei auch auf die innerkirchliche Auseinandersetzung zwischen dem Heiligen Kyrillos und dem im Streite unterlegenen und nur deshalb nicht heiligen, sondern ketzerischen Nestor. Dieser vertrat gegen Kyrillos die Meinung, es verhalte sich bei der Göttlichkeit Christi im Verhältnis zu seiner Menschennatur so, dass hier nicht eine, sondern zwei Personen, eine göttliche und eine menschliche vorhanden waren. Man mag im Nachhinein behaupten, der Ausgang dieses Streites hätte sich zugunsten der wahren Lehre durchgesetzt, weil der heilige Geist mitgewirkt und entschieden hätte. Tatsache aber ist, dass die Entscheidung auf dem Konzil in Ephesos (431 n.u.Z.) dadurch zugunsten des aus heutiger Sicht verständlicherweise als Heiligen angesehenen Kyrillos entschieden wurde, weil die westlichen Bischöfe zuerst eintrafen und kurzerhand einfach in dieser Frage gegen die östlichen Vertreter entschieden und gleichzeitig Nestor als Ketzer verdammten. Auch in der für gläubige Christen einfach unkritisch übernommenen Frage nach der Natur Christi ist also zu ersehen, wie profan und wie wenig „göttlich" viele für den Christen im Laufe der Zeit selbstverständlich gewordenen Glaubenswahrheiten in Wirklichkeit sind.

318   Peter Kamleiter

noch in Einklang bringen. Aber immer noch können sich benachteiligte
und schwache Menschen mit dem gekreuzigten Sohn Gottes identifizieren. Dies und die damit verbundenen Heilsversprechungen machten das
Christentum über die Staatsreligion des römischen Imperiums weit
überlegen und sind mit ein Grund für ihren auch heute noch anhaltenden Erfolg. Die Aufdeckung der tatsächlichen und realen Hintergründe
allerdings sowie die damit verbundene Ernüchterung stellt das rationale
Gegengewicht hierzu dar. Welcher fromme und rechtgläubige Christ
somit auch immer seinen Unmut gegenüber agnostischen oder atheistischen Philosophen und Naturwissenschaftlern zum Ausdruck bringen
möchte – er sollte bedenken, dass durch die profunde und wissenschaftlich begründete theologische Kritik und deren ans Tageslicht beförderte
Erkenntnisse die Wahrhaftigkeit des Christentums mehr in Zweifel gezogen wird als durch die Kritik von philosophischer oder naturalistischer Seite, eben weil sie ohne Umwege und in direktester Weise am
Fundament des als äußerst fragil gewordenen Glaubensgebäudes rüttelt.
Die Entzauberung des Glaubens ist zusehends zu einer Angelegenheit
der Theologie selbst geworden.

2.2   Das Alte Testament und sein entzauberter Gott

Wir wollen uns in diesem Kapitel die Entwicklung der Gottesvorstellung
des Volkes Israel etwas genauer ansehen, weil dessen Gott von einer
regionalen Gottheit unter vielen anderen damals ganz selbstverständlich
anerkannten Götter im Laufe der Geschichte zum einzig wahren und
universellen Gott allen Seins avancierte. Aus dem regionalen und relativ
unbedeutenden Kriegsgott Jahwe wurde im Laufe der Jahrhunderte der
dreieinige Gott der Christen. Es lässt sich historisch belegen, dass es sich
hierbei um einen ganz profanen kulturhistorischen Prozess handelt, der
ganz klar zeigt, dass auch Religionen einer kulturellen Evolution unterliegen und deren Produkt sind. Eines der für den Glauben gefährlichsten
Argumente ist, dass dieser nicht im Göttlichen selbst seinen Urgrund
hat, sondern letztlich ein soziologisch, psychologisch oder historisch
erklärbares Produkt des Menschen selbst darstellt. Tatsächlich besitzen
viele Religionen gemeinsame anthropomorphe Grundlagen, wie ein
Vergleich der Archetypen unterschiedlicher Mythen deutlich macht. So
wird der Mensch von Göttern erschaffen (Paarung von Giganten oder
Kampf von Titanen) und die Stammeszugehörigkeit wird durch Erzählungen von Wanderung bzw. der Verheißung von Land gefestigt. Es
beginnt ein Kampf des von einem Helden angeführten und verehrten
Stammes mit dem Bösen, das selbstverständlich immer auf der anderen
Seite zu finden ist. Auch die Vorstellung einer Apokalypse: Flut, Feuer
oder Rache der Götter – ist verbreitetes Vorstellungsgut, welche in längst
vergangenen Naturkatastrophen ihre archetypische Grundlage findet.

Diese müssen dann nur noch religiös gedeutet werden. Denken wir nur an die Sintflut, welche nach biblischer Aussage die ganze Welt ergriffen hat, aber in diesem Sinne selbstverständlich nicht stattgefunden haben kann, weil die Wassermassen hierfür schlichtweg nicht ausreichen. Was man damals zudem unter „Welt" verstand, war selbstverständlich nur der den Erzählern bekannte regionale Lebensraum, der dann sicherlich auch tatsächlich, wie in Mesopotamien, von dieser Überschwemmung betroffen war. Über die tatsächliche Beschaffenheit und Größe des Erdballs hatten diese Völker, ihre Priester und somit auch ihre Götter noch keine Ahnung. Überleben werden solche Katastrophen dann gemäß dieser Sagen meist auch immer nur kleine auserwählte elitäre Gruppen, welche sich glaubenskonform, also gemäß dem göttlichen Willen verhalten haben und somit gleichermaßen als Vorbild wie als Warnung für alle späteren Generationen dienen sollen. Auch Symbole werden erdacht, als Quell göttlicher Präsenz und sichtbares Zeichen dessen Macht (z. B. Bundeslade, später die Kirchen und Kathedralen), Seher, Zauberer, Schamanen, Propheten und andere Heilige verfügen über einen direkten Draht zu übernatürlichen Mächten und besitzen aufgrund dessen auch göttliche Weisheit und somit Macht und Einfluss. All diese Beispiele verdeutlichen Gemeinsamkeiten alter Erzählungen, die keineswegs nur originär hebräischen oder christlichen Ursprungs sind, sondern ein Muster beinhalten, das kulturübergreifend zu finden ist und zeigt, dass Religionen gewisse archaische Grundmuster besitzen, die dann nur regionalspezifisch gefärbt sind. Zu diesen archetypischen Wurzeln gehören auch sagenhafte Ungeheuer wie Drachen, Dämonen und Helden, die sie bezwingen, Geister und Gottheiten, die es zu besänftigen gilt, und vieles mehr. Das Alte Testament reiht sich hier als nichts Besonderes ein in unzählige andere, sich gegenseitig befruchtende und überbietende archaische Erzählungen, in denen alltägliche Lebenswirklichkeit mit reiner Phantasie und Aberglauben vermischt werden. So zweifelt heute kein Alttestamentler mehr daran, dass die Bibel Motive des wesentlich älteren Gilgameschepos in veränderter Form übernommen hat. Was viele Juden und Christen auch nicht wissen, ist, dass im Alten Testament deutlich noch Spuren eines ursprünglichen Polytheismus zu erkennen sind. Die Spuren polytheistischer oder polydämonistischer Vorstellungen zeigen die geschichtliche Genese der religiösen Vorstellungen Israels. So wurden die drei Gottheiten aus Gen 18,1-16 umgedeutet, indem man einen davon mit Jahwe identifizierte und die beiden anderen zu Engelwesen degradierte (vgl. auch Gen 32,2f.). Der Kern der israelitischen Sagen ist somit älter als Israel und seine Patriarchen, was die Vermutung nahelegt, Israel habe die kanaanäischen Offenbarungsgottheiten durch Jahwe und die Offenbarungsträger durch einen oder mehrere Patriarchen ersetzt. Auch verschmelzen diese mit der Sesshaftwerdung der Nomadengruppen, die sich auf die Väter (also auf prominente Führer) berufen, mit den El-Numina der kanaanäischen Heiligtümer.

Die Einführung des Monotheismus ist aus der Sicht eines der renommiertesten und anerkanntesten Alttestamentler, Herbert Donner,[351] ein kulturhistorischer und durchaus noch rekonstruierbarer Sachverhalt. Er macht plausibel, dass die ersten Berührungen des Volkes Israel bzw. einer „Menschengruppe, die selbst oder deren Nachkommen später in Israel aufgingen" (das Volk Israel existierte zu dieser Zeit noch gar nicht!) mit dem Monotheismus erst mit der Überlieferung vom Gottesberg in der Wüste und mit den Traditionen vom Auszug und der Landnahme in Zusammenhang zu bringen sind. Diese Gruppe stellte sich unter den Willen und Anspruch „ihres" (!) Gottes (damals wurde die Existenz anderer Götter noch nicht geleugnet) und schleppte ihn mit nach Palästina ein. Es gibt laut Donner „gute Gründe für die Annahme, dass das Überlieferungsthema vom Gottesberg in der Wüste von Hause aus selbständig war und erst sekundär mit den Traditionen vom Auszug und von der Landnahme verbunden worden ist." Die Lokalisation des Berges ist dabei nicht mehr möglich, da die Bibel hierzu entsprechend ihren unterschiedlichen Quellen (Jahwist, Elohist, Priesterschrift) divergierende Angaben macht.[352] Dennoch fanden dort der Tradition entsprechend die „Erwählung" und der „Bund" (als Siegel auf die Erwählung) statt. Donner schreibt: „Sicher hat diese Gruppe dort nicht das erlebt, was in Ex 18-34 geschrieben steht. Aber sie muss etwas erlebt haben, das traditionsbildend wirken konnte und gewirkt hat. Die Annahme liegt nahe, dass diese Menschengruppe am Gottesberg mit Jahwe in Berührung gekommen, vielleicht sogar erst mit ihm bekannt geworden ist. Das würde bedeuten, dass Jahwe von Haus aus eine Berggottheit war... Jahwes Geschichte begann im großen Stile erst dann, als er der Gott Israels geworden war, und sein ursprünglicher Charakter als Berggottheit der Wüste versank so sehr im Dunkel der Vorgeschichte, dass nur noch wenige Spuren darauf hindeuten." Moses hat, wenn überhaupt, etwa im 13. Jahrhundert v.u.Z. gelebt, der jüdische Monotheismus dagegen hat sich nach ziemlich übereinstimmender Auffassung vieler Alttestamentler erst

---

[351] Donner, Herbert: Geschichte des Volkes Israel und seiner Nachbarn in Grundzügen, 1984.

[352] „Darauf führen vor allem zahlreiche kultisch-religiöse Texte [zurück], die die Ereignisse der klassischen Heilszeit Israels vom Auszug bis zur Landnahme rekapitulieren und in denen der Gottesberg der Wüste fehlt: z. B. Dtn 6,20-24; 26,5-9; Jos 24,2-13; Ex 15; Ps 78; 105; 135; 136 u. a. m.... Israel hat in historischer Zeit nicht viel mehr gewusst als dass der Gottesberg irgendwo weit im Süden oder Südosten Palästinas lag. Dieser Unsicherheit steht nun aber die Bestimmtheit christlicher Lokaltradition gegenüber. Seit dem 4. Jh. n.u.Z. ist der Gottesberg im zentralen Gebirge des Südteils der Sinaihalbinsel fest verankert. Es ist der Gebel Musa (2292 m)..." Donner, Herbert: a.a.O., 1984, S. 97ff.

in der Exilzeit, also im 6. Jahrhundert v.u.Z. aus einem zuvor vorhandenen Polytheismus endgültig herausgebildet. Das vorexilische Israel hat
also noch nach Auffassung zahlreicher Exegeten mehrere Götter verehrt.
Jahwe kam eindeutig erst später und von außen, von der aus Ägypten
ausgezogenen bzw. geflüchteten Mosesschar in die israelitische
Stämmeföderation hinzu. Die gesamte religiöse Situation der Bronze-
und Frühen Eisenzeit im Nahen Osten lässt sich dank objektiv vorge-
hender Bibelwissenschaftler wie Herbert Donner historisch und soziologisch einigermaßen gut rekonstruieren. Bei der wissenschaftlichen Erforschung der realen Grundlagen weltanschaulicher Systeme sind ihnen
Erkenntnisse zu verdanken wie die Tatsache, dass die sogenannte Landnahme, wie sie im Alten Testament beschrieben wird, so gar nicht stattgefunden haben kann. Sie ist nichts weiter als ein aus viel späterer Sicht
– nämlich zur Zeit der babylonischen Gefangenschaft – geschilderter
Versuch, die Ansprüche auf die vom Feind eroberte Heimat zu rechtfertigen, indem man behauptete, dass dieses Gebiet einst den israelitischen
Stämmen unter der Führung von Mose bzw. Josua von Gott zugeteilt
wurde. Dabei nahm man als territoriales Idealmaß die maximale Ausdehnung des israelitischen Reiches unter König David, welches zur Zeit
der Propheten aber längst verfallen war. In Wahrheit handelt es sich bei
der biblisch geschilderten Landnahme um nichts anderes „als die lang-
same Sesshaftwerdung nomadischer Gruppen".[353]

Freilich ist sicher nicht alles erfunden, was die Bibel bzw. das Alte Testament berichtet, doch muss der wahre Kern, wie er in den Legenden
und Mythen vorhanden ist, erst mühsam herausgeschält und die besonders bei orientalischen Völkern beliebten Übertreibungen und Superlati-
ve müssen freigelegt werden. Dies gilt beispielsweise auch für die israelitische Vor- und Frühgeschichte, wie sie aus den Erzvätergeschichten
(Gen 12-35) zu entnehmen ist. So führt sich auch das israelitische Volk
auf fiktive Ahnherren zurück, die den Namen der Gruppe tragen (sog.
Eponyme). Dies ist keine auf Gott zurückzuführende Angelegenheit, wie
in der Bibel behauptet, sondern rührt aus einem im orientalischen Altertum tief verwurzelten genealogischen Denken. Menschliche Verhältnisse
im Großen werden im Kleinen zu verstehen und anschaulich zu machen
versucht. Dabei handelt es sich, wie Donner es ausdrückt, „um eine naive und bedenkenlose Verkürzung der Vielfalt geschichtlicher Erscheinungen und Abläufe", indem der dem Denken altorientalischer Völker
zugrunde liegende „Zwang des Geschlechts- und Sippenverbandes...
verwickelte geschichtliche Vorgänge in Gestalt einfacher Formen, wie
Fortpflanzung, Freundschaft und Feindschaft erscheinen" lässt.[354] So

---

[353]   Donner, Herbert: a.a.O., 1984, S. 61.
[354]   Donner, Herbert: a.a.O., 1984, S. 53.

weiß man, dass Israel „erst auf dem Boden des palästinensischen Kultur-
landes entstanden"[355] ist. Diese Erkenntnis der alttestamentlichen Forschung steht der Behauptung des Alten Testamentes entgegen, ganz Israel existierte bereits in Ägypten und wanderte von dort aus als eine
bereits feste Größe unter der Führung Jahwes und Moses in das Heilige
Land ein. Man darf also nicht so tun, als sei die gesamte Weltgeschichte
auf Israel zu fokussieren oder dieses Volk sei sozusagen der Anfangs-
punkt einer universellen Heilsgeschichte. So existierten die durch Got-
tesoffenbarungen an die Erzväter begründeten Heiligtümer schon längst
bevor Israel überhaupt entstanden war und bevor die Patriarchen, die es
als seine Väter betrachtet, im Land nomadisierten. Und auch die Grün-
dungssagen der Heiligtümer sind älter als die Patriarchen selbst, sind
also von diesen übernommen worden. Wir haben es hier also mit einem
historisch nachvollziehbaren regional sehr begrenzten Prozess zu tun,
der die Geschichte Israels und deren religiösen Vorstellungen in die Geschehnisse des Vorderen Orients eingebettet erscheinen lässt. Die beanspruchte Sonderstellung Israels, welche dessen Einmaligkeit und Er-
wähltheit unabhängig von anderen Kulturen und Religionen (wie z. B.
der ägyptischen, kanaanäischen, mesopotamischen oder babylonischen)
direkt von Gott selbst erhalten hätte, ist aus wissenschaftlich nüchterner
Sicht nicht erkennbar. Die Kultur Israels samt einem religiösen Glauben
ist somit ein Produkt der kulturellen Evolution, freilich unter besonderen Gesichtspunkten der damaligen sozialen und politischen Verhältnisse. Gemäß dieser historischen Sichtweise kann also auch Moses das Volk
Israel gar nicht gegründet haben, da sich dieses erst nach seinem Tod
bildete. Die zehn Gebote, die er angeblich von Gott am Berg Sinai empfangen hat, stammen ebenfalls aus einer jüngeren Zeit und sind deshalb
auch nicht die Gründungsurkunde des älteren Israels, sondern die der
jüdischen Gemeinde nach dem babylonischen Exil. Ebenso unbestritten
ist heute, dass die biblischen Berichte über die Frühzeit in Wahrheit ätio-
logische Sagen sind, mit denen ein Tatbestand der Gegenwart durch ein
Ereignis in der Vergangenheit erklärt bzw. legitimiert werden soll. Der
Gott, an den die heutigen Juden und Christen als Schöpfer der Welt
glauben, war mit Sicherheit nicht der originäre Gott des Mose, denn dieser war ursprünglich nur ein unbedeutender Stammes- oder Berggott
neben zahlreichen weiteren Göttern der benachbarten Völker. Die einstige
regionale Gottheit der Israeliten avancierte erst allmählich und viel später zum universalen Gott, zum Weltenschöpfer.
        Auch einen Hinweis auf Belohnung oder Strafe in einem postmorta-
len Leben gab es in der alten Jahwereligion noch nicht. In der Schatten-
welt (Scheol) der Toten unterscheiden sich die Guten nicht von den Bösen. Die Begriffe „Himmel" und „Hölle" waren, ebenso wie der Glaube

---

[355] Donner, Herbert: a.a.O., 1984, S. 72.

an das Ende der Welt, im frühen Judentum ebenfalls unbekannt. Auch hier ist der Einfluss des Zoroastrismus auf das Judentum in den Jahren nach dem Babylonischen Exil sehr wahrscheinlich. Über das Judentum wiederum fanden diese Vorstellungen Eingang in die christliche und islamische Religion. Die Bedeutung und das Erlösungsbedürfnis des Individuums waren im alten Judentum noch nicht so ausgeprägt und standen hinter der Bedeutung der ganzen Gruppe zurück. Erst ein später erstarkendes und selbstbewusstes Individuum mochte sich mit diesen wenig zuversichtlichen Aussichten nach dem Tode zufrieden geben und sprengte den strengen Monotheismus in einen Dualismus von Gut und Böse, von Jenseits und Diesseits. Erst jetzt wird Satan zum kosmischen Gegenspieler Gottes, wobei bei dem dadurch entstehenden Kampf am Ende das Positive über das Negative siegen wird. Mit dem Gehorsam gegenüber Gottes Geboten sollte dabei auch das kosmische Eingreifen Gottes herbeigeführt werden.

Die Altisraeliten kannten noch keinen Teufel, er wurde erst später ein Produkt des Priestertums. Die Israeliten sollten davon abgehalten werden, die mit Jahwe konkurrierenden Götter anzubeten. Beelzebub oder Beelzebul war ursprünglich ein Gott der Phönizier, aus dem der hebräische Baal Sebub, der Herr der Fliegen, hervorgegangen ist. Erst im Zuge der Weiterentwicklung des israelitischen bzw. christlichen Glaubens wurde daraus der schließlich vom Christentum aus dem Judentum übernommene Teufel oder Satan als Personifizierung des alten Dualismus von Gut und Böse. Das alte Israel, das den Dualismus von Leib und Seele und somit auch noch keine Leibfeindlichkeit kannte, hatte für einen Teufel noch gar keinen Bedarf. Wieso auch – nach den Gottesvorstellungen der alten Israeliten, mit Jahwe als Kriegsgott, wurde dieser als Verursacher auch der Übel gehalten. Im Laufe der weiteren abendländischen Geschichte entwickelten sich dann, besonders im Mittelalter, die detaillierten bildhaften Vorstellungen des Teufels. Die Kunstfigur des Teufels ist eindeutig anhand kulturhistorischer und religionsphänomenologischer Untersuchungen als menschliches Phantasieprodukt mit ursprünglich religionspolitischer Intention, wie der Verbreitung von Angst und Schrecken zur Gefügigmachung des Volkes, zu entmythologisieren. Schon die Israeliten mussten zu diesem Kunstgriff greifen, da sie von ihrem Glauben her eine kosmische Wende, eine Art Erlösung erwarteten. Diese konnte aber nur dann hereinbrechen, wenn alle Israeliten sich Jahwe rückhaltlos unterwarfen. In diesem Sinne wurden alle für die Israeliten günstig ausgegangenen historischen Geschehnisse Jahwe zugeschrieben, die negativen Ereignisse wurden dagegen in einer Art Selbstverwerfung dem Ungehorsam des Volkes angelastet.

Neben diesem Aufweis einer ihrer Herkunft nach nicht göttlichen, sondern kulturhistorisch ableitbaren Religionsentwicklung im Alten Testament ist aber auch noch auf einige widersinnige und märchenhafte

Züge hinzuweisen. Zum einen ist darauf zu verweisen, dass der extrem grausame Gott des Alten Testamentes noch ein vollkommen anderer Gott war als der barmherzige Gott des Neuen Testamentes. Dazwischen liegen Welten, auch wenn die größte und kaum mehr zu überbietende Grausamkeit des neutestamentlichen Gottes darin besteht, dass er alle, die nicht an ihn glauben, für ewige Zeiten entsetzlichen Höllenqualen ausliefert. Aber bleiben wir beim alttestamentlichen Jahwe. Als Machtbeweis verwandelte Jahwe einen Stab in eine Schlange und das Wasser des Nils zu Blut. Da aber auch die ägyptischen Wahrsager das Gleiche mit ihrer Zauberkunst vermochten, musste Jahwe die Plage mit den Stechmücken hinzufügen, wozu die ägyptischen Wahrsager nicht mehr fähig waren. Widersprüchlich daran ist, dass es eine Zauberei bzw. eine Verletzung der Naturgesetze außerhalb der Bibel nach theologischer Auffassung gar nicht geben kann. Der Gipfel aber ist die zehnte Plage, in der Jahwe jeden Erstgeborenen bei Mensch und Vieh höchstpersönlich auf brutale Art und Weise erschlagen haben will. Gott als Massenmörder. Was die Tiere dafür konnten, erschließt sich erst recht nicht dem gesunden Menschenverstand. Die Israeliten hieß er ihre Häuser mit dem Blut von Tieren zu kennzeichnen, damit diese von seinen Mordtaten verschont blieben. Dabei wiederum drängt sich die Frage auf, ob es sich dann hierbei schon um den allwissenden Gott gehandelt haben kann, wenn er sich die Häuser erst hat alle kennzeichnen lassen, um nicht die Falschen zu erschlagen. Bei den Vorschriften zum Pascha-Fest, das die Israeliten zum Dank ihres Auszuges feiern durften, geht auch hervor, dass kein Sklave daran teilnehmen darf, der nicht beschnitten ist. Jahwe sagt nicht, dass sich Menschen keine anderen Menschen als Sklaven halten dürfen, sondern nur, dass sie beschnitten sein müssen, wenn sie mitfeiern wollen. Nach theologischer Logik würde dies bedeuten, dass die Sklavenhaltung dadurch göttlich legitimiert ist. Ungeachtet der bereits erwähnten Tatsache, dass der Auszug aus Ägypten so, wie er im Alten Testament dargestellt wird, gar nicht stattgefunden haben kann[356], verwundert es, dass Gott zuerst das Herz des Pharaonen verhärtet hat, um dann mit voller Härte zuzuschlagen. Ein ethisch nicht zu rechtfertigendes Unrecht, denn der ägyptische Pharao hatte beispielsweise gar nicht vor, die Israeliten zu verfolgen. Erst durch Jahwes Intervention befahl er seiner Streitmacht, den Israeliten nachzusetzen, worauf Jahwe sie am Schilfmeer grausam ersaufen ließ.

Dieses Gottesbild wird im schulischen Religionsunterricht und bei der Hochhaltung der sogenannten christlichen Werte insbesondere

---

[356] Beim Auszug aus Ägypten sollen 600.000 Männer beteiligt gewesen sein, zusätzlich noch Frauen und Kinder, was eine Gesamtzahl von ca. drei Millionen Menschen bedeuten würde, die vierzig Jahre unterwegs waren, ohne irgendetwas archäologisch Verwertbares hinterlassen zu haben. Dies ist genauso unmöglich wie die Versorgung einer solchen Menschenmasse über einen so langen Zeitraum mit Wasser.

durch christliche Politiker gerne unter den Tisch gekehrt, obwohl es sich hierbei um den gleichen Gott handelt, auf den sich Jesus im Neuen Testament beruft. Als Ausweg aus diesem verwunderlichen archaischen Gottesbild bleibt den apologetischen Theologen oftmals nur der bereits erwähnte Hinweis darauf, dass die biblischen Texte keine Tatsachenberichte, sondern interpretationsbedürftige göttliche Texte darstellen. Im Gegensatz dazu sind wir der Auffassung, dass die bemühten Bilder und grausamen Erzählungen durchaus als zu glaubende Tatsachenberichte festgehalten wurden. So sollte die Geschichte um Mose, der am Berg Sinai die Gesetzestafeln von Gott höchstpersönlich in Empfang nahm und dabei Gottes Füße gesehen haben will, noch einmal die Ebenbildlichkeit des Menschen zu Gott zum Ausdruck bringen. Es zeigt, dass der Theismus in seiner ursprünglichen biblischen Variante durchaus von einem naiven anthropomorphen Gottesverständnis ausging. Und da das Alte Testament als Wort Gottes ein verbindliches Zeugnis Gottes für Juden und Christen darstellt, ist es historisch nicht korrekt, wenn dieser Sachverhalt theologisch so umgedeutet und relativiert wird, dass er auch für den aufgeklärten Menschen des 21. Jahrhunderts annehmbar wird. Es zeigt, dass die theologischen Versuche, die alten Texte einem modernen Verständnis durch eine entsprechend spekulative Hermeneutik zu vermitteln, intellektuell nicht redlich sind.

So wie es also einen historisch belegbaren Werdegang vom Polytheismus zum Monotheismus gegeben hat – mit Jahwe als einziger Gottheit –, so gibt es auch einen ebenfalls rekonstruierbaren Werdegang bei der Erfindung des personifizierten Bösen. Mit der Erfindung dieses Fabelwesens wurde über Jahrtausende bis heute die Menschheit in Angst und Schrecken und somit in Abhängigkeit von der klerikalen Obrigkeit gehalten. So ist es auch nicht verwunderlich, dass Teufel, Engel, Dämonen, Hexen usw. immer nur demjenigen in der spezifisch vorgestellten Gestalt erscheinen, der bereits an diese Phantasieprodukte als real existierende Wesen glaubt, z. B. weil dies von frühester Kindheit an als Bestandteil der Erziehung, als Druckmittel gegen den Abfall vom Glauben tief in die Seele eingepflanzt wurde. Somit halten wir fest, dass aufgrund der historisch rekonstruierenden Erforschung auch des Alten Testamentes der theistische Glaube, wie er sich in einem spezifisch anthropomorphen Gottesbild, spezifischen Eigenschaften (Dreieinigkeit) und Attributen (Allwissenheit, Allmacht, Allliebend), einer besonderen Beziehung zu seinen Geschöpfen (theistisch oder deistisch, Menschwerdung durch seinen Sohn Jesus Christus, Gebete erhörend, durch Engel oder Heilige Jungfrau vermittelnd usw.), mehr als fraglich geworden ist.

    Auch wenn heutige Theologen, um den Glauben nicht völlig aufgeben zu müssen, vieles davon in einem aus der Not geborenen Entgegenkommen an den Glauben symbolisch verstanden wissen wollen, so muss man einfach konstatieren, dass dies nicht im ursprünglichen Sinne der frühchristlichen Autoren und somit nicht im Sinne der ursprünglichen religiösen Intuition ist. Vom „rechtgläubigen" Juden, Christen oder Muslim können also letztlich die Schilderungen ihrer Heiligen Schriften nicht als Mythen, phantasiereiche Erzählungen, Wunschdenken und Übertreibungen akzeptiert werden, sondern sie müssen für historisch real, göttlich inspiriert, unfehlbar und vor allem für verbindlich angesehen werden. Die Kirchen dagegen sind heute gezwungen, einen schwierigen Spagat zwischen notwendigen Zugeständnissen an die Moderne (Evolutionslehre) und einem Festhalten an zumindest zentralen Glaubensaussagen (Wunder und Auferstehung Jesu von den Toten) zu vollführen. Ein stures und wörtliches Beharren auf den ursprünglichen und archaischen Intentionen der Bibelautoren würde eine immer anachronistischer werdende, weltfremde Sicht bedeuten, die man sich seitens der Kirchen aus existentiellen Gründen gegenüber den aufgeklärten Christen genauso wenig leisten kann wie ein zu starkes Nachgeben in Richtung kritisch-theologischer, naturalistischer, psychologischer, soziologischer und philosophischer Aufklärung, weil damit die Preisgabe des Glaubens verbunden wäre. Das Dilemma besteht also darin, die essentiellen bildhaften Momente, die ganz konkreten Wunder und Geschehnisse, welche ja erst den essentiellen Kern jeder Religion ausmachen, mit der damit eigentlich unvereinbaren Moderne in Einklang zu bringen. Dabei droht die ursprüngliche Intention der Religionsstifter und Autoren Heiliger Bücher aufgrund der rein theoretisch-spekulativen Deuteleien der apologetischen Theologen ins rein Abstrakte, Hermeneutische und Beliebige abzugleiten. Jedenfalls – wir werden nicht müde, dies zu betonen – ist der von den Großkirchen und den Moralisten viel beklagte Verfall des Glaubens letztlich nicht böswilligen Atheisten, Freigeistern und Wissenschaftlern in die Schuhe zu schieben, sondern resultiert aus einer Entzauberung, die in erster Linie von der Theologie selbst, nämlich in ihrer kritischen und wissenschaftlichen Variante, verursacht wird.

2.3 Die Glaubwürdigkeit der Kirchen

Der religiöse Glaube wird aber nicht nur durch die bis hierher hinterfragten Heiligen Schriften überliefert, sondern kulturelle Träger, verbindliche Ausleger des Glaubens und Heilsvermittler sind ebenso die kirchlichen Institutionen, außerhalb derer es kein Heil geben soll: extra ecclesiam nulla salus. Deshalb ist es berechtigt, auch diese Säule des Christentums einer kritischen Hinterfragung zu unterziehen, um zu sehen, ob sie standhaft genug ist, um das darauf errichtete Glaubensgebäude sicher zu stützen.

Die grundsätzliche Existenzberechtigung der Kirchen haben wir bereits infrage gestellt, da Jesus das nahe Weltende noch zu Lebzeiten erwartet und gepredigt hat. Auch darauf, dass das vermeintliche Jesuswort: „Du bist Petrus, der Fels, und auf diesen Felsen will ich meine Kirche bauen" (Mt 16,18) als späterer Zusatz und somit als Fälschung gewertet wird, haben wir bereits hingewiesen. Ein weiterer grundlegender fragwürdiger Punkt ist die Mitgliedschaft. Wer wird Teil jenes erwählten Kreises an Menschen, für die ausschließlich die Erlösung möglich ist? Potentiell all diejenigen, die getauft sind! Abgesehen davon, dass die Taufe als rituelle Waschung schon lange vor dem Christentum praktiziert wurde und es sich hierbei auch wieder nur um eine christliche Adaption handelt, hat Jesus selbst gar nicht getauft – und schon gar keine Kinder. Die Kindertaufe setzte sich erst seit dem 6. Jahrhundert durch. Bis zum Beginn des Mittelalters war die Erwachsenentaufe die Regel. Tertullian bekämpfte sie sogar, wenn er betont, die Menschen mögen erst dann Christen werden, „sobald sie imstande sind, Christus zu kennen."[357] Ketzer, die die Kindertaufe ablehnten, wie die Pelagianer, Waldenser und Albigenser, versuchte man auszurotten. Dass sich die Kindertaufe somit dann am Ende doch durchgesetzt hat, war für Luther sogar ein „Wunderwerk Gottes" und der Beweis, „dass die Kindertaufe muss recht sein".[358] Ein Paradebeispiel für die übliche theologische Interpretationskunst, bei der so gut wie alles und das Gegenteil davon als wahr oder gottgewollt „bewiesen" wird. Jesus selbst aber, auf den die Kirche die Taufe zurückführt, hat – wie eben erwähnt – nach Auffassung vieler Theologen selbst nie getauft. Das Johannesevangelium widerspricht sich in diesem Punkt. Gemäß dem 3. Kapitel (3,22) hat Jesus getauft, gemäß dem vierten wiederum nicht (4,2). Wie auch immer, die Vorteile der Kindertaufe liegen jedenfalls auf der Hand. Der Säugling wird gegen seinen noch nicht vorhandenen freien Willen und noch nicht vorhandenes reflexives Urteilsvermögen genötigt, in eine Religionsgemeinschaft einzutreten, ohne sich dagegen wehren zu können. Die Kirchen konnten sich dagegen – sehr lange Zeit zumindest – sicher sein, ein weiteres

---

[357]   Zitiert nach Deschner, Karlheinz: Der gefälschte Glaube, 1995, S. 110.

[358]   Zitiert nach Deschner, Karlheinz: a.a.O., 1995, S. 110f.: Luthers Streitgefährte Melanchthon forderte seinerzeit sogar die Todesstrafe für diese Ketzer und Luther das Standrecht, eine über die katholische Inquisitionspraxis hinausgehende Forderung. Hierzu der Theologe Ahlheim: „Kaum hatte sich die protestantische Kirche etabliert, da klebte auch schon das Ketzerblut an den Händen ihrer Führer, da setzte man die gute katholische Tradition barbarischer Intoleranz fort. Mancher Täufer verdankt seinen Tod dem tatkräftigen Wirken der Wittenberger Reformation, die der weltlichen Gewalt den Rücken stärkten, wenn die Begründung der Todesurteile gegen Taufgesinnte nicht ausreichte. Tausende von Täufern fanden im 16. Jahrhundert den Henkerstod, von den milderen Strafen wie Verstümmelung, Kerker und Verbannung ganz zu schweigen."

Schäfchen dazugewonnen zu haben, was ja auch den Erhalt der göttlichen Institution gewährleistet. Denn austreten oder konvertieren tut später kaum mehr jemand, ebenso wie umgekehrt die wenigsten mündigen Geister im Erwachsenenalter aus freien Stücken in die Kirche eintreten würden. Denn wer nicht bereits von klein auf durch Erziehung entsprechend indoktriniert ist, lässt sich, wenn Wissen, Vernunft und Reflexionsvermögen im Erwachsenenalter entwickelt sind, weniger leicht dazu bewegen, in die Glaubensgemeinschaft der Christenheit einzutreten. Daraus würde ein reales und durchaus ernst zu nehmendes Existenzproblem für die Kirchen entstehen, und deshalb wird an dem „blinden Automatismus des Kindertaufrituals" und somit an der „Zwangschristianisierung" an wehrlosen und ungefragten Säuglingen festgehalten.[359] Mit dieser Praxis wird der Mensch wohl immer zuerst glauben, bevor er zu denken beginnt. Das frühe kindliche Heranführen an den alleinseligmachenden Glauben ist aber eine universale, keineswegs nur im Christentum praktizierte Bestandssicherung religiöser Gemeinschaften. Dabei kritisieren nicht nur Atheisten wie Schopenhauer die Kindestaufe als „Glaubensimpfung" zum Fortbestand der eigenen Ideologie, auch einer der bereits erwähnten führenden Theologen des 20. Jahrhunderts, Karl Barth, betrachtet sie als kirchliche „Schluckimpfung", womit zum Ausdruck kommt, dass es sehr wohl auch theologische Einwände gegen sie gibt. Doch kann die Kirche in dieser Frage nicht nachgiebig sein, geht es doch um deren Mitgliederbestand und somit auch um deren eigenes Überleben. Entsprechend hart sind die psychologischen Druckmittel gegenüber den Renegaten, ihnen werden infernale Aussichten und die ewige Verdammnis angedroht.

Ebenso fraglich wie die Taufe als Zeichen einer göttlichen Einsetzung ist auch das Abendmahl. Auch dieses ist ein Bekenntnis zu einem theistisch und ganz konkret gedachten Gott, der sich in der Person Jesu Christi offenbart haben soll. Aus christlicher Sicht handelt es sich hierbei um eine heilsgeschichtlich einmalige Angelegenheit und göttliche Weisung. Aus einer neutralen religionsgeschichtlichen Perspektive dagegen ist die

---

[359]   Kahl, Joachim: Erziehung ohne Religion, in: „Jahrbuch für kritische Aufklärung", München 1963, S. 250ff. Kahl prangert als ehemaliger Theologe die Säuglingstaufe sogar als Verstoß gegen das Grundrecht des Kindes auf Religionsfreiheit an, und beruft sich dabei auf Art. 4 Abs. 1 des Grundgesetzes und auf Art. 136 Abs. 4 der Weimarer Reichsverfassung: „Niemand darf zu einer kirchlichen Handlung oder Feierlichkeit oder zur Teilnahme an religiösen Übungen oder zur Benutzung einer religiösen Eidesformel gezwungen werden." Kahl hierzu: „Die Kindertaufe als ein Akt der Gleichmacherei lebt von latenter Gewalt. Sie entspringt der christlichen Wut auf alles, was anders ist. Im Nichtertragenkönnen eines ‚Heidenkindes' im Schoße einer christlichen Familie ist – pointiert formuliert – der Pogrom potentiell mitgesetzt."

Verspeisung eines Gottes und die damit verbundene Vereinigung mit ihm ein rituales Phänomen, welches auch außerhalb und ebenfalls bereits lange vor dem Christentum praktiziert wurde. Der Theologe Wyneken sieht darin sogar nur einen „Nachhall eines sehr viel realistischeren, nämlich wirklich kannibalischen Mahles."[360] Während man ursprünglich in archaischen Zeiten ganz real Menschenfleisch und Menschenblut verzehrte, wurde dies durch eine allmähliche Sublimierung vergeistigt. Man ersetzt das Fleisch durch Brot sowie Blut durch Wasser oder Wein. Was daraus geworden ist, ist die katholische und von Luther übernommene Lehre der „Transsubstantiation". Hierbei soll sich die Materie ändern, also Brot und Wein ganz real zu Christi Fleisch und Blut umgewandelt werden, und zwar unabhängig davon, wie oft man die Hostie bricht, immer in seiner Ganzheit, also sein kompletter Leib und seine komplette göttliche Seele. Abgesehen davon, dass diese Metamorphose mit naturwissenschaftlichen Mitteln nicht zu belegen ist, ist die Lehre von der „Transsubstantiation" vor dem 12. Jahrhundert nicht nachweisbar. Erst auf dem vierten Laterankonzil 1215 wurde sie unter Papst Innozenz III. zum Dogma erhoben, nachdem sie wesentlich früher bereits von gnostischen Sekten praktiziert wurde, damals aber noch vom Heiligen Irenäus als Ketzerei verdammt wurde.[361] Außerdem sind auch hier wieder die Ähnlichkeiten zum Dionysoskult und zum Mithraskult auffallend. In letzterem trugen die Hostien sogar ein Kreuzzeichen. Und auch hier wurde das Mahl mit der Einnahme von Brot und Wasser zum Gedächtnis an einen Stifter gefeiert. Beim Gottesdienst des Mithraskultes gebrauchte man die gleichen Mahlgeräte wie bei der christlichen Eucharistie, Kelch und Patene. Auch vermischte man bei Mithras, wie meist bei der Messe, den Wein mit Wasser und verbeugte sich vor dem Heiligen Kelch. Das Feiern des Abendmahles ist also – ganz im Gegensatz zum Selbstverständnis des Christentums – nicht erst auf Jesus zurückzuführen und somit auch nicht originär christlich. Auch die ablehnende Haltung Jesu gegenüber kultischen Handlungen und dessen Kampf gegen Formalien stehen im Widerspruch zu dessen vermeintlicher Einsetzung einer Kirche und somit auch zu irgendeinem von ihr praktizierten

---

[360] Wyneken, Gustav: Abschied vom Christentum, 1963, S. 181. Weitere archaische Praktiken erwähnt Deschner, indem er auf das Trinken aus Hirnschalen aufmerksam macht. Auch die Christen praktizierten diesen Ritus, um sich die Kräfte z. B. des heiligen Sebastian, des Heiligen Erhart zu Regensburg oder des Heiligen Theodulphus von Trier anzueignen. Der Erwerb gewisser leiblicher oder seelischer Eigenschaften der Vorgänger durch das Trinken aus deren Gehirnschalen war, was wenig bekannt ist, auch früher katholischer Brauch. Vgl. Deschner, Karlheinz: Der gefälschte Glaube, 1995, S. 115f.

[361] Luther, welcher ebenfalls auf der leibhaftigen Anwesenheit des Herrn insistierte, machte den unwürdigen Genuss von Brot und Wein sogar für die Seuchen, Kriege und andere gräulichen Plagen verantwortlich.

Peter Kamleiter

religiösen Ritus. Die Formel „Tut dies zu meinem Gedächtnis" ist somit in ihrer Authentizität fraglich und bezeichnenderweise fehlt auch jener Stiftungsbefehl bei den Synoptikern. Nur bei Lukas ist er zu finden; in älteren Handschriften fehlt er allerdings auch bei ihm. Da der Stiftungsbefehl ursprünglich deshalb nur bei Paulus zu finden ist, ist es durchaus naheliegend, dass auch hierfür letztlich Paulus verantwortlich ist, da er in der Umwelt der Mysterienkulte aufgewachsen war und diese ins Christentum übertrug. Der Myste vereinigt sich beim sakramentalen Mahl mit dem gestorbenen und wiederauferstandenen Gott, dabei wird er neu geboren und erhält die Gewähr für die ewige Seligkeit. Bedenkt man, dass dem paulinischen Abendmahl das gleiche Verständnis zugrunde liegt und dieser mit diesem Mysterienkult Berührung hatte, so erhält die These, die auch Karlheinz Deschner vertritt, Paulus sei der eigentliche Gründer des Christentums,[362] eine weitere plausible Stütze.

Ein weiterer wesentlicher Bestandteil der christlichen Lehre ist die Beicht- und Bußpraxis. Auch diese lässt sich nicht auf Jesus zurückführen und wurde ebenfalls erst auf dem vierten Laterankonzil für die Christen unerlässlich. Mit der Infragestellung der Beicht- und Bußpraxis als urchristliches und göttlich legitimiertes Versöhnungsangebot zwischen der suggerierten Sündhaftigkeit des Menschen und dem erlösenden Gott muss auch unter diesem Aspekt das christlich-theistische Gottesbild als nicht besonders plausibel erscheinen. Die Kirche aber lebt regelrecht von dieser von ihr propagierten Lehre, da sie sich somit als die einzige Chance auf Erlösung ins Spiel bringt und damit ein existentielles Abhängigkeitsverhältnis schafft. Die Instanz, die uns unsere Sündhaftigkeit bewusst macht, ist dabei das Gewissen als Bewusstsein der unmittelbaren Verantwortung vor Gott. Aber das (schlechte) Gewissen ist von frühester Kindheit an beeinflussbar, somit also kultur- bzw. religionsabhängig. Es gibt kein universales, gottgegebenes Gewissen als objektive moralische Instanz, die in allen Menschen gleich beschaffen, also mit gleichen Kriterien und Schuldgefühlen verbunden ist. Das anerzogene Sündenbewusstsein setzt voraus, es existiere ein anthropozentrisch gedachter Gott, der uns sagt, was Sünde sei und was nicht. Wer sich von der psychologischen Last des religiösen Sündenbewusstseins frei macht, mutiert deshalb noch lange nicht zum Menschen ohne Werte. Vielleicht wäre sogar eine Weltbevölkerung ohne christliche, muslimische oder jüdische Glaubensvorgaben, stattdessen mit rein säkularen und humanistischen Idealen – ohne Himmel, aber auch ohne Hölle – die notwendige Voraussetzung für eine bessere und friedvollere Welt. Und wenn es schon um Gewissen geht, müsste dann nicht aufgrund der so blutig verlaufenen Religionsgeschichte der ethisch reflektiert lebende Mensch konsequenterweise aus Gewissensgründen aus der Kirche aus-

---

Deschner, Karlheinz: Der gefälschte Glaube, 1995, S. 121.

treten, da auch der aufrichtige Glaube an den „lieben" Gott über so viele
Jahrhunderte nicht vor den fundamentalsten Menschenrechtsverletzun-
gen geschützt hat, diese sogar unter Berufung auf seinen Namen zugelassen hat? So bleibt es wohl eine unentschiedene Streitfrage, ob denn
die Welt seit der Durchsetzung der monotheistischen Religionen wirklich besser geworden ist. Diese Frage nicht aufzuwerfen, wäre ein Verrat
an den Abermillionen armen Menschen, die christlichen, aber auch muslimischen Verfolgungen, Zwangsmissionierungen, Folterungen und anderen religiös motivierten Genoziden, z. B. durch die spanischen Kon-
quistadoren und die sie begleitenden Missionare an der indigenen Bevölkerung Südamerikas, zum Opfer gefallen sind. Die so oft und
insbesondere von moralisch argumentierenden christlich gesinnten Poli-
tikern zitierte und so hoch gehaltene christliche Ethik hat unter historischen Gesichtspunkten versagt, so wie die theistischen Weltreligionen
insgesamt. Die Vertreter des Christentums sind ihren eigenen Ansprüchen nicht gerecht geworden, ja haben diese teilweise pervertiert. So
verwundert es auch nicht, wie Menschen heiliggesprochen werden
konnten, die, wie der Patriarch Kyrillos, ihre Position ausnutzten, um
Pogrome gegen die jüdische Kolonie in Alexandrien zu veranstalten.[363]
Die bereits angedeutete Frage scheint berechtigt, ob es angesichts der
vorliegenden Faktenlage nicht auch eine Gewissensfrage für humanis-
tisch gesinnte Menschen ist, den theistischen Religionen aufgrund der
von ihren Lehren und Vertretern ausgegangenen Grausamkeiten den
Rücken zu kehren und sich einer säkularen und humanistischen, auf
Mitgefühl, Vernunft und Wissenschaft sich gründenden Ethik hoff-
nungsvoll zuzuwenden. Jesus selbst war ja auch kein Freund von Ritua-
len, leeren Bräuchen, Weihen, Waschungen oder des Fastens. Für ihn
stand das ethische Verhalten im Mittelpunkt, insofern es mit seinem
Glauben an das nahe Weltende zu tun hatte. Er bricht sogar den Sabbat,
polemisiert gegen jede Form eines äußeren Gottesdienstes zugunsten
einer praktizierten Nächstenliebe, die sich aber auch nicht „erlernen"

---

[363]   Vom heiligen Kyrillos wird auch überliefert, dass er eine vornehme Dame namens
       Hypathia lynchte, weil sie sich zur neuplatonischen Philosophie bekannte und ihre
       Liebe und Begabung mehr der Mathematik zuwandte als den christlichen Glau-
       benswahrheiten. Sie wurde „von ihrem Karren heruntergezerrt, nackt ausgezogen,
       zur Kirche geschleppt und auf unmenschliche Weise von dem Vorleser Petrus und
       einem Haufen wilder, unbarmherziger Fanatiker hingeschlachtet: ihr Fleisch wurde
       mit scharfen Austernschalen von den Knochen geschabt und ihre zuckenden
       Gliedmaßen den Flammen übergeben." Russell, Bertrand: Philosophie des Abend-
       landes, 1999. Russel zitiert hier Edward Gibbon (1737–1794), einen der bedeutends-
       ten Historiker in der Zeit der Aufklärung. Diese Begebenheit zeigt nicht nur die
       Fragwürdigkeit der Berufung auf eine „christliche Ethik", wie sie sich in der Ge-
       schichte als sehr ambivalent erwiesen hat, sondern zeigt zugleich, zu welcher Bar-
       barei religiöser Fundamentalismus (Kyrillos) gegenüber freier Vernunft bzw. Philo-
       sophie (Hypathia) in der Lage ist.

oder auch nur fordern lässt. Wahre Liebe ist ein tiefes Gefühl, das willentlich nicht erlangbar ist und sich auch nicht durch eine Lehre oder Glaubensforderung erzeugen lässt. Insofern ist die Lebenspraxis, moralisch gut zu sein, um das Himmelreich zu erlangen, zwar eine für das gesellschaftliche Zusammenleben durchaus positiv zu bewertende Einstellung, jedoch auch nicht ganz uneigennützig. Hätte Jesus das Gute um des Guten oder allein des Menschen wegen gelehrt, hätte die christliche Ethik, soweit sie sich wirklich auf ihn zurückführen lässt, zu Recht den hohen Stellenwert, den man ihr zuschreibt. Inwieweit der Jesus des Glaubens wirklich in der Lage war, gemäß seiner eigenen Lehre auch seine Feinde zu lieben – z. B. auch Atheisten – ist fraglich und steht womöglich im Widerspruch zu seinem hohen ethischen Postulat der Feindesliebe, denn den Ungläubigen droht eine ewige Strafe, die in keinem Verhältnis zu ihrem „Verbrechen", dem Gebrauch ihrer Vernunft und der damit verbundenen Gottesskepsis, steht. Dabei betrachtet der Atheist Jesum gewöhnlich nicht einmal als Feind oder Gegner, vielleicht als religiösen Phantasten. Oft wird er auch von Nichtchristen als moralisch schätzenswerter Mensch, den seine Anhängerschaft posthum in den Stand der Göttlichkeit gehoben hat, durchaus respektiert. Hassgefühle gegen ihn, die vergleichbar wären mit der von christlicher Seite erhobenen ewigen Verdammung, aber auch der so blutig verlaufenen Geschichte des Christentums gegenüber Andersdenkenden, sind unter den Agnostikern oder Atheisten nicht vorhanden: „Wer an den Sohn glaubt, hat das ewige Lebe; wer aber dem Sohn nicht gehorcht, wird das Leben nicht sehen, sondern Gottes Zorn bleibt auf ihm."[364] Insofern ist der atheistische Humanismus in letzter Konsequenz barmherziger und menschlicher als der christliche Theismus und die übrigen theistischen Weltreligionen. Verbrennungen, Genozide, Verdammungen, Glaubenskriege sind von religiösen Glaubensgemeinschaften, nicht von wissenschaftlich orientierten und freigeistigen Aufklärern begangen worden. Ein Plädoyer für einen Humanismus ohne Götter und ohne den sie auf Erden stellvertretenden Machtapparat einer Priesterschaft mit monopolisti-

---

[364] Joh. 3,36. Wenn auch diese Drohungen heute nur noch für den wirklich gläubigen Christen angsteinflößend sind, so zeigt es doch den Widerspruch zwischen den hohen ethischen Anforderungen Jesu und seiner eigenen Verdammung unzähliger Menschen, die doch nur von ihrer „gottgegebenen" Vernunft Gebrauch machen und eins und eins zusammenzählen. Aber nach alttestamentarischer wie nach neutestamentarischer Auffassung ist es ja sogar Gott selbst, welcher die Herzen der Ungläubigen verstockt, was die christliche Ethik noch grotesker erscheinen lässt. Dadurch ist jeder Einzelne bereits prädestiniert für die Erlösung respektive für die Verdammnis, ohne selbst dafür verantwortlich gemacht werden zu können. Ein psychologisch schlauer Versuch – zudem sehr erfolgreich, wie die Geschichte des Christentums zeigt –, die Menschen am kritischen Denken oder gar am Abwandern zu hindern.

schen Glaubensansprüchen, zum Zwecke einer humaneren und friedvolleren Welt, erhält dadurch seine plausible Begründung.

2.4 Göttlicher Anspruch und historische Wahrheit

Oft hört man das Argument, dass die Religionen an sich rechtens wären, dass sie aber von den geistlichen Institutionen und somit von den Menschen missbraucht worden seien. Erstens sind aber auch die keineswegs nur friedfertigen Heiligen Bücher von Menschen gemacht und zweitens übersieht dieses Argument, dass ein tatsächlich existierender allmächtiger und allgütiger Gott ohne Weiteres die Möglichkeit hätte, eine Institution zu schaffen, die aus moralischer und wissenschaftlicher Sicht unfehlbar wäre. Leider haben sich die Institutionen der theistischen Weltreligionen in wissenschaftlicher Hinsicht oft genug getäuscht und aus moralischer Sicht, wenn man die vielen Jahrhunderte zu einer ganzheitlichen Sicht zusammenfasst, nicht nur versagt, sondern die eigene Glaubensideologie und die eigenen Machtinteressen mit grausamsten Mitteln durchgesetzt. Müsste sich ein wirklich konsequent ethisch und moralisch denkender und handelnder Mensch angesichts der über die Jahrhunderte gut dokumentierten Abscheulichkeiten aus Gewissensgründen nicht die Frage stellen, ob er wirklich Mitglied einer solchen Institution sein will? Freilich gab und gibt es nach wie vor die an ihre Ideale glaubenden Priester, die Nächstenliebe auch aufopfernd praktizieren. Das macht – abgesehen davon, dass es diese Menschen auch außerhalb des Christentums gibt – die Sache besser, aber gemessen an den göttlichen und moralischen Ansprüchen der Gesamtkirche noch lange nicht gut. Wir haben ja bereits erwähnt, dass sich die Kirchen für göttlich legitimiert ausgeben, z. B. durch das allerdings heute für unecht gehaltene Logion bei Matthäus 16,18. Das apostolische Glaubensbekenntnis, welches die apostolische Tradition glaubhaft machen sollte, stellt ebenfalls eine Fälschung dar. Es war dem gesamten 1. Jahrhundert unbekannt, weil es erst später, vermutlich im 5. Jahrhundert, entstanden ist. Ebenso wie die frühen Episkopaten vom Volk gewählt wurden, so steht auch die heute selbstverständliche Trennung von Laien und Klerus im Widerspruch zum Urchristentum. Die von der Katholischen Kirche behauptete apostolische Tradition mit dem Papst an der Spitze gründet sich also insgesamt auf sehr fragwürdigen Behauptungen. Noch Mitte des 2. Jahrhunderts, als Rom immerhin schon 30.000 Christen und 155 Kleriker hatte, wusste noch niemand etwas von deren Stiftung durch Petrus und er wurde auch nicht als Bischof gezählt.[365] Den ersten Bischöfen Roms

---

[365] Der katholische Theologe Bernhart: „Die ersten drei Jahrhunderte nach dem Tode des Simon Kepha wissen nichts von einem Souverän auf der cathedra Petri." Bernhart, Josef: „Der Vatikan als Weltmacht. Geschichte und Gestalt des Papst-

lag es noch fern, eine Sonderstellung zu beanspruchen. Erst im 3. Jahrhundert bekamen sie den Vorrang gegenüber anderen Bischöfen. „Die
Entstehung des Papsttums ist alles andere als wunderbar, nichts ging da
übernatürlich, alles allzu natürlich zu. Die Gründe dafür resultieren aus
der Stellung Roms als Hauptstadt des Römischen Reiches und der führenden Rolle, die der römische Bischof nach dem Zusammenbruch des
Imperiums in Italien sich angemaßt hat."[366] Selbst Cyprian anerkannte
noch keinen „Bischof der Bischöfe", weshalb Rom später dessen Schriften an entscheidender Stelle fälschte und ihn als „Pseudochristen" be-
schimpfte. Selbst die Aussage Augustinus: „wir sind Christianer, nicht
Petrianer" musste wegen der Bestrebungen zur Selbstlegitimierung von
Rom 1870 korrigiert werden, indem man Augustinus „verkehrte Mei-
nungen" vorwarf.

Dass es sich bei den göttlichen Ansprüchen der Katholischen Kirche
letztlich aber doch nicht so ganz um ernst zu nehmende überhöhte
Selbsteinschätzungen handelt, ist zudem auch daraus ersichtlich, dass
die vermeintlich unfehlbaren und heiligen Päpste in Einzelfällen ihre
eigenen Beschlüsse selbst wieder außer Kraft gesetzt hatten. Deschner
macht auch auf den innerkirchlichen Widerspruch des Chiliasmus aufmerksam, der zunächst von Kirchenvätern wie Tertullian oder Cybrian
als rechtgläubig verkündet wurde, dann aber – nach der Anerkennung
des Christentums als Staatsreligion auf dem Konzil von Ephesus im Jahre 431 – als „Entgleisung und Fabelei" wieder abgelehnt wurde. „Das
prophezeite Tausendjährige Reich, der Glaube an ein kommunistisches
Paradies, der die notleidenden christlichen Massen einst befeuert und
noch im frühen 3. Jahrhundert als rechtgläubig gegolten hatte, war der
zur Herrschaft gelangten Kirche unbequem. Die Erwartung eines irdischen Gottesreiches wurde nun überflüssig, den katholischen Bischöfen
ging es glänzend, von Weltuntergang keine Rede mehr."[367] Im Gegenteil
wurde nun wiederum alles daran gesetzt, die Naherwartung Jesu zu
bestreiten, und Augustinus war wohl der erste bedeutende Kirchenleh-
rer, der in radikalem Widerspruch zur ursprünglichen Intention des
Christentums die Kirche nun sogar mit dem Reich Gottes identifizierte.
Der bereits zitierte Erich Fromm gelangt später zu dem Urteil: „Diese
ganze grundlegende Wandlung des Christentums von der Religion der
Unterdrückten zur Religion der Herrschenden und der von ihnen ge-
gängelten Masse, von der Erwartung auf den bevorstehenden Anbruch

---

tums." Leipzig, 1951, S. 23. Weitere beeindruckende Aufschlüsse über die sehr am-
bivalente Geschichte der Päpste gibt die Sammlung der Fakten von Obermeier,
Siegfried: Die unheiligen Väter. Gottes Stellvertreter zwischen Machtgier und
Frömmigkeit, Bern-München-Wien, 1995.

[366]   Deschner, Karlheinz: Der gefälschte Glaube, 1995, S. 173.

[367]   Deschner, Karlheinz: a.a.O., 1995, S. 36.

des Gerichtes und des neuen Zeitalters zum Glauben an die schon vollzogene Erlösung, vom Postulat eines rein sittlichen Lebens zur Gewis-
sensbefriedigung durch die kirchlichen Gnadenmittel, von der Feindseligkeit gegen den verhassten Staat zum innigen Pakt mit ihm steht im
engsten Zusammenhang mit der nun noch zu nennenden letzten großen
Veränderung: Das Christentum, das die Religion einer Gemeinschaft
gleicher Brüder war, ohne Hierarchie und Bürokratie, wird zur Kirche,
zum Spiegelbild der absolutistischen Monarchie des römischen Imperiums."[368] Und dies bis zum heutigen Tag, ohne dass daran von der katholischen Basis – wohl in Unkenntnis oder Gleichgültigkeit gegenüber dieser unseligen Entwicklung – Anstoß genommen wird.

Wenn wir die Kirche in ihrer Gesamtheit beurteilen, was wir tun
müssen, um ein adäquates Urteil über sie zu erlangen, dann dürfen auch
diese negativen Aspekte nicht übersehen werden. So predigte man dem
einfachen Volk die Nächstenliebe und selbst mordete und intrigierte die
Kurie. Man predigt noch immer Keuschheit und Enthaltsamkeit und
hurt hinter Kirchen- und Klostermauern. Man predigt gegen Zinsen und
Wucher und rafft selbst nach den materiellen Gütern so gut es nur geht,
meist zum Leidwesen der dazu missbrauchten, ausgenutzten, hörig und
dumm gehaltenen Bevölkerung. Kein Wunder, dass Kritiker, wie der
italienische Humanist Petrarca, den Klerus kritisierten und als „ein von
Menschenblut trunkenes Weib, eine Pest des menschlichen Geschlechts"
bezeichneten.[369]

Was bei der Anklage gegen die Kirchen besonders schwer wiegt, ist
die traurige Tatsache, dass viel Blut an den Kirchentüren klebt. Alleine
die Hexenverbrennung kostete in ca. 500 Jahren unzähligen „Teufels-
weiber" das Leben. Dabei standen die späteren Reformatoren den Katholiken in nichts nach. Dieses besonders christliche Zeitalter litt unter
einer religiösen Selbstüberschätzung, in deren Tribunalen Ankläger und
Richter in einer Person vereinigt waren und bei denen es keine Verteidi-
ger gab. Wer in die Mühlen der Inquisition geraten ist, für den gab es in
aller Regel kein Entkommen mehr. 1826 wurde der letzte Ketzer in Va-
lencia gehenkt und erst 1908 wurde die „Heilige Kongregation der Römischen und Universalen Inquisition" umgenannt in die „Kongregation
für die Glaubenslehre". Die im Namen der Katholischen Kirche tolerierte
Missionierung der Heiden in Amerika unter den christlichen Konquista-
doren ist verbunden mit einem bewussten Genozid schrecklichen Aus-
maßes. In der Konquistadorenproklamation, die den Indianern verlesen
wurde, hieß es: „Ihr werdet nunmehr aufgefordert, die Heilige Kirche als
Herrin und Gebieterin der ganzen Welt anzuerkennen und dem spanischen König als eurem neuen Herrn zu huldigen. Andernfalls werden

---

[368]   Fromm, Erich: Das Christusdogma und andere Essays, München, 1984.
[369]   Zitiert nach Wolf, Hans-Jürgen: Sünden der Kirche, 1995, S. 1010.

wir mit Gottes Hilfe gewaltsam gegen euch vorgehen und euch unter das Joch der Kirche und des Königs zwingen, wie es sich rebellischen Vasallen gegenüber gehört. Wir werden euch euer Eigentum nehmen und euch, eure Frauen und Kinder zu Sklaven machen."[370] Bei Bedarf wurden die Indianer aber nicht einfach nur getötet. Wie viele andere Menschen auch (z. B. in Kriegs- und Hungerszeiten), mussten sie unter unsäglichen Folterqualen nicht weniger erleiden als der in seinem Opfertod heroisierte Jesus. Jesus selbst hatte keine Weltmissionierung im Sinn. Wie anders wären seine Worte, die im Zusammenhang mit dem von ihm verkündeten kurz bevorstehenden Reich Gottes zu sehen sind, sonst zu verstehen: „Den Weg zu den Heidenvölkern schlagt nicht ein… Ihr werdet mit den Städten Israels noch nicht zu Ende sein, bis der Menschensohn kommt." Gekommen ist der so Verkündete bis heute nicht.

Angesichts dieser negativen Aspekte der Geschichte des Christentums sich heute noch stolz auf eine überlegene „christliche Ethik" als maßgebend für die Zukunft einer modernen globalisierten Welt berufen zu wollen, würde für die millionenfachen Opfer dieser Art von christlicher Nächstenliebe und Toleranz eine Verhöhnung bedeuten. Wir wollen keineswegs in Abrede stellen, dass es dennoch schon immer zahlreiche gute und altruistisch sich aufopfernde Christen gegeben hat, aber sie gibt es unter anderen Religionsmitgliedern genauso wie unter Atheisten. Bedarf es wirklich der Berufung auf das Christentum oder irgendeiner anderen Religion, wenn wir von einer besseren künftigen Welt sprechen und uns diese wünschen, oder wären weltliche, rein humanistische ethische Vorstellungen ohne metaphysischen und transzendenten ideologischen Hintergrund nicht weitaus weniger starr, dogmatisch, konservativ und vor allem weniger intolerant gegen Andersdenkende, Freigeister und Reformer? Das gegenwärtige doch sehr friedvolle Christentum ist in diesem Zustand alleine der Aufklärung zu verdanken, in der es sowohl in seiner klerikalen Macht als auch in seinen Glaubensansprüchen stark zurückgestutzt wurde. Ansonsten hätte das Christentum wohl noch immer das gleiche Aggressionspotential wie der heute wütende Islamismus, der sich gegen jegliches rationale und wissenschaftlich fundierte Denken als resistent erweist. Auch wenn Ideologien – ob politischer oder religiöser Art – Einfluss auf das Verhalten ganzer Völker haben, so gibt es dennoch unbestreitbar Werte und Grundnormen, die älter als die spezifischen kulturellen oder religiösen Überzeugungen sind. Diese universalen Grundwerte sind Ausdruck eines gemeinsamen natürlichen Erbes aller Menschen, unabhängig von Glaube, Kultur oder Weltanschauung. Nächstenliebe, Tötungsverbot, das Verbot zu stehlen und zu betrügen, die Forderung eines Rechts auf Leben, Gesundheit, Freiheit und das Wohl der Nachkommen… all dies sind Werte, die unabhängig

---

[370]   Zitiert aus „Der Spiegel", Nr. 17/2000, S. 115.

von den verschiedenen kulturellen oder religiösen Ausgestaltungen universell als eine Art „anthropologische Konstante" gelten. Bemerkenswert und nachdenklich stimmt dabei aber, dass diese Grundnormen und Verbote (z. B. das Betrügen, Bestehlen oder gar Töten eines Gruppenmitgliedes) ursprünglich nur auf die eigene Gruppe beschränkt blieben, während es wiederum sogar ein Gebot der Götter war, andere, in irgendeiner Weise in Konkurrenzdruck stehende Völker zu übervorteilen oder diese gar auszumerzen. Von den Verhaltensformen der alten Israeliten (die laut Altem Testament äußerst gewaltsam ihre monotheistische Religion durchsetzten) bis in die Gegenwart lässt sich beobachten, dass in Kriegen nicht nur getötet werden darf, sondern aufgrund des Glaubens an eine höhere Mission hin sogar getötet werden muss, wenn die eigenen Interessen dies erforderlich machen. Dennoch sind aufgrund des von der Natur geförderten Altruismus auch durchaus konstruktive Kräfte der Evolution am Werke, die auch den Menschen die praktische Notwendigkeit auferlegen, das Gemeinwohl zu fördern. Und war es auch einst nur die eigene Stammesgemeinschaft. Dennoch ließe sich daraus eine ganz profane, aus der evolutionären Ethik abgeleitete ethische Maxime folgern, die besagt, dass „jede Person altruistisch handeln sollte, da jede Person durch die Evolution dazu prädestiniert ist, das Gemeinwohl zu fördern."[371] Mit dieser ganz profanen ethischen Forderung ist durchaus eine Übereinstimmung mit der in den Weltreligionen zum Ausdruck kommenden Ethik verbunden, allerdings – und das ist der große Unterschied – ohne dabei auf in säkularen Gesellschaften ohnehin problematisch gewordene Begriffe wie Sünde, Vergebung, Verdammnis (z. B. gegenüber Ungläubigen und Andersdenkenden) zurückzugreifen. Das spricht, auch angesichts des Versagens der Religionen und Kirchen in ihrer Geschichte, für den weltlichen Humanismus. Vielleicht könnte mit der Realisierung jener profanen und universellen Ethik auch der Kampf der Kulturen, die sich in ihren Ansprüchen für rechtgläubig oder das Maß aller Dinge halten und sich damit über andere Kulturen hinwegsetzen, beendet werden. Die religiösen und dogmatischen Absolutheitsansprüche wären zugunsten von Vernunft, Aufklärung und der Relativität aller Weltanschauungsmodelle aufgeben. Die religiöse Missionierung andersdenkender und -gläubiger Menschen hätte ein Ende. Aber das ist nur ein Traum, denn was alleine nur den Wunsch nach dem Seelenheil anbelangt, so befindet sich das in vielen Weltteilen nach wie vor dominierende religiöse Denken noch immer auf einer archaischen Stufe, denn dieses erlangt ja immer nur der, der einer ganz bestimmten und exklusiven Religionsgemeinschaft zugehört. Dies wird beispielhaft nochmals in einem Dekret des Heiligen Offiziums aus dem Jahre 1949 deutlich.

---

371 Richards, Robert: Evolutionäre Ethik, revidiert und gerechtfertigt, in: Bayertz, Kurt (Hrsg.), Evolution und Ethik, Reclam, 1993, S. 194.

Demnach hat der Erlöser entschieden, „dass die Kirche ein Heilsmittel sein sollte, ohne das niemand zum Reich der ewigen Herrlichkeit Zugang findet." Nach Auffassung des 2. Vatikanischen Konzils kann man „nur durch die Katholische Kirche Christi, die das allgemeine Hilfsmittel des Heils ist,... Zutritt zu der ganzen Fülle der Heilsmittel haben." Dabei ist aber nicht nur der Papst, sondern auch die Kirche unfehlbar, da sie als Leib Christi diese mit logischer Notwendigkeit zu besitzen glaubt.

Dass diese ideologische Wahnvorstellung sich nicht mit der Realität in Übereinstimmung bringen lässt, ersieht man auch aus einem jüngeren und sehr dunklen Kapitel der deutschen Geschichte, dem sogenannten Dritten Reich. Die Kirche spielte dort eine zweifelhafte und unentschlossene Rolle, die nicht erkennen ließ, dass es sich bei ihr oder dem Christentum um eine der Geschichte oder der menschlichen Kulturstufe oder den sozialen wie politisch gegebenen weltlichen Umständen übergeordnete göttliche und unfehlbare Einrichtung handelt. Niemand kann sagen, wie er selbst sich unter den ganz bestimmten politischen Umständen und psychologischen Ausnahmebedingungen dieses grausamen und totalitären Systems verhalten hätte. Helden sind bekanntlich selten. Und dennoch: Für eine Institution, die höchste moralische und göttliche Autorität für sich beansprucht, hätte das Opponieren klarer und unmissverständlich ablehnend gegen den Nationalsozialismus ausfallen müssen. Jedoch waren auch hier wieder machtpolitische Interessen vorrangig vor moralischen oder christlichen Ansprüchen. So hoffte man bekanntermaßen im Vatikan darauf, im Nationalsozialismus eine Gegenmacht gegen den atheistischen Bolschewismus in Russland zu erhalten, weshalb man ihn anfangs sogar unterstützte. Dafür gibt es auch Belege. Kardinal Faulhuber: „Die gesamte zivilisierte Welt, vor allem die katholischen Nationen, müssen sich zu einem heiligen Kreuzzug gegen das atheistische Russland vereinen und den Bolschewismus zerschmettern, wo immer sie ihn treffen."[372] Auch weist der Papst, nach Hans-Jürgen Wolf[373], 1933 die Fuldaer Bischofskonferenz an, „alle Geistlichen zu instrumentieren, dass sie Hitler unterstützen." Erzbischof Gröber ermahnt am 25.4.1933 die Katholiken dazu, „den neuen Staat nicht abzulehnen, sondern unbeirrt an seiner Verwirklichung zu arbeiten." In einem Hirtenbrief des gleichen Jahres heißt es: „... die Katholiken müssen die Ziele unterstützen, denn sie liegen in der Richtung des katholischen Glaubens." Kardinal von Galen erteilt die Imprimatur für ein Vademecum, in dem es heißt: „Der Führer verkörpert die Einheit des Volkes und Reiches... der christliche Deutsche ist an ihn gebunden." Derselbe proklamiert im März 1941 in einem Kirchenblatt für das nördliche Münsterland: „Gott hat zugelassen, dass das Vergeltungsschwert

---

[372]   Wolf, Hans-Jürgen: Sünden der Kirche, 1995, S. 1128.

[373]   Wolf, Hans-Jürgen: a.a.O., 1995, S. 1088ff.

gegen England in unsere Hände gelegt wurde... wir sind die Vollzieher des gerechten göttlichen Willens." Besonders Kardinal Faulhuber ist von den neuen Machthabern angetan und bescheinigt Hitler „weltmännische Weitsichtigkeit" und sein Handschlag mit dem Papsttum, der größten sittlichen Macht der Weltgeschichte, wäre „eine Großtat von unermesslichem Segen." Kardinal Bartram richtet im Namen aller Erzbischöfe ein Schreiben an Hitler, wo er ihm seine Hochachtung entgegenbringt und ihm die „freudige Bereitwilligkeit" ausspricht, „nach dem besten Können zusammenzuarbeiten mit der jetzt waltenden Regierung, die die Förderung der christlichen Volkserziehung, die Abwehr von Gottlosigkeit und Unsittlichkeit... aufgestellt hat." Dadurch, dass die Katholische Kirche, speziell der Papst, die Bedenken einiger Katholiken in Deutschland gegen Hitler ausgeräumt hat, gelangt Wolf schließlich zu dem Fazit: „Ohne die begleitende Unterstützung der Kirchen sind die Wahlerfolge der NSDAP undenkbar."[374] Aber auch die Evangelische Kirche muss sich – ebenfalls abgesehen von rühmlichen Ausnahmen couragierter Gegner des Nationalsozialismus – den Vorwurf der Kollaboration gefallen lassen. So verkündete beispielsweise noch im Juli 1944 der Präsident der Thüringer Evangelischen Kirche in Eisenach: „Adolf Hitler ist für unsere lutherische Frömmigkeit der Führer von Gottes Gnaden. Sein Auftrag ist Gottes Befehl."[375] Das Wesentliche aber dieses Kapitels ist, dass es aus historischer Sicht keinerlei Belege für die Ansprüche der Kirche als göttlich legitimierte und installierte moralisch übergeordnete Institution gibt. Dagegen sprechen die Verfehlungen innerhalb der Kirchengeschichte, aber auch die betrügerische Manipulation in der Bibel, auf die sich die apostolische Tradition der Kirche gründen soll. Hierzu noch einmal Bultmann: „Jesus hat mit dem Hereinbrechen der Basileia (= Königsherrschaft) gerechnet; das ist nicht passiert. Die Urgemeinde hat mit dem Erscheinen des Menschensohnes gerechnet; das ist nicht passiert. Allein die dadurch entstandene Verlegenheit war das Agens für die Entwicklung der Christologie."[376] Und der Theologe Conzelmann: „Jesus hat keine Kirche gegründet", denn „Jesu Ankündigung des nahen Gottesreiches verträgt sich nicht mit dem Gedanken einer organisierten Kirche."[377] Die nötige konsequente Schlussfolgerung, die es daraus zu ziehen gälte, wäre die, dass die Kirche ihre Existenz letztlich nicht ihrem Gott, sondern der die Enttäuschung über Jesu Tod kompensierenden Urgemeinde zu verdanken hat. Selbst Paulus hatte fest mit der Wiederkunft des Herrn gerechnet, wie aus vielen Stellen zu entnehmen ist. So

---

[374] Wolf, Hans-Jürgen: a.a.O., 1995, S.1103.

[375] Wolf, Hans-Jürgen: a.a.O., 1995, S. 1103.

[376] Zitiert nach Augstein, Rudolf: Jesus Menschensohn, 1999, S. 103.

[377] Conzelmann, Hans: Grundriss der Theologie des Neuen Testamentes, Tübingen, 1997, S. 37.

z. B. aus dem 1. Thessalonicherbrief 4,15: „Wir, die wir leben und übrig-
bleiben bis zur Ankunft des Herrn." Und „wer noch keine Frau hat, der
solle sich auch keine mehr suchen, es lohnt sich nicht mehr" (vgl. 1.Kor
7,26). Wer es für unerhört erachtet, im Zusammenhang mit der Heiligen
Kirche von Betrug zu sprechen, der sei an die Konstantinische Schenkung erinnert, nach der Kaiser Konstantin Papst Silvester I. und all seinen Nachfolgern aus Dankbarkeit für die Heilung einer schweren
Krankheit die kaiserlichen Hoheitszeichen, den Lateranpalast, die ganze
Stadt Rom, ja sogar alle Provinzen, Orte und Städte Italiens und des
Abendlandes schenkt. Auch diese Schenkung hat sich als Betrug erwiesen, was auch von der Katholischen Kirche nicht mehr bestritten wird.
Ein heiliger Betrug mit immensen Folgen, denn – so Augstein – ohne
diesen Betrug hätte es „keine geschichtliche Wirkung des Christentums"
gegeben.[378] Deshalb haben auch die nicht ganz unrecht, die behaupten,
das Christentum samt der es tragenden Kirchen habe sich nicht aufgrund seiner moralischen Überlegenheit oder der göttlichen Offenbarung ausbreiten können, sondern aufgrund von Gewalt und Betrug.

2.5   Die Probe aufs Exempel oder die historisch-moralische Selbstwiderlegung des christlichen Theismus

> „… Stößt Du beim Öffnen des Buches auf eine Stelle, die gegen den Glauben
> gerichtet ist, und liest Du sie, so entgehst Du der Exkommunikation nicht…
> diejenigen, die ketzerische Bücher besitzen, ohne sie zu lesen, verfallen der
> Kirchenstrafe, wenn sie sie nicht ausliefern."[379]

Bis jetzt hatten wir in diesem Buch überwiegend Argumente geliefert,
welche den Theismus in seinem Selbstverständnis aus theoretischen,
d. h. philosophischen, naturwissenschaftlichen und kritisch-theologischen Gründen in Zweifel stellen, dabei sind wir zu dem Ergebnis gekommen, dass aufgrund des heutigen Erkenntnisstandes dieser drei
wissenschaftlichen Bereiche wesentlich mehr Plausibilitäten darauf hinweisen, dass es sich bei den monotheistischen Weltreligionen eher um
ein aus psychologischen, soziologischen, politischen und ideologischen
Gründen entstandenes menschliches Produkt als um die propagierte
göttliche Offenbarung handelt. Zum Schluss nun wollen wir die praktische Seite des Christentums betrachten, ob uns aus der faktisch vollzo-
genen Geschichte des Christentums irgendwelche Hinweise gegeben

---

[378]   Augstein, Rudolf: Jesus Menschensohn, 1999, S. 405.

[379]   So der katholische Moraltheologe Alphons Maria de Liguori, der 1839 heiliggesprochen wurde. Zu den für seine Heiligsprechung notwendigen Wundern gehört u. a. auch, dass er ein krankes Huhn per Kreuzzeichen in einen Seefisch verwandelte, was sein Diener unter Eid bekräftigte. Wolf, Hans-Jürgen: Sünden der
Kirche, 1995, S. 959.

sind, die auf die Wahrhaftigkeit des christlichen Glaubens oder auch nur auf eine etwas besser gewordene Welt schließen lassen könnten. Denn wer Religionen wie das Christentum angemessen beurteilen will, darf nicht nur den gegenwärtigen Zustand sehen und beurteilen. Für eine möglichst objektive und zutreffende Einschätzung über den beanspruchten hohen intellektuellen und ethischen Gehalt der großen Glaubenssysteme und ihrer irdischen Manifestation in Form der sie lehrenden und tradierenden Kirchen, muss auch deren gut dokumentierte Historie mit berücksichtigt werden. Anders ist eine ganzheitliche Sicht nicht zu erlangen. Man würde außerdem den unzähligen Opfern der Kirchengeschichte (Kreuzzüge, Inquisition, Hexenverbrennungen, Genozide, Glaubenskriege, Unterdrückung der Geistesfreiheit...) nicht gerecht werden, wenn man die in der Vergangenheit zu einem riesigen Berg angewachsene Schuld nicht nur des Christentums, sondern aller theistischen Weltreligionen gegenüber jenen armen Menschen einfach unter den Tisch fallen lassen würde. Dabei können hier gar nicht alle kritischen Fragen erörtert werden, wie z. B. die nach dem unermesslichen Reichtum der Kirchen, auf welche Weise er über Jahrhunderte zustande gekommen ist und wie er mit der ursprünglichen Armut ihres Begründers und dessen Aufforderung, angesichts des von ihm als kurz bevorstehend verkündeten Reich Gottes alles Hab und Gut an die Bedürftigen zu verschenken, zu vereinbaren ist.[380]

Die Kernfrage, der in diesem Kapitel nachgegangen werden soll, ist somit die, ob nicht schon alleine aufgrund der zahlreichen dunklen Flecken in der Geschichte der theistischen Weltreligionen, hier stellvertretend und paradigmatisch für diese des Christentums, ein eindeutiger Widerspruch zu dessen Anspruch steht, eine von einem allliebenden und allmächtigen dreieinigen Gott eingesetzte und somit einzig wahre Religion zu sein. Gäbe es den von den christlichen Kirchen postulierten allmächtigen und gütigen Gott wirklich, warum hat er dann eine solche mit unvorstellbaren Grausamkeiten, Betrügereien, Machtkämpfen und Kriegen nur so übersprudelnde Kirchengeschichte zugelassen? Scheitert nicht schon allein an dieser moralischen Grundsatzfrage jeder Glaube an die christliche Religion und der sie vertretenden Kirchen im Keime? Macht nicht schon alleine der faktische Widerspruch der Geschichte des

---

[380]   Die Katholische Kirche in Deutschland ist gleich nach dem Staat der größte Grundbesitzer. Dieser Vermögenswert wird auf 200 Milliarden Euro geschätzt. Alleine schon das Erzbistum Köln verfügt über drei Milliarden Euro an Vermögenswerten. Alle Aufrufe seitens der Kirchen, die materiellen Ungerechtigkeiten und die Armut dieser Welt zu bekämpfen, ist aufgrund dieser Verhältnisse die pure Heuchelei. Der Steuerzahler beteiligt sich dabei unfreiwillig, da Bischöfe Staatsgehälter in Höhe von ca. 11.000 Euro monatlich beziehen. Was hätte wohl Jesus dazu gesagt? (Mynarek, Hubert: Papst Franz I. Wer er wirklich ist, in: Aufklärung und Kritik, 1/2014, S. 196ff.)

Christentums zu dessen moralischen Ansprüchen die ganze Sache im Ansatz zur reinen Makulatur? Und zwar ganz ohne skeptisch wissenschaftliche oder gar atheistische Angriffe von außen, nämlich alleine an dem großen Widerspruch zwischen Anspruch und Wirklichkeit, nämlich an der eigenen historischen Faktizität? Und scheitert seine Glaubwürdigkeit nicht auch daran, dass der von ihm behauptete allmächtige Schöpfergott bei den in seinem Namen begangenen schwersten Verbrechen an der Menschheit ganz zurückgezogen – für niemanden wirklich erkennbar existent – auch noch zusieht, oder es sogar genau so gewollt hat? Der Theismus nämlich geht davon aus, dass Gott nicht nur ins Weltgeschehen eingreift, sondern alles minutiös genau nach seinem Willen, nach einem „Heilsplan" verläuft. Wenn wir uns diese Frage stellen, dann müssen wir natürlich für einen Moment davon absehen, dass Jesus – wie bereits dargelegt – eben diese gar nicht gewollt haben konnte, weil er, wie viele andere Propheten seiner Zeit auch, das kurz bevorstehende Weltende erwartet und auch verkündet hatte. Wenn diese theologische Behauptung wirklich zutreffend ist – und viele Theologen vertreten diese Auffassung heute –, würde sich jegliche weitere Argumentation erübrigen, da alleine dieser Umstand und alle damit verbundenen Konnotationen die Göttlichkeit Jesu und somit die Basis der christliche Glaubensideologie ad absurdum führen würden.

Wenn wir uns heute über die menschenverachtenden Morde oder die zu Propagandazwecken im Internet veröffentlichten Exekutionen islamistischer Fundamentalisten empören, dann sollten wir uns bewusst darüber sein, dass das christliche Mittelalter keineswegs humaner gewesen ist. Es ist der Aufklärung zu verdanken, dass wir heute in den christlichen Kulturen demokratische, freiheitliche und humanistische Verhältnisse vorfinden. Der ständig zu hörende Verweis vieler Theologen und christlicher Politiker auf das in moralischer und ethischer Hinsicht vermeintlich so segensreiche Christentum überschätzt das humanistische Potential des Christentums mindestens genau so, wie es die befreiende Wirkung der Aufklärung von eben jenen historisch belegbaren fundamentalistisch klerikalen Strukturen eines über viele Jahrhunderte pervertierten Christentums unterschätzt. Die toleranten, freiheitlichen und humanen Verhältnisse, die wir heute in Europa vorfinden, sind nicht hauptsächlich dem Christentum zu verdanken, vielmehr sind sie ein historisch nachweisbares Resultat der sich von den fundamentalistischen Strukturen des christlichen Mittelalters befreienden Strömungen, die in der Aufklärung ihren ersten Höhepunkt gefunden haben. Auch wenn es sich nur um eine hypothetische Aussage handelt, aber es ist naheliegend, dass auch im heutigen christliche Europa noch die gleiche Geisteshaltung und die gleichen abergläubischen und grausamen Verhältnisse vorherrschen würden, wie wir sie in den islamistischen Ideologien und den damit verbundenen Grausamkeiten des Nahen Ostens vorfinden und über die wir uns zu Recht so sehr empören. Was dem Islam fehlt, ist eine rationale und ernüchternde Epoche der Aufklärung, in der der religiöse Wahn durch die Erkenntnisse und Erfolge der Wissenschaft und Vernunft gebändigt wird. Auch in der Geschichte des Christentums kennt man die Verteufelung Andersgläubiger, die sich in den ersten vier Jahrhunderten noch auf verbale Aktionen beschränkte. Schon bald aber, als das Christentum zur Staatsreligion erhoben wurde, wurde unter den ideologischen Rechtfertigungstheorien, z. B. eines Augustinus und Thomas von Aquin, auch die physische Verfolgung und Unterdrückung ideologisch gerechtfertigt. Die einstige Religion der Unterdrückten wurde von nun an – in Form der Katholischen Kirche – selbst zur göttlich legitimierten Gewaltherrscherin mit unzählbaren und unvorstellbaren grausamen Verbrechen an den Ungläubigen und Andersdenkenden.

Aus Platzgründen und angesichts des überaus umfangreichen Sünden- und Strafregisters können wir nur eine kleine Auswahl geben, die noch einmal unterstreichen sollen, dass der christliche Theismus unter dem ganzheitlichen Blickwinkel einer nicht mehr rückgängig zu machenden historischen Faktizität auch als moralische Instanz leider versagt hat und auch aus diesem Grunde in seinen Wahrhaftigkeitsansprüchen angreifbar ist. Das Christentum scheitert mit seinem Anspruch göttlicher Provenienz – ebenso wie der jüdische und muslimische Theismus – somit nicht nur an seinen dargelegten inneren Widersprüchen, sondern ebenso an seinem historisch belegten moralischen Versagen.

2.5.1 Glaubenskriege

Ein dunkles Kapitel der Kirchengeschichte bilden die Kreuzzüge. Es waren religiöse Vernichtungskriege gegen Andersdenkende, besonders gegen diejenigen, denen man aufgrund der zu hinterfragenden Berichte des Neuen Testamentes die Schuld am Tod Gottes zuschrieb, den Juden. Die dazu notwendige Mobilisierung der Massen wurde ganz bewusst und kalkulierend von dem katholischen Klerus betrieben, indem er seinen Einfluss bis hinein in das Innerste der Seele und des Gewissens ausübte und die Teilnahme an den Kreuzzügen als heilsbringende und sündentilgende Tat anpries. Dies wäre ohne eine entsprechende Indoktrinierung und Manipulation des Gewissens gar nicht möglich gewesen. Das Gewissen als Stimme Gottes, wie von theologischer Seite oft zu hören ist, entpuppt sich aus soziobiologischer Sicht als die manipulative Stimme von gesellschaftlichen, kulturellen und somit auch religiösen Interessen. Welches Interesse sollte ein „lieber" Gott an diesem Abschlachten haben, wo er doch allmächtig ist und über eine überzeugende, widerspruchsfreie und rational nachvollziehbare Offenbarung alle Menschen davon überzeugen könnte, dass er der einzig wahre Gott ist, so wie ihn das Christentum oder wahlweise eine andere theistische Religion lehrt? Die Praxis sah und sieht noch immer ganz anders aus. Noch immer werden, heute im Namen Allahs, ungläubige Menschen abgeschlachtet, weil man sich damit paradiesischen Lohn verspricht. Und wie der Blutrausch der christlichen Eroberer in Jerusalem, so werden diese Bestialitäten als „gerechtes Gericht" und Wille Gottes gerechtfertigt. Ein Chronist: „Im Tempel Salomos standen die Kreuzritter bis zu den Knien oder den Zügeln ihrer Pferde im Blut. Wahrlich ein gerechtes Gericht, dass der Ort das Blut derjenigen empfing, deren Gotteslästerung er so lange erdulden musste... Als sich die Unsrigen schon der Mauern und Türme bemächtigt hatten, konnte man Wunderbares erblicken. Den einen wurden, was leicht war, die Köpfe abgeschlagen, andere wurden mit Pfeilschüssen gezwungen, von den Türmen zu springen. Wieder andere wurden mit dem Feuer gequält und verbrannt. Man sah Haufen von Köpfen, Händen und Füßen in den Häusern und Gassen. Überall liefen die Menschen und Pferde auf den Leichen hin und her."[381] Albert von Aachen berichtet: „Nach dem fürchterlichen Hinmorden der Sarazenen, von denen 10.000 erschlagen wurden, kehrten die Christen siegreich zum Palast der Stadt zurück und machten nun viele Scharen von Heiden, die in ihrer Todesangst versprengt durch die Gassen irrten, mit dem Schwert nieder." Fulcher von Chartres hierzu: „Niemand wurde am Leben gelassen. Weder Frauen noch Kinder wurden verschont."[382] Ähnlich lautende Berichte ließen sich noch beliebig oft anfügen. Sie erinnern alle an die Grausamkeiten des alttestamentarischen Gottes. Die christlichen Pogrome waren dabei so grausam, dass jüdische Väter ihre Kinder selbst töteten, um sie nicht in die Hände der Christen gelangen zu lassen. Auch dies ist historisch verbürgter Teil des Christentums und muss bei einer ganzheitlichen Beurteilung dieser Religion neben den ganz sicher auch positiven und humanen Aspekten berücksichtigt werden. Nach sieben Kreuzzügen stand man am Ende allerdings mit leeren Händen da. Alle eroberten Besitztümer waren wieder in die Hand der Muslime gefallen und das Massensterben von geschätzten fünf Millionen Toten war letztlich vollkommen umsonst gewesen. Ein eventuell aufkommender Gewissenskonflikt war bei entsprechender Indoktrinierung nicht zu befürchten, versprach doch das Dekret des Konzils von Clermont unter der Führung Papst Urban II. von 1095 himmlischen Lohn, da dieses Unternehmen der Wille Gottes ist, den die Geistlichkeit schon immer genauestens zu kennen vorgab.[383] Die theologische Legitimation der Kreuzzüge geht dabei bis auf Augustinus zurück, der bereits bei der

---

[381] So einer der wichtigsten Chronisten dieses Kreuzzuges, der Kleriker Raimund von Aguilers. Wolf, Hans-Jürgen: Sünden der Kirche, 1995, S. 209.

[382] Wolf, Hans-Jürgen: a.a.O., 1995, S. 209ff.

[383] Das Kennzeichen der Kreuzritter war das Kreuz zwischen den Schultern, ihr Schlachtruf war „Gott will es, Gott will es." Wolf, Hans-Jürgen: a.a.O., 1995, S. 199.

Donatistenverfolgung den Heiligen Krieg proklamierte und ihn rechtfertigte. Andere hatten entsprechende Visionen, wie Albert von Aachen. Er gab an, dass ihm Jesus im Schlafe erschienen sei und ihn aufforderte, „Jerusalem und die heiligen Stätten zu säubern."[384] Als die Kreuzfahrer in Antiochien in eine schwierige Lage gerieten, ist dem Priester Stephan von Valenca in der Marienkirche in Antiochia während eines nächtlichen Gebets der Heiland samt Gottesmutter und einem Apostel erschienen. Nach Raimund von Aguilers entdeckte man in einer Kirche die Heilige Lanze, mit der Jesus getötet worden sein soll, als Zeichen der sieghaften heiligen Sache. Allerdings hebt der muslimische Chronist Ibn al-Atir hervor, dass man diese eigens zur Auffindung drei Tage zuvor dort vergraben hatte. Immerhin gelang es mit solchen Methoden, die Massen zu mobilisieren.[385]

Insgesamt umfasst die Zeit der Kreuzzüge etwa zwei Jahrhunderte. Die Zahl der Opfer dieser extrem grausam geführten Religionskriege wird mit unterschiedlichen Schätzungen von zwei bis wohl eher übertriebenen 22 Millionen Menschen angegeben. Dazu kommen Plünderungen, Vergewaltigungen, Sachwertzerstörung von Haus und Land und vieles mehr.

Neben den Kreuzzügen zeigt auch die 36 Jahre andauernde Auseinandersetzung zwischen den Katholiken und den Hugenotten in Frankreich, für welch verabscheuungswürdige Taten die christliche Religion mitverantwortlich ist. Die menschliche Würde, die unter diesen religiös geprägten Zeiten kaum existierte, – sie ist in ihrer allgemeinen praktischen Umsetzung ein Produkt der von den Kirchen eher bekämpften Aufklärung des 18. Jahrhunderts – wurde massiv mit Füßen getreten. Sowohl das einfache Volk als auch die aristokratischen weltlichen und kirchlichen Strippenzieher im Hintergrund bekämpften sich dreißig Jahre bis aufs Blut. Frankreich versank in einem Spiel aus Intrigen um die Macht und den rechten Glauben, der mit allen Mitteln, von Folter bis hin zu Massenmorden, ausgetragen wurde. Ursache für diesen Glaubenskrieg sind heute nicht mehr nachvollziehbare Streitigkeiten, wie beispielsweise die Frage über die richtige Auffassung des Abendmahles. Grausamer Höhepunkt dieses Bruder- und Religionskrieges war schließlich 1572 die Bartholomäusnacht, bei der Tausende Christen in Paris sich gegenseitig umbrachten. Zahlreiche Blutbäder und Schlachten gingen dieser Nacht aber voraus, wie in Vassy, Dreux und Rouen. Im Namen des Himmels schuf man die Hölle auf Erden und für die dabei notleidende Bevölkerung sowie die unschuldigen Kinder wäre die Beantwortung der Frage, ob Religionen den Menschen mehr Nutzen oder Schaden gebracht haben, wohl leicht zu beantworten gewesen. Felder wurden

---

384   Wolf, Hans-Jürgen: a.a.O., 1995, S. 191.
385   Wolf, Hans-Jürgen: a.a.O., 1995, S. 204f.

verwüstet, Dörfer eingeäschert, Menschen gefoltert und aufgehängt, Frauen geschändet, Kirchen geplündert. Das Bestialische des Menschen geschah auch hier wieder aus religiöser Motivation heraus. Ein Straßburger Bürger berichtet: „Das Blut floss aus jeder Gasse, so als habe es stark geregnet... In der Stadt häuften sich im Handumdrehen Leichen, jeden Geschlechts und Alters... Es wurde aber nicht nur geplündert und gemordet, vielen Frauen und Mädchen wurde Gewalt angetan, jeglicher Unzucht waren sie ausgesetzt... In der Stadt wüteten Laster und Mord, Diebstahl und Unzucht. Es ist erstaunlich, mit welcher Grausamkeit man die anderen hingemetzelt hat..."[386] Es existieren viele weitere sehr detaillierte Berichte, welche die ganze Grausamkeit, von der auch Kleinkinder und ganze Familien nicht verschont wurden, sehr anschaulich verdeutlichen. Ganz anders sah man dies freilich in Rom. Dort wurde die Bartholomäusnacht als Sieg gefeiert und Gregor XIII. ließ den französischen König wissen, „dass ihm die Pariser Ereignisse mehr Freude bereitet hätten als fünfzig solcher Siege, wie sie die vereinten Flotten bei Lepanto davongetragen. Rom wird illuminiert, eine prächtige Prozession veranstaltet und eine Medaille geprägt."[387] Aus Angst, weniger aus Überzeugung, lassen sich viele „Abtrünnige" wieder bekehren und kehren in den Schoß der Katholischen Kirche zurück. Die Konfessionszugehörigkeit der Bürger eines Staates beruht somit besonders auch auf geschichtlichen, nämlich kriegerischen und gewalttätigen Auseinandersetzungen. Der Ausgang dieser Schlachten und die Zufälligkeit des Geburtsortes entscheiden über die Konfession, nicht deren innere Überzeugungskraft. Das Gleiche lässt sich nicht nur über die Konfessionen, sondern auch über den monotheistischen Glauben insgesamt sagen. Auch dieser wurde nicht nur mit der Überzeugungskraft des Wortes, sondern mehr noch mit der des Schwertes etabliert.

2.5.2 Ketzerei

Ab dem Jahr 1000 etwa formierten sich unterschiedliche, sich abgrenzende Bewegungen innerhalb der Kirche, welche gewisse Mängel der katholischen Lehre zu erkennen glaubten und sich gegen diese abgrenzten. Gegen diese Glaubensabtrünnigen und die damit verbundene Gefahr der Abspaltung und inneren Auflösung der Kirche ging man seitens der Katholischen Kirche mit äußerster Brutalität vor. Die einst verfolgte Kirche war zu diesem Zeitpunkt längst selbst zu einer erbarmungslosen Unterdrückungs- und Verfolgungsinstitution gegen Andersdenkende mutiert. Unter anderem berief sie sich dabei auf den christlichen Theologen Augustinus, der „sehr überzeugend" zu unterscheiden vermochte:

---

[386]   Zitiert nach Wolf, Hans-Jürgen: a.a.O., 1995, S. 619.
[387]   Wolf, Hans-Jürgen: a.a.O., 1995, S. 623f.

„Es gibt eine ungerechte Verfolgung, die der Kirche Christi durch die Gottlosen; und es gibt eine gerechte, die der Gottlosen durch die Kirche Christi."[388] Dabei hat die Befehdung der Christen untereinander eine lange Tradition. Schon Paulus bekämpfte die „Häretiker". Sein Kampf gegen den Flügel der Jerusalemer Urgemeinde, der wie Jesus die Heidenmission ablehnte, ist in seinen Briefen (Gal 4,17; 6,13; 2,4; 1,8; 2.Kor 11,13-15) nachzulesen. Augustinus beruft sich auf Lk 14,23, „cogite intrare"! – zwingt sie, einzutreten, als Rechtfertigung gegen Gewalt von Andersdenkenden und Thomas von Aquin, der auch Sklaverei und Antisemitismus theologisch rechtfertigte, legitimierte ebenso die Todesstrafe für Häretiker.[389] Zwar ist es richtig, dass die Kirche selbst gar keine Ketzer hinrichtete, z. B. durch öffentliche Verbrennung, aber hätte sich die weltliche Macht dem Vollzug des Gottesurteils widersetzt, so wäre damit wiederum die Exkommunikation verbunden gewesen, was wiederum ein jenseitiges und ewiges Todesurteil für die betroffene Zuständigkeit bedeutet hätte. Außerdem ist nicht zu übersehen, dass die Beteiligung an der Ausrottung der Ketzer – und sei es auch nur durch das Heranschleppen des Brennholzes – mit einem vollkommenen Sündenablass verbunden wurde. Aber auch die protestantische Seite mit Luther ist nicht unbedingt positiver einzustufen. So stimmte Luther 1531 einem Gutachten von Melanchthon zu, das die Todesstrafe für Täufer forderte. 1536 begründete er schließlich das prinzipielle Gesetz der Todesstrafe für alle Ketzer gegenüber dem hessischen Landgrafen Philipp.

Die Angriffspunkte gegen die unterschiedlichen oppositionellen christlichen Gruppen, wie die Manichäer, Albigenser, Waldenser oder die Judäischen Ketzer, waren deren Standpunkte wie: Die römische Kirche stammt nicht von Jesus ab; der Papst ist das Haupt aller Irrtümer; innerhalb der Katholischen Kirche herrschen Sünden und Laster; die äußere Kirche ist verdorben und verfallen; Gott hat die Welt nicht erschaffen, denn Himmel und Erde sind ewig und haben immer bestanden (Manichäer); Christus wurde nicht von einer Jungfrau geboren und er hat auch nicht für die Menschheit gelitten, lag auch nicht im Grab und ist nicht auferstanden (Manichäer und Albigenser); ein Leib kann nicht auferstehen; Beichte und Vergebung der Sünden gegen Bezahlung sind zu verwerfen; alle äußeren Zeremonien der Messe sind ungültig (Albigenser); die kirchliche Lehre vom dreieinigen Gott ist zu verwerfen (Manichäer, Albigenser und Judäische Ketzer).[390] Die Katharer wurden mit besonderer Brutalität ausgerottet, denn sie lehnten das klerikale Sün-

---

388   Zitiert nach Wolf, Hans-Jürgen: a.a.O., 1995, S. 247.

389   Kahl, Joachim: Das Elend des Christentums, Rowohlt, 1968, S. 43.

390   Näheres hierzu und zu den folgenden Fakten siehe Wolf, Hans-Jürgen: Sünden der Kirche, 1995, S. 248ff.

denbewusstsein und den damit verbundenen Strafkatalog, die Beichte, die Sakramente und die leibliche Auferstehung Christi ab.

Aufgrund dieser für die Katholische Kirche in ihrer Existenz bedrohlichen Situation wurde 1231 von Papst Gregor IX. schließlich das Tribunal der Inquisition geschaffen. Die Grundlage hierzu bildete die Synode von Toulouse, wo die Inquisition 1229 offiziell unter Vorsitz des päpstlichen Legaten, Kardinal Romanus, eingesetzt wurde. 1284 wurde die Inquisition zwar den Dominikanern übertragen, aber bereits 1157 forderte schon das Konzil von Reims die Exkommunikation und Konfiskation als Strafe für die Ketzer. Hierin besteht eine der unmoralischen Ursachen für den unermesslichen Reichtum der Kirche. Aus einem an die Erzbischöfe gerichteten Schreiben von Innozenz III. gegen die erwähnten Sektengruppen ersehen wir, wozu Religion auch fähig ist: „Widmet euch der Vernichtung der Häresie mit allen Mitteln, die Gott euch eingeben wird. Seid gewissenhafter als bei den Sarazenen, denn sie [die Ketzer, P.K.] sind gefährlicher. Bekämpft die Häretiker mit starker Hand und hoch erhobenem Arm. Wenn der Graf von Toulouse... der Kirche und Gott keine Genugtuung leistet, dann verjagt ihn und seine Mittäter aus den Zelten des Herrn. Nehmt ihm seine Ländereien weg, damit katholische Einwohner die vernichteten Häretiker ersetzen können."[391] Die Pervertierung des Christentums schritt unaufhaltsam voran. 1302 erklärte Papst Bonifatius VIII. in der Bulle „unam sanctam", dass es für das Seelenheil eines jeden Menschen notwendig ist, sich dem Papst zu unterwerfen. Dessen Gewalt ist göttlich legitimiert und er kann von keinem Sterblichen angeklagt und gerichtet werden. Wer Dogmen, Befehle, Verbote, Bestimmungen und Beschlüsse des apostolischen Stuhls missachtet, über den wird der Bann ausgesprochen. Auch hieran wird ersichtlich, dass sich das Christentum nicht aufgrund seiner Plausibilität durchzusetzen vermochte, auch wenn es den psychologischen Bedürfnissen der Menschen Rechnung trug, sondern dass hierzu ein ebenso großes Maß an Gewalt und Unterdrückung notwendig war. Was kann ein solcher Glaube wert sein?

Hat man sich aufgrund der unrühmlichen Geschichte des Christentums einmal gefragt, wie groß das in Kirchen und Schulen zur Schau gestellte Leiden Christi im Verhältnis zu den Leiden der in seinem Namen millionenfach Gefolterten und Gequälten zu veranschlagen ist? Viele Menschen mussten seit Menschengedenken weitaus Schlimmeres ertragen als Jesus selbst. So qualvoll eine Kreuzigung gewesen ist, aber wer beispielsweise das Pech hatte, in die Zeit von (Glaubens-)Kriegen hineingeboren worden zu sein, der muss mit Vergewaltigung und Verlust von engsten Angehörigen oder mit Folter und Verstümmelung der eigenen

---

[391]   Zitiert nach Wolf, Hans-Jürgen: Sünden der Kirche, 1995, S. 263.

Person Leid hinnehmen, das dem Leid einer Kreuzigung in nichts nach-
stehen dürfte. Auch zur Durchsetzung des wahren Glaubens wurde bei
der Anwendung von barbarischen Mitteln nicht gezaudert und für die
Umsetzung dieses heiligen Zweckes war jedes Mittel recht. Die Anwendung der Folter sowie der Todesstrafe lässt sich dabei auf Innozenz III.
(in der Bulle „ad extirpanda") zurückführen, der 1198 in Rom zum Papst
gewählt wurde. Häufig genügte bereits ein einfacher Verdacht, der mit
einer beliebigen Denunziation eines vielleicht missliebigen Nachbarn
den Scheiterhaufen zur Folge hatte.[392] Dass die Kirche nicht nur ideologisch von der Ausschaltung Andersdenkender, sondern auch materiell
davon profitierte, hat sicherlich nicht unwesentlich zu den verheerenden
Auswüchsen dieser Praxis beigetragen, denn die Güter der Ermordeten
fielen letztlich ihr selbst zu und stellten somit de facto eine Bereicherung
der Kleriker dar, die davon profitierten. Je mehr Scheiterhaufen, desto
größer der zu konfiszierende Reichtum. (Statt dem mit kriminellen Mitteln angehäuften Reichtum der Kirche kritisch gegenüberzustehen, werden pompöse Gottestempel, Bischofsresidenzen, schmuckvolle Gewän-
der tragende Priester und wertvolle Kunstwerke als Zeichen der göttlichen Herrlichkeit zur Schau gestellt und von devoten Gläubigen als eben
jenes hingebungsvoll bewundert.) Inquisitoren galten als unverletzlich
und die weltlichen Mächte, welche der Inquisition unterstanden, hatten
ohne Einsichtnahme der Unterlagen die Vollstreckung der Urteile auszuführen. Die Inquisition wird also nicht nur zur Überwachung der Rechtgläubigkeit eingeführt, sondern erweist sich ebenso als ein christlich legitimiertes Mittel der Bereicherung. Dazu kommt, dass ein Drittel der
auferlegten Geldstrafen und Konfiskationen den Denunzianten zustand.
Auch die Päpste profitierten natürlich hiervon. So befahl Alexander IV.
den Inquisitoren von Rom und Spoleto, das konfiszierte Vermögen zu
verkaufen und den Erlös dem Papst zu entrichten. Die Schuldzahlungen
zogen sich dabei oft über Generationen hinweg, was gleichzeitig auch
eine ebenso lange Abhängigkeit und Sicherung der Einkünfte sowie der
Arbeitskraft bedeutete. Sogar das Baumaterial niedergerissener Häuser
von verurteilten Ketzern kam der „gütigen Mutter Kirche" zu, die es
wiederum für den Bau von Kirchen benutzte. Die Strafen der Verurteilten selbst waren unmenschlich und reichten von mehreren Jahren Ker-
kerhaft[393] bis hin zu Folter und Tod auf dem Scheiterhaufen. Die Aussa-

---

392   Welch groteske Ausmaße das Denunziantentum dabei angenommen hat, soll nur
      ein Beispiel, welches Hans-Jürgen Wolf (a. a. O., 1995, S. 304) erwähnt, verdeutli-
      chen. Im spanischen Navarra des 16. Jahrhunderts boten zwei kleine unter Anklage
      stehende Mädchen im Alter von neun und elf Jahren den Inquisitoren an: „Wenn
      man uns begnadigt, werden wir alle Zauberinnen zur Anklage bringen, denn wir
      erkennen sie an ihrem linken Auge."

393   Einen Einblick in die „christlichen" Kerker liefert uns Marschall Soult, der 1809 das
      Inquisitionsgefängnis von Madrid ausheben lässt: „Dort [in den vielen kleinen Zel-

gen von Frauen, Kindern und Angehörigen wurden bei Gericht nur zugelassen, wenn sie belastend waren. Advokaten, die für den Beschuldigten eintraten, wurden als glaubensabtrünnig angesehen. Ein auch nur ansatzweise gerechter Prozess, in dem eine faire Verteidigung möglich gewesen wäre, war somit undenkbar. Die Logik der christlichen Richter hatte völlig groteske Züge an sich. So wurde derjenige als überführt angesehen, der sich weigerte, das ihm Angedichtete anzuerkennen. Immerhin bestimmte Papst Gregor IX. 1229 in der Bulle „ex communi" gnädigerweise, dass alle, die nach ihrer Verhaftung aus Furcht vor dem Tod wieder zum rechten – d. h. katholischen – Glauben zurückfänden – lebenslänglich eingekerkert werden konnten, ihr qualvolles Sterben wurde somit aber nur verzögert.[394]

Die Schuldhaftigkeit wurde dadurch erwiesen, indem man die „Wasser-" oder die „Feuerfrage" als Gottesurteile praktizierte. Da diese Foltermethoden aber so angelegt waren, dass deren tödliches Ende bereits im Voraus feststand, bedarf es freilich keines Gottes mehr um darüber zu urteilen. Bei der „Wasserfrage" in Spanien wurde der Beschuldigte auf eine Bank geschnürt und ihm dabei feuchtes Leinen in Mund und Nase gestopft. Dann ließ man diese Tücher langsam mit Wasser voll saugen, was das Atmen zusehends erschwerte und zu einem qualvollen Erstickungstod führte. Die Fesseln der Gepeinigten schnitten sich dabei mitunter bis auf die Knochen ein. Die Schilderung der keineswegs weniger grausamen „Feuerfrage" und anderer Grausamkeiten im Namen Christi, wie Folter durch Fußschrauben, Rohrstücke, die zwischen die Finger gelegt wurden, um ihnen dann die Finger zu zerquetschen, Rädern, Geißelung unschuldiger Kinder… soll dem Leser erspart bleiben. Wie die Katholische Kirche auch mit unliebsamen, weil einzelne Lehren infrage stellenden oder Missstände anführenden Einzelpersonen, wie z. B. mit dem englischen Reformer John Wyclef (1324–1384) oder mit Jan

---

len des Gefängnisses, P.K.] blieben die Leichname bis zur Zersetzung liegen, obwohl die Zellen gleichzeitig mit anderen Gefangenen besetzt waren… für den Geruch der faulenden Leichen waren Abzugsrohre vorgesehen. In den Zellen fanden wir Überreste einiger Menschen, die erst kürzlich verstorben sein konnten, während sich in anderen noch angekettete Skelette fanden… In anderen fanden wir lebende Opfer jeden Alters und Geschlechts, vom Jüngling über das Mädchen bis zum 70-jährigen Greis… dann fanden wir die Folterinstrumente. Wir erhielten ein Beispiel jesuitischer Verlogenheit. Der Generalinquisitor und die Patres kamen aus ihren Zufluchtsorten, die Arme über der Brust gekreuzt und die Finger auf den Schultern ruhend… erkundigten sie sich, was vorgefallen sei." Zitiert nach Wolf, Hans-Jürgen: a.a.O., 1995, S. 305.

[394]		Dokumentarisch zusammengefasste Beispiele des Wirkens der Inquisition in ganz Europa finden sich bei Wolf, Hans-Jürgen: a.a.O., 1995, S. 293ff.

Hus (1370–1415) verfahren ist, dürfte hinlänglich bekannt sein und braucht an dieser Stelle nicht weiter ausgeführt zu werden.[395]

Die im Namen von religiösen Ideologien vollstreckten Grausamkeiten sind Fakt. Wie der Weltkommunismus, so strebte auch die Kirche aus glaubensideologischen Gründen nach einer universalen Weltherrschaft und zwar mit ebenfalls verabscheuungswürdigen Mitteln der Gewalt und Intoleranz. Wer daher eine adäquate Beurteilung des Christentums und seiner Auswirkungen auf die Gesellschaft durchführen möchte, darf nicht einseitig nur positive Aspekte der Geschichte des Christentums und der Kirchen herausnehmen, sondern muss mit einer ganzheitlichen Betrachtungsweise, die auch über zweitausend Jahre Kirchengeschichte resümiert, ansetzen. Unterm Strich fällt dann aber die Bilanz für die Kirchen, besonders für die katholische, gemessen an ihren göttlichen und ethisch-moralischen Ansprüchen, vernichtend aus. Zahllose Menschen mussten faktisch für eine rein spekulative Glaubensangelegenheit, für eine religiöse Ideologie, leiden und sterben. Der dogmatisierte Glaube ist nicht mehr als ein fragwürdiges, menschlich errichtetes Hypothesengebäude, die von diesem ausgehenden Verbrechen dagegen sind Fakt. Wie lässt sich dieses von den Kirchen verursachte zigfache Elend in physischer und psychischer Hinsicht mit der christlichen Vorstellung eines allgütigen Gottes vereinbaren? Wer sich nicht wieder in die kaum mehr glaubhafte Ausrede der Unergründbarkeit von Gottes Ratschlüssen flüchtet, sondern sich kompromisslos und ehrlich dieser Frage entgegenstellt, kann nur zu einem einzigen Urteil kommen: „gar nicht."

Sicherlich gab und gibt es auch die hellen und positiven Seiten der Religionen. Da diese zur Genüge und in der Regel nur einseitig von christlicher Seite propagiert werden, ist es uns hier ein Anliegen, den uns zur Verfügung stehenden Raum zu nutzen, indem wir auf die dunklen Seiten des Christentums aufmerksam machen. Sie reichen in der Summe leicht aus, um alle stolz bekennenden Berufungen, insbesondere christlicher Politiker und Pädagogen auf die vermeintlich so humanen christlichen Wurzeln des Abendlandes, als naive und aus Ignoranz vollzogene Verklärung einer in Wirklichkeit weitgehend grausam und gewaltvoll verlaufenen Glaubensgeschichte zu entlarven. Die Seiten des Christentums bestehen aus beidem, aus Licht und aus Schatten. Aber alleine die Schattenseiten aller monotheistischen Weltreligionen sind

---

[395] Wyclef beispielsweise wurde zum Verhängnis, dass er das Geheimnis der Eucharistie, die Transsubstantiation, die 1215 vom 4. Laterankonzil in die kirchliche Lehre aufgenommen wurde, 1379 anzweifelte. Dass es sich hierbei tatsächlich nur um ein fiktives theologisches Konstrukt handeln könnte, wurde von der Katholischen Kirche freilich strikt geleugnet, schließlich hatte sie dieses göttliche Mysterium ja selbst erfunden.

qualitativ und quantitativ so erschreckend, dass deren Infragestellung auch in ethisch-moralischer Hinsicht mehr als gerechtfertigt ist.

2.5.3 Simonie, Nepotismus, Ablass und andere geheiligte Tricks

Eine weitere, mit dem Anspruch auf göttliche Implikationen der Kirchen (besonders der katholischen) nur schwer zu vereinbarende Praktik, sind die Simonie und der Nepotismus sowie der damit erworbene Reichtum der Kirche. Er steht im völligen Gegensatz zur Endzeiterwartung Jesu, die ihn wohl zu der Lehre bewegte, alle materiellen irdischen Güter für nichtig zu erachten: „Wenn du vollkommen sein willst, geh, verkaufe deinen Besitz und gib das Geld den Armen; also wirst du einen Schatz im Himmel haben. Dann komm und folge mir nach."[396] Der Reichtum der Kirche und die damit zur Schau gestellte Pracht, die ihre psychologische Wirkung auf die Gläubigen bisher offensichtlich auch nicht verfehlt hat, ist mit Jesus bzw. den Evangelien jedenfalls nicht zu rechtfertigen. Hier tut sich zwischen Kirche und der Ideologie ihres Stifters ein Hiatus auf, der mit nichts zu rechtfertigen ist. Nepotismus und Simonie (also Vetternwirtschaft verbunden mit dem Schachern um geistliche Ämter und die damit verbundenen Pfründe) waren über Jahrhunderte hinweg gängige Praxis und vermehrten ebenso wie der Ablasshandel den Reichtum der Kirche kontinuierlich. Gerade beim Ablasshandel zeigt sich der perfide Erfindungsreichtum der Kurie, mit dem sie durch einen psychologisch wirksamen Kunstgriff leicht zu Geld und materiellen Gütern kamen. So wurde mit diesem den armen Seelen vorgegaukelt, man könne sich von den lässlichen Sünden und somit von den damit verbundenen zeitlichen Sündenstrafen im Fegefeuer loskaufen. Der Nutzen war somit ein gegenseitiger. In materieller Hinsicht profitierten die, die auf diese Weise zu mehr Reichtum und Macht kamen, in psychologischer Hinsicht die, die glaubten, sich mit Zahlungen von den von der Kirche zu diesem Zweck eingeredeten Sünden freikaufen zu können. Das Resultat kann sich sehen lassen. Die ländlichen Besitztümer innerhalb des deutschen Sprachraums im 16. Jh. waren zu etwa einem Drittel in Besitz der Römisch-Katholischen Kirche.[397] Die Bevölkerung dagegen hungerte und die Spenden der Kleriker wurden als großherzige Milde dankbar entgegengenommen.

Auch bei den Papstwahlen waren wohl weniger der Heilige Geist als eher das liebe Geld und andere weltliche Interessen ausschlaggebend. Dies wird durch zahlreiche ausufernde Lebensführungen diverser

---

[396]   Matthäus 19,21.

[397]   Der Grundbesitz des Klosters Maulbronn beispielsweise umfasste zu Beginn des 16. Jahrhunderts 117 Ortschaften, 137 Morgen an Fischseen, 83 an Gärten, unzählige Weinberge, Getreidefelder und Waldungen.

Päpste, wie Benedikt IX., der später von Leo IX. exkommuniziert wurde, ersichtlich. Johannes XII. verwandelte den Lateran mehr oder weniger in ein Bordell und wurde von Otto I. abgesetzt. Bonifatius VII. ließ gar zwei seiner Vorgänger ermorden. Der zum Gegenpapst ernannte Bischof Johannes, der aus machtpolitischen Gründen fliehen musste, wurde grausam verstümmelt, indem man ihm Zunge, Nasen und Ohren abschnitt und ihn blendete. Welches Hauen und Stechen in dieser göttlichen Institution um die Jahrtausendwende üblich war, kann man in Geschichtsbüchern nachlesen.[398] Ein gravierendes Beispiel eines verwerflichen Papstes ist auch Sixtus IV. Gleich zu Beginn seines Pontifikates machte er in kurzer Zeit fünf seiner Neffen zu Kardinälen. Darunter auch Pietro Riario, einen bekannten Schürzenjäger, Säufer und Prasser, dem er vier Bistümer und damit ein Jahreseinkommen von 2.400.000 Dukaten zukommen ließ.[399] Mit Papst Leo X. erreichte der Ämterverkauf einen Höhepunkt. Er verkauft insgesamt 1200 neue Ämter. Die Vetternwirtschaft durchdrang die gesamte Kirchenhierarchie. In einer Zeit des kulturellen Niedergangs stand auch die Kirche dem in nichts nach, ja sie war sogar durch den Missbrauch ihrer Macht als Urheberin maßgeblich daran beteiligt. Die gleiche Kirche, die sich heute in Fragen der Sexualmoral als Hüterin einer solchen in die Privatsphäre ihrer Mitglieder einmischt, strotzte durch ihre Kleriker lange Zeit selbst nur so von Unzucht und gelebter Geilheit.

Eine neue Geldquelle erfand schließlich auch Papst Bonifatius VII., indem er erstmals das Jahr 1300 zum Jubeljahr erklärte. Nachdem die Kreuzzüge gescheitert waren und sich das von den Muslimen besetzte Jerusalem als Pilgerstätte nicht mehr anbot, wurde nun Rom mit den angeblichen Gräbern der Apostelführer Petrus und Paul als Ersatz angeboten, was heute nicht mehr so recht glaubhaft erscheinen mag, weil der vermeintlich von Jesus eingesetzte Kirchengründer Petrus, mit dem die Römisch-Katholische Kirche ihre Legitimität beansprucht, wohl nie in Rom gewesen war.[400] Als Einnahmequelle aber hat sich dieser Coup

---

[398] Beispielsweise in Obermeier, Siegfried: Die unheiligen Väter. Gottes Stellvertreter zwischen Machtgier und Frömmigkeit, 1995. Selbst wenn nur ein Bruchteil dessen wahr wäre, was dort berichtet wird, so genügt allein dies, um das kriminelle Potential und die schlichte Weltlichkeit dieser sich von Gott ableitenden Institution zu erahnen.

[399] Obermeier, Siegfried: a.a.O., 1995, S. 208ff.

[400] Über das Schicksal des Simon Petrus findet sich im Neuen Testament keinerlei Hinweis. Seit etwa der Mitte des 19. Jahrhunderts wurden altkirchliche Petrus-notizen von Kirchenhistorikern zunehmend als ahistorisch angesehen. Das Gerücht, dass Petrus in Rom gewesen und dort gestorben sein soll, kam erst 170 n.u.Z. auf und hat sich von da an beharrlich gehalten. Plausibel erscheint die Erklärung, dass mit dem Grab Petri in Rom das später Jesum angedichtete und damit in Zusammenhang stehende Bibelwort „Du bist Petrus, und auf diesen Felsen will ich meine Kirche bauen" als weitere Legitimation für den Führungsanspruch der römischen Kirche herhalten sollte.

durchaus bewährt, denn den nach Rom kommenden Pilgern wurde mit einem „vollkommenen" Ablass für alle begangenen Sünden das Geld nur so aus der Tasche gezogen. Da es sich hierbei um ein überaus erträgliches Geschäft handelte, wurde prompt auch die ursprüngliche Spanne der stattfindenden Jubeljahre von 100 auf 50, dann unter Urban VI. auf 33 Jahre (entsprechend dem Lebensalter Jesu) reduziert. Sixtus VI. gelang es, diese Spanne „wegen der Kürze des menschlichen Lebens" nochmals, nämlich auf 25 Jahre, zu reduzieren.

Es ist erstaunlich was mit der Unwissenheit einer allerdings auch bewusst unwissend gehaltenen Bevölkerung im Zusammenhang mit Aberglaube, psychologischer Manipulation, einem autoritären, aber auch prunk- und machtvollen Erscheinungsbild der Kirche alles bewirkt werden konnte. Die Anhäufung eines unermesslichen Reichtums und – davon nicht zu trennen – Macht und Einfluss bis in die tiefsten Abgründe der Seele jedes Einzelnen. Der Erfindungsreichtum beim Eintreiben von Geld und Gütern war angesichts der sprudelnden Geldquellen enorm. So gab es im Zusammenhang mit dem Ablass genau festgelegte Taxen für Eltern- und Geschwistermord, für Blutschande, Abtreibung, Ehebruch, unnatürliche Wollust, Meineid. Auch für Verbrechen konnte der Ablass erkauft werden, außer diese richteten sich gegen den Papst oder die Geistlichkeit. Entsprechend dieser Praxis war es auch Priestern möglich, nach Gefallen Hurerei, Blutschande oder andere Verbrechen zu begehen, da sie sich ja von den Sünden freikaufen konnten. Die ganze Ablassideologie ist ein dekadentes theologisches Konstrukt, das sich auf keine Bibelstelle berufen kann. Sie besagt, dass von den sogenannten „lässlichen Sünden" immer einige davon – trotz Beichte und Buße – als „Hypothek" übrig bleiben können, die das arme Sünderlein dann im Fegefeuer abzubüßen hat. „Denn auch die vergebene Sünde wirkt in ihren zeitlichen Folgen fort... und ihre zeitliche Strafe muss daher abgebüßt werden."[401] Die zeitlichen Sündenstrafen, die im Fegefeuer verbüßt werden, können nun aber – und hier setzt die Mär vom Ablass an, welche wiederum die geglaubte Mär vom Fegefeuer voraussetzt – entweder „vollkommen" oder „unvollkommen" erlassen werden, freilich nur unter den hierfür notwendigen Geldzahlungen an die Heilige Römische Kirche, die sogar im Voraus, also vor den beabsichtigten oder begangenen Sünden, entrichtet werden konnten. Die zu verbringenden Zeiten im Purgatorium sind nach den beigemessenen Strafen unterschiedlich lang. Der Geldbeutel entscheidet darüber, wie lange dieser Aufenthalt dauern soll.[402]

---

[401]   Harnack, Adolf von: Dogmengeschichte, Tübingen, 1991, S. 411. Zusammengefasst ist die Ablasstheorie in der Bulle „Ungentius" Clemens' IV. aus dem Jahre 1349.

[402]   Wer glaubt, der Ablassgedanke sei ein längst hinter uns liegendes Relikt des dunklen Mittelalters, irrt. Auch im 19. und 20. Jh. ist er, wenngleich nicht mehr mit Geldforderungen verbunden, ein immer noch aufrechterhaltener katholischer Aber-

Als Anfang dieser entarteten Vergebungspraxis kann die von Innozenz III. 1215 eingeführte Ohrenbeichte betrachtet werden. Für den in
ein Sündenbewusstsein versetzten sogenannten kleinen Mann eine psychologische Befreiung und für die Kirche ein geeignetes Mittel der
Überwachung und der Aufrechterhaltung der Abhängigkeit von ihr bezüglich der heilsnotwendigen Sündenvergebung. Aus den auferlegten
anfänglichen Bußen wie Fasten, Wallfahrten und Beten wurde dann als
willkommener Nebeneffekt noch ein einträgliches Geschäft für die Kirche. Luther war bekanntlich derjenige, welcher – an der Person Tetzel
sich entzündend – mutig gegen diese kirchliche Praxis des Geldeintrei-
bens vorging. Das ist Luther hoch anzurechnen. Aber auch er war nur
ein Kind seiner Zeit und auch er eignet sich wenig dazu, die Geschichte
des Christentums in einem positiveren Licht erglänzen zu lassen. Zu den
heute eher peinlichen Schriften gehört, um nur ein Beispiel herauszu-
greifen, seine 1543 verfasste Schrift „Von den Juden und ihren Lügen."
Dort schreibt er: „Man soll ihre [der Juden, P.K.] Synagogen oder Schulen mit dem Feuer anstecken, und was nicht brennen will, mit Erde
überhäufen und beschütten, so dass kein Mensch mehr einen Stein sieht
ewiglich... und solches soll man tun unserem Herrn und der Christenheit zur Ehre, damit Gott sieht, wie wir Christen... solch öffentlich Lügen, Lästern und Fluchen seines Sohnes und seiner Christen nicht wissentlich geduldet oder bewilligt haben... Man soll ihre Häuser dergleichen erbrechen und zerstören... man nehme alle ihre Betbüchlein und
Talmudisten, darin solche Abgötterei, Lügen und Lästerungen gelehrt
wird... man verbiete ihnen, bei uns öffentlich Gott zu loben, ihm zu
danken, zu beten, bei Verlust ihres Leibes und Lebens."[403] Es sollte aber
noch einige Zeit vergehen, ehe dieser Wunsch Luthers, auch mit Tolerie-
rung evangelischer Geistlicher, im Dritten Reich so richtig in Erfüllung
gehen konnte.[404]

---

glaube, der zeigt, welch hohen Stellenwert in der Katholischen Kirche die Tradition, und wenn sie noch so fraglich geworden ist, besitzt. So heißt es im Katholischen
Katechismus: „Alle 25 Jahre verkündet der heilige Vater ein heiliges Jahr. Er lädt
die Gläubigen ein, in die Ewige Stadt zu kommen, um sich von ihren Sünden zu
bekehren und den Leib des Herrn zu empfangen. Allen, die dies tun, wird ein vollkommener Ablass verliehen."

[403] Zitiert nach Wolf, Hans-Jürgen: Sünden der Kirche, 1995, S. 424.

[404] Joachim Kahl erwähnt in „Das Elend des Christentums", 1968, S. 41, eine Erklärung
der Landesbischöfe und Landeskirchenpräsidenten von Sachsen, Mecklenburg,
Schleswig-Holstein, Anhalt, Thüringen und Lübeck eine Erklärung vom 17.12.1941,
in der die Erklärer darauf hinweisen, dass die nationalsozialistische Führung „mit
zahlreichen Dokumenten unwiderleglich bewiesen" hat, „dass dieser Krieg in seinen weltweiten Ausmaßen von den Juden angezettelt ist", was u. a. „die Kennzeichnung der Juden als der geborenen Welt- und Reichsfeinde notwendig gemacht
hat, wie schon Dr. Martin Luther nach bitteren Erfahrungen die Forderung erhob,
schärfste Maßnahmen gegen die Juden zu ergreifen und sie aus deutschen Landen

Was den Hexenwahn angeht, so ging auch Luther ganz im Geiste seiner Zeit und ganz selbstverständlich von der Kooperation des Teufels mit den Hexen aus und befürwortet die Folter.[405] Luther war sicherlich ein mutiger Mann, der für seine Überzeugungen sein Leben zu opfern bereit gewesen ist. Man kann dies heute aus aufgeklärter Sicht teils für fortschrittlich, teils für reaktionäre fundamentalistische Borniertheit halten. Jedenfalls sollte man sich davor hüten, ihn zu einem außerhalb des Zeitgeistes stehenden religiösen Helden hochzustilisieren. Luther unterlag ebenso der abergläubischen Sichtweise seiner Zeit. Selbst als „Ketzer" kriminalisiert, hatte er seinerseits keine Hemmungen, Andersdenkende verfolgen, foltern und töten zu lassen.

Der Auffassung, dass dem Religionsstifter oder dem Gott einer Religion immer nur so viel Wert zuerkannt werden kann wie deren empirisch und historisch ermittelbarer Verlauf hergibt, wird häufig entgegengehalten, dass für die Irrtümer oder Untaten der Kirchen und der religiösen Eiferer doch Gott nicht verantwortlich gemacht werden könne. Religionen oder Gott seien nicht dafür verantwortlich zu machen, was die Menschen daraus machen. Wie eng aber Heilige Bücher und religiöse Ideologien mit den tatsächlichen geschichtlichen Verläufen in Zusammenhang gebracht werden können, sieht man auch an der Judenfeindlichkeit des Neuen Testamentes und der daraus resultierenden Pogrome unter christlicher Herrschaft. Laut dem Johannesevangelium (19,11) antwortet Jesus dem Pilatus: „Du hättest keine Macht über mich, wenn sie dir nicht von oben her gegeben wäre. Darum: Der mich dir übergeben hat, der hat größere Sünde." Und freilich sind damit nicht die Römer, sondern die Juden gemeint. Die Juden als Christusmörder – und das, obwohl Jesus selbst sich gar nicht als Christ, als trinitarischer Teil Gottes, sondern als Jude empfunden hat. Auch ist in diesem Zusammenhang eindeutig zu schlussfolgern, dass letztlich die Macht, auf die sich Jesus nach dieser Aussage bezieht, für das ganze Geschehen verantwortlich ist. Also haben die Juden zwangsweise den heilsgeschichtlichen Plan Gottes auszuführen und zurecht sagt Kardinal Kasper: „Letztlich ist das Kreuz Gottes Werk."[406] Dann aber bleibt als unvermeidliche Konsequenz daraus zu folgern, dass Gott die Juden bewusst zu Gottesmörder bestimmt hat. Die vermeintliche Freiheit des Menschen und damit zusammenhängend

---

auszuweisen... Durch die christliche Taufe wird an der rassischen Eigenart eines Juden, seiner Volkszugehörigkeit und seinem biologischen Sein nichts geändert. Eine deutsche Evangelische Kirche hat das religiöse Leben deutscher Volksgenossen zu pflegen und zu fördern. Rassejüdische Christen haben in ihr keinen Raum und kein Recht."

405   Vgl. Wolf, Hans-Jürgen: Sünden der Kirche, 1995, S. 719f.

406   Kasper, Walter: Jesus der Christus, Mainz, 1998, S. 197.

dessen Schuldfähigkeit ist damit obsolet. Und so zeigt sich auch hier die
ganze Widersprüchlichkeit einer Religion, die sie nur deshalb haben
kann, weil sie nicht Gottes-, sondern Menschenwerk ist. Wer dagegen
Heilige Bücher als die göttlich offenbarte Wahrheit betrachtet, muss zugeben, dass das göttliche Wirken mit so viel belegbaren Verbrechen und
Grausamkeiten verbunden ist (alleine was nur die Institution angeht, die
ihm eigentlich am nahestehendsten sein müsste, nämlich die sich auf ihn
berufenden Kirchen), dass die theistische Vorstellung eines persönlichen
und „lieben" Gottes im Widerspruch zur Realität, aber auch zur Freiheit
des Menschen steht. Die oft gehörte Entschuldigung – hier die gute
christliche Lehre, dort das, was die bösen Menschen daraus machen –
versagt vor dem heilsgeschichtlichen Glaubenshintergrund, dass ein
allmächtiger und allgütiger Gott die Geschicke der Welt lenkt.[407] Denn
der Mensch wäre dann nur ein Werkzeug der Absichten Gottes und somit in letzter Konsequenz nicht verantwortlich für seine Taten. Ein möglicher Ausweg wäre der, dass Gott entweder nicht den Willen oder nicht
die Macht besitzt, in das Weltgeschehen einzugreifen. Das macht die
Sache für ihn aber auch nicht besser, denn auch unterlassene Hilfeleis-
tung ist ethisch verwerflich. Man kann die Sache drehen und wenden
wie man will: Christliche Glaubensideologie und faktisch verlaufene
Realität stehen sich in einem unauflöslichen und nicht mehr rückgängig
zu machenden Widerspruch gegenüber. Gott und/oder Jesus Christus
als zentralen Inhalt und als eigentliche Ursache der Religion zu begreifen, sie dann aber aus der Verantwortlichkeit auszunehmen, wenn es um
die negativen Seiten des Christentums und der Kirchengeschichte geht,
ist nicht plausibel und als intellektuell unredlich zu bezeichnen. Existiert
dagegen jener proklamierte Gott gar nicht, ist er also mehr oder weniger
eine mit Dogmen überhäufte Fiktion oder auf heiligen Betrug gegründet,
dann kann ihm logischerweise auch keine Schuld an der geschilderten
Kirchen- und Glaubensgeschichte angelastet werden. Wem aber dann?
Es bleibt nur der Mensch selbst, nämlich der heilsbedürftige Mensch und
die dieses Bedürfnis weckende und dann auch erfüllende Priesterschaft.
Somit ergeben sich also auch aus einer historischen Perspektive, die den
Verlauf der theistischen Weltreligionen im Allgemeinen und den des
Christentums im Besonderen betrachtet, erhebliche Zweifel an der Existenz eines persönlichen, allgütigen und allmächtigen Gottes. Existierte
er, hätte er weder die faktisch so gewaltsame verlaufene Glaubensgeschichte, noch die sich auf ihn berufenden Institutionen mit ihren be-
schämenden Verfehlungen zugelassen.

---

[407]   Wie gesehen, stellen aber schon die Evangelien und die Schriften Paulus' einen von
        Menschen manipulierten Eingriff dar, der die ursprüngliche Intention Jesu im
        Dunkeln verschwinden lässt und der uns heute dazu zwingt, zwischen dem bibli-
        schen und dem historischen Jesus zu unterscheiden.

3. Zusammenfassende Schlussbetrachtung

Unsere Untersuchungen haben gezeigt, dass der Logos als kritisch agierende Vernunft dem Mythos schon immer antipodisch entgegenstand und ihn in Form des theistischen Gottesglaubens heute mehr denn je fragwürdig und mit der Ratio als inkompatibel erscheinen lässt. Dennoch gestehen wir ein, dass es bei der Evaluation darüber, was objektive Realität und historische Faktizität einerseits und was ideologische Konstruktion und weltanschauliche Fiktion andererseits ist, nicht immer leicht ist, die Spreu vom Weizen zu trennen. Insofern wird hier auch nicht der Anspruch erhoben, irgendetwas bewiesen zu haben. Dennoch ist es aber auch keine reine Geschmackssache mehr, ob man an Heilige Bücher und geoffenbarte Götter glaubt oder nicht. Die Indizienlage dafür, dass es sich bei den sogenannten Offenbarungsreligionen um kulturelle Menschheitsprodukte handelt, ist mittlerweile so groß, dass es vielleicht soziologisch, psychologisch und aus traditionellen Gründen nachvollziehbar ist, jenem Glauben weiterhin anzuhängen, es aber andererseits aus den dargelegten rationalen und wissenschaftlichen Gründen kaum glaubhafte Anhaltspunkte mehr gibt, daran noch festzuhalten. Sicher stand am Anfang einer jeden Religion eine mehr oder weniger kontingente, aber sicher nicht übernatürliche Initialzündung, wobei hieraus erst im weiteren Verlauf der Geschichte unter menschlich allzumenschlichen Umständen die Weltreligionen mit den entsprechend aufgeblähten Machtzentralen, die nichts mehr mit den eigentlichen Ursprüngen zu tun haben, entstanden sind. Jene möglichen historischen, ideologischen, psychologischen und soziologischen Ursachen, die aus einst nur regional bedeutsamen Berg- und Provinzgottheiten Weltenschöpfer und Weltreligionen entstehen ließen, sind besprochen worden. Das innerste und allermenschlichste Religionsbedürfnis ist – und hier stimmen wir mit Ludwig Feuerbach überein – letztlich Sache des Gefühls, nicht des Kopfes. Der Wunsch ist Vater des Gedankens. Logik und Vernunft werden ausgehebelt oder unterdrückt, denn der Zweck – wie Kompensation der Endlichkeit, Sinngebung, Trost, Hoffnung etc. – heiligt die Mittel. Im Laufe der Kirchengeschichte findet dann eine Dogmatisierung statt, die in ihren Ergebnissen wiederum von historischen Zufälligkeiten abhängig ist und mit den Intentionen des einstigen Religionsgründers ebenfalls nicht mehr viel zu tun hat. Rein weltliche Motive, wie die Gier nach Reichtum und Macht, kommen noch hinzu und zusammen mit ideologischer Verblendung ist als Ergebnis eben jene äußerst ambivalente Glaubens- und Kirchengeschichte entstanden, auf die wir kritisch zurückgeblickt haben. Aber der Mensch strebt eben nicht nur nach Erlösung, sondern auch nach Wissen, und so konnte mit der Aufklärung und gegen den erbitterten Widerstand kirchlicher Institutionen dem Tiger der Zahn gezogen werden. Neben naturwissenschaftlichen und philosophischen Überlegungen haben wir gezeigt, dass es heutzutage ausgerechnet die Theologie in ihrer kritischen Variante selbst ist, die am meisten zu einer kaum mehr aufzuhaltenden Entmythologisierung ehemals unantastbarer religiöser Glaubenswahrheiten beiträgt. Diesen zunehmenden Hiatus zwischen naiver Gemeindefrömmigkeit und einer erwachsen und kritisch gewordenen Theologie sieht auch der Philosoph Kurt Wuchterl: „Die moderne Theologie hat sich in einer Weise auf die Moderne eingelassen, die dem einfachen Gläubigen jeglichen Halt zu rauben scheint. Nicht nur die dialektische Theologie, auch die existentiale Interpretation und ihre zahlreichen Weiterentwicklungen in Immanenz- und Transzendentaltheorien stellen letztlich Rückzugsgefechte dar, wenn man sie an den Inhalten der in den Gemeinden gelebten Religiosität misst."[408] Oder der Theologe Hans Conzelmann: „Die Kirche lebt praktisch davon, dass die Ergebnisse der wissenschaftlichen Leben-Jesu-Forschung in ihr nicht publik sind!"[409] Auch wenn es heute noch nicht überall zur Kenntnis genommen wird: Das Christentum, ebenso wie auch alle anderen theistischen Offenbarungsreligionen, basiert nicht auf einer göttlichen Offenbarung, weder in der Form eines Sohnes Gottes noch in der Form eines Heiligen Buches, sondern es ist das Ergebnis dessen, was nach dem Tode des historischen Jesus aus ihm gemacht wurde. So gesehen ist die Taktik des Nichtaufklärens, des Zurückhaltens unangenehmer theologischer Erkenntnisse eine notwendige Strategie des eigenen Überlebens. Allerdings zulasten der Wahrheit, der Aufklärung und des Prinzips der intellektuellen Aufrichtigkeit. Insofern unterscheidet sich diese Art von Theologie grundlegend von dynamisch voranschreitender Wissenschaftlichkeit, die sich Kritik zum eigenen Fortkommen zunutze macht. Wo dennoch eine aktive Auseinandersetzung mit wissenschaftlichen Erklärungsmodellen eingegangen wird, tut man sich schwer, deren oft desillusionierende Ergebnisse zu akzeptieren. So werden für den Philosophen Hans Albert „den Resultaten bisheriger Erkenntnisbemühungen theologische Konstruktionen übergestülpt..., die das religiöse Bedürfnis nach einem Gesamtsinn der Wirklichkeit befriedigen, obwohl die Entwicklung des Denkens in der Neuzeit gerade gezeigt hat, dass die Erkenntnis ohne einen solchen Gesamtsinn auskommt."[410]

Wenn man unter historischen und ganzheitlichen Gesichtspunkten von dem oben begründeten ethischen Versagen der Weltreligionen ausgeht, dann ließe sich von diesem Punkt an eine neue Problematik diskutieren.

[408] Wuchterl, Kurt: Analyse und Kritik der religiösen Vernunft, 1989, S. 11.

[409] „Zur Methode der Leben-Jesu-Forschung", in: Die Frage nach dem historischen Jesus, Zeitschrift für Theologie und Kirche, Jahrgang 56, 1959, Beiheft 1, S. 8.

[410] Zitiert in Ruß, Hans Günther: Religiöser Glaube und modernes Denken, 1996, S. 58.

Nämlich die, ob künftige Gesellschaften angesichts einer immer näher
zusammenrückenden globalisierten Welt und der gleichzeitig sich ver-
schärfenden kulturellen und religionsideologischen Spannungen nicht
einen universellen Weltethos benötigen, der über allen Konfessionen
und Religionen steht, der in angemessener Weise nicht nur den Menschen als Kulturwesen, sondern auch die zweieinhalb Millionen Jahre
alte Natur unserer Species berücksichtigt. Also eine „Religion" ohne
Götter bzw. eine überkonfessionelle, rein humanistische Ethik, die die
biologischen, genetischen und kulturellen Grundbelange des Menschen
gleichermaßen berücksichtigt und sich dabei der Vernunft, Gleichheit
und Gerechtigkeit verpflichtet. Auch wenn diese Idee einer postreligiö-
sen Menschheitsepoche sozialromantische Züge in sich tragen mag und
sie dabei den für die menschliche Psyche äußerst wichtigen Wunsch
nach einem jenseitigen und paradiesischen Leben aus wissenschaftlich-
rationaler Grundlage kaum zu befriedigen vermag, aber gibt es eine
hoffnungsvollere Alternative für eine friedfertigere und somit bessere
Welt? Die großen Weltreligionen hatten über viele Jahrhunderte ihre
Chance und sie haben – das lässt sich aus ihrer Geschichte resümieren –
kläglich versagt. Ihre Geschichte ist getränkt mit Blut, mit grausamer
Brutalität, Unterdrückung, Mord, Kriegen und Intoleranz. Der auf dem
zweiten Vatikanum erhobene Anspruch der Katholischen Kirche, „Hüterin und Lehrerin der Welt nicht nur in religiösen, sondern auch in sittlichen, sozialen und wirtschaftlichen Fragen" zu sein, ist unter dem ganzheitlichen Aspekt, der die historischen Ereignisse einer nun zweitau-
sendjährigen Kirchengeschichte umfasst, als unglaubwürdig, grotesk
und anmaßend zurückzuweisen. Die Anzahl und die Art der Verfehlungen sprechen eine andere Sprache. Ein göttlich abgeleiteter ethisch-
moralischer Führungsanspruch ist deshalb völlig abwegig und unglaub-
haft. Die Hoffnung einer Weltgemeinschaft der Zukunft ruht viel eher
auf einer humanistischen, auf Wissenschaft und Vernunft ausgerichteten
säkularen und universalen Ethik, wie auch immer diese en detail aussehen mag. Aber in jedem Falle sollten in ihr alle intoleranten, menschenverachtenden und absolutistischen Ansprüche verbannt werden. Als
Erstes wären alle hasserfüllten Androhungen und Ausgrenzungen gegenüber vermeintlichen Sündern, Andersdenkenden und Andersglau-
benden zu streichen. So z. B. die denkbar inhumanste und völlig irratio-
nale Androhung der ewigen Verdammnis und der ewigen Höllenqualen. Ebenso alles ideologische Potential, das physische wie psychische
Gewalt, Ausgrenzung und Intoleranz verursacht und für sich Exklusivi-
tät in Heils- oder Glaubensfragen beansprucht. Durch eine hierfür pari-
tätisch eingerichtete Kommission der Weltgemeinschaft müssen jene
Punkte mit der Kraft des rationalen Argumentes geächtet werden. Wie
realistisch diese Idee ist, wird so lange fraglich bleiben, bis sich die Welt
aufgrund immer mehr und immer grausamer werdender religiös moti-

vierter Verbrechen an einen Versuch der Umsetzung macht. Jedenfalls sei im Zusammenhang mit einer von Wissenschaft, Humanismus und Rationalismus geführten universellen Ethik an die Worte Karl Poppers erinnert. Er schreibt in „Die offene Gesellschaft und ihre Feinde": „Es gab nur zu viele religiöse Angriffskriege, sowohl vor als auch nach den Kreuzzügen; ich weiß aber von keinem Krieg, der für ein wissenschaftliches Ziel unternommen und von Wissenschaftlern inspiriert wurde." Nicht von Seiten der Atheisten, Agnostiker und Religionskritiker wird gerettet und verworfen, sondern dieser Hiatus ist verursacht aufgrund des ursprünglichen Selbstverständnisses des Christentums: „Wer glaubt und sich taufen lässt, wird gerettet; wer aber nicht glaubt, wird verdammt werden." (Mk 16,16; vgl. auch Joh 3,18; 3,35) Dies gilt noch heute: „Kirche hat nur dann in der Mitte der Gesellschaft etwas zu suchen, wenn sie selbst ihre Mitte hält in der Gestalt Jesu Christi. Das setzt freilich Mut voraus, die alte Botschaft unverkürzt zu verkündigen, dass ein Mensch ohne den Glauben verloren geht. ‚Allein in Christus liegt das Heil.'"[411] Im Gegensatz zu dieser protestantischen Position darf eine moderne säkulare Ethik nicht auf einen ausgrenzenden, rein subjektiven, emotional und metaphysisch fundierten Glauben gegründet sein, sondern muss sich gewissen allgemeinen, wissenschaftlich-objektiven und intersubjektiv begründbaren Kriterien stellen. Freilich ist auch damit nicht automatisch ein Anspruch auf ewig gültige Erkenntnisse verbunden. Neben Liebe, Nächstenliebe und Barmherzigkeit sind auch die Bereitschaft, methodische Kriterien einzuhalten, Widersprüche zu akzeptieren, falsifiziertes „Wissen" über Bord zu werfen, um der allgemeinen Dynamik eines Erkenntniszuwachses nicht entgegenzustehen, Selbsthinterfragung u. v. m. Kriterien, die eine solche universelle, transreligiöse und metaphysikfreie Ethik mitbringen müsste. Strenge Kriterien also, die auch alle bisherige Theologie hätte beherzigen müssen, wenn sie gemäß des eigenen Anspruches als (seriöse) Wissenschaft gelten möchte. Der Verweis darauf, eine sakrosankte, von weltlich-profaner Forschung unabhängige vom Heiligen Geist geleitete Wissenschaft zu sein, führt sie dagegen immer mehr ins Abseits und in eine völlige Weltfremdheit. Kein Wunder also, dass sich zunehmend auch Religionsphilosophen, wie z. B. Gregor Paul[412], gegen Mythen und Religionen aussprechen, sofern sie nicht in erster Linie Humanität als höchste Norm proklamieren, sondern Heilswahrheiten verkünden, die es um des eigenen Seelenheils wegen zu glauben gilt. Mythen und Religionen, so Paul, „formulieren ihre Lehren gerne in absoluten Wahrheiten und vermitteln diese in insti-

---

[411]   Die Welt, zusammenfassender Bericht über die Synode der Evangelischen Kirche: „Deutschland muss missioniert werden" vom 6.11.1999.

[412]   Paul, Gregor: Mythos, Philosophie und Rationalität, Frankfurt, 1988, in: Wuchterl, Kurt, 1989, S. 254.

tutionalisierter Praxis, die häufig mit angsteinflößenden Begleiterscheinungen, wie beispielsweise dem Teufel oder den ewigen Höllenqualen, identisch sind. Deshalb enthalten Mythos und Religion [worauf bereits Feuerbach hingewiesen hatte P.K.] letztlich auch gefährliche antihumanitäre Tendenzen." Der Glaube an eine einzige universale religiöse heilsgeschichtlich determinierte Weltanschauung erweist sich angesichts der gesellschaftlichen Verhältnisse in den Industrieländern, aber auch angesichts einer immer globaler werdenden Welt als zusehend illusorisch und unzeitgemäß. Die analytische Deduktion, mit der in der Bibelexegese versucht wird, die wahren Sachverhalte und Hintergründe aufzudecken, hat heute zu einer Relativierung, ja Entzauberung der Bibel als unfehlbares göttliches Buch geführt, ohne – wie für Legenden und Sagen üblich – dass damit ein allerdings schwer fassbarer historischer, aber keinesfalls übernatürlicher Kern biblischer Geschichten geleugnet werden soll. Dieser übrig gebliebene bescheidene Restbestand reicht aber nicht mehr aus, um darauf noch eine intellektuell glaubhafte Religion gründen zu können. Die theistische Gottesvorstellung vor anderen Alternativen wie Agnostizismus oder Atheismus dann auch noch staatlicherseits in Kindergarten, Schule und Medien zu privilegieren, indem nicht minder oft die eben genannten Alternativen ohne jegliche Selbstkritik als Negativerscheinung des Zeitgeistes verunglimpft werden, ist angesichts eines massiven wissenschaftlichen und gesellschaftlichen Akzeptanz- und Glaubwürdigkeitsverlustes der Kirchen und des Kirchenglaubens keine akzeptable Vorgehensweise mehr.

Da die Spannungen zwischen einer rückwärtsgewandten jenseitsorientierten, also transzendent ausgerichteten Weltsicht und einer diesseitsorientierten, nüchternen, diesen Glauben immer mehr mittels empirischer Fakten und rationaler Reflexionen widerlegender Weltsicht zunehmen, kommen wir also hiermit zu dem Ergebnis, dass aufgrund naturwissenschaftlicher, philosophischer, theologischer und nicht zuletzt auch der eigenen faktisch verlaufenen Geschichte der theistischen Religionen deren Ansprüche hinsichtlich ihrer Glaubensinhalte, ihrer moralischen Vorbildrolle in der Gesellschaft, ihres angeblich göttlich legitimierten Weltbildes und der damit verbundenen „Leitkultur" aus heutiger Sicht nicht mehr gerechtfertigt sind. Diese Spannungen werden entweder mittels Argumenten oder wie bei radikalisierten Islamisten mittels Gewalt ausgetragen. Wer jedoch mit Gewalt zu überzeugen versucht, hat das denkbar schlechteste Argument, wenngleich dieses schon immer zur Praxis und Geschichte des monotheistischen Glaubens gehörte. Die faktische Geschichte der Menschheit, der Religionen und Kirchen spricht eindeutig gegen einen allliebenden, allmächtigen und durch Gebete beeinflussbar ins Weltgeschehen eingreifenden Gott. Retrospektiv lässt sich das genaue Gegenteil feststellen. Deshalb lassen sich der Theismus und die von ihm behaupteten göttlichen Attribute wie Personalität, Ebenbildlichkeit, Allmacht, Allwissenheit und Allgüte angesichts der erörterten Probleme heute nicht mehr aufrechterhalten. Diese natur- und geisteswissenschaftlich verursachte zunehmende Desillusionierung, dieses Herausreißen aus der religiösen Geborgenheit, die Konfrontation mit den Fakten einer zumindest aus transzendenzgläubiger theistischen Sicht dann sinnlos erscheinenden Welt, welche die Endlichkeit auch des menschlichen Seins involviert, diese nüchterne Einsicht ist der Preis des kompromisslos nach Erkenntnis strebenden faustischen Naturells des intellektuell konsequent denkenden Menschen. Dieses Naturell des Wissenwollens trägt der Mensch in seiner Zerrissenheit ebenso in sich wie den Wunsch nach einem ewigen und paradiesischen Leben. Wie dem archaischen Individuum einst dessen Endlichkeit bewusst geworden ist, so wird heute dem aufgeklärten Menschen bewusst, dass es weder aus kosmologischer noch aus biologischer Sicht einen Grund für die Annahme jener erhofften paradiesischen Ewigkeit mehr gibt. Mit dem zunehmenden wissenschaftlichen Kenntnisstand katapultiert sich der Mensch aus dem Mittelpunkt einer eigens für ihn bewerkstelligten Schöpfung heraus. Wie dieser wissenschaftlich verursachte Kulturschock der Endlichkeit allen Seins und somit auch der kosmischen Unbedeutendheit des Menschen letztlich zu kompensieren sein wird, ob durch eine Art „Übermenschen" im Sinne Nietzsches oder durch eine neue humanistische Religiosität ohne Götter, das wird sich im Laufe der kommenden Jahrzehnte in erbitterter Auseinandersetzung zwischen Logos und Mythos, also zwischen den wissenschaftlichen, demokratischen toleranten, pluralen Kräften und den rückwärts gewandten restriktiven, teilweise gewaltbereiten und fundamentalistischen Kräften, erst noch zeigen müssen. Verglichen mit der gesamten Menschheitsgeschichte sind die wenigen Jahrtausende der monotheistischen Religionen jedenfalls – wie alle bisherigen Weltkulturen auch – nur ein kurzes Durchgangsstadium im Prozess einer universellen evolutiven Entwicklung, die irgendwann ihr Ende erreicht haben wird. Die genialsten wissenschaftlichen Erkenntnisse, Kunstwerke, Philosopheme... all das wird unter dem Aspekt kosmologischer Dimensionen eines Tages im Orkus der unendlichen Vergessenheit unwiederbringlich verschwunden sein. Das Tröstliche daran ist, dass damit auch alles Negative, das unermessliche Leid, das mit der Existenz des Lebens verbunden war und noch immer ist, aufgehört haben wird zu existieren. Wer sich dies vergegenwärtigt, wird vielleicht keinem Himmel und keiner Hölle mehr eine Träne nachweinen, zudem auch diese samt ihren Göttern verschwunden sein werden, da sie zu ihrer Erschaffung und Existenz die Gehirne einer (mehr oder weniger) intelligenten Spezies benötigen.

LITERATURVERZEICHNIS

Audretsch, Jürgen und Mainzer, Klaus: Vom Anfang der Welt, München, 1989

Augstein, Rudolf: Jesus Menschensohn, Hamburg, 1999

Augustinus: Vom Gottesstaat (De Civitate Die), XI, München, 2011

Barth, Karl: Nein! Antworten an Emil Brunner, München, 1934

Barth, Karl: Die Menschlichkeit Gottes, Zollikon, 1956

Barth, Karl: Kirchliche Dogmatik, Zürich, 1993

Baumgartner, Wilhelm; Burkard, Franz-Peter; Wiedmann Franz (Hrsg.): Brentano Studien, Internationales Jahrbuch der Franz Brentano Forschung, Band 7, Dettelbach, 1998

Bayertz, Kurt (Hrsg.): Evolution und Ethik, Stuttgart, 1993

Bernhart, Joseph (Hrsg.): Thomas von Aquin. Summe der Theologie, 1. Band: Gott und Schöpfung. Leipzig, 1938

Berr, Franz und Pricha, Willibald: Atommodelle, München, 1997

Bolin, Wilhelm und Jodl, Friedrich (Hrsg.): Ludwig Feuerbach, Sämtliche Werke, Band 8, Stuttgart, 1960

Breidbach, Olaf: Expeditionen ins Innere des Kopfes, Stuttgart, 1993

Bubner, Rüdiger (Hrsg.): Geschichte der Philosophie in Text und Darstellung, Stuttgart, 1981

Buchberger, Michael (Hrsg.): Lexikon für Theologie und Kirche, Band 4, Glaube, Freiburg, 1930-1938

Bührke, Thomas: Albert Einstein, München, 2004

Bultmann, Rudolf: Glauben und Verstehen, Bd. 1, Tübingen 1933, Bd. 2, Tübingen, 1952

Bultmann, Rudolf: Neues Testament und Mythologie, München, 1988

Bultmann, Rudolf: Die Geschichte der Synoptischen Tradition, Göttingen, 1995

Burenhult, Göran (Hrsg.): Die ersten Menschen. Illustrierte Geschichte der Menschheit, Augsburg, 2000

Capelle, Wilhelm: Die Vorsokratiker, Stuttgart, 1968

Carnap, Rudolf: Psychologie in physikalischer Sprache, in: Erkenntnis 3, Berlin, 1932/33

Conzelmann, Hans: Die Frage nach dem historischen Jesus, Zeitschrift für Theologie und Kirche, Jahrgang 56, Tübingen, 1959

Conzelmann, Hans: Grundriss der Theologie des Neuen Testamentes, Tübingen, 1997

Conzelmann, Hans und Lindemann, Andreas: Arbeitsbuch zum Neuen Testament, Tübingen 1998

Davies, Paul: Gott und die moderne Physik, München, 1986

Descartes, R.: Meditationes de prima philosophia, Stuttgart, 1986

Deschner, Karlheinz: Der gefälschte Glaube, München, 1995

Ditfurth, Hoimar, von: So lasst uns denn ein Apfelbäumchen pflanzen, Hamburg, 1985

Ditfurth, Hoimar von: Im Anfang war der Wasserstoff, München, 1995

Donner, Herbert: Geschichte des Volkes Israel und seiner Nachbarn in Grundzügen 1, Göttingen, 1984

Einstein, Albert: Mein Weltbild, Frankfurt/M., 1991

Endres, Rolf: Einführung in die mittelhochdeutsche Literatur, Frankfurt/M.-Berlin-Wien, 1971

Feuerbach, Ludwig: Das Wesen des Christentums, Stuttgart, 1969

Feuerbach, Ludwig: Pierre Bayle. Ein Beitrag zur Geschichte der Philosophie und Menschheit, Berlin 1989

Fölsing, Albert: Der Prozess Galilei, München, 1983

Fromm, Erich: Das Christusdogma und andere Essays, München, 1984

Harnack, Adolf von: Dogmengeschichte, Tübingen, 1991

Hawking, Stephen: Eine kurze Geschichte der Zeit, Hamburg, 1988

Heidegger, Martin: Holzwege, Frankfurt/M., 1950

Heidegger, Martin: Was heißt Denken? Tübingen, 1954

Heidegger, Martin: Identität und Differenz, Pfullingen, 1957

Heidegger, Martin: Nietzsche, Pfullingen,1961

Heisenberg, Werner: Physik u. Philosophie, Stuttgart, 1978 und 2006

Herrmann, Joachim: Das große Lexikon der Astronomie, München, 1996

Hirschberger, Johannes: Geschichte der Philosophie (2 Bände), Freiburg-Basel-Wien, 1976

Hoffmeister, Johannes: Wörterbuch der philosophischen Begriffe, Hamburg, 1955

Hume, David: Dialoge über natürliche Religion, Stuttgart, 1981

Hume, David: Eine Untersuchung über den menschlichen Verstand (An Enquiry Concerning Human Understanding, 1777), Hamburg, 1993

Irrgang, Bernhard: Lehrbuch der Evolutionären Erkenntnistheorie, München – Basel, 1993

Kahl, Joachim: Erziehung ohne Religion, in: Jahrbuch für kritische Aufklärung, München, 1963

Kahl, Joachim: Das Elend des Christentums, Hamburg, 1968

Kanitscheider, Bernulf: Von der mechanistischen Welt zum kreativen Universum, Darmstadt, 1993

Kanitscheider, Bernulf: Im Innern der Natur, Darmstadt, 1996

Kant, Immanuel: Kritik der reinen Vernunft [K.d.r.V.], Stuttgart, 1989

Kant, Immanuel, Kritik der Urteilskraft, Frankfurt/M. 1995

Kant, Immanuel: Träume eines Geistersehers, Köln, 1995

Kasper, Walter: Jesus der Christus, Mainz, 1998

Krätz, Otto: Goethe und die Naturwissenschaften, München, 1998

Kubitza, Heinz-Werner: Der Jesuswahn, Marburg, 2013

Küppers, Bernd Olaf: Der Ursprung biologischer Information. Zur Naturphilosophie der Lebensentstehung, München, 1986

Leakey, Richard: Die ersten Spuren, München, 1999

Lenk, Hans: Kleine Philosophie des Gehirns, Darmstadt, 2001

Lorenz, Konrad: Kants Lehre vom Apriorischen im Lichte gegenwärtiger Biologie, in: Blätter für dt. Philosophie 15, 1941

Lorenz, Konrad: Das sogenannte Böse. Zur Naturgeschichte der Aggression, München, 1974

Lorenz, Konrad: Die Rückseite des Spiegels, München, 1997

Lukrez: De rerum natura II, Zürich, 1956

Lutz, Bernd (Hrsg.): Metzler Philosophen Lexikon, Stuttgart–Weimar, 1995

Mainzer, Klaus: Zeit, München, 1996

Nagel, Walter: Gentechnologie und Grenzen der Biologie, Darmstadt, 1995

Nietzsche, Friedrich, Zur Genealogie der Moral II, Leipzig, 1887

Nietzsche, Friedrich: Menschliches Allzumenschliches, Frankfurt, 1982

Obermeier, Siegfried: Die unheiligen Väter. Gottes Stellvertreter zwischen Machtgier und Frömmigkeit, Bern München Wien, 1995

Oeser, Erhard und Seitelberger, Franz: Gehirn, Bewusstsein und Erkenntnis, Darmstadt, 1995

Ott, Jörg (Hrsg.): Evolution, Ordnung und Erkenntnis, Berlin–Hamburg, 1985

Pannenberg, Wolfhart: Was ist der Mensch?, Göttingen, 1962

Pannenberg, Wolfhart: Offenbarung als Geschichte, Göttingen, 1963

Pannenberg, Wolfhart: Grundfragen systematischer Theologie, Göttingen, 1967

Pannenberg, Wolfhart: Das Glaubensbekenntnis, Gütersloh, 1990

Planck, Max: Vorträge und Erinnerungen, Darmstadt, 1965

Popper, Karl Raimund.: Ausgangspunkte, Meine intellektuelle Entwicklung, Hamburg, 1994

Popper, Karl Raimund: Objektive Erkenntnis, Hoffmann und Hamburg, 1994

Rensch, Bernhard: Das universale Weltbild, Darmstadt, 1991

Ritter, Joachim und Gründer, Karlfried (Hrsg.): Historisches Wörterbuch der Philosophie, Basel, Band 2, 1972; Band 5, 1980

Röthlein, Brigitte: Unser Gehirn wird entschlüsselt, Hamburg, 1993

Roth, Gerhard: Wie das Gehirn die Seele macht, Stuttgart, 2014

Ruh, Ulrich: Religion und Kirche in der BRD, München, 1990

Ruß, Hans Günther: Religiöser Glaube und modernes Denken, Würzburg, 1996

Russell, Bertrand: Philosophie des Abendlandes, München, 1999

Sagan, Carl: Unser Kosmos, Augsburg, 1996

Saltzer, Walter und Eisenhardt, Peter (Hrsg.): Die Erfindung des Universums, Frankfurt–Leipzig, 1997

Schenke, Ludger: Die Urgemeinde. Geschichte und theologische Entwicklung, Stuttgart-Berlin-Köln, Mainz, 1990

Schillp, Paul A.: Albert Einstein als Philosoph und Naturforscher, Stuttgart, 1979

Schmidt, Kurt Dietrich: Kirchengeschichte, Göttingen, 1990

Schopenhauer, Arthur: Parerga und Paralipomena, Zürich, 1988

Schrenk, Friedemann: Die Frühzeit des Menschen, München, 2001

Schrödinger, Erwin: Die Natur der Griechen, Hamburg, 1956

Schweitzer, Albert: Geschichte der Leben-Jesu-Forschung, Tübingen, 1951

Searle, John: Geist, Sprache und Gesellschaft, Darmstadt, 2001

Sperry, Roger: Naturwissenschaft und Wertentscheidung, München-Zürich, 1985

Stegmüller, Wolfgang: Hauptströmungen der Gegenwartsphilosophie, Stuttgart, 1987

Störig, Hans Joachim: Kleine Weltgeschichte der Philosophie, Kohlhammer, Stuttgart–Berlin–Köln– Mainz,1981

Strecker, Georg (Hrsg.): Jesus Christus in Historie und Theologie. Neutestamentliche Festschrift für Hans Conzelmann zum 60. Geburtstag, Tübingen, 1975

Vollmer, Gerhard: Was können wir wissen? Bd. 2, Stuttgart, 1988

Voltaire, François Marie: Œuvres complètes, Ed. Plancher, Paris, 1817–1820

Vorländer, Karl: Immanuel Kant. Der Mann das Werk, Hamburg, 1992

Weber, Max: Gesammelte Aufsätze zur Wissenschaftslehre, Tübingen, 1988

Weinberg, Steven: The First Three Minutes, A Modern View of the Origin of the Universe, Glasgow, 1977

Weischedel, Wilhelm: Der Gott der Philosophen, Darmstadt, 1998

Wickert, Johannes: Einstein, Hamburg, 1979

Wilhelm, Friedrich: Der Gang der Evolution, München, 1987

Wilson, Edward: Die Einheit des Wissens, Berlin, 1998

Wolf, Hans-Jürgen: Sünden der Kirche, Hamburg,1995

Wuchterl, Kurt: Analyse und Kritik der religiösen Vernunft, Bern Stuttgart, 1989

Wuketits, Franz : Grundriss der Evolutionstheorie, Darmstadt, 1989

Wuketits, Franz: Evolutionstheorien, Darmstadt, 1995

Wuketits, Franz: Soziobiologie, Heidelberg-Berlin-Oxford, 1997

Wyneken, Gustav: Abschied vom Christentum, München, 1963

Zehbe, Jürgen (Hrsg.): Immanuel Kant: Was ist Aufklärung? Göttingen, 1985

Zeitschriften und Internet

Bild der Wissenschaft

Der Spiegel

Die Welt

Die Zeit

Gesellschaft für kritische Philosophie Nürnberg (Hrsg.): Aufklärung und Kritik, Zeitschrift für freies Denken und humanistische Philosophie, Nürnberg

fowid.de: Woran glauben die Deutschen? Westdeutschland. Vergleich 1986 und 2012.

Wikipedia: Religionen in Deutschland

216 Seiten, Klappenbroschur
Format 14,8 x 21 cm
17,95 € [D] / 18,50 € [A]
ISBN 978-3-8288-3365-4

Joachim Kahl

Das Elend des Christentums

oder Plädoyer für eine Humanität ohne Gott

1968: Der ‚frisch gebackene' Doktor der Theologie Joachim Kahl tritt aus der Kirche aus und veröffentlicht im Rowohlt Verlag *Das Elend des Christentums*. Das Buch des erst 27-jährigen erlebt einen beispiellosen Erfolg, verkauft sich in kürzester Zeit über 100.000-mal und wird in vier Sprachen übersetzt. Es liefert die religionskritische Begleitmusik zur Studentenbewegung und trifft einen Nerv der Zeit. Die jetzt vorliegende dritte Auflage ist ergänzt um ein neues Vorwort und ein beachtenswertes Interview mit Kahl.

Dass Kahl schonungslos die Widersprüchlichkeiten von Kirche und Christentum aufzeigt, und dass er dies in einer wortgewaltigen und bildreichen Sprache tut, macht *Das Elend des Christentums* zu einem Klassiker der Religionskritik.

Dr. Dr. Joachim Kahl wurde durch sein Theologiestudium Atheist. Zu seinen akademischen Lehrern zählten u. a. Theodor W. Adorno, Jürgen Habermas und Alexander Mitscherlich. Nach seiner Zweitpromotion in Philosophie war er Lehrbeauftragter an der Universität Marburg und Bildungsreferent beim Bund für Geistesfreiheit in Nürnberg. Seine Abkehr vom Marxismus erfolgte im Kontext der friedlichen Revolution in der DDR. 2005 erschien sein Buch *Weltlicher Humanismus. Eine Philosophie für unsere Zeit*.

Zeitfracht Medien GmbH
Ferdinand-Jühlke-Straße 7
99095 Erfurt, Deutschland
produktsicherheit@kolibri360.de